Martin H. Petrich

Vietnam, Kambodscha und Laos

*Tempel, Klöster und Pagoden
in den Ländern am Mekong*

Wichtige Orte auf einen Blick

VIETNAM

Da Lat ☆ (K12)	188
Da Nang (J8)	160
Cham-Museum ☆☆	161
Dien Bien Phu ☆ (D3)	136
Ha Tien (F14)	216
Hanoi ☆☆ (F3)	99
Altstadt ☆☆	105
Ethnol. Museum ☆	116
Literaturtempel ☆☆	107
Hanoi, Umgebung	117
Chua But Thap ☆☆ (F3/4)	118
Chua Huong ☆☆ (F4)	124
Chua Tay Phuong ☆ (F4)	121
Chua Thay ☆ (F3/4)	122
Ha-Long-Bucht ☆☆ (G/H3/4)	133
Hoi An ☆☆ (J8)	167
Ho-Chi-Minh-Stadt (Saigon) ☆☆ (H13)	190
Chua Giac Vien ☆☆	206
Chua Giac Lam ☆☆	205
Chua Ngoc Hoang ☆	197
Mieu Thien Hau ☆☆	202
Hue ☆☆ (H8)	138
Zitadelle ☆☆	140
Chua Tu Hieu ☆	150
Lg. Khai Dinh ☆☆ (H8)	157
Lg. Minh Mang ☆☆ (H8)	153
Lang Tu Duc ☆☆ (H8)	154
My Son ☆☆ (J8)	170
Nha Trang (K11)	181
Po-Nagar-Tempel ☆	184
Po Klong Garai ☆ (K12)	186
Roter Fluss ☆☆ (F/G4)	125
Chua Keo ☆ (G4)	26
Chua Pho Minh ☆ (F4)	127
Dom Phat Diem ☆ (F4)	130
Trockene Ha-Long-Bucht ☆☆ (F4)	128
Sa Pa ☆ (D2)	137

KAMBODSCHA

Angkor ☆☆ (E11)	289
Angkor Wat ☆☆	295
Bayon ☆	307
Neak Pean ☆	324
Östlicher Mebon ☆	323
Pre Rup ☆	323
Preah Khan ☆☆	326
Ta Prohm ☆☆	319
Banteay Samre ☆ (E11)	334
Banteay Srei ☆☆ (E11)	335
Beng Mealea ☆ (F11)	339
Phnom Kulen ☆ (E/F11)	337
Roluos-Gruppe ☆ (E11)	330
Kompong Cham ☆ (G12)	282
Phnom Da ☆ (G13)	279
Phnom Chiso ☆ (G13)	277
Phnom Penh ☆☆ (F12)	257
Königspalast ☆☆	261
Nationalmuseum ☆☆	265
Wat Phnom ☆	271
Sambor Prei Kuk ☆ (F11)	286
Tonle Bati ☆ (F13)	275
Tonle Sap ☆ (E/F11/12)	340
Udong ☆ (F12)	280

LAOS

Bolaven-Plateau ☆ (G/H9)	407
Ebene der ›Tonkrüge‹ ☆ (D5)	401
Luang Prabang ☆☆ (C5)	383
Ho Kham ☆☆	389
Wat Xieng Thong ☆☆	386
Pak-Ou-Höhlen ☆ (C5)	398
Si Phan Don ☆☆ (G10)	413
Vientiane ☆☆ (C/D7)	369
Ho Pha Keo ☆	375
That Luang ☆☆	372
Wat Si Saket ☆	376
Wat Phou ☆☆ (G9)	409

☆☆
keinesfalls verpassen

☆
Umweg lohnt

keine Sterne
sehenswert

Inhalt

Indochina

Vorbemerkung – Indochina
12

Landschaften, Klima, Naturraum
Landschaften 13
Klima 17
Flora und Fauna 18
Umwelt

Glaubenswelten und ihre Ikonographie
Geisterglaube 21
Ahnenkult 22
Hinduismus 23
Buddhismus 30
Buddhistische Ikonographie 34
Daoismus 39
Konfuzianismus 42

Synoptische Geschichte – Vietnam, Kambodscha, Laos
45

Tempel, Klöster und Pagoden in den Ländern am Mekong

Vietnam

Land und Geschichte

Land und Leute 57
Bevölkerungsstruktur und Volksgruppen 57
Sprache und Schrift 59
Religion 60
Politik 61
Kulturgeschichte Vietnams 61
Frühgeschichte 61
Im Schatten Chinas 63
Unabhängiges Dai Viet 66
Die Cham 69

Von der Späten Le-Dynastie bis zur Kolonialisierung	71
Kolonialherrschaft	74
Geteiltes Vietnam	78
Vietnam bis heute	81
Kunst und Kunsthandwerk	**82**
Tempelarchitektur	82
Phong Thuy – Geomantik in Vietnam	85
Die Malkunst	86
Lackarbeiten	88
Die Bildhauerkunst	89
Kunst und Kultur der Cham	**90**
Erforschung und Restaurierung	90
Glaubenswelten	91
Religiöse Architektur	92
Galerie bedeutender Persönlichkeiten	**96**

Reiserouten in Vietnam

Hanoi	**99**
1000 Jahre Geschichte	99
Um den Hoan-Kiem-See	101
Die Altstadt	105
Vom Literaturtempel(Van Mieu) zum Ho-Chi-Minh-Mausoleum	107
Am Westsee	113
Die westlichen Stadtteile	114
Südliche Stadtteile	116
Das Ethnologische Museum	
Ausflüge in die Umgebung von Hanoi und ins Delta des Roten Flusses	**117**
Im Norden und Osten von Hanoi	117
Südlich von Hanoi	121
Das Delta des Roten Flusses	125
Am Golf von Tongking	132
Im Reich der Bergvölker	**135**
Entlang des Schwarzen Flusses (Song Da)	135
Dien Bien Phu	136
Sa Pa	137
An der chinesischen Grenze	138
Hue	**138**
Geschichte	139
Die Zitadelle	140
Weitere Sehenswürdigkeiten	147
Die Königsgräber	152
Über den Wolkenpass nach Hoi An	**159**

Da Nang	160
Marmorberge und China Beach	164
Hoi An	165
Rundgang durch Hoi An	167
My Son	170
Die Bedeutung von My Son	171
Die Tempelanlagen	172
Entlang der Küste nach Nha Trang	175
Bang An, Chien Dan und Khuong My	175
My Lai	177
Binh Minh – das alte Vijaya	177
Unterwegs nach Nha Trang	180
Nha Trang	180
Der Po-Nagar-Tempel	181
Weitere Sehenswürdigkeiten	184
Von Nha Trang nach Saigon	185
Zentrales Hochland	187
Da Lat	188
Zwischen Da Lat und Ho-Chi-Minh-Stadt	190
Ho-Chi-Minh-Stadt (Saigon)	190
Stadtgeschichte	191
Spaziergang mit kolonialem Ambiente	193
Tempel im Norden und Westen	197
Cholon – der große Markt	200
Nördlich von Cholon	205
Ausflüge in die Umgebung von Saigon	207
Vung Tau	207
Die Tunnel von Cu Chi	207
Tay Ninh das Zentrum der Cao Dai	208
Das Mekong-Delta	210
Junge alte Geschichte	210
My Tho und Umgebung	212
Vinh Long und Tra Vinh	212
Can Tho	213
Land der Khmer	214
Im Herzen des alten Funan	215
Entlang der Küste	215
Chau Doc	217

Kambodscha

Land und Geschichte

Land und Leute	219
Volksgruppen und Bevölkerungssituation	219

Sprache und Schrift	220
Religion	220
Politik und Wirtschaft	221
Kulturgeschichte Kambodschas	**222**
Das Altertum	222
Funan – der erste indisierte Staat	223
Zhenla	225
Das Angkor Reich	226
Im Schatten der Nachbarn	233
Kolonialisierung	235
Unabhängiges Kambodscha	237
Kunst und Kultur	**241**
Wohnkultur der Khmer	241
Paläste der Götter – Architektur Angkors	242
Wat – das buddhistische Kloster	247
Die skulpturalen Stile	249
Tanz und Schattentheater	252
Musik	253

Galerie bedeutender Persönlichkeiten   254

Reiserouten in Kambodscha

Phnom Penh	**257**
Wechselvolle Geschichte	257
Königliche Pracht und strahlende Pagoden	261
Flanieren auf dem Sisowath Quay	270
Wat Phnom	271
Vom Wat Phnom zum Unabhängigkeitsmonument	272
Südlich des Samdech Preah Sihanouk Boulevards	273
Killing Fields von Chœung Ek	275
Ausflüge von Phnom Penh	**275**
Ta Prohm von Bati	275
Phnom Chiso	277
Die Wiege Kambodschas: Angkor Borei und Phnom Da	279
Udong	280
Zentral-Kambodscha	**282**
Kompong Cham	282
Ausflüge von Kompong Cham	284
Zur Tempelgruppe Sambor Prei Kuk bei Kompong Thom	285
Angkor – Götterwelt in Stein	**289**
Siem Reap	289
Angkor – Städte und Tempel	292

Angkor Wat	295
Phnom Bakheng	304
Baksei Chamkrong und Prasat Bei	305
Angkor Thom	306
Thommanon und Chao Say Tevoda	316
Ta Keo	318
Ta Prohm	319
Banteay Kdei und Srah Srang	322
Prasat Bat Chum und Prasat Kravan	322
Der Große Rundweg (Grand Circuit)	322
Ausflüge in die Umgebung	328
Der Tonle Sap	340

Laos

Land und Geschichte

Land und Leute	343
Bevölkerung und Volksgruppen	343
Sprache und Schrift	344
Religion	345
Politik und Wirtschaft	346
Kulturgeschichte von Laos	347
Frühgeschichte	347
Tai-Migration	348
Das Land des weißen Elefanten – Lan Xang	350
Geteiltes Reich	353
Unter französischer Herrschaft	354
Kampf um Unabhängigkeit	356
Laos im Sog des Kalten Krieges	357
Die Demokratische Volksrepublik Laos	358
Kunst und Kultur	360
Wohnkultur	360
Laotische Tempelarchitektur	361
Der Stupa	364
Kunsthandwerk	365

Galerie bedeutender Persönlichkeiten 367

Reiserouten in Laos

Vientiane (Vieng Chan)	369
Geschichte	369
Im Nordosten der Stadt	372
An der Lane Xang Avenue	374

Das alte Zentrum der Macht	375
Im Zentrum der Stadt	379
Ausflüge von Vientiane	380
Von Vientiane nach Luang Prabang	381
Vang Vieng	382
Luang Prabang	383
Stadtgeschichte	384
Wat Xieng Thong	386
Tempel zwischen Mekong und Nam Khan	388
Ho Kham (Königspalast)	389
Der Wat May am Fuß des Phou Si	392
Auf dem Phou Si	393
Südöstlich des Phou Si	394
Märkte	395
Im Süden der Stadt	395
Jenseits des Mekong	397
Reizvolle Umgebung	397
Auf dem Mekong nach Luang Prabang	400
Die Provinz Xieng Khouang mit der Ebene der ›Tonkrüge‹	401
Die Ebene der ›Tonkrüge‹ (Thong Hai Hin)	401
Königsstadt und heiße Quellen	403
Entlang des Mekong nach Süd-Laos	404
Thakhek und Savannakhet	405
Provinz Champasak	406

Praktische Reise-Informationen

Hinweise für die Reiseplanung	418
Informationen für unterwegs – Von Ort zu Ort	424
Vietnam	424
Kambodscha	437
Laos	442
Kurzinformationen von A bis Z	444
Kleiner Sprachführer	454
Glossar	458
Ausgewählte Literatur	462
Zitatnachweis	463
Bildnachweis	464
Register	465
Impressum	480

Verzeichnis der Karten und Pläne

Stadt- und Stättenpläne Vietnam:
Chua Thay Phuong S. 85 • Hanoi, Stadt S. 102, Literaturtempel S. 108 • Chua But Thap S. 119 • Hue, Stadt S. 148, Palast von Hue S. 141 • Lang Minh Mang S. 154 • Lang Tu Duc S. 156 • Hoi An S. 167 • Der Tempelkomplexe von My Son S. 172 • Nha Trang S. 181 • Da Lat S. 188 • Ho-Chi-Minh-Stadt (Saigon), Stadtzentrum S. 192, Cholon S. 201

Regionalpläne Vietnam: Umgebung von Hanoi und das Delta des Roten Flusses S. 117 • Das Mekong-Delta S. 211

Stadt- und Stättenpläne Kambodscha: Phnom Phen, Stadt S. 260, Königspalast und Silberpagode S. 263 • Sambor Prei Kuk S. 287 • Übersichtskarte Angkor S. 294/295, Angkor Wat S. 296, Angkor Thom S. 308, Ta Keo S. 318, Ta Prohm S. 320, Neak Pean S. 325 • Preah Khan S. 326 • Bakong S. 332 • Banteay Srei S. 336

Regionalpläne Kambodscha: Ausflüge von Phnom Penh, S. 276 • Zentral-Kambodscha S. 283 • Ausflüge von Angkor S. 329

Stadt- und Stättenpläne Laos: Vientiane (Vieng Chan) S. 371 • Luang Prabang, Stadt S. 385, Ho Kham S. 390 • Wat Phou S. 410

Regionalpläne Laos: Am Mekong bei Thakek und Savannakhet S. 405 • Am Mekong von Pakxe bis Si Phan Don S. 406

Indochina – Länder am Mekong

Vorbemerkung – Indochina

Der renommierte Geograf Conrad Malte-Brun war übrigens auch der Erste, der den Terminus ›indogermanique‹ zur Kennzeichnung der Sprachfamilie verwendete, zu der die deutsche Sprache zählt.

Woher rührt der Name Indochina? Der aus Dänemark stammende Geograf Conrad Malte-Brun (dänisch: Malthe Konrad Bruun; 1775–1826) prägte den Begriff ›Indochina‹, um die tiefgreifenden Einflüsse der Kulturen Chinas und Indiens in dieser Region zu verdeutlichen. In Paris gab er ab 1810 sein sechsbändiges Werk ›Précis de la Géographie Universelle‹ heraus. Die Franzosen übernahmen den Begriff für ihre 1887 geschaffene Kolonie ›Union Indochinoise‹. Die Bezeichnung ›Südostasien‹ ist erst seit dem Zweiten Weltkrieg üblich und wurde erstmals 1923 von dem österreichischen Ethnologen und Begründer der Südostasienwissenschaften, Robert Heine-Geldern, eingeführt.

Kambodscha, Laos und Vietnam bilden eine Art Schicksalsgemeinschaft. Durch die koloniale Klammer der Union Indochinoise wurden sie ungeachtet ihrer kulturellen Unterschiede über 60 Jahre lang unter französischer Herrschaft zusammengefasst. Nur ungern entließ sie die Kolonialmacht in die Unabhängigkeit, und die politische Zerrissenheit nach dem Genfer Abkommen von 1954 führte zu einem der schlimmsten Kriege Asiens. Laos und Vietnam zählen zu den am schwersten bombardierten Ländern der Welt. Ab 1975 wurden die drei Staaten wiederum durch eine – diesmal ideologische – Klammer zusammengehalten: den Kommunismus. Er führte sie in eine langjährige Isolation, aus der sie sich erst in den 1990er Jahren befreien konnten. Während Laos und Vietnam weiterhin kommunistisch regiert sind, entwickelte sich Kambodscha ab 1993 zu einer Demokratie.

Heute verspürt man in allen drei Staaten eine Aufbruchstimmung, ein Aufbruch, der mit unterschiedlicher Geschwindigkeit vonstatten geht. Zwar gehören sie nach wie vor zu den ärmsten Ländern Asiens, doch haben sie politischen und wirtschaftlichen Anschluss an die Welt gefunden. Als Mitglieder der ASEAN (Association of Southeast-Asian Nation) spielen sie inzwischen auch in der Region eine gewichtigere Rolle, die Zeit der alten Feindschaften, der Flüchtlings- und Umerziehungslager ist vorbei. Außerdem hat sich die Öffnung positiv auf den Tourismus ausgewirkt. Immer mehr Menschen wollen diese so lange verschlossenen Länder kennen lernen, was der Region notwendige Devisen bringt und zur Verbesserung der Infrastruktur beiträgt. Neue Hotels und Gästehäuser entstehen, Restaurants werden eröffnet und Straßen ausgebessert. Nach Jahrzehnten des Krieges und der Vernachlässigung aus ideologischen und finanziellen Gründen werden die Baudenkmäler restauriert. Bisher unzugängliche Gebiete können nun bereist werden, die Grenzen werden mit der Öffnung neuer Übergänge durchlässiger.

In den Ländern am Mekong gibt es viel zu entdecken – sie bieten fast jedermann etwas: kilometerlange Strände in Vietnam und Kambodscha, unberührte Dschungellandschaften, eine faszinierende ethnische Vielfalt und eine Fülle kultureller Sehenswürdigkeiten.

Landschaften, Klima, Naturraum

Landschaften

Die drei Staaten bilden den östlichen Abschluss des kontinentalen Südostasien. Ihr Küstenverlauf am Golf von Thailand und am Südchinesischen Meer ist wie ein S geformt. Bereits Größe und geografische Lage machen die Unterschiede und Besonderheiten der drei Länder deutlich: das bergige, dünn besiedelte Laos, die weiten Ebenen Kambodschas und das lang gezogene, schmale Vietnam mit seinen beiden fruchtbaren Deltagebieten. Die heutigen Grenzen der drei Länder sind eine Folge der Kolonialzeit. So wurden weite Strecken des Mekong durch mehrere französisch-siamesische Verträge zwischen 1893 und 1907 als thai-laotische Grenze festgelegt. Im Vertrag von 1907 zwangen die Franzosen zudem das Königreich Siam, die drei von ihm besetzten kambodschanischen Provinzen Battambang, Sisophon und Siem Reap zurückzugeben. Seitdem ist das Dangrek-Gebirge zwischen Thailand und Laos als Grenze anerkannt. Bereits 1885 legte eine chinesisch-französische Kommission die Demarkationslinie zwischen China und dem von Frankreich besetzten Tongking fest. Ein Jahr später wurde sie vertraglich abgesichert und 1999 in einem sino-vietnamesischen Abkommen bestätigt. Nur im Mekong-Delta bestehen bezüglich der Grenzziehung zwischen Kambodscha und Vietnam Differenzen. Viele Kambodschaner betrachten das gesamte Deltagebiet als Teil ihres Landes und nennen es Khmer Krom, Unteres Kambodscha.

Mit der chinesischen Provinz Yunnan und dem chinesischen Autonomen Gebiet Guangxi haben Laos und Vietnam auf einer Länge von 416 km bzw. 1150 km eine gemeinsame Grenze. Laos und Vietnam grenzen auf 1957 km, Kambodscha und Vietnam auf 982 km aneinander. Das westlich gelegene thailändische Königreich bildet mit Kambodscha eine 725 km und mit Laos eine 1730 km lange gemeinsame Grenze. In seinem Nordwesten trifft Laos auf Myanmar (Birma). Dort stellt der Mekong auf 230 km eine natürliche Demarkationslinie dar. Im Süden, wo sich der mächtige Fluss auf über 14 km verbreitert, grenzt Laos auf einer Gesamtlänge von 492 km an Kambodscha.

Laos

Laos, mit 236 800 km² etwas kleiner als Großbritannien, besteht zu fast 80 % aus Bergland und Hochplateaus. Höchste Erhebung ist mit 2819 m der Phou Bia. Die Ebenen rund um die Hauptstadt Vientiane und in den südlichen Provinzen bilden das landwirtschaftliche Rückgrat des Staates, da dort die Bewässerung durch den Mekong, der auf einer Gesamtlänge von 1850 km Laos durchfließt, und dessen Zuflüsse ganzjährig sichergestellt werden kann. Daher sind diese Gebiete

Landschaften, Klima, Naturraum

am dichtesten besiedelt. Der nördlichste Punkt (22°30´ nördliche Breite) des Landes liegt vom südlichsten (14°12´ nördliche Breite) etwa 1000 km entfernt. In Ost-West-Richtung (100°06´–107°38´ östliche Länge) beträgt die Distanz zwischen 100 und 400 km. Die bergige Landschaft, vor allem aber der fehlende Zugang zum Meer erhöht die ökonomische Abhängigkeit von den fünf Nachbarn, allen voran von China und Thailand.

Landschaft bei Phong Tho in der Provinz Lai Chau, Vietnam

Kambodscha

Kambodscha ist mit 181 035 km² die kleinste der drei Nationen Indochinas und etwa halb so groß wie Deutschland. Landschaftlich dominiert die endlose Weite des nur wenige Meter über dem Meeresspiegel liegenden Kambodschanischen Beckens. Seine Alluvialböden sind außerordentlich fruchtbar, aber während der Regenzeit zwischen Juni und Oktober häufig überflutet. Auf 486 km Länge durchfließt der Mekong von Nord nach Süd das Land und teilt sich in Phnom Penh in einen Ober- und Unterarm, der auf dem kambodschanischen Teilstück Bassac genannt wird. Eine Besonderheit stellt der Tonle Sap (Großer See) dar. Der in der Trockenzeit etwa 2500 km² große See schwillt zum Höhepunkt der Monsunzeit um ein Vierfaches auf über 10 000 km² an. Mit dem Mekong ist er über den 110 km langen Tonle-Sap-Fluss verbunden, der ebenfalls eine Eigentümlichkeit aufweist, denn zweimal jährlich wechselt er seine Fließrichtung. Zwischen Juni und November, wenn der Mekong wegen der Schneeschmelze im Himalaya und des Monsuns um mehrere Meter ansteigt, fließt sein Wasser über den Tonle-Sap-Fluss zum Großen See ab. Nach Absinken des Mekong-Pegels ab November wird der Mekong dann vom See gespeist.

Gebirge erheben sich vorwiegend an den Rändern Kambodschas. Im Norden bildet das durchschnittlich 800 m hohe Dangrek-Gebirge (Chuor Phnom Dangrek) eine natürliche Grenze zu Thailand. Das im Nordosten liegende Ratanakiri-Plateau bietet ebenso wie das im Osten liegende Mondulkiri-Plateau diversen Bergstämmen eine Heimat. Westlich von der Hauptstadt Phnom Penh zieht sich das wenig erforschte Kardamom-Gebirge (Chuor Phnom Kravan) entlang der 160 km langen Küstenlinie am Golf von Thailand. In dessen östlichem Teil ragt die höchste Erhebung Kambodschas auf, der 1813 m hohe Phnom Aoral. Das Land hat eine Nord-Süd-Ausdehnung (14°30´–10°20´ nördliche Breite) von 450 km und eine Ost-West-Ausdehnung (102°20´–107°40´ östliche Länge) von 580 km.

Vietnam

Vietnam ist hinsichtlich Bevölkerung und Größe das bedeutendste Land Indochinas. Seine Gesamtfläche, einschließlich der umstrittenen Paracel- und Spratley-Archipele, beträgt 331 688 km² (Deutschland: 357 021 km²). Die beiden im Südchinesischen Meer liegenden Inselgruppen werden wegen der dort vermuteten Gas- und Ölvorkommen auch von anderen Ländern, allen voran von China beansprucht. Wegen seiner Form wird das Land zwischen 23°22´ und 8°34´ nördlicher Breite sowie 102°09´ und 109°30´ östlicher Länge mit der für Vietnam so typischen Bambusstange mit zwei Tragekörben (*quang ganh*) verglichen. Als der eine ›Tragekorb‹ gilt der vom 510 km langen Teilstück des Roten Flusses (Song Hong) und dessen 14 700 km² großen Deltagebiet geprägte Norden. Die Vietnamesen nennen ihn

Bac Bo, zur Kolonialzeit wurde er Tongking genannt. Im Nordwesten liegt das Bergmassiv Hoang Linh Son mit dem höchsten Gipfel Vietnams, dem 3143 m hohen Fansipan. Der Hoang Linh Son ist einer von mehreren Gebirgszügen, die immer wieder von mächtigen Flüssen unterbrochen werden. Neben dem Song Hong (Roter Fluss) sind dies der 543 km lange Song Da (Schwarzer Fluss) und der 426 km lange Song Ma.

Der schmale Küstenstreifen mit den teilweise über 2000 m hohen Annamitischen Kordilleren (Truong Son) stellt die Tragestange dar. Die Franzosen nannten diese heute als Trung Bo bekannte Region Annam und leiteten davon den Gesamtnamen für das vietnamesische Volk, die Annamiten, ab. Bei Dong Noi liegt die mit 50 km schmalste Stelle des Landes. Zwischen Plei Ku (Play Cu) und Kon Tum breitet sich das Zentrale Hochland auf einer Höhe zwischen 500 und 700 m aus. Dort leben zwei Drittel der insgesamt 54 Ethnien Vietnams. Der zweite Korb im Süden, der Nam Bo, bildet dank des 40 000 km^2 großen Mekong-Deltas die Reiskammer des Landes. Während der Kolonialzeit hieß dieser Landesteil Cochinchine, ein Begriff, den die Portugiesen bereits im 16 Jh. für ganz Vietnam verwendeten.

Die Landschaft des Landes ist sehr abwechslungsreich: eine insgesamt 3260 km lange Küste, deren kilometerlange Strände immer wieder von Bergzügen, Flussmündungen und natürlichen Buchten unterbrochen wird; ihr vorgelagert Tausende von Inseln und Karstkegeln wie in der berühmten Ha-Long-Bucht; Berge und Hochebenen, die etwa drei Viertel des Landes ausmachen; schließlich die endlosen, von Kanälen und Flüssen unterbrochenen Reisfelder der Deltagebiete.

Der Mekong

Mit einem Einzugsgebiet von 795 000 km^2 zählt der Mekong zu den wichtigsten Wasserressourcen des kontinentalen Südostasien. Etwa 70 Millionen Menschen sind von ihm direkt abhängig. Er entsteht auf dem durchschnittlich 5000 m hohen Tibet-Plateau in der Stadt Ganasongdou, in der chinesischen Provinz Qinghai, durch den Zusammenfluss von Dza Kar (chin.: Zayaqu; 98 km) und Dza Nak (chin.: Zanaqu; 93 km). Sein anschließender, etwa 4800 km langer Weg führt durch Tibet, Yunnan, Myanmar, Laos, Thailand, Kambodscha und Vietnam. Die Angaben zu seiner Länge widersprechen sich, da sein Ursprung wenig erforscht ist. Mehr als 1300 Fischarten wurden bisher gezählt, damit übertrifft ihn an Artenreichtum lediglich der Amazonas. Er ist der weltweit zwölftlängste Fluss, steht jedoch bezüglich der Wassermassen von durchschnittlich 15 000 m^3 pro Sekunde an achter Stelle. Sein Wasserfluss variiert allerdings beträchtlich. So werden im südlaotischen Pakxe in der Trockenzeit nur 1600 m^3/s gemessen, während der Regenzeit liegen die Werte jedoch über 35 Mal höher bei rund 58 000 m^3/s. Aufgrund der zahlreichen Stromschnellen, saisonalen Pegelschwankungen und Wasserfälle ist er nicht

durchgängig schiffbar. Auf manchen Teilstrecken wurden daher die aus dem Wasser ragenden Felsen weggesprengt. Um den rasant anwachsenden Energiebedarf zu decken, werden eine Reihe von Staudämmen gebaut, allen voran in China. Wegen der gefürchteten ökologischen Auswirkungen stoßen diese Projekte jedoch bei Umweltgruppen auf heftige Kritik. Die Mekong River Commission (MRC) mit Sitz in Phnom Penh versucht, die oft gegenläufigen Interessen der Anrainerstaaten zu koordinieren.

Klima

Indochina erstreckt sich zwischen Äquator und nördlichem Wendekreis. Daher herrschen mit Ausnahme des subtropischen Nordens von Vietnam tropische Klimabedingungen vor. Die Region steht wie ganz Südostasien im Einflussbereich zweier Monsune – dem Südwestmonsun zwischen Mai und Oktober und dem Nordostmonsun zwischen Oktober und April. Sie haben ihre Ursachen in folgender klimatischen Konstellation: Ein von März bis Mai über Süd- und Zentralasien dominierendes umfangreiches Hitzetief nimmt feuchte Luftmassen aus dem Indischen Ozean auf und führt als Südwestmonsun zu ergiebigen Regenfällen. In dieser Zeit gehen in Kambodscha, Laos und Südvietnam 90 % der jährlichen Niederschlagsmenge nieder. Umgekehrt ist es im Winter, wenn die aus einem kräftigen Kältehoch über Sibirien entstehenden trockenen Luftmassen in Richtung Indischer Ozean wandern. Dabei erwärmen sie sich und sorgen

Je nach Land, das er durchfließt, trägt der Mekong verschiedene Namen. Während seiner ersten 518 km bis ins tibetische Qamdo heißt er Dza Chu (chin.: Zaqu; Wasser des Steines) und im anschließenden Teil Chinas Lancang Jiang (Turbulenter Fluss). In Thailand und Laos wird er Mae Nam Khong (Mutter des Wassers) genannt. Daraus leitet sich der international gebräuchliche Name Mekong ab. Die Kambodschaner nennen ihn Tonle Thom (Großes Wasser) und die Vietnamesen wegen seines mehrarmigen Mündungsgebietes Cuu Long (Fluss der Neun Drachen).

Landschaften, Klima, Naturraum

Der Ursprung des Terminus Monsun liegt in der arabischen Bezeichnung für Saison bzw. wiederkehrende Festzeiten, ›mausim‹. Daraus ableitend, nannten die Portugiesen ab dem 16. Jh. die halbjährlich wechselnden Winde ›monção‹. Der holländische Seefahrer Jan Huyghen van Linschoten benutzte in seiner Reisebeschreibung ›Itinerario‹ aus dem Jahr 1596 die Begriffe ›monssoyn‹ und ›monssoen‹. Über diesen Weg hat sich vermutlich ›Monsun‹ im allgemeinen Sprachgebrauch eingebürgert. Das Wort Taifun leitet sich von dem chinesischen ›taifeng‹ (großer Wind) ab.

als kühler Nordostmonsun für eine mehrmonatige Trockenphase. An der Küste von Zentral-Vietnam führt der Nordostmonsun jedoch zu starken Regenfällen oder gar Taifunen, weil er auf seinem Weg über das Südchinesische Meer Feuchtigkeit aufgenommen hat. Dies ist auch an anderen südostasiatischen Ostküsten wie in Malaysia oder Süd-Thailand der Fall.

In **Laos, Kambodscha** und dem **Süden Vietnams** unterscheidet man drei Jahreszeiten: die Winterzeit (November bis Anfang März) mit angenehmen, in Bergregionen nachts recht niedrigen Temperaturen, die heiße Zeit (Mitte März bis Mai), in der die Quecksilbersäule auf 40 °C klettern kann, und die häufig zu Überschwemmungen führende Regenzeit (Mai bis Oktober). Im **Norden Vietnams** sind die Jahreszeiten am stärksten ausgeprägt. Hier bringt der Nordostmonsun zwischen Dezember und Februar sonniges Wetter, aber kalte trockene Winde. Sie führen bei höheren Temperaturen von März bis Mai zu beständigem feinen Nieselregen. Es folgt bis Oktober der feuchtheiße Sommer. Ihn kennzeichnen regelmäßige Regenfälle, hohe Temperaturen (vor allem Juni bis August) und nicht selten auch Taifune. **Zentral-Vietnam** liegt zwischen November und März im Einflussbereich des feuchten Nordostmonsuns, der nördlich des Wolkenpasses oft tagelange ununterbrochene Niederschläge bringt. In Hue liegt die jährliche Niederschlagsmenge bei fast 3000 mm. In den Monaten November und Dezember wird die Region zudem häufig von zerstörerischen Taifunen heimgesucht. Im April/Mai sorgen aus Westen kommende heiße Winde für trockenes Wetter. Der Südwestmonsun wird von den Truong-Son-Kordilleren abgehalten, führt aber je nach Region zwischen Juni und Oktober zu einem feuchtheißen Klima. In Abhängigkeit von der genauen geografischen Lage lassen sich indes erhebliche regionale Unterschiede feststellen. So wirkt der Wolkenpass je nach Großwetterlage als klimatische Grenze. Südlich von ihm sind die Temperaturen meist angenehmer als im Norden. Im 1500 m hoch gelegenen Da Lat ist das Wetter mit einer Durchschnittstemperatur von 18 °C ganzjährig recht wechselhaft. Da es von beiden Monsunen betroffen wird, fallen die Niederschläge regelmäßig, wobei es zwischen Dezember und März am trockensten ist.

Die größten Temperaturschwankungen herrschen in den **Bergen von Laos und Vietnam**. Dort können im Winter die Temperaturen von tagsüber 25 °C in der Nacht auf den Gefrierpunkt fallen.

Flora und Fauna

Die für die Tropen und Subtropen typische Artenvielfalt in Flora und Fauna kennzeichnet auch das Landschaftsbild Indochinas. In Laos und Kambodscha bedecken Wälder noch etwa die Hälfte der Landesfläche, in Vietnam weniger als 20 %. In den Niederungen bis 700 m Höhe dominieren je nach Lage laubabwerfende und immergrüne Monsunregenwälder mit vorwiegend zur Familie der Flügelfruchtbaumgewächse zählende Shorea-, Hopea- und Dipterocarpus-Arten. Viele dieser bis zu 60 m hoch werdenden Baumarten besitzen enormen wirtschaftlichen und medizinischen Nutzwert, beispielsweise das harte Holz des Merawan- (*Hopea spp.*) und Thinganbaumes (*Hopea odorata*) oder das Harz des Yangbaumes (*Dipterocarpus alatus*) zum Abdichten und Lackieren. Zu weiteren wertvollen Nutzbäumen zählen Teak (*Tectona grandis*), Eisen- (*Xylia dolabriformis*) und Rosenholz (*Dalbergia cochinchinensis*), die auch in Plantagen gepflanzt werden. In etwas höheren Lagen ist der Vietnamesische Zimt (*Cinnamomum loureirii*) verbreitet, dessen Rinde zu Gewürz verarbeitet wird. Ab 1500 m Meereshöhe finden sich in nördlicheren Breitengraden Gebirgsmischwälder mit vielen Pinienarten oder Nebelregenwälder, die sich durch einen starken Epiphyten-Bewuchs an Baumstämmen und Ästen wie Moos, Farne und Orchideen auszeichnen. An den Küsten überwiegen die anspruchslosen und daher zur Wiederaufforstung geeigneten Kasuarinen (*Casuarina equisetifolia*). In den Deltagebieten wachsen Melaleuca- (*Melaleuca leucadendron*) und Mangrovenwälder, deren typische Stelzwurzeln zahlreichen Wassertieren Unterschlupf bieten. Entlang der Kanäle und Flüsse sieht man häufig die im Wasser stehenden Nipapalmen (*Nypa fructificans*). Ihre Wedel werden gerne zur Abdeckung von Häusern verwendet. Die Nipapalme ist nur eine von zahlreichen Palmarten, die als Genussmittel (Betelnuss der Arecapalme, Palmzucker der Palmyrapalme), Nahrung (Früchte der Kokos- und Salakpalme) und Baumaterial (Stämme, Palmblätter, Rattan) vielfache Verwertung finden. Auch der Bambus ist mit zahlreichen Sorten vertreten.

Die Artenvielfalt setzt sich in der **Fauna** aufgrund der geografischen und klimatischen Unterschiede fort. In den Wäldern werden noch zwischen 1200 und 2000 wilde Elefanten vermutet, wobei die meisten davon in Laos leben, einige hundert Tiger sowie verschiedenste Hochwild- und Affenarten, darunter die bedrohten Kleideraffen, Makaken und Languren. Gaur (Dschungelrind), malaiische Sonnenbären und asiatische Schwarzbären sind ebenfalls noch verbreitet. In Vietnam gelang es Forschern, bisher unbekannte Arten zu entdecken wie 1992 das Vu-Quang-Rind (*Pseudoryx nghetinhensis*), auch Sao La genannt, und 1994 eine endemische Hochwildart, den Riesen-Muntjak (*Megamuntiacus vuquangensis*). Ausgestorben wähnte man das einhornige Java-Rhinozeros, bis im Cat-Tien-Nationalpark sogar eine endemische Unterart identifiziert werden konnte, das *Rhinoceros sondaicus annamiticus*. Auch in Süd-Laos werden noch einige Tiere vermutet.

Der Mekong ist mit 1300 Spezies eines der weltweit fischreichsten Gewässer. In ihm leben noch wenige Exemplare des bis zu 2,5 m langen Irrawaddy-Delfins. Respekt einflößend sind weit über 100 Schlangenarten wie die Königskobra, birmanische Python oder die Russel's Viper, etwas ungefährlicher dagegen die über 1000 Vogelspezies, darunter viele Kranicharten oder der Doppelhornvogel ,sowie zahllose Schmetterlingsgattungen.

Naturraum/Glaubenswelten und ihre Ikonographie

Der seit Jahrhunderten von vielen Bergvölkern praktizierte Wanderfeldbau ist eine der Hauptursachen für die Abholzung der Bergwälder. Im März/April, kurz vor der Regenzeit, sind ganze Landstriche infolge der Rodungsbrände in dichten Rauch gehüllt. Der Wanderfeldbau verursachte relativ geringe Schäden, solange die Bergregionen noch dünn besiedelt waren und die abgeholzten Flächen daher viele Jahre Zeit hatten, sich zu regenerieren. Doch aufgrund des Bevölkerungswachstums werden die Wälder in immer kürzeren Abständen abgebrannt und landwirtschaftlich genutzt, sodass die Böden schnell auslaugen und vom Regen weggespült werden.

Umwelt

Wachsende Bevölkerung, verstärkte Industrialisierung, die Folgen des Krieges, unkontrollierte Abholzung, illegale Wilderei und Brandrodung – die Liste der Bedrohungen für Flora und Fauna ist lang. In Indochina ist, wie überall, die Artenvielfalt extrem gefährdet. Die Ursachen sind vielschichtig, doch einer der wichtigsten Gründe liegt in der Armut. Sie führt dazu, dass viele Menschen direkt aus der Natur Nahrungsmittel und Materialien beziehen und sie somit ausbeuten. Armut ist auch dafür verantwortlich, dass Wilderei und illegale Abholzung wegen der lockenden Geldmittel nur schwer zu unterbinden sind. Für getötete Tiger und für Rhinozeroshörner werden Unsummen bezahlt. Weitaus gravierender ist jedoch die industrielle Abholzung der Wälder, in deren Folge jährlich mehrere zehntausend Hektar Wald verschwinden. Für Laos und Kambodscha ist der Tropenholzexport jedoch eine der wenigen Möglichkeiten, an Devisen zu kommen.

Um diesen Problemen etwas entgegenzuwirken, wurden Naturschutzgebiete etabliert. In Laos sind 1993 20 geschützte Zonen, National Biodiversity Conservation Areas (NBCA) genannt, eingerichtet worden. Sie decken zirka 12 % der Landesfläche ab. Im November des gleichen Jahres wurde in Kambodscha ein königliches Dekret erlassen, das 23 Schutzgebiete mit einer Gesamtfläche von 34 000 km^2 auswies. Vietnam besitzt mittlerweile 90 Nationalparks und Schutzgebiete, die in Zukunft noch ausgeweitet werden sollen. Die größte Herausforderung für alle drei Länder bleibt jedoch, diese Schutzzonen auch nachhaltig zu führen und die Menschen, die in ihnen oder um sie herum leben, einzubinden. Ein schonendes Ressourcenmanagement soll dazu verhelfen, einerseits den Lebensunterhalt der lokalen Bevölkerung sicherzustellen, gleichzeitig aber auch den Eingriff in die Natur zu minimieren. Dies geschieht durch Erschließung alternativer Einkommensquellen wie z. B. durch den Ökotourismus.

Glaubenswelten und ihre Ikonographie

Geisterglaube

Auch wenn die großen Weltreligionen bereits seit Jahrhunderten die Kulturen in Laos, Kambodscha oder Vietnam durchdringen, den tief verwurzelten Geisterglauben konnten sie niemals verdrängen. Alle drei Länder besitzen eine animistische Tradition. Die Vorstellung, dass Naturphänomene wie Erde, Berge, Flüsse, Bäume, Felder ›beseelt‹, ›von einem Geist bewohnt‹ oder mit ›spiritueller Energie behaftet‹ sind, ist Bestandteil ihrer Vorstellungswelt. Die Geister mögen mensch-

Geisterglaube

liche Züge tragen wie in Vietnam oder eher gestaltlos sein wie der laotische *phi*, trotzdem weisen sie gewisse Gemeinsamkeiten auf. Da sie sowohl gutmütig als auch bösartig sein können, spiegelt sich hierin die ambivalente Grunderfahrung des Menschen mit der Natur wider. Rituale und Opfergaben sind erforderlich, um die Wesenheiten zu besänftigen und positiv zu stimmen. Vor allem ist der Glaube pragmatisch ausgerichtet. Erfüllen die Geister die ihnen zugedachten Aufgaben nicht mehr – ihr jeweiliger ›Zuständigkeitsbereich‹ ist begrenzt – oder verlieren sie im Lauf der Zeit an Bedeutung, werden sie ersetzt.

In **Laos** werden die Geister *phi* genannt. Sie können als Ahnengeister (*phi me*), Naturgeister wie etwa die Himmelsgeister (*phi fa*) und Territorialgeister erscheinen. Zu Letzteren zählen die Schutzgeister eines Dorfes (*phi ban*), einer Stadt (*phi muang*) oder eines Klosters (*phi khun wat*). Dem Schutzgeist wird ähnlich wie in Thailand vor vielen Wohnhäusern ein Geisterhäuschen für die täglichen Opferungen errichtet. Zu gewissen Anlässen wie Hochzeit, Geburtstag, Einzug in ein neues Haus oder vor einer großen Reise wird üblicherweise eine *Basi*-Zeremonie abgehalten. Dazu versammeln sich die Angehörigen um eine Schale mit Bananenblättern und Opfergaben (*pha khuan*). Sie sollen die Seelen (*khuan*) eines Menschen (nach laotischer Vorstellung besitzen alle 32 Teile eines Menschen eine Seele) davon abhalten, ihn zu verlassen und ihn damit Krankheit und Unglück auszuliefern. Ein Vorsteher (*mo phon*) – meist das Familienoberhaupt oder der Älteste – leitet die Zeremonie und rezitiert Be-

Basi-Zeremonie

schwörungstexte. Je nach Anlass wird auch eine ungerade Zahl von Mönchen eingeladen. Beim zweiten Teil der Feier (*mat kään*) binden sich die Teilnehmer gegenseitig einen weißen Baumwollfaden um das Handgelenk und wünschen sich Gutes. Anschließend geht es zum gemütlichen Teil (*suu khuan*) über. Zu Ehren der Geister und Seelen wird gegessen, getrunken und getanzt.

Der Geisterglaube in **Kambodscha** ist dem laotischen ähnlich. Auch hier werden Ahnen-, Natur- und Territorialgeister unterschieden. Zu den Naturgeistern zählt Krun Bali, den man vor dem Hausbau in einer Zeremonie um Zustimmung bittet. Damit er später die Bewohner schützt, wird ein Geisterhäuschen aufgestellt. Vielerorts gibt es Schreine zur Verehrung des örtlichen Schutzgeistes (*neak ta*). Sehr verbreitet ist auch der Naga-Kult (s. S. 29).

In **Vietnam** hat sich der Geisterglaube mit Ahnen-, Heldenkult und Volksdaoismus vermengt. Daher tragen die Geister meist menschliche Züge. Je nach Bedeutung ist ihnen ein eigener Schrein (*nghe*) gewidmet. Das Versammlungshaus, *dinh*, ist dem Schutzgeist des Dorfes geweiht, der durch Kleidungsstücke oder Kopfschmuck versinnbildlicht wird. Dort finden neben religiösen Zeremonien auch Treffen der (männlichen) Dorfältesten statt, um örtliche Angelegenheiten zu besprechen. Der *den* (auch *mieu*) dient der Verehrung wichtiger historischer Gestalten. Dies können Dichter, Generäle, Könige, Honoratioren des Dorfes oder der Region, manchmal aber auch weniger ehrenhafte Gestalten sein. Im *dien* werden daoistische Gottheiten verehrt, darunter die Urmutter Au Co und andere Muttergottheiten (*mau*). Müssen wichtige Angelegenheiten entschieden werden, stehen bedeutende Ereignisse an, ist die Konsultation eines Astrologen unerlässlich. Kein Hausbau, keine Hochzeit, kein größeres Geschäft geht vonstatten, ohne dass nicht der günstige Augenblick dafür bestimmt werden würde. Oft sind es buddhistische Mönche, die den geeigneten Termin berechnen.

Zu Ehren der Ahnengeister findet in Kambodscha alljährlich im September/Oktober das seit dem 10. Jh. gefeierte Totenfest Bonn Pchoum Ben statt. Dazu werden ›ben‹ (in Kokosnussmilch gekochter Klebereis) und andere Süßspeisen zubereitet und den Verstorbenen geopfert, um deren Seelen – vor allem die der durch Unglück und Krankheit verstorbenen Personen – zu beschwichtigen.

Ahnenkult

Der Ahnenkult gehört zum wichtigsten Bestandteil der vietnamesischen Religiosität, in Laos und Kambodscha ist er unter einigen Volksgruppen verbreitet. Ein Mensch besitzt der vietnamesischen Vorstellung nach neun (bei Frauen) bzw. sieben (bei Männern) Lebenszentren – *phach* (chin.: *po*) oder *via* genannt – und drei Seelen, *hon*. Während die *via* nach dem Tod zur Erde zurückkehren, wandern die *hon* (chin.: *hun*) in das Totenreich. Diese Trennung wird durch das ›Zurückrufen der Seelen‹ vollzogen. Um die *hon* in der Familie zu halten, schaffen die Hinterbliebenen ihnen mit der Ahnentafel auf einem Altar – am schönsten Platz im Haus – eine neue Heimstatt. Zum Jahrestag eines Toten und zu Feiertagen wird unter Anleitung des ältesten Sohnes eine Gedenkzeremonie abgehalten, meist bis in die dritte Generation hinein. Als ›Gegenleistung‹ erwarten die Nachkommen von ihren Ahnen Schutz und Hilfe. Problematisch ist es, wenn das Verhältnis zum Verstorbenen zu Lebzeiten getrübt war, die Zeremonien nicht richtig durchgeführt wurden oder noch schlimmer die Verstorbenen keine Nachkommen hatten. Dann können sie Unruhe stiften, Probleme bereiten oder gar zu bösen heimatlosen Geistern werden, die hungrig umherirren. Zu ihrer Besänftigung errichtet man ihnen vielerorts Schreine als Heimstatt.

Traditionell werden die Toten an einem nach geomantischen Faktoren ausgesuchten Ort bestattet. Da dies heutzutage aufgrund der dichten Besiedlung nur sehr begrenzt möglich ist, hat sich vor allem in den urbanen Zentren die Feuerbestattung durchgesetzt. Die Urnen mit der Asche werden gewöhnlich in den Pagoden aufbewahrt.

Ahnentafeln (viet.: ›gia pha‹) sind etwa 10 cm breite, rot lackierte Holztafeln mit den Namen Verstorbener. Sie werden auf einem Altar aufgestellt, vor dem sich die Verwandten verbeugen und auf dem sie Opfergaben für die Seelen der Verstorbenen ablegen.

Hinduismus

Die Begegnung mit der indischen Geisteswelt gehört wohl zu den faszinierendsten Aspekten der südostasiatischen Geschichte. Was vor allem ins Auge fällt, ist die Tatsache, dass die Ideen des Subkontinents nicht im »Kielwasser eines die Welt erobernden Königs« in die Region kamen, sondern »wie der lebensspendende Regen« (S. K. Chatterji) auf friedliche Weise über die Handelswege. Kaum ein Aspekt des gesellschaftlichen Lebens, der nicht von indischem Gedankengut durchdrungen worden wäre, von der Gesetzgebung bis zur Naturwissenschaft, von der Schrift bis zum Tanz.

Die 1830 von britischen Gelehrten zum ersten Mal mit dem Begriff Hinduismus zusammengefassten religiösen Strömungen Indiens sind nur schwer auf einen Nenner zu bringen. Ist Hinduismus »allen alles«, wie Indiens erster Premier Jawaharlal Nehru zu sagen pflegte? Es findet sich der abstrakte Gedanke des All-Einen (*brahman*) neben der Verehrung unzähliger, menschliche Charakterzüge tragender Gottheiten, harte Askese neben überschwänglicher Lebenslust, Meditation neben starren Ritualen oder ekstatischen Tänzen, Tieropfer neben konsequenter Gewaltlosigkeit. In der bis ins zweite Jahrtausend v. Chr. zurückzuverfolgenden Entwicklungsgeschichte dieser Religion entwickelte sich eine Vielzahl oft gegensätzlicher Glaubensvorstellungen. Im Allgemeinen unterscheidet man folgende Perioden:

Kultur des Indus-Tals (2500–1500 v. Chr.): Naturphänomene wie Berge, Sonne, Mond oder Wind mögen während dieser Periode in Nordwest-Indien als personifizierte Gottheiten verehrt worden sein. Der Lingam ist als Symbol der männlichen Energie schon bekannt.

Vedische Periode (1500–800 v. Chr.): In einer Phase, geprägt vom Erstarken der aus dem Nordwesten nach Zentral-Indien eingewanderten arischen Stämme, entstehen die vedischen Schriften (*veda* = Wissen) und rituelle Texte. Der Polytheismus mit Opferritualen für die Natur- und Fruchtbarkeitsgottheiten (Indra, Agni, Surya etc.) und der Kult um Dämonenwesen (Yakshas, Nagas, etc.) ist fest ausgebildet.

Bei der Übernahme indischer bzw. hinduistischer Elemente kam es nie zum Verlust der eigenen Originalität. Offensichtlich bot der Hinduismus genügend Raum, um lokale Glaubensvorstellungen und Traditionen zu integrieren. Nur so ist zu erklären, dass sich die indisierten Kulturen der Khmer, Cham und Indonesier trotz vieler Gemeinsamkeiten zum Teil erheblich voneinander, aber auch von den Kulturen auf dem südasiatischen Subkontinent unterscheiden.

Shankara (788–820) war einer der bedeutendsten Denker und Heiler Indiens. Er trug mit seinen Schriften zur Erneuerung des Hinduismus bei, der zeitweise vom Buddhismus verdrängt worden war. Sein Name Shankara, auch ein Beiname Shivas, als dessen Inkarnation er galt, bedeutet ›heilbringend‹, ›wohltätig‹.

Jüngere vedische Periode (800–500 v. Chr.): Neben den fortbestehenden Naturgottheiten bilden sich abstrakte, nicht personifizierte Gottesvorstellungen heraus. Reformbewegungen wie Buddhismus und Jainismus wenden sich gegen das elitäre Brahmanentum. In den ›Upanishaden‹ wird eine Nach-Innen-Wendung (z. B. durch Yoga) vollzogen und der Gedanke popularisiert, dass jede Tat (*karma*) Konsequenzen für die nächste Wiedergeburt hat und Befreiung (*moksha*) aus dem Wiedergeburtskreislauf (*samsara*) durch religiöse Übungen möglich ist. Das ›Gesetz des Manu‹ beschreibt ein durch Hierarchie und Kasten gekennzeichnetes Gesellschaftssystem.

Zeit der Epen und Puranas (500 v. Chr.–500 n. Chr.): Die großen Epen ›Mahabharata‹ und ›Ramayana‹ entstehen; in den ersten nachchristlichen Jahrhunderten werden die Puranas (Götterlegenden) niedergeschrieben und bilden die Basis der Shiva-, Vishnu- und anderer Kulte. Mächtige Königreiche entstehen, allen voran das der Gupta-Dynastie (320–500). Indien strahlt künstlerisch in die gesamte Region aus. Über den zunehmenden Handel gelangen hinduistische Glaubensvorstellungen nach Südostasien, wo wahrscheinlich im 1. Jh. die ersten Shiva-Heiligtümer entstehen.

Mittelalter (500–1500): Die religiöse Verehrung (*bhakti*) der hinduistischen Hauptgottheiten, insbesondere von Shiva und Vishnu, gewinnt immer mehr an Bedeutung, es werden zahlreiche Gedichte und philosophische Werke (z. B. von Shankara) verfasst; Shaktismus, die Verehrung weiblicher Gottheiten, und Tantrismus mit esoterischen Praktiken breiten sich aus.

Shiva

Keine Hindu-Gottheit ist so vielschichtig und paradox wie Shiva. Als Teil der Hindu-Trinität (*trimurti*) mit Brahma und Vishnu ist er der Gott der Zerstörung. Doch ist er ebenfalls ein Gott des Erschaffens und Bewahrens, er ist der kosmische Tänzer und strenge Asket, der eifersüchtige Liebhaber und liebevolle Familienvater – in Shiva vereinen sich alle Gegensätze. In den Schriften ist er unter 1008 Namen bekannt, beispielsweise als Verheißungsvoller Herr (Bhadreshvara) oder Höchster Herr (Maheshvara); als Schrecken erregender ›Heuler‹ (Rudra), als Vernichter (Hara) und Zerstörer der Zeit (Kalasamhara); aber auch als der Sanfte (Shiva) und Wohltätige (Shankara). In entsprechend mannigfaltigen Formen wird er dargestellt und verehrt:

– als der meditierende Asket (Mahayogin) auf dem Berg Kailash im Himalaya. Aus seinem dritten Auge strömt ein Feuerstrahl, der den Liebesgott Kama, Symbol für Verlockung, vernichtet. Kama hatte ihn auf Befehl von Indra mit einem Blütenpfeil beschossen, um ihn in seiner Meditation zu stören und seine Aufmerksamkeit auf Parvati zu lenken. Aus seinem langen Haar fließt der Ganges, darin ist ein Halbmond zu erkennen, um seinen Körper schlängeln sich Kobras und in seiner Hand hält er eine Gebetskette.

– in zärtlicher Zweisamkeit mit Uma (Umamaheshvara), die neben ihm oder auf seinem Oberschenkel sitzt. Beide haben ihren Arm umeinander gelegt. In manchen Darstellungen reiten sie auf dem Bullen Nandi.
– als der König des Tanzes (Nataraja). Mit seinem Tanz bringt er einen Zeitabschnitt (*kalpa*) zu Ende, damit ein neuer beginnen kann. Der Tanz ist Symbol für seine grenzenlose Energie.
– in Gestalt eines Lingam (Zeichen). Der Phallus ist in Verbindung mit dem Yoni (Mutterschoß) Symbol für die schöpferische Energie (*shakti*) und repräsentiert den Raum, in welchem das Universum sich immer wieder neu erschafft und zerstört. Auf dem Lingam werden gelegentlich ein oder mehrere Gesichter dargestellt (Mukha-Lingam), bisweilen steht er in Gruppen. Als Verkörperung von Schöpfungs-, Bewahrungs- und Zerstörungskraft vereint der Lingam neben Shiva auch Vishnu (*vishnubhaga*), durch den oktogonalen Mittelteil, und Brahma (*brahmabhaga*), durch den unteren quadratischen Teil versinnbildlicht. Zu den Hauptzeichen von Shiva zählen der Dreizack, der Halbmond und das senkrechte Weisheitsauge; sein Begleitier (Vahana) ist der weiße Bulle Nandi.

Shiva-Skulptur im Thap-Mum-Stil, 12.–14. Jh., Cham-Museum, Da Nang

Vishnu

In vielfältigen Formen und Mythen wird der zweite Hauptgott, Vishnu, in seiner Rolle als Schöpfer und Erhalter gezeigt. Aus ihm wird die Welt geschaffen, in die er immer wieder in einer irdischen Form (*avatar*) herabsteigt, um sie zu retten, daher sein Name Vishnu, der Eintretende (von Skt.: *vish*, eintreten, durchdringen). Auf nachstehende Weise wird er häufig darstellt:
– als vierarmiger Vishnu (Narayana): Auf seinem Haupt trägt er eine Krone und hält in seinen vier Händen folgende Attribute: Kaurimuschel (*shankh*), Quell des Lebens in seinen Fünf Elementen (Wasser, Feuer, Luft, Erde, Himmel); Rad bzw. Diskus (*chakra*) mit sechs Speichen, Zeichen für ewige Erneuerung; Lotus (*padma*), Symbol für Reinheit und Energie, aus der die Schöpfung kommt; Keule (*gada*), physische und geistige Kraft. Ein Attribut kann auch durch den Bogen ersetzt sein. Er steht für das Ego und die Kraft der Illusion (*maya*).
– als liegender Vishnu (Vishnu Anantashayin): Auf der Weltenschlange Ananta (Unendlichkeit) liegend, die auf dem kosmischen Ozean schwimmt, wächst aus seinem Nabel ein Lotos hervor, auf welchem der Schöpfergott Brahma erscheint. Zu seinen Füßen sitzt Lakshmi und streichelt zärtlich sein Bein, damit er aus dem Schlaf erwacht. Vishnu ist hier der kosmische Mensch, in dem im Schlaf alles Gewesene vereinigt ist, damit es sich im neuen Zeitalter wieder entfalten kann.
– beim Quirlen des Ozeans: In einem weiteren Schöpfungsmythos, der u. a. im ›Mahabharata‹ und ›Vishnu-Purana‹ geschildert wird, kommt Vishnu in Gestalt der Schildkröte Kurma zur Erde. Dort versuchen die *deva* (Götter) und *asura* (Dämonen) bereits seit 1000 Jah-

ren durch das Drehen der Weltenschlange Vasuki um den Berg Mandara das Milchmeer zu quirlen, um dadurch die unsterblich machende Flüssigkeit *amrita* zu gewinnen. Bei dem Prozess entstehen die Göttin Lakshmi (Lotos), der weiße Elefant Airavata, das Urpferd Uccaishravas, die Kuh des Überflusses Surabhi und die *apsara*.

Neben weiteren Darstellungen wie Vishnu auf Garuda reitend oder das Meer durchschreitend sind seine zehn Inkarnationen von Bedeutung. In den bisherigen *yuga* (s. u.) ist Vishnu in folgenden Gestalten erschienen: 1. als Fisch Matsaya, 2. als Schildkröte Kurma, 3. als Eber Varaha, 4. als Menschenlöwe Narasimha, 5. als Zwerg Vamana, 6. als Rama mit der Axt, Parasurama, 7. als Rama, 8. als Krishna, 9. als Buddha. Die zehnte Inkarnation als Pferd Kalki steht noch aus.

Rama

Der Guru Valmiki schrieb das 24 000 Doppelverse umfassende Epos ›Ramayana‹ im 1. Jh. auf der Basis älterer Quellen nieder.

Die Abenteuer von Rama werden im ›Ramayana‹ beschrieben. Geboren in Ayodhya als Sohn des Königs Dasharata, heiratet er Sita, die Tochter des Königs Janaka. Weil Dasharata einem anderen Sohn die Krone versprochen hat, muss Rama mit seinem Halbbruder Lakshmana und seiner Frau in den Dandaka-Wald ziehen. Von dort lässt der zehnköpfige Ravana die schöne Sita auf seine Insel Lanka entführen. Mit Hilfe des Affenkönigs Sugriva und dem General Hanuman – beiden halfen Rama und Lakshmana zuvor, den Affen Valin zu besiegen – gelingt es ihnen, Sita aufzuspüren, sie nach langwierigen Kämpfen zu befreien und zu guter Letzt Ravana zu töten.

Krishna

»Das Vishnu-Konzept erreicht in Krishna seinen Höhepunkt, weil in Krishna seine menschliche Gestalt am vollständigsten, vollblutigsten und daher am überzeugendsten und emotional befriedigendsten ist.«
Sukumari Bhattacharji

Der an Schönheit unerreichbare, »einem lichtbestrahlten, hehren Saphirberg« gleichende Krishna, dessen Geschichte im ›Bhagavata-Purana‹ und ›Harivamsa‹ erzählt wird, avancierte zu einer eigenständigen Gottheit. Ihm liegen alle Hirtenmädchen zu Füßen, sein Flötenspiel zieht sogar wilde Tiere in den Bann. Vishnu erscheint als Krishna auf Erden, um die Schreckensherrschaft König Kamsas zu beenden. Nach vielen Abenteuern gelingt es Krishna, den Tyrann – dessen Neffe er ist – zu töten. Auch befreit er die Bauern von dem Schlangenkönig Kaliya, der das Wasser des Yamuna vergiftet und so alle daraus trinkenden Herdentiere tötet. Aus Mitgefühl Kaliya gegenüber lässt er ihn mit dessen Nagas ins Meer ziehen. In einer anderen Situation hebt Krishna den Berg Govardhana sieben Tage und Nächte lang in die Höhe, um die Hirten und ihre Herde vor den heftigen Regenschauern zu schützen, die Indra herabstürzen lässt.

Brahma, Shiva und Vishnu

In Harihara vereinen sich Shiva als der Zerstörer (Hara) und Vishnu als der Sündenvertilger (Hari). Beide Gottheiten sind in der Figur durch charakteristische Attribute zu erkennen. So findet sich auf der einen Seite der Figur die Kopfbedeckung Vishnus sowie zwei seiner Attribute, Muschel und Diskus, auf der anderen Seite erkennt man Shiva mit seinen langen Haaren, dem Weisheitsauge sowie dem Dreizack. Als *Trimurti* (Dreiheit) werden Shiva und Vishnu zusammen mit dem obersten, aber kaum verehrten Ahnherrn der Welt, Brahma (an seinen vier Gesichtern erkennbar), gezeigt und vereinen Schöpfung (Brahma), Bewahrung (Vishnu) und Zerstörung (Shiva).

Weitere Gottheiten

Göttinnen (Devi)

Weibliche Gottheiten kommen entweder als Partnerin eines Gottes oder eigenständig vor. Sie verkörpern die weibliche, schöpferische Energie (*shakti*) und können sowohl die positive, mütterliche Seite als auch die dämonische, zerstörerische Kraft repräsentieren.

»Ohne Göttin ist ein Gott wie etwa Shiva eine Leiche.«
Gavin Flood

Durga, die ›Schwer Zugängliche‹, war ursprünglich eine Muttergottheit und wurde zur Partnerin von Shiva. Von den Vishnuiten wird sie als Schwester Vishnus verehrt. Sie vereinigt die lebensbejahende wie die lebensvernichtende Kraft in sich. Zu ihren Attributen zählen Diskus, Muschel und verschiedene Waffen, ihr Begleittier (*vahana*) ist der Löwe.
Lakshmi, auch Shri genannt, ist Partnerin von Vishnu und gilt als Göttin der Schönheit, des materiellen Reichtums und Glücks.
Kali, die Schwarze, wird vorwiegend in Nordindien verehrt, wo ihr Kult ursprünglich entstand. Sie steht für das vernichtende, alles verschlingende Prinzip und wird mit herausgestreckter Zunge, langen Eckzähnen und flammendem Haar dargestellt. Manchmal steht sie auf einem Schlachtfeld mit Schädel und Knochen.
Mariyamman, die ›Mutter der Pocken‹, ist das südindische Pendant zu Kali. Einer Legende zufolge wurde sie in die Brahmanen-Kaste geboren und von einem sich als Brahmanen ausgebenden Unberührbaren in die Ehe gelockt. Daraufhin beging das Mädchen Selbstmord und wurde zu einer rachsüchtigen Gottheit. Ihr zu Ehren fügen sich Gläubige oft Selbstkasteiungen zu.
Parvati, die Tochter des Berges (personifiziert durch den Gott Himavan), ist das Sinnbild für eine ergebene Ehefrau und gute Mutter. Meist wird sie zusammen mit ihrem Gatten Shiva dargestellt oder mit beider Söhnen Ganesha und Skanda. Zu ihren Attributen zählen Gebetskranz, Spiegel und Krone.
Sarasvati, die Fließende, ist bereits in den ›Veden‹ als Mutter- und Weisheitsgottheit bekannt und avancierte später zur Göttin des Lernens und der schönen Künste. Sie war ursprünglich zusammen mit der Göttin Ganga die Frau Vishnus, der sie aber wegen des ewigen Gezänks zwischen den beiden an Brahma abgab. Daher wird sie auch Brahmi genannt. Man stellt sie häufig mit dem Saiteninstrument Vina dar, ihr Vahana ist die Gans. Sarasvati ist auch der Name des mythischen Flusses, der in Allahabad mit Ganges und Jamuna zusammenfließen soll.

Uma ist ein anderer Name von Parvati und repräsentiert die lebensbejahende Energie. Ihr Vahana ist die Kuh.

Dikpala – die acht Wächter der Weltregionen

Die Vorstellung, dass jeder Himmelsrichtung – einschließlich der Zwischenrichtungen – eine Wächtergottheit (*dikpala*) vorsteht, ist bis heute im hinduistischen Kulturkreis weit verbreitet. So finden sich die größtenteils vedischen Gottheiten häufig auch bei Khmer-Heiligtümern, sei es als einzeln stehende Skulptur oder als Relief. Oft sind die Gottheiten nur an ihren Vahana zu erkennen.

Osten: Indra, der König der Götter, auf dem dreiköpfigen Elefanten Airavata, wacht über die Richtung der aufgehenden Sonne.

Südosten: Agni, Gott des Feuers, auf dem Rhinozeros.

Süden: Yama, Gott des Todes und Richter über die Verstorbenen, auf dem Büffel. Im Süden liegen auch die 32 Höllen. Begleitet wird er zuweilen von seinem Assistenten Dharma, der die Urteile verkündet, und dem Buchhalter Chitragupta (mit Stab dargestellt), der jede Tat in seinem Sündenregister aufgeführt hat.

Südwesten: Nirriti, Göttin des Unheils, auf einem Yaksha.

Westen: Varuna, Gott des Wassers, auf zumeist vier Hamsa-Vögeln.

Nordwesten: Vayu, Gott des Windes, auf dem Pferd.

Norden: Kubera, Gott des Reichtums, meist auf einem Lotossockel oder Thron.

Nordosten: Ishana bzw. Isha (Herr), ein Aspekt Shivas, auf dem Bullen Nandi.

Himmlische Wesen und Dämonen

Zahllose Untergottheiten, Himmelwesen, Wächterfiguren und Dämonen bevölkern die hinduistische Götterwelt. Folgende sind in der Tempelarchitektur häufig vertreten:

Apsara: Die traumhaft schönen himmlischen Tänzerinnen bewohnen den Berg Meru und unterhalten dort die Götter mit Tanz, Gesang und Liebesspiel.

Dvarapala: Die Wächter (*pala*) des Tores (*dvara*) können verschiedene Formen annehmen. Meist flankieren sie zu zweit einen Eingang und werden stehend oder kniend in menschlicher Gestalt oder als Dämon abgebildet. Ihre Aufgabe ist es, das Heiligtum vor Bedrohungen zu schützen.

Ganesha: Der dickbäuchige Elefantengott, auch Ganapati (Herr der Scharen) genannt, gilt als Sohn von Shiva und Parvati. Man verehrt ihn als Gott der Weisheit. Die von Alltagssorgen Geplagten rufen ihn um Hilfe an, damit er ihnen die Hindernisse aus dem Weg räumen möge. Ganesha wird zumeist mit menschlichem Körper und immer mit Elefantenkopf dargestellt, für den es eine Reihe von Erklärungen gibt. Zu Ganeshas Kennzeichen zählen ein abgebrochener Stoßzahn und eine mit Süßigkeiten gefüllte Schale. Um sei-

---

Einer Geschichte zufolge wurde Ganesha von Parvati aus Salben und Schlamm geformt, um sie während ihres alltäglichen Bades zu bewachen. Als Shiva nach längerer Zeit der Abwesenheit sie besuchen wollte, aber von Ganesha nicht vorgelassen wurde, schlug er ihm erzürnt den Kopf ab. Um dies wieder gutzumachen, versprach er Parvati, den Kopf zu ersetzen, fand aber nur den eines Elefanten, der gerade des Weges kam.

nen fülligen Bauch ist eine Schnur mit Schlangenkopf gebunden; sein Vahana ist die Ratte.

Garuda: Der Fürst der Vögel ist das Trägetier Vishnus. Er wird auch als eigenständige Gottheit verehrt und symbolisiert die Kraft des Windes und der Sonne. Meist in menschlicher Gestalt mit Vogelkopf und Flügel abgebildet, gilt er als Widersacher der Naga-Schlange, die er in verschiedenen Begebenheiten bezwungen.

Kala: Sein Kopf ist unabdingbarer Bestandteil der Tempelarchitektur der Khmer und (seltener) der Cham. Auf zahlreichen Türstürzen ist die körperlose Gottheit zu erkennen. Kala bedeutet Zeit, und so wird der Dämon als Herrscher über die Zeit verstanden, der den ins Heiligtum eintretenden Menschen ›verschlingt‹ und in die Sphäre der Götter befördert.

Kinnara/Kinniri: Die himmlischen Vogelmenschen leben in einem eigenen Reich, tauchen aber gerne in der Menschenwelt auf, wo es nicht selten zu folgenschweren Begegnungen kommt. So manche dramatische Liebesgeschichte hat Eingang in die Volksliteratur gefunden (s. S. 395).

Makara: Die als Seeungeheuer dargestellten Fabelwesen – oft in Gestalt eines Krokodils oder Drachen – zählen zu den beliebtesten Stilelementen sowohl der hinduistischen als auch der buddhistischen Tempelarchitektur und zieren Dächer, Terrassen, Friese oder Portale. Nicht selten ranken aus ihren Mäulern Naga-Schlangen oder Girlanden. Als Wesen der Meere, Seen und Flüsse symbolisieren sie die Lebenskraft des Wassers.

Naga: Zu den ältesten Kulten Süd- und Südostasiens gehört die Verehrung der Schlange, meist in Form einer Kobra. Sie symbolisiert Fruchtbarkeit und grenzenlose kosmische Energie, aber auch den ewigen Kreislauf der Zeit. Nagas tauchen in unzähligen Mythen auf, als Weltenschlange Ananta, auf der Vishnu ruht, als Vasuki beim Quirlen des Milchmeeres, als Gegenspieler von Garuda. Sehr häufig finden sich Nagas mit drei, fünf, sieben, neun oder mehr Köpfen, etwa in Gestalt des siebenköpfigen Naga-Königs Mucalinda, der Buddha schützt. Naga-Darstellungen gehören neben den Makaras zu den gängigsten Elementen der hinduistischen und buddhistischen Tempelarchitektur.

Rakshasas: Wie die Yakshas sind sie Vegetationsgeister, doch böswillig. Sie bedrohen oder töten Menschen, selbst Götter müssen unter ihrer Boshaftigkeit leiden. Einer der bekanntesten Rakshasas ist Ravana.

Simha: Das für Kraft und Macht stehende Symboltier (Löwe) ist sehr häufig vor Eingängen oder Zufahrten zu Tempeln dargestellt.

Skanda: Er gilt als jüngerer Sohn von Shiva und Parvati und genießt als Gott des Krieges Verehrung. Daher hält er in seinen Händen – die Zahl der Arme variiert – verschiedenartige Waffen. Er ist an seinem Trägetier, dem Pfau, erkennbar.

Yaksha: Als Vegetationsgeister und Fruchtbarkeitsgenien verkörpern sie die Naturkräfte und nehmen unterschiedliche Gestalten an. Für gewöhnlich sind sie guter Natur, allerdings können sie auch bos-

Garuda hatte einmal den Mond unter seinen Flügeln verschwinden lassen, und keiner der Götter – außer Vishnu – hatte vermocht, ihn zu bezwingen.

Kala ohne Körper: In einem Zornesausbruch schuf Shiva einen gefräßigen Dämonen, der Rahu, den Boten des Königs Jalandhara, verschlingen sollte. Rahu nahm Zuflucht zu Shiva, der von seiner Rache absah und dem Dämonen befahl, sich selbst zu verzehren – bis nur noch das löwenähnliche Gesicht übrig blieb. Er nannte den Dämon Kirthi-Mukha, ›Antlitz der Glorie‹, und bestimmte ihn zum Wächter der Schwelle.

haft werden und z. B. Eremiten und Mönche in ihrer Meditation stören. Ihr Anführer ist Kubera, der Gott des Reichtums. In der Ikonographie bewachen sie als Hüter irdischer Schätze die Eingänge.

Zeit

Die hinduistische Kosmologie basiert auf einem zyklischen Zeitverständnis. Bereits im ›Gesetz des Manu‹ wird ein Weltzyklus in vier Weltalter (*mahayuga*) eingeteilt, in *Krita Yuga*, *Treta Yuga*, *Dvapara Yuga* und *Kali Yuga*. Die Menschheit befindet sich gegenwärtig im Kali Yuga, dem finsteren Weltalter, das 432 000 Jahre beträgt. Insgesamt währt ein Mahayuga 4,32 Millionen Jahre. 1000 Mahayuga (= 4,32 Milliarden Jahre = ein *kalpa*) sind ein Tag des Gottes Brahma. Erst nach der anschließenden Brahma-Nacht, die genauso lange dauert, kann ein neuer Weltzyklus beginnen.

Der König – Mittelpunkt der Welt

Kein Bild wäre passender, als die Rolle des Königs mit der Mitte eines Mandala zu vergleichen. Von ihm geht alle Macht aus, auf ihn ist alles ausgerichtet. Dem ›Gesetz des Manu‹ zufolge setzt sich der Herrscher aus Teilen der Götter zusammen und überragt daher alle Lebewesen. Er ist die *axis mundi*, die Weltachse als Verbindung zwischen dem Göttlichen und Weltlichen; er ist der Weltenherrscher *chakravartin*, der im Zentrum des Rades (*chakra*) ist; und er ist der *dharmaraja*, Herrscher über die religiösen und ethischen Pflichten (*dharma*). Als Konsequenz daraus erfüllt der Herrscher zwei Funktionen: Er ist einerseits für die Ordnung in seinem Land zuständig und muss das Volk als oberster Kriegsherr vor äußeren Feinden schützen und als oberster Richter für Gerechtigkeit im Inneren sorgen. Andererseits ist er für die kosmische Ordnung zuständig. Um sie zu gewährleisten, lässt er einen Staatstempel errichten. Dort verehrt er den Schutzgott in Gestalt eines Kultobjektes (Lingam, Vishnu-, auch Buddha-Statuen etc.). Ist der Königspalast Zentrale der politischen Macht, so ist der Staatstempel Zentrum der spirituellen Macht.

Buddhismus

Der Überlieferung zufolge veranlasste der indische König Ashoka (reg. ca. 268–232 v. Chr.) die Asche des Buddha als Reliquien unter acht Völkern zu verteilen und für die Reliquien jeweils einen Stupa zu errichten. Auch sandte der König buddhistische Missionare nach Süd- und Südostasien aus, sodass sich der Buddhismus dort – meist parallel zum Hinduismus – langsam, aber stetig ausbreitete. Mit der Zunahme des Seehandels ab dem 1./2. Jh. besuchten zudem immer mehr buddhistische Mönche aus Indien die damaligen Metropolen Luy Lau im Delta des Roten Flusses, Oc Eo im Mekong-Delta und Angkor

»Nur sehr wenige der unzähligen Statuen von Vishnu und Shiva oder anderer Gottheiten, die uns das Khmer-Reich hinterlassen hat, waren idealisierte oder unpersönliche Repräsentationen dieser Gottheiten. Die große Mehrheit von ihnen waren Portraits von Königen und Prinzen und hoher Würdenträger. Jeder von ihnen war als ein Gott dargestellt, in welchen er am Ende seiner Existenz aufgenommen werden wollte. Die Namen, die den Statuen gegeben wurden, meist eine Kombination der Namen des Menschen und des Gottes, deuten unmissverständlich darauf hin, dass die Menschen als Gottheiten verehrt wurden.«
Georges Cœdès

Borei, südlich von Phnom Penh. Doch während in Vietnam bereits im ersten Jahrtausend der Buddhismus in seiner Mahayana-Richtung Fuß fasste, setzte sich in Kambodscha der Buddhismus erst ab dem 13. Jh., als das Angkor-Reich mehr und mehr zerfiel, durch, und zwar in Form des Hinayana- oder Theravada-Buddhismus. In Laos begann seine Blütezeit mit der Etablierung des ersten laotischen Reiches Lan Xang ab Mitte des 14. Jh.

Als Begründer des Buddhismus gilt Siddharta Gautama, der historische Buddha Shakyamuni. Siddharta Gautama wurde in ein Adelsgeschlecht der Shakya (daher Shakyamuni: der Weise aus dem Hause Shakya) geboren. Der Überlieferung zufolge wurde er bei Ausritten aus seinem Palast mit dem Leiden der Menschen, mit Alter, Krankheit und Tod konfrontiert. Diese Erfahrung ließ ihn sein bisheriges bequemes Leben am Hof seines Vaters, des Königs von Kapilavastu, aufgeben. Er verließ Frau und Kind, um als Wanderasket durchs Land zu ziehen – auf der Suche nach dem Weg, die Leiden zu überwinden. Er besuchte berühmte Gurus, Lehrmeister, meditierte einsam im Wald und praktizierte einige Zeit lang mit fünf Gleichgesinnten eine extreme Form der Hungeraskese. Auf diese Zeit verweisen Darstellungen Shakyamunis als ausgemergelter Asket. Als aber diese Form der Selbstaufopferung ihm nicht zur Erleuchtung verhalf, änderte er seine Praktiken erneut und widmete sich der Meditation. Als 35-jähriger erfuhr er schließlich unter einem *Ficus religiosa* (Bodhi-Baum) im heutigen Bodh Gaya Erleuchtung und wurde zum Buddha. In der dritten Nachtwache unter diesem Baum soll er die Ursache allen Leidens und den Weg zu seiner Überwindung erkannt haben. Seine neue Erkenntnis formulierte er in den **Vier Edlen Wahrheiten** und legte sie in Sarnath (bei Varanasi/Benares) erstmals dar. Bald sammelte er zahlreiche Schüler, darunter Könige, um sich. Er gründete einen Mönchs- (Bhikkhu-Sangha) und Nonnenorden (Bhikkhuni-Sangha), die zu mächtigen Institutionen heranwuchsen. Nach über 40 Jahren Lehrtätigkeit starb er in Kushinara. Während die buddhistische Zeitrechnung mit seinem Tod im Jahr 544/543 v. Chr. beginnt, setzen andere Überlieferungen 484/483 v. Chr. als Todesjahr fest. Neuere Forschungen hingegen vermuten anhand nordindischer Quellen nunmehr, dass er um etwa 370 v. Chr. verstorben ist. Bald nach Buddhas Ableben versammelten sich seine Schüler in Rajagaha, um die Lehre auf der Basis seiner zahlreichen Unterweisungen verbindlich festzulegen. Da die damalige Verkehrssprache Pali war, wird das Lehrgebilde heute ›Palikanon‹ genannt.

Der Theravada-Buddhismus

Die Theravada-Schule betrachtet sich als die ursprünglichste noch existente Form des Buddhismus und beruft sich auf den Palikanon. Im Theravada-Buddhismus liegt die Betonung auf der Erlösung des Einzelnen aus eigener Kraft. Daher bildet der Arhat und nicht wie im Mahayana der Bodhisattva das Ideal eines Adepten (s.u.).

In der ersten Rede nach seiner Erleuchtung legte Buddha im Gazellenhain von Sarnath (bei Varanasi)»die Lehre von den Vier Edlen Wahrheiten dar:
1. alles Dasein ist leidhaft;
2. Ursache allen Leidens ist Begierde und Anhaftung;
3. nur durch die Befreiung von der Begierde kann Leiden überwunden werden;
4. den Weg zur Befreiung vom Leiden bildet der Edle Achtfache Pfad. Er umfasst: rechter Glaube, rechte Gesinnung, rechte Rede, rechtes Tun, rechte Lebensführung, rechte Anstrengung, rechte Achtsamkeit und rechte Meditation.

Im 1. Jh. v. Chr. wurde der gesamte Kanon in Sri Lanka erstmalig auf den Blättern der Talipotpalme niedergeschrieben und in drei Gruppen (Pali: ›Tipitaka‹, Skt.: ›Tripitaka‹ = Drei Körbe) unterteilt: die Ordensregeln (›Vinaya Pitaka‹), die Lehrreden Buddhas (Pali: ›Sutta Pitaka‹, Skt.: ›Sutra Pitaka‹) und die erst später hinzugefügte systematisierte Lehre (Pali: ›Abhidhamma Pitaka‹, Skt.: ›Abhidharma Pitaka‹).

Grundlage des Buddhismus ist die Lehre von der Unbeständigkeit (*anicca*) und dem Entstehen in gegenseitiger Abhängigkeit (*pratitya samutpada*), wonach alle Erscheinungen in einer dynamischen Kausalität miteinander in Verbindung stehen. Alles ist dem ständigen Prozess des Werdens und Vergehens unterworfen. Weder gibt es ein unvergängliches göttliches Sein (*brahman*) noch ein ewiges Selbst (*atman*), wie es der Hinduismus lehrt. Der Doktrin vom Nicht-Selbst (*anatta*) zufolge kann das Selbst nicht dauerhaft existieren, sondern ist ein sich permanent veränderndes Zusammenwirken der fünf Daseinsgruppen (*skandha*) Körper, Sinnesempfindungen, Sinneswahrnehmung, Geistesregung und Bewusstsein. Die Reinkarnation des Selbst, das von Körper zu Körper wandert, kann es demnach nicht geben. Wiedergeboren wird die angehäufte karmische Energie, die entsteht, wenn begangene Taten von Gier, Hass und Verblendung motiviert sind. Erst wenn Denken und Tun völlig davon frei sind, kann der Wiedergeburtenkreislauf (*samsara*) beendet und das *nirvana*, die völlige Freiheit und Begierdelosigkeit, erreicht werden. Mit dem Tod nach der letzten Wiedergeburt, in der man als Arhat (Heiliger) zur höchsten Stufe der Vollkommenheit gelangt ist, wird *parinirvana*, das komplette Verlöschen, erreicht. Der Lehre vom Mittleren Weg zufolge sollen Extreme vermieden werden, denn weder radikale Askese noch genusssüchtiger Lebenswandel helfen zu Erkenntnis und Erleuchtung. Es ist der Weg der goldenen Mitte, der »sehend macht, Wissen erzeugt, zu Beruhigung, zu höherer Erkenntnis, Erleuchtung und Verlöschen führt« (›Samyutta Nikaya‹, dritte Sammlung des ›Sutta Pitaka‹).

In der buddhistischen Ethik stellen die Fünf Regeln (*panchasila*) den Rahmen des Zusammenlebens dar: Nicht töten, nicht stehlen, keine sexuellen Verfehlungen, nicht lügen und keine berauschenden Mittel zu sich nehmen. Zudem gilt es, sich allen Wesen liebevoll zuzuwenden (*maitri*), ihnen Mitgefühl (*karuna*) und Mitfreude (*mudita*) entgegenzubringen und dabei gelassen (*upeksha*) zu bleiben.

Mahayana-Buddhismus

Bereits wenige Jahrzehnte nach Buddhas Tod spaltete sich die junge Religion in mehrere Schulrichtungen (*nikaya*) auf, die sich trotz Einigungsversuchen bei den Konzilen in Vesali (383/ca. 280 v. Chr.?) und Pataliputra (um 242 v. Chr.) immer weiter voneinander entfernten. Es gab sowohl Differenzen bezüglich der monastischen Disziplin als auch hinsichtlich der Lehrinterpretation. In Anlehnung an die im 2. Jh. v. Chr. aufkommende hinduistische Bhakti-Tradition – dort steht die Hingabe (*bhakti*) an Gott und dessen Verehrung im Mittelpunkt der Frömmigkeit – entwickelten sich zudem Kulte um verschiedene Buddha- und Bodhisattva-Gestalten (s. u.), zu denen eine eigene Literatur entstand. Wann sich aus einer der Splittergruppen der Mahayana, das ›große Fahrzeug‹, als eigenständige Richtung entwickelte, ist unklar.

Ähnlich wie die Flamme durch die Kraft des Windes verlischt, so gelangt der schweigende Weise, befreit von Name und Form, an sein Ziel. Er erlangt einen Zustand, den niemand beschreiben kann...
Nach dem ›Sutta Pitaka‹

Buddhismus: Mahayana-Buddhismus

Buddha Shakyamuni geht in das Nirvana ein, Phnom Santuk bei Kompong Thom, Kambodscha

Wohl das maßgeblichste Charakteristikum des Mahayana liegt in der Neuinterpretation des Bodhisattva-Konzeptes. Bezeichnete Buddha mit dem Begriff Bodhisattva seine früheren, in den Jatakas beschriebenen Existenzen, so wurde der Terminus im Mahayana umfassender. Jeder kann ein Bodhisattva sein, sofern er folgende Voraussetzungen erfüllt: 1. er hat das Verlangen nach der vollkommenen Erleuchtung; 2. Mitgefühl und Weisheit bestimmen seine Existenz; 3. er verzichtet auf das vollkommene Erlöschen aus Mitgefühl zu den leidenden Wesen. An die Stelle des selbstbezogenen Arhat-Ideals im Theravada tritt im Mahayana das selbstlose Bodhisattva-Ideal, welches jeder Gläubige, ob Mönch oder Laie, anstreben kann. Dazu helfen ihm die sechs bzw. zehn Vollkommenheitsstufen (*paramita*). Zur Seite stehen dem Gläubigen zudem die Transzendenten Bodhisattvas – bereits weit fortgeschrittene Erleuchtungswesen –, deren Bedeutung in vielen Texten wie dem ›Lotos-Sutra‹, dem ›Vimalakirti-nirdesha-Sutra‹ oder in der Weisheitsliteratur (›Prajñaparamita‹) beschrieben wird. Um sie entwickelte sich ein volkstümlicher Kult, in welchen sich teils hinduistische, teils daoistische Elemente mischen.

Im 2. Jh. n. Chr. hatten sich zwei einflussreiche philosophische Schulen des Mahayana herausgebildet. Die von dem großen Gelehrten Nagarjuna geprägte **Madhyamika-Schule** vertrat u. a. die Auffassung, dass Wirklichkeit nicht in Sprache gefasst werden könne und letztlich alles ohne Wesenhaftigkeit, also leer sei. Diese Leerheit versuchte Nagarjuna durch die Relativität gegensätzlicher Begriffe zu belegen. Dadurch dass alles nur durch sein Gegenteil besteht, ist es nicht wirklich existent. Charakteristisch für seine Lehre ist zudem eine besondere Dialektik, mit der gegnerische Meinungen ad absurdum geführt werden. Einer anderen Schule, **Yogachara**, zufolge ist die erfahrene Welt ein Entwurf des menschlichen Bewusstseins. Alles

Paramita
1. Freigebigkeit,
2. Sittlichkeit,
3. Geduld,
4. Tatkraft,
5. Meditation,
6. Weisheit,
7. richtige Methodik,
8. Vorsatz,
9. Kraft,
10. Wissen.

König Tran Thai Tong lebte nach seiner Abdankung 20 Jahre lang zurückgezogen als Mönch und starb 60-jährig im Jahr 1277. Berühmt wurde er durch seine beiden Bücher, ›Führer zur Meditation‹ und ›Lektionen für das Leerwerden‹. Paradoxe Aussprüche (›kung an‹; jap. ›kōan‹) wie folgender sind typisch für sein Denken: »Ein Mönch fragt den Meister Muc Chau: ›Kann man den gesamten buddhistischen Kanon während eines Atemzugs lesen?‹ Muc Chau entgegnet: ›Wenn Ta La, der Kuchenverkäufer, vorbeikommt, sag ihm, er soll hereinkommen.‹«

Wahrnehmbare ist nur Geist; so wie keine Dinge als Objekte bestehen, gibt es auch kein Subjekt der Erfahrung. Sie systematisierte zudem die Lehre von den drei Körpern des Buddha (*trikaya*), wonach Buddha auf drei verschiedenen Ebenen (grobstofflich, feinstofflich und formlos) existiert. Das Denken dieser Schulen sollte große Auswirkungen haben. Buddha wurde nunmehr weniger als historische Person, sondern vielmehr als Wesensbestimmung gesehen. Allen Dingen, so der Gedanke, wohnt die Buddha-Natur inne.

Die Lehre von der Leerheit (*shunyata*), welche jegliche Unterscheidung und Abgrenzung als rein gedankliches Konstrukt betrachtet, bildete die Grundlage des **Meditations-Buddhismus** (*dhyana*), der sich ab dem 6. Jh. in China (*chan*), später auch in Korea (*son*) und Japan (*zen*) entfaltete. Nach Vietnam gelangte das Thien, wie es dort genannt wird, im Jahr 580 mit dem indischen Mönch Vinitaruci (gest. 591) und erreichte einen Höhepunkt in der Ly- (1009–1224) und Tran-Dynastie (1225–1400). Diese Richtung wurde in der Kunst (Kalligrafie, Dichtung) enorm einflussreich und ist bis heute lebendig. Wohl fehlt ihr wegen der monastischen Ausrichtung und strengen Meditationspraxis der volkstümliche Charakter, doch haben die klaren Erklärungen, vor allem aber die einfache Bildersprache das Denken der geistigen Elite stark beeinflusst. Aussprüche wie jener von König Tran Thai Ton (reg. 1225–58), »nur wer selbst trinkt, weiß genau, ob der Trank warm oder kalt ist« zur Verdeutlichung, dass nur die eigene Erfahrung zählt, haben sich tief eingeprägt.

Seit dem 11. Jh. fand unter dem Einfluss des chinesischen Mönchs Thich Thao Duong in der einfachen Bevölkerung Vietnams der **Reine-Land-Buddhismus** Verbreitung. Hier steht die Anrufung des Buddha-Namens (viet.: *niem phat*) im Vordergrund, um Hilfe von Amitabha (viet.: A Di Da), dem Buddha des Unermesslichen Lichts, zu erflehen. Bereits im 1. Jh. wurde in der Schrift ›Sukhavati-Vyuha‹ das Reine Land des Westens, Sukhavati, beschrieben. Um dorthin zu gelangen, solle man immerzu den Buddha-Namen auf den Lippen haben. Daher sprechen Andächtige zu jeder Gelegenheit die Formel »Nam Mo A Di Da Phat«, »Verehrung dem Buddha Amitabha«.

Buddhistische Ikonographie
Kennzeichen eines Buddha

Unmittelbar nach dem Tod des Buddha begannen die Anhänger mit der Verehrung seiner Reliquien, für die sie Stupas errichteten. Spätestens im 3. Jh. v. Chr., als der Buddhismus unter Ashoka sich großflächig ausbreitete, war der Stupa-Kult fest etabliert. Vermied man in der Anfangszeit die bildliche Darstellung des Erleuchteten und stellte ihn durch Symbole wie Rad, Fußabdruck, Bodhi-Baum oder Stupa dar, so änderte sich dies ab Ende 1./Anfang 2. Jh., als in den beiden Zentren des Kushan-Reiches im Süden von Delhi (Mathura) und in Pakistan (Gandhara) die ersten Bildnisse entstanden. Bereits damals wurde das Konzept der 32 Kennzeichen eines Großen Wesens (*mahapurusha lakshana*) angewandt. Viele der Merkmale, die einen Buddha oder Weltenherrscher (*chakravartin*) auszeichnen, beziehen sich auf das wohlproportionierte attraktive Aussehen eines perfekten Menschen: lange Finger, Beine einer Antilope, Kinn und Oberkörper eines Löwen, Augenwimpern einer Kuh, blaue Augen, 40 gleichmäßige, strahlend weiße Zähne, etc. Einige wurden zum Charakteristikum der Buddha-Darstellung schlechthin, allen voran ein Schädelauswuchs (*ushnisha*), die kurz gelockten Haare, die meist als Punkt angedeutete Haarlocke zwischen den Augenbrauen (*urna*), drei Halsfalten oder ein Rad mit ›1000 Speichen‹ an seinen Fußsohlen und Handflächen. Weitere Erkennungszeichen sind lange Ohren in Erinnerung an seine noble Herkunft (als Prinz trug er prächtige Ohrgehänge) und die einfache togaartige Mönchsrobe.

In der Kunst sind die Buddha-Gestalten meist schwer zu unterscheiden. Der historische Buddha der Gegenwart, **Shakyamuni**, wird häufig in Begleitung seiner engsten Schüler Ananda (als junger Mönch) und Mahakashyapa (als alter Mönch) dargestellt. Populär ist auch seine Darstellung als Kind, die linke Hand nach oben weisend, die rechte nach unten. Manchmal umgeben ihn neun Drachen, die der Tradition nach zu himmlischen Gesängen mit ihrem Speichel den Neugeborenen badeten. Shakyamuni in ausgemergelter Gestalt, Shakyamuni auf dem Schneeberg (viet.: Tuyet Son) genannt, erinnert an seine Zeit der Askese. In einer Dreiergruppe wird Shakyamuni als Buddha der Gegenwart in der Mitte dargestellt, begleitet von **Maitreya** als Buddha der Zukunft und **Dipamkara** als Buddha der Vergangenheit. Buddha **Amitabha** wird vielfach zwischen den beiden Bodhisattvas Avalokiteshvara und Mahasthamaprapta gezeigt. Auf seiner Brust ist zuweilen ein Svastika (Hakenkreuz), Symbol für das Rad der Lehre, zu sehen.

Nicht ungewöhnlich sind Bildnisse des Erleuchteten mit Krone und königlichem Gewand – **Buddha als Weltenherrscher, der gekrönte Buddha**. Offensichtlich wird Bezug auf das ›Mahaparinirvana-Sutra‹ (Pali: ›Mahaparinibbana-Sutta‹) genommen, in welchem er den Titel König der Könige erhält. Wo Mahayana-buddhistische Einflüsse vorhanden sind, kann es sich auch um eine Darstellung des Maitreya-Buddha handeln (s. u.).

Wandmalereien und Reliefs illustrieren sowohl die früheren Existenzen, wie sie in den ›Jatakas‹ überliefert sind, als auch die letzte Inkarnation des Buddha als Shakyamuni. Biografische Begebenheiten, aber vor allem die Wundertaten, wie sie in den Buddha-Biografien ›Mahavashtu‹ (zwischen 2. Jh. v. Chr. und 4. Jh. entstanden) und ›Lalitavishtara‹ (1.–4. Jh.) fantasiereich geschildert werden, sollen die gläubigen Betrachter belehren und erbauen.

Mudras, Asanas und Sthanas
Handhaltung (*mudra*) und Körperposition, Letztere unterschieden in Stand- (*sthana*) und Sitzhaltungen (*asana*) einer Buddha-Statue, beziehen sich auf bestimmte, oft legendäre Lebensereignisse des Erleuchteten oder Aspekte seiner Lehre.

Das Motiv des gekrönten Buddha wird auch mit einer Legende in Verbindung gebracht: Um dem hochmütigen König Jambupati die Nichtigkeit seines Reichtums vor Augen zu führen, erschien ihm Buddha in solch prachtvollen Gewändern, wie er sie noch nie gesehen hatte. Reumütig sah der König von Panchala seinen Hochmut ein und wurde zu seinem bescheidenen Anhänger.

Fast jedes Schulkind kennt eine der insgesamt 547 ›Jatakas‹ (Geburtsgeschichten) oder eine Erzählung aus den ›Avadanas‹ (Heldentaten) mit Beschreibungen heroischer Leistungen Buddhas und anderer buddhistischer Heiliger. In den ›Jatakas‹ werden volkstümlich nah die selbstlosen Taten des Buddha in einer seiner früheren Existenzen – sei es als Tier oder als Prinz – geschildert. Viele Ausführungen gehören zur vorbuddhistischen Volksliteratur Indiens und wurden wegen ihres von Selbstlosigkeit und Klugheit geprägten Kerns in den ›Palikanon‹ aufgenommen.

Glaubenswelten und ihre Ikonographie

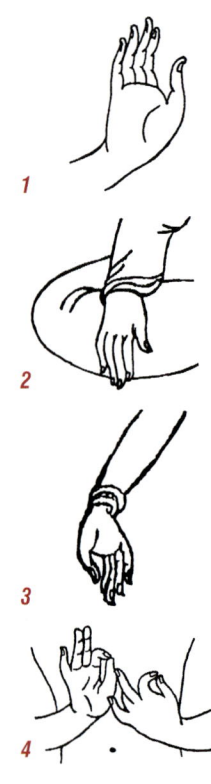

1 Abhaya-mudra
2 Bhumiparsha-mudra
3 Dharmachakra-pravartana-mudra
4 Varada-mudra

Liegend: Erinnerung an den Tod Buddhas (Parinirvana).
Stehend: Buddhas Rückkehr aus dem Himmel der 33 Götter (Tavatimsa), wo er eine Regenzeit lang seiner Mutter Maya gepredigt hatte. Selten, meist auf Gemälden, wird Buddha schreitend dargestellt.
Sitzend: Die geläufigste Darstellung ist Buddha im Meditationssitz. Entweder sind beide Beine im Diamant- oder Lotossitz gekreuzt (*vajra-* oder *padmasana*) oder ein Bein ruht auf dem anderen (*paryanka*). Seltener ist der ›Westliche Sitz‹ (*pralambapadasana* oder *bhadrasana*) mit nach unten ausgestreckten Beinen.
Die sechs klassischen Handhaltungen sind:
Abhaya-mudra: Geste der Furchtlosigkeit und Ermutigung.
Bhumisparsha-mudra oder **Maravijaya-mudra** (2): Erdberührungsgeste oder Geste des Sieges über Mara. Kurz vor der Erleuchtung stehend, wird Buddha von Mara (Sanskrit für Tod oder Mörder) – Verkörperung der Leidenschaften und des Begehrens – in Versuchung geführt. Als Zeugin seiner Standhaftigkeit berührt Buddha die Erde. Auf Gemälden oder Reliefs erscheint vielfach die Erdgöttin Bhumidevi. Aus ihrem langen Haar wringt sie Wasser aus, das die Armee des Mara wegschwemmt. Wasser in diesem Zusammenhang ist das Symbol für das angesammelte gute Karma aus den früheren Existenzen Buddhas.
Dharmachakra-(pravartana)-mudra: Geste des Andrehens des Rades der Lehre in Erinnerung an die erste Predigt von Sarnath.
Varada-mudra: Geste der Segens- und Gabengewährung.
Dhyana-mudra: Meditationsgeste.
Vitarka-mudra: Geste der Lehre und Argumentation.
Darüber hinaus gibt es zahlreiche weitere Gebärden, wie etwa die **Vajrapradama-mudra**: Konzentriert nachdenkend hat der stehende Buddha seine beiden Hände auf Brusthöhe ineinander gelegt. In Laos sind Darstellungen von stehenden Figuren populär, bei denen beide Arme parallel zum Körper nach unten weisen. In dieser Haltung ruft **Buddha den Regen** herbei.

Pflanzensymbolik

Eines der wichtigsten Pflanzensymbole des hindu-buddhistischen Kulturkreises ist die **Lotosblume**. Wie sie ihre Reinheit und Schönheit trotz des schmutzigen Wassers, in dem sie wächst, beibehält, so soll auch der Mensch von allen Unbilden der Welt unberührt bleiben. Gläubige bringen geschlossene oder offene Lotosblumen zum Altar, Buddha thront auf einem Lotosthron, in manchen Buddha-Bildnissen ragt aus dem Schädelauswuchs eine Lotosknospe oder sie krönt einen Stupa – der Variationsreichtum dieses Symbols ist fast unerschöpflich.
Bäume spielen ebenfalls in der buddhistischen Überlieferung eine wichtige Rolle. Sie markieren die Schlüsselereignisse im Leben Siddhartas. Sich an einen Sal-Baum (*Shorea robusta*) abstützend soll ihn seine Mutter Maya in Lumbini geboren haben, im Schatten eines

Rosenapfel-Baumes (*Eugenia jambos*) machte er als Jugendlicher seine erste Meditationserfahrung, unter einem Bodhi-Baum (*Ficus religiosa*) wurde er zum Erleuchteten und zwischen zwei Sal-Bäumen schließlich starb er. In zahlreichen Lehrreden zieht Buddha die Metapher des Baumes heran. So meinte er einmal, ein vertrauensvoller, edler Mensch wäre eine Zufluchtsstätte für viele Menschen, wie ein großer, stämmiger Feigenbaum Zufluchtsort für viele Vögel sei. Aus besagten Gründen werden auf dem Pagoden-Gelände gerne solche Bäume gepflanzt, allen voran der Bodhi-Baum.

Bodhisattva – Erleuchtungswesen

Avalokiteshvara, ›der Herr (*ishvara*), der die Welt betrachtet (*avalokita*)‹, ist der Bodhisattva des Mit-Leidens, der Barmherzigkeit. Diese wohl mannigfaltigste Figur wird in der Khmer-Kunst vorwiegend Lokeshvara (Herr der Welt oder Padmapani, Der den Lotos in der Hand hält) genannt und mit vier, manchmal acht Armen dargestellt. Zu seinen Attributen zählen ein Lotos, ein Perlenkranz, ein Wasserbehälter und ein Manuskript. Im Haarschopf erscheint meist eine kleine Figur des Amitabha-Buddha, als dessen Emanation (Ausströmung) Avalokiteshvara gilt. Bei manchen Darstellungen ist der Körper vollständig mit unzähligen kleinen Amitabhas bedeckt. In Vietnam ist Avalokiteshvara

Die Güte und Barmherzigkeit des Avalokiteshvara beschreibt auch das ›Karanda-Vyuha-Sutra‹. Dort ist der Bodhisattva Schirm als Schutz vor der Glut der Sonne, Fluss als Quell für die Dürstenden, Arzt für die Kranken, er ist Mutter und Vater und jener, der den in die Hölle Gestürzten den Weg ins Nirvana weist.

Avalokiteshvara in weiblicher Gestalt als Quan Am mit Kind, Chua Mia, Vietnam

oft als Statue mit elf Köpfen und unzähligen Armen anzutreffen. Doch am populärsten ist seit dem 10. Jh. seine Verehrung in weiblicher Form als Mutter/Göttin der Barmherzigkeit (viet.: Quan Am, chin.: Guanyin, jap.: Kannon). Kaum ein Tempel oder Hausaltar, der keine Quan-Am-Figur – stehend oder sitzend – besitzt. Vielerlei Legenden ranken sich um diese Gestalt, die manchmal von Goldknabe (viet.: Kim Dong) und Jademädchen (viet.: Ngoc Nu) begleitet wird. Symbol für das ausströmende Mitgefühl ist ein schmales Wassergefäß. Es finden sich auch Darstellungen mit Kind (viet.: Quan Am Thi Kinh).

Kshitigarbha, ›dessen Mutterschoß die Erde ist‹ (viet.: Kinh Dia Tang), hilft den in den Höllen leidenden Wesen und ist zudem Patron der Reisenden. Er kam vor allem in Japan als Jizo zu Prominenz und wird als einfacher Mönch mit geschorenem Haupt dargestellt. Auf seiner Stirn trägt er das Weisheitsauge (*urna*), in seiner Hand hält er den langen Rasselstab der Bettelmönche und bei sitzenden Statuen in der rechten Hand oft das magische Juwel *chintamani*.

Mahasthamaprapta, ›der große Macht erlangt hat‹ (viet.: The Chi), wird meist zusammen mit Avalokiteshvara als Begleiter Buddha Amitabhas dargestellt. Den Menschen hilft er in der Einsicht, dass sie erlösungsbedürftig sind, und erweckt in ihnen den Wunsch, im Reinen Land wiedergeboren zu werden. Die freie Hand ist meist in Wunschgewährungsgeste nach unten geöffnet.

Manjushri, ›der von lieblicher Schönheit ist‹ (viet.: Van Thu), gilt als Bodhisattva der Weisheit. Wer ihn anruft, dem gewährt er Verständnis der buddhistischen Lehre. Daher ist er Schutzpatron der Gelehrten und Studenten. Seine Attribute sind in seiner rechten Hand das (Feuer-)Schwert und in seiner linken das Buch der Transzendenten Weisheit. Sein Reittier ist ein blauer Löwe, Symbol für Intelligenz.

Maitreya, ›der All-Liebende‹ (Pali: Metteya), wartet als Bodhisattva im Tushita-Himmel, dem Aufenthaltsort der glückseligen Götter, darauf, im nächsten Zeitalter als zukünftiger Buddha geboren zu werden. Er wird zum einen als Buddha in prächtigem Gewand und gewöhnlich mit Dharmachakra-mudra abgebildet. Aus China übernommen ist seine Darstellung als fröhlicher kinderfreundlicher Dickbauch-Buddha (viet.: Di Lac), die auf den chinesischen, wohlgenährten und lebensfrohen Mönch Budai (Hanfsack) zurückgeht, der im 10. Jh. gelebt haben soll und als Erscheinungsform des Maitreya gilt.

Samantabhadra, ›der allumfassend Gute‹ (viet.: Pho Hien), ist Beschützer der buddhistischen Lehre und an seinem Reittier, dem weißen Elefanten (Symbol für Wahrheit) identifizierbar. Zu seinen Attributen gehören das magische Juwel *chintamani* – es hilft den Bittenden aus ihrer materiellen Notlage – und ein Lotos, zuweilen auch eine Schriftenrolle mit dem Text des ›Meditations-Sutra‹. Eine Hand zeigt die Geste des Argumentierens.

Tara, die ›Retterin‹, soll aus einer Mitleidsträne des Avalokiteshvara entstanden sein und verkörpert Mitgefühl und Weisheit. Tara heißt auch Stern und gilt als Patronin der Seefahrer. Als weibliches Pendant zu Avalokiteshvara hilft sie allen, ›den Ozean der weltlichen

Existenz‹ zu überqueren, indem sie Unwissenheit auflöst und zur Erleuchtung führt. In ihrem Haarschopf ist ein Bildnis des Amitabha zu finden. Ihr Kult hat sich erst im 6. Jh. etabliert, sie fand jedoch als eigenständige Gottheit schnell in Südostasien und vor allem in Tibet Verbreitung.

Vajrapani, Halter des Diamantzepters (viet.: Kim Cuong), avancierte im chinesischen Kulturkreis zum Wächter der buddhistischen Lehre, daher auch Dharma-Wächter (*dharmapala*) genannt. In Schrecken erregender Gestalt hält er ein Diamantzepter (*vajra*) in seiner Hand.

Vajrasattva, das Wesen des Diamanten, ist Sinnbild für die vollkommene Reinheit und Unzerstörbarkeit des erwachten Bewusstseins. Er wird mit Diamantzepter (*vajra*) und Glocke (*ghanta*) dargestellt.

In der indisch beeinflussten **Ikonographie der Khmer und Cham** tragen die Bodhisattvas oft einen Wickelrock. Ihr nackter Oberkörper ist mit kostbarem Geschmeide geschmückt, ihr Haupt gekrönt oder mit elaborierter Haartracht verschönert. In der chinesisch beeinflussten **Ikonographie Vietnams** tragen sie ebenfalls eine Krone, das Gewand gleicht eher einer Mönchsrobe.

Arhats

In vielen vietnamesischen Pagoden befinden sich 18 Statuen der Verehrungswürdigen (Skt.: *arhat*, viet.: *la han*). Dies sind Nachfolger Buddhas, welche ihre Erleuchtung aus eigener Kraft erfahren haben. Ihnen werden je eigene Charakterzüge zugesprochen, was sich auch in den sehr realistischen und lebendigen, zum Teil ins Groteske gehenden Darstellungen widerspiegelt. Die schönsten Beispiele der 18 La Han befinden sich im Chua Tay Phuong (s.S. 85, 121f.).

Daoismus

Machtkämpfe und Kriege führten China zwischen dem 6./5. und 3. Jh. v. Chr. ins politische Chaos. Die Ära wird daher Zeit der Streitenden Reiche genannt. Auf technischem und kulturellem Gebiet jedoch war es eine kreative Ära. Unzählige philosophische Richtungen entstanden, darunter die Lehren des Konfuzius und Laozi, sodass diese Epoche auch gern als Zeit der Philosophen (Zeit der Frühlings- und Herbstannalen, Zeit der 100 Schulen) bezeichnet wird.

Laozi (viet.: Lao Te), dessen Leben wegen seiner legendären Züge schwer datierbar ist – seine Existenz als Person wird gänzlich angezweifelt –, gilt gemeinhin als Vater des Daoismus. In der daoistischen Tradition soll Laozi 604 v. Chr. in der Provinz Henan geboren sein. Dem Alten Meister, so die Bedeutung seines Namens, wird die wohl wichtigste Schrift dieser philosophischen Schule zugeschrieben, das ›Daode Jing‹ (Ende 4./Anfang 3. Jh. v. Chr. entstanden). Diese Schrift scheint sich jedoch aus Texten unterschiedlicher Herkunft zusammenzusetzen, älteren und einigen aus dem 3. Jh. Zumindest datiert

Die Namen der 18 Arhats (›la han‹) im Chua Tay Phuong (in Klammern der vietnamesische Name):
Mahakashyapa (Ca Diep)
Ananda (A Nan Da)
Sanakavasa (Thuong Na Hoa Tu)
Ugagupta (Uu Ba Cuc Da)
Dhritaka (De Da Ka)
Michakha (Di Gia Co)
Vasumatra (Ba Tu Mat)
Buddhanandi (Phat Da Nan De)
Buddhamitra (Phat Da Mat Da)
Parsva (Hiep)
Asvaghosha (Ma Minh)
Kapimala (Ca Ty Ma La)
Nagarjuna (Long Thu)
Bahulata (La Hau La Da)
Samghanandi (Tang Gia Nan De)
Samghayasas (Tang Gia Da Xa)
Kumarata (Cuu Ma La Da)
Jayata (Xa Da Da).

Das chinesische Wort Dao wird mit Weg oder Methode übersetzt. Das ›Daode Jing‹ (›Tao-te-king‹) benutzt den Begriff jedoch umfassender und versteht darunter die letzte Wahrheit und das kosmische Prinzip, aus dem die Welt entsteht.

»Suchst Du das Wissen, so mehrst Du es täglich; Suchst Du den Weg, vermindere täglich. Mindere und mindere, bis Du das Nicht-Tun erreichst. Hast Du das Nicht-Tun erreicht, bleibt nichts ungetan.
Willst du die Welt gewinnen, so sei nicht geschäftig. Bist Du stets geschäftig, bist Du nicht fähig die Welt zu gewinnen.«
Daode Jing, 48

seine uns heute überlieferte Form wohl in diese Zeit. Das ›Daode Jing‹ propagiert ein Leben im Einklang mit dem Kosmos und der Natur. Der Mensch soll sich frei von Zwängen und weltlichen Angelegenheiten entfalten sowie zurückgezogen und einfach leben. Neid und Wetteifern sind ihm fremd. Wie die äußere Natur, so soll er seine innere Natur frei wirken lassen. Wichtige Prinzipien sind das Nicht-Eingreifen (*wu wei*) und Spontane (*ziran*). Große Herrscher zeichnen sich dadurch aus, dass sie vom Volk kaum wahrgenommen werden. Sie sollen nicht gestalten, da dadurch nur Begierden geweckt werden, sondern das Dao bewahren.

Grundlage der daoistischen Kosmologie ist die alles bestimmende Lebensenergie (*qi*), aus der die beiden gegensätzlichen, aber voneinander abhängigen Kräfte *yin* (der Mond, das Dunkle, das Negative, das Weiche, das Weibliche, der Norden) und *yang* (die Sonne, das Helle, das Positive, das Harte, das Männliche, der Süden) (s. S. 85) hervorgehen. Ihr Wechselspiel und ihre kontinuierliche Wandlung (*yi*) prägen das gesamte All, sowohl im Kleinen als auch im Großen. Sie manifestieren sich auch in den Fünf Elementen Wasser, Feuer, Holz, Metall, Erde, die sich gegenseitig schaffen und überwinden. Der zyklisch angelegte Kosmos ist somit als ein dynamisches organisches Ganzes zu verstehen.

Daoistische Götterwelt

Neben dem philosophischen Daoismus entwickelte sich etwa ab dem 2. Jh. n. Chr. ein religiöser Daoismus, in dem mystisch-magische Praktiken, die zur Verlängerung des Lebens oder gar zur Unsterblichkeit verhelfen sollten, in den Vordergrund rückten. Dazu gehörten Meditationstechniken, Körperübungen, Askese, Astrologie, Alchemie und Naturheilkunde. Zudem gewann mit der Volkstümlichkeit des Daoismus die Verehrung von Gottheiten an Bedeutung. Je mehr sich die Religion verbreitete, desto umfangreicher wurde die Götterwelt. Legendäre Gestalten, regionale Helden und Heilige fanden in das Götterpantheon Eingang, etwa im 2. Jh. auch Laozi, den die Gläubigen als Personifikation des Dao verehrten. Ab dem 2. Jh. nahm das Pantheon immer hierarchischere Züge an und glich einem himmlischen Abbild der kaiserlichen Bürokratie mit verschiedenen Zuständigkeitsbereichen der einzelnen Gottheiten oder Göttergruppen. Die Einflüsse des Buddhismus, der sich zur gleichen Zeit in China auszubreiten begann, führten zu einer Institutionalisierung und Kanonisierung der Schriften. Es entstanden Mönchsgemeinschaften, die sich wiederum in zahlreiche Schulen aufsplitterten. Nach Vietnam gelangte der Daoismus vermutlich in den ersten Jahrhunderten der chinesischen Besatzung. Es gibt wenige rein daoistische Tempel, meist werden die daoistischen Gottheiten in buddhistischen Tempeln oder Gemeinschaftshäusern verehrt.

Der Jadekaiser – Ngoc Hoang: An der Spitze des Pantheons steht der Jadekaiser (viet.: Ngoc Hoang) als oberster Herrscher über Him-

Daoismus: Daoistische Götterwelt

mel und Erde. Auf einem prächtigen Thron sitzend wird er meist von seinen vier Wächtern flankiert, die wegen ihrer Härte ›Vier Diamanten‹ (Tu Dai Kim Cuong) genannt werden.

Laozi: Der Begründer des Daoismus, Laozi (viet.: Lao Te), wird als Personifikation des Dao verehrt und auf einem schwarzen Ochsen oder Wasserbüffel reitend abgebildet.

Die Unsterblichen: Der Kult um die Acht Unsterblichen wurde aus China übernommen und erweitert. Zum Teil auf historische Persönlichkeiten zurückgehend stellen sie Gestalten dar, die den Weg zur Unsterblichkeit gemeistert haben und nun den Menschen in ihren Problemen beistehen. In Vietnam wurden nach der Unabhängigkeit von China einheimische Gestalten hinzugefügt, sodass nun insgesamt 27 Unsterbliche (13 Männer und 14 Frauen) verehrt werden. Eine der Prominentesten ist Lieu Hanh, eine Tochter des Jadekaisers, die gleich dreimal in die Welt der Sterblichen wiedergeboren wurde. Das erste Mal verbannte sie der Jadekaiser auf die Erde, weil sie aus Ungeschick ein wertvolles Jadegefäß zerbrochen hatte. Am Erdenleben fand sie derart Gefallen, dass sie noch zwei weitere Male inkarniert wurde. Sie entwickelte solche Kräfte, dass sie sowohl Heil als auch Unheil anrichten konnte. Böse Geister zwang sie in ihre Dienste. Die Gläubigen gaben ihr den Ehrentitel Heilige Mutter.

Donnergott – Thien Loi: Thien Loi, der Ärger des Himmels, ist eine von vielen Donnergottheiten und symbolisiert die Naturgewalten. Gläubige müssen ihn gnädig stimmen, um seiner Bestrafung zu entgehen.

Am Quan und Duong Quan: Am Quan wird als der Gott des weiblichen Elements, *yin*, und Duong Quan als der Gott des männlichen Elements, *yang*, verehrt.

Herdgott – Ong Tao oder Tao Quan: Wenn das Mondjahr dem Ende zugeht, dann rückt der Herdgott (Ong Tao) in den Vordergrund der Verehrung, denn es gilt ihn positiv zu stimmen, bevor er am 23. des zwölften Mondmonats auf einem Karpfen zum Jadekaiser reist, um ihm über die guten und schlechten Taten der Familie zu berichten. Damit er nur Gutes weiterträgt, bringt man ihm zum Abschied Klebereis mit Zuckersirup sowie Kleider und Geld dar. Weit verbreitet ist die Verehrung von drei Herdgöttern (Tao Quan), bei Zeremonien durch zwei Männerhüte und einen Frauenhut symbolisiert.

Erdgott – Ong Cong oder Ong Dia: Der Kult um Erdgottheiten (chin.: *tugong*) gehört zum ältesten Religionsgut Chinas und Vietnams. Aus Fruchtbarkeitsritualen entwickelte sich die Verehrung eines personifizierten Erdgottes. Er gilt heute als Wächter und Beschützer. Kaum ein Haushalt oder Markt, wo nicht seine Statue zu finden wäre. Am Mittherbstfest feiern die Vietnamesen seinen Geburtstag. Beim Drachentanz tritt der Erdgott als Gegenpart zum Drachen auf. Er wird als menschliche Figur mit rundem, lächelndem Gesicht dargestellt.

Gott des Geldes – Ong Than Tai: Auch Ong Than Tai, der Gott des Geldes, findet breite Verehrung, was nicht verwundert, ist er doch

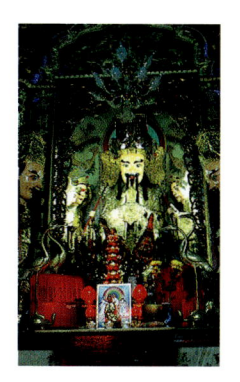

Der Jadekaiser im Chua Ngoc Hoang, Ho-Chi-Minh-Stadt, Vietnam

Ein Holzfäller lebte mit seiner Frau in großer Armut. Da er zu ihr so grausam war, entfloh sie und kam nach langer Wanderschaft zum Haus eines Jägers, der sie von nun an umsorgte. Eines Tages stand der Holzfäller auf einem seiner Bettelgänge vor der Tür des Jägers. Seine Frau erkannte ihn und als der Jäger von der Jagd zurückkam, versteckte sie ihn in einem Holzhaufen. Unwissentlich zündete der Jäger den Haufen an und als der Holzfäller sich nicht rührte, stürzte sich die Frau verzweifelt ins Feuer. Aus Gram folgte ihr der Jäger. Später wurden sie als die drei Herdgötter verehrt.

für Reichtum und gute Geschäfte zuständig. Seine Statue findet sich in vielen Läden und Marktständen.

Kriegsgott – Quan Cong: Quan Cong geht auf eine historische Gestalt zurück, den chinesischen General Guan Yu, der während der Epoche der Drei Reiche (220–265) lebte. Seine Geschichte wurde durch den Roman ›Geschichte der Drei Reiche‹ aus dem 14. Jh. populär. Da er vor Dämonen und Feinden schützt, gilt er als Friedensstifter. Er ist an seinem roten Gesicht und langen Bart erkennbar und wird von seinem roten Pferd begleitet.

Himmelsmutter – Thien Hau: Thien Hau wird als Beschützerin der Fischer und Seeleute vor allem von Auslandschinesen und Taiwanesen verehrt. Ihr Kult entstand an der südchinesischen Küste in der heutigen Provinz Fujian. Dort wurde 960 auf der Insel Meizhou eine Fischertochter geboren. Das Mädchen wuchs sehr religiös auf und trat als Dreizehnjährige in den Dienst eines daoistischen Lehrers. Sie offenbarte ihre magischen Kräfte, als sie ihren Vater und Bruder auf wundersame Weise aus Seenot rettete. Nach ihrem frühen Tod errichteten die Dorfbewohner einen Tempel zu ihren Ehren. Später folgten weitere Wundertaten, bis ihr der Kangxi-Kaiser (reg. 1662–1722) 1681 den Titel Gemahlin des Himmels verlieh.

Muttergottheiten: Lokale Kulte um Muttergottheiten existierten lange bevor der Daoismus in Vietnam Fuß fasste und wurden von diesem später aufgenommen. So fand sowohl die Urmutter der Vietnamesen, Au Co, Eingang in das Pantheon als auch weibliche Erdgottheiten wie die Mutter der Erde (Mau Dia), des Wassers (Mau Thoai) und der Berge und Wälder (Mau Thuong Ngan). Ein weiterer bedeutender Kult existiert um die Vier Verehrungswürdigen Mütter (Tu Phap oder Tu Phu), der vor allem im Deltagebiet des Roten Flusses verbreitet ist. Dort werden sie als Gottheit der Wolken (Phap Van), des Regens (Phap Vu), des Donners (Phap Loi) und des Blitzes (Phap Dien) verehrt.

Der Konfuzianismus

Wie kaum eine andere Gestalt hat Konfuzius (viet.: Khong tu, chin.: Kong Fuzi) die Geistesgeschichte Chinas über Jahrhunderte hinweg geprägt. Trotz kommunistischer Ideologie und westlicher Einflüsse wirkt seine Lehre heute noch tief in die Kulturen Ostasiens hinein. Über das Leben von Konfuzius ist weniges historisch gesichert. Er stammte aus einer verarmten Adelsfamilie und verbrachte den Großteil seines Lebens (551–479 v. Chr.) in dem kleinen Staat Lu (heute: Provinz Shandong). Nach umfangreichen Studien der alten Schriften und Riten stand er einige Jahre im Dienst der Fürsten, doch blieb ihm eine Karriere in der politischen Administration versagt. Daher zog er wie viele andere Gelehrte als Wanderlehrer umher. Zu Lebzeiten blieb Konfuzius eher eine Randfigur, erst 200 Jahre nach seinem Tod wurde seine Lehre zur Staatsdoktrin erhoben. Mit der Errichtung eines Gedenktempels in seinem Geburtsort Qufu verbreitete sich auch die religiöse Verehrung des ›Lehrmeisters der 10 000 Generationen‹, wie er nun genannt wurde.

Konfuzius hat weder eine Religion gegründet noch war er politischer Theoretiker. Metaphysische Spekulationen über den Ursprung der Welt blieben ihm fremd. Sein Interesse galt Fragen der Sittlichkeit und Moral. Für seine von Kriegswirren geprägte Gesellschaft wollte er Regeln eines harmonischen Zusammenlebens aufstellen. In der Tradition der zeitgenössischen Lehrpraxis stehend erschloss er seine Gedanken nicht systematisch, sondern im Dialog mit seinen Schülern. Sie sammelten seine Reden und gaben sie weiter. Erst im 1. Jh. n. Chr. wurden sie in dem wohl wichtigsten konfuzianischen Buch ›Lunyu‹ (›Gespräche‹) zusammengefasst.

Der edle Mensch

Viele Aussagen des Konfuzius betreffen das Ideal des edlen Menschen (*junzi*), der sich vom gewöhnlichen Menschen (*xiaoren*) abhebt. Jeder kann unabhängig von seiner Herkunft zum Edlen werden, wenn er folgende Voraussetzungen erfüllt: er handelt, wie er denkt, und spricht dann, wie er handelt; er verhält sich zu allen gleich und vermeidet den Wettstreit mit anderen; er steht den Dingen vorurteilslos gegenüber und strebt nach Gerechtigkeit; ihm geht es um innere Werte, und er kennt seine Pflichten; er spricht bedächtig und handelt klug. Sein richtiges Verhalten befreit ihn von Sorgen, seine Weisheit bewahrt ihn vor Zweifeln, seine Entschlossenheit überwindet seine Furcht. Um dieses Ideal zu erreichen, ist ständiges Lernen notwendig. Der Bildung kommt daher im konfuzianischen Denken eine Schlüsselrolle zu. Sie soll ohne Standesunterschiede allen zugänglich gemacht werden, denn von Natur aus sind alle gleich. Erst durch Erziehung entwickeln sie sich auseinander.

Leben in Harmonie

Ein weiteres Hauptaugenmerk des Konfuzius galt dem menschlichen Zusammenleben. Es kann seiner Meinung nach nur gelingen, wenn jeder im hierarchisch geprägten Beziehungsgeflecht seine Rolle kennt: »Der Herrscher muss Herrscher sein, der Untertan muss Untertan bleiben. Der Vater sei Vater, der Sohn Sohn.« (Gespräche XII, 11). Konfuzius unterscheidet fünf Beziehungen: 1. zwischen dem gütigen Herrscher und seinen loyalen Untertanen; 2. dem großherzigen Vater und seinem gehorsamen Sohn; 3. dem wohlwollenden älteren Bruder und dessen respektvollem jüngeren Bruder; 4. dem gerechten Mann und seiner devoten Frau; 5. zwischen zwei sich in Treue verbundenen Freunden. Frauen spielen in der konfuzianisch geprägten Gesellschaft eine untergeordnete Rolle. Die Befolgung der fünf Kardinaltugenden – Mitmenschlichkeit (*ren*), Gerechtigkeit (*yi*), Rücksichtnahme (*shu*), Befolgung der Sitten und Riten (*li*) und Einsicht (*zhi*) – bilden die Grundlage des Zusammenlebens. Als ethischer Minimalkonsens gilt die goldene Regel: »Was du selbst nicht wünschst, das tue auch anderen nicht an.« (Gespräche XII, 2).

Wirkungsgeschichte

Fünf Konfuzianische Klassiker und Vier Klassische Bücher:
›*Buch der Lieder*‹ *(viet.:* ›*Thi Kinh*‹*),*
›*Buch der Urkunden*‹ *(*›*Thu Kinh*‹*),*
›*Buch der Wandlungen*‹ *(vietn.:* ›*Dich Kinh*‹*),*
›*Frühlings- und Herbstannalen*‹ *(viet.:* ›*Xuan Thu*‹*),*
›*Buch der Riten*‹ *(viet.:* ›*Danh Kinh*‹*).*
Später kamen die Vier Klassischen Bücher hinzu:
›*Gespräche*‹ *(viet.:* ›*Luan Ngu*‹*),*
›*Die Große Lehre*‹ *(*›*Dai Hoc*‹*),*
›*Die Lehre der Mitte*‹ *(*›*Trung Dung*‹*),*
›*Aufzeichnungen des Menzius*‹ *(*›*Manh Tu*‹*).*

Nach dem Tod von Konfuzius hatten weitere Persönlichkeiten wesentlichen Anteil an der Weiterentwicklung seiner Lehre. Die bekannteste Gestalt ist **Menzius** (Mengzi, 372–289 v. Chr.). Er verknüpfte die Legitimation des Herrschers mit dessen gerechtem Handeln. Regiert er tyrannisch, so verliert er das Mandat des Himmels und kann vom Volk gestürzt werden. **Xunzi** (um 310–220 v. Chr.) wiederum ging davon aus, dass der Mensch von Grund auf schlecht sei und durch strenge Erziehung und Kontrolle geformt werden müsse.

Unter der vier Jahrhunderte herrschenden Han-Dynastie (206 v. Chr.–220 n. Chr.) wurde der Konfuzianismus in China zur Staatsdoktrin erhoben und gelangte etwa um die Zeitenwende auch ins chinesisch besetzte Vietnam. Wichtigste Entwicklung war die Standardisierung des Bildungssystems und die Schaffung des charakteristischen chinesischen Beamtensystems, des **Mandarinats**. Dies führte zur engen Verflechtung von Konfuzianismus und Staatsapparat. Als Grundlage für die Ausbildung und Prüfung der Beamten galten die Fünf Konfuzianischen Klassiker. Bis ins frühe 20. Jh. hinein hat sich das konfuzianische Lehrsystem nahezu unverändert bewahrt.

In der 1000 Jahre währenden chinesischen Besatzungszeit hatte sich der Konfuzianismus in Vietnam fest verankert. Nach der Unabhängigkeit wurde er daher als Staatsdoktrin übernommen. 1076 eröffnete König Ly Nhan Tong im heutigen Hanoi die erste Nationale Akademie, Quoc Tu Giam. Nahezu ununterbrochen fanden dort bis 1915 Beamtenprüfungen statt. Zwar verlor der Konfuzianismus im Lauf der Jahrhunderte hin und wieder an Bedeutung, doch blieb er die dominierende Staatsdoktrin. Dies gilt besonders für die Zeit der Späten Le-Dynastie (1428–1527), als landesweit regionale Bildungseinrichtungen entstanden. Unter den Nguyen, der letzten vietnamesischen Dynastie, zeigten sich jedoch die Schwächen des Konfuzianismus. Das starre ritualisierte Bildungssystem verhinderte notwendige Reformen, die angesichts der kolonialen Bedrohung notwendig gewesen wären. König Minh Mang (reg. 1820–40) beklagte sich, dass die Beamten auf veraltete Klischees und hohle Formulierungen Wert legen würden und durch Vorführung unnützen Wissens zu glänzen trachteten. Gegen das westliche Bildungssystem chancenlos, ging es während der Kolonialzeit unter. Offiziell spielt der Konfuzianismus im kommunistischen Vietnam keine Rolle mehr, wohl aber prägt er nach wie vor das soziale Gefüge – im Positiven wie im Negativen. Dem hohen Stellenwert des Lernens, dem Gemeinschaftsbezug und Respekt vor den Älteren stehen geringe soziale Mobilität, blinder Gehorsam und die Bevorzugung von Alter vor Leistung gegenüber.

Synoptische Geschichtstabelle

Datierung	Vietnam	Kambodscha	Laos
Frühzeit v. Chr.	Funde aus der **Frühsteinzeit** (ab ca. 30 000 v. Chr.) belegen die ausgeprägte Besiedlung Nord-Vietnams. Ab dem **8. Jh. v. Chr.** künstlerischer Höhepunkt der Bronzezeit mit der **Dong-Son-Kultur** (kunstvoll verarbeitete Bronzetrommeln und -werkzeuge). Austronesische Völker besiedeln zunehmend Zentral-Vietnam.	Steinwerkzeugfunde aus dem **5. Jt. v. Chr.** belegen menschliche Besiedlung. Kreisrunde Erdwerke zeugen von befestigten Siedlungen ab dem **1. Jt. v. Chr.**	Ab dem **3. Jt. v. Chr.** mit dem Übergang von der Jungstein- zur Bronzezeit entlang des Mekong Trend zur Urbanisierung. Die rätselhaften Steingefäße auf der Ebene der ›Tonkrüge‹ zeugen von der Existenz einer Hochkultur in der **2. Hälfte des 1. Jt. v. Chr.**
1.–10. Jh.	**4. Jh. v. –1. Jh. n. Chr.** Die Fürstentümer der Yue in Südostchina geraten unter Druck der Han-Chinesen, die Yue weichen ab dem 4. Jh. v. Chr. nach Süden aus. **3. Jh. v. Chr.:** Mit **Au Lac** entsteht der erste historisch nachweisbare Staatenverbund in Vietnam. Hauptstadt ist Co Loa, das 207 v. Chr. der Yue-König Trieu Da erobert. **111 v. Chr.:** Eroberung Au Lacs durch China, die 1000-jährige Oberherrschaft beginnt. 40–43 n. Chr. sind Teile Vietnams unter den Trung-Schwestern unabhängig.	Spätestens seit der Zeitenwende gelangen die Gebiete südlich des Mekong im Zuge des zunehmenden Handels zwischen China und Indien unter den kulturellen Einfluss Indiens. **1. Jh.:** erstmalige Erwähnung von **Funan**, das den küstennahen Seehandel bis ins 6. Jh. dominiert, in chinesischen Chroniken. Hindu-Kulte am Königshof sind spätestens im 4. Jh. etabliert. **6. Jh.:** Funan wird von dem Reich oder Staatenverbund **Zhenla** abgelöst. Dessen Schwerpunkt liegt anfänglich in	Am Mekong und seinen Zuflüssen siedeln Angehörige der Mon-Khmer-Sprachgruppe; vielleicht auch Tai-Gruppen. Ab dem 5. Jh. ist der Wat Phou das bedeutendste Heiligtum in der Region. Vermutlich nahm in dieser Region der Aufstieg des **Zhenla-Reiches** seinen Anfang. Bei Thakhek liegt das Zentrum eines indisierten Fürstentums namens **Shri Gotapura**.

Synoptische Geschichtstabelle

Datierung	Vietnam	Kambodscha	Laos
1.–10. Jh.	Die ersten Tempel in My Son belegen die Durchdringung des **Cham-Reichs** (Champa) von indischer Kultur. Politisches Zentrum ist Simhapura (Tra Kieu). **875**: Cham-König Indravarman II. erhebt den Buddhismus zum Staatskult, Bau des Klosters Dong Duong in Indrapura. **938**: Sieg General Ngo Quyens über die Chinesen, **Unabhängigkeit**, jedoch **Zerfall** in Fürstentümer. **968**: Reichseinigung durch Dinh Bo Linh von Hoa Lu aus. **980**: Le Dai Hanh putscht sich an die Macht und zerstört ein Jahr später die Cham-Hauptstadt Indrapura.	Süd-Laos (Wat Phou), verlagert sich aber gen Süden. Wichtiges Zentrum ist ab dem 6. Jh. Sambor Prei Kuk. **802**: Krönung Jayavarmans II. auf dem Phnom Kulen und Beginn des Aufstiegs des **Khmer-Reichs von Angkor**. Hauptstadt ist ab Mitte des 9. Jh. Hariharalaya (heute Roluos), unter Yashovarman I. (reg. 889–ca. 910) wird sie ins heutige Angkor verlegt. Die Anlegung von Wasserreservoirs (*baray*) ermöglicht großflächigen Reisanbau.	Die verstärkt aus Yunnan einwandernden **Tai-Gruppen** gründen am Mekong befestigte Siedlungen (*muang*).
11.–15. Jh.	**1009**: Mit dem Aufstieg der Ly-Dynastie entsteht das erste zentralistisch organisierte **Reich Dai Viet**. Der Buddhismus erlebt eine Blütezeit. Gründung der Akademie für die Söhne der Nation (1076) und damit Übernahme des konfuzianischen Bildungssystems.	**1010**: Thronbesteigung Suryavarmans I. (reg. 1001/02–49). Ausdehnung des Reiches bis weit ins heutige Nordost-Thailand hinein, Bau zahlreicher Tempel. Obwohl Buddhist, pflegt er weiterhin den Shiva-Kult. **1113**: Der Angkor-Wat-Erbauer Suryavarman II. (reg. 1112/13–vor 1155) besteigt den Thron, Ver-	

11.–15. Jh.

Datierung	Vietnam	Kambodscha	Laos
11.–15. Jh.		such durch mäßig erfolgreiche Kriegszüge gegen **Viet und Champa** das Reich der Khmer zu einer Hegemonialmacht zu entwickeln. **1177:** Nach dem Tod Suryavarmans nehmen die Cham die mächtige Stadt ein. **1181:** Vertreibung der Cham durch Jayavarman VII. (reg. 1181–ca. 1220) und **Unterwerfung Champas**. Massive Bautätigkeit: u. a. Angkor Thom Der Mahayana-Buddhismus wird zum Staatskult erhoben. Nach dem Tod Jayavarmans VII. verliert das Khmer-Reich an Bedeutung. Shrindravarman (reg. 1295–1307/08) führt den Theravada-Buddhismus als Staatsreligion ein. Das Erstarken des Ayutthaya-Reiches führt zum **Niedergang Angkors**.	
	Fortsetzung der Konsolidierung Dai Viets durch die Tran-Dynastie im 13./14. Jh. Trotz der mongolischen Bedrohung (drei Angriffe) erlebt das Land eine kulturelle Blüte. Hungersnöte und Bevölkerungsdruck verstärken den ›Zug nach Süden‹. 1366 erreichen die Viet erstmals den Wolkenpass. Politische Krise durch Zusammenbruch der Tran-Dynastie.		Ab dem 13. Jh. entstehen im heutigen Thailand die ersten Tai-Königreiche **Sukhothai** (1238) und **Lan Na** (1259). **1353:** Mit Unterstützung der Khmer gründet Fa Ngum das erste laotische Reich **Lan Xang Hom Khao**, Land der Million Elefanten und des Weißen Schirms. Hauptstadt wird Xieng Dong Xieng Thong (Luang Prabang). Lan Na wird zum Vasallen von Lan Xang. 1356 ist auch die fruchtbare Ebene um Vientiane einverleibt. Unter seinem Sohn Samsenthai (reg. 1373–1416) erfährt das Land eine
	1407–27: Vietnam ist ein Teil des Großreichs der		

Synoptische Geschichtstabelle

Datierung	Vietnam	Kambodscha	Laos
11.–15. Jh.	**chinesischen Ming-Dynastie**. **1427**: Vertreibung der Chinesen durch den Lam-Son-Aufstand unter Le Loi. Er begründet die **Späte Le-Dynastie**, Reformen sollen das Reich erneuern. Blüte des Konfuzianismus auf Kosten des Buddhismus. **1471**: Eroberung der letzten Cham-Hauptstadt Vijaya (Binh Dinh) und endgültiger **Niedergang Champas**. Danach halten sich nur noch kleine Fürstentümer in der Umgebung von Phan Rang.	**1434**: Verlegung der Hauptstadt ins heutige Phnom Penh.	Zeit der Konsolidierung. Der Theravada-Buddhismus wird zur bestimmenden Religion. Nach dem Tod Samsenthais Zerfall des Reichs.
16.–17. Jh.	Die Späte Le-Dynastie regiert nur noch nominell. Faktisch halten die beiden rivalisierenden Adelsfamilien der Trinh und Nguyen die Macht in Händen.	Siamesische Invasionen zwingen wiederholt zur Verlegung der Königsstadt: **1505** Udong, **1528** Lovek, **1620** Udong. Im 16. Jh. lassen sich die ersten europäischen Händler in Phnom Penh nieder. Die Stadt profitiert in jener Zeit vom regionalen Seehandel, verliert aber mit der wachsenden Dominanz der Vietnamesen im Mekong-Delta ab Ende des 17. Jh. zunehmend an Bedeutung.	König Visounarath (reg. 1501–20) und sein Sohn Phothisarath (reg. 1520–47) führen Lan Xang zu erneuter kultureller Blütezeit, Klosterstiftungen. **1522**: Phothisarath verlegt die Königsresidenz nach Vientiane. **1546**: Setthathirath wird in Chiang Mai König von Lan Na und 1548 König von Lan Xang. Er erhebt 1560 Vientiane zum Regierungssitz. Luang Prabang bleibt religiöse Hauptstadt. **1560er Jahre**: Dreimalige Abwehr birmanischer Invasoren. **1571**: Das mysteriöse Verschwinden Setthathi-

16.–19. Jh.

Datierung	Vietnam	Kambodscha	Laos
16.–17. Jh.	**1673:** Der Kampf um die Vorherrschaft führt zur **Teilung des Reiches** **1698:** Bau der Zitadelle Gia Dinh (heute Saigon) und Besiedlung des Mekong-Deltas – Vietnam dominiert den Süden.		raths führt zur politischen Krise. Unter Souligna Vongsa (reg. 1637–94) erlebt Lan Xang eine letzte Blüte
18.–19. Jh.	**1771: Tay-Son-Aufstand**, der 1786 das heutige Hanoi erreicht. Die schwindende Unterstützung in der Bevölkerung und der Tod von zweien der Brüder lässt ihre Macht zerfallen. Bis 1801 erobert der letzte Überlebende des **Nguyen-Clans**, Nguyen Phuc Anh, das Land. **1802:** Mit der Krönung **Nguyen Phuc Anhs** zum Gia-Long-König wird die letzte vietnamesische Dynastie etabliert. Sie erlebt unter Minh Mang eine Glanzzeit. **1858:** Angriff französischer Truppen auf den Hafen von Da Nang und **schrittweise Kolonialisierung** Vietnams, die in der Gründung der Kolonie **Union Indochinoise** 1887 ihren vorläufigen Abschluss findet.	Das kleine Khmer-Reich gerät unter den Einfluss seiner aufstrebenden Nachbarn. **Siam** okkupiert die westlichen Provinzen.

11.8.1862: Nach der Annexion Süd-Vietnams wird Kambodscha mit Zustimmung König Norodoms (reg. 1860–1904) **französisches Protektorat**.

1887: Kambodscha wird Teil der **Kolonie Union Indochinoise**. Im Gegensatz zu Vietnam gibt es kaum Widerstand gegen die Kolonialmacht. | Nach Thronstreitigkeiten zerfällt 1707 Lan Xang in **Luang Prabang** und **Vientiane**. 1713 macht sich **Champasak** im Süden unabhängig. Eroberungszüge Siams unter General Taksin: **1778:** Einnahme des Königreichs Vientiane, Luang Prabang wird Vasall Siams. Anouvong, seit 1805 Vasallenkönig von Vientiane, will Unabhängigkeit: **1827** scheitert der Angriff auf Ayutthaya, Vientiane wird zerstört. **2. Hälfte 19. Jh.:** Chinesische Horden suchen Laos heim, zerstören 1887 Luang Prabang. Die seit 1885 durch ein Konsulat in Luang Prabang vertretenen Franzosen bieten Schutz an, Laos wird am **3.10.1893: französisches Protektorat**. Siam muss sich von Gebieten östlich des Mekong zurückziehen. **1899:** Aufnahme von Laos in die **Union Indochinoise**. |

Synoptische Geschichtstabelle

Datierung	Vietnam	Kambodscha	Laos
20. Jh.	Unter den Widerstandsgruppen im frühen 20. Jh. ragt die **kommunistische Bewegung** heraus. **1930**: Gründung der Kommunistischen Partei Vietnams (später Indochinas).		Die französische Kolonialmacht investiert nur wenig in Laos. Die Administration liegt primär in den Händen der Vietnamesen, die in großer Zahl einwandern.
1940er Jahre	**ab 1940**: Japans Truppen besetzen Indochina. Bis März 1945 hält Frankreich seine Kolonialverwaltung aufrecht. **Mai 1941**: Gründung des **Viet Minh**, ein Sammelbecken von Widerstandsgruppen gegen die Kolonialmacht. **August 1945**: Kapitulation Japans, Kriegsende. Nach Einnahme Hanois durch den Viet Minh am **2.9.1945** Ausrufung der **Demokratischen Republik Vietnam** (DRV) durch Ho Chi Minh. Frankreich erkennt die DRV an, will aber seine Macht nicht abgeben. Konflikte zwischen französischen Truppen und dem Viet Minh.	**September 1940**: Landung **japanischer Truppen** in Kambodscha. Nach dem Tod König Monivongs (reg. 1927–41) folgt ihm auf Anordnung Frankreichs sein 19-jähriger Enkel Prinz Norodom Sihanouk auf den Thron. **1946**: Die Franzosen gestatten Parteigründungen. Aus den ersten drei **Parlamentswahlen 1946, 1947** und **1951** geht die Demokratische Partei als Sieger hervor.	**Juni 1940**: Annexion der Provinzen Sayabouri und Champasak durch Siam. **Ende 1940**: Einmarsch **japanischer Soldaten** in Laos. Gegen Kriegsende gründet Prinz Phetsarath mit seinen Halbbrüdern Souvanna Phouma und Souphanouvong die Unabhängigkeitsbewegung **Lao Issara**. **Nach Kriegsende**: Versuch Prinz Phetsarath die **Unabhängigkeit** zu erklären. **1949**: Der **Französisch-Laotische Vertrag** garantiert größere Unabhängigkeit von Frankreich, doch Streit über den Vertrag in der Lao Issara: Prinz Souvanna Phouma kehrt nach Vientiane zurück, Prinz Phetsarath bleibt in Bangkok, Prinz Souphanouvong geht mit Unterstützung des Viet Minh in den bewaffneten Widerstand und gründet 1950 den Neo Lao Issara und als dessen militärischen Arm die Pathet Lao.
1950er–1970er Jahre	**ab 1950**: Militärhilfe der USA. **7.5.1954**: Die Niederlage Frankreichs in der Schlacht von **Dien Bien Phu** läutet das Ende der Kolonialherrschaft ein.	**5.6.1952**: Sihanouk entmachtet die Regierung und löst das Parlament auf. Seine Croisade Royale pour l'indépendance führt am **9.11.1953** zur **Unabhängigkeit Kambodschas**.	

Datierung	Vietnam	Kambodscha	Laos
1950er–1970er Jahre	**21.7.1954:** Die **Genfer Konferenz** beschließt die Teilung Vietnams am 17. Breitengrad. Im Süden übernimmt Ngo Dinh Diem die Macht, Ho Chi Minh regiert den Norden. Der **Ende 1960** in Süd-Vietnam gegründeten ›**Nationalen Befreiungsfront**‹ (FNL) gelingt es mit Hilfe des Nordens, Teile des Südens zu kontrollieren. **1963:** Beginnende Eskalation des Konfliktes zwischen den Buddhisten und dem katholischen Präsidenten Diem. **11.6.1963:** Selbstverbrennung von Thich Quang Duc. Die USA lassen Diem fallen, der am **1.11.1963** ermordet wird. **2.8.1964:** ›**Tongking-Zwischenfall**‹, in der Folge offizieller Kriegseintritt der USA. **ab Februar 1965:** Beginn intensiver US-Bombardements von Nord-Vietnam. Im März landen die ersten US-Truppen in Da Nang, bis 1968 sind über 500 000 stationiert. **31.1.1968:** Beginn der **Tet-Offensive**, Einläuten der Kriegswende. In der Folge: Geheimverhandlungen der USA mit Nord-Vietnam in Paris,	**2.3.1955:** Sihanouk verzichtet auf den Thron, um mit seiner Sozialistischen Volksgemeinschaft (Sangkum) bei den Wahlen antreten zu können. Wahlsiege 1955, 1958, 1962 (alle Sitze), Sihanouk ist Alleinherrscher. **Ab 1962** kämpft die Kommunistische Partei Kambodschas (CPB), bekannt als Khmer Rouge, unter Führung von Saloth Sar, Pol Pot, im Untergrund. **Ab 1963:** Errichtung von Militärbasen der vietnamesischen FNL auf kambodschanischem Territorium. Teile des Ho-Chi-Minh-Pfades führen durch das Grenzgebiet. **1966** beruft Sihanouk General Lon Nol als Premierminister. **18.3.1970:** Putsch einer Gruppe um Lon Nol.	**21.7.1954:** Die **Genfer Konferenz** garantiert die Unabhängigkeit des Königreichs Laos, die Neo Lao Issara erhält die Provinzen Houa Phan und Phonsaly. Das Land ist faktisch geteilt. **1955:** Gründung der kommunistischen Patriotischen Front Laos unter Kaysone Phomvihane. **1957:** Koalitionsregierung. **1958:** Gesamtlaotische Parlamentswahlen, danach Krise und Bürgerkrieg. **1958–1975:** Militärhilfe der USA, , Putschversuche, Flüchtlingswanderungen ab **1954** nach Bombardements durch die USA, zweite **Genfer Konferenz 1962.**

Synoptische Geschichtstabelle

Datierung	Vietnam	Kambodscha	Laos
1970er–1980er Jahre	aber Fortsetzung der Bombardierung. **27.1.1973: Pariser Abkommen**, Abzug der US-Armee. **30.4.1975:** FNL und nordvietnamesische Armee beenden mit der Einnahme Saigons die Eroberung des Südens. **2.7.1976:** Ausrufung der **Sozialistischen Republik Vietnam** (SRV). Hunderttausende Süd-Vietnamesen müssen in Umerziehungslager. **ab 1977:** Kollektivierung der Landwirtschaft und Abschaffung der Privatwirtschaft lösen eine enorme Flüchtlingswelle aus. **Ende 1978/Anfang 1979:** Invasion Kambodschas, politische Isolation Vietnams. **1986:** Das auf dem 6. Parteitag der KPV beschlossene wirtschaftliche Reformprogramm (*doi moi*) führt zur spürbaren Verbesserung.	**Bürgerkrieg** zwischen Anhängern der Khmer Rouge, Lon Nols und Sihanouks. Verstärkung des US-Bombardement, was zur Stärkung der Khmer Rouge führt. **17.4.1975: Einmarsch der Khmer Rouge** in Phnom Phen, Vertreibung der Bewohner. Hungersnöte und die radikale Verfolgung der Opposition fordern Hunderttausende Todesopfer. **7.1.1979: Großoffensive Vietnams**, Eroberung Phnom Penhs, die Roten Khmer fliehen in den Dschungel. Umbenennung des Landes in **Volksrepublik Kampuchea**, Installation einer vietnamtreuen Regierung unter Heng Samrin und Hun Sen. **1982:** Der im chinesischen Exil lebende Sihanouk, die Nationale Befreiungsfront des Khmer-Volkes (KPNLF) unter Son Sann und die Khmer Rouge bilden die **Koalitionsregierung des Demokratischen Kampuchea** (CGDK). Flucht Hunderttausender Kambodschaner nach Thailand. **1989:** Beginn des vietnamesischen Truppenabzugs.	Nach der **Pariser Konferenz 1973** Rückzug der USA. **2.12.1975:** Verkündung der **Demokratischen Volksrepublik Laos** (Lao PDR) durch die Pathet Lao. **1978:** Kollektivierung der Landwirtschaft, Enteignung der Privatbetriebe. Hunderttausende werden in Umerziehungslager gezwungen. 10 % der Einwohner flüchten aus Laos. **1979:** Auflösung der ineffizienten Genossenschaften. **1986:** Auf ihrem **4. Parteitag** 1986 beschließt die Laotische Revolutionäre Volkspartei (LRVP) eine Politik des ›Neuen Denkens‹ (*chintanakan mai*). Trotz wirtschaftlicher Liberalisierung bleiben die politischen Strukturen unangetastet.

20./21. Jh.

Datierung	Vietnam	Kambodscha	Laos
1980er Jahre–2000	Der Zusammenbruch des Ostblocks und der endgültige Rückzug vietnamesischer Truppen aus Kambodscha führen zu einer Normalisierung der Beziehungen Vietnams mit dem Ausland. **1994:** Aufhebung des US-Embargos **28.7.1995:** Vietnam wird Mitglied in der ASEAN. **1996:** Der **8. Parteitag** lässt trotz wirtschaftlicher Reformen keine politische Liberalisierung erkennen. Die Korruption im Parteikader wird zu einem immer größeren Problem. **1997:** Etablierung diplomatischer Beziehungen mit den USA. Die beginnende Asienkrise bringt auch die vietnamesische Wirtschaft zeitweise zum Stocken.	**23.10.1991 Pariser Abkommen** **1992:** United Nations Transitional Authority in Cambodia (UNTAC) beginnt ihre Arbeit. **Mai 1993 freie Wahlen:** Die von Prinz Ranariddh geführte FUNCINPEC gewinnt 45,5 % der Stimmen und geht mit der zweitstärksten Partei, der CPP unter Hun Sen, eine große Koalition ein. Die neue Verfassung sieht eine **Demokratie mit konstitutioneller Monarchie** vor. Am **24. 9. 1993** wird Sihanouk erneut zum König gekrönt. **Ab 1996: Niedergang der Khmer Rouge.** ein Volkstribunal verurteilt Pol Pot **1997** zu lebenslanger Haft. **Juli 1997:** Putsch Hun Sens. **1998** Tod Pol Pots, **Juli 1998: zweite freie Wahlen**, die CPP erhält die Mehrheit und koaliert mit der FUNCINPEC. **1999:** Kambodscha wird Mitglied der ASEAN.	**1991:** Die **neue Verfassung** schreibt das Recht auf Privateigentum fest, politische Pluralität bleibt jedoch weiterhin Tabu. **1992–97:** Das jährliche Wirtschaftswachstum liegt über 5 %, doch gerät Laos immer mehr in die Abhängigkeit von Thailand und China. Das Land verstärkt seine Öffnung zum Ausland: **1994:** Einweihung der Freundschaftsbrücke nach Thailand bei Vientiane **1997:** wird Laos Mitglied der ASEAN. Die beginnende Asienkrise und wachsende innere Unruhen zum Ende des zweiten Millenniums bringen die Reformen ins Stocken.
Beginn des 21. Jh.	Zunehmende soziale Probleme infolge der Stadt-Land-Kluft. Wachsende Proteste der Minderheiten weisen auf die wirtschaftlichen Probleme der Bergbevölkerung hin.	**August 2003:** Die CCP gewinnt die Wahlen, Fortsetzung der Koalition.	**2001:** Auf dem **7. Parteitag** wird die alte konservative Führungsriege bestätigt. **2002:** Bei den **Wahlen** gelingt nur einem Parteilosen der Einzug in die Nationalversammlung.

Tempel, Klöster und Pagoden in den Ländern am Mekong

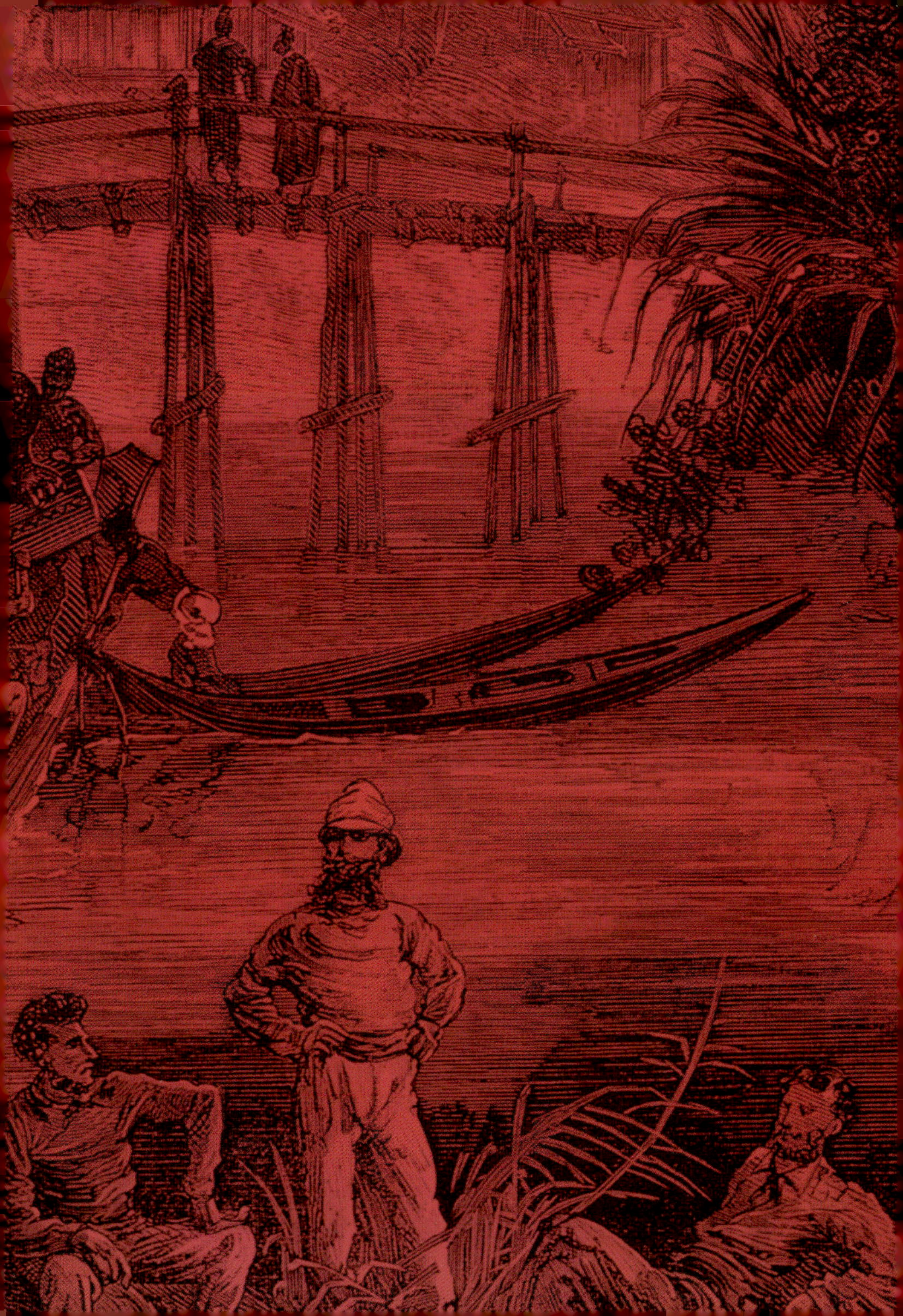

Vietnam: Land und Geschichte

Land und Leute

Bevölkerungsstruktur und Volksgruppen

Vietnam ist mit 80,5 Millionen Einwohnern (238 EW/km²) ein recht dicht besiedeltes Land. Da etwa Dreiviertel der Landesfläche aus Bergen und Hochebenen bestehen, leben die meisten Menschen in den Deltagebieten, wo sich nicht selten mehr als 1000 Einwohner/km² drängen. Ein Viertel der Gesamtbevölkerung lebt in den urbanen Zentren, mit steigender Tendenz. Immer mehr Menschen, vor allem junge, zieht es wegen der Arbeitsmöglichkeiten in die Metropolen, wohin die meisten wirtschaftlichen Investitionen fließen. Die damit verbundene verstärkte Landflucht belastet Städte wie Hanoi und Ho-Chi-Minh-Stadt in ökologischer und sozialer Hinsicht erheblich und lässt die Dörfer langsam, aber sicher überaltern. Doch funktioniert, verglichen mit anderen Ländern der Dritten Welt das soziale Netz in Vietnam relativ gut. Die Alphabetisierungsrate von 94 % ist eine der höchsten Asiens, und die durchschnittliche Lebenserwartung von 68 Jahren zeugt von einer recht gut funktionierenden Gesundheitsversorgung. Doch ist die Stadt-Land-Kluft gravierend, in abgelegenen Regionen – dort betrifft es vor allem die ethnischen Minderheiten – ist der Entwicklungsstandard eher niedrig. Darüber hinaus stellt das immer noch sehr hohe Bevölkerungswachstum von 1,3 % eine große Herausforderung dar. Seit der Vereinigung im Jahre 1975 (48 Mio.) hat die Einwohnerzahl um mehr als 30 Millionen zugenommen. Der hohe Anteil an jungen Menschen erfordert eine Vielzahl neuer Jobs, doch zur Zeit finden selbst gut qualifizierte Leute nur schwer Arbeit. Letzteres trifft insbesondere die Frauen. Vietnamesinnen sind laut Verfassung den Männern gleichgestellt, sie scheinen das wirtschaftliche Leben zu dominieren. Doch tragen sie die Mehrfachbelastung von Hausarbeit, Erziehung und Erwerb, wobei der ökonomische Druck und die vom Konfuzianismus geprägten Strukturen sie benachteiligen. Die ideale Frau soll duldsam, fleißig, schön und zugleich opferbereit sein, wobei gerade junge Frauen in den Städten versuchen diesem Muster zu entfliehen und westlichen Werten folgen. In den höheren Etagen von Politik und Wirtschaft sind sie dennoch bis heute unterrepräsentiert.

Schlussendlich haben Korruption bei den Behörden und das Ignorieren lokaler Interessen in letzter Zeit zu Unruhen innerhalb der unzufriedenen Landbevölkerung geführt. Demonstrationen sind keine Seltenheit mehr.

In Vietnams Geschichte spielen immer wieder herausragende Frauengestalten eine Rolle – wie etwa die Trung-Schwestern. König Le Thanh Tong (reg. 1460–97) machte der Frau in seinem ›Hong-Doc-Erlass‹ für damalige Verhältnisse ungewöhnlich weitreichende Zugeständnisse, wie etwa das Vetorecht bei arrangierten Eheschließungen. Auch nach der Verlobung durfte sie sich von ihrem Mann trennen, falls er sich als ein Verbrecher oder Verschwender entpuppte. Töchter konnten zu gleichen Teilen erben. Die Älteste übernahm die Pflichten des Ahnenkultes, falls kein Sohn geboren wurde.

Volksgruppen

Wer nur die Küstenregionen und Ebenen bereist, wird kaum wahrnehmen, dass Vietnam mit offiziell 54 anerkannten Ethnien eine erstaunlich heterogene Gesellschaft darstellt. Im Küstengebiet jedoch

◁ *Fischerboote in Hong Gai, Ha-Long-Bucht*

Vietnam: Land und Leute

Dorf der Ede

Der Drachengeist Lac Long Quan und die Berggöttin Au Co lebten in glücklicher Einheit. Au Co wurde schwanger und legte 100 Eier, woraus 100 Söhne schlüpften. Doch wegen ihrer fundamentalen Unterschiede – er als Drachengeist dem Wasser zugehörig, sie den Bergen – mussten sich Lac Long Quan und Au Co wieder trennen. So zog er mit 50 Söhnen in die fruchtbare Flussebene. Sie wurden die Vorfahren der Kinh. Au Co kehrte mit ihren 50 Söhnen in die Berge zurück. Sie wurden die Stammväter der Muong und anderer Bergvölker.

leben überwiegend Viet (Kinh), deren Anteil an der Gesamtbevölkerung bei etwa 86 % liegt. Das Gros der anderen Völker ist in den Bergen und auf den Hochplateaus beheimatet. Einige von ihnen siedeln schon seit über 2000 Jahren in Vietnam und wichen dem Druck der sich ausbreitenden Viet, andere wanderten erst in den vergangenen Jahrhunderten aus China ein.

Im Land sind acht Sprachfamilien vertreten: die Viet-Muong-, Mon-Khmer- und die austronesische Gruppe, die meist zusammengefasste Gruppe der Tai und Kadai, die chinesische und tibeto-birmanische Sprachfamilie sowie die Hmong-Mien. Die sprachliche Vielfalt zeigt, dass Vietnam über Jahrtausende Migrationsziel war. Die fünf zur **austronesischen Gruppe** zählenden Völker wie die Cham, Ede oder Giarai kamen vermutlich über das Meer. Ihnen gemeinsam ist bis heute die matrilineare Gesellschaftsordnung. Eine der ältesten Sprachfamilien im kontinentalen Südostasien ist die **Mon-Khmer-Gruppe**. Benannt nach den wichtigsten Vertretern, den in Myanmar (Birma) und Thailand lebenden Mon sowie den in Kambodscha und im Mekong-Delta siedelnden Khmer, gehören ihnen in Vietnam 21 Ethnien an. Auch die acht **Tai-** und vier **Kadai-Gruppen** siedeln bereits seit vielen Jahrhunderten vorwiegend im Nordwesten des Landes und darüber hinaus in Laos und Yunnan. Deutlich später, im 17. Jh., betraten die ersten der heute zur **tibeto-birmanischen Sprachgruppe** zählenden Völker Vietnam, die ersten Angehörigen der **Hmong-Dao** vermutlich noch später. Sie leben ebenfalls im Nordwesten und haben ihren Ursprung in Südwest-China. Politische und soziale Umwälzungen sowie der Bevölkerungsdruck der Chinesen führten zu ihrer Südwanderung. Auch die heute etwa eine Million **Chinesen** (Hoa) sind meist Nachfahren von Flüchtlinge: Nach dem Zusammenbruch der Ming-Dynastie, 1644, gab es eine regelrechte Einwanderungswelle. Das Einzugsgebiet des Roten Flusses ist das alte Stammland der **Viet-Muong**. Von dort aus zogen die Viet nach Süden, bis sie im 18. Jh. das Mekong-Delta erreichten.

Die Verfassung gesteht den Bergvölkern alle Rechte eines Staatsbürgers zu. In den politischen Gremien sind sie relativ gut vertreten. Unverkennbar sind die Bemühungen der Regierung, ihre wirtschaftliche Situation zu verbessern. Aber dennoch leben 75 % ihrer Angehörigen unter der Armutsgrenze, immer wieder kommt es zu Nahrungsmittelknappheit. Die traditionelle Brandrodung verursacht ökologische Schäden und führt zum Verlust wertvollen Ackerbodens. Auch der lukrative und daher schwer einzudämmende Opiumanbau ist noch weit verbreitet.

Sprache und Schrift

Die vietnamesische **Sprache** ist linguistisch nicht exakt einzuordnen und wird daher mit der Sprache der Muong als eigene Gruppe betrachtet. Viele Grundbegriffe sind dem Chinesischen und der Mon-Khmer-Sprachfamilie entlehnt, modernere Begriffe auch dem Französischen (z. B. das Wort für Bahnhof, *ga*, von *gare*). Die Grundwörter sind einsilbig und werden durch sechs Töne definiert. Bilden mehrere Grundwörter einen Begriff, so variiert die Zusammen- oder Getrenntschreibung. Dies gilt auch für Ortsnamen, etwa bei Dalat/Da Lat oder Vietnam/Viet Nam. Die grammatische Struktur folgt strikt der Subjekt-Prädikat-Objekt-Regel. Die Begriffe bleiben unverändert, Plural und Zeiten werden durch Hilfswörter, grammatische Beziehungen durch die Wortstellung im Satz ausgewiesen.

Vietnamesische **Personennamen** bestehen zumeist aus drei Teilen: dem Nach-, dem Mittel- und dem Vornamen. Da der Vorname nicht immer das Geschlecht identifiziert, wird dieses durch den Mittelnamen angedeutet. So weist bei dem Namen der Schriftstellerin Pham Thi Hoai das Thi auf eine Frau hin und beim Namen des Generals Le Van Duyet das Van auf einen Mann. Nach der Heirat behalten die Frauen normalerweise ihren Nachnamen, die Kinder nehmen den Nachnamen des Vaters an.

In der **Schrift** zeigt sich die Offenheit Vietnams für externe Einflüsse. Im Lauf der 1000-jährigen chinesischen Besatzung hatte sich das chinesische Schriftzeichensystem, *chu nho*, durchgesetzt. Während der Tran-Dynastie im 13. Jh. wurde, um alle vietnamesischen Begriffe wiedergeben zu können, durch Neukombination chinesischer Zeichen ein zusätzliches System geschaffen, *chu nom*, welches das Entstehen einer eigenständigen vietnamesischen Literatur ermöglichte. Als 1627 der französische Jesuit Alexandre de Rhodes (1591–1660) nach Vietnam gelangte, schuf er ein Transkriptionssystem mit lateinischen Buchstaben und dem Griechischen entlehnten diakritischen

Alexandre de Rhodes veröffentlichte 1651 in Rom sein erstes Wörterbuch: ›Dictionarum Annamiticum, Lusitanum et Latinum‹.

Zeichen für die Tonhöhen. Anfangs nur von Ausländern verwendet, setzte es sich ab dem 19. Jh. gegen den Widerstand der einheimischen Bildungselite auch im Volk durch und avancierte zur nationalen Schrift (*quoc ngu*). *Chu nho* und *chu nom* werden nur noch von wenigen Gelehrten und buddhistischen Mönchen verwendet.

Religion

Die in der Verfassung verankerte Religionsfreiheit erlaubt die uneingeschränkte Ausübung religiöser und sozialer Aktivitäten. Allerdings soll verhindert werden, dass die Religionen zu einflussreich werden. Daher sind konfessionelle Schulen bis auf Weiteres verboten.

Häufig hört man Gläubige die Formel »Nam Mo A Di Da Phat« (»Verehrung dem Buddha Amitabha«) sprechen. Diese Anrufung Buddhas ist, seit sie der aus China stammende Mönch Thich Thao Duong im 11. Jh. popularisierte, eine der verbreitetsten religiösen Übungen im vietnamesischen Buddhismus: »Die sechs Silben Nam Mo A Di Da Phat sind eine Brücke. Der Verstand kehrt zurück zu seiner naturgemäßen Standhaftigkeit. Amitabha Buddha lebt nicht isoliert. Der Weise erwacht, um dies zu erkennen.«

Aufgrund fehlender statistischer Erhebungen lässt sich die Anzahl der Religionsangehörigen schwer bestimmen. Offiziell werden acht Millionen Buddhisten geschätzt, etwas mehr als fünf Millionen Katholiken, eine halbe Million Protestanten, 100 000 Muslime, zwei Millionen Cao-Dai- (s. S. 208ff.) und 1,5 Millionen Hoa-Hao-Anhänger. Für die Christen, Muslime und die Sekten mögen die Zahlen realistisch sein, im Falle der Buddhisten ist dies zu bezweifeln, da die Mehrheit der vietnamesischen Bevölkerung eine Melange aus Buddhismus, Volksdaoismus, Animismus und Ahnenkult praktiziert.

Der für das kontinentale Südostasien ungewöhnlich hohe Anteil von 7 % **Katholiken** ist eine Folge intensiver Missionsbemühungen ab dem 17. Jh., vor allem durch die Société des Missions étrangères de Paris (MEP). Während der Kolonialzeit wurde der Katholizismus stark gefördert, im ganzen Land entstanden Schulen, Kirchen und Klöster. Unter dem Diem-Regime gewannen die Katholiken im Süden enormen Einfluss, besetzten politische und militärische Führungspositionen. Nach 1975 war es damit vorbei, viele flohen ins Ausland. Heute hat sich das Verhältnis zur Regierung entspannt, dankbar werden den Katholiken viele soziale Aufgaben überlassen. Der **Protestantismus** kam erst Ende des 19. Jh. ins Land und ist vor allem unter einigen Minderheiten verbreitet.

Der **Mahayana-Buddhismus**, spätestens seit dem 11. Jh. die dominante Religion in Vietnam, hatte während der Kolonialzeit einen Niedergang erfahren. Erst im 20. Jh. formierte er sich neu und gewann in den 1960er Jahren angesichts der Unterdrückung durch das Diem-Regime an Profil. Die Proteste gipfelten in den Selbstverbrennungen buddhistischer Mönche. 1964 wurde die einflussreiche Vereinigte Buddhistische Kirche von Vietnam (UBCV) gegründet, um die Buddhisten zu einen und die Religion zu erneuern. Unter ihr entstanden soziale Einrichtungen und die Van-Hanh-Universität in Saigon. Das Verbot der UBCV 1975 bedeutete für ihre Anhänger Flucht oder Gefängnis, noch heute sind einige Mönche inhaftiert. Die meisten buddhistischen Auslandsvietnamesen gehören dieser Vereinigung an, die zu den Hauptkritikern der kommunistischen Regierung zählt. Seit 1981 bildet der Vietnamesische Buddhistische Sangha (*Giao Hoi Phat Giao Viet Nam*) den offiziellen Dachverband der Buddhisten. Neben den Mahayana-Anhängern gibt es vor allem unter den Khmer **Theravada-Buddhisten** und eine kleine Splittergruppe, die 1948 von dem Mönch Minh Dang Quang gegründeten **Khat Si** (Bettelmönche).

Politik

Seit der formellen Wiedervereinigung im Juli 1976 heißt das Land Sozialistische Republik Vietnam, *Cong Hoa Xa Hoi Chu Nghia Viet Nam*. Laut Verfassung ist die einzig zugelassene politische Kraft, die »den Staat und die Gesellschaft führt« (Art. 4), die 1930 gegründete **Kommunistische Partei Vietnams** (*Dang Cong San Viet Nam*) mit über zwei Millionen Mitgliedern. Alle fünf Jahre tritt der nationale Parteikongress zusammen und wählt das Zentralkomitee (161 Mitglieder), aus dem das Politbüro (momentan 18 Mitglieder) unter Vorsitz des Generalsekretärs bestimmt wird. In mehrjährigen Abständen finden Parteitage statt, die die grundlegende Politik für die kommenden Jahre festlegen.

Höchste politische Instanz und Legislative ist die alle fünf Jahre neu gewählte **Nationalversammlung** (*Quoc Hoi*) mit knapp 500 Mitgliedern. Sie tritt zweimal jährlich zusammen, um Gesetze zu verabschieden, die aber de facto meist das Politbüro vorgegeben hat. Ganzjährig vertritt sie der Staatsrat, der die Implementierung von Bestimmungen kontrolliert. Alle fünf Jahre wählt die Nationalversammlung aus ihren Reihen den **Staatspräsidenten** als höchsten Repräsentanten des Landes sowie den **Ministerrat**, der als Exekutive die täglichen Regierungsgeschäfte erledigt. Ihm gehören der Premier, dessen Vize und die Minister an. Zudem bestimmt sie Richter und hohe Sekretäre.

Administrativ gliedert sich Vietnam in 57 Provinzen und vier zentral verwaltete Städte (Hanoi, Ho-Chi-Minh-Stadt, Hai Phong und Da Nang). Dort – wie auch auf Distriktebene und lokaler Ebene – repräsentiert das **Volkskomitee** (*Uy Ban Nhan Dan*) die Staatsmacht.

Eine der bedeutsamsten Zusammenkünfte war 1986 der 6. Parteitag, der mit dem Reformprogramm Doi Moi (Neue Struktur) einschneidende wirtschaftliche Veränderungen beschloss.

Kulturgeschichte Vietnams

Frühgeschichte

Steinzeitliche Kulturen

Verglichen mit seinen Nachbarn ist Vietnam reich an frühgeschichtlichen Funden. Sie konzentrieren sich primär auf den nördlichen Bereich des Annamitischen Bergzugs (Truong Son). Beginnend mit Ausgrabungen der Straßburger Archäologin Madeleine Colani in den 1920er Jahren entdeckten Forscher dort eine Vielzahl steinzeitlicher Relikte von Jäger- und Sammlerkulturen. Menschliche Knochen und Steinwerkzeuge geben Hinweise auf Alter und Einzugsbereich der Kulturen. Die Radiokarbon-Methode ermöglichte neben der regionalen Einordnung eine grobe Datierung der Kulturen. Die älteste bekannte ist die über 30 000 Jahre alte **Dieu-Kultur**, benannt nach einer Höhle im Westen der Hoa-Binh-Provinz (südöstlich von Hanoi). Diese Provinz gab der bekanntesten altsteinzeitlichen Kultur Vietnams ihren

Vietnam: Kulturgeschichte

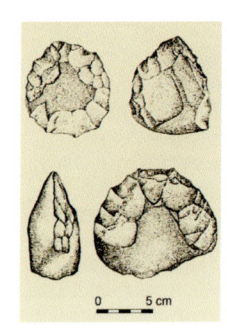

Steinwerkzeuge der Hoabinh-Kultur

Namen, der mindestens 16 000 Jahre alten **Hoabinh-Kultur**. Anhand der Bearbeitung der Steinwerkzeuge – vorwiegend grob behauene Faustkeile – konnte nachgewiesen werden, dass sie im gesamten Festland-Südostasien verbreitet war. Nach einem Gebirgszug in der Provinz Bac Thai, nördlich des Roten Flusses, ist die jüngste der altsteinzeitlichen Kultur benannt, die etwa 10 000 Jahre alte **Bacson-Kultur**. Sie kannte Steinäxte mit geschliffenen Schneiden und Werkzeuge aus Knochen. Zudem fand auch Keramik häufig Verwendung.

Bronze war seit Mitte des zweiten Jahrtausends v. Chr. verbreitet. Vom Wolkenpass südwärts bis ins Mekong-Delta kamen bei Ausgrabungen entlang der Küste mehrere Grabfelder zutage. Dort entdeckte man bis zu 80 cm große Keramikurnen, die zahlreiche Grabbeigaben enthielten, darunter rituell zerbrochene Vasen, Leuchter aus Eisen, Glasperlen, Ohrschmuck aus Nephrit und Bronzeschmuck. Offensichtlich wurden die Toten verbrannt. Diese in die zweite Hälfte des ersten Jahrtausends datierte Zivilisation wird nach dem ersten Fundort südlich von Quang Ngai **Sa-Huynh-Kultur** genannt. Möglicherweise handelte es sich um ein der austronesischen Sprachgruppe zugehöriges Volk, das vom indonesischen Archipel in die südostasiatische Küstenregion eingewandert war und sich in festen Gemeinschaften organisiert hatte. Es konzentrierte sich entlang der Küste und besiedelte auch einige der vorgelagerten Inseln. Zeitgleich erreichte im Norden (Bac Bo) eine bronzezeitliche Zivilisation ihren Höhepunkt, die zu den bekanntesten Asiens gehört: die **Dong-Son-Kultur**.

Dong-Son-Kultur

Die Trommeln wurden im Wachsausschmelzverfahren hergestellt. Dazu modellierte man die gewünschte Form aus Wachs, überzog sie mit Tonerde und ließ sie anschließend trocknen. Beim folgenden Brennprozess schmolz das Wachs und lief über eigens vorbereitete Gusskanäle ab. Anschließend wurde in die entstandene ›verlorene‹ Form das verflüssigte Metallgemisch aus Kupfer und Zinn (manchmal auch Blei) gefüllt.

Mit der Ausweitung der Metallproduktion im ersten Jahrtausend v. Chr. nahmen die Gesellschaften komplexere Formen an, denn nun konnten effektivere Waffen und Arbeitsgeräte in großer Zahl hergestellt werden. Dies hatte nicht nur wirtschaftliche und militärische Konsequenzen, sondern wirkte sich auch auf die künstlerische Ausdrucksform aus. Etwa ab dem 8./7. Jh. v. Chr. muss an den Ufern des Roten Flusses und seiner Zuläufe eine hoch entwickelte Bronzekultur existiert haben, die nach dem wichtigsten Fundort Dong Son am Fluss Ma unweit der Provinzhauptstadt Thanh Hoa benannt wurde.

Bei den Funden handelt es sich hauptsächlich um Grabbeigaben, darunter Dolche mit menschlichen Figuren an den dekorierten Griffen, Waffen, Schmuck und Statuen. Berühmt ist die Dong-Son-Kultur jedoch vor allem wegen der Entdeckung einer Vielzahl reich ornamentierter **Bronzetrommeln**. Wahrscheinlich dienten sie als Ritualgefäße, vielleicht auch zum Trommeln. Das Erstaunliche ist, dass sie in sehr entfernt liegenden Teilen Asiens (Südchina, Indonesien, Philippinen) ebenfalls verbreitet waren und bei einigen Volksgruppen wie den Kayin in Myanmar heute noch Verwendung finden.

Zieht man aus den Darstellungen gut gekleideter Menschen Rückschlüsse, war die Dong-Son-Kultur eine hierarchisch organisierte Gesellschaft mit ausgebildeter Oberschicht. Betrachtet man die häu-

Frühgeschichte, Im Schatten Chinas

Figuren mit Federschmuck, Nachzeichnung eines Dekors auf einer Bronzetrommel aus Ngoc Lu

fig vertretenen Bootsdarstellungen auf den Trommeln und die Holzsärge in Bootsform (5.–2. Jh. v. Chr.), so scheint neben dem Nassreisanbau der Seehandel eine wichtige Rolle gespielt zu haben. Hinsichtlich der Religion herrschten vermutlich Ahnenkult und der Glaube an Natur- und Fruchtbarkeitsgottheiten vor. Möglicherweise lag eine politische Metropole in Co Loa, nördlich von Hanoi – dort fand man Tongefäße und eine Trommel –, das ab dem 3. Jh. v. Chr. zum Zentrum des ersten vietnamesischen Reiches **Au Lac** wurde.

Im Schatten Chinas

Au Lac

Die Anfänge Vietnams sind ohne die politischen Entwicklungen des nördlichen Nachbarn China nicht zu verstehen. Während der Zeit der Streitenden Reiche (ca. 475–221 v. Chr.) waren die Gebiete nördlich des Yangzi Schauplatz vieler kriegerischer Auseinandersetzungen konkurrierender Mächte. Südlich des Flusses existierten mehrere eigenständige Fürstentümer, die chinesische Chroniken als **Yue** zusammenfassen. Sie wurden ab dem 4. Jh. v. Chr. gen Süden abgedrängt – möglicherweise bis ins Delta des Roten Flusses – und gründeten dort neue Fürstentümer. In chinesischen Quellen werden sie **Bai Yue**, Hundert Yue, genannt. Deren Bewohner vermischten sich mit lokalen Volksgruppen, u. a. den Viet.

In China gelang es im 3. Jh. v. Chr. einem lokalen Herrscher ein Großreich bis südlich des Yangzi zu schaffen. Er nannte sich Qin Shihuangdi, Erster Kaiser der Qin, doch seine Qin-Dynastie (221–202 v. Chr.) bestand nur kurze Zeit. Sein Nachfolger besaß nicht die Qualitäten des Ersten Kaisers, was sich u. a. ein hoher Militärbeamter aus Kanton namens Zhao Tuo (viet.: Trieu Da) zunutze machte: Er erklärte sich unabhängig und gab sich den Titel **Nanyue Wu Wang**, Kriegerischer König über das Südliche Yue (viet.: Nam Viet Vu Vuong). Um 207 v. Chr. hatte er sein Herrschaftsgebiet bis ins Rote-Fluss-Delta ausgedehnt, das dort existierende **Au-Lac-Reich** erobert und die herrschenden Lac-Fürsten zu Vasallen gemacht. Die Anfänge dieses ersten historisch nachweisbaren Reiches der Viet liegen im Dunkeln. Vietnamesischen Chroniken zufolge soll es der Fürst von Tay Au, Thuc

Das erste Viet-Reich war Legenden zufolge Van Lang, das Reich der Tätowierten. Gegründet hatte es der angeblich mit übernatürlichen Kräften ausgestattete Hung Vuong nach Unterwerfung anderer Völker. Er begründete die nach ihm benannte Dynastie, welcher bis zu ihrer Ablösung durch das Au-Lac-Reich im 3. Jh. v. Chr. 18 Könige angehört haben sollen.

Die vietnamesische Bezeichnung für König, ›vuong‹, leitet sich von dem chinesischen ›wang‹ ab und ›nam‹, der Begriff für Süden, vom chinesischen ›nan‹. In heimischen Chroniken wird nur der vietnamesische Name von Nanyue, ›Nam Viet‹, verwendet.

Vietnam: Kulturgeschichte

König Ang Duong Vuong

Die jüngsten Dong-Son-Trommeln aus dem 1. Jh. v. Chr. sind mit chinesischen Zeichen beschriftet – wichtiges Indiz für die gravierenden politischen Veränderungen im letzten vorchristlichen Jahrhundert.

Kaum eine Stadt, die nicht eine Straße, einen Platz oder eine Schule nach den Trung-Schwestern, ›Hai Ba Trung‹, benannt hätte. Sie genießen Kultstatus und werden heute noch als Vorbild für Frauen und für den Vaterlandskampf gepriesen. An vielen Orten gibt es zu ihren Ehren Gedenktempel, z. B. den Den Hai Ba Trung in Hanoi. Ihr Todestag wird am 6. Tag des zweiten Mondmonats (März) gefeiert.

Phan, 257 v. Chr. durch die Einverleibung des Fürstentums Lac Viet geschaffen und unter seinem neuen Titel An Duong Vuong vom gut befestigten Co Loa aus regiert haben.

Die 202 v. Chr. in China an die Macht gelangte Han-Dynastie erkannte in einem Dekret 196 v. Chr. zunächst den Herrscher von Nanyue an. 111 v. Chr. jedoch stellte der Han-Kaiser Wudi (reg. 141–87 v. Chr.) Nanyue und damit das ehemalige Au Lac unter Direktherrschaft und teilte es in sieben Provinzen ein. Drei davon lagen auf heutigem vietnamesischen Territorium: Giao Chi (Land der Gekreuzten Zehen) entlang des Roten Flusses, Cuu Chan (Land der Neun Wahrheiten) in der heutigen Thanh-Hoa-Provinz und Nhat Nam (Land im Süden der Sonne) an der Küste. Damit begann die **chinesische Herrschaft**, welche das Land kulturell und politisch nachhaltig prägen sollte.

1000 Jahre chinesische Besatzung

Anfänglich ließen die neuen Machthaber den lokalen Lac-Fürsten relative Freiheiten. Doch das änderte sich, als infolge politischer Unruhen und Aufstände im Han-Reich eine große Zahl vor allem gebildeter Chinesen nach Vietnam kam. Die chinesischen Einwanderer begannen allmählich die lokale Gesellschaft zu dominieren. Mandarine übernahmen Ländereien lokaler Eliten und forcierten ihre Kultur. Zudem belasteten hohe Abgaben für den Ausbau der unterentwickelten Landwirtschaft die Bevölkerung. Unmut entstand und gipfelte 39 n. Chr. im Protest des Fürsten von Me Linh, Thi Sach. Nach seiner Hinrichtung übernahmen seine Frau und ihre Schwester die Führung und organisierten den ersten größeren Aufstand. Schnell konnten sie mit Unterstützung anderer Fürsten 65 chinesische Militärstützpunkte einnehmen. Als **Trung Trac** und **Trung Nhi** ließen sie sich sogar zu Königinnen ausrufen und vermochten die befreiten Gebiete bis 43 n. Chr. zu halten. Erst dann gelang den Besatzern unter General Ma Yuan die Niederschlagung des Aufstands. Die beiden Schwestern entzogen sich der Gefangennahme durch Suizid und avancierten zu den ersten Nationalheldinnen Vietnams.

Um weitere Aufstände zu vermeiden, ordnete Ma Yuan die militärische und zivile Administration nach chinesischem Muster radikal neu. Wer von den lokalen Lac-Fürsten nicht getötet worden war, musste in die Verbannung nach Südchina gehen. An ihre Stelle traten chinesische Verwalter, die das Land mit eiserner Hand führten und sich nicht selten persönlich bereicherten. Ihr Hauptinteresse galt Bodenschätzen wie Gold und Silber oder Tierprodukten wie Rhinozeroshorn und Elfenbein. Die Kultur der lokalen Bevölkerung schätzten sie gering. Praktiken wie Betelnusskauen, Tätowieren oder das Färben der Zähne mit schwarzem Lack galten in ihren Augen als barbarisch, ebenso der relativ hohe Status vietnamesischer Frauen. Mit Rigidität setzten sie die konfuzianischen Verhaltensnormen durch, immer mehr durchdrang chinesische Kultur die lokale Gesellschaft, doch kaum ein Einheimischer wurde in die Akademien zur Ausbildung des Beamtenapparates aufgenommen. Eine lokale Bildungselite war nicht das Ziel der Kolonialherren.

In jener Zeit fasste in Luy Lau, der Provinzhauptstadt von Giao Chi, wo regelmäßig indische Mönche auf ihrem Weg nach China Station machten, der Mahayana-Buddhismus erstmals auf vietnamesischem Boden Fuß. Bereits im 2. Jh. war die Hafenstadt östlich von Hanoi ein wichtiges Zentrum dieser Religion geworden und sollte es die folgenden Jahrhunderte über bleiben. Die Landwirtschaft erfuhr unter den chinesischen Besatzern deutliche Fortschritte. Durch das weitere Eindeichen der Flüsse konnte neues Land urbar gemacht und der Ackerbau durch innovative Arbeitsgeräte verbessert werden. Größere Aufstände blieben die Ausnahme, nur im 6. Jh. nutzte der Adelige Ly Bon eine Phase der politischen Zersplitterung in China aus, um 544 ein eigenes Reich auszurufen. Doch nach nur drei Jahren musste er vor einer entsandten chinesischen Armee fliehen.

Unter der Tang-Dynastie (618–907) erfuhr China eine enorme Erweiterung nach Westen. Bereits unterworfene Gebiete wurden administrativ reorganisiert und fester an das Reich gebunden, so auch Vietnam. 679 erklärte es Kaiser Gaozong (reg. 649–683) zum Generalprotektorat **An Nam**, Befriedeter Süden, teilte das Deltagebiet in vier Provinzen auf und gab den schwer kontrollierbaren Bergregionen einen Sonderstatus mit größeren Freiheiten für die lokalen Führer. Wie im Stammland entstanden auch in An Nam weitere Schulen mit vereinheitlichtem Curriculum zur Ausbildung der Beamten. Ob ähnlich wie in China das kulturelle Leben erblühte, ist unklar, jedenfalls gewann der Buddhismus an Bedeutung. Wichtigster Impulsgeber war der südindische Mönch Vinitaruci (gest. 591), der 580 über China

Mandarin zu Pferd mit Diener, vietnamesisches Gemälde

In China war der Meditations-Buddhismus von dem legendenumrankten indischen Mönch Bodhidharma (gest. 532?) etabliert worden. Dessen dritter Nachfolger Seng Tsan (gest. 606) soll der Lehrer von Vinitaruci gewesen sein. Vinitaruci gilt daher als vierter Patriarch in der Linie der Thien-Tradition. Dieser strengen Meditationsschule zufolge gelangt man nicht durch Studium von Schriften, sondern allein durch Meditation und praktische Übungen – dazu gehören auch alltägliche Arbeiten – zur Erleuchtung. Diese kann spontan und plötzlich geschehen.

nach Vietnam gekommen war und von dort den strengen Thien-Buddhismus (chin.: *chan*, jap.: *zen*) mitbrachte. Er gründete die buddhistische Thien-Tong-Schule. In der Tang-Zeit kam es in An Nam wiederholt zu Aufständen, so 722, als sich Mai Thuc Loan, ein Führer der Muong, zum König ausrief. Einige Jahrzehnte später erklärten die Brüder Phung Hung und Phung An das von ihnen besetzte Gebiet um Tong Binh für unabhängig, bis chinesische Truppen 791 wieder die Kontrolle übernehmen konnten.

Ende des 9. Jh. zerfiel das Riesenreich der Tang allmählich. In An Nam gewann der Khuc-Clan an Einfluss, und als die Tang-Dynastie 906 endgültig zerbrach, ernannten sich einige Mitglieder dieses Clans zu Gouverneuren An Nams. Ihre Vertreibung durch die Chinesen löste eine breit angelegte einheimische Unabhängigkeitsbewegung aus. Ein Aufstand unter der brillanten Führung General **Ngo Quyens** gipfelte 938 in einer Entscheidungsschlacht im Mündungsbereich des Flusses Bach Dang (nördlich von Hai Phong). Dorthin lockten er und seine Soldaten chinesische Dschunken, nachdem sie zuvor spitze Holzstämme in den Flussboden gerammt hatten. Als sich bei Ebbe die Boote darin verfingen, bildeten sie eine leichte Beute. Die Flotte wurde zerstört und damit die chinesische Übermacht gebrochen. Vietnam war nach über einem Millennium wieder frei und mit Ngo Quyen ein weiterer Nationalheld geboren.

Unabhängiges Dai Viet

Erste Dynastien

Nach dem Sieg über die Chinesen regierte Ngo Quyen bis 944 von Co Loa aus, dann zeriss sein früher Tod die anfängliche Einheit. Im Land herrschten anarchische Zustände, bis es 968 dem südlich des Roten Flusses herrschenden Fürst Dinh Bo Linh gelang, elf rivalisierende Kriegsherren zu unterwerfen. Er machte seine durch Berge geschützte Stadt Hoa Lu zum Zentrum des neu geeinten Reiches, das er **Dai Co Viet**, Reich der Großen Viet, nannte. Sich selbst gab er den Namen Dinh Tien Hoang und entsandte zur Absicherung seiner Souveränität eine Tributgesandtschaft an den Begründer der chinesischen Song-Dynastie, Taizu (reg. 960–967), der ihn nach anfänglichem Zögern als Vasallenkönig anerkannte. 979 fielen Dinh Tien Hoang und sein ältester Sohn einem Attentat zum Opfer, er hatte sich mit seiner brutalen Regierungsführung viele Feinde gemacht. Knapp ein Jahr später riss sein wichtigster General Le Hoan die Macht an sich und ließ sich 980 zum König Le Dai Hanh ausrufen. Damit begründete er die **Frühe Le-Dynastie**. Noch im Jahr seiner Machtübernahme musste er einen chinesischen Angriff abwehren, und von Süden her war er einer Invasion der Cham ausgesetzt, die in Zentral-Vietnam einen mächtigen Staat geschaffen hatten. Erst 982 gelang es ihm durch die Einnahme der Cham-Hauptstadt

Indrapura, diese Gefahr zu bannen. Weitere Unbill drohte ihm von Anführern der Muong, die von den Bergen aus wiederholt Überfälle unternahmen. Thronstreitigkeiten nach seinem Tod 1005 führten dazu, dass nach einer Intervention buddhistischer Mönche unter Führung des Mönchsgelehrten Van Hanh (gest. 1018) ein Mitglied des einflussreichen Ly-Clans 1009 zum König ernannt wurde. Er nahm den Namen Ly Thai To (reg. 1009–28) an und begründete eine Dynastie, die eine lange Phase der Konsolidierung einläutete.

Ly-Dynastie

Der neue König verlegte seine Hauptstadt an den Roten Fluss und nannte sie Thang Long, Aufsteigender Drache. Nach chinesischem Vorbild begann er sein weite Teile Nord-Vietnams umfassendes Reich **Dai Viet** (Große Viet) umzugestalten. Er und seine Nachfolger schufen eine zentralistische Administration und legten zur besseren Kontrolle und Kommunikation ein Straßennetz mit Kurierdienst an. 1042 erschien das erste vietnamesische Gesetzbuch (›*Hinh thu*‹), das Strafmaße, Steuerangelegenheiten und administrative Fragen regelte. Der systematische Ausbau eines militärischen und zivilen Beamtenapparates führte zur langfristigen Schwächung des Landadels. Um eine einsatzstarke Armee zu schaffen, ließ der König jedes männliche Dorfmitglied im Alter über 18 Jahre registrieren. Da ihre Bereitschaft zum Militäreinsatz in einem gelben Umschlag aufbewahrt wurde, hießen die Wehrpflichtigen *hoang nam*, gelbe Männer.

Ein wichtiger Schritt zur Ausbildung einer qualifizierten Beamtenschaft stellte 1076 die Etablierung der Akademie für die Söhne der Nation (*Quoc Tu Giam*) durch Ly Nhan Tong (reg. 1072–1128) dar. Dadurch konnte das Bildungsniveau landesweit gehoben und die Administration verbessert werden. Trotz genereller Offenheit der Akademie für alle Bevölkerungsgruppen hatten de facto fast ausschließlich Mitglieder des Adels Zugang zu ihr. Die Dorfjugend konnte jedoch in einem der vielen neu gegründeten buddhistischen Klöster (*chua*) Lesen und Schreiben lernen. Die Klöster entwickelten sich unter den Ly zu blühenden kulturellen Zentren, in denen sich eine erste eigenständige, vorwiegend religiöse Dichtkunst zu entwickeln begann. Der Buddhismus erlebte unter den Ly-Königen einen enormen Aufschwung. Hochrangige Mönche wurden zu Beratern ernannt und übten dadurch einen nicht unerheblichen politischen Einfluss aus.

Tran-Dynastie

Im frühen 13. Jh. zeichnete sich der Niedergang der Ly-Dynastie ab. Dem vorletzten König, Ly Hue Tong (reg. 1210–24), folgte seine nur siebenjährige Tochter auf den Thron, die mit einem Sprössling des mächtigen Fischerklans Tran verheiratet wurde. Mit der Krönung Tran Thai Tongs (reg. 1225–58) hieß das neue Herrscherhaus nun Tran. Nach anfänglicher Opposition einiger einflussreicher Adelsfamilien

Das Gesetzbuch von 1042 regelte auch die Strafmaße. Wurde jemand beim wiederholten Diebstahl gefasst, erhielt er 100 Peitschenhiebe. Wurden beim fehlgeschlagenen Diebstahl Menschen verletzt, führte dies zur Deportation des Täters. Jeder Soldat, der Normalbürger ausplünderte, musste mit 100 Peitschenhieben und 30 Brandmalen rechnen.

Aus der Feder renommierter Mönche stammen zahlreiche, bis heute bekannte ›gatha‹ (Verse), bei denen sich buddhistische Lehre und Dichtkunst vermischen. Allein der Mönch Van Hanh (gest.1018) soll Hunderte solcher Kurzgedichte verfasst haben.

Das populäre Sprichwort »Phep vua thua le lang« (das Gesetz des Königs weicht den Sitten des Dorfes) spiegelt die Autonomie der Dörfer wider. Äußeres Zeichen sind die Hecken und Mauern, mit denen sich viele Dörfer des Bac Bo umgaben. Während Abgaben auf Einkommen und Land an den König abgeführt werden mussten und die Bewohner regelmäßig zu nationalen Kriegs- und Arbeitsdiensten wie Deich- oder Straßenbau herangezogen wurden, konnten die Dorfgemeinschaften ansonsten ihre Angelegenheiten wie Verteilung des Gemeindelandes selber regeln. Dafür war ein normalerweise siebenköpfiger Rat zuständig, der aus den Gebildeten und Ältesten bestand und dessen Vorsitzender das Dorf nach außen hin vertrat. Sowohl als spirituelles als auch soziales Zentrum dient bis heute das Gemeinschaftshaus, der Dinh.

vermochte Tran Thai Tong während seiner langen Regentschaft die Herrschaft durch Ausbau der Deichsysteme sowie eine Steuer- und Verwaltungsreform zu festigen. Dai Viet gewann an Stärke, die sich als notwendig erweisen sollte, da vom nördlichen Nachbarn einmal mehr Gefahr drohte. Dort betrat eine Macht die Weltbühne, welche innerhalb weniger Jahrzehnte die politische Lage Asiens radikal veränderte: die Mongolen. Deren Anführer Khubilai Khan (reg. 1260–94) hatte im Zuge seiner Expansionsbestrebungen Mitte des 13. Jh. auch Dai Viet erreicht und 1257 Thang Long eingenommen. Zunächst zwangen Klima und fehlende Nahrungsmittel die Soldaten zum Rückzug, doch nach wenigen Jahrzehnten kehrte die Armee des Khan zurück. So sah sich auch der dritte Tran-Herrscher Tran Nhan Tong (reg. 1279–93) von den Mongolen bedroht, die sein Reich im Zuge einer Strafexpedition nach Champa durchqueren wollten. Dank der klugen Kriegsführung seines Generals Tran Hung Dao (1226–1300) gelang es den Vietnamesen, sowohl 1285 als auch 1287 eine mongolische Invasion abzuwehren. Mit ihm stieg ein weiterer General in das Pantheon der Nationalhelden auf. Tran Nhan Tong dankte noch zu Lebzeiten ab, wurde buddhistischer Mönch und Begründer der monastischen Truc-Lam-Schule.

Durch die mongolische Bedrohung verstärkt, erlebte Dai Viet eine Phase des Nationalismus, der sich auch in der Religion niederschlug. Neben der Verehrung der aus China eingeführten daoistischen Gottheiten wurden nun Nationalhelden wie Tran Hung Dao in den Status von Göttern erhoben und in Gedenktempeln (*den*) verehrt. Die wichtigsten kulturellen Impulse gingen vom Königshof und den konfuzianischen Akademien aus. Dort führte man das auf chinesischen Schriftzeichen basierende Schriftsystem *chu nom* ein (s. S. 60f.) und verwendete es für die höfische Dichtkunst. Jetzt erst konnte von einer eigenständigen nationalen Literatur gesprochen werden. Auch erschien mit dem 1272 veröffentlichten ›Dai Viet Su Ky‹ (›Geschichte von Dai Viet‹) aus der Feder des Geschichtsschreibers Le Van Huu die erste umfassende Chronik. Die vietnamesische Musik jener Zeit war sowohl von China als auch von den Cham inspiriert, z. B. fand eine von den Cham benutzte Trommelart auch in der Hofmusik Verwendung. Das bereits unter den Ly populäre *cheo* – ein bei Tempelfesten aufgeführtes Sprech- und Gesangstheater – und die von China beeinflusste höfische Oper *tuong* wurden weiterentwickelt.

Die Dörfer (*lang*) erhielten unter den Tran größere Autonomie. Den ehemals mächtigen Dorfmandarinen fiel nur noch eine Kontrollfunktion zu, während wichtige lokale Entscheidungen dem gewählten Dorfrat vorbehalten waren. Auf die Dörfer waren die Herrscher mehr denn je angewiesen, da der Bevölkerungsdruck Hungersnöte auslöste. Grund genug für die Viets nach neuen Territorien zu suchen: Aufgrund der geografischen Gegebenheiten blieb ihnen nur der Süden. Das führte zum verstärkten Zug nach Süden (*nam tien*), der auf Kosten vor allem eines Volkes ging, das über Jahrhunderte hinweg die dominierende Macht Zentral-Vietnams war: die Cham.

Die Cham

Anfänge

Die Chronik der Späten Han-Dynastie berichtet von einem Staat **Linyi** – offensichtlich einem Zusammenschluss kleiner Fürstentümer –, der 192 n. Chr. in ihre südlichste Provinz Rinan (Nhat Nam) eingefallen sei. Es ist die erstmalige Erwähnung eines Staatengebildes in Zentral-Vietnam. Aufzeichnungen nachfolgender chinesischer Dynastien führen immer wieder Tributgesandtschaften der Herrscher von Linyi an den Kaiserhof auf. Es ist jedoch unklar, ob mit Linyi die Cham gemeint sind, denn dieser Name erscheint erstmals 658 in einer Sanskrit-Inschrift. Auch ist nicht geklärt, in welcher Relation die bereits erwähnte Sa-Huynh-Kultur mit den Cham steht. Gemeinsam ist beiden die Praxis der Leichenverbrennung. Die Tatsache, dass die Cham der austronesischen Sprachfamilie angehören, lässt den Schluss zu, dass sie vom indonesischen Archipel nach Vietnam kamen. Mit den dort lebenden Ethnien haben sie die bis heute praktizierte matrilineare Gesellschaftsform gemein.

Champa war nie eine territorial geschlossene Einheit, sondern bestand aus Enklaven mit Hafenzentren an den Flussmündungen. Versuche der Zentralisierung scheiterten an den Eigeninteressen der lokalen Clans, deren prominenteste der im Süden herrschende Clan der Arecapalme (Kramukavansha) und der nördliche Clan der Kokospalme (Narikela) waren. Wichtige Zentren in der Hochphase zwischen dem 8. und 11. Jh. stellten Amaravati (Tra Kieu), Vijaya (Binh Dinh), Kauthara (Nha Trang) und Panduranga (Phan Rang) dar. Die landwirtschaftliche Basis bot das Hinterland entlang der Flüsse, wo die Cham ihren berühmten Hundert-Tage-Reis pflanzten, und die Hochebene, mit deren Bewohnern sie in regem Austausch standen und teilweise sprachlich verwandt waren (z. B. den Ede und Raglai). Das Interesse der Cham galt jedoch in erster Linie dem lukrativen Seehandel zwischen Indien und China. Gefragte Produkte waren u. a. Elfenbein, Rhinozeroshorn, Gewürze, Parfüm, Öle und Edelhölzer, darunter das mehrfach in Reiseberichten erwähnte Holz der Baumaloe. War der maritime Handel aufgrund politischer Ereignisse unterbrochen, machten die Cham auch als Piraten das Meer unsicher. Ihre gefürchteten Flotten unternahmen Beutezüge im Südchinesischen Meer – Konflikte mit den Nachbarstaaten blieben nicht aus.

Wie ihre Nachbarvölker im heutigen Kambodscha kamen auch die Cham sehr früh mit indischem Gedankengut in Kontakt. Spätestens ab dem 4. Jh. pflegten ihre Herrscher den shivaitischen Staatskult. König Bhadravarman I. (reg. 380–413) gilt als der Erste, der in My Son einen Lingam zur Verehrung Shivas aufstellen ließ und sein Reich unter dessen Schutz stellte. Er war auch der erste König, der das Suffix -*varman* (geschützt von) verwendete. Mehr als bei den Khmer vermischten sich lokale mit hinduistischen Kulten (s. S. 91f.). Die Gesellschaft war streng hierarchisch organisiert, mit dem Herr-

> »Die Bewohner errichten die Mauern ihrer Häuser mit gebrannten Ziegelsteinen, die mit einer Mörtelschicht verbunden werden. Die Häuser stehen alle auf einer Plattform oder Terrasse und werden ›kanlan‹ genannt. (...) Männer und Frauen tragen nichts anderes als einen Stoffstreifen, ›ki-pei‹, um ihre Hüfte. Sie durchstechen ihre Ohren, um daran kleine Reifen zu hängen. Höher gestellte Personen tragen Lederschuhe, die Normalbürger gehen barfuß. Diese Gepflogenheit existiert auch in Funan und all den anderen, hinter Linyi gelegenen Königreichen. (...) Hochzeiten werden am achten Mond gefeiert. Es sind die Mädchen, die um die Hand der Jungen anhalten, weil Mädchen als niedergestellter gelten. (...) Die Musikinstrumente sind den unseren sehr ähnlich: Zittern, fünfsaitige Violinen, Flöten usw. Auch verwenden sie Trommeln und Muschelhörner zur Warnung der Menschen.«
> Ma Duanlin im 13. Jh.

scher und dessen Familie an der Spitze, doch gilt es als unwahrscheinlich, dass das indische Kastenwesen in der Bevölkerung tiefgreifend Fuß fasste.

Champa und seine Nachbarn

Obwohl nach matrilinearer Tradition der Mann zur Familie seiner Frau zog, konnte nach hinduistischer Tradition nur ein Sohn des Königs die Thronfolge antreten.

Die Geschichte Champas ist von seinen Handelskontakten und den wachsenden Auseinandersetzungen mit seinen Nachbarstaaten bestimmt. Für das erste Jahrtausend sind zahlreiche Tributgesandtschaften nach China dokumentiert, denn vom Seehandel mit China hing das Wohlergehen des Reiches ab. Immer wieder versuchten sich die Cham-Könige vom Vasallenverhältnis zum Reich der Mitte zu lösen, was einige Male zu Strafexpeditionen chinesischer Flottenverbände führte. Mit dem aufsteigenden Khmer-Reich Zhenla pflegte Champa anfänglich gute Beziehungen. So vermählte der König von Zhenla, Ishanavarman I. (reg. ca. 616–nach 637), seine Tochter Shri Sharvani mit dem Cham-Prinzen Jagaddharma. Aus dieser Ehe ging König Vikrantavarman (reg. 653–?) hervor, der von Simhapura (Tra Kieu) aus regierte und sich durch zahlreiche Tempelstiftungen in My Son hervortat. Allein in seine Regentschaft fallen vier Tributgesandtschaften nach China.

Ab Mitte des 8. Jh. verlagerte sich das politische Zentrum Champas nach einem Dynastiewechsel wohl nach Kauthara (Nha Trang) und Panduranga (Phan Rang). Erstmalig trugen die Könige posthume Namen, was auf einen *devaraja*-Kult ähnlich dem der Khmer schließen lässt (s. S. 226f.). In Kauthara kam es 774 zu einem Überfall durch Flottenverbände der javanischen Shailendra-Dynastie, in dessen Folge das Heiligtum Po Nagar zerstört wurde. Die folgenden beiden Jahr-

Panorama von My Son mit dem Turm A 1, Aufnahme vor 1940

hunderte erlebte Champa in relativer Ruhe. Doch mit dem Niedergang der chinesischen Tang-Dynastie (906) und dem Erstarken Dai Viets verschob sich das politische Gleichgewicht. 982 gelang es der Armee des Königs von Dai Viet, Le Dai Hanh, Indrapura einzunehmen und den Cham-Herrscher zu töten. Nach zwei weiteren siegreichen Kriegszügen der Viet musste König Yan Pu Ku Vijaya (reg. 999–?) im Jahr 1000 seine Hauptstadt nach Vijaya (Binh Dinh) verlegen. Trotz dieser Konflikte erlebte Champa im 10. Jh. mit dem berühmten Tempel A 1 in My Son (s. S. 94, 171, 174) einen künstlerischen Höhepunkt.

Kriegerische Auseinandersetzungen mit dem Dai-Viet-Reich wurden im 11. Jh. zur Regelmäßigkeit, allein in der ersten Jahrhunderthälfte gab es drei Zusammenstöße. Nach einem vierten Krieg 1069 vereinbarten der siegreiche Ly Thanh Tong (reg. 1054–72) und Rudravarman III. (reg. 1062–74) den Lao-Bao-Pass nördlich des 17. Breitengrads als Grenze. Auch mit dem Khmer-Reich kam es zu Konflikten. Nachdem der Angkor-Wat-Erbauer Suryavarman II. (reg. 1112/13–vor 1155) Vijaya zeitweilig direkt seiner Herrschaft unterstellen konnte, stürzte eine groß angelegte Invasion der Cham unter Jaya Indravarman IV. (reg. 1165/66–?) 1177 das Angkor-Reich in die schwerste Krise seiner Geschichte. Erst nach vier Jahren konnte der letzte große Khmer-König Jayavarman VII. (reg. 1181–um 1220) Angkor wieder befreien und im Gegenzug Champa zu einer Provinz seines Reiches machen.

Von der mongolischen Invasion war auch der Küstenstaat betroffen. Ohne Gegenwehr nahmen Flottenverbände des Khubilai Khan 1283 die wichtigsten Häfen Champas ein, zogen nach zwei Jahren jedoch wieder ab. Trotz mehrerer erfolgreicher Angriffe des ambitionierten Che Bong Nga (reg. ca. 1370–90) gegen Dai Viet – 1372 und 1377 nahm er sogar dessen Hauptstadt Thang Long ein –, gingen bis 1400 alle Gebiete nördlich von Hue verloren. Es begann der rapide Niedergang Champas.

Champas kultureller Niedergang ab dem 13. Jh. geht einher mit den Invasionen der muslimischen Moguln in Indien, wodurch der religiöse Austausch mit dem Subkontinent unterbrochen war. Zudem litt die durch die Hindu-Kulte religiös überhöhte Autorität der Cham-Könige unter den vielen politischen Niederlagen. Das Volk, das ohnehin bei den elitären Hindu-Kulten außen vor stand, wandte sich mit dem Aufkommen des Islam in Südostasien ab dem 13. Jh. dieser für sie attraktiveren Religion zu, was zu einer weiteren Aushöhlung der Autorität der Könige führte.

Von der Späten Le-Dynastie bis zur Kolonialisierung

Späte Le-Dynastie

Die Kriege mit den Cham, das Erstarken lokaler Großgrundbesitzer und Aufstände der verarmten Landbevölkerung führten im 13. Jh. zu einer erheblichen Schwächung der Tran-Dynastie. Ihre Herrschaft endete, als 1397 ein chinesischstämmiger hoher Mandarin namens Le Quy Ly den Herrscher entmachtete und zunächst als Regent und ab 1400 als König Ho Quy Ly regierte. Durch eine zaghafte Landreform gelang es ihm, die Situation der von den Großgrundbesitzern teilweise als Leibeigene gehaltenen Bauern zu verbessern. Doch als im Juli 1407 eine Armee der Ming-Dynastie (1368–1644) Vietnam besetzte – angeblich auf Bitten des Tran-Clans –, war sein Ende besiegelt. In der fol-

Eine von den Chinesen durchgeführte Volkszählung verzeichnet 3,1 Mio. Vietnamesen und 2,1 Mio. Angehörige der Bergvölker. Auch wenn sicherlich viele Bewohner dem Zensus wegen der damit verbundenen Steuerverpflichtungen zu entgehen versuchten, so gibt er doch einen Anhaltspunkt über die ungefähre Population zu Beginn des 15. Jh.

Nguyen Trai (1380–1442) wird bis heute als großer Literat und Freiheitskämpfer verehrt. Bereits mit 20 Jahren erhielt er die höchsten akademischen Auszeichnungen. Als sein Vater Nguyen Ung Long während der Ming-Besatzung nach Nanjing verschleppt wurde, trat er der Unabhängigkeitsbewegung Le Lois bei und übernahm die Korrespondenz. Dank seiner Volksnähe gelang es ihm, viele einfache Bauern für den Aufstand zu gewinnen. Nach dem Sieg übernahm er höhere Posten, zog sich jedoch bald in seine Heimat Con Son zurück. Von ihm sind über 200 Gedichte erhalten geblieben.

genden 20-jährigen Besatzungszeit, in der Vietnam als Provinz Giao Chi geführt wurde, forcierten die Chinesen eine rigide Sinisierung. Sie verboten vietnamesische Literatur und Kunst, zerstörten Kulturgüter, erlaubten ausschließlich Chinesisch als Unterrichtssprache und machten das Tragen chinesischer Kleidung zur Pflicht. Zwangsarbeit und hohe Abgaben lasteten auf den Schultern der Bevölkerung. Über 100 000 opponierende Intellektuelle mussten in die Verbannung nach Nanjing. Die Unterdrückung führte zu kleineren Auflehnungen. Doch erst unter Führung des Großgrundbesitzers Le Loi und des Gelehrten Nguyen Trai konnten beim groß angelegten **Lam-Son-Aufstand** 1427 die Soldaten der Ming besiegt und vertrieben werden.

Ein Jahr später bestieg Le Loi als König Le Thai To (reg. 1427–33) den Thron und begründete die **Späte Le-Dynastie**. Er und seine Nachfolger veranlassten ein umfassendes Reformprogramm. Nach Vorbild der Ming-Kaiser wurde die Verwaltung zentralisiert und klar hierarchisch strukturiert. Während die Ausbildung der niederen Beamten in den neu gegründeten Regionalakademien stattfand, konnten die Besten an der Quoc Tu Giam in Thang Long studieren. Um den unliebsamen Landadel und einflussreichen buddhistischen Klerus zu entmachten, fand eine Umverteilung des Landes zugunsten der Bauern statt. Auch unter Le Thanh Tong (reg. 1460–97) setzten sich die Reformen fort und fanden ihre gesetzliche Verankerung im ›Hong-Doc-Erlass‹ von 1483. Dieses umfangreiche Gesetzeswerk blieb bis Ende des 18. Jh. in Kraft und regelte Besitzfragen ebenso wie Straf- und Erbrecht. Ihm zufolge waren hinsichtlich Erbe und Besitz Frauen und Männer gleichgestellt. Gemeindeland wurde alle sechs Jahre abhängig vom Rang des Einzelnen neu verteilt. Die anfallende Pacht musste direkt an den Staat abgeführt werden.

Unter Le Thanh Tong erlebten die Cham ihrer schlimmste Niederlage. Nachdem seine Armee 1471 deren Hauptstadt Vijaya (Binh Dinh) zerstörte, war ihre Macht endgültig gebrochen. Das neu gewonnene Territorium wurde in drei Provinzen eingeteilt und von ehemaligen Soldaten besiedelt.

Teilung des Landes und Tay-Son-Aufstand

Nach dem Tod des führungsstarken Le Thanh Tong zerfiel die Macht der Le-Dynastie aufgrund von Thronstreitigkeiten zusehends. Dies führte zum Erstarken konkurrierender Clans wie Mac, Nguyen und Trinh. Von der Ming-Dynastie unterstützt, konnte 1527 der chinesischstämmige Militärmandarin Mac Dang Dung den Thron usurpieren und die **Mac-Dynastie** etablieren. Doch stellten sich die einflussreichen Familien der Nguyen und Trinh gegen ihn und ernannten einen Prinzen der Le-Dynastie in Thanh Hoa zum Gegenkönig. Nach jahrelangem Bürgerkrieg gelang es ihnen 1592, die Mac zu vertreiben und die **Le-Dynastie** wieder in Thang Long zu installieren. Zu diesem Zeitpunkt waren die Le jedoch nur noch Marionetten im Machtspiel der Nguyen und Trinh, die immer offener um die Vorherrschaft stritten. Schließlich kam es 1673 nach Vermittlung des Kangxi-Kaisers der Qing (reg. 1662–1722) zu einem Kompromiss. Das Land wurde am Giang-Fluss, etwa 30 km nördlich von Dong Hoi, geteilt. Die Nguyen herrschten von Phu Xuan (dem heutigen Hue) aus im Süden und die Trinh von Thang Long aus über die nördlichen Provinzen.

Die **Herrschaft der Trinh** war von Grausamkeit geprägt. Vetternwirtschaft und Korruption erlebten eine Hoch-Zeit. Hauptproblem war die Verteilung der fruchtbaren Böden an mächtige Beamte in der Provinz auf Kosten der Landbevölkerung, welchen das wenig ertragreiche oder gar kein Land blieb. Das Heer der Bauern musste sich als Tagelöhner bei den Großgrundbesitzern verdingen. Wiederkehrende Naturkatastrophen führten schließlich zu vermehrten Hungersnöten. In ihrer Verzweiflung schlossen sich viele landlose Bauern den immer wieder auflodernden Rebellionen an.

Die Situation im **Herrschaftsbereich der Nguyen** war zwar etwas besser, doch auch im Süden hatte die Bevölkerung unter ähnlichen Problemen zu leiden. Dort brachten 1771 drei Brüder aus dem Dorf Tay Son in der Provinz Binh Dinh eine Rebellion ins Rollen, die als **Tay-Son-Aufstand** in die Geschichte einging. Den aus einem begüterten Bauern-Clan stammenden Brüdern Nguyen Nhac, Nguyen Lu und Nguyen Hue gelang es innerhalb kurzer Zeit, eine große Gefolgschaft unzufriedener Bauern und Minderheiten um sich zu scharen. Bald begleitete sie der Ruf, Beschützer der Armen zu sein, was ihnen die Sympathie von Intellektuellen und Mönchen eintrug. 1774 hatten sie die wichtige Küstenstadt Qui Nhon eingenommen und stießen von dort weiter gen Süden vor. Die bedrängte Lage der Nguyen ausnutzend, begannen die Trinh vom Norden aus eine Invasion, die mit der Einnahme Phu Xuans Anfang 1775 endete. Die Tay-Son-Brüder akzeptierten zunächst die Besatzung durch die Trinh. Den Aufständischen gelang es 1776, im Süden den wichtigen Militärstützpunkt Gia Dinh (das heutige Saigon) einzunehmen und für ein Jahr zu halten. Letztendlich kam bei diesen Auseinandersetzungen fast der komplette Fürstenklan der Nguyen ums Leben – mit Ausnahme von Nguyen Phuc Anh. Er schlug sich über das Mekong-Delta nach Siam durch und unternahm mit Unterstützung siamesischer Truppen und des in Ha Tien residierenden französischen Bischofs Pierre Joseph Pigneau de Béhaine mehrere erfolglose Gegenangriffe.

Mit einem weiteren Feldzug vertrieben die Tay Son die Trinh aus Phu Xuan und eroberten den Norden (Thang Long am 21. Juli 1786). Auf Bitten der wieder eingesetzten Le griffen zwei Jahre später jedoch die Chinesen ein und vertrieben die Tay Son für weitere zwei Jahre. 1789 nutzte Nguyen Hue die Feierlichkeiten des Tet-Festes, drängte die Chinesen zurück und rief sich zum König Quang Trung aus. Er herrschte nun über das Land bis Hue, seine Brüder kontrollierten Zentral- bzw. Süd-Vietnam. Die Administration unterlag dem Militär. Doch gelang es den Brüdern nicht, das von den endlosen Kriegen ausgezehrte Land wieder aufzubauen. Ihre Macht zerfiel mit dem Tod Nguyen Hues 1792 und Nguyen Nhacs im folgenden Jahr.

Während des Tay-Son-Aufstandes wuchs einer der größten Literaten Vietnams heran: Nguyen Du. 1765 geboren, legte er bereits als 17-Jähriger eine der höchsten Beamtenprüfungen ab. Unter Gia Long hatte er hohe Positionen inne und reiste als Sondergesandter nach China. Dort lernte er die aus dem 16./17. Jh. stammende ›Geschichte von Kim Van Kieu‹ kennen, die er ins Vietnamesische übertrug. Die Erzählung handelt von Kieu, die ihre Liebe zu dem jungen Gelehrten Kim Trong aufgeben und einen anderen Mann heiraten muss, um Vater und Bruder aus der Gefangenschaft zu befreien. Schließlich landet sie in einem Bordell. Nach vielen Schicksalsschlägen finden Kieu und Kim Trong wieder zusammen. Diese Geschichte wurde im ganzen Land beliebt, einzelne Strophen und Ausdrücke fanden Eingang in die Alltagskultur und sind bis heute geläufig.

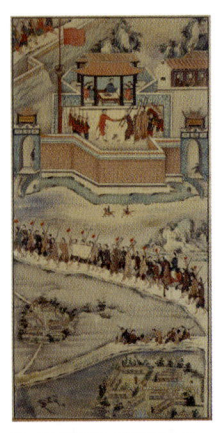

Verhaftung vietnamesischer Christen, um 1840

Eine wichtige Rolle bei der katholischen Mission in Vietnam spielte die 1658 von François Pallu gegründete Société des Missions étrangères de Paris, wobei Spannungen mit den Herrschenden nicht ausblieben. So musste der aus Avignon stammende Jesuit Alexandre de Rhodes (1591–1660) 1630, nur drei Jahre nach seiner Ankunft, das Land wieder verlassen. Großen Einfluss besaß Bischof Pigneau de Béhaine, der Gia Long den Sieg über die Tay Son ermöglicht hatte. in der Folge durften französische Händler und Missionare frei tätig sein. Mit der Konversion des ältesten Sohnes Gia Longs wuchs aber dann der Widerstand gegen Frankreich und die Missionare.

Dies kam Nguyen Phuc Anh zugute, der von seiner 1788 zurückeroberten Basis Gia Dinh aus seine Herrschaft gen Norden schrittweise ausweiten konnte. Schließlich gelang es ihm, die Macht der Tay Son endgültig zu zerbrechen. 1802 proklamierte sich Nguyen Phuc Anh in Hue, der Stadt seiner Väter, zum Gia-Long-König und begründete das letzte vietnamesische Königshaus: die **Nguyen-Dynastie**.

Nguyen-Dynastie

Unter Gia Long erhielt das Reich in etwa seine heutige Form und trug erstmals den Namen **Viet Nam**. Zwecks besserer Kontrolle legte Gia Long von Hue aus eine Straßenverbindung nach Thang Long und Saigon an. Nach Vorbild des Kaiserpalastes in Beijing ließ er seine Königsstadt neu errichten. Mit der Verlegung der Nationalakademie von Thang Long nach Hue erfuhr das konfuzianisch geprägte Beamtensystem enormen Aufschwung. Doch konnte der neue Glanz Hues nicht darüber hinwegtäuschen, dass das wiedervereinte Vietnam den bevorstehenden Herausforderungen wenig entgegenzusetzen hatte. Das starre konfuzianische Bildungssystem verhinderte Reformen, die angesichts der Bedrohung durch die europäischen Mächte notwendig gewesen wären. Nur selten wurde Kritik laut, wie etwa von der »Königin der *chu-nom*-Dichtung« Ho Xuan Huong (1768–1839), die in ihren Gedichten die Verlogenheit und Selbstverliebtheit der patriarchalisch geprägten Bildungselite geißelte.

Minh Mang (reg. 1820–41), der zweite Nguyen-König, versuchte durch Zentralisierung der Administration und Isolation des Landes seine Machtposition zu stärken. Ausländische Schiffe durften nur in der Bucht von Da Nang ankern. Durch die Unterwerfung von Teilen Kambodschas und Laos' machte er Vietnam zu einer regionalen Hegemonialmacht. Um den ausländischen Einfluss einzugrenzen, ließ Minh Mang die Ausübung der christlichen Religion verbieten und viele Katholiken hinrichten.

Kolonialherrschaft
Schrittweise Kolonialisierung

Unter Minh Mangs zweitem Nachfolger Tu Duc (reg. 1848–83) verschärfte sich der Konflikt mit der Kirche, nachdem er in einem Dekret die Katholiken zur Abkehr von ihrem Glauben zwang. Dies fiel in eine Zeit, als in Frankreich mit der Machtübernahme von Napoleon III. (reg. 1852–70) die Ära des Empire Français begann. An Südostasien war Frankreichs Interesse anfänglich gering. Erst nachdem Tu Duc 1857 mehrere Missionare hatte hinrichten lassen und dies zu Protesten der Katholiken führte, wurden die Franzosen in Vietnam aktiv. Mit der Bombardierung von Da Nang am 1. September 1858 begann eine spanisch-französische Strafexpedition, die ein Jahr später mit der Einnahme Saigons endete. In einem am 5. Juni 1862 unterzeichneten

Kolonialherrschaft

Abkommen zwang Frankreich Tu Duc, die drei Provinzen Saigon, Bien Hoa, My Tho sowie die Insel Phu Quoc abzutreten. Sie wurden 1867 in der Kolonie **Cochinchine** zusammengefasst.

Der Tod des kinderlosen Königs im Juli 1883 stürzte das Herrscherhaus von Hue in eine Krise. Innerhalb weniger Monate wechselten sich drei Könige ab. Die Franzosen nutzten diese Situation aus und zwangen den erst 15-jährigen Regenten Kien Phuc (reg. 1883/84) am 6. Juni 1884 zur Unterzeichnung eines Vertrages, der Zentral-Vietnam (**Annam**) und den Norden (**Tongking**) zu französischen Protektoraten machte. Nach Kien Phucs frühem Tod widersetzte sich dessen Bruder und Nachfolger Ham Nghi (reg. 1884/85) der französischen Vorherrschaft. Er organisierte die erste größere antikoloniale Kampagne, *Can Vuong* (Helft dem König). Kurzzeitig konnten seine Truppen die Franzosen aus Hue vertreiben. Landesweit kam es zu Rebellionen, die jedoch sämtlich niedergeschlagen wurden. Schließlich gelang es den Franzosen im November 1888, Ham Nghi zu verhaften. Er wurde nach Algerien verbannt, wo er 1947 starb. Der von der Kolonialmacht installierte Dong Khanh (reg. 1886–88) musste mit ansehen, wie 1887 die drei Protektorate Annam, Tongking und Kambodscha sowie die Kolonie Cochinchine in der Kolonie **Union Indochinoise** zusammengefasst wurden. Er und seine Nachfolger hatten damit jegliche politische Macht verloren.

In den folgenden Jahrzehnten begann die wirtschaftliche Ausbeutung des Landes. Auf der Hochebene wurde Kaffee angepflanzt, bei Hai Phong Kohle abgebaut, 1897 gelangte die erste Kautschukpflanze aus Malaysia in den Süden Vietnams. Schnell entwickelte sich das Naturprodukt zu einem lukrativen Exportgut, ebenso der vorwiegend in den fruchtbaren Deltagebieten angebaute Reis. Innerhalb weniger Jahrzehnte lag Vietnam im weltweiten Reisexport an dritter Stelle. Für die notwendige Infrastruktur ließ die Kolonialmacht durch Zwangsarbeit mehr als 3000 km Eisenbahnschienen verlegen, im Mekong-Delta über 1300 km Kanäle graben und landesweit das Straßennetz ausbauen. Die Vorhaben kosteten unzählige Menschen das Leben und führten zu kleineren Aufständen in der Bevölkerung.

Generalgouverneur Paul Doumer (reg. 1897–1902) erließ das französische Monopol auf den Handel mit Alkohol, Opium und Salz. Unter ihm entstand eine straff organisierte Kolonialadministration, deren Führungspositionen er auch von Einheimischen besetzen ließ: Ohne Teilnahme der einheimischen Bevölkerung war eine Verwaltung nicht aufrechtzuerhalten. Durch die Förderung der katholischen und chinesischen Minderheit entstand eine Elite, die von der Fremdherrschaft profitierte. Bald waren Katholiken und Chinesen überproportional in Administration und Wirtschaft vertreten.

Widerstandsbewegung bis 1945

Von Beginn der Kolonialherrschaft an sahen sich die Franzosen einem teils heftigen, wenn auch zersplitterten Widerstand gegenüber.

Nachdem die Mekong Exploration Commission die weitgehende Unnavigierbarkeit des Mekong festgestellt hatte, versuchten Admiral Marie-Jules Dupré, Francis Garnier und der Salz- und Waffenhändler Jean Depuis den Roten Fluss für den Handel mit China zu öffnen. Um das königliche Handelsmonopol zu brechen, ließen sie im November 1873 die Zitadelle von Hanoi bombardieren und brachten wichtige Städte des Roten-Fluss-Deltas wie Ninh Binh und Hai Phong unter ihre Kontrolle. Doch da die Schwarzen Ho, eine aus Yunnan stammende Rebellengruppe, auch in den Norden Vietnams einfielen und für Unruhe sorgten, dauerte es noch zehn Jahre, bis die Franzosen das Gebiet vollständig unter Kontrolle hatten. 1884 wurde der Norden (Tongking) zum französischen Protektorat erklärt.

Die französische Kolonialverwaltung war äußerst zentralistisch organisiert. Selbstverwaltung war kaum möglich. An der Spitze stand der Generalgouverneur als direkter Vertreter des französischen Präsidenten. Ihm zugeordnet war der aus Einheimischen und Franzosen bestehende ›grand conseil‹. Das von den Provinzversammlungen gewählte Gremium besaß indes nur Beratungsfunktion. Den administrativen Teilgebieten der Union Indochinoise standen Gouverneure vor, für deren Unterstützung in der Kolonie Cochinchine der Kolonialrat und in den vier Protektoraten Laos, Kambodscha, Tongking und Annam regionale Versammlungen zuständig waren. Als Kommunalverwaltung diente ein gewählter Dorfrat.

Er war besonders stark unter königsnahen Intellektuellen, die viele ihrer Privilegien verloren hatten. Einer der prominentesten Oppositionellen war der Mandarin Phan Boi Chau (1867–1940), der vom Ausland aus agierte und mit der Gründung der Reformgesellschaft (*Duy Tan Hoi*) eine moderne Monarchie nach japanischem Vorbild aufbauen wollte. Andere, darunter Phan Chau Trinh (1871–1926), sahen im Aufbau einer westlich geprägten Demokratie die einzige Möglichkeit, gegen die Kolonialmacht bestehen zu können. Auch innerhalb der ländlichen Bevölkerung gab es ambitionierte Gegner wie etwa Hoang Hoa Tham (?–1913), der bis zu seiner Ermordung mit Sabotageakten und Überfällen für Unruhe sorgte. Die meisten Aufstände verliefen jedoch wegen geringer Unterstützung in der Bevölkerung und der militärischen Übermacht der Franzosen im Sand. Nur die kommunistische Bewegung unter Führung Ho Chi Minhs konnte dank ihrer guten Organisationsstruktur und internationaler Unterstützung eine breitere Basis schaffen. Ho gründete mit Gesinnungsgenossen am 3. Februar 1930 in Hongkong die Kommunistische Partei Vietnams (Dang Cong San Viet Nam) und erweiterte sie im folgenden Oktober zur KP Indochina.

Die Weltwirtschaftskrise von 1929 führte zur Verelendung einer breiten Bevölkerungsschicht, was zwei größere Aufstände zur Folge hatte. Einer wurde von der 1927 in Hanoi nach dem Modell der chinesischen Guomindang gegründeten Vietnamesisch Nationalistischen Partei (*Viet Nam Quoc Dan Dang*) im Februar 1930 initiiert und eine zweite zum 1. Mai von kommunistischen Zellen in Fabriken und Plantagen der Provinzen Nghe Anh und Ha Tinh. Sie wurden jedoch von der Kolonialmacht so brutal niedergeschlagen, dass es selbst in politischen Kreisen Frankreichs zu heftiger Kritik kam.

Mit dem Zweiten Weltkrieg veränderte sich die politische Lage Asiens gravierend. Japan, das im Zuge seiner aggressiven Expansionspolitik bereits seit den 1930er Jahren Korea und Teile Chinas besetzt hielt, eroberte ab 1940 zahlreiche südostasiatische Länder. Die Schwäche Frankreichs durch die deutsche Besatzung ausnutzend, marschierten japanische Soldaten in Indochina ein. In einem Vertrag mit dem von der Japan-freundlichen Vichy-Regierung eingesetzten Generalgouverneur, Admiral Jean Decoux (reg. 1940–45), gestattete Japan Frankreich die Aufrechterhaltung der Kolonialadministration, während es die Militärherrschaft innehatte. Indochina war faktisch japanisches Protektorat geworden und wurde wirtschaftlich noch stärker ausgebeutet. In den letzten Kriegsjahren, als die gesamte Reisernte nach Japan verschifft wurde, erlitten über eine Million Vietnamesen den Hungertod.

Unterdessen gründeten die Kommunisten im Mai 1941 die Liga für die Unabhängigkeit Vietnams (*Viet Nam Doc Lap Dong Minh Hoi*), kurz **Viet Minh**. Durch sie betrat ein Mann erstmals unter seinem heute bekannten Namen die politischen Bühne: Ho Chi Minh. Durch den im Oktober 1943 aufgenommenen Partisanenkampf konnte der Viet Minh einige Gebiete Nordvietnams unter seine Kontrolle brin-

Kolonialherrschaft: Erster Indochinakrieg

Ausschnitt aus einem Gemälde von Van Than aus dem Jahr 1979, dass die Verkündung der Unabhängigkeit Vietnams am 2.9.1945 illustriert

gen. Angesichts eigener militärischer Niederlagen und der wachsenden Opposition entmachtete das japanische Regime die französische Kolonialadministration und übernahm im März 1945 die totale Kontrolle. Als Japan am 15. August 1945 kapitulierte und sich aus Indochina zurückzog, begann der Viet Minh vier Tage später einen groß angelegten Aufstand, die August-Revolution, die mit der Einnahme Hanois endete. Dort rief Ho Chi Minh am 2. September 1945 die **Demokratische Republik Vietnam** (DRV) aus und wurde deren erster Präsident. Den von den Japanern vorübergehend wieder eingesetzten König Bao Dai zwang er zur Abdankung.

Erster Indochina-Krieg (1946–54)

Als nach dem Zweiten Weltkrieg die Siegermächte auf der Potsdamer Konferenz die Nachkriegsordnung entschieden, sahen sie für Indochina bis zur endgültigen Klärung eine provisorische Teilung am 17. Breitengrad vor. Der Norden sollte von der nationalchinesischen Guomindang kontrolliert werden und der Süden von britischen Besatzungstruppen. Doch Frankreich wollte seine ehemalige Kolonie nicht aufgeben und regelte in einem Vertrag mit der Guomindang am 28. Februar 1946 deren Rückzug aus dem Norden Vietnams. Kurz darauf besetzten französische Truppen Hai Phong. Mit der Regierung der Demokratischen Republik Vietnam schloss Frankreich am 6. März 1946 einen Vertrag, der die DRV als freien Staat mit eigener Regierung und Armee unter der Union Française anerkannte. Doch entpuppte sich die Vereinbarung als Makulatur: Frankreich wollte weiterhin die Macht ausüben, Ho Chi Minh erstrebte die volle Unabhängigkeit, »selbst wenn wir den Annamitischen Bergzug sprengen müssen«. Bald entbrannten im Norden heftige Kämpfe, die in der Bombardierung Hai Phongs – die am 23. November 1946 über 6000 Zivilisten das Leben kostete – einen ersten Höhepunkt fanden. Die Regierung der DRV rief daraufhin zum nationalen Widerstand auf und zog sich in die Berge Nord-Vietnams zurück. Der **Erste Indochinakrieg** war entbrannt. Militärisch den Franzosen haushoch unterlegen, entschieden sie sich unter der strategischen Führung von Vo Nguyen Giap (s. S. 78, 97) für die Guerillataktik. Sehr schnell geriet der Unabhängigkeitskampf in den Sog des Kalten Krieges. Die Befürchtung, dass nach China auch Vietnam und andere ehemalige Kolonien kommunistisch werden könnten (Dominoeffekt), veranlasste die US-Regierung ab Mai 1950 zur verstärkten Hilfe für die Franzosen, obwohl sie deren Ambitionen, die Kolonie weiterbestehen zu lassen, ablehnten. Sie ließen im Juni 1949 König Bao Dai aus dem Exil zurückholen und mit der Führung einer provisorischen Regierung betrauen. Im Gegenzug erkannte die neu gegründete Volksrepublik China als erste Nation im Januar 1950 die DRV an, kurz darauf auch die UdSSR. Damit zog sich mitten durch Vietnam die Grenze der beiden Blöcke.

Trotz einer Truppe von über 160 000 Mann – darunter 20 000 deutsche Fremdenlegionäre – konnten die Franzosen den Guerillaangriffen der Viet Minh nur schwer beikommen. Um dem verlustreichen Mehrfrontenkrieg ein Ende zu setzen, reifte der Plan, dem Viet Minh im Bergland, wo er die stärkste Unterstützung erhielt, eine Niederlage zuzufügen. Als Ausgangspunkt wurde die strategisch gut gelegene und als uneinnehmbar geltende Garnison Dien Bien Phu unweit der laotischen Grenze ausgesucht und ab Ende 1953 über 15 000 Soldaten dorthin verlegt. Doch hatten die Franzosen nicht mit der Taktik Vo Nguyen Giaps gerechnet, der unter großem Aufwand schwere Geschütze dorthin transportieren ließ und einen Belagerungsring um die Festung zog. Nach 55 Tagen mussten die Franzosen am 7. Mai 1954 aufgeben. Das bedeutete das endgültige Ende der französischen Herrschaft über Indochina. Vo Nguyen Giap wurde zum Helden.

Geteiltes Vietnam
Das Genfer Abkommen und seine Folgen

Das Desaster von Dien Bien Phu beschleunigte die zeitgleich in Genf stattfindenden Beratungen der Supermächte mit Vietnam, Laos und Kambodscha über deren Zukunft. In der Nacht zum 21. Juli wurde das Genfer Abkommen von allen Beteiligten mit Ausnahme der USA unterzeichnet. Vertragsgemäß zogen sich die Franzosen aus dem Norden zurück und machten der kommunistischen Regierung Platz. Es begann eine größere Volksbewegung. Über eine Million Vietnamesen, darunter ein Großteil Katholiken, die für das Kolonialregime gearbeitet hatten, flohen in den Südteil, viele kommunistische Sympathisanten aus dem Süden ließen sich im Norden nieder.

Im **Norden** begannen die Kommunisten mit dem Aufbau des Landes und der radikalen Umgestaltung der Wirtschaft. Doch die Bodenreform mit folgender Kollektivierung des Grundbesitzes sowie die Enteignung der Privatbetriebe führten das Land in eine tiefe Krise. Über 200 000 Menschen, darunter Mönche, Intellektuelle und Unternehmer, fielen Säuberungskampagnen und Übergriffen zum Opfer.

Das Genfer Abkommen beschloss für Laos, Kambodscha und Vietnam die sofortige Einstellung jeglicher Kampfhandlungen und deren Anerkennung als souveräne Staaten. Sie mussten sich verpflichten, weder Mitglied internationaler Militärbündnisse zu werden noch ausländische Militärstützpunkte auf ihrem Territorium zuzulassen. Bis zur Abhaltung von Wahlen sollte Vietnam entlang des 17. Breitengrads provisorisch geteilt werden. Als Pufferzone wurde ein entmilitarisierter Streifen von 5 km nördlich und südlich davon eingerichtet. Innerhalb von 300 Tagen hatten Frankreich und die DRV ihre Streitkräfte aus dem Norden bzw. Süden abzuziehen. Eine internationale Kontrollkommission sollte die Einhaltung des Abkommens durch Inspektorenteams überwachen.

Geteiltes Vietnam: Zweiter Indochinakrieg

Auch unter den Bauern kam es zu Unruhen, die anfänglich blutig niedergeschlagen wurden. Am Ende erkannte die kommunistische Führung die Fehler und modifizierte ihre Kollektivierungspolitik.

In **Süd-Vietnam** wurde der von den USA unterstützte Katholik Ngo Dinh Diem zum Premier einer konstitutionellen Monarchie unter Bao Dai ernannt. Nach absoluter Macht strebend, ließ Diem sich in einem von Betrug und Einschüchterung begleiteten Referendum am 23. Oktober 1955 zum Präsidenten wählen und nötigte Bao Dai zur Abdankung. Die für 1956 geplanten gesamtvietnamesischen Wahlen lehnte er ab. Diems Herrschaft stützte sich auf seine Familie, die katholische Minderheit, das Militär und die USA. Doch seine fanatische Buddhisten- und Kommunisten-Verfolgung sowie die ausufernde Vetternwirtschaft machten das Land immer unkontrollierbarer. Immer mehr Menschen schlossen sich der am 20. Dezember 1960 gegründeten und von Hanoi unterstützten Nationalen Befreiungsfront (FNL) an, die weite Teile Süd-Vietnams zumindest zeitweise kontrollieren konnte. Wenige Monate zuvor hatte im Norden die Partei der Werktätigen Vietnams (wie die KPV sich zwischen 1951 und 1976 nannte), auf ihrem 3. Parteitag die Befreiung des Südens und Wiedervereinigung des Landes beschlossen. Die Verfolgung der Buddhisten erreichte mit der Verhaftung Tausender Anhänger im Frühjahr 1963 einen Höhepunkt. Als es daraufhin zu öffentlichen Selbstverbrennungen buddhistischer Mönche kam, und die Weltbevölkerung aufschreckte, stürzte das Regime. Ngo Dinh Diem und sein Bruder wurden am 1. November ermordet. Die nachfolgenden, sich schnell durch Staatsstreiche ablösenden Militärregierungen konnten allerdings keine Stabilität bringen. Erst als General Nguyen Van Thieu Mitte 1965 mit US-Unterstützung die Macht an sich riss, beruhigte sich die politische Lage etwas. Mittlerweile war ein neuer Krieg entbrannt, der am Ende Millionen Menschen das Leben kosten und einer Weltmacht eine traumatische Niederlage einbringen sollte.

Zweiter Indochinakrieg (1964–75)

Als die Nationale Befreiungsfront, in den Medien unter der Bezeichnung Viet Cong (Vietnamesische Kommunisten) bekannt geworden, über die verschlungenen Wege des Ho-Chi-Minh-Pfades immer massivere Unterstützung in Nord-Vietnam fand, kam es im Gegenzug zur Verstärkung der US-Militärhilfe. Über 20 000 ›Berater‹ organisierten die südvietnamesische Armee. Durch den bis heute nicht ganz geklärten Tongking-Zwischenfall am 2. August 1964 kam es zur ersten direkten Konfrontation zwischen den USA und Nord-Vietnam. Die USA warfen dem kommunistischen Regime vor, in internationalen Gewässern den Zerstörer USS Maddox angegriffen zu haben. Die vom US-Kongress verabschiedete ›Tongking-Resolution‹ ermächtigte Präsident Johnson zur Entsendung regulärer US-Truppen nach Vietnam. Mit Beginn der Bombardierung nordvietnamesischer Städte und vermuteter Nachschublinien des Ho-Chi-Minh-Pfades ab dem 7.

Über das 20 000 km lange Wegenetz des Ho-Chi-Minh-Pfades, der durch vietnamesisches, laotisches und kambodschanisches Territorium verlief, gelangten monatlich über 10 000 t Kriegsgerät nach Süd-Vietnam. Unterstützt von Minderheiten waren Tausende von Frauen und Männern an diesem lebensgefährlichen Unternehmen beteiligt.

Vietnam: Kulturgeschichte

Im Krieg gegen Süd-Vietnam verlor der Norden mehr als 1,1 Mio. Soldaten. Auf der Gegenseite kamen 58 000 US-Soldaten und etwa 230 000 Angehörige der südvietnamesischen Armee ums Leben. Die Zahl der zivilen Opfer wird auf weit über zwei Millionen geschätzt. Vom Einsatz der 42 Mio. Liter Agent Orange zur Entlaubung des Dschungels und Verseuchung der Reisfelder waren über 6 Mio. Menschen betroffen. Heute noch kommen aufgrund der darin enthaltenen 170 kg Dioxin Kinder mit Missbildungen zur Welt. Über die seelischen Wunden infolge der traumatischen Kriegserlebnisse lässt sich nur spekulieren.

Februar 1965 und der Landung erster US-Truppen am 8. März in Da Nang begann der Zweite Indochinakrieg. Innerhalb weniger Jahre sollten über 500 000 US-Soldaten auf vietnamesischem Boden stehen. Doch trotz des enormen technischen und personellen Aufwands konnten die USA und die südvietnamesische Armee den von weiten Teilen der Bevölkerung getragenen Guerillaattacken der FNL wenig entgegensetzen. Auch die Umsiedlung von Dorfbewohnern in eingezäunte Wehrdörfer (*strategic hamlets*), um die Unterstützung der FNL zu unterbinden, brachte wenig Erfolg. Die massive Bombardierung des Ho-Chi-Minh-Pfades durch B-52-Bomber, der Einsatz von Napalmbomben und des Entlaubungsmittels Agent Orange führten zu enormen zivilen Opfern und ökologischen Schäden, konnten jedoch zu keinem Zeitpunkt den Nachschub von Kriegsmaterial nach Süd-Vietnam unterbinden.

Mit der von Nord-Vietnam initiierten **Tet-Offensive** – benannt nach dem vietnamesischen Neujahrsfest –, die am 31. Januar 1968 in über 60 Städten zeitgleich begann, trat ein Wendepunkt ein. Zwar war sie aufgrund der über 500 000 eigenen Verluste und des Ausbleibens eines erhofften südvietnamesischen Aufstandes ein Fehlschlag, führte aber in der Weltöffentlichkeit zur wachsenden Opposition gegen den Krieg. Dazu trugen auch bekannt gewordene Gräueltaten seitens der US-Armee, wie etwa das Massaker von My Lai (s. S. 177), bei. Bei den Wahlen 1968 gelangte Richard Nixon mit dem Versprechen an die Macht, den Krieg rasch zu beenden. Er leitete die ›Vietnamisierung‹ des Krieges‹ ein und beauftragte seinen Außenminister Henry Kissinger zu geheimen Waffenstillstandsverhandlungen mit Nord-Vietnam,

Eroberung von Saigon (Ho-Chi-Minh-Stadt) durch nordvietnamesische Truppen am 30.4.1975

die sich jedoch wegen massiver Bombardierungen Vietnams, Kambodschas und Laos' immer wieder verzögerten. Sie drohten zu scheitern, als im März 1972 nordvietnamesische Soldaten in Süd-Vietnam einmarschierten. Schließlich kam es am 27. Januar 1973 zur Unterzeichnung des Pariser Abkommens, das die Beendigung des Krieges und den Abzug der US-Armee vorsah. Bereits zwei Monate später offenbarte ein Großangriff nordvietnamesischer Truppen die enorme Schwäche Süd-Vietnams ohne die USA. Die so genannte **Ho-Chi-Minh-Offensive** ab März 1975 leitete das Ende des Krieges ein. Ohne große Gegenwehr fiel eine Stadt nach der anderen in die Hände des Nordens. Mit dem Einzug in Saigon und der Kapitulation Süd-Vietnams am 30. April war der Krieg endgültig beendet.

Vietnam bis heute

Krise nach dem Krieg

Angesichts der gewaltigen Aufgabe, die jahrelang verfeindeten Landeshälften miteinander zu versöhnen, sprachen sich anfänglich viele, auch prominente Parteiführer, für eine fünfjährige Übergangsphase bis zur endgültigen Wiedervereinigung aus. Doch es kam anders. Als die Kommunisten im April 1976 landesweite Wahlen mit großer Mehrheit gewannen, beschloss die neu gewählte Nationalversammlung die Vereinigung. Am 2. Juli 1976 rief sie die **Sozialistische Republik Vietnam** (SRV) mit der Hauptstadt Hanoi aus und benannte Saigon zu Ehren des 1969 verstorbenen ersten Präsidenten in Ho-Chi-Minh-Stadt um.

Auf dem wenige Monate später stattfindenden 4. Parteitag wurde die »Sozialistische Umgestaltung der Produktionsverhältnisse im Süden bis 1980« beschlossen. Ein Entschluss mit fatalen Folgen, denn die im Sommer 1977 eingeleitete Kollektivierung der privaten Landwirtschaft und das 1978 erlassene Verbot privaten Handels führten das Land in eine schwere ökonomische Krise. Hunderttausende, viele davon enteignete Unternehmer, flohen mit dem Boot (*boat people*) ins Ausland. Hinzu kam eine politische Krise infolge des Einmarsches vietnamesischer Truppen in Kambodscha (s. S. 238), der zu einem Straffeldzug Chinas führte und das Land in der Welt weitgehend isolierte.

Doi Moi und die Folgen

Auf ihrem 5. Parteitag im September 1979 folgte die KPV den in China ein Jahr zuvor begonnenen Wirtschaftsreformen und ließ zaghaft private Wirtschaftsinitiativen zu. Prompt stieg der landwirtschaftliche Ertrag, und Handel und Handwerk verzeichneten einen bescheidenen Aufschwung. Doch erst angesichts des katastrophalen Wirtschaftsjahres 1985, der Veränderungen in der Sowjetunion durch die Politik der Perestroika und des Todes des mächtigen konservativen Generalse-

Vietnam ist nach Thailand zweitgrößter Reisexporteur. Weitere wichtige Exportprodukte sind Gummi, Pfeffer und Kaffee. Hinzu kommen Erzeugnisse aus dem Meer sowie industrielle Fertigungen wie Stoffe und Textilien, Schuhe oder elektronische Artikel. Rohöl nimmt gegenwärtig ein Fünftel des Exportvolumens ein. Die Inflation hat sich in den vergangenen Jahren stabilisiert, nachdem sie 1991 bei 67 % lag. Auch das Außenhandelsdefizit hält sich in Grenzen. Als Teil der globalisierten Wirtschaftswelt trägt Vietnam jedoch auch die entsprechenden Risiken. Rapider Preisverfall der Produkte auf dem Weltmarkt, Abhängigkeit von den großen Märkten, Konkurrenz mit anderen exportorientierten Ländern (vor allem mit China) und nicht zuletzt die Macht der ausländischen Investoren lassen Vietnam wenig Spielraum im Gestalten seiner Wirtschaftspolitik.

kretärs von 1976–86, Le Duan, beschloss die KPV auf ihrem 6. Parteitag im Dezember 1986 eine **Politik der Neuen Struktur**, *Doi Moi*. Zwei Jahre später erließ sie ein Gesetz über ausländische Investitionen und beschloss die Einführung des Familienvertragssystems in der Landwirtschaft, woraufhin erneut die Familie die entscheidende Einheit in der Landwirtschaft wurde, auch wenn Grund und Boden im Besitz des Staates blieben. Das Ergebnis: Innerhalb kurzer Zeit erreichte das jährliche Wirtschaftswachstum über 7 % und das Pro-Kopf-Einkommen von 130 US-$ im Jahr 1991 verdreifachte sich in nur zehn Jahren. Sowohl die Aufhebung des US-Embargos im Februar 1994 und die folgende Normalisierung der bilateralen Beziehungen mit den USA als auch die volle Mitgliedschaft Vietnams in ASEAN ab 1995 waren wichtige Schritte zur Anerkennung des Landes als vollwertiges Mitglied der Weltgemeinschaft.

Doch hat die wirtschaftliche Öffnung keineswegs zur politischen Liberalisierung geführt. Nach wie unterliegt die Presse einer scharfen Zensur und immer noch wird jegliche Kritik an der Regierung mit hohen Haftstrafen verfolgt. Auch nehmen die sozialen Spannungen infolge der wachsenden Stadt-Land-Kluft zu. Auf dem Land kommt es immer wieder zu Protestaktionen gegen die Willkürherrschaft kommunistischer Funktionäre. Immerhin versucht die Regierung mit einer Antikorruptionskampagne ihr Image zu verbessern. Auch ist sie fest entschlossen, die Wirtschaftsreformen weiterzuführen. Ob dies unter Ausblendung politischer Veränderungen indes auf Dauer zum Erfolg führen wird, bleibt abzuwarten.

Kunst und Kunsthandwerk

Tempelarchitektur

Unabhängig davon, ob die Tempelanlage buddhistisch, daoistisch, konfuzianisch oder einem Schutzgeist geweiht ist, ihre Architektur leitet sich vom Plan des traditionellen vietnamesischen Hauses ab, das sich wiederum an chinesische Vorbilder anlehnt. Wenn möglich soll der Eingang nach Süden ausgerichtet sein, denn vom Norden kommen die kalten, dem Nordostmonsun folgenden Winterwinde. Diese Nord-Süd-Ausrichtung hat sich in der gesamten Haus- und Stadtplanung niedergeschlagen und ist auch spirituell begründet (s. S. 85ff., Geomantik). Mehrgeschossige ältere Tempelbauten findet man so gut wie nie. Die Größe eines Gebäudes wird an der Anzahl der *gian* (chin.: *jin*) gemessen, das heißt der Zahl der Abstände zwischen jeweils vier Stützsäulen. Das schwere Dach macht einen stabilen Holzskelettbau notwendig und wird von Stützsäulen – wegen der Härte meistens Eisenholzstämme – und zahlreichen Längs- und Querstreben getragen. Da der Großteil der Gebäude aus Holz besteht, sind

Tempelarchitektur

regelmäßige Renovierungen erforderlich. Daher sagt das Alter eines Tempels nichts über das tatsächliche Alter seiner Gebäude aus.

Dinh, Den und Nghe

Das wichtigste Gebäude eines vietnamesischen Dorfes ist das **Gemeinschaftshaus**, der **Dinh**. Er dient sowohl zur Verehrung des Schutzgeistes des Dorfes als auch zur Abhaltung von Zusammenkünften und Festen. Durch Spenden und aktive Mitarbeit der Bewohner errichtet, ist er der Stolz der Dorfgemeinschaft und je nach deren Reichtum üppig verziert. Im Gegensatz zum buddhistischen oder daoistischen Tempel ist der Dinh originär vietnamesisch, wobei gewisse Parallelen zu Bauten einiger austro-asiatischer Völker bestehen. Die älteste zu einem Dinh gehörende Steinstele wird auf das Jahr 1472 datiert, eine Zeit, in der unter Le Thai Tong (reg. 1460–97) weitreichende administrative Reformen durchgeführt und die Dörfer unabhängiger wurden. Die ältesten existierenden Gebäude stammen aus dem 16. Jh. und bestanden ursprünglich aus einem einzeln stehenden länglichen Holzskelettbau mit drei oder fünf *gian*. Stand der Altar zur Verehrung des Schutzgeistes anfänglich in der Gebäudemitte, so wurde ab dem 17. Jh. für ihn oft ein eigener Anbau errichtet, der dem Gesamtensemble die Form eines umgedrehten T verleiht. Im 18. Jh. fügte man je nach Größe des Dinh Nebengebäude (*tien te*) zur Vorbereitung von Zeremonien (*te*) hinzu. Gemeinschaftshäuser aus dem 19. Jh. besitzen zuweilen weitere Gebäude, sodass der Gesamtkomplex auch einem liegenden H gleichen kann. Der künstlerische Reichtum manifestiert sich in den Schnitzereien am Dachgebälk. Hier konnten sich die Künstler frei entfalten. Allgemein unterscheidet man zwei Perioden: Bis ins frühe 18. Jh. dominierten klassische (chinesische) Motive wie Wolken, Flammen, die vier mythischen Tiere (Dra-

> »Er [der Dinh] ist das Symbol der Dorfgemeinschaft und der Stolz ihrer Mitglieder. Seine langen und weiten Dächer mit den geschwungenen Kanten, seine mächtigen Säulen, durch ein solides Balkenwerk zusammengehalten, und sein geräumiger Innenhof schaffen ein eindrucksvolles architektonisches Gebilde. Aber eines, das den Bewohner nicht einschüchtert oder in ihm eine Angst vor dem Heiligen erzeugt, als würde er den Königspalast betreten. Er ist die Brücke zwischen Mensch und Natur, zwischen Mensch und Mensch. In ihm sammeln sich die Erinnerungen der Bewohner, von ihrer Kindheit bis zum Alter.«
>
> *Nguyen Du Chi*

Vietnam: Kunst und Kunsthandwerk

che, Einhorn, Kranich, Schildkröte) und Pflanzen sowie bäuerliche Alltagsszenen; ab Ende des 18. Jh. verdrängten höfische Darstellungen das ländliche Idyll, Formalismus trat anstelle dörflicher Derbheit und Fröhlichkeit. Mit dem Wiederbeleben lokaler Traditionen seit Beginn der 1990er Jahre kommt dem Dinh heute wieder eine wichtige Rolle im kulturellen und religiösen Dorfleben zu. **Schutzgeisttempel ohne Versammlungshalle** werden **Nghe** genannt. Auch sie können reiches Schnitzwerk aufweisen.

Der **Den zur Verehrung eines Helden** wie Tran Hung Dao, der Trung-Schwestern oder der Könige zeigt architektonische Ähnlichkeiten zu einem Dinh. Im Inneren findet sich eine Statue oder Namenstafel des Verehrten, bei Königen auch ein leerer Thron. Daneben sind der jeweiligen Person zugeordnete Utensilien wie Waffen oder Holzpferde ausgestellt.

Chua

Im 11. Jh. unterschied man drei Grundtypen: ›Dai danh lam‹ (Große Berühmte Pagode), die von Herrschern oder Adligen gestiftete Pagode – gleichzeitig als Rastplatz für den durchreisenden König benutzt –, ›Trung danh lam‹ (Mittlere Berühmte Pagode), eine Pagode von regionaler Bedeutung, und ›Tieu danh lam‹ (Kleine Berühmte Pagode), die Dorfpagode.

Der Begriff Pagode, ›chua‹, bezeichnet in Vietnam die gesamte buddhistische Tempelanlage und nicht nur den Tempelturm, auf den sich der Begriff ›chua‹ ursprünglich nur bezog! Der Name ›chua‹ findet heute auch zur Bezeichnung religiöser Stätten anderer Religionen wie z.B. Kirchen Anwendung.

Kaum ein religiöses Bauwerk hat die vietnamesische Kulturlandschaft so geprägt wie die **buddhistische Pagode**, **Chua**. Leider blieb von den frühesten Chua aus dem ersten Jahrtausend nichts erhalten. Eine erste Blütezeit erfuhr der Pagodenbau im 11. Jh., als sich unter der Ly-Dynastie (1009–1224) der Chua zu einem Ort des Lernens und kultureller Aktivitäten entwickelte. Befand sich im 11. Jh. der Hauptaltar noch im Pagodenturm (*thap*), so brachte man ihn ab der Tran-Dynastie (1225–1400) in einem eigenen Gebäude unter.

Aufgrund der Anordnung der Gebäude werden manche Pagodenkomplexe *noi cong ngoai quoc* genannt, da das Arrangement im Innenbereich (*noi*) dem einem liegenden H ähnelnden chinesischen Zeichen *cong* (chin.: gong 工) gleicht, und die äußere (*ngoai*) rechteckige Umfassungsmauer dem äußeren Teil des chinesischen Zeichens *quoc* (chin.: guo, 国) besitzt. Das Bauensemble mancher Pagoden entspricht einem umgekehrten T und ähnelt daher den Dinh (s. o.) oder einem *tam*, dem chinesischen Schriftzeichen für die Zahl Drei (chin.: san 三).

Als infolge des Zusammenbruchs der Ming-Dynastie (1644) chinesische Mönche nach Vietnam flohen, erlebte dort der Buddhismus einen Aufschwung. Neue Pagoden wurden errichtet, wie z. B. Chua But Thap, oder alte renoviert. Die meisten entstanden im *tam-quan*-Stil, benannt nach dem dreiteiligen Eingangstor. Dieser Stil folgt geomantischen Prinzipien (s. u.), denen zufolge Gebäude auf einer Nord-Süd-Achse angeordnet sein müssen. Dem Tor der Drei Ansichten (*tam quan*) folgt nach einem Hof das erste Gebäude, die Vorhalle (*tien duong*). Ihr schließt sich als quadratischer Zwischenraum – manchmal auch als eigenständiger länglicher Bau – der Saal der Räucheropfer (*thieu huong*) an, wo die Zeremonien abgehalten werden. In der Haupthalle (*hai hung*) befindet sich der Hauptaltar. Weitere Gebäude dienen zur Verehrung der verstorbenen Äbte, der Heiligen Mütter (*mau*) oder als Residenz für die Mönche.

Tempelarchitektur, Phong Thuy – Geomantik

A Vorhalle (Bai Duong):
1 Acht Vajrapani (Kim Cuong)
2 Tausendarmige Quan Am mit Begleiter

B Verbindungsraum (Chinh Dien):
3 Neun Drachen und Buddha als Kind mit Pham Thien (Saka, l.) und De Thich (, r.), zwei aus dem Hinduismus übernommene Schutzgottheiten
4 Buddha Maitreya (Di Lac) mit Ananda (l.) und Manjushri (Van Thu, r.)
5 Fasten-Buddha (Tuyet Son) mit Samantabhadra (Pho Hien, l.) und Mahakashyapa (Ca Diep, r.)
6 Amitabha mit Mahasthamaprapta (l.) und Avalokiteshvara (r.) in weiblicher Gestalt (Quan Am)
7 Erdgott (Ong Dia)
8 Quan Am mit Kind
9 Herdgott (Ong Tao)
10 Kronprinz Ky Da
11 Quan Am

C Haupthalle (Hau Duong):
12 Amithaba
13 Drei Existenzen Buddhas (Tam The Phat)
14 Zehn Höllenrichter (Diem Vuong)
15 Achtzehn La Hans

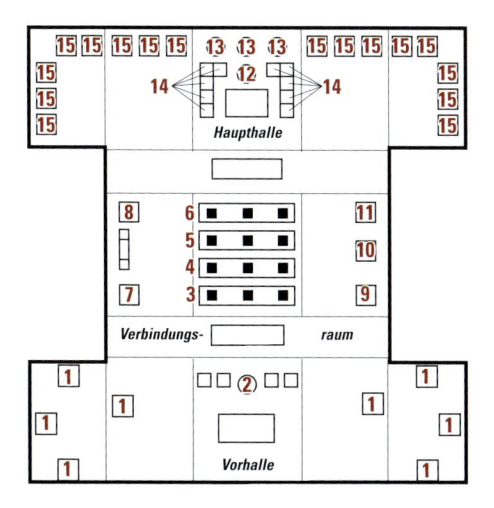

Der **Thap** – mit ihm verbindet sich die komplexe Symbolik eines Stupa (s. S. 364f.) – spielt eine marginale Rolle. Von Ausnahmen wie dem Chua Pho Minh bei Nam Dinh oder dem Thien Mu in Hue abgesehen, hat der Thap in Vietnam zumeist nur die Funktion eines Grabstupas für Mönche.

Die Vielzahl von **Statuen** in den Räumlichkeiten der Pagoden kann verwirrend sein. Hierin wird deutlich, wie sehr der Buddhismus mit daoistischen und animistischen Glaubensvorstellungen verwoben ist. Meist sind die bunt lackierten Figuren aus Holz (z. B. des Jackfruchtbaumes) oder aus Pappmaché. Zwar sind die Statuen je nach Größe und Bedeutung des Chua durchaus individuell angeordnet, vor allem erfolgt dies beim Arrangement der *la han* (Skt.: *arhat*) und Höllenrichter, doch folgen sie einer strengen Hierarchie. Sie ist vor allem bei den langsam aufsteigenden Hauptaltären zu erkennen. So befindet sich bei Dreiergruppen die wichtigste Gestalt in der Mitte; abgeschlossen wird der Altar von den Drei Existenzen Buddhas (*tam the phat*), auch als die Buddhas der Drei Zeiten (Vergangenheit, Gegenwart, Zukunft) interpretiert. Als Beispiel zeigen wir hier die Anordnung der Figuren im Chua Tay Phuong (s. S. 121f.), der eine der eindrucksvollsten Sammlungen Vietnams birgt.

Phong Thuy – Geomantik in Vietnam

14 Jahre dauerte es, bis die Untergebenen König Minh Mangs (reg. 1820–41) den richtigen Platz für sein Grabmal gefunden hatten. Ein Platz, der dem Land Segen, Reichtum und Glück gewähren sollte, ein

Vietnam: Kunst und Kunsthandwerk

»Bewirke Harmonie der Mitte, und Himmel und Erde kommen an ihren rechten Platz, und alle Dinge gedeihen«, heißt es bereits vor über 2300 Jahren im Buch ›Zhongyong‹ (›Lehre der Mitte‹), einem der vier konfuzianischen Klassiker.

In Souvenirshops finden sich fein verzierte Kompasse, wichtigstes Instrument des Geomantik-Experten. Der Vertiefung mit der Nadel in der Mitte folgen konzentrische Kreise mit chinesischen Schriftzeichen und Symbolen, darunter die acht Trigramme aus dem ›Buch der Wandlungen‹. Sie beziehen sich auf für die Wahl des Ortes wichtige Faktoren.

Schon für das 2. Jh. v. Chr. ist Papier in China nachgewiesen. Etwa ab dem 3. Jh. gelangte es nach Vietnam, wo es spätestens seit dem 10. Jh. hergestellt wird. Neben Ramie (Chinagras, Boehmeria nivea), Bambus und Jute zählt die Rinde des Maulbeerbaumes (Broussonetia papyrifera) zu den bevorzugten Materialien. Dieses Papier (›do‹) eignet sich hervorragend für Kalligraphie.

Ort, an dem die kosmischen Kräfte (chin.: *qi*) positiv wirken und die Energien zwischen *yin* (viet.: *am*) und *yang* (viet.: *duong*), zwischen dem azurnen Drachen im Osten und dem weißen Tiger im Westen ungehindert fließen können; ein Landstrich, in welchem die nördlich liegenden Berge sich an der richtigen Stelle befinden und Wasser nicht weit ist. Zwar mag heute die Suche nach der richtigen Lage für ein Haus oder ein Grab nicht so zeitintensiv sein, aber ohne Konsultation eines Kenners geomantischer Prinzipien, der Regeln des *phong thuy* (chin.: *fengshui*; Wind-Wasser), wird sie in Vietnam kaum vonstatten gehen. Die in China verbreitete Auffassung, dass der Mensch im Einklang mit der Natur leben und daher alles unternehmen solle, um die Harmonie zu bewahren, hat sich auch in Vietnam durchgesetzt. So wie in den Meridianen des menschlichen Körpers die Energie ungestört fließen muss, so müssen auch in der Natur die Urkräfte frei strömen können.

Ein Phong-Thuy-Experte muss eine Reihe von Faktoren berücksichtigen. Zuerst gilt es, die Eigentümlichkeiten der Topografie festzustellen, denn sie sind Manifestationen von Yin und Yang. Mit Yin, dessen Schriftzeichen die Schattenseite eines Berges bedeutet, sind die Aspekte Erde, Weiblichkeit, Wasser, Schwarz, Dunkelheit, Weich, Kälte, Wechselhaftigkeit verbunden, mit Yang (Sonnenseite eines Berges) dagegen Himmel, Männlichkeit, Rot, Glanz, Licht, Warm und Beständigkeit. Yin und Yang müssen in ausgewogenem Verhältnis stehen. Da die negative Energie aus dem Norden kommt, liegt der Haupteingang im Süden. Berge sollten sich im Norden erheben, ein offenes weites Terrain sich im Süden erstrecken. Ist dies anhand der natürlichen Gegebenheiten nicht möglich, so vermögen aufgeschüttete Hügel und Bäume an der Nordseite das Böse abzuwehren und Teiche oder künstliche Kanäle im Süden das fehlende Gewässer zu ersetzen. Mauern vor Eingängen halten die bösen Geister auf, da diese sich nur geradeaus bewegen können. Pagodentürme (*thap*) sollen – einer Akupunkturnadel nicht unähnlich – negative Energie ab- und positive Energie zuleiten. Entsprechend verhindern sie bei sehr geraden Linien von Hügeln und Wasserläufen das zu schnelle Abfließen der Energie. Schließlich gilt es die Fünf Elemente Holz, Feuer, Erde, Metall und Wasser zu berücksichtigen, denen wiederum die Himmelsrichtungen (Ost, Süd, Mitte, West, Nord) und Farben (Grün, Rot, Gelb, Weiß, Schwarz) zugeordnet sind. Gute Beispiele für die Befolgung geomantischer Prinzipien bilden die Königsgräber und die Zitadelle in Hue.

Die Malkunst

In Vietnam ist die Kunst seit ihren Anfängen mit der Kultur Chinas eng verwoben. Die dortigen Entwicklungen in Kalligraphie, Holzdruck und Landschaftsmalerei haben sich beim südlichen Nachbarn niedergeschlagen. In der Kunst der **Kalligraphie** wurde neben dem chinesischen Schriftzeichensystem (*chu nho*) auch das vietnamesische (*chu nom*) verwendet. Trotz Kolonialisierung und jahrzehntelangem Krieg hat sich

Phong Thuy – Geomantik, Malkunst

Die naiven Darstellungen auf den Neujahrsbildern zeigen ländliches Idyll, historische Szenen und Symbole des Wohlstandes wie wohlgenährte Schweine, Hühner oder Wasserbüffel.

diese künstlerische Ausdrucksform bis heute bewahrt und erlebt seit einigen Jahren eine Wiederbelebung. Jüngere Kalligraphen benutzen nun auch das latinisierte Schriftsystem *quoc ngu*. Die **Landschaftsmalerei** besaß wohl nicht die Bedeutung wie an den Höfen Ostasiens, allerdings lässt sich ihr Stellenwert in Vietnam schlecht einschätzen, da die meisten Werke verloren sind. Die ältesten erhaltenen Zeugnisse stammen aus den Anfängen der Nguyen-Dynastie im frühen 19. Jh.

Eine Kunstform genießt jedoch seit Jahrhunderten ungebrochene Popularität: der **Holzschnitt**. Dieses Verfahren wird bevorzugt für die Neujahrsbilder (*thanh tet*) verwendet, die alljährlich zum Tet-Fest als Glücksbringer in den Wohnhäusern aufgehängt werden. In den auf ihre Herstellung spezialisierten Handwerksdörfern – das bekannteste ist Dong Ho, etwa 40 km nordöstlich von Hanoi – wird die Kunst von Generation zu Generation weiter vererbt. Das Motiv wird auf den Druckstock gemalt und herausgeschnitzt, bevor es mit schwarzer Farbe bestrichen und auf Papier gepresst wird. Das Papier wird aus der Rinde der Do-Pflanze (*Rhamnaceae*, Fam. der Kreuzdorngewächse) hergestellt. Abschließend bemalen die Künstler die freien Flächen in kräftigen Tönen. Neben künstlich hergestellten Farben werden weiterhin Naturfarben verwendet.

Bei Naturfarben werden die Farbstoffe aus Naturprodukten gewonnen: Weiß aus Austern, Schwarz aus verkohlten Bambusblättern, Blau aus Indigo, Rot aus dem Holz des Ostindischen Sappanbaumes (Caesalpinia sappan) und Gelb aus Blütenextrakten des Japanischen Schnurbaumes (Sophora japonica).

Moderne Kunst in Vietnam

Wer heute durch die Altstadt von Hanoi oder Hoi An spaziert, mag ob der Vielzahl von Galerien überrascht sein. Seit der wirtschaftlichen Öffnung Vietnams boomt die Kunstszene des Landes. Werke vietnamesischer Künstler erzielen auf dem internationalen Kunstmarkt erstaunlich hohe Preise. Zwar werden die Geschäfte mit Kopien bekannter Werke und orientalischem Kitsch überschwemmt, doch sind in etablierten Galerien durchaus exzellente Werke zu finden.

Seitdem der Maler Le Huy Mien (1873–1943) als erster Vietnamese an der Kunstakademie in Paris studierte und die europäischen Maltechniken auch in Vietnam einführte, haben sich viele einheimische Künstler von westlichen Strömungen inspirieren lassen. Einen Meilenstein in der Kunstentwicklung stellte 1925 die Gründung der *École Supérieure des Beaux-Arts de l'Indochine* in Hanoi durch Victor Tardieu (1867–1937) und Joseph Inguimberty (1896–1971) dar. Die engagierten französischen Maler bemühten sich bei der akademischen Ausbildung um eine Balance zwischen einheimischen und westlichen Stilelementen und Techniken. Daher umfassten die Kursangebote neben den westlichen Maltechniken auch traditionelle vietnamesische Verfahren wie Lack- und Seidenmalerei.

Die **Seidenmalerei**, die anders als in China und Japan über keine Tradition verfügte, erfuhr dank Nguyen Phan Chanh (1892–1984), einem der ersten Schüler Tardieus, eine vietnamesische Ausrichtung. Seine frühen expressionistischen Werke entstanden zu Beginn der 1930er Jahre. Sie zeichnen sich durch klare Linienführungen und transparente, erdene Farben aus. Nguyen Gia Tri (1906–93), ein weiterer Künstler der ersten Stunde, experimentierte bei der **Lackmalerei** mit neuen Farben (traditionell verwendete man Schwarz, Braun und Zinnoberrot) und Materialien wie Eierschalen und Steinen.

Andere Maler ließen sich in ihren Werken aus **Öl** oder **Aquarell** von den europäischen, vor allem französischen Stilrichtungen beeinflussen. So sind bei To Ngoc Van (1906–54) Einflüsse der französischen Impressionisten wie Gauguin unverkennbar.

Nach 1945 versuchten viele Künstler eine eigene ästhetische Identität zu finden, nicht wenige wurden von dem nationalistischen Geist der Unabhängigkeitsbewegung erfasst. Mit der Trennung Vietnams 1954 entstand neben der Hanoier Akademie der Schönen Künste (*Truong Cao Dang My Thuat Hanoi*) in Saigon eine weitere Kunsthochschule. Die verheerenden wirtschaftlichen Folgen des Krieges führten dazu, dass kaum ein Künstler von seiner Arbeit leben konnte. Hinzu kam im Norden, ab 1975 auch im Süden, eine strenge Zensur, Kunst hatte im Dienste des Sozialismus zu stehen. Es entstanden zahlreiche Werke nach Vorbild des sozialistischen Realismus in der Sowjetunion und China. Erst im Zuge der Doi-Moi-Politik konnten sich die Künstler von den ideologischen Fesseln befreien und verfolgen seitdem nahezu ungehindert ihre individuelle Richtung.

Lackarbeiten

Das Harz des Lacksumach (*Rhus vernicifera*) fand in China bereits während der Shang-Zeit (ca. 1600–1030 v. Chr.) als Schutzanstrich und Bindemittel Verwendung. In der Westlichen Han-Dynastie (206 v. Chr.–9 n. Chr.) kannte man Lackschnitzereien, Silbereinlegearbei-

---

Der Begriff ›Lack‹ leitet sich von dem Hindi-Wort ›lakh‹ (unzählige, hunderttausend) ab, das wiederum seine Wurzel in dem Sanskrit-Begriff ›lakhsa‹ (Zeichen, Merkmal) hat. Er bezieht sich auf die Vielzahl von in Nordindien beheimateten Schildläusen, die zur Gewinnung von Schellack notwendig sind. In Indochina wird Lack aus dem Harz des Lackbaumes (Melanorrhea laccifera) und verschiedener Sumach-Arten (Anacardiaceae), darunter dem Lacksumach (Rhus vernicifera) und dem Japanischen Wachsbaum (Rhus succedanea), gewonnen. Kommt das Harz mit Luft in Berührung, wird es schwarz. Um die Austrocknung zu vermeiden, wird es in Behältern unter einer Wasserschicht aufbewahrt. Auf das Grundmaterial werden je nach Qualität mehrere Lackschichten aufgetragen. Da sie für die Trocknung mehrere Tage benötigen, können bis zur Fertigstellung eines Werkes viele Wochen vergehen.

Malkunst, Lackarbeiten, Bildhauerkunst

ten und bunte Bemalungen. Die Kunst gelangte auch in das seit 111 v. Chr. von China besetzte Vietnam. Dort begann man spätestens ab der Ly-Dynastie (1009–1224) auch Holzskulpturen mit Lack zu überziehen und farblich zu gestalten. Unter den Königen der Späten Le-Dynastie erlangte die Lackkunst im 15. Jh. einen Höhepunkt. Der königliche Mandarin Tran Lu führte die Technik der Lackmalerei aus China ein und organisierte die Handwerker 1443 in Gilden, die sich auf unterschiedliche Techniken wie Einlegearbeiten, die Bemalung von Holzfiguren oder die Verwendung von Gold und Silber für Intarsien spezialisierten. Ab Mitte des 18. Jh. wurden Perlmutteinlagen für Wandschirme, Möbel und religiöse Gegenstände populär. Eine neue künstlerische Ausrichtung erfuhr die Lackmalerei im frühen 20. Jh. durch Mitglieder der Hanoier Kunstakademie (s. o.).

Die Bildhauerkunst

Die wichtigsten Skulpturen der Cham wurden aus **Sandstein** hergestellt. Da zahlreiche Beispiele die Zeit überdauert haben, lässt sich deren stilistische Entwicklung gut nachvollziehen (s. S. 94f.).

Anders sieht es bei **Holzskulpturen** aus. Aufgrund des vergänglichen Materials blieben nur wenige frühe Exemplare erhalten. Als ältestes bekanntes Zeugnis gilt eine Buddha-Figur aus Eisenholz, vermutlich im 6. Jh. im Funan-Reich geschnitzt und heute im Historischen Museum von Ho-Chi-Minh-Stadt ausgestellt. In Vietnam existieren in den buddhistischen Pagoden, daoistischen Tempeln und Versammlungshäusern heute noch unzählige Holzskulpturen. Allerdings sind die meisten neueren Datums, denn immer wieder wurden die alten Statuen ersetzt. Unter den älteren Figuren gilt der 1656 geschaffene Avaloki-

Avalokitehsvara (Quan Am) aus dem Chua But Thap, 1656

teshvara aus dem Chua But Thap (s. S. 118f.) als herausragendstes Werk. Er stammt aus der Zeit der Mac-Dynastie (1527–1667), in der die buddhistische Kunst einen Aufschwung erlebte. Damals war es üblich, dass Stifter und Patrone der Klöster Porträtstatuen von sich anfertigen ließen. Manche Statuen lassen individuelle Züge erkennen, andere zeigen historische Personen in idealisierter Form, etwa als Bodhisattva. Realistische Züge tragen die Darstellungen der La Hans wie etwa im Chua Tay Phuong (s. S. 85, 121f.) und verstorbener Mönchspatriarchen auf den Ahnenaltären. Als Material wird wegen seiner Beständigkeit und guten Verarbeitungsmöglichkeit bis heute das Holz des Jackfruchtbaumes (*Artocarpus heterophyllus*) bevorzugt.

Steinmetzarbeiten, zumeist Inschriften oder Wächterfiguren, finden sich vor allem in den Außenbereichen der Tempelanlagen. Auch bei ihnen zeigen sich deutliche Einflüsse aus China.

Kunst und Kultur der Cham

Erforschung und Restaurierung

Besucher der Cham-Heiligtümer werden eine Mischung aus Faszination und Wehmut verspüren. Faszination angesichts der eindrucksvollen Anlagen, Wehmut angesichts des Untergangs einer Zivilisation und der Zerstörungen des Vietnamkrieges. Das Schicksal der Cham ist charakteristisch für ehemals bedeutende Völker Südostasiens. Trotz einer Zeit kultureller Blüte mussten sie später mächtigeren Völkern weichen. Dies erfuhren die Mon in Myanmar und Thailand, in gewisser Hinsicht auch die Khmer und vor allen Dingen die Cham, von denen heute nur noch etwa 100 000 in Vietnam und 200 000 in Kambodscha verstreut leben.

Die Erforschung der Cham-Kunst stand stets etwas im Schatten der Heiligtümer Kambodschas. Henri Parmentier von der École Française d'Extrême-Orient (EFEO) war der Erste, der eine systematische Bestandsaufnahme vornahm. Sein 1909–18 erschienenes ›Inventaire descriptif des monuments Chams de L'Annam‹ bildet bis heute das Standardwerk in der Cham-Forschung. Teilweise – wie im Falle des Klosters Dong Duong und des Tempelturms A 1 in My Son – sind die dort enthaltenen Pläne und Skizzen neben Fotoaufnahmen die einzigen Zeugnisse der im Krieg vernichteten Bauwerke. Die von der EFEO begonnenen Restaurierungsarbeiten wurden nach einer kriegsbedingten Unterbrechung ab 1980 von Konservatoren der renommierten polnischen Pracownie Konserwacji Zabytków (PKZ) weitergeführt. Heute arbeiten vor allem einheimische Experten mit eher bescheidenen finanziellen Mitteln und hoffen darauf, dass nach der 1999 erfolgten Aufnahme der Tempelstadt My Son in die UNESCO-Liste der Weltkulturdenkmäler zukünftig mehr Gelder fließen werden.

Henri Parmentier, 1923

Erforschung und Restaurierung, Glaubenswelten

Wichtige Quellen für die Forschung stellen neben archäologischen Ausgrabungen die über 200 in Sanskrit oder Cham verfassten Inschriften dar. Obwohl meist religiösen Inhalts, enthalten sie doch wichtige Informationen über Dynastien, politische Allianzen und Genealogien der Herrscher. Die dort verwendeten Datierungen folgen dem Shaka-Kalender, der ab dem 4. Jh. gebräuchlich wurde, und sind daher leicht zu bestimmen. Weitere bedeutende Quellen sind chinesische Reiseberichte und Annalen der verschiedenen Dynastien sowie Chroniken aus Dai Viet und Champa.

Die indische Shaka-Ära beginnt mit dem Jahr 78 n. Chr., in dem Kanishka, der König von Kushan, den Thron bestiegen haben soll. Ihr folgen die meisten Tempelinschriften der Cham und Khmer. Seit 1957 gilt in Indien wieder das Shaka-Jahr als offizieller Kalender.

Glaubenswelten

Trotz externer Einflüsse behielten die Cham auch in ihren Staatskulten eigene Glaubensvorstellungen bei. Bestes Beispiel ist der Kult um die Himmlische Mutter der Königsstadt, **Po Yang Ino Nagar** (Skt.: Yang Pu Nagara) in Nha Trang. Ursprünglich eine lokale Erd- und Muttergottheit, mit »97 Männern und 39 Töchtern«, wurde sie zur Uma oder Bhagavati (Parvati) und damit zur Gefährtin Shivas. Dieser schillernde Hindu-Gott entsandte laut Inschriften eine weitere lokale Gottheit, **Uroja**, auf die Erde, um erster König von Champa zu werden. Eigentümlicherweise deutet dessen Name, in dem die Wortwurzel für Brust steckt, eher auf eine weibliche Fruchtbarkeitsgottheit hin, was auch die Darstellung in Form von Frauenbrüsten rund um die Basis eines *yoni* oder Podestes zeigt. Der hohe Stellenwert von Göttinnen könnte in der matrilinearen Gesellschaftsform der Cham begründet sein.

Po Yang Ino Nagar im Thap Ba, Nha Trang

Bhadravarman I. war der erste Cham-Herrscher, von dem bekannt ist, dass er das Namenssuffix ›-varman‹ (geschützt von) verwendete. Ihm taten es zahlreiche Cham- und Khmer-Herrscher gleich.

Hinduistische Kulte sind in Champa ab dem 4. Jh. nachgewiesen, als König Bhadravarman I. (reg. 380–413) in My Son einen Lingam installierte und damit laut Inschrift »dem Gott Bhadreshvara eine dauernde Heimstatt« gab. Dies ist der erste Hinweis auf einen shivaitischen Staatskult. Shiva wurde unter dem Namen Bhadreshvara (Verheißungsvoller Herr) zum Schutzherrn Champas erhoben. Im Lingam ließen die Könige aber auch ihre Vorfahren als Shiva-Manifestation verehren. Sehr gängig waren Mukha-Lingam, bei denen das Gesicht entweder in den Stein gearbeitet oder als Silber- bzw. Goldmaske (*kosa*) über den Lingam gestülpt war. Auch dem Elefantengott Ganesha und Gottheiten der Himmelsrichtungen (Skt.: *dikpala*) geweihte Tempel gab es. Der Vishnu-Kult war weniger populär, doch sind einige vishnuitische Reliefs und Skulpturen erhalten.

Der **Buddhismus** verbreitete sich in Champa etwa zeitgleich mit dem Hinduismus. Doch war er in seiner Mahayana-buddhistischen Form nur kurz offizieller Staatskult, als Indravarman (reg. 877/878–889/890) das Kloster Dong Duong gründete und sich als Bodhisattva Lakshmindra Lokeshvara verehren ließ. Wenige Jahrzehnte später dominierte unter Bhadravarman II. (reg. ca. 905–917) erneut der Shiva-Kult.

Die verstärkte Hinwendung zum Islam ist auch eine Folge der Eroberung von Vijaya 1471. Damals ließ der vietnamesische König Le Thanh Tong (reg. 1460–97) nicht nur fast die gesamte geistige und politische Elite töten oder verschleppen, sondern auch systematisch die Heiligtümer zerstören.

Die Spuren des **Islam** lassen sich bis ins 11. Jh. zurückverfolgen, als sich arabische Händler in den südlichen Hafenstädten ansiedelten. Im großen Stil breitete sich die Religion des Propheten Mohammed allerdings erst ab dem 15. Jh. aus, als im südostasiatischen Raum zahlreiche islamische Königreiche entstanden, etwa Melaka. So liegt die Vermutung nahe, dass sich die Mehrheit der Cham in dieser Zeit dem Islam zuwandte. Heute sind die meisten Cham Muslime, doch in Zentral-Vietnam finden sich noch Gruppen, Cham Kaphia oder Cham Chu, die ihre alten Glaubensvorstellungen bewahrt haben.

Religiöse Architektur

Als maritimes Volk bauten die Cham ihre Heiligtümer mit Vorliebe auf küstennahen Erhebungen oder entlang der Flüsse unweit ihrer Siedlungen. Im Gegensatz zu den Khmer und Javanern errichteten sie keine großen Tempelanlagen – eine Ausnahme bildet der Mahayana-buddhistische Tempel Dong Duong von 875. Vielleicht lässt sich dies damit erklären, dass Champa nie eine vergleichbare territoriale Ausdehnung mit entsprechend vielen Arbeitskräften besaß und nie so straff zentralistisch organisiert war wie das Angkor-Reich.

Die Cham waren Meister der Ziegelbauarchitektur. Sandstein verwendeten sie fast nur für Türstürze, Skulpturen und Reliefs. Bis heute ist die Qualität ihrer Ziegelsteine unübertroffen. Nach dem Brennen wurden sie fest, leicht und etwas porös. Rätselraten verursachte ihre exakte Verarbeitung, denn zwischen den Steinen ist kaum ein Freiraum zu sehen. Heute geht man davon aus, dass die äußeren Steine der 80–160 cm dicken Mauer aufgeraut und mit wenig Bindemittel zusammengefügt wurden, während zur Mauermitte hin mehr Bindemittel ver-

Glaubenswelten, Religiöse Architektur

Kalan von Hoa Lai

wendet wurde. Das Bindemittel bestand vermutlich aus dem Harz des Yangbaumes (*Dipterocarpus alatus*), vermischt mit zerriebenen Muscheln und Ziegelstaub und dann erhitzt. Eine ähnliche Mixtur wird heute noch zum Abdichten von Booten verwendet. Zur Abdichtung der Fugen wurde der gesamte Bau abschließend nochmals gebrannt.

Die **Tempelanlagen** bestehen für gewöhnlich aus: 1. dem Hauptsanktuarium, in der Cham-Sprache *kalan* genannt, 2. einem turmartigen Eingangspavillon (Skt.: *gopura*), 3. einem meist dem Kalan vorgelagerten länglichen Bau (Skt.: *mandapa*), und 4. je nach Größe einem seitlich gelegenen Gebäude mit geschwungenem Dach, in dessen beiden Innenkammern wahrscheinlich zeremoniale Gegenstände und Gewänder aufbewahrt wurden (Skt.: *koshagraha*). Da seine Funktion letztlich ungeklärt ist, wird dieser Bau auch als ›Bibliothek‹ bezeichnet.

Um das Hauptheiligtum gruppieren sich entsprechend der Bedeutung weitere Türme zur Verehrung zweitrangiger Gottheiten. Beim **Kalan** handelt es sich um einen quadratischen, fensterlosen, Bau mit einem Eingang und drei Scheintüren. Zumeist ist er reich verziert, war ursprünglich mit Stuck überzogen, sein Dach häufig vergoldet. Innen hingegen ist er dunkel und schlicht, um die Konzentration auf das Heiligtum zu richten. Ausnahmslos ist am Bau eine Dreiteilung zu erkennen, die von religiöser Bedeutung ist: die erhöhte Plattform (Skt.: *bhurloka*) gilt als Symbol für die Welt der Menschen, der qua-

Vergeblich sucht man heute die Reste der Cham-Städte. Sie sind nahezu verschwunden, denn wie bei indisierten Kulturen üblich, bestanden alle profanen Bauten aus vergänglichen Materialien wie Bambus oder Holz. So blieben nur ihre religiösen Bauwerke erhalten.

dratische Mittelbau (Skt.: *bhurvaloka*) als Ort spiritueller Vereinigung zwischen Mensch und Gott, die dreistufige Spitze (Skt.: *svarloka*) schließlich symbolisiert den Sitz der Götter.

Baustile

Anhand der dekorativen Elemente, Säulen und Ecken unterschied Philippe Stern, langjähriger Kurator am Musée Guimet, an den Cham-Türmen sieben architektonische Stile. Ihre Erläuterungen in seinem 1942 erschienenen Buch ›L'art du Champa et son évolution‹ gelten bis heute als Standard. Vom ersten Stil, dem **My-Son-E-1-Stil** (8. Jh.), blieben nur Skulpturen und ein Altar erhalten. Die Bauten E 1 und F 1 in My Son, deren Wände recht dünn waren, existieren nicht mehr. Daher sind die Kalan von Hoa Lai, nördlich von Phan Rang, nach denen der **Hoa-Lai-Stil** (8./9. Jh.) benannt wurde, die ältesten noch erhaltenen Cham-Bauwerke. Sie zeichnet eine wohlproportionierte Architektur mit klarer Linienführung und zurückhaltendem Dekor aus. Stilistische Parallelen entdeckt man auf dem Phnom Kulen in Kambodscha. Eine Ausnahmeerscheinung bildet der **Dong-Duong-Stil** (9. Jh.), da hier der Mahayana-Buddhismus dominiert. Leider ist das einzige architektonische Beispiel, das Dong-Duong-Kloster, im Vietnamkrieg vernichtet worden. Ein weiteres Opfer der Bomben wurde der berühmte Kalan A 1 in My Son, der durch üppiges, aber nicht überladenes florales Dekor sowie durch ausgewogene Proportionen bestach. Der nach ihm benannte **My-Son-A-1-Stil** (10. Jh.) stellt architektonisch einen Höhepunkt der Cham-Kunst dar. Zu ihm zählen die einige Jahrzehnte früher entstandenen drei Kalan von Khuong My (Anfang 10. Jh.). Wegen ihrer schlichteren Ornamentverzierungen gelten sie als Zwischenstufe zwischen Dong Duong und A 1. Mit dem **Po-Nagar-Stil** (11./12. Jh.) ist die klassische Phase überschritten. Die Belastung durch Kriege gegen Vietnamesen und Khmer führte zu einer Beeinträchtigung der künstlerischen Kreativität. Nachahmungen, sei es älterer Cham-Vorbilder oder von Khmer-Werken, die mit dem Bau von Angkor Wat ihren künstlerischen Zenit erreichten, überwiegen. Dieser Trend lässt sich auch am **Binh-Dinh-Stil** (12./13. Jh.) erkennen. Die Kalan werden höher und das obere Drittel mit ausgeprägten Miniatur-Kalans wirkt gedrängter, während sich die Vorbauten vor den Hauptportalen zu Vestibülen entwickeln. Dagegen nehmen die Spitze und der Mittelbau im **Po-Klong-Garai-Stil** (14.–16. Jh.) jeweils die Hälfte ein, wie am Po Rome und Po Klong Garai gut zu sehen ist. Sehr markant, aber eher plump wirken die kleinen Miniatur-Kalans an der dreistufigen Spitze. Dekor ist kaum vorhanden, die Cham-Architektur steht im Schatten ihrer Vergangenheit.

Skulpturen und Reliefs

Hinsichtlich der Reliefs und Figuren stehen die Cham keineswegs im Schatten anderer indisierter Kulturen. Während sie in der Architektur

---

Allein die Größe des Dong-Duong-Klosters war bemerkenswert. Auf einer Ost-West-Achse von 1,3 km Länge reihten sich ein großer Vihara, eine längliche Halle und, von einer Umfassungsmauer eingeschlossen, mehrere Tempeltürme. Darüber hinaus beeindruckte vor allem das ausdrucksstarke Dekor.

»Cham-Kunst entlehnte, kopierte aber nicht. Ihre Originalität ist immer klar sichtbar, nicht nur in Kleidung und Schmuck der Personen, die natürlich die lokalen Traditionen widerspiegeln, sondern gerade auch von einem rein ästhetischen Standpunkt aus. Champa scheint eine sehr eigene Sichtweise von menschlichen und göttlichen Welten, ob real oder imaginär, entwickelt zu haben. Diese Sichtweise mag stark variieren, (...) ist aber immer äußerst individualistisch und kann gelegentlich unbestrittene Meisterwerke hervorbringen.«

Jean Boisselier

Religiöse Architektur

Po Klong Garai

Ziegelstein bevorzugten, findet in der Bildhauerkunst fast ausschließlich Sandstein Verwendung. Die ältesten erhaltenen Cham-Skulpturen im **My-Son-E-1-Stil** (spätes 7./8. Jh.) zeichnen sich durch schlichtes dezentes Dekor und eine realistische Darstellung aus. Stilistische Parallelen, z. B. bei den Attributen, lassen einen künstlerischen Austausch mit Süd-Indien, Dvaravati (Mon), Sambor Prei Kuk (Khmer) und Java vermuten. Beim **Tra-Kieu-Stil** wird zwischen einer Frühphase (7. Jh.) und Spätphase (10. Jh.) unterschieden. Auch hier gibt es Parallelen zur indischen Bildhauerkunst. Die Figuren wirken lebendig und realistisch, was an den bekannten Tra-Kieu-Tänzern sehr schön zu sehen ist. Markanteste Eigenschaft der Figuren und Reliefs im **Dong-Duong-Stil** (spätes 9./frühes 10. Jh.) ist deren ausgeprägter Formalismus. Das Gesicht ist breit, mit kurzem Kinn, geschlitzten Augen und durchgehenden Augenbrauen. Der **Khuong-My-Stil** (10. Jh.) gilt als Vorläufer des My-Son-A-1-Stils. Typisch für ihn ist der elaborierte Haarschmuck sowie die zurückhaltende Lebendigkeit und Schlichtheit der Statuen. Hingegen wirken Figuren im **My-Son-A-1-Stil** (10. Jh.) dynamisch und geschmeidig. Wie in der Architektur besticht die fein gearbeitete Ornamentik. Zwar beeindrucken die Standbilder im **Thap-Mam-Stil** (11.-14. Jh.) aufgrund ihrer Monumentalität und ihres üppigen Schmucks, doch wirken die Fantasie- und Götterfiguren eher ausdrucksarm. Der politische Niedergang Champas ist auch künstlerisch an den Bildhauerwerken im **Yang-Mum-Stil** (15. Jh.) zu sehen. Sie wirken stark symmetrisch. Typisch für das Gesicht sind die halbmondförmigen Augen, die verbundenen Augenbrauen und das spitz zulaufende Kinn.

Zu den Stilen s. auch S. 161ff.

Galerie bedeutender Persönlichkeiten

Gia Long (reg. 1802–20)

Mit der Devise Gia Long wollte der Herrscher die Einheit zwischen Nord- und Süd-Vietnam verdeutlichen. ›Gia‹ stammt von Gia Dinh, der damaligen Bezeichnung seiner Zitadelle in Saigon, und ›Long‹ von Thang Long, dem heutigen Hanoi.

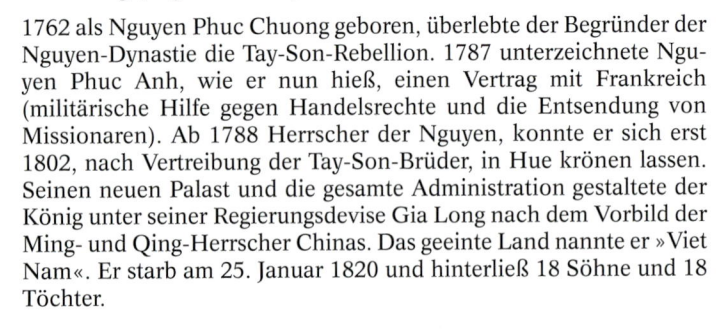

1762 als Nguyen Phuc Chuong geboren, überlebte der Begründer der Nguyen-Dynastie die Tay-Son-Rebellion. 1787 unterzeichnete Nguyen Phuc Anh, wie er nun hieß, einen Vertrag mit Frankreich (militärische Hilfe gegen Handelsrechte und die Entsendung von Missionaren). Ab 1788 Herrscher der Nguyen, konnte er sich erst 1802, nach Vertreibung der Tay-Son-Brüder, in Hue krönen lassen. Seinen neuen Palast und die gesamte Administration gestaltete der König unter seiner Regierungsdevise Gia Long nach dem Vorbild der Ming- und Qing-Herrscher Chinas. Das geeinte Land nannte er »Viet Nam«. Er starb am 25. Januar 1820 und hinterließ 18 Söhne und 18 Töchter.

Ho Chi Minh (19.05.1890–02.09.1969)

Ho Chi Minhs offizieller Todestag wurde auf den 3. September verlegt, da der 2. des Monats der Unabhängigkeitstag ist.

Ho Chi Minh, als Nguyen Sinh Cung im Dorf Hoang Tru geboren, besuchte 1905–09 das Quoc-Hoc-Gymnasium in Hue. 1911 verdingte er sich als Schiffsjunge, bevor er sich 1917 in Paris niederließ, wo er mit kommunistischen Kreisen in Kontakt kam. Er nannte sich nun Nguyen Ai Quoc (Nguyen, der Patriot). Ab 1923 hielt er sich mehrere Jahre in der Sowjetunion auf und gründete 1930 in Hong Kong die Kommunistische Partei Indochinas. Er organisierte den kolonialen Widerstand und betrat 1941 als Ho Chi Minh (Ho, der nach Erleuchtung strebt) seine Heimat wieder. Zwar 1942–44 von den chinesischen Nationalisten inhaftiert, rief er am 2. September 1945 in Hanoi die Demokratische Republik Vietnam (DRV) aus und wurde deren erster Präsident. Nach Jahren des Guerillakampfes konnte er sich 1954 nach dem Sieg von Dien Bien Phu mit seiner Regierung endgültig in Hanoi niederlassen. 1960 übernahm Ho Chi Minh zusätzlich das Amt des Generalsekretärs. Während des Vietnamkrieges wurde er im In- und Ausland zur Symbolfigur für den Kampf um Unabhängigkeit. Er starb am 2. September 1969.

Ly Thai To (reg. 1009–28)

Dem Begründer der Ly-Dynastie verdankt Vietnam sein erstes geeintes Reich. Mit Hilfe des buddhistischen Mönchs Van Hanh putschte sich Ly Cong Uan an die Macht. Als Ly Thai To verlegte er 1010 seine Residenz von den Bergen bei Hoa Lu an den Roten Fluss und gründete die Hauptstadt Thang Long (Hanoi). Er zentralisierte die Verwaltung, ließ Straßen anlegen und das Deichsystem im Roten-Fluss-Delta erweitern, um mehr Anbaufläche zu gewinnen. Durch die Stiftung zahlreicher Pagoden förderte er den Buddhismus, andererseits etablierte er aber auch das konfuzianische Bildungssystem.

Le Loi (Le Thai To, reg. 1427–33)

Le Loi, ein adeliger Großgrundbesitzer aus der Provinz Thanh Hoa, organisierte ab 1418 lokalen Widerstand gegen die chinesischen Besatzer der Ming-Dynastie. Nach acht Jahren Guerillakampf konnten die Chinesen 1427 vertrieben werden. Le Loi wurde als Le Thai To Herrscher des Dai-Viet-Reiches und begründete die Späte Le-Dynastie. Er machte sich an den Wiederaufbau des Landes, ließ den Grundbesitz neu verteilen und restaurierte die Nationale Akademie.

Minh Mang (reg. 1820–41)

Unter dem 1791 geborenen Sohn Gia Longs und zweiten Nguyen-König erlangte Vietnam einen kulturellen und politischen Höhepunkt. Minh Mang brachte Teile von Kambodscha und Laos unter seine Kontrolle, reformierte die Ausbildung der Mandarine und zentralisierte die zivile und militärische Verwaltung. Im Ausland geriet er in Misskredit, da er die Ausübung der christlichen Religion bei Todesstrafe verbot und viele Katholiken hinrichten ließ. Er starb am 20. Januar 1841 und hinterließ 78 Söhne und 64 Töchter.

Ngo Dinh Diem (1901–63)

Ngo Dinh Diem (sprich: Siem) aus einer einflussreichen katholischen Beamtenfamilie Zentral-Vietnams war unter den Franzosen Provinzgouverneur, unter König Bao Dai 1933 kurze Zeit Innenminister. Den Eintritt in die Regierung Ho Chi Minhs lehnte er 1945 ab. Nach einigen Jahren in den USA begann sein Aufstieg mit dem Genfer Abkommen: zunächst Premier, wurde er am 23. Oktober 1955 zum Präsidenten Süd-Vietnams gewählt, der König dankte ab. In den acht Jahren seiner Regierung fiel die Macht immer mehr in die Hände seiner Familie. Diem, der – unverheiratete – »Mönch und Mandarin«, isolierte sich vom Volk, insbesondere, als die Unterdrückung der Buddhisten zu landesweiten Protesten führte. Schließlich wurde er abgesetzt und am 1. November 1963 mit seinem Bruder von Angehörigen der Armee erschossen.

Vo Nguyen Giap (geb. 25.08.1911)

Seit dem Sieg von Dien Bien Phu gilt General Giap als der Held des Indochinakrieges. Nach Studien am berühmten Quoc-Hoc-Gymnasium in Hue und in Hanoi kämpfte er ab 1940 auf Seiten Ho Chi Minhs und war Mitbegründer des Viet Minh. Der herausragende Analytiker und Stratege gilt als Verantwortlicher der Tet-Offensive, obwohl er sie wegen der drohenden Opfer letztlich ablehnte. Zwischen 1946 und 1980 hatte er den Posten des Verteidigungsministers inne, wurde jedoch von Hardlinern in der Partei immer mehr isoliert und 1986 aus dem Politbüro entlassen. Erst Jahre später wurde er rehabilitiert.

Reiserouten
in Vietnam

Hanoi

Hanoi ist für asiatische Verhältnisse eine ungewöhnliche Hauptstadt. Während andere Metropolen Asiens ihre Modernität durch spiegelverglaste Hochhäuser und autogerechte Verkehrswege zu demonstrieren versuchen, macht sie mit ihren Kolonialbauten, breiten Alleen und engen Gassen einen altmodischen, fast provinziellen Eindruck.

Im Vergleich zu den Südvietnamesen wirken die Hauptstädter auf den ersten Blick eher distanziert. Schaut man jedoch einmal hinter die Fassade, dann beeindrucken die keineswegs oberflächliche Freundlichkeit und Gastfreundschaft, die Sorge um den Erhalt der traditionellen Kultur und der Zeugnisse der Vergangenheit. Dies zeigt sich in dem Bemühen, nach Jahrzehnten des Krieges und der Vernachlässigung die Sehenswürdigkeiten zu restaurieren. Doch fehlen oftmals die nötigen finanziellen Mittel, weshalb viele der schönen Kolonialvillen nur vor dem Verfall gerettet werden können, indem sie an ausländische Unternehmen vermietet werden. Leider nehmen aber auch in Hanoi die Bausünden zu, sodass unansehnliche Zweckbauten und deplatziert wirkende Hochhäuser das Stadtbild stören. Zudem hat die Stadtverwaltung mit einem enormen Bevölkerungsdruck zu kämpfen – mittlerweile leben über 2 Millionen Menschen im Stadtgebiet – und erschließt daher in den Außenbezirken eher gesichtslose Neubausiedlungen. Trotz dieser Probleme bleibt die berechtigte Hoffnung, dass Hanoi sich auch in Zukunft seinen Charme bewahren wird.

Besonders sehenswert:
Literaturtempel ☆☆
Altstadt ☆☆
Ethnologisches Museum ☆

Gemäß den Prinzipien einer chinesischen Stadt lagen die wichtigsten Gebäude von Thang Long auf einer Nord-Süd-Achse. In der Mitte – der chinesischen Kosmologie zufolge die fünfte Himmelsrichtung und sehr stark mit dem männlichen Element (chin.: ›yang‹) und damit der Macht verbunden – lagen Thronhalle und andere repräsentative Gebäude. Die Verbotene Stadt mit den Wohn- und Erholungspalästen wird mit dem weiblichen Element (chin.: ›yin‹) assoziiert und lag deshalb in der diesem zugeordneten Richtung, dem Norden. Die Ministerien waren klar nach sozialem Rang rund um die Mitte angeordnet. Alles, was mit Landwirtschaft zu tun hatte, lag im Westen, während sich die Handwerker im Osten ansiedelten. Weit außen befand sich das Zentrum der Händler.

◁ *Einsäulenpagode in Hanoi*

1000 Jahre Geschichte

Am Westufer des Roten Flusses errichtete die chinesische Tang-Dynastie (618–907) zur Konsolidierung ihrer Besatzung 866 eine Zitadelle namens **Dai La** und versah sie zum Schutz vor Hochwasser und Feinden mit Dämmen. Wegen ihrer günstigen Lage erwählte sie Ly Thai To, der Begründer der Ly-Dynastie, 1010, ein Jahr nach seiner Krönung, zu seiner Residenzstadt. Um das Aufstreben seiner Dynastie zu symbolisieren, nannte er sie **Thang Long**, Aufsteigender Drache. Er ließ die neue Metropole nach Vorbild der chinesischen Kaiserstadt gestalten und unterteilte sie in die Königsstadt (*hoang thanh*) und die Stadt der Untertanen (*kinh thanh*). Im Zentrum der Königsstadt lag die Verbotene Stadt (*cam thanh*). Die Stadt, in der das einfache Volk lebte, war in Gilden (*phuong*) organisiert – sie entsprachen oft den Handwerkerdörfern im Umkreis der Stadt – oder nach Straßenblöcken (*pho*). Zum Schutz forcierte die Ly-Dynastie den Deichbau und die Stärkung der Zitadelle. Nachdem der Usurpator Ho Quy Ly seine Hauptstadt im Jahr 1400 in die Gegend von Thanh Hoa verlegt hatte und Tay Do, Westliche Hauptstadt, nannte, gab er Thang Long den Namen **Dong Do**, Östliche Hauptstadt. Nach den Zerstörungen durch die chinesische Invasion ließ der erste Herrscher der Späten Le-Dy-

Vietnam: Hanoi

Die Oper von Hanoi, 1902–11 nach Pariser Vorbild erbaut.

Während die Altstadt und die Umgebung des Hoan-Kiem-Sees sehr gut zu Fuß besucht werden können, lassen sich die anderen Sehenswürdigkeiten am ehesten mit Taxis (›tac-xi‹) und Motorradtaxis (›honda om‹) erreichen. Mutige können sich auch ein Fahrrad (›xe dap‹) ausleihen und sich vom Strom treiben lassen. Nicht versäumen sollte man eine Fahrt mit den bequemen Fahrrad-Cyclos (›xich lo‹), für die Hanoi so berühmt ist.

nastie, Le Thai To (reg. 1428–33), Dong Do beträchtlich erweitern und nannte es ab 1430 **Dong Kinh** (Östliche Königsstadt). Von diesem Namen leiteten die Franzosen später die Bezeichnung für ihr gesamtes nördliches Protektorat, Tongking, ab.

Als Vietnam ab dem 16. Jh. unter den Trinh und Nguyen in verschiedene Herrschaftszentren zerfiel, verlor die Stadt an Bedeutung. Der zweite Nguyen-König Minh Mang (reg. 1820–41) gab ihr 1831 zur schlichten Bezeichnung ihrer geografischen Lage am Roten Fluss den heutigen Namen **Hanoi** (*ha* = Fluss und *noi* = innerhalb). Nachdem die Franzosen 1883 die 150 000 Bewohner zählende Stadt besetzt hatten, entwarfen sie drei Jahre später einen Masterplan, der die vollkommene Umgestaltung vorsah. Sie ließen den Hoan-Kiem-See zur Hälfte zuschütten und nicht nur alte Palastanlagen und Tempel, sondern ganze Stadtviertel abreißen. An ihrer Stelle entstanden breite Alleen und zahlreiche koloniale Prachtbauten. Für den Gouverneur erbauten sie eine Residenz, für die Katholiken anstelle einer Pagode eine Kathedrale und für die Kulturbeflissenen eine Oper. Das Stadtbild entwickelte sich zu einer europäisch-asiatischen Melange, die Hanoi heute so sympathisch macht.

Erst seit der Verlesung der Unabhängigkeitserklärung am 2. September 1945 auf dem Ba-Dinh-Platz kann Hanoi sich wieder Hauptstadt nennen. Während des Zweiten Indochinakrieges wurde die Metropole zwar regelmäßig von der US-Luftwaffe angegriffen, doch da sich die Bombardierungen primär auf strategische Ziele konzentrierten, hielten sich die Zerstörungen in Grenzen. Abgesehen von Plattenbauten am Stadtrand, dem Ho-Chi-Minh-Mausoleum und einigen offiziellen Gebäuden, blieb Hanoi auch von der ›realsozialistischen‹ Protzarchitektur verschont, sodass die fast 1000-jährige Geschichte der Stadt nach wie vor lebendig ist.

Orientierung in Hanoi

Ursprünglich am Westufer einer Schleife des Roten Flusses gelegen, ist Hanoi mittlerweile weit darüber hinausgewachsen. Doch gilt weiterhin der Hoan-Kiem-See als das Herz der Stadt. Zwei Bezirke in seiner Nähe machen die Innenstadt aus: die Altstadt der Händler und Handwerker nördlich des Sees sowie die von den Franzosen schachbrettartig angelegten Alleen südlich davon. Den nördlichen Stadtteil dominiert der Westsee, an dessen Ufer sich Parteifunktionäre und Neureiche Villen bauen ließen. Südlich des Westsees befindet sich mit den Regierungsgebäuden und dem Ho-Chi-Minh-Mausoleum das politische Machtzentrum, an das sich das Diplomatenviertel anschließt.

Um den Hoan-Kiem-See

Dass die Hanoier ›ihren‹ Hoan-Kiem-See ins Herz geschlossen haben, zeigt sich vom frühen Morgen, wenn sich an seinem Ufer Junge wie Alte mit Taiji- und Gymnastikübungen für den Tag fit machen, bis in die Abendstunden, wenn sich Touristen und Einheimische zum Kaffee oder Plausch treffen. Pittoresk ragt in der Mitte des Sees auf einer kleinen Insel das Wahrzeichen Hanois heraus: der **Schildkrötenpavillon** (1; Thap Rua) aus dem 19. Jh. zur Verehrung des Schutzgeistes. Er wie auch der Name des Sees, Ho Hoan Kiem (See des Zurückgegebenen Schwerts), erinnern an eine der bekanntesten Legenden des Landes.

Ein beliebtes Fotomotiv stellt die rote Holzbrücke The Hoc (Brücke der Aufgehenden Sonne) dar, die vom Nordostufer hinüber zur Jadeberg-Insel (Ngoc Son) führt. Links am Ufer, vor dem Beginn der Brücke, ehrt der pinselförmige Thap But die Literaten. Geht man über die Brücke auf die Insel und wendet sich nach links, so gelangt man zum Eingang des Schutzgeisttempels **Den Ngoc Son** (2). Seine drei auf einer Nord-Süd-Achse hintereinander liegenden Räume entstanden im 19. Jh., wurden aber immer wieder renoviert. Dem Raum der Zeremonien folgt der Hauptraum, auf dessen Altar drei daoistische Gottheiten verehrt werden: der rotgesichtige General Quan Cong (chin.: Guan Yu), flankiert von seinem Pferd, La To, der Gott der Heilkundigen, und zum Ende hin auf einem Thron sitzend Van Xuong (chin.: Wenchang), der Gott der Literatur. Seine Aufgabe ist es, die Urteile des Jadekaisers zu verlesen und die Studenten und Gelehrten zu beschützen. Im dritten Raum wird General Tran Hung Dao, dem Besieger der Mongolen, gedacht. In einem Nebenraum ist eine 1968 im See gefundene Schildkröte ausgestellt.

Als der Großgrundbesitzer Le Loi Anfang des 15. Jh. in seinem langen Kampf gegen die Besatzungstruppen der chinesischen Ming-Dynastie in Bedrängnis geriet, tauchte eines Tages eine goldene Schildkröte aus dem See auf und überreichte ihm ein Schwert, mit dessen Hilfe er den Sieg errang. Beim anschließenden Triumphzug auf dem See erschien die Schildkröte wieder und forderte das Schwert zurück. Eh er sich's versah, schwebte es von selbst aus der Scheide und verschwand mit der Schildkröte in den Tiefen des Wassers. Le Loi erkannte das Tier daraufhin als Schutzgeist des Sees an. Interessanterweise barg man 1968 eine 2,1 m lange, 1,2 m breite und 250 kg schwere Schildkröte aus dem See, die etwa 400 Jahre alt gewesen sein soll. Sie wird im Den Ngoc Son ausgestellt. Noch heute werden im Wasser immer wieder Riesenschildkröten gesichtet.

Vietnam: Hanoi

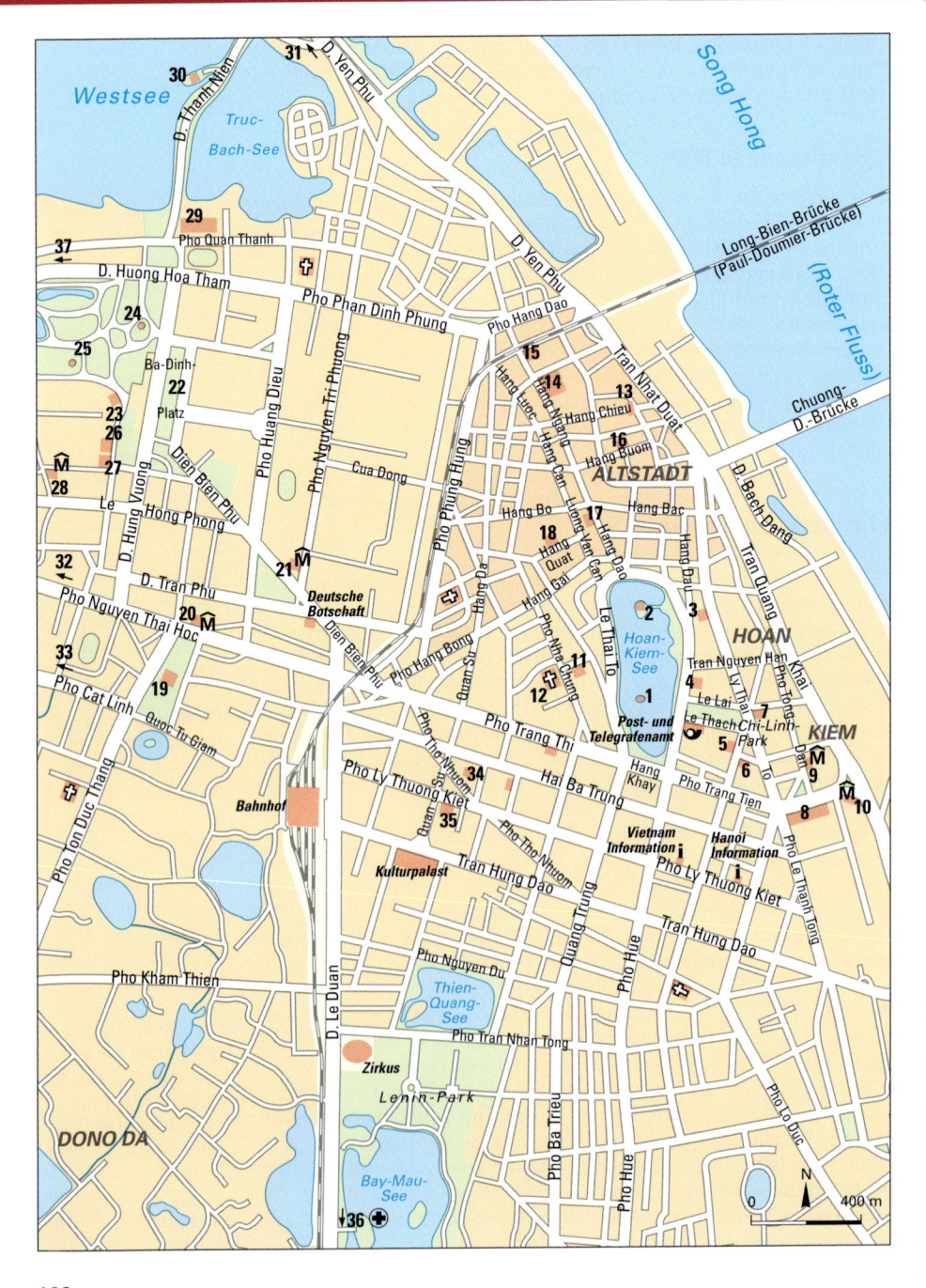

Am Ufer steht gegenüber der Brücke das 1993 errichtete **Thang-Long-Theater** (3; Roi Nuoc Thang Long), in dem allabendlich von Musik begleitete Aufführungen des berühmten Wasserpuppentheaters stattfinden. Die Puppenspieler stehen hinter einem Bambusvorhang im Wasser und bewegen mittels langer Stangen und Schnüre die Puppen.

Südlich davon liegen an der Ostseite des Sees das **Rathaus** (4) der Stadt sowie das Post- und Telegrafenamt. Zwischen ihnen führt der von den beiden Straßen Le Lai und Le Thach eingegrenzte Chi-Linh-Park zur ehemaligen Ville Française mit einigen der schönsten Kolonialbauten der Stadt. Dazu gehören in der quer verlaufenden Ngo-Quyen-Straße die heute als Gästehaus der Regierung dienende **ehemalige Residenz des Gouverneurs von Tongking** (5) von 1919 und ihr schräg gegenüber das 1910 eröffnete **Hotel Sofitel Metropole Hanoi** (6). Als prominenter Gast nächtigte in der unter dem Namen Grand Hotel Metropole Palace bekannten Luxusherberge 1923 Somerset Maugham. 1936 verbrachten Charlie Chaplin und Paulette Goddard hier einen Teil ihrer Flitterwochen. Der Ngo-Quyen-Straße zurück nach Norden bis zur Kreuzung mit der Duong Ly Thai To folgend gelangt man zum mächtigen Sitz der **Außenhandelsbank** (7), der einstigen Banque de l'Indochine.

Im Süden stößt die Duong Ly Thai To an die alte Flaniermeile Rue Paul Bert, die heutige Duong Trang Tien. Auch wenn der alte Glanz verblasst ist, zieht sie mit ihren Galerien, Buch- und Souvenirläden, dem 2002 eröffneten Trang Tien Plaza sowie Hanois beliebtester Eisdiele – am Pulk der Mopedfahrer leicht zu erkennen – Einheimische wie Touristen an. Das östliche Ende der Straße markiert die eindrucksvolle **Oper** (8). Tröstete der 1902–11 nach Pariser Vorbild errichtete Kulturbau ehemals Kolonialherren über ihr Heimweh hinweg, so bietet er heute zu besonderen Anlässen westliches wie östliches Kulturprogramm. Architektonisch angepasst wurde rechts von der Oper in den 1990er Jahren das Hilton Hanoi Opera errichtet.

In der nördlich von der Oper abzweigenden Pho Tong Dan preist das **Revolutionsmuseum** (9; Bao Tang Cach Mang) mit seinen über 40 000 Exponaten die sozialistischen Errungenschaften, ist aber nur mäßig interessant.

Hanoi 1 Schildkrötenpavillon 2 Den Ngoc Son 3 Thang-Long-Theater 4 Rathaus 5 Residenz des Gouverneurs von Tongking 6 Sofitel Metropole 7 Außenhandelsbank 8 Oper 9 Revolutionsmuseum 10 Historisches Museum 11 Chua Ba Da 12 Josephs-Kathedrale 13 Quan-Truong-Tor 14 Markthalle 15 Den Huyen Thien 16 Den Bach Ma 17 Haus Nr. 48 18 Den Dan 19 Literaturtempel 20 Museum der Schönen Künste 21 Armeemuseum 22 Ba-Dinh-Platz 23 Ho-Chi-Minh-Mausoleum 24 Präsidentenpalast 25 Ho-Chi-Minh-Haus 26 Chua Mot Cot 27 Chua Dien Huu 28 Ho-Chi-Minh-Museum 29 Den Quan Thanh 30 Chua Tran Quoc 31 Chua Kim Lien 32 Den Voi Phuc 33 Chua Lang 34 ›Hanoi Hilton‹ 35 Chua Quan Su 36 Den Hai Ba Trung 37 Ethnologisches Museum

Vietnam: Hanoi

Historisches Museum (10)

Nach der Fertigstellung 1932 diente das einer Pagode nachempfundene Museumsgebäude der École Française de l'Extrême Orient (EFEO) zur Ausstellung der wichtigsten Funde. Die 1901 offiziell in Hanoi gegründete französische Forschungseinrichtung hatte anfänglich auf demselben Gelände ihre Zentrale und nannte das Museum nach ihrem Mitbegründer, Musée Louis Finot. 1954 wurde es in Bao Tang Lich Su (Historisches Museum) umbenannt.

Östlich der Oper bzw. südlich des Revolutionsmuseums sticht das architektonisch bemerkenswerte **Historische Museum** (Trang Tien Nr. 1) hervor. In seinen beiden Etagen bietet es einen interessanten, wenn auch ideologisch gefärbten Einblick in die Geschichte des Landes von der Frühgeschichte bis 1945. Die leider ungenügend beschrifteten Exponate sind in einem länglichen Bau, dem ein breiter oktogonaler Turm vorgelagert ist, untergebracht. Im Turmbau befinden sich der Eingang und beidseitig jeweils ein Seitenraum mit Funden aus **prähistorischer Zeit** (rechts) sowie Ladungen (vor allem Keramik) aus den Wracks untergegangener Schiffe (links).

Geht man weiter Richtung Hauptraum – er sollte entgegen dem Uhrzeigersinn durchschritten werden –, so findet sich auf der rechten Wandseite eine 1,12 m hohe Graburne aus dem 3.–1. Jh. v. Chr, die der in Zentral-Vietnam verbreiteten **Sa-Huynh-Kultur** (s. S. 62) zugerechnet wird. Die berühmtesten Ausstellungsstücke sind fraglos die in der Raummitte in einem Kreis aufgestellten **Dong-Son-Trommeln** aus der zweiten Hälfte des ersten Jahrtausends v. Chr. Weitere Trommeln von der Zeitenwende stehen etwas weiter hinten. Es folgen eine Vielzahl von Keramikgefäßen und Schmuck der Sa-Huynh-Kultur. Das Terrakotta-Modell eines bäuerlichen Hauses gibt Aufschluss über die ländliche Bauweise unter der chinesischen Besatzung (200 v. Chr.–300 n. Chr.). An der Kopie einer Buddha-Figur aus dem 11. Jh. vorbei geht es wieder zurück in Richtung Eingang. Sehenswert sind dort grün glasierte Keramikgefäße und ein mit einer Kriegsszene bemalter Behälter aus der Tran-Dynastie (13./14. Jh.). Der Raum schließt mit einem gewaltigen Gemälde sowie Karten und Exponaten zum Sieg Tran Hung Daos über die Mongolen im späten 13. Jh. ab.

Im zweiten Stock sind im Turm Funde der **Cham-Kultur** ausgestellt. Der anschließende längliche Raum – wer die Exponate chronologisch betrachten will, muss wieder entgegen dem Uhrzeigersinn gehen – bietet nur wenige interessante Originalstücke. Mit dem Kampf Le Lois gegen die chinesischen Besatzer im 15. Jh. beginnend, folgt die Ausstellung anhand von Skizzen, Bildern und Gebrauchsgegenständen der **weiteren geschichtlichen Entwicklung** Vietnams bis zur Ausrufung der Unabhängigkeit am 2. September 1945 in Hanoi.

Westlich des Hoan-Kiem-Sees

In Richtung Westen geht die Trang Tien an der Südseite des Hoan-Kiem-Sees in die Hang Khay über. Von ihr führt die breite Le Thai Tho parallel zum Westufer gen Norden. Biegt man in die von ihr abzweigende Pho Hang Trong ein und anschließend links in die Pho Nha Tho, so sind es nur noch wenige Schritte zum **Chua Ba Da** (11). Die zur Zeit des Königs Le Thanh Tong (reg. 1460–97) gestiftete Pagode der Steinernen Frau liegt etwas versteckt in einem Innenhof, der über einen Weg von der linken Straßenseite (Haus Nr. 3) zu erreichen ist. Sie ist nach einer Frauenstatue benannt, die bei Ausschachtungsarbeiten für den Neubau der Zitadelle unter Le Thanh Tong gefunden wurde. Die Steinstatue ging verloren, doch die Grabstupas im ersten Innenhof sollen aus der Entstehungszeit stammen. Das auf das 19. Jh. datierende Tempelgebäude birgt die für Nord-Vietnam typische Anordnung der Buddha-Figuren mit den drei Buddhas der Vergangenheit, Gegenwart und Zukunft in einer Reihe am Ende des Hauptaltars sowie Abbildungen von Buddha Amitabha, dem dickbäuchigen Di Lac und Buddha als Kind davor. Auf einem Seitenaltar rechts wird der Erdgott Ong Dia verehrt.

Den weiteren Verlauf der Pho Nha Tho säumen Läden für Kunsthandwerk und Antiquitäten sowie Cafés. Doch schon bald erblickt man jenseits der Pho Ly Quoc Su die hinter einem Vorplatz aufragende mächtige neogotische **Josephs-Kathedrale** (12) von 1886. Ihr hatte der Chua Bau Thien, die größte und wichtigste Pagode der Stadt, weichen müssen. Die beiden eckigen Türme der Kathedrale wurden jenen von Notre-Dame in Paris nachempfunden. Von der Kathedrale aus gelangt man über die Pho Ly Quoc Su in die Altstadt.

Tagsüber ist die Kathedrale meist verschlossen. Wer sie innen besichtigen möchte, sollte sich abends nach 17 Uhr dorthin begeben.

Die Altstadt

Hanois Altstadt, das Viertel der Handwerker, liegt zwischen dem Hoan-Kiem-See und der Biegung des Roten Flusses. Wie auch im mittelalterlichen Europa waren die Handwerker in Zünften organisiert, deren Mitglieder eng beieinander wohnten. Die Straßen waren als quadratisches Schachbrettmuster angelegt, jede Zunft hatte ein eigenes Karree. Wälle und Wände, von nachts verschlossenen Toren durchbrochen, trennten die Viertel voneinander. Als jedoch immer mehr Familien aus den umliegenden Dörfern in die Stadt zogen, wurden die Trennmauern abgerissen. Wenn sich die Handwerker aus spezialisierten, teils vom Herrscher mit einer Anerkennungsurkunde ausgestatteten Dörfern in der Hauptstadt niederließen, brachten sie ihre Schutzgötter mit und errichteten diesen im neuen Viertel einen Tempel. Einige dieser Anlagen sind heute noch erhalten.

Die ältesten Häuser stammen aus dem ausgehenden 19. Jh. Da jeder Handwerker Platz zum Produzieren, zum Lagern, zum Wohnen und für den Verkauf benötigte, entstanden so genannte **Tunnelhäuser**, wie man sie auch in Südchina findet. Diese Bauten sind nur 5–6 m breit, aber u. U. über 60 m tief. Zur Straße hin bergen sie einen Laden oder eine Werkstatt und dahinter einen Arbeits- oder Lagerraum. Es schließt sich meist ein Innenhof an, der Licht, Luft und Regenwasser ins Haus bringt. Hinter ihm liegen Schlaf- und Wohngemächer, gefolgt von Küche und Toilette.

Die **Gassen** benannte man nach den dort vorwiegend hergestellten Waren (*hang*), und so gibt es die Hutgasse (Hang Non), von der aus man in die Zinngasse (Hang Thiec) oder in die Pfeifengasse (Hang Dieu) abbiegen kann. Die Stiefelgasse heißt Hang Hai, die Seiden-

Vietnam: Hanoi

In einer Altstadtgasse

gasse Hang Dao und die Bambusgasse Hang Tre. Natürlich spielten auch Lebensmittel eine Rolle, Bohnen in der Hang Dau, Fisch in der Hang Ca, Reis in der Hang Gao und Nudeln in der Hang Bun. Körbe gab es in der Hang Bo, Matten in der Hang Chieu und Segeltuch in der Hang Buon. In vielen Gassen lässt sich der Ursprung ihres Namens bis heute verfolgen, wenn sich auch vielerorts Geschäfte niedergelassen haben, die in das ursprüngliche Handwerkerschema nicht mehr hineinpassen.

Altstadt-Rundgang

In den verwinkelten Gassen und dem Gewimmel der Straßenverkäufer, Cyclo- und Mopedfahrer verliert man leicht die Orientierung. Daher sei folgender Rundgang empfohlen: Er beginnt an der Nordostseite des Hoan-Kiem-Sees hinter dem Thang-Long-Theater in der **Hang Dao**, deren unzählige Schuhgeschäfte vom Angebot fast zu bersten scheinen. Von ihr geht es in die **Gia Ngu** mit zahlreichen Lebensmittel- und Blumenständen. Die quer verlaufende Dinh Liet in Richtung Norden nehmend, stößt man auf die **Hang Bac**, in welcher Steinmetze sich mit dem Anfertigen von Grabsteinen ihr Brot verdienen. Sie stößt im Osten auf die **Hang Ngang**, die – abschnittweise mit anderen Namen – eine wichtige Nord-Süd-Verbindung darstellt. Folgt man ihr in Richtung Norden – in der Verlängerung heißt sie Hang Duong –, stößt man bald auf die Querstraße Hang Chieu. Sie geht im Westen in die **Hang Ma** über, in der viele Geschäfte farbenfrohe Beerdigungsutensilien feilbieten. Am Ostende der **Hang Chieu** liegt das 1749 errichtete **Quan-Truong-Tor** (13). Es ist das einzig erhaltene von ursprünglich 16 Toren. Wer vom Tor zur **Dong-Xuan-Markthalle** (14) an der Hang Dong Xuan gelangen möchte, kann einen kleinen Umweg über die Nguyen Thien Thuat nehmen, in der zahlreiche Garküchen zu einer Rast einladen. Die 1889 von den Franzosen erbaute Markthalle musste 1996 einem wenig attraktiven Neubau weichen. Doch innen regt das üppige Angebot nach wie vor die Sinne an. Nördlich des Marktes, in der Hang Khoai (Süßkartoffelgasse), liegt der kleine Schutzgeisttempel **Den Huyen Thien** (15).

Auf dem Weg zurück entlang der Dong Xuan bzw. Hang Duong empfiehlt sich ein Abstecher in die Hang Buom. Dort liegt der wegen seiner zahlreichen Schnitzereien im Innern sehenswerte **Den Bach Ma** (16; 76 Hang Buom). Als König Ly Thai To (reg. 1009–28) den Tempel des Weißen Pferdes stiftete, lag dieser noch außerhalb der Stadt. Der Legende zufolge erschien dem König ein weißes Pferd und deutete die beste Lage der Wallanlagen zum Schutz seiner neuen Stadt Thang Long an.

Zurück in der Hang Ngang werden Geschichtsinteressierte das **Haus Nr. 48** (17) sehenswert finden, da dort ein kleines Museum an Ho Chi Minh erinnert, der hier 1945 die Unabhängigkeitserklärung verfasste.

Zu den fotogensten Gassen zählt wegen der dort feilgebotenen bunten Fahnen und Hausaltäre die **Hang Quat**, welche vom Hoan-Kiem-See aus über die Hang Can zu erreichen ist. Dort kann man auch einen Blick in den **Den Dau** (18; Den Thuan My) zum Gedenken an die 18 legendären Hung-Könige werfen.

Die Altstadt mit ihren engen Gassen weist eine der höchsten Besiedlungsdichten der Stadt auf. Aufgrund der mangelhaften hygienischen und auch beengten Verhältnisse werden viele der teilweise über 100 Jahre alten Häuser trotz Denkmalschutz niedergerissen und durch gesichtslose mehrstöckige Neubauten ersetzt. Stadtverwaltung und internationale Experten bemühen sich um die Erhaltung des Charakters. Doch fällt es äußerst schwer, die richtige Balance zwischen dem Recht der Anwohner auf angemessene Wohnverhältnisse und dem Interesse des Denkmalschutzes zu finden.

Vom Literaturtempel (Van Mieu) zum Ho-Chi-Minh-Mausoleum

Literaturtempel (19) und Konfuzianische Akademie

Der **Van Mieu** zwischen den Straßen Nguyen Thai Hoc und Quoc Tu Giam war über 800 Jahre lang das Zentrum konfuzianischer Bildung. Hier fanden die Prüfungen für die Beamtenexamen statt, bei denen die konfuzianischen Klassiker niedergeschrieben und ausgelegt werden mussten. Seine Anlage ist dem großen Konfuziustempel im chinesischen Qufu nachempfunden.

Da die Sehenswürdigkeiten auf diesem Spaziergang je nach Interesse viel Zeit in Anspruch nehmen können, empfiehlt es sich, sie auf mehrere Besichtigungstage zu verteilen.

Vietnam: Hanoi

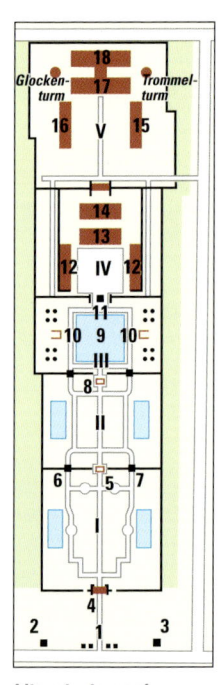

Literaturtempel
I erster Hof
II zweiter Hof
III dritter Hof
IV vierter Hof
V fünfter Hof
1 Vier Säulen
2 Stele, die auffordert, vom Pferd abzusteigen
3 Äußeres Tor (Eingang)
4 Tor des Literaturtempels (Van Mieu Mon)
5 Großes Mittleres Tor
6 Tor des Erworbenen Talents
7 Tor der Gewonnenen Tugend)
8 Tor des Pavillons des Sternbildes der Literatur
9 Quelle des Himm-

Der Van Mieu (chin.: *wen miao*, Literaturtempel) wurde höchstwahrscheinlich auf Anordnung von König Ly Thanh Tong (reg. 1054–72) 1070 als Tempel für die Verehrung von Konfuzius (Khong Tu) errichtet. Sechs Jahre später, 1076, gliederte sein Nachfolger Ly Nhan Tong (reg. 1072–1128) der Anlage im Norden die **Akademie für die Söhne der Nation**, Quoc Tu Giam, an. Zuerst stand diese lediglich Mitgliedern der Königsfamilie offen, später auch den Söhnen der Aristokratie. Ab 1396 wurden nur erfolgreiche Absolventen der Prüfungen auf Provinzebene zur Abschlussprüfung im Van Mieu zugelassen. König Le Thai To (reg. 1427–33) etablierte ab 1428 regionale Akademien und lud die besten Kandidaten zum Studium in die Hauptstadt ein. Nach der Machtübernahme der Nguyen-Dynastie verlegte der Gia-Long-Herrscher 1807 die Nationalakademie nach Hue. Der Van Mieu wurde in eine regionale Ausbildungsstätte umgewandelt und die Akademiegebäude in einen Tempel zur Verehrung der Eltern des Konfuzius (Khai Thanh). 1915 fanden die letzten Prüfungen statt. Bei der Rückeroberung Hanois durch französische Truppen wurde der Komplex 1947 stark beschädigt, aber später weitgehend neu aufgebaut.

Seit dem frühen 19. Jh. ist die 6150 m² große Anlage in fünf durch Mauern abgetrennte Innenhöfe gegliedert, die sich dem klassischen Schema chinesischer Wohn- und Tempelanlagen folgend auf einer Nord-Süd-Achse reihen. Man betritt den Komplex von Süden, von der Quoc-Tu-Giam-Straße her. Dem **Eingang** gegenüber liegt auf der anderen Straßenseite hinter einer Mauer verborgen der **See der Literatur** (Ho Van Chuong). An der Straßenfront stehen vier Obelisken ähnelnde **Säulen**, deren chinesische Schriftzeichen die Lehre des Konfuzius preisen. In deren Verlängerung an den Eckpunkten der Anlage fordert jeweils eine kleine **Stele** auf, vom Pferd abzusteigen. Durch das dreiteilige **Tor des Literaturtempels** (Van Mieu Mon) aus dem 17./18. Jh. betritt der Besucher den begrünten **ersten Hof**. Der mittlere Weg trennt ihn in zwei spiegelbildlich gleiche Teile und symbolisiert damit die Ausgewogenheit der entgegengesetzten Kräfte in der konfuzianischen Doktrin. In seitlichen, heute verschwundenen Gebäuden wurden Prüfungen abgenommen.

Drei Portale, das **Große Mittlere Tor** (Dai Trung Mon), das linke **Tor des Erworbenen Talents** (Dat Tai Mon) und das rechte **Tor der Gewonnenen Tugend** (Thanh Duc Mon), führen zu einem weiteren Innenhof. Durchschreitet man ihn, so steht man vor dem **Khue Van Cac Mon**, das vom Wahrzeichen Hanois, dem 1805 errichteten **Pavillon des Sternbildes der Literatur** (Khue Van Cac) bekrönt wird. Dieser hölzerne Pavillon (*cac*), 1802 als Tempel für den Schutzgeist der Literaten hinzugefügt, diente den Gelehrten zu Lesungen und Debatten. Seine vier runden Fenster symbolisieren den Himmel, die quadratische Basis aus Ziegelsteinen die Erde. Rechts und links des Hauptportals eröffnen zwei weitere Tore ebenfalls den Durchgang in den **dritten Innenhof**.

Diesen dominiert die als quadratischer Teich angelegte **Quelle des Himmlischen Lichts** (Thien Quang Tinh). An zwei Seiten des Teichs

Literaturtempel und Konfuzianische Akademie

stehen in je zwei Reihen insgesamt 82 von Schildkröten getragene **Steinstelen**. Auf ihnen wurden zwischen 1442 und 1779 die Termine der Prüfungen und 1306 Namen von Kandidaten aufgelistet, die den höchsten Titel, *tien si*, erworben hatten. Ein Dach schützt die Stelenreihen, die vordere Reihe ist in der Mitte jeweils von einem Pavillon zum Gedenken an die Kandidaten unterbrochen.

Durch das **Tor des Großen Erfolgs** (Dai Thanh Mon) betritt man den **vierten Innenhof**. In den beiden seitlich platzierten flachen **Gebäuden** verehrte man früher die 72 wichtigsten Schüler des Konfuzius sowie die vietnamesischen konfuzianischen Gelehrten Truong Han Sieu und Chu Van An. Nach der Zerstörung von 1947 neu errichtet, dienen die Gebäude heute als Andenkenladen und Aufenthaltsraum.

Am Nordende des Hofes liegt der eigentliche Konfuziustempel, der aus dem **Großen Haus der Zeremonien** (Dai Bai Duong) und der **Halle des Großen Erfolgs** (Dai Thanh Dien) besteht. Die offene Zeremonienhalle mit gemauerten Seitenwänden besteht aus vier Reihen mit jeweils neun massiven Säulen, die ein schweres Walmdach tragen. Auf Säulen und Paravents findet man Schnitzereien von Wolken, Flammen, Drachen und Phönixen. Die Phönixe werden als Symbol des Universums interpretiert: Der Kopf steht für Gerechtigkeit, die Augen für Sonne und Mond, auf dem Rücken tragen sie das Fir-

lischen Lichts
10 Kandidaten-Stelen
11 Tor des Großen Erfolgs
12 ehem. Gebäude zur Verehrung der Konfuzius-Schüler und der Gelehrten Truong Han Sieu und Chu Van An
13 Großes Haus der Zeremonien
14 Halle des Großen Erfolgs
15 Rastplatz für Beamte
16 Wohnhaus des Tempelwächters
17 Zeremonienhalle
18 Tempel Khai Thanh

Blick vom dritten Hof des Literaturtempels mit der Quelle des Himmlischen Lichts auf das Tor mit dem Pavillon des Sternbilds der Literatur

Die Kandidaten für die Beamtenprüfungen hatten das umfangreiche Schriftwerk des Konfuzianismus über Jahre studiert, sich von Privatlehrern in der Auslegung der oft schwer verständlichen Abhandlungen unterweisen lassen und auf dieser Grundlage das Abfassen von Gedichten und Dekreten gleichermaßen geübt. Zur Prüfung erschienen sie mit Schreibgerät und Bettzeug – die Prüfungen dauerten etwa drei Tage. Das Papier stellte die Akademie, um Betrüger abzuschrecken. Bewaffnete Soldaten bewachten das Terrain, von denen manche jedoch gegen einen kleinen Obolus auch Informationen von draußen besorgten. Trotz allem bestanden die meisten Kandidaten das Examen nicht, manchmal fielen über 90 % durch. Statt Beamtenprivilegien warteten weitere Jahre des Studiums auf sie – ein Prozess, der für manchen lebenslang dauerte.

mament, ihr Federschwanz geht auf wie die Sterne, ihre Haare repräsentieren die Vegetation, die Füße die Erde, die Flügel den Wind. Außerdem ist der Phönix das Symbol der chinesischen Kaiserin, der Drache das Symbol des Kaisers. In der Mitte der Zeremonienhalle steht ein Altar mit der Ahnentafel des Konfuzius. Über ihm weist ein Paneel auf den »Lehrer der 1000 Generationen« hin. Zwei auf Schildkröten stehende Bronzekraniche (Symbol der Einheit von Himmel und Erde) flankieren den Altar. Die Dai Thanh Dien weist dieselben Ausmaße und dieselbe Struktur auf wie der Dai Bai Duong. Allerdings wurden hier zwischen den äußeren Säulen dünne geschnitzte Holztüren angebracht. Statuen der vier wichtigsten Konfuzius-Schüler – darunter links vorne Manh Tu (Menzius) – flankieren die mittig platzierte Statue des Meisters. Seitlich stehen auf zwei Altären steinerne Ahnentafeln weiterer Schüler.

Die Gebäude des letzten und **fünften Hofes** wurden erst 2001 wieder aufgebaut. Hier befanden sich seit 1076 die Lehrräume der Nationalakademie. 1483 wurden Schlafsäle für auswärtige Schüler hinzugefügt. Wie beim vorderen Hof flankieren auch hier zwei flache Gebäude einen Innenhof. Während das rechte Gebäude als **Rastplatz für Beamte** diente, war das linke ursprünglich das **Wohnhaus des Tempelwächters**. Heute birgt Letzteres einen Ausstellungsraum mit einer interessanten Dokumentation der Geschichte des Van Mieu. Am Nordende des Hofes befinden sich die **Zeremonienhalle** und dahinter der zweistöckige **Tempel Khai Thanh**. Dort wird im unteren Stockwerk des ehemaligen Rektor der Akademie, Chu Van An (1292–1370), gedacht. Seine Bronzestatue ist hier aufgestellt. Im oberen Stockwerk dienen drei Altäre mit lebensgroßen Bronzeplastiken der Verehrung der Könige Le Thanh Tong (reg. 1460–97), Ly Thanh Tong (reg. 1054–72) und Ly Nhan Tong (reg. 1072–1128).

Museum der Schönen Künste (20)

Nördlich des Van Mieu liegt auf der anderen Straßenseite das Museum der Schönen Künste (Bao Tang My Thuat), das seit 1966 einen Überblick über vietnamesische Kunst gibt. Die Kunstsammlung beginnt im **Erdgeschoss** mit Funden aus prähistorischer Zeit (Raum 1), u. a. Dong-Son-Trommeln, gefolgt von weitgehend chronologisch geordneten Statuen und Reliefs, die vorwiegend aus nordvietnamesischen Tempeln (Räume 2–7) stammen. Unter den wenig gelungenen Nachbildungen wie den La Hans vom Chua Tay Phuong und der Quan Am aus dem Chua But Thap ragen einige Originale heraus, etwa eine Quan Am aus dem Chua Ha (16. Jh.) sowie hinduistische Plastiken der Cham und die Türen aus dem Chua Keo (s. S. 126f.). Raum 8 zeigt aus dem 18./19. Jh. stammende Königs- und Beamtenporträts.

Im ersten Stock widmen sich die Räume 9–11 der volkstümlichen Handwerkskunst. Die Räume 12 und 13 zeigen Ölgemälde mit vorwiegend ländlichen Genreszenen (1898–1944), entstanden unter dem Einfluss der École Supérieure de Beaux Arts de l'Indochine (s. S. 88).

Museum der Schönen Künste

Quan Am aus dem Chua Ha, 16. Jh.

Die Verbindung von westlichem Malstil und asiatischen Sujets und Techniken lässt sich an den Lackbildern beobachten. Herausragend ist der 4 x 1,60 m große Paravent ›Landschaft‹, den Phong Canh 1939 schuf (Raum 14). Große Blätter in realistischer Darstellung und den traditionellen Lackfarben Rot, Gelb und Schwarz dominieren ihn. Die Malereien ab 1930 (Räume 15–17) zeichnen sich durch einen expressiveren und farbenfroheren Malstil aus. Spätere Kunstwerke (vor allem ab 1975) greifen primär Themen der sozialistischen Revolution auf.

Im **zweiten Stock** steht zunächst die Seidenmalerei (Räume 18–20) im Vordergrund. Die Bilder zeigen traditionelle Motive (1950–90), Arbeits-, Bauern- und Kampfszenen (1960–80) sowie ländliche Genreszenen. Es folgen Aquarelle (Räume 21/22) und Ölbilder (Raum 24). Ab 1954, stärker noch nach 1975 folgen die Darstellungen den Vorgaben des sozialistischen Realismus.

Wechselausstellungen mit Werken zeitgenössischer Künstler findet man in einem **Seitengebäude** auf zwei Etagen.

Das Botschafts- und Regierungsviertel

Zur Besichtigung von Mausoleum, Präsidentenpalast und Ho Chi Minhs Wohnhaus meldet man sich im Empfangsgebäude für Besucher an der Südwestecke des Platzes an. Dort wird die Kleidung kontrolliert (keine ärmellosen T-Shirts, keine Shorts), Taschen und Fotoapparate müssen abgegeben werden. Im Mausoleum darf man nicht reden, nicht stehen bleiben oder sich irgendwie auffällig benehmen. In Begleitung eines Soldaten reiht man sich im Gänsemarsch in den Strom der Besucher ein.

Vom Kunstmuseum führt eine Seitenstraße zur Pho Hoang Dieu. Über sie und den kleinen Chi-Lang-Park – mit einer der wenigen verbliebenen Lenin-Statuen – gelangt man zur Duong Dien Bien Phu, an der dann schräg rechts gegenüber das **Armeemuseum** (21) liegt. Es zeigt die übliche Kombination aus Belehrung, amerikanischem Kriegsschrott und sowjetisch-vietnamesischen Waffen. Auf dem Museumsgelände steht der sechsseitige Flaggenturm der alten Zitadelle. Der 1812 erbaute, 41 m hohe Turm ist das letzte Relikt der Zitadelle, die der Gia-Long-König nach seinem Amtsantritt (1802) hier bauen ließ, und kopiert den Flaggenturm vor der Zitadelle von Hue.

Vorbei an verschiedenen Botschaftsgebäuden mündet die Dien Bien Phu in die Südostecke des riesigen **Ba-Dinh-Platzes** (22). Um das 35 000 m^2 große einschüchternd wirkende Areal gruppieren sich die wichtigsten Regierungsgebäude wie etwa das Parlament gegenüber dem Ho-Chi-Minh-Mausoleum. Dominierendes Bauwerk ist jedoch fraglos das **Ho-Chi-Minh-Mausoleum** (23; Lang Chu Tich Ho Chi Minh) an der Westseite des Platzes. Es steht genau an dem Ort, von dem aus Ho Chi Minh am 2. September 1945 die Unabhängigkeit Vietnams erklärte. Zwischen 1973 und 1975 entstand nach Vorbild des Lenin-Mausoleums in Moskau der kubische Bau aus grauem Marmor. Im Inneren ist der von vier Soldaten bewachte einbalsamierte Leichnam in einem gläsernen Sarkophag aufgebahrt.

Im nördlichen Anschluss liegt im ehemaligen Botanischen Garten der **Präsidentenpalast** (24; nicht zu besichtigen). Nach Zeichnungen deutscher Architekten 1900–06 entstanden, diente er bis 1954 den 23 französischen Generalgouverneuren als Dienstsitz. Im März 1945 zog vorübergehend das japanische Oberkommando ein und baute auf der linken Seite einen Bunker. Heute werden die 60 Räume im Stil französischer Fürstenpaläste für offizielle Empfänge genutzt.

Ho Chi Minh selbst bevorzugte einen **Holzbungalow** (25; Nha San Bac Ho), unweit des Palastes nach Vorbild der Stelzenhäuser der Tai errichtet, den er am 17. Mai 1958 bezog. Im offenen Untergeschoss beriet sich der Präsident rund um den großen Konferenztisch mit seinen engsten Mitarbeitern. Im Obergeschoss befanden sich sein privates Arbeits- und sein Schlafzimmer. Der schlichte Bau liegt idyllisch an einem kleinen künstlichen See inmitten eines schönen Gartens mit mächtigen Mango- und Orangenbäumen.

Nur wenige hundert Meter sind es bis zum markantesten Sakralbau der Stadt, der zierlichen **Einsäulenpagode** (26; Chua Mot Cot, Abb. S. 88). Sie ist von quadratischem Grundriss (3 x 3 m) und steht auf einer dicken Betonsäule inmitten eines quadratischen Lotosteichs. Vom Rand des Teichs führt eine Treppe zur kleinen Eingangstür, hinter der sich im Innern eine Quan-Am-Statue befindet. In seiner fast 1000-jährigen Geschichte wurde der kleine Tempel häufig zerstört und wieder aufgebaut, zuletzt 1955. Dabei wurde die frühere Holzsäule leider durch die heutige Betonsäule ersetzt. Nur wenige Meter von der

Dem kinderlosen König Ly Thai Tong erschien eines Nachts im Traum die Göttin der Barmherzigkeit (Quan Am) auf einer Lotosblüte thronend und hielt ihm einen Knaben entgegen. Tatsächlich gebar ihm dann ein Bauernmädchen den lang ersehnten Thronerben. Aus Dankbarkeit ließ er 1049 die Einsäulenpagode bauen.

Einsäulenpagode entfernt liegt der oft verschlossene **Chua Dien Huu** (27), ein einfacher Bau mit schön geschnitzten Figuren.

Unweit davon liegt das massive **Ho-Chi-Minh-Museum** (28; Bao Tang Ho Chi Minh), das im Mai 1990 zum 100. Geburtstag des Präsidenten eröffnet wurde. Zwar steht auch hier wie in den vielen anderen dem Revolutionsführer gewidmeten Museen der Personenkult im Vordergrund, doch helfen die von Künstlern und Historikern gestalteten Installationen und Dokumentationen, diese Persönlichkeit im Kontext weltgeschichtlicher Entwicklungen zu sehen.

Am Westsee

Vom Ba-Dinh-Platz führt eine Straße zum nördlich gelegenen Westsee (Ho Tay). Der ehemalige Arm des Roten Flusses füllt heute noch 538 ha Fläche, ist aber nur 1–2 m tief. An seinem Ufer befanden sich die Sommerpaläste der Könige und Landsitze der Adligen; heute residieren hier hohe Kader und neureiche Unternehmer. 1620 wurde das Ostende des Sees durch einen Damm abgetrennt, der so entstandene See der Weißen Seide (Ho Truc Bach) erhielt seinen Namen, weil es an seinem Ufer einen Palast gab, in dem ungehorsame Konkubinen eingesperrt wurden und weiße Seide weben mussten.

Nicht weit vom südlichen Seeufer entfernt liegt an der Straßenkreuzung Duong Thanh Nien/Quan Thanh der **Den Quan Thanh** (29). Der daoistische Tempel des Himmelswächters wurde 1010 vom Stadtgründer Ly Thai To zur Bewachung des nahen Nordtores gestiftet. Als Schutzgeist wird Tran Vu, der Herrscher des Schwarzen Himmels (chin.: Zhuanxu), verehrt – ursprünglich eine chinesisch-daoistische Gottheit zur Bewachung des Nordens. In Vietnam avancierte Tran Vu zum machtvollen Beschützer vor Kriegen und der aus dem Norden drohenden chinesischen Gefahr. Der Den erfuhr zahlreiche bauliche Veränderungen, zuletzt 1893. Mit seinem großen Innenhof und über 100 Jahre alten Mangobäumen strahlt er eine angenehme Ruhe aus. Im zweiteiligen Hauptgebäude wird im hinteren Bereich eine 3,7 m große Statue Tran Vus verehrt. Die beidseitig von jeweils zwei Generälen flankierte schwarze Bronzefigur wurde nach dreijähriger Planungszeit 1680 gegossen und wiegt 4 t.

Auf einer in den See ragenden Halbinsel liegt der **Chua Tran Quoc** (30), der seine Geschichte bis ins 6. Jh. zurückführt. Den Namen Tran Quoc (Verteidigung des Landes) erhielt die Pagode 1615, als sie nach einem Dammbruch von einem Dorf nördlich des Westsees an ihre jetzige Stelle verlegt wurde. Von der Duong Thanh Nien kommend gelangt man über einen von Arecapalmen gesäumten Damm zum Pagodenbereich aus drei auf einer Achse folgenden Teilen. Hinter dem Eingangsportal liegt links der durch eine Mauer abgetrennte »Ruheplatz der Erwählten«, wie chinesische Zeichen am Eingang verraten, mit mehreren Grabstupas verstorbener Mönche und einer Stele von 1939, auf der die Geschichte des Tempels festgehalten ist. Ein kleiner Raum

Tran Vu steht mit zahlreichen Yin-Aspekten in Verbindung: dem Norden, der Dunkelheit, der Nacht und nicht zuletzt dem Tod. Legenden erzählen von seiner ungemeinen Stärke, mit der er eines Tages einen Menschen verschlingenden neunschwänzigen Fuchs besiegte. Der Kampf soll so heftig gewesen sein, dass die Kämpfenden sich immer tiefer in die Erde eingruben, bis ein tiefes Loch entstand, das sich später mit Wasser füllte und zum Westsee wurde.

ist dem Gedenken der Mönche und der Verehrung der drei Muttergottheiten (*thanh mau*) gewidmet: der grün gekleideten Mutter der Berge und Wälder, der rot gekleideten Mutter des Himmels und der zweimal dargestellten weiß gekleideten Mutter des Wassers.

Der eigentliche Tempelbereich schließt sich daran an, kann aber nur durch ein Seitentor betreten werden. Die Anordnung der dortigen Gebäude folgt dem Schema *noi cong ngoai quoc* (s. S. 84). In der Haupthalle wird der Blick auf den üppig dekorierten Hauptaltar gelenkt. Von zwei Dharma-Wächtern und jeweils fünf Höllenrichtern flankiert, thronen auf dem Altar in klassischer Anordnung im erhöhten hinteren Bereich in einer Reihe die Buddhas der Vergangenheit, Gegenwart und Zukunft. Vor ihnen begleiten die Bodhisattvas Avalokiteshvara (links) und Mahasthamaprapta (rechts) Buddha Amitabha. Es folgen davor mit erhobenem linken Arm Buddha Shakyamuni mit seinen beiden Schülern Ananda und Kashyapa, der dickbäuchige Di Lac (Skt.: Maitreya) mit den Bodhisattvas Manjushri und Samantabhadra an seiner Seite, die vielarmige Quan Am und der stehende, von Drachen umgebene neugeborene Shakyamuni. Ganz vorn erblickt man – in Nord-Vietnam eher selten – einen liegenden Buddha. Auf den beiden Seitenaltären stehen daoistische Gottheiten im Mittelpunkt der Verehrung: General Quan Cong (links) und Ong Dia, der Erdgott (rechts). Der Haupthalle schließt sich ein Vorplatz mit einem schönen Bodhi-Baum an, den der indische Präsident 1959 zum Geschenk machte.

An der Nordseite des Westsees steht mit dem **Chua Kim Lien** (31; Goldener Lotos) ein Tempel im klassischen *tam-quan*-Stil (s. S. 84). Jedes der miteinander verbundenen Gebäude besitzt ein eigenes doppeltes Fußwalmdach mit hochgezogenen Ecken. Das gut erhaltene Eingangstor weist schöne Schnitzereien auf, die sich unter den Dachtraufen und innen an den Dachbalken fortsetzen. Der Tempel entstand vermutlich im 12. Jh. anstelle eines Palastes des Ly-Clans, wurde später jedoch vielfach erneuert. Die jetzige Form erhielt er 1792, allerdings erfolgte 1988 eine insbesondere im Innern nicht sehr gelungene Renovierung. Mehrere Grabstupas stehen rund um den Tempel, teilweise auch auf eigenen kleinen Inseln im See.

Die westlichen Stadtteile

An der Kreuzung der Duong Buoi und der Pho Cau Giay liegt der Zoo, in dem es zwar einige Seen, aber wenige Tiere gibt. Auf dessen Gelände befindet sich der **Den Voi Phuc** (32; Tempel des Knienden Elefanten) zur Verehrung des legendären Generals Linh Lang. Am Tempeltor knien zwei Steinelefanten als Erinnerung an jene Legende, in der der siegreiche General auf einem Elefanten zum Haus seiner Mutter zurückkehrte und sich dort auf einem Stein ausruhte. Im hinteren Bereich des einfachen Gebäudes steht eine Statue des Generals, davor ist sein Gewand ausgestellt. Vor dem Altar liegt der Stein mit

General Linh Lang soll von einem Bauernmädchen geboren worden sein, das für eine Nacht zu König Ly Thanh Tong gerufen worden war. Allerdings war jedermann davon überzeugt, dass nur eine Gottheit, die sich am Westsee in Schlangengestalt gezeigt hatte, der Vater dieses Kindes sein konnte. Der Knabe wuchs heran, stand seiner Mutter hilfreich zur Seite und wurde General des Königs. Nach einer siegreichen Rückkehr vom Schlachtfeld wollte der König ihn zum Prinzen erheben, doch er zog es vor, statt im Palast bei seiner Mutter zu leben. Auf seinem Elefanten ritt er zurück zu ihrem Haus, das just an der Stelle gestanden haben soll, an der sich jetzt der Tempel befindet. Dort legte er sich, um auszuruhen, auf einem Stein nieder, von wo ihn ein Drache gen Himmel entführte.

Chua Lang

seinem Kopfabdruck. Zu Ehren Linh Langs finden am 10. Tag des zweiten Mondmonats, seinem Todestag, und am 13. Tag des zwölften Mondmonats, seinem Geburtstag, Feste und Prozessionen statt.

Im Dorf Lang, am westlichen Stadtrand Hanois und 2 km südlich des Zoos, liegt mit dem **Chua Lang** (33) einer der interessantesten, aber wenig besuchten Tempel Hanois. Er wurde vermutlich im 12. Jh. zum Gedenken an den hier geborenen Mönch Tu Dao Hanh (gest. 1117; s. S. 122f.) gestiftet. Die jetzigen Bauten stammen aus dem 19. Jh. Die mittleren der vier hohen Säulen am Südeingang tragen die Flasche des Not lindernden Nektars der Quan Am. In einem achteckigen Pavillon (Seiteneingang benutzen) auf dem Vorplatz des Tempels beherrschen Dharma-Wächter (*ho phap*) den zweiten Vorraum, an den Seitenwänden stellen für das 19. Jh. typische Reliefs eine dreigeteilte Welt dar: unten die Hölle, darüber die Erde als Berg, der hinauf zum Götterhimmel strebt. Ein verschlossener Innenraum birgt eine Statue Tu Dao Hanhs. In der Haupthalle findet sich auf dem Hauptaltar in bis zum Dachgebälk hinaufragender Folge das buddhistische Pantheon (s. S. 34ff., 85). Einem Innenhof schließt sich der hintere Bereich mit Altären für die verstorbenen Mönche des Klosters und die heiligen Mütter an.

Südliche Stadtteile

Zwischen Hoan-Kiem-See und Bahnhof ragt an der Pho Hai Ba Trung ein mächtiges Bürohochhaus auf. Hier befand sich das berüchtigte ›**Hanoi Hilton**‹ (34), das seinen Namen von US-amerikanischen Soldaten erhielt, die in diesem 1896 von den Franzosen gebauten Zentralgefängnis in den 1960er und 70er Jahren einsaßen. Als es Mitte der 1990er Jahre den Hanoi Towers weichen musste, richtete man einen Block als Museum ein: Zellen, Bauteile und Folterinstrumente belegen, wie gnadenlos die Kolonialherren mit ihren politischen Gegnern umgingen. Ausführlich dokumentiert wird auch der Kampf der Kommunisten gegen den Kolonialismus aus dem Gefängnis heraus. Die amerikanischen Kriegsgefangenen sollen es hingegen nach diesen Darstellungen recht gut gehabt haben. Mit keinem Wort erwähnt wird allerdings die Verwendung des Gefängnisses nach 1954.

Nur einen Block südlich liegt an der Ecke Pho Ly Thuong Kiet und Pho Quan Su der **Chua Quan Su** (35; Botschafter-Pagode), der im 15. Jh. als Übernachtungsstätte für Mitglieder ausländischer buddhistischer Delegationen gegründet wurde; 1934 eröffnete dann die Buddhistische Vereinigung Vietnams hier eines ihrer Zentren. Der heutige Bau von 1942 weist einen für vietnamesische Tempel ungewöhnlich hohen, recht hellen Sakralraum auf. Da sich auf dem Gelände auch eine buddhistische Hochschule befindet, umgeben große Esssäle und Wohnquartiere den Tempelbau.

Der **Den Hai Ba Trung** (36) in der Pho 337 wurde 1143 im Auftrag König Ly Anh Tongs (reg. 1138–75) zum Gedenken an die Trung-Schwestern (s. S. 64) gegründet. Die Anlage an einem See gehört zu den schönsten Hanois. Leider ist sie lediglich am 1. und 15. Tag jedes Mondmonats – und dann nicht vollständig – geöffnet, und nur am 6. Tag des zweiten Mondmonats anlässlich des Tempelfestes komplett zugänglich. Der Den weist schöne Schnitzereien auf und besitzt eine Waffensammlung sowie Steinstatuen der Schwestern in Siegespose mit erhobenen Armen. Neben dem Den befindet sich ein buddhistischer Chua sowie ein Tempel für die Urmutter und die anderen heiligen Mütter.

Das Ethnologische Museum

Am nordwestlichen Stadtrand, in der Nguyen-Van-Huyen-Straße befindet sich das äußerst sehenswerte **Ethnologische Museum** (37; Bao Tang Dan Toc Hoc). Der Beratung durch französische Wissenschaftler ist es zu verdanken, dass hier erstmals gleichberechtigt und vorurteilslos die kulturellen Eigenarten der 54 Volksgruppen Vietnams dargestellt werden. Kleidung, Alltagsgegenstände und unterschiedlichste Bauweisen sind durch Originalobjekte repräsentiert, während Schautafeln und kurze Videofilme über Sprache, Musik, Rituale, Sitten und Gebräuche informieren.

Ausflüge in die Umgebung von Hanoi und ins Delta des Roten Flusses

Im Norden und Osten von Hanoi

Die neuen Häuser und Geschäfte an den Ausfallstraßen von Hanoi zeugen vom wirtschaftlichen Aufbruch des Landes. Trotzdem legen die Menschen großen Wert auf Tradition. Tempel und Pagoden werden liebevoll restauriert, Feste gebührend gefeiert und in den Handwerksdörfern sind die alten Künste nach wie vor lebendig.

Co Loa – das legendäre Reich Au Lac

Was historisch, was Legende ist – in **Co Loa** lässt sich dies schwer trennen. Vietnamesischen Chroniken zufolge befand sich in dem 18 km nördlich von Hanois Stadtzentrum gelegenen Ort von 257–207 v. Chr. die Hauptstadt des Au-Lac-Reiches. Es soll von An Duong Vuong durch den gewaltsamen Zusammenschluss der beiden Fürstentümer Tay Au und Lac Viet geschaffen worden sein. Historisch gesichert ist, dass hier spätestens ab dem 3. Jh. v. Chr. ein größerer Staatenverband existierte und über 1000 Jahre später, 939–944, von Co

Umgebung von Hanoi
Besonders sehenswert:
Chua But Thap ☆☆
Chua Huong ☆☆
Chua Tay Phuong ☆
Chua Thay ☆
Ha-Long-Bucht ☆☆

Roter-Fluss-Delta ☆☆
Besonders sehenswert:
Chua Keo ☆
Chua Pho Minh ☆
Dom Phat Diem ☆
Trockene Ha-Long-Bucht ☆☆

Umgebung von Hanoi und das Delta des Roten Flusses

Vietnam: Ausflüge in die Umgebung von Hanoi und ins Rote-Fluss-Delta

Der Yue-König Trieu Da (chin.: Zhao Tuo) bemühte sich vergeblich um die Eroberung von Au Lac. Nach mehreren erfolglosen Versuchen schickte er zur Versöhnung seinen Sohn Trong Thuy nach Co Loa, um My Chau, die Tochter von An Duong Vuong, zu ehelichen. My Chau zeigte diesem leichtsinnigerweise das Geheimnis An Duongs, einen Zauberbogen. Diesen ihn unüberwindlich machenden Bogen hatte der König einst von einer goldenen Schildkröte geschenkt bekommen. Trong Thuy gelang es, den Zauberbogen gegen einen gewöhnlichen Bogen zu vertauschen. Als der König den Betrug bemerkte, enthauptete er wutentbrannt seine Tochter. Es war zu spät, sein Reich wurde von Trieu Da erobert.

Loa aus General Ngo Quyen, der Sieger über die chinesische Armee, herrschte.

Heute sind noch einige Abschnitte der drei oval angelegten **Erdwallanlagen** des 3. Jh. erhalten. Da sie die Form einer Meeresmuschel besitzen, wird die Stadt im Volksmund auch Thanh Loa, Muschelzitadelle, genannt. Ihre Ausmaße sind beeindruckend und zeugen von einer bautechnischen Meisterleistung. Der äußere Schutzwall weist eine Länge von 7,6 km auf, der innere misst 6,1 km. Die Basis der Wälle war 25 m breit und verjüngte sich in etwa 4 m Höhe auf 10 m. Zusätzlich waren die Wälle mit Felsbrocken befestigt und durch Wachtürme in regelmäßigen Abständen gesichert. Tiefe, breite Wassergräben dienten zum weiteren Schutz. Funde von Pfeilspitzen (heute im Historischen Museum Hanoi) lassen den Einsatz von Armbrüsten oder Bogen vermuten. Darüber hinaus erinnern nur noch später errichtete Gedenktempel an die Bedeutung von Co Loa. Im vielfach erneuerten, wahrscheinlich erstmals im 11. Jh. unter der Ly-Dynastie erbauten **Den An Duong** wird dem Gründerkönig von Au Lac gedacht. In der länglichen Haupthalle findet sich als Symbol für An Duong ein Gewand auf dem Altar. Die Seitenaltäre dienen der Verehrung seiner Eltern (links) und seiner ersten Königin (rechts). Eine Statue von ihm wird an seinem Gedenktag am 6. des ersten Mondmonats (Februar) gezeigt. 100 m weiter rechts liegt innerhalb einer neueren Umfassungsmauer der **Dinh Ngu** zur Verehrung des Schutzgeistes von Co Loa. Beachtenswert sind die Schnitzereien im Dachgebälk und die mächtigen rot lackierten Stützsäulen der Versammlungshalle.

Auch wenn Prinzessin My Chau den Verlust ihres Reiches mit verschuldete, im kleinen **Den My Chau** wird ihrer trotzdem gedacht. Ein dreieckiger Stein, der wie eine gekrümmte Menschengestalt ohne Kopf – in Erinnerung an ihren Tod durch Enthauptung – aussieht, symbolisiert sie. Der Banyanbaum vor dem Tempel soll über 1000 Jahre alt sein.

Schließlich lohnt noch der Besuch des Nonnenklosters **Chua Bao Son** mit sehenswerten Statuen der 18 La Hans.

Chua But Thap

Der Chua But Thap liegt etwa 25 km nordöstlich von Hanoi am südlichen Ufer des Duong-Flusses. Um dorthin zu gelangen, biegt man auf der N 5 in Phu Thuy nach links in eine schmale Straße hinein und fährt bis zum Dorf Dinh To.

Der 1993 mit bundesdeutscher Hilfe restaurierte Chua But Thap (Pinselturm) bietet ein exzellentes Beispiel einer Tempelanlage im nordvietnamesischen Baustil des 17. Jh. und zeigt hervorragende Holzskulpturen. Wahrscheinlich stand an dieser Stelle bereits seit Beginn des 13. Jh. ein Kloster. Doch stammen die heutigen Gebäude vorwiegend aus der ersten Hälfte des 17. Jh., als der Tempel nach seiner Neugründung umfassend verändert wurde. Auskunft darüber geben die beiden Steinstelen aus den Jahren 1646 und 1647 in den seitlichen Pavillons an der Umfassungsmauer. Ihnen zufolge stifteten Königin Trinh Thi Ngoc Truc und Prinzessin Le Tho Ngoc Thuyen das Kloster für die aus China stammenden Mönche Chuyet Cong (Chuyet Chuyet) und Minh Hanh.

Im Norden und Osten: Chua But Thap

Sie waren nach dem Zusammenbruch der Ming-Dynastie (1644) nach Vietnam geflohen.

Wie bei einer nordvietnamesischen Pagode üblich, liegen die wichtigsten Gebäudeteile dicht hintereinander gereiht auf einer Nord-Süd-Achse. Im Süden steht das **Tor der Drei Einsichten** (Tam Quan) etwas verloren dem Tempel vorgelagert im Feld, gefolgt vom **Glockenturm**. Im anschließenden, von einer Mauer mit Galerien umgebenen Komplex befinden sich die wichtigsten Gebäude: zuerst die **Vorhalle** mit zwei mächtigen auf Löwen sitzenden Dharma-Wächtern (*ho phap*) aus Lehm und Reisspreu. Sie ist durch den Saal der **Weihrauchopfer** mit der Haupthalle verbunden, sodass das Ensemble die Form eines liegenden H erhält. Die Bauten stammen aus dem 19. Jh., reflektieren jedoch den Stil des 17. Jh.

In der **Haupthalle** befinden sich die wichtigsten Statuen der Pagode, z. B. auf dem Altar die auf Lotosthronen sitzenden Buddhas der Vergangenheit, Gegenwart und Zukunft und an den beiden Wandseiten die 18 La Hans. Sehr ausdrucksstark sind die den Altar flankierenden Bodhisattva-Statuen aus der Mitte des 17. Jh., Samantabhadra (links) auf dem weißen Elefanten und Manjushri (rechts) auf dem Löwen, sowie eine Darstellung des als Shakyamuni auf dem Schneeberg (Tuyet Son Dai Si) bekannten Fasten-Buddhas links vom Altar. Doch werden alle Statuen überstrahlt von Avalokiteshvara (Quan The Am Bo Tat), einem Meisterwerk vietnamesischer Bildhauerkunst, auf der rechten Seite. Der Künstler Truong schuf die 2,4 m große Holzskulptur laut Inschrift »an einem schönen Tag im Herbst 1656«. Das allumfassende Mitgefühl des Bodhisattva mit den »tausend Augen und tausend Händen« wird durch 42 große und 900 kleine Hände sowie durch elf Köpfe ausgedrückt. Wie für diese Darstellung üblich, erkennt man im Haar des Avalokiteshvara das Haupt seines geistigen Vaters, des Buddha Amitabha.

Über die **Steinerne Brücke** gelangt man zum **Haus der Güte** mit der neunstöckigen, 7,8 m hohen Gebetsmühle. Die im tantrischen Buddhismus, etwa in Tibet, populären Gebetsmühlen sind in Vietnam heute eher selten, sollen jedoch im 17. Jh. recht verbreitet gewesen sein. Eine Umdrehung ›ersetzt‹ das Rezitieren von 3 542 400 Mantras. Im Anschluss an das Haus der Güte folgen das **Gemeinschafts-** und das **Stifterhaus** mit Porträtstatuen der Königin und späteren Nonne Trinh Thi Ngoc Truc sowie der Prinzessin Le Tho Ngoc Thuyen. Die Stifterinnen ließen – ein Trend des 17. Jh. – von sich relativ realistische Statuen anfertigen. Im abschließenden, in die Außenmauer integrierten **Hintergebäude** befinden sich die Altäre zur Verehrung des Mönches Minh Hanh und der Himmlischen Mütter (Dau Mau).

Um den Pagodenkomplex gruppieren sich mehrere Grabstupas prominenter Mönche, darunter auf der östlichen Seite der markante oktogonale **Bao-Nghiem-Turm** von 1647 für den drei Jahre zuvor verstorbenen Mönch Chuyet Cong. Der 1660 errichtete **Ton-Duc-Turm** zu Ehren Minh Hanhs liegt hinter der Gesamtanlage.

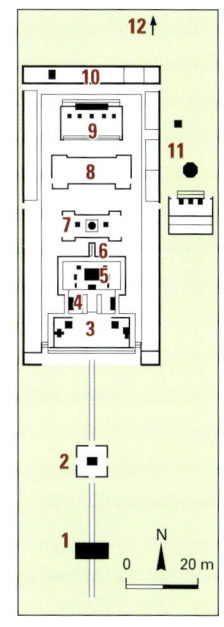

Chua But Thap
1. Tor der Drei Einsichten
2. Glockenturm
3. Vorhalle
4. Halle der Weihrauchopfer
5. Haupthalle
6. Steinerne Brücke
7. Haus der Güte mit Gebetsmühle
8. Gemeinschaftshaus
9. Stifterhaus
10. Hintergebäude
11. Bao-Nghiem-Turm
12. Ton-Duc-Turm

Vietnam: Ausflüge in die Umgebung von Hanoi und ins Rote-Fluss-Delta

Chua Dau – Wiege des vietnamesischen Buddhismus

Nur wenige Kilometer südlich des Chua But Thap steht im Dorf Thanh Khuong die Pagode des Maulbeerbaumes, Chua Dau (Phap Van Tu). Ihr Name bezieht sich auf die in dieser Gegend häufig für die Seidenraupenzucht angepflanzten Maulbeerbäume. Stimmt die Annahme der Historiker, so liegt hier die Wiege des vietnamesischen Buddhismus, denn hier soll sich im 2./3. Jh. n. Chr. die Hafenstadt Luy Lau, ein wichtiger Stopp für Schiffe auf ihrem Weg zwischen China und Indien, befunden haben. Folge war, dass in diesem unter chinesischer Herrschaft stehenden Gebiet neben Händlern auch Mahayana-buddhistische Mönche aus Indien Station machten und ihre Lehre verkündeten.

Die heutigen, wie ein liegendes H angeordneten Gebäude stehen auf den Grundmauern der 1313 auf Initiative des Gelehrten Mac Dinh Chi erweiterten Pagode. Der massive quadratische, 17 m hohe **Hoa-Phong-Turm** wurde im Herbst 1737 aus Ziegelstein errichtet, die Bronze-Glocke in ihm 1793 gegossen. Von Interesse sind vor allem die zahlreichen Figuren in dieser Pagode. Hier zeigt sich der harmonische Synkretismus von Buddhismus und Naturreligion. Neben Buddha- und Bodhisattva-Figuren auf dem Hauptaltar wird auch die Statue der weiblichen Wolkengottheit (Phap Van) verehrt, der diese Pagode gewidmet ist. Alljährlich am achten Tag des vierten Mondmonats (April/Mai) wird am Chua Dau das Pagodenfest gefeiert, um ihr – wie auch den in anderen Pagoden verehrten Regen- (Phap Vu), Donner- (Phap Loi) und Blitzgottheiten (Phap Dien) – die Ehre zu erweisen.

Handwerksdörfer

Ein Ausflug in das Umland von Hanoi ist auch eine Reise durch die Vielfalt des Kunsthandwerks. So wie sich in der Altstadt von Hanoi jeweils Straßen auf den Verkauf eines Produktes spezialisierten, haben sich in der Region ganze Dörfer einer besonderen Handwerkskunst gewidmet.

Das wohl bekannteste Dorf ist **Dong Ho**, 40 km nordöstlich von Hanoi, für die Vietnamesen ein Synonym für Neujahrsbilder (*thanh tet*), bunte Holzschnitte, deren Motive im neuen Jahr Glück und Wohlstand bringen sollen: kugelrunde Schweine, wohlgenährte Kinder, prächtige Fische etc. (s. S. 87). Die geschäftigste Zeit der Familienbetriebe sind naturgemäß die Monate vor dem Tet-Fest (Januar/Februar). Dann ist ein Rundgang durch das Dorf am interessantesten.

In der Vergangenheit war das Dorf **Dong Ky**, 20 km nordöstlich von Hanoi, vor allem für die Herstellung von Feuerwerkskörpern bekannt. Seitdem dies 1995 verboten wurde, haben sich die Einwohner auf die Herstellung von Möbeln, Figuren und anderem Inventar mit Perlmutteinlagen spezialisiert.

Seit nunmehr 700 Jahren steht **Bat Trang** für hochwertige Keramik. Einen Höhepunkt künstlerischen Schaffens erreichte die Bat-

Die Wolkengottheit: Unversehens von dem indischen Mönch Khau Da La schwanger geworden, übergab das Mädchen Man Nuong das Neugeborene einem Baum, der es einschloss und zu Stein verwandelte. Dieser Baum wurde eines Tages durch einen Gewittersturm in den Fluss gerissen, doch Man Nuong konnte ihn an Land ziehen. Die Dorfbewohner schnitzten aus dem Holz vier Statuen zur Verehrung des Wolken-, Regen-, Donner- und Blitzgeistes und errichteten ihnen zu Ehren vier Pagoden, darunter der Chua Dau für die Wolkengottheit.

Trang-Keramik im 18. und zu Beginn des 19. Jh. Schon der Name des Dorfs weist auf diese Handwerkstradition hin: *bat* bedeutet Schüssel und *trang* Werkstätte. In dem Ort am Roten Fluss werden neben erstklassigen Ziegelsteinen (der Hoa-Phong-Turm im Chua Dau und der Chua Tay Phuong wurden damit errichtet) in einem der 800 Brennöfen auch Keramik- und Porzellanwaren für den Haushalt und den religiösen Gebrauch gebrannt. Schöne Mitbringsel sind Teeservice und Essschalen mit fast ausschließlich blauem Dekor.

Bat Trang liegt 15 km südöstlich von Hanoi direkt am Roten Fluss und kann auch mit dem Boot besucht werden.

Südlich von Hanoi

»Ins Land der Pagoden« könnte das Motto einer Reise in den Süden von Hanoi heißen, denn dort stehen einige der schönsten und ältesten Tempelanlagen Nord-Vietnams. Für den Chua Tay Phuong und den Chua Thay sollte ein halber Tag veranschlagt werden, für den Ausflug zur Parfüm-Pagode benötigt man einen ganzen Tag.

Chua Tay Phuong

Ein Besuch des Chua Tay Phuong (Westliches Land des Vollkommenen Glücks) lohnt sich aus verschiedenen Gründen: seine Lage auf dem 50 m hohen Cau Lau Son (Angelhakenberg) mitten in einem Meer aus grünem Reis, seine klassische vietnamesische Tempelarchitektur und nicht zuletzt die hervorragende Sammlung von Holzskulpturen. Über den Ursprung der Pagode ist wenig bekannt. Vermutlich errichtete man in der Zeit der Ly-Dynastie (1009–1224) einen Tempelbau, der laut Inschrift aus dem Jahr 1632 in der Ära der Mac-Dynastie (16./17. Jh.) eine Erweiterung erfuhr. Bei politischen Unruhen Ende des 18. Jh. wurde die Anlage vollkommen zerstört und erst während der kurzlebigen Tay-Son-Herrschaft wieder aufgebaut. Das heutige Hauptgebäude stellten Handwerker aus der Umgebung 1794 auf dem Grundriss des Vorgängerbaus von 1632 fertig. Die letzte Umgestaltung erfuhr der Chua Tay Phuong 1958, nachdem er während des Ersten Indochinakrieges erheblich beschädigt worden war.

Der Chua Tay Phuong liegt unweit des Dorfes Thach Xa im Kreis Thach That, 42 km westlich von Hanoi.

Nach Überwindung von 237 Stufen erreicht man den **Vorplatz** mit seinen Schatten spendenden Frangipani-, Jackfrucht- und Longan-Bäumen. Es folgt das dreigeteilte **Zentralgebäude**, eines der schönsten Beispiele des *tam-quan*-Stils. Von hervorragender Qualität ist die elaborierte Stützbalkenkonstruktion. Zahlreiche Querbalken und insgesamt vier Säulenreihen sind notwendig, um die schweren Walmdächer zu tragen. Deren elegant geschwungene Ecken zieren Drachen- und Phönix-Darstellungen aus Terrakotta.

Vor allem beeindrucken über 60 Statuen im Inneren der Gebäude (Plan S. 85), die größtenteils Ende des 18. Jh. aus dem Holz des Jackfruchtbaumes gearbeitet und mit Lack überzogen wurden. Acht 2,1 m große Vajrapani (Kim Cuong) dominieren die **Vorhalle** (Bai Duong).

Vietnam: Ausflüge in die Umgebung von Hanoi und ins Rote-Fluss-Delta

Der La Han Kumaratra

Ursprünglich zu den acht Transzendenten Bodhisattvas gehörend, avancierte Vajrapani (Halter des Diamantzepters) im chinesischen Kulturkreis zum Wächter der buddhistischen Lehre. Im **Verbindungsraum** (Chinh Dien) befinden sich auf der rechten Seite der sitzende Schutzgott der Vegetarier (Giam Trai), gefolgt vom stehenden Kronprinz Ky Da (mit einem Schwert auf seinen gefalteten Händen) und einer Quan-Am-Darstellung aus dem 17. Jh. Auf der linken Wandseite sitzt der bärtige Erdgott (Ong Dia) auf seinem Thron und dahinter befindet sich eine weitere Bodhisattva-Figur mit Kind. Aus der Vielzahl der Buddha- und Bodhisattva-Figuren auf dem Hauptaltar ragt vor allem der hagere Fasten-Buddha (Tuyet Son) heraus.

Fraglos gehören jedoch die 18 Nachfolger Buddhas (*la han*; s. S. 39, 85) in der anschließenden **Haupthalle** (Hau Duong) zu den renommiertesten Skulpturen der Pagode. Stilisierung bei gleichzeitig lebhaftem Realismus kennzeichnet diese über 200 Jahre alten Figuren. Sie sollen auf vorbildhafte Weise verdeutlichen, dass trotz verschiedener Charaktereigenschaften und Situationen viele Wege zur Buddhaschaft führen: durch den in tiefem Nachsinnen auf seinem Lotosthron sitzenden Nagarjuna (Long Thu), den berühmten indischen Gelehrten des 2. Jh., durch die Debattierlust eines Upagupta (Uu Ba Cuc Da) oder die sorgenfreie Leichtigkeit eines lächelnden Kumarata (Cuu Ma La Da). Bemerkenswert sind auch die jeweils fünf Höllenrichter (*diem vuong*) beidseits des Hauptaltars. An der Rückwand wachen die Buddhas der Drei Existenzen (oder der Drei Zeiten).

Chua Thay

Der Chua Thay liegt knapp 10 km östlich vom Chua Tay Phuong im Dorf Sai Son, Quoc-Oai-Distrikt, 30 km südwestlich von Hanoi.

»Unter den Ly waren Pagoden nicht nur Zentren für Mönche und der religiösen Praxis für die Bevölkerung, sondern auch Orte kultureller Aktivitäten und Feiern. Viele Pagoden dienten als Schule für buddhistische Novizen und einheimische Kinder.«
Buddhism in Vietnam

Das 11. Jh. gilt als erste Blütezeit des vietnamesischen Buddhismus. Politisch war das Land stabil, die Wirtschaft florierte, und die Könige der Ly-Dynastie förderten Religion und Kultur. Im ganzen Land entstanden Hunderte von Tempeln, darunter der Chua Thay, vermutlich während der Regentschaft des Königs Ly Nhan Tong (reg. 1072–1128) gestiftet. Dort lebte Tu Dao Hanh (gest. 1117), eine der herausragendsten Mönchsgestalten jener Zeit. Er zählt zur zwölften Generation in der Nachfolge des indischen Mönchsgelehrten Vinitaruci (gest. 591), der den Meditationsbuddhismus in Vietnam etablierte. Tu Dao Hanh war ein berühmter Lehrer von Meditation und Heilkunde sowie ein Förderer der Künste, allen voran des Wasserpuppentheaters. Zu Lebzeiten sagte man ihm magische Kräfte nach, weshalb man ihn respektvoll *thay*, Meister, nannte.

Die auch unter dem Namen Thien Phuc (Himmlischer Segen) bekannte Pagode stellt eines der beliebtesten Pilger- und Ausflugsziele in der Region dar. Vor allem vom 5. bis 7. Tag des dritten Mondmonats (April) strömen Tausende von Gläubigen hierher. Einerseits kommen sie um Meister Tu Dao Hanh zu verehren, andererseits sicherlich auch wegen der attraktiven Lage des Tempels. Am Fuß des Thay-Berges mit dem Drachensee (Long Chieu) im Vordergrund strahlt er vollkommene Harmonie und Ruhe aus.

Südlich von Hanoi: Chua Thay

Das Hauptgebäude des Chua Thay besteht aus drei jeweils etwas erhöht liegenden länglichen Hallen: der **Vorderhalle** für die vorbereitenden Zeremonien – dort stehen zwei Furcht einflößende Dharma-Wächter (*ho phap*) aus Lehm und Pappmaché –, der **Zwischenhalle** zur Verehrung von Buddha und der **Haupthalle** zur Verehrung von Tu Dao Hanh in seinen drei Erscheinungsformen, dargestellt erstens in Form eines Buddha, der auf einem Lotosthron aus Stein sitzt, zweitens als Sandelholz-Statue, die sich in einem rot lackierten Schrein befindet, und drittens in Form einer Statue des auf einem Thron sitzenden Königs Ly Than Tong (reg. 1128–37), als welcher er wiedergeboren worden sein soll. Zu den Meisterwerken der Schnitzkunst des 17. Jh. zählen die drei Ehrwürdigen auf dem Altar: in der Mitte der Buddha Amitabha, begleitet von den Bodhisattvas Avalokiteshvara (links) und Mahasthamaprapta (rechts). In zwei Seitenkorridoren reihen sich jeweils neun La-Han-Statuen, ebenfalls aus dem 17. Jh.

Zurück am See fällt der Blick auf den **Thuy-Dinh-Pavillon** in der Seemitte, der dem Schutzgeist der Wasserpuppenspieler geweiht ist. Die beiden überdachten **Brücken** wurden 1602 errichtet, als die Pagode ihre heutige Gestalt erhielt. Links führt die Sonnenbrücke

Blick auf den Chua Thay mit Sonnen- und Mondbrücke

Vietnam: Ausflüge in die Umgebung von Hanoi und ins Rote-Fluss-Delta

Auf dem Weg zur Parfüm-Pagode

(Nhat Tien) zum **Tam-Phu-Tempel** mit drei daoistischen Gottheiten – dem Jadekaiser, links begleitet vom Erdgott und rechts vom Wassergott –, während rechts die Mondbrücke (Nguyet Tien) zu einigen kleineren buddhistischen und daoistischen **Heiligtümern** führt.

Auf dem Berg hinter dem Hauptgebäude gibt es zudem eine Reihe von **Grotten** wie etwa die Thanh-Hoa-Grotte, in welcher der Mönch nach sieben Monaten kontinuierlicher Meditation gestorben und ins Nirvana eingegangen sein soll. Von ihr führt ein Weg zur Cac-Co-Grotte und der Grotte der Buddhas, benannt nach Stalagmiten, in denen Gläubige die Gestalt von Buddhas erkennen wollen. Hier soll sich Ho Chi Minh in den Anfängen des Widerstandes gegen die Franzosen zwischen 1946 und 1947 häufiger aufgehalten haben.

Chua Huong (Parfüm-Pagode)

Der Chua Huong liegt 60 km südwestlich von Hanoi im My-Duc-Distrikt, Provinz Hat Tay. Ausgangspunkt für die knapp einstündige Bootsfahrt (Rückfahrt etwas länger) ist der Ort Ben Duc. Der Aufstieg zur Huong-Tich-Höhle dauert etwa eine Stunde.

Bald nach dem Tet-Fest, wenn es im Norden Vietnams Frühling geworden ist, pilgern Hunderttausende von Vietnamesen zur bedeutendsten Wallfahrtsstätte des Landes, dem Chua Huong. Die Pilgersaison dauert drei Monate, von der Mitte des ersten bis zur Mitte des dritten Mondmonats (Februar-Ende April). Der Begriff Chua Huong (Parfüm-Pagode) ist etwas irreführend, denn insgesamt liegen 31 offiziell anerkannte Tempel und Grotten rund um den Berg der Wohlriechenden Spur (Huong Tich Son). Die Fahrt beginnt im Dorf **Ben Duc**, wo geschäftstüchtige Ruderinnen in ihren flachen Booten auf Gäste warten und sie durch Reisfelder, vorbei an malerischen Kalksteinhügeln, zur Wallfahrtsstätte bringen.

Unterwegs passiert man den **Den Trinh**, der einem früheren General eines Hung-Königs gewidmet ist, und erreicht die Hauptanlegestelle **Ben Tro** mit Andenken- und Essensständen. Dort befindet sich der auf mehreren Ebenen angelegte **Chua Thien Tru**. Er stammt aus der Zeit König Le Thanh Tongs (reg. 1460–97), wurde jedoch nach Zerstörungen im Ersten Indochinakrieg grundlegend erneuert und ausgebaut. Einige hundert Meter bergauf befindet sich rechter Hand der interessante **Felsentempel Tien Son**. Tropfsteinformationen in seinem Innern zaubern eine mystische Atmosphäre. Nach einem anstrengenden, etwa 4 km langen Aufstieg führt kurz vor Erreichen der eigentlichen Wallfahrtsstätte ein Weg links ab zur **Quelle der Reinigung**, Giai Oan. Das Wasser in diesem Höhlentempel, so glauben die Pilger, reinigt sie von ihren schlechten Taten.

Folgt man dem Hauptpfad weiter, erreicht man **Huong Tich**. Wie ein Drachenmaul öffnet sich die riesige Halle der »schönsten Höhle des Südens«, wie Fürst Trinh Sam (reg. 1767–82) in fünf chinesischen Zeichen über den Eingang schreiben ließ. Über Treppen gelangt man ins Innere, wo sich die Pilger drängen, um der Göttin der Barmherzigkeit, Quan Am, ihre Bitten und Danksagungen vorzubringen. Dass sie gerade hier so sehr verehrt wird, hängt mit einer der populärsten buddhistischen Geschichten Vietnams zusammen, der Erzählung von Quan Am Nam Hai, der Göttin der Barmherzigkeit vom Südlichen Meer. Vermutlich gelangte die Erzählung im 14. oder 15. Jh. von China nach Vietnam, wo sie im Lauf der Zeit diverse Veränderungen erfuhr. Es ist die Legende von der Königstochter Dieu Thien, die sich ganz der Lehre Buddhas widmete und selbst zu einem Bodhisattva/Buddha wurde. Der legendäre Geburtstag von Dieu Thien am 19. des zweiten Mondmonats (März) ist einer der wichtigsten Festtage an der Parfüm-Pagode. Vermutlich wird sie seit dem 15. Jh. hier verehrt. An Bedeutung gewann der Wallfahrtsort aber erst ab 1687, als der Mönch Tran Dao Vien Quang die Höhle ausbauen ließ.

Das Delta des Roten Flusses

Wer durch die endlose Weite des Deltas fährt, vermag sich vielleicht kaum vorzustellen, wie mühsam es war, durch die Eindeichung der Flussläufe und das Anlegen von Kanälen diese Region landwirtschaftlich nutzbar zu machen. Heute gehört das etwa 14 700 km² große Deltagebiet zu den ertragreichsten Regionen Vietnams. Hier liegen mit teilweise über 1000 Menschen pro Quadratkilometer die bevölkerungsreichsten Provinzen Thai Binh, Nam Dinh und Ninh Binh. Begrenzter Lebensraum war in den vergangenen Jahrhunderten ein ständiges Problem der Deltabewohner, die daher immer weiter nach Süden zogen – auf Kosten der Cham und Khmer. Es empfiehlt sich, sich für diese geschichtsträchtige Gegend mehrere Tage Zeit zu nehmen. Die landschaftliche Schönheit der Trockenen Ha-Long-Bucht, sehenswerte Pagoden und Tempel, der wohl ungewöhnlichste Kirchenbau des Landes sowie der Nationalpark Cuc Phuong sind attraktive Ausflugsziele.

Ein König hatte drei Töchter. Während zwei davon verheiratet waren, wollte Dieu Thien, die dritte, zum Ärgernis ihres Vaters von Männern nichts wissen, sondern sich der Lehre Buddhas widmen. Der König verstieß sie, die Prinzessin ging ins Kloster. Ihr Vater versuchte weiterhin sie umzustimmen, doch als ihm dies nicht gelang, ließ er das Kloster anzünden, vergeblich, denn ein Drache löschte das Feuer. Auch der Versuch, sie zu enthaupten, scheiterte, da das Schwert zerbrach. Schließlich kam ein Tiger und brachte sie auf einem abgelegenen Berg in der Huong-Tich-Höhle in Sicherheit. Als der König eines Tages schwer erkrankte, war niemand bereit ihm zu helfen, da er dafür seine Augen und Arme hätte opfern müssen. Einzig Dieu Thien spendete ihm, als sie davon erfuhr, ohne zu zögern ihre Augen und Arme. Der König gesundete und suchte die Höhle auf, um Dank zu sagen. Er erkannte seine Tochter wieder, die zu einem Buddha geworden war. Zutiefst berührt, folgte er fortan der Lehre des Erleuchteten und verrichtete gute Taten.

Vietnam: Ausflüge in die Umgebung von Hanoi und ins Rote-Fluss-Delta

Umgebung von Nam Dinh

Nam Dinh liegt 90 km südlich von Hanoi und ist über die gut ausgebaute N 1A zu erreichen. Von ihr zweigt nach 60 km in Ha Nam die N 21 ab und führt weiter nach Nam Dinh.

Zwar ist die gesichtslose Provinzhauptstadt Nam Dinh, mit 230 000 Einwohnern die drittgrößte Stadt des Nordens, wenig einladend, dafür befinden sich jedoch in ihrer Umgebung sehenswerte historische Denkmäler. Seit der Kolonialzeit ist Nam Dinh ein wichtiges Textilzentrum, Grund für seine nahezu völlige Zerstörung im Krieg.

Jenseits des Roten Flusses, etwa 10 km südlich von Thai Binh, liegt im Dorf Vu Nghia (Vi-Tien-District) der **Chua Keo**, eines der schönsten buddhistischen Klöster im Delta. Hier wird der Legenden umrankte Mönch Duong Khong Lo (1066–1141) verehrt, zu dessen Geburtstag alljährlich vom 13. bis 15. des neunten Mondmonates (Oktober) ein großes Fest mit Umzug, Spielen und Bootsrennen abgehalten wird. Die heutigen Gebäude der Pagode des Heiligen Lichts (Than Quang Tu), wie sie auch genannt wird, gehen laut Inschrift auf das Jahr 1611 zurück. Den Vorgängerbau aus dem 11. Jh., der an anderer Stelle stand, hatten Überschwemmungen zerstört. Die in Form eines liegenden H angeordneten Gebäude reihen sich auf einer Nord-Süd-Achse aneinander und sind von einer Außenmauer eingefasst.

Vom Deich kommend, der einen schönen Blick auf den halbmondförmig angelegten See und die Gesamtanlage bietet, gelangt man zum

Glockenturm des Chua Keo

dreiteiligen Eingangstor (Tam Quan). Dort ist im mittleren Durchgang die fast 300 Jahre alte originale Holztür mit schönen Drachen- und Wolkenmotiven erhalten geblieben. Es folgt die Vorhalle, deren Walmdach sich weit nach unten zieht. Im Inneren befinden sich die beiden Dharma-Wächter, der weißgesichtige Khuyen Thien, Förderer von Edelmut und Großzügigkeit, und der rotgesichtige Trung Ac, Richter über die Bösewichte. Nach der quadratischen Halle des Wohlgeruches (Thieu Huong) schließt sich die Haupthalle (Dien Phat) an, in der die Figuren auf dem Hauptaltar, der typischen Anordnung nordvietnamesischer Pagoden folgend, mit wenigen Ausnahmen – wie z. B. eine dem 17. Jh. zugerechnete Darstellung des Bodhisattva Avalokiteshvara – aus dem 19. Jh. stammen. Ebenfalls in Gestalt eines liegenden H folgt dahinter der Den Minh Khong zur Verehrung des Mönchs.

Die Hauptattraktion des Chua Keo bildet jedoch der 11,5 m hohe Glockenturm, ein Meisterwerk der Holzbauweise aus dem frühen 18. Jh. Er besteht fast vollständig aus Eisenholz und birgt in jedem seiner drei Stockwerke eine Glocke. Die Säulen und Querbalken weisen hervorragende Schnitzarbeiten auf. An den überdachten Außenmauern werden die Boote für das Bootsrennen am Geburtstag von Duong Khong Lo aufbewahrt. Ein weiteres beliebtes Pagodenfest findet am vierten Tag des ersten Mondmonats (Januar/Februar) statt.

Duong Khong Lo, auch unter dem Namen Minh Khong bekannt, soll ein Schüler von Tu Dao Hanh (s. S. 122ff.) gewesen sein und aus einer Fischerfamilie stammen. Bereits mit elf Jahren trat er ins Kloster ein. Später machten ihn vor allem seine Heilkünste berühmt. Ihm wird nachgesagt, er habe König Ly Than Tong (reg. 1128–37) von einer schweren Krankheit geheilt, der ihm daraufhin den Titel Großer Mönch und Verdienter Lehrer der Nation (Ly Quoc Su) verlieh.

Nur 3 km nordwestlich von Nam Dinh, im Dorf **Tuc Mac**, ist man in der Heimat der Tran-Dynastie. Funde belegen, dass hier ihre Goldene Stadt (Tuc Mac) lag. Zwölf Könige brachte das aus einem Fischerclan hervorgegangene Herrschergeschlecht hervor, und seine 175 Regierungsjahre (1225–1400) gelten weitgehend als eine Periode der Stabilität. Der Verehrung der Dynastie dient der **Gedenktempel Den Tran** (Thien Truong). Im Hauptbau hinter einem rechteckigen Teich ist jeweils ein Altar einem der zwölf Könige sowie dem General Tran Hung Dao gewidmet. Ein eigener Raum dient der Erinnerung an die Taten der Dynastie mit plastischen Illustrationen der Schlachten gegen die Mongolen.

Der rechts etwas zurückversetzte **Den Tran Hung Dao** ist dem berühmten General gleichen Namens geweiht. Seiner strategischen Brillanz verdankt Vietnam die drei Siege über die Mongolen. Dies machte den Sohn eines Halbbruders von König Tran Thai Tong (reg. 1225–58) zum Nationalhelden, dem bis heute übernatürliche Kräfte zugeschrieben werden. Für ihn wurden überall in Vietnam Tempel errichtet. Neben dem 1300 verstorbenen Tran Hung Dao werden auch seine Familie, seine Eltern und einige seiner wichtigsten Generäle verehrt.

Nur einige hundert Meter entfernt liegt der **Chua Pho Minh**, wegen seines markanten Turms auch Chua Thap (Turm-Pagode) genannt. Auch diese Pagode steht im Zeichen der Tran-Dynastie. Wahrscheinlich griff König Tran Thanh Tong (reg. 1258–78) hier auf einen Tempel des 11. Jh. zurück, den er 1262 vergrößern ließ. Gleichzeitig veranlasste er den Bau eines Palastes für seinen Nachfolger, falls dieser den Tempel zur Ahnenverehrung würde aufsuchen wollen.

> »Mit der Verbindung von Buddhismus und Konfuzianismus schuf König Tran Nhan Tong einen umfassenden, aber praktischen Humanismus, der sowohl dem Land als auch den Bedürfnissen der Religion diente. Mit dem Diktum, dass der Buddhismus nicht unabhängig von weltlichen Angelegenheiten praktiziert werden könne, verband er buddhistische Weisheit mit konfuzianischen Normen (...) und zeigte durch sein Leben, dass die Vereinigung dieser beiden Religionen, die so häufig als unversöhnlich galten, doch eine praktizierbare Realität werden können.«
>
> Thich Thien An

Nach Betreten des Tores passiert man zwei runde Lotosteiche und einen Wasserpavillon sowie dahinter das Wahrzeichen der Pagode, den 21 m hohen dreizehnstöckigen *thap* (Turm). Der 1305 erbaute Turm birgt in seiner Spitze einen Teil der Asche des 1308 verstorbenen Königs Tran Nhan Tong (reg. 1278–93). Hochgeachtet, weil er zwei Invasionen der Mongolen (1285 und 1287) erfolgreich abwehren konnte, dankte der König 1293 bereits als 35-Jähriger zugunsten seines jungen Sohnes, Tran Anh Tong (reg. 1293–1314), ab und lebte fortan in einem Kloster auf dem Berg Yen Tu, wo er die Truc-Lam-Sekte (Bambuswald-Sekte), eine strenge Meditationsschule, gründete. In seinen zahlreichen Schriften betonte er die Gemeinsamkeit von Buddhismus, Konfuzianismus und Daoismus.

Über einen Treppenaufgang mit schönen Drachendarstellungen gelangt man zur Haupthalle (Bai Duong) des Chua Pho Minh. Bei den wunderbar dekorierten Türflügeln der Bai Duong handelt es sich um Kopien, die Originale befinden sich im Historischen Museum von Hanoi. Im Inneren der Bai Duong wird, geschützt in einem Holzschrank, eine auf ihrer linken Seite liegende Buddha-Statue verehrt – Buddha im Parinirvana. Gläubige sehen in ihr jedoch zugleich die Personifizierung König Tran Nhan Tongs. Unter den zahlreichen weiteren Statuen auf dem Altar sind neben dem Monarchen die beiden Mitbegründer der Truc-Lam-Sekte dargestellt: sein Nachfolger Phap Loa (1284–1330), ein begnadeter Prediger, und Huyen Quang (1254–1334), der dritte Patriarch der Sekte. Bereits mit 20 Jahren hatte Huyen Quang die höchste Beamtenprüfung geschafft und sollte als Botschafter nach China gehen. Stattdessen wurde er Mönch und ein berühmter Meister der Thien-Meditation.

Provinz Ninh Binh

> Das 95 km lange Teilstück der N 1A zwischen Hanoi und Ninh Binh ist sehr gut ausgebaut und kann je nach Verkehr in zwei Stunden bewältigt werden. Ninh Binh liegt zudem an der Bahnlinie Hanoi–Saigon.

Ninh Binh, Hauptstadt der 1387 km² großen gleichnamigen Provinz, bildet mit passablen Übernachtungsmöglichkeiten einen guten Ausgangspunkt für die Besichtigungen in der Umgebung. Auch wenn die Stadt mit ihrer Zementindustrie nicht unbedingt eine Schönheit darstellt, ein Gang zum Markt lohnt sich allemal.

Besuchen heute Touristen die **Trockene Ha-Long-Bucht** wegen ihrer pittoresken Karstfelsformationen, so waren es vor über 1000 Jahren strategische Gründe, die den Herrscher Dinh Tien Hoang (Dinh Bo Linh) dazu bewogen, hier seine Hauptstadt zu etablieren. 41 Jahre, 968–1009, schlug in **Hoa Lu** das politische Herz des Reiches der Großen Viet, Dai Co Viet. Im Schutz der Berge konnte Dinh Tien Hoang (reg. 968–979) seine fragile Macht über das neu geeinte Reich sichern, denn seit dem denkwürdigen Jahr 938, als General Ngo Quyen die Chinesen am Bach-Dang-Fluss endgültig schlug, stritten sich zwölf Kriegsherren um die Hegemonie in der Region. Doch 979, nach elf Jahren autoritärer Herrschaft, wurden der Regent und sein ältester Sohn, Dinh Quoc Lien, Opfer eines Attentats. Nach wechselvollen Jahren etablierte 1009 König Ly Thai To (reg. 1009–28) die Ly-Dynas-

Rote-Fluss-Delta: Provinz Ninh Binh

tie und verlegte seine Residenz ein Jahr später in das von ihm gegründete Thang Long (Hanoi).

Von der alten Königsstadt Hoa Lu ist kaum mehr etwas zu sehen, nur eine 140 m² große überdachte Ausgrabungsfläche mit Fundamentresten. Stattdessen dominieren das Grün der Reisfelder und die schönen Karstberge. Zwei Tempel (*den*) aus dem 17. Jh. dienen dem Gedenken an die Könige der Frühen Le- und Dinh-Dynastie, deren Fest alljährlich am 8.–10. Tag des dritten Mondmonats (April) gefeiert wird. Im recht schlichten **Den Le Hoang** werden im zweiten der beiden Gebäude auf dem Hauptaltar König Le Dai Hanh und seine Frau Duong Van Nga sowie deren Söhne Le Long Viet und Le Long Dinh verehrt. Der größere und schönere **Den Dinh** von 1696 hält die Erinnerung an die Dinh-Dynastie aufrecht. Im hinteren der von einer Mauer umschlossenen Gebäude befinden sich Statuen von Dinh Tien Hoang, seinem ältesten Sohn Dinh Lien und seinen jüngeren Söhnen Hang Lang und Dinh Tue.

Die vermutete **Ruhestätte von Le Dai Hanh** liegt am Fuße des Hügels Ma Yen, das **Grab von Dinh Tien Hoang** auf dessen Spitze. Von dort bietet sich ein schöner Blick in die Umgebung.

Wohl am besten lässt sich die einmalige Landschaft der Trockenen Ha-Long-Bucht bei einer Bootsfahrt auf dem flachen **Ngo-Dong-Fluss** genießen, wenn die geflochtenen Ruderboote lautlos an Reisfeldern und Karstfelsen (über die Entstehung s. S. 134) vorbeigleiten. Die zwei- bis dreistündige Fahrt beginnt im Weiler **Van Lam** unweit

Bei Ninh Binh in der Trockenen Ha-Long-Bucht

Hoa Lu liegt 12 km nördlich von Ninh Binh.

Vietnam: Ausflüge in die Umgebung von Hanoi und ins Rote-Fluss-Delta

Ninh Hai liegt 10 km südwestlich von Ninh Binh und ist auch gut mit dem Fahrrad zu erreichen. Der Fahrpreis für das Ruderboot ist festgelegt, das Ticket wird am Schalter gekauft. Da die Ruderinnen kaum daran verdienen, versuchen sie sehr hartnäckig, ihre zum Teil sehr schönen Stickereien und Souvenirs zu verkaufen. Leider trübt dies etwas die Fahrfreude. Zum Schutz vor Sonne oder Regen empfiehlt sich ein Schirm.

Die Kleinstadt Kim Son mit dem Dom Phat Diem liegt 30 km südöstlich von Ninh Binh und ist über eine akzeptable Straße zu erreichen.

des Dorfes Ninh Hai. Immer wieder muss das Boot an kleinen Dämmen vorbeigetragen werden, bevor man **Tam Coc**, drei Höhlen mit 127, 70 und 40 m Länge, durchfährt. Hinter der letzten Höhle beginnt nach einer kleinen Pause die Rückfahrt.

Nur 2 km von Van Lam entfernt liegt am Nga Nhac Son, einem Teil des Truong-Yen-Bergrückens, der **Chua Bich Dong**. Bereits ihre Lage macht die Pagode der Smaragd-Grotte zu einem beliebten Pilgerziel. 1699 – zur Zeit der Späten Le-Dynastie – sollen die Mönche Thich Tri Kieu und Thich Tri The den abgelegenen Ort für den Bau einer Pagode ausgewählt haben. 1707 wurden die beiden auf verschiedenen Ebenen errichteten Gebäude eingeweiht: der Chua Ha (Untere Pagode) am Fuß des Berges und der vor eine Grotte mit Tropfsteinformationen gebaute Chua Trung (Mittlere Pagode) mit schönen Buddha- und Bodhisattva-Statuen. Eine dritte Pagode weiter oben, der Chua Thuong (Obere Pagode), kam später hinzu. Von ihr bietet sich ein herrlicher Blick in die pittoreske Umgebung.

Von Wasserkanälen durchzogene, endlos erscheinende Reisfelder, weiß getünchte strohbedeckte Häuser, am Horizont aufragende Kirchturmspitzen – die holländisch anmutende Landschaft, wo »junge grüne Reissprösslinge und goldene Erntefelder den Platz der Tulpen einnehmen und Kirchen jenen der Windmühlen«, so Graham Greene in ›Der stille Amerikaner‹, hinterlässt bei Reisenden bereits auf der Fahrt von Ninh Binh nach Kim Son eigentümliche Eindrücke. Die Vielzahl der Kirchen erinnert daran, dass hier nach wie vor eines der großen Zentren des Katholizismus liegt, auch wenn aus dieser Region Hunderttausende von Katholiken nach der Teilung Vietnams 1954 nach Süden flohen.

Allein in der 160 000 Einwohner zählenden Bischofsstadt **Kim Son** leben mehr als 40 % Katholiken. Dort steht die wohl außergewöhnlichste Kirche Vietnams, der **Dom Phat Diem**. Mit ihm realisierte der Priester Tran Luc, bei Gläubigen eher als Père Six bekannt, seinen Traum von einer abendländisch geprägten Kirche mit »östlichem Antlitz«. In der Tat mischen sich in dem Kirchenkomplex europäische und asiatische Stilelemente. Während sich die Grundrisse der Haupt- und vier Nebenkirchen an der traditionellen katholischen Architektur (lang gezogenes Kirchenschiff und Chorraum) ausrichten, lassen sich an den Skulpturen und vor allem an Dächern und Türmen vietnamesische Elemente erkennen.

Die 1891 fertig gestellte Kathedrale, in der J. B. Nguyen Ba Tong (1868–1950) 1933 als erster vietnamesischer Bischof geweiht wurde, ist in ein weitläufiges Gelände eingebettet. Vor ihr liegt ein künstlicher See mit einer 3 m großen Christusfigur von 1925 in der Mitte, gefolgt von einem Platz, auf dem die 1991 gestifteten Statuen der Apostel Petrus und Paulus stehen. Es schließt sich ein 24 m breiter und 25 m hoher dreistöckiger Turm an, der sowohl eine große Trommel als auch eine knapp 2 t schwere Glocke birgt und mit seinen geschwungenen Dächern an eine vietnamesische Pagode erinnert. Um den Turm grup-

Rote-Fluss-Delta: Provinz Ninh Binh

Im Dom Phat Diem, Kim Son

pieren sich Statuen der vier Evangelisten. Das 74 m lange und 21 m breite Schiff der Hauptkirche ist unbestritten die Hauptattraktion. Unzählige Bambusrohre wurden in den weichen Untergrund gerammt, um den mächtigen Bau zu stützen. Sechs Reihen von insgesamt 52 Eisenholzsäulen tragen das vierteilige Dach. Die seitlichen Holzwände können bei Bedarf entfernt werden. Im Inneren ist vor allem der Hauptaltar – eine auf zwei Steinsäulen ruhende Granitplatte – sehenswert. Neben einer Marien- und Christusfigur sind auf ihm sechs vietnamesische Märtyrer dargestellt, die im 19. Jh. unter den Herrschern Minh Mang, Thieu Tri und Tu Duc im Zuge einer anti-kirchlichen Kampagne getötet wurden.

Seitlich der Hauptkirche befinden sich jeweils zwei Nebenkapellen in ähnlichem Stil, die dem Herzen Jesu, dem hl. Rochus, dem hl. Josef und dem Apostel Petrus geweiht sind. Im Norden schließen künstliche Grotten und die so genannte Steinkapelle den Komplex ab. Das angrenzende Priesterseminar dient der Ausbildung des zukünftigen Klerus der 1901 etablierten Diözese Phat Diem. Viele Gebäude wurden bei den verheerenden US-amerikanischen Bombardierungen im August 1972 schwer beschädigt.

Wer an Sonn- oder Feiertagen Phat Diem besucht, wird feststellen, wie lebendig der Katholizismus hier nach Jahrzehnten der Unterdrückung wieder ist. Die Gottesdienste sind voll, und die Gläubigen stellen ihre Religion offen zur Schau.

Nur noch ein gutes Viertel der Gesamtfläche Vietnams ist mit Wald bedeckt. Der Rest fiel Brandrodung, Abholzung und den Flächenbombardements im Vietnamkrieg zum Opfer. Um die wenigen Reste der noch existierenden Primärregenwälder zu retten, wurde 1962 mit

Père Six wurde 1825 geboren und 1860 zum Priester geweiht. Fünf Jahre später übernahm er die damals kleine Pfarrkirche in Kim Son. 1876 begann er mit dem Bau der Anlage, die im Jahr seines Todes, 1899, weitgehend fertig gestellt war. Der Priester liegt zwischen Kirchenportal und Turm begraben.

Seit 1993 werden im EPRC von den Behörden beschlagnahmte, bedrohte Affenarten wie der Delacour-Langur aufgenommen und auf eine Auswilderung vorbereitet. Mehrere Zoos und die in München ansässige Zoologischen Gesellschaft für Arten und Populationsschutz e.V. unterstützen das Zentrum (www.primatecenter.org).

dem 225 km² großen **Cuc-Phuong-Nationalpark** das Erste von heute 87 Naturschutzgebieten eingerichtet. Es liegt 130 km südwestlich von Hanoi bzw. 45 km nordwestlich von Ninh Binh. In dem größtenteils bewaldeten, bis zu 648 m hohen Kalksteingebirge, existiert eine außergewöhnliche biologische Vielfalt: über 2000 Pflanzenarten, 64 Säugetier-, 319 Vogel- und 33 Reptilienarten. Darunter sind nur hier noch zu findende Tierarten wie der Delacour- bzw. Panda-Langur (*Trachypithecus delacouri*), eine 1987 wieder entdeckte Affenart, die mit Vorliebe in den Karstfelsen haust. Im Besucherzentrum und im Endangered Primate Rescue Center (EPRC) erfährt man mehr über den Nationalpark.

Am Golf von Tongking

Unter Ausländern als Golf von Tongking bekannt, unter Vietnamesen als Vinh Bac Bo – eine Reise an die nordvietnamesische Bucht ist eine Fahrt in eine geschichtsträchtige Region. Hier wurden die wichtigsten Schlachten geschlagen, und hier begann mit dem bis heute kontroversen Tongking-Zwischenfall (s. S. 79) am 2. August 1964 der Zweite Indochinakrieg. Heute bedeutet der Besuch der Küstenregion vor allem eines der schönsten Naturerlebnisse in Vietnam.

Hai Phong

Über die exzellent ausgebaute Nationalstraße 5 erreicht man von Hanoi aus das 100 km entfernte Hai Phong in etwa drei Stunden. Die N 10 führt weiter nach Ha-Long-Stadt.

Für Touristen ist die Hafenstadt Hai Phong meist nur Durchgangsstation auf der Weiterreise zur Insel Cat Ba. Doch in der vietnamesischen Wirtschaft spielt die Hauptstadt der gleichnamigen 1507 km² großen Provinz eine bedeutende Rolle: Ihr Hafen am Cam-Fluss – etwa 20 km von dessen Mündung entfernt – ist der wichtigste Umschlagplatz für Importwaren aus China im Norden Vietnams. Als die Franzosen 1873 die Küstenregion am Golf von Tongking besetzten, lag hier nur eine Ansammlung von Siedlungen. Mit der offiziellen Gründung im Oktober 1888 begann der rapide Aufstieg der damals 10 000 Einwohner zählenden Stadt. 1901 wurde die Bahnlinie Hai Phong-Hanoi eröffnet, der 1885 ausgebaute Hafen avancierte schnell zum Tor der kolonialen Wirtschaft. Über ihn verschifften die Franzosen wichtige Rohstoffe wie Kohle und importierten Konsumgüter aus Europa. Von ihm aus verließen die letzten französischen Truppen im Mai 1955 ihre verlorene Kolonie. Seine strategische Bedeutung führte auch dazu, dass der Hafen im Vietnamkrieg mehrfach bombardiert und vermint wurde. Schließlich nutzten ihn Ende der 1970er und Anfang der 1980er Jahre Zehntausende von Flüchtlingen, um ihre Heimat zu verlassen. Heute muss der Hafen aufgrund der Verlandung regelmäßig ausgebaggert werden, damit ihn weiterhin größere Schiffe anfahren können.

Besuchern offenbart sich die mit 600 000 Einwohnern drittgrößte Stadt Vietnams mit den schattigen Flamboyant-Alleen und Märkten als durchaus reizvoller Zwischenstopp, der einige interessante Sehenswürdigkeiten besitzt. Mit Glück (da meist verschlossen) kann man einen Blick in die um 1904 erbaute **Oper** an der Pho Tran Hung Dao werfen, welche die Kolonialherren für ihre heimwehgeplagten Landsleute errichteten. Anstelle der Tenöre geben heute vietnamesische Musikgruppen ihre Darbietungen. Ebenfalls aus der Kolonialzeit stammt die **Kathedrale** einige hundert Meter weiter nördlich an der Pho Hoang Van Thu.

Das 1856 errichtete und 1905 erweiterte **Gemeinschaftshaus Dinh Hang Kenh** ist wegen seiner hervorragenden Schnitzarbeiten bekannt. Fast ausnahmslos handelt es sich um Drachenmotive, die reliefartig in die 32 Eisenholzsäulen und Dachbalken gearbeitet wurden. Bemerkenswert ist, dass keiner der über 300 geschnitzten Drachen dem anderen gleicht. Auf dem Hauptaltar symbolisieren Kopfbedeckung und Schuhe den General Ngo Quyen, der im Dinh als Schutzgeist des Ortes verehrt wird. Flankiert wird der Altar von einem Pferd (rechts) und Elefanten (links). Im linken Hallenbereich steht ein mächtiges Tragegestell mit leerem Thron, das zur Tempelfeier am 16.–18. des zweiten Mondmonats (März) bei einer Prozession verwendet wird. Nicht weit vom Dinh entfernt bietet der **Chua Du Hang** ein schönes Beispiel der Tempelarchitektur aus dem 17. Jh.

Hervorragende Schnitzereien befinden sich auch im Innern des kleinen **Den Nghe** an der Pho Me Linh, der zwischen 1919 und 1926 zu Ehren von Le Chan erbaut wurde. Le Chan – eine moderne Statue von ihr steht einige hundert Meter nördlich vom Tempel an der Pho Nguyen Duc Canh – unterstützte mit ihrer Armee die beiden Trung-Schwestern, die zwischen 39 und 43 n. Chr. eine Rebellion gegen die chinesische Besatzungsmacht anführten. Ihr Todestag wird am 8. Tag des zweiten Mondmonats (März) gefeiert.

Einen Besuch lohnt nicht zuletzt die **Hang-Kenh-Teppichfabrik**, in der seit 1929 überregional bekannte Wollteppiche geknüpft werden, und das etwas außerhalb der Stadt gelegene Dorf **Bao Ha** mit Schnitzwerkstätten. Als Material dient vorwiegend das wegen seines langen astfreien Stammes gut zu verarbeitende Holz der Dammartanne (*Agathis dammara*). Bei Einheimischen als Ausflugsziel beliebt ist der 20 km südöstlich gelegene **Strand Do Son**.

Der Name Hai Phong stammt vermutlich von ›Hai tan phong thu‹, Verteidigung am Meer, dem Namen des Ortes, von dem aus zur Unterstützung des Aufstandes der Trung-Schwestern (39–43) die Generalin Le Chan eine Armee rekrutiert haben soll.

Ha-Long-Bucht: Inseln, Grotten, Fischerdörfer

Wenn eine Landschaft mit Vietnam identifiziert wird, dann die Ha-Long-Bucht. In der 1553 km² großen Region an der Grenze zu China liegen 1969 erfasste Inseln verstreut, die eine zauberhafte Stimmung schaffen. Viele Male besungen und viele Male abgebildet, wen wundert es, dass sich um diese ›poetische Landschaft‹ eine Legende rankt? Der Name weist bereits darauf hin: eine Drachenmutter (*long*) soll hier mit ihren Kindern auf Befehl des Jadekaisers herabgestiegen (*ha*) sein, um den Menschen im Kampf gegen Eindringlinge zu helfen. Sie spie Perlen aus, die im Wasser zu Jadeinseln – die heutigen Karstkegel – wurden und die Boote der Angreifer versenkten. Der Ort, an dem sie

Achtung: Unter keinen Umständen sollten die häufig angebotenen Korallen und Muscheln erworben werden!

Vietnam: Ausflüge in die Umgebung von Hanoi und ins Rote-Fluss-Delta

Seit den ersten Funden von Steinäxten 1937 auf Ngoc Vung brachten Archäologen in der Ha-Long-Bucht weitere Exemplare von Werkzeugen, Schmuck und Keramik zu Tage. Die meist der Jungsteinzeit (ca. 2000 v. Chr.) zugeordneten Stücke fasst man aufgrund des verwandten Designs unter dem Begriff Ha-Long-Kultur zusammen.

landete, war Ha Long, der Landeplatz ihrer Kinder die benachbarte Bucht Bai Tu Long.

Die naturwissenschaftliche Erklärung ist etwas prosaischer: Am Anfang war das Meer Tethys, dessen Meeresboden Muschelkalkablagerungen bedeckten. Infolge der alpidischen Faltung in der Zeit des Jungtertiärs vor etwa 30–50 Millionen Jahren, bei der auch Alpen und Himalaya entstanden, wurden Teile Asiens angehoben und der Meeresboden freigelegt. Dessen Kalkablagerungen begannen nun aufgrund gleichbleibender warmer Temperaturen und hoher Niederschlagsmengen zu verkarsten. Infolge dieser Gesteinsverwitterung entstanden Dolinen (trichterförmige Täler) und abflusslose Hohlräume. Der tropische Kegelkarst ist also ein Relikt des ehemaligen Meeresbodens. Voraussetzung für diesen Verwitterungsprozess sind konstante, hohe Temperaturen ohne kalte Perioden, daher kommt diese Karstform nur in tropischen Zonen vor. Dass in der Ha-Long-Bucht die Karstfelsen sich im Wasser befinden, ist eine Folge der Eiszeit im Pleistozän vor 30–40 000 Jahren, als der Meeresspiegel angehoben wurde.

Ausgangspunkt für eine Fahrt durch die Ha-Long-Bucht ist **Ha-Long-Stadt**, die aus den beiden Orten Bai Chay und Hong Gai hervorgegangen ist. Während Bai Chay außer Hotels und Restaurants nichts Besonderes bietet, lädt das mit einer Fähre verbundene Hong Gai zu einem netten Marktbesuch ein. Von dem nahe gelegenen Hügel Nui Bai Tho genießt man zudem ein schönes Panorama der Bucht. Nordöstlich der Stadt liegen die ökonomisch wichtigen, aber ökologisch bedenklichen Kohlehalden, die den Menschen neben Fischfang und Tourismus zwar Einkommen bescheren, aber auch eine Bedrohung für den 1994 von der UNESCO zum Weltnaturerbe erklärten 434 km^2 großen Bereich der Ha-Long-Bucht darstellen.

Ein Großteil der Besucher beginnt seine halb- oder ganztägige **Bootsfahrt** vom Hafen in Bai Chay. Die Fahrt ist recht abwechslungsreich, immer wieder ergeben sich neue Perspektiven der Inseln, von denen 980 einen Namen tragen. Einige laden zum Halt ein, sei es wegen eines schönen Strandes, wie auf der **Insel Soi Sim**, oder weil sich dort eine Höhle oder Grotte mit Fantasie anregenden Tropfsteinformationen befindet, z. B. auf **Dau Go** (Treibholz-Insel). Einheimische wissen zu berichten, dass Tran Hung Dao hier die Pfähle für seine Falle am Bach-Dang-Fluss gegen die Mongolen (s. S. 66) zwischenlagerte, daher der Name. Des Ausblicks wegen wird gerne die Grotte **Bo Nau** (Pelikan) aufgesucht, während in den drei Kammern der Höhle Tam Cung (Drei Paläste) auf der Insel **May Den** schöne Tropfsteinformationen zu sehen sind. Letztere sind auch der Grund für einen Stopp auf **Ba Hon** (Seifenbeerbaum). Nur bei Ebbe lässt sich der im Inneren der Insel **Dau Be** (Kalbskopf) gelegene Ba-Ham-See erkunden, da man nur mit kleinen Sampans oder Kanus durch niedrige Höhlen hineinrudern kann. Um das Leben der Menschen in der Bucht kennen zu lernen, lohnt sich der Besuch eines der **schwimmenden Dörfer**, in denen unterhalb der Holzhäuser Fische oder Perlen gezüchtet werden.

Immer populärer werden mehrtägige Schifffahrten mit Übernachtungsmöglichkeiten an Bord. Dann können auch entfernter liegende Inseln wie die bewohnte Ngoc Vung (Edelstein-Insel) mit einem schönen Sandstrand besucht werden. Oder man fährt weiter zur benachbarten Bai-Tu-Long-Bucht mit weiteren über 1000 Inseln, die auf ihre Erkundung warten.

Der Nationalpark auf der Insel Cat Ba

Die südlich an die Ha-Long-Bucht angrenzende Insel Cat Ba, um die sich 360 kleinere Inseln gruppieren, bildet ein Refugium für seltene Tier- und Pflanzenarten. 1986 wurden 152 km², darunter ein Teil der Küste mit ausgedehnten Mangrovenwäldern, zum Nationalpark erklärt. Überwucherte Karstkegel, Dschungel, Wasserfälle, Seen und Höhlen laden zu Erkundungen ein. Aufgrund ihrer artenreichen Flora und Fauna, aber noch mehr wegen ihrer attraktiven Strände ist die Insel vor allem an Wochenenden zu einem beliebten Ausflugsziel der Einheimischen geworden. Mit 322 m bildet der **Berg Cao Vong** die höchste Erhebung der Insel. Über 800 Pflanzen- und 32 Säugetierarten wurden bisher im unberührten Primärregenwald identifiziert, darunter der vom Aussterben bedrohte Goldschopf-Langur und eine äußerst seltene Baumart, von den Einheimischen Kim Giao (*Podocarpus fleuryi Hickel*) genannt, deren Holz für Essstäbchen und Ornamentverzierungen in Tempeln verwendet wird.

Cat Ba ist am zügigsten mit dem Schnellboot vom 40 km entfernten Hai Phong aus zu erreichen. Die Fahrt dauert etwa eine Stunde.

Im Reich der Bergvölker

Eine Reise in den Nordwesten von Hanoi ist eine Reise in eine andere Welt. Hier im Bergland ist eine Vielzahl von Volksgruppen zu Hause, die ein hartes und einfaches Leben führen. Sie stehen am Ende der Einkommensleiter in Vietnam; trotzdem strahlen sie eine zurückhaltende Freundlichkeit und Zufriedenheit aus. Der Tourismus ist noch recht neu in ihrer Heimat, und es bleibt zu hoffen, dass sie mehr von ihm profitieren als Schaden erleiden. Besucher können ihren Beitrag leisten, indem sie lokale Gepflogenheiten respektieren und sich offen für die Kulturen der Region zeigen.

Besonders sehenswert:
Dien Bien Phu ☆
Sa Pa ☆

Entlang des Schwarzen Flusses (Song Da)

Wer nur wenig Zeit hat, kann von Hanoi aus einen Abstecher ins 75 km entfernte **Hoa Binh** unternehmen. Der Ort liegt am Ende des auf über 150 km Länge aufgestauten Schwarzen Flusses (Song Da) und ist Ausgangspunkt für Ausflüge in einige umliegende Dörfer der Dao (sprich: Dsau) und Muong mit ihren typischen Langhäusern oder eine Bootsfahrt auf dem **Song-Da-Stausee**, z. B. zu den Ba-Khan-Inseln.

Schöner präsentiert sich die Landschaft im **Tal von Mai Chau** etwa 40 km südwestlich von Hoa Binh. In dem 300–400 m hoch gelegenen Ort und in seiner Umgebung leben verschiedene Gruppen von Tai. Typisch für die Häuser der Weißen Tai (Tai Khao) ist die Stelzenbauweise, da ihre Dörfer (*ban*) meist in Flusstälern liegen. Das Hausinnere ist in einen Schlaf- und Koch- sowie einen Aufenthaltsbereich

Für die mehrtägigen Touren empfiehlt es sich, wegen der teilweise schlechten Straßenverhältnisse ein robustes Fahrzeug mit Fahrer zu mieten.

Die oft anzutreffenden schwarz-weiß gefleckten Milchkühe bei Moc Chau sind eine Folge australischer Entwicklungshilfe; sie sollen die Milchproduktion erhöhen.

geteilt. In Letzterem befindet sich auch der Altar für die Ahnen- und Geisterverehrung. Neben dem Nassreisanbau wird in Mai Chau nach Gold geschürft. Es bieten sich Trekkingtouren verschiedenen Schwierigkeitsgrades an, z. B. in das 18 km entfernte und 1000 m hoch gelegene **Hmong-Dorf Xa Linh**.

Ein weiterer beliebter Ausgangspunkt für Wanderungen in die Welt der Bergvölker ist **Moc Chau**. Die Marktstadt in 1500 m Höhe liegt an der N 6, 150 km westlich von Hoa Binh (ca. 4–5 Fahrstunden). In ihrem Umland siedeln Grüne Hmong (Hmong Xanh), Dao, Tai und Muong. Neben Tee- gibt es hier Maulbeerbaumplantagen für die Seidenproduktion – beides von der Regierung gefördert, um den Opiumanbau einzudämmen.

Von Moc Chau bis **Son La** sind es etwa 120 km. Die Hauptstadt der gleichnamigen Provinz liegt am Ufer des Nam-La-Flusses und bildet einen geeigneten Übernachtungsstopp auf der Weiterfahrt nach Dien Bien Phu. In Son La hatten die Franzosen 1908 ein Gefängnis erbaut. Seine Rekonstruktion erinnert an prominente Insassen wie die späteren Parteisekretäre Le Duan und Truong Trinh. Im ehemaligen Wächterraum sind Exponate verschiedener Volksgruppen ausgestellt. Von Son La sind es noch knapp 160 km bis nach Dien Bien Phu, für die allerdings wegen der schlechten Straßenverhältnisse 6 Stunden zu veranschlagen sind.

Dien Bien Phu

Wegen der strategischen Lage – die herzförmige Hochebene wird von jahrhundertealten Handelswegen durchkreuzt – ließ der Nguyen-Herrscher Thieu Tri 1841 hier eine Festung errichten. Da nun der 34 km entfernt liegende Grenzübergang nach Laos geöffnet ist, reisen immer mehr ausländische Besucher von dort nach Vietnam ein.

Dien Bien Phu – der Name ist zum Mythos geworden. Kaum eine Stadt Vietnams, die nicht eine Straße nach diesem Ort benannt hätte. In der knapp 20 km (N–S) langen und 5–8 km breiten (O–W) Hochebene wurde am 7. Mai 1954 um 17.30 Uhr die Flagge des Viet Minh in der als uneinnehmbar geltenden französischen Festung gehisst. Der Erste Indochinakrieg war beendet und ein neuer Held geboren: General Vo Nguyen Giap. Unter Einsatz von 17 000 Bauern und Soldaten ließ der damals 42-jährige General Trampelpfade erweitern, damit schwere Geschütze auf umgebauten Fahrrädern (*xe tho*), Mauleseln und LKWs in die Ebene transportiert werden konnten. Am 13. März begann die Belagerung der etwa 16 000 Franzosen. Ihre Flugzeuge wurden unbrauchbar gemacht und ihre Garnison kontinuierlich bombardiert. Nur über die Luft und mit Unterstützung der CIA konnten die Eingeschlossenen noch versorgt werden. Die Lage der Kolonialmacht wurde so ernst, dass die USA den Einsatz von Nuklearwaffen erwogen. Nach 55 Tagen gaben die Franzosen auf und hinterließen mehrere tausend Gefallene und Verwundete. Von den 50 000 Viet-Minh-Kämpfern blieb nur etwa die Hälfte unversehrt.

Heute ist Dien Bien Phu eine nicht sehr attraktive Provinzhauptstadt mit etwa 30 000 Einwohnern, die vom Tourismus und dem grenznahen Handel mit Laos leben. Entlang des Nam-Ron-Flusses erinnern noch ein Museum, Mahnmale an den Schlachtplätzen, Kriegsgräber und Bunker an die Geschehnisse. Unweit des **Museums** und **Soldatenfriedhofs** liegt der strategische **Hügel A 1**. Im teils rekonstruierten französischen **Bunker de Castries** etwas nördlich davon verkündete der französische Befehlshaber die Kapitulation.

Sa Pa

Von Dien Bien Phu aus kann man über das 100 km nördlich in einem tiefen Tal des Song Da gelegene Lai Chau auf einer sehr schlechten Straße weiter nach Sa Pa (ca. 200 km) fahren. Die Provinz **Lai Chau** zählt zu den Schlusslichtern unter den 61 vietnamesischen Provinzen. Knapp 20 % der Menschen, von denen nur wenig mehr als die Hälfte der Erwachsenen lesen und schreiben können, haben Zugang zu sauberem Wasser. Doch landschaftlich ist Lai Chau mit seinen Reisterrassen und Bergen äußerst reizvoll. Zudem ist die Region noch nicht überlaufen, sodass die Märkte und Dörfer der Roten Dao, Lu, Weißen Hmong oder Tai ihre Ursprünglichkeit noch einigermaßen bewahren konnten. Übernachten kann man unterwegs in einfachen Gasthäusern im Marktflecken **Phong Tho** an der N 32. Hinter dem 1900 m hoch gelegenen Tram-Ton-Pass erreicht man schließlich nach 15 km den Höhenluftkurort **Sa Pa** (1560 m).

Auf dem Markt von Tam Duong, Provinz Lai Chau

Ein Besuch bei den Bergvölkern ist nur mit einem einheimischen Führer sinnvoll, der mit den Bewohnern kommunizieren kann und sie bereits kennt. Es geziemt sich, Zurückhaltung zu zeigen und ein Haus nur nach Einladung zu betreten. Fotografieren sollte man nur nach Anfrage (evtl. Zeichensprache). Respekt vor dem Hausaltar, das Vermeiden von Berührungen, niemals die Füße gegen Altar oder eine Person ausgestreckt halten, sind weitere Grundregeln. Und: Bitte Kindern keine Süßigkeiten oder Geld geben, da dies zum Betteln verleitet. Anstelle dessen besser eine Spende hinterlassen und lokale Produkte erwerben.

Die Franzosen mögen sich an die Alpen erinnert gefühlt haben, als sie 1922 den Ort am Fuß des Hoang Linh Son gründeten. Sie nannten den Bergzug deshalb Tonkinesische Alpen. In der Tat ist die Lage des Ortes ausgesprochen pittoresk, was seit den 1990er Jahren immer mehr Touristen erkennen. Sa Pa erlebt nach Jahrzehnten des Verfalls einen wahren Boom. Neue Hotels und Häuser entstehen und vieles, wie z. B. die Kirche, das infolge der chinesischen Strafexpedition 1979 zerstört wurde, ist weitgehend wieder hergerichtet. Vor allem am Samstag übt der Markt von Sa Pa eine magnetische Wirkung auf Touristen aus. An diesem Tag suchen viele Angehörige der Hmong und Roten Dao (Dao Do) aus den Dörfern der Umgebung den Markt auf, um ihre Erzeugnisse auf freundlich bestimmte Art zu verkaufen. Um einen Eindruck von der Landschaft um Sa Pa zu gewinnen, lohnt sich der Weg in die Parkanlage Hang Rong – so das Tal nicht wolkenverhangen ist.

An der chinesischen Grenze

Von Hanoi besteht eine 340 km lange Eisenbahnlinie bis an die chinesische Grenze in Lao Cai (und weiter nach Kunming). Von dort führt eine landschaftlich schön gelegene Straße ins 38 km entfernte Sa Pa. Am bequemsten fährt es sich mit dem Victoria Express. Während die Grenzstadt **Lao Cai** nur als Durchgangsstation nach China oder Sa Pa von Bedeutung ist, zieht der Ort **Bac Ha** vor allem am Wochenende Besucher an: Sonntag ist Markttag mit dem für diese Region so typischen bunten Treiben. Selbst Völkerkundler mögen Schwierigkeiten haben, all die Volksgruppen zu identifizieren. Im Umkreis leben u. a. Blumen-Hmong (Hmong Hoa), Dao, Giay, Tai, La Chi, Nung und Phu La. Besonders reizvoll ist die 700 m hoch gelegene Landschaft zur Blütezeit der Pflaumenbäume Anfang Juni.

Hue

Besonders sehenswert:
Zitadelle ☆☆
Chua Tu Hieu ☆
Lang Minh Mang ☆☆
Lang Tu Duc ☆☆
Lang Khai Dinh ☆☆

Seit die bedeutendsten Monumente von Hue 1993 zum Weltkulturerbe erklärt wurden, tut die alte Königsstadt ihr Bestes, um an ihre große Vergangenheit anzuknüpfen. Schritt für Schritt werden die wichtigsten Sehenswürdigkeiten renoviert, auch wenn noch allerorts die Zerstörungen durch Krieg und das aggressiv feuchte Klima zu sehen sind. Neben den Sehenswürdigkeiten macht die landschaftliche Lage den Reiz dieser Stadt aus: Die sanften Hügel im Norden und Westen, die weite Ebene im Süden und das nahe Meer im Osten. Vor allem aber der träge dahinfließende Huong Giang, meist poetisch als Fluss der Wohlgerüche oder Parfüm-Fluss übersetzt, der die Stadt in zwei Teile schneidet. Von seinem Ursprung in Laos bahnt sich der nur 80 km lange Fluss seinen Weg in Richtung Osten und mündet bei Thuan An, in dessen Umgebung es auch schöne Strände gibt, ins Meer. Seinen Namen soll er wegen der auf ihm treibenden duftenden Blüten erhalten haben.

Geschichte

Kleinere Siedlungen am Fluss gab es bereits, als die Region noch zu Champa gehörte, doch erst mit dem Bau einer Zitadelle im Jahr 1687 gewann das damalige Phu Xuan an Bedeutung. Die Adelsfamilie der Nguyen, die unter der Späten Le-Dynastie den Süden beherrschte, stammt aus dieser Gegend und wählte 1636 Kim Long, heute ein Dorf einige Kilometer westlich der Stadt, als Herrschaftssitz. Während des Tay-Son-Aufstandes zerstörten die rivalisierenden Trinh 1774 Phu Xuan, zwei Jahre später wurde es von den Aufständischen eingenommen. Nach der Rückeroberung des Landes proklamierte sich Nguyen Phuc Anh in der Heimat seiner Vorfahren 1802 zum König und gab seiner Herrschaft den Titel Gia Long. Damit begründete er die letzte vietnamesische Dynastie. Nach der Anerkennung durch die Qing-Kaiser in China ordnete der Gia-Long-Herrscher den Bau einer großen Zitadelle mit Palast an. Hue wuchs zur Beamten- und Gelehrtenstadt heran, 1807 entstand eine konfuzianische Nationalakademie, in der bis 1918 Beamtenprüfungen abgehalten wurden. Auch nachdem die Franzosen die Macht übernommen hatten und die Nguyen-Herrscher nur noch Statisten im Machtspiel der Kolonialherren waren, blieb Hue das wichtigste kulturelle und religiöse Zentrum. Dies war auch nach der Teilung des Landes der Fall, als die Stadt Süd-Vietnam zugeschlagen wurde. Zwei Ereignisse in den 1960er Jahren lenkten noch einmal die Augen der Welt auf die Stadt. 1963 waren die Spannungen zwischen dem südvietnamesischen, katholischen Präsidenten Diem und den Buddhisten auf einem Höhepunkt angelangt. Diem beschnitt auf massive Weise die Rechte der Buddhisten, woraufhin es zu Massendemonstrationen kam. Als es nach brutalen Polizei- und Militäreinsätzen zu Toten kam, verbarrikadierten sich Mönche und Nonnen in Pagoden. Während der Tet-Offensive 1968 eroberten Truppen der Nationalen Befreiungsfront (FNL) Hue und ließen ihre Fahne vom Flaggenturm der Zitadelle wehen. Sie brachten jedoch viele Bewohner Hues gegen sich auf, als sie während der 25-tägigen Besatzung etwa 3000 Menschen, die für die südvietnamesische Regierung oder die USA arbeiteten, ermordeten. Bei der Rückeroberung fielen weite Teile der Zitadelle den Bombardierungen zum Opfer. Am 23. März 1975 marschierten nordvietnamesische Truppen ein.

›Hue‹ leitet sich von dem Cham-Wort ›k'hue‹ (schön) ab. Der Name taucht erstmalig 1306 auf, als der Cham-König Jaya Simhavarman III. (reg. ca. 1287–1307) die beiden Provinzen nördlich des Wolkenpasses, O (thuan) und Ri (hoa), an das Dai-Viet-Reich abtrat und im Gegenzug Prinzessin Huyen Tran, eine Tochter des Königs Tran Anh Tong (reg. 1293–1314), heiratete. Daher nannten die Vietnamesen den Küstenstreifen im Mündungsbereich des Parfümflusses später Thuan Hoa.

Orientierung

Der Huong Giang teilt Hue in zwei Bereiche. Im Süden breitet sich das aus vielen Villen und baumbestandenen Straßen bestehende

Vietnam: Hue

Vor vielen Häusern Hues stehen schön dekorierte Geisterhäuschen (›am‹). Sie dienen zur Besänftigung der umherirrenden hungrigen Geister (›ma‹), damit diese keinen Schaden anrichten.

Europäische Viertel aus. Die **Zitadelle** dominiert das nördliche Ufer des Huong Giang. Sie passt sich der leichten Biegung des Flusses an und lässt nur Platz für eine Straße und einige Häuserzeilen. Erst an der Südostecke der Zitadelle gibt es Raum für den überdachten **Dong-Ba-Markt** am Flussufer, äußerlich eher nüchtern, doch innen voller Leben und mit breitem Angebot an Lebensmitteln und Haushaltswaren. Die Zitadelle war unter den Nguyen-Königen den Mandarinen und Hofangestellten vorbehalten. Heute jedoch ist sie selbstverständlicher Teil des Lebens und Wohnens, durchzogen von schnurgeraden, rechtwinklig zueinander liegenden Straßen, von Kanälen und kleinen Seen und begrünt durch Gärten und Bäume.

Drei **Brücken** führen im Stadtgebiet über den Huong Giang, im Westen eine Eisenbahnbrücke zu dem nur wenig südlich vom Fluss gelegenen Bahnhof aus der Kolonialzeit, ein wenig östlich der Zitadelle die Phu-Xuan-Brücke, die die Hauptverkehrslast trägt, und weiter östlich die Trang-Tien-Brücke, ursprünglich 1897 von den Franzosen gebaut, 1968 zerstört und 1971 wieder aufgebaut.

Die Zitadelle (1)

Der Name Purpurne Verbotene Stadt (Tu Cam Tanh) bezieht sich auf den ›verborgenen purpurnen Bereich‹ (chin.: ›ziweiyuan‹) im Himmel. Dort befindet sich der chinesischen Astronomie zufolge auch der Polarstern. Wie dieser Stern im Zentrum des Firmaments steht, so steht die Verbotene Stadt im Zentrum der Erde.

Zwei Jahre nach seiner Proklamation zum Gia-Long-König ließ der erste Nguyen-Herrscher ab 1804 nach Vorbild der chinesischen Kaiserstadt in Beijing am Ort der alten Residenz der Nguyen-Fürsten eine neue Königsstadt errichten. Die Lage bot sich auch unter geomantischen Gesichtspunkten an. Dem Verlauf des Flusses angepasst, ließ er sie nach Südosten ausrichten. Dort liegt in 3 km Entfernung der 102 m hohe Berg Ngu Binh (Königlicher Paravent), flankiert von zwei weiteren Hügeln, als natürliche spirituelle Barriere. Als weitere ›Schutzschilde‹ galten zwei kleine Inseln im Huong Giang: nordöstlich der Stadt die Insel des Blauen Drachens, Con Hen, und südwestlich von ihr die Insel des Weißen Tigers, Con Da Vien.

Die **Königsstadt** (Kinh Thanh), wegen ihrer massiven Befestigungsanlage auch Zitadelle genannt, bildet ein Quadrat von knapp 10 km Umfang. Darin eingeschlossen ist die durch eine Mauer gesicherte **Palastanlage** (Hoang Thanh) mit 404 m Länge und 622 m Breite und darin wiederum durch eine Mauer abgetrennt die **Purpurne Verbotene Stadt** (Tu Cam Thanh) mit den privaten Wohn- und Arbeitsräumen des Herrschers.

Innerhalb der Zitadelle befanden sich sechs Ministerien sowie Wohn- und Arbeitsquartiere hoher Beamter und Soldaten. Das einfache Volk lebte in umliegenden Dörfern oder in Hausbooten auf dem Fluss. Von 1805 an ließ Gia Long zur Befestigung der Zitadelle Erdwälle und einen 23 m breiten Wassergraben anlegen. Ab 1818 mussten zeitweise über 80 000 Arbeiter die Erdwälle durch die heute noch intakte 6,6 m hohe und 21 m dicke Mauer sichern. Dank französischer Berater wurden bei ihrem Bau Elemente der Befestigungstechnik des großen französischen Festungsbaumeisters Sébastien le Prestre de

Die Zitadelle: Königspalast

Vauban (1633–1707) einbezogen, z. B. die 24 Bastionen an der Mauer oder die unregelmäßig sechseckige Bastion zur Überwachung des Friedens (Tran Binh Dai) an der Nordostecke der Zitadelle; wegen ihrer Form wird sie im Volksmund auch »Fischschuppen-Festung« (Mang Ca) genannt. Schließlich sollte in etwa 200 m Entfernung zum Wassergraben ein 7 km langes und durchschnittlich 35 m breites Kanalsystem der 520 ha großen Königsstadt zusätzlichen Schutz bieten.

In die Königsstadt führen in gleichförmiger Anordnung zehn Tore: vier im Südosten und jeweils zwei in den anderen Himmelsrichtungen. Da alles, was mit der Herrschaft auf der Erde in Zusammenhang stand, möglichst rechteckig sein sollte, ergibt sich als Ordnungsprinzip die symmetrische und axiale Ausrichtung der Gebäude und Straßen. Dies zeigt sich sehr gut in der Palastanlage, wo die wichtigsten Gebäude auf einer zentralen Achse hintereinander liegen. Gleiches gilt für die beiden parallel verlaufenden Nebenachsen.

Drei Elemente kennzeichnen die klassische **chinesische Bauweise**: Plattformen, Säulen und Dächer. Herausragende Gebäude zeichnen sich durch die Höhe und Anzahl der **Plattformen** aus, auf denen sie stehen. In der Regel ist es eine ungerade und damit männliche Zahl, wobei in Hue eine einfache Plattform meist genügen musste. In der

Für Könige geschlossen wurde der Palast am Morgen des 25. August 1945, als Bao Dai am Mittagstor den Gesandten Ho Chi Minhs seine Herrschaftsinsignien und die Abdankungserklärung überreichte.

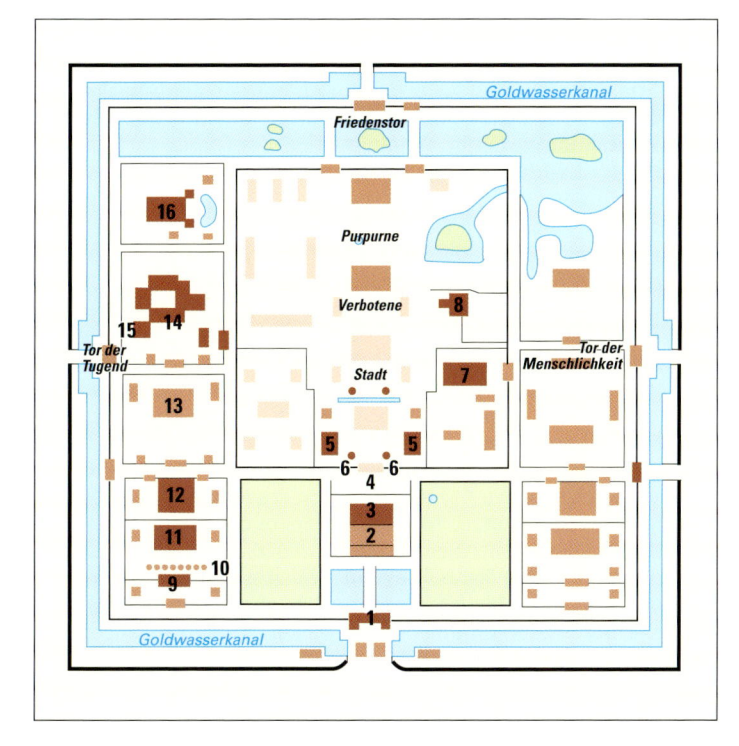

Palast von Hue
1 Mittagstor
2 Hof des Großen Empfangs
3 Halle der Höchsten Harmonie
4 Großes Palasttor
5 Gebäude für hohe Mandarine
6 Bronzegefäße
7 Königliches Theater
8 Lese-Pavillon
9 Pavillon der Glorreichen Ankunft
10 Neun Dynastische Urnen
11 The Mieu
12 Hung Mieu
13 Dien Phung Tien
14 Cung Dien Tho
15 Cung Tinh Minh
16 Cung Truong Sinh

Praxis bilden die Plattformen zudem die Fundamente für die Säulen, denen sie Standfestigkeit verleihen und die sie vor Feuchtigkeit schützen. Die Größe eines **Gebäudes** richtet sich nach der Anzahl der *gian* (chin.: *jian*), d. h. der Zahl der Abstände zwischen jeweils vier Stützsäulen (im Idealfall Eisenholz-Stämme). Die Wände werden nachträglich zwischen die Säulen gesetzt und tragen kein Gewicht. Sie bestehen aus dünnen Holzbrettern oder aufklappbaren Türen. Eine Ausnahme bilden die Seitenwände aus Stein. In die Säulenköpfe lässt man gezapfte Längsbalken ein, auf denen die Querbalken für das Dach ruhen. Die **Dächer** mit ihren großen Flächen sind das augenfälligste Element der Palastarchitektur. Meist werden ein- oder zweistufige Walmdächer aufgesetzt, bei besonders wichtigen Gebäuden auch Fußwalmdächer. Gedeckt sind die Dächer mit gebrannten und glasierten Ziegeln, was ihnen ein extrem hohes Gewicht verleiht, das durch ein kompliziertes System von Stützbalken aufgefangen werden muss. In Hue folgten die Baumeister den meisten dieser Vorgaben, adaptierten sie jedoch entsprechend den örtlichen Gegebenheiten oder dem Geschmack der Herrscher. So fanden bei größeren Hallen Parallel-Dächer (viet.: *trung thiem diep oc*) Verwendung, d. h. Satteldächer wurden hintereinander gesetzt und mit Fußwalmdächern umgeben. So boten sie den Taifunen weniger Angriffsfläche.

Rundgang

Direkt am Ufer des Flusses befindet sich auf der Zentralachse der Zitadelle die königliche Bootsanlegestelle, der **Pavillon der Frischen Luft** (Nghinh Luong Dinh). Ihm folgt hinter der Duong Le Duan der **Pavillon der Edikte** (Phu Van Lau), von dem aus Erlasse des Königs verlesen wurden. Ab 1821 schlug man hier auch die Listen mit den erfolgreichen Kandidaten der Beamtenexamen an. 1904 fiel der alte Pavillon einem Taifun zum Opfer, weshalb ihn König Thanh Thai (reg. 1889–1907) durch den heutigen ersetzen ließ.

Auch der **Flaggenturm** (Ky Day) liegt auf der zentralen Achse und ist in die Mauer der Zitadelle integriert. Sein massiver Unterbau besteht aus drei Terrassen von jeweils knapp 6 m Höhe. Auf der obersten Terrasse befanden sich acht Unterstände für jeweils eine Kanone. Der heutige, 21 m hohe Mast wurde 1948 aus Beton errichtet. Während der Monarchie wehte an ihm die gelbe Herrscherfahne, die an Festtagen durch eine 4 x 3,6 m große Samtfahne mit aufgesticktem Drachen ersetzt wurde. Auf beiden Seiten des Flaggenturmes führen zwei heute noch benutzte Tore in das Innere der Zitadelle. Seitlich von ihnen stehen von einem Dach geschützt die **Neun Kanonen**: Eine die Jahreszeiten symbolisierende Vierergruppe am rechten Tor und am linken eine Fünfergruppe zur Erinnerung an die Fünf Elemente (Erde, Wasser, Luft, Feuer und Metall). Die 5,1 m langen und jeweils 11 t schweren Kanonen sollen den Sieg über die Tay-Son-Rebellen bekunden und wurden 1803/04 aus der Bronze eingeschmolzener Gegenstände der Tay Son gegossen.

Die Zitadelle: Königspalast

Das eindrucksvolle Mittagstor (Ngo Mon) bildet den Haupteingang zur Palastanlage. Zu ihm, dem mächtigsten Palasttor, führen drei Brücken, die den die gesamte Palastanlage umgebenden Kanal überspannen. Als Reminiszenz an das große chinesische Vorbild wird er **Goldwasser-Kanal** genannt. Das **Mittagstor**, dessen Name in zwei chinesischen Schriftzeichen (*wu men*) über dem mittleren Eingang steht, entstand 1833 als beträchtlich verkleinerte Kopie des gleichnamigen Zugangs zum Kaiserpalast in Beijing. Wie dieser besteht es aus einem hufeisenförmig gemauerten Torbau mit fünf Durchgängen, welcher Teil der Außenmauer ist, und den sich darauf erhebenden Pavillons. Der mittlere Tordurchgang blieb dem König vorbehalten, die beiden seitlichen den militärischen und zivilen Mandarinen. Zwei weitere Durchgänge in den Seitenteilen des Tores wurden von Soldaten, Elefanten und Pferden benutzt. Die zweistöckigen Pavillons passen sich der Hufeisenform des Tores an. Den mittleren Pavillon der Fünf Phönixe (Ngu Phung) flankieren zwei gleichförmige, nach vorn strebende Pavillons. Ihr Dach ist im Gegensatz zum mittleren, mit königlich-gelben Glasurziegeln – ebenfalls ein Rückgriff auf die chinesische Tradition, wo das Gelb dem Kaiser vorbehalten war – gedeckten Pavillon mit grünen versehen. Die Dekorationen der Dachfirste bestehen aus

Das Mittagstor im Südosten ist einer von insgesamt vier Eingängen: Im Südwesten liegt das Tor der Tugend (Cua Chuong Duc), im Nordwesten das Friedenstor (Cua Hoa Binh) und im Nordosten das Tor der Menschlichkeit (Cua Hien Nhon).

Vietnam: Hue

Anlage, Symbolik und Ausschmückung der Palastanlage orientieren sich am Palastkomplex in Beijing, den der Yongle-Kaiser 1406–21 in seiner neuen Hauptstadt errichten ließ. Sie zeichnet sich durch eine möglichst günstige, zentrale Lage und eine große Ausdehnung in der Fläche aus. Die äußere Form ist möglichst ein Quadrat als Abbild der Erde, denn der Palast verkörpert die irdische Herrschaft des Kaisers. Alle Gebäude wenden sich mit ihrer Eingangsseite nach Süden, nicht nur wegen der Licht- und Wärmezufuhr, sondern weil der Süden dem Yang zugeordnet ist, dem männlichen Element, das auch für Wärme, Trockenheit, Helligkeit, Macht und Sicherheit steht. Der Norden hingegen gehört zum Yin, dem weiblichen Element, das sich mit Kälte, Nässe und Dunkelheit verbindet, gegen die ein Schutz nötig ist, möglichst in Form von hohen Bergen. Nach Süden hingegen wendet sich der Blick frei in eine Ebene, durch die ein Fluss fließt, denn Wasser im Süden gilt als besonders gutes Zeichen.

Porzellanscherben und zeigen chinesische Schriftzeichen und Glückssymbole wie Drachen, Fledermäuse, Goldmünzen, Orchideen, Chrysanthemen und Bambus. Von der unteren Ebene des mittleren Pavillons aus beobachtete der König Paraden und Zeremonien, und dort verkündete er jedes Jahr den neuen Mondkalender. Im oberen Stockwerk verfolgten die Hauptfrauen und, falls noch lebend, die Königinmutter das Geschehen vor dem Tor. Sie konnten durch die Paneele der Türen nach unten schauen, ohne selbst gesehen zu werden. Eine Glocke und eine Trommel kündigten das Erscheinen des Herrschers an, begleiteten ihn, wenn er den Palast verließ oder zurückkehrte, und galten als Zeitsignal für die Schließung des Palastes für Besucher.

Hinter dem Tor folgt auf der Zentralachse am Anfang und Ende des künstlich angelegten Teiches, den der König auf einem breiten Weg überqueren konnte, je ein **Ehrenbogen** mit den chinesischen Schriftzeichen für Rechtschaffenheit und Unterwerfung der Feinde (vorne) und für Ehrenhaftigkeit und Klarheit im Geiste (hinten). So gelangt man zum etwas erhöht liegenden zweistufigen **Hof des Großen Empfangs** (San Dai Trieu), auf dem die Mandarine nach ihrer neunstufigen Rangordnung und unterschieden in Zivilisten und Militärs bei offiziellen Audienzen des Königs sowie bei Geburtstagen und anderen gesellschaftlichen Anlässen Aufstellung nahmen. Sie richteten sich nach seitlichen kleinen Steinstelen in Reih und Glied aus.

Der Hof grenzt direkt an das größte Palastgebäude, die **Halle der Höchsten Harmonie** (Dien Thai Hoa). Hier fanden die Krönungszeremonien statt, und hier gewährte der König zu besonderen Anlässen wie Geburts- und Gedenktagen einem ausgewählten Kreis von Familienangehörigen und Beamten Audienz. Nur der König durfte – auf seinem Thron – Platz nehmen, alle anderen blieben stehen. Der Gia-Long-König ließ 1805 die 44 m breite, 30,5 m tiefe und 11,8 m hohe Halle errichten, die ursprünglich etwa 50 m weiter zurück stand. Minh Mang veranlasste 1833 ihren Neubau auf der 1 m höher als der Hof liegenden Plattform. Die Halle besitzt ein so genanntes Paralleldach aus zwei hintereinander liegenden Satteldächern und auf allen vier Seiten leicht geneigte Fußwalmdächern. Vordächer schützen zusätzlich Vorder- und Rückseite. Bunt emaillierte, mit einem Gedicht und mit Blumenbildern gestaltete Bronzeplatten füllen die Fläche zwischen Fußwalm- und den etwas erhöhten Satteldächern aus. Schön geschwungene Drachendarstellungen zieren den Dachfirst. In der königlichen Farbe Gold schmücken sie als Symbol des Herrschers auch die insgesamt 80 rot lackierten Eisenholzsäulen. Vor der Zwischenwand, welche die Halle längs teilt, steht in der Mitte unter einem Baldachin etwas erhöht der eher schlichte Thronsessel. Auch früher blieb die Halle bis auf einige dekorative Vasen und Möbelstücke leer.

Hinter dem Gebäude gelangt man zu einer freien Fläche, in der die Fundamente des 1947 zerstörten **Großen Palasttors** (Dai Cung Mon) zu erkennen sind. Das mit weit geschwungenen Dächern und Schnitzereien prachtvollste Tor trennte den offiziellen Palastbereich von der Purpurnen Verbotenen Stadt. Zwei im rechten Winkel zur Achse plat-

Die Zitadelle: Königspalast

zierte kleinere **Gebäude** dienten den hohen Mandarinen zum Ankleiden und zur Vorbereitung der Zeremonien. Sie erscheinen von der Baustruktur sehr gleichmäßig, wurden jedoch mehrfach umgestaltet und zeigen heute einen interessanten Kontrast aus chinesisch-vietnamesischer Bauweise und französisch inspirierten Dekorationen in Form großer Spiegel sowie Wand- und Deckengemälden. Die beiden großen **Bronzegefäße** zwischen ihnen wurden 1662 (rechts) bzw. 1660 (links) unter dem Fürsten Nguyen Phuc Tan (1648– 87) anlässlich eines Sieges über die rivalisierenden Trinh gegossen. Am Ende des Hofs befand sich, nun ebenfalls nur noch an Fundamenten erkennbar, die ebenfalls 1947 zerstörte Halle der Audienzen (Dien Can Chanh), wo die alltäglichen Zusammenkünfte zwischen Herrscher und Beamten stattfanden. Auf der zentralen Achse folgten dann umbaute Innenhöfe und die Wohnpaläste der Herrscher. Von ihnen sind nach den Kämpfen gegen die Franzosen 1947 und den amerikanischen Bombardements nach der Tet-Offensive 1968 nicht einmal mehr die Fundamente sichtbar.

Seitlich der auf der Hauptachse hintereinander liegenden Paläste reihten sich weitere Gebäude und Anlagen, Gärten und Seen. Dort wohnten teils sehr beengt die Frauen und Konkubinen des Königs. Das 1826 von Minh Mang nach chinesischem Vorbild errichtete **Königliche Theater** (Duyet Thi Duong) ist inzwischen wieder aufgebaut und dient der Darbietung höfischer Tänze und Musikstücke. Ebenso ist der 1821 fertig gestellte zweistöckige **Lese-Pavillon** (Thai Binh) in recht gutem Zustand. Er wirkt in seiner äußeren Dekoration überladen mit mythologischen Tieren, die aus bunten Porzellanscherben und glasierten Mosaiksteinen geformt sind. Doch die umlaufende Galerie verleiht ihm im Innern Leichtigkeit.

Parallel zur mittleren Achse verlief auf beiden Seiten jeweils eine weitere Achse, auf der sich ummauerte Hofkomplexe mit Wohngebäuden und Tempel reihten. Im Osten waren dies die ersten ummauerten Komplex der Thai-Tempel (Thai Mieu), 1804 von Gia Long erbaut und seinen Vorfahren geweiht, und dahinter der Trieu-Tempel (Trieu Mieu), ebenfalls 1804 errichtet und dem Ahnherrn der Nguyen-Sippe, Trieu To, und seiner Frau gewidmet. Dann folgten Verwaltungsgebäude, u. a. die Schatzkammer, und im Norden ein Garten. Die ursprünglichen Gebäude wurden weitgehend zerstört und harren einer grundlegenden Restaurierung.

Lohnenswert aber ist der Besuch der **westlichen Seitenachse** mit ihren restaurierten Tempeln und Wohngebäuden. Sie sind in insgesamt vier ummauerte und durch Wege abgetrennte Hofkomplexe zusammengefasst. Vom Mittagstor entlang der Außenmauer in Richtung Südwesten gelangt man zum ersten Hofkomplex mit den **Gedenktempeln der Nguyen-Dynastie**. Zwischenmauern gliedern ihn in drei Teile. Ein prächtiges dreiflügliges Tor führt zum ersten, recht schmalen Innenhof mit zwei Seitengebäuden. An dessen Ende schließt sich der 1821/22 entstandene **Pavillon der Glorreichen Ankunft** (Hien Lam Cac) an. Er steht auf einer Plattform und ist als einziges Gebäude

Ganz am Ende der zentralen Achse befand sich zur Zeit Minh Mangs der dreistöckige Pavillon der Klaren Sicht (Minh Vien). Von dort konnten die Könige über die Mauer schauen und die ruhige Landschaft der Umgebung genießen. Der Pavillon musste 1916/17 einem Palast weichen, bei dem sich asiatische und europäische Baustile mischten. Doch auch dieser überstand die kriegerischen Auseinandersetzungen nicht.

145

Vietnam: Hue

Sieben der Neun Dynastischen Urnen tragen die posthumen Namen verstorbener Könige. Diese wurden den chinesischen Kaisern nach ihrem Ableben verliehen, da ihre persönlichen Namen in China und so auch in Vietnam tabu waren. Die Könige gaben ihrer Regentschaft eine selbst gewählte Regierungsdevise, die mit der Machtübernahme ihres Nachfolgers endete. So ist Gia Long die Regierungsdevise des Gründerkönigs der Nguyen-Dynastie. Posthum wurde er The To Cao genannt, weshalb die etwas vorstehende mittlere Urne Cao Dinh (Cao-Urne) heißt. Wegen der einfacheren Lesart wurde in diesem Buch die Regierungsdevise zumeist zur Bezeichnung des Königs verwendet.

Detail am Dach des Palastes der Ewigkeit

im Palast drei Stockwerke hoch. Bis 1945 gab es kein anderes Bauwerk in Hue, das den 13 m hohen Pavillon überragte. In ihm gedachte man derjenigen, die für die Errichtung der Nguyen-Dynastie ihr Leben ließen. Gleichzeitig dient der Pavillon als Tor zum nächsten Innenhof, wo zunächst die **Neun Dynastischen Urnen** (Cuu Dinh) ins Auge fallen. Zwischen 1835 und 1837 gegossen, unterscheiden sie sich in Gewicht (ca. 1,9–2,6 t), Größe und Dekoration. Auf jedem der in einer Linie stehenden dreibeinigen Gefäße befinden sich bekannte Flüsse, Berge, Meere, Tiere, mythische Wesen und Pflanzen aus Vietnam, insgesamt 162 Darstellungen, die Einheit, Wohlstand und Stabilität des Landes versinnbildlichen sollten. Der 1821/22 errichtete **The-Tempel** (The Mieu) am Ende des Innenhofes ist heute dem Andenken an die Herrscher der Nguyen-Dynastie geweiht und folgt in seiner Architektur der Halle der Höchsten Harmonie. Der vordere Bereich umfasst elf *gian*, der hintere neun. Seitlich ist jeweils eine aus Stein gemauerte Abteilung angesetzt. Bis 1958 befanden sich in der Halle sieben Altäre mit den Ahnentafeln der Könige und deren Hauptfrauen (nur sieben der 13 Nguyen-Herrscher starben als Regent). Auf Bitte der königlichen Familie wurden in einer Zeremonie am 25. Januar 1959 drei weitere Altäre für die im Exil verstorbenen Könige unter den Regierungsdevisen Ham Nghi, Thanh Thai und Duy Tan eingeweiht. Nun wird hier zehn Nguyen-Königen gedacht. Im dritten, von einer Mauer abgetrennten Hof steht der **Hung-Tempel** (12, Hung Mieu) zum Andenken an die Eltern Gia Longs.

Durch einen Weg abgetrennt befindet sich im zweiten Hofkomplex der stark zerfallene **Phung-Tien-Tempel** (Dien Phung Tien), eine verkleinerte Kopie des The-Tempels. Da die Frauen des Königshofs den The-Tempel nicht besuchen durften, verehrten sie hier die Vorfahren der Dynastie.

Im dritten ummauerten Komplex folgt eine Wohnanlage mit zehn Pavillons und kleineren Tempeln, die der Mutter des Herrschers vorbehalten war. Da die Prinzen oft mit wesentlich jüngeren Mädchen verheiratet wurden, überlebten die Königinnen ihre Ehemänner häufig um viele Jahre und genossen dann, in der Herrschaftszeit ihres Sohnes, hohes Ansehen am Hof. Größtes Gebäude ist der **Palast der Ewigkeit** (Cung Dien Tho), 1804 unter Gia Long als Audienzhalle der Königsmutter angelegt und später mehrmals umgebaut. Das zweistöckige Bauwerk links daneben, der **Cung Tinh Minh**, wurde 1927 für die altersschwache Königin Tanh Cung (1868–1933), die erste Frau Dong Khanhs (reg. 1886–88), errichtet. Nach Umbauten diente es dem letzten König, Bao Dai, zeitweilig als private Residenz.

Ganz in der nordwestlichen Ecke liegt der letzte Komplex. Zunächst 1822 von Minh Mang als Freizeitgarten angelegt, ließ König Thieu Tri 1843 dort den **Palast des Langen Lebens** (Cung Truong Sinh) errichten, nachdem sein erster Enkel geboren worden war. Da des Königs Großmutter damals noch lebte, hieß der Bau zunächst Haus der Fünf Generationen. Auf der rechten Seite des Hofes liegt ein halbmondförmiger See und daneben die Halle des Langen Lebens und der Guten Gesundheit (Dien Tho Khuong) sowie der Pavillon der Zehntausend Segenswünsche (Lau Van Phuoc), alle verbunden durch überdachte Wandelgänge. Diese Anlage wartet jedoch auf eine grundlegende Restaurierung.

Palastmuseum (2)

Außerhalb des Palastes, an der südöstlichen Ecke, liegt der ehemalige **Long-An-Palast**, der architektonisch zu den schönsten Gebäuden Hues zählt. Sein Aufbau folgt der Halle der Höchsten Harmonie, der er an prachtvoller Ausstattung kaum nachsteht.

Das von 128 Eisenholzsäulen gestützte Fußwalmdach reicht weit bis über die vorgesetzte Veranda hinunter. Schnitzereien und Einlegearbeiten mit Hunderten von Gedichten und Landschaftsbildern zieren im Inneren Türen, Fenster und Balken. Das Gebäude entstand 1845 in der Regierungszeit des Thieu-Tri-Königs (reg. 1841–47) und wurde nach seinem Tod als Gedenktempel für die verstorbenen Könige benutzt. Nach der Besetzung der Stadt durch die Franzosen (1885) musste er geschlossen werden. Duy Tan (reg. 1907–16) ließ ihn schließlich 1909 ab- und an der jetzigen Stelle als ›neue Bibliothek‹ wieder aufbauen. 1923 wurde das Gebäude zum Museum umgewidmet und präsentiert nun eine breite Sammlung von Palastgegenständen: Porzellan, mit Marmor- oder Perlmuttintarsien geschmückte Möbelstücke, Bronzefiguren, Münzen, Gewänder, einige rot lackierte Möbel, ein Glockenspiel, künstliche Bonsais aus Jade, das Spiel *dau ho*, bei dem Stäbe in einen zylindrischen Behälter geworfen werden, und vieles andere mehr.

Weitere Sehenswürdigkeiten

Die parallel zum Fluss verlaufende Duong Le Loi war die wichtigste Straßenverbindung im europäischen Viertel. Dort entstanden ab 1875 eine Reihe repräsentativer Kolonialbauten, wie etwa das **Saigon Morin Hotel** (3) auf Höhe der Trang-Tien-Brücke. Die von dem französischen Geschäftsmann Morin erbaute Luxusherberge öffnete 1901 als Grand Hotel Bogaert ihre Pforten.

Im Süden Hues steht an der Duong Nguyen Hue die imposante **Notre-Dame-Kathedrale** (4; Dong Chua Cuu The) aus dem Jahr 1962. Der Stil, vor allem der Fenster, ist typisch für die westliche Moderne jener Zeit. Als Baumaterial dienten Stahlbeton, der die Verwendung von Säulen überflüssig macht, und von der Firma Eiffel aus Paris gelieferte Eisenträger. Der massive Altar besteht aus einem Marmorblock aus den Marmorbergen bei Da Nang.

Wieder zurück zur Le Loi kann die 1896 gegründete **Quoc-Hoc-Schule** (5) auf eine prominente Schülerschaft zurückblicken. In den Räumen der markanten roten Gebäude aus dem Jahr 1917 studierten u. a. Ho Chi Minh und General Vo Nguyen Giap. Von der Schule ist

Hue ist eine Stadt für Fahrradfahrer. Die Sehenswürdigkeiten in der Stadt sind nicht weit voneinander entfernt. Auch die außerhalb liegenden Königsgräber kann man mit dem Zweirad ohne größere Anstrengungen erreichen. Auf diese Weise lässt sich außerdem die landschaftliche Schönheit der Umgebung genießen.

Vietnam: Hue

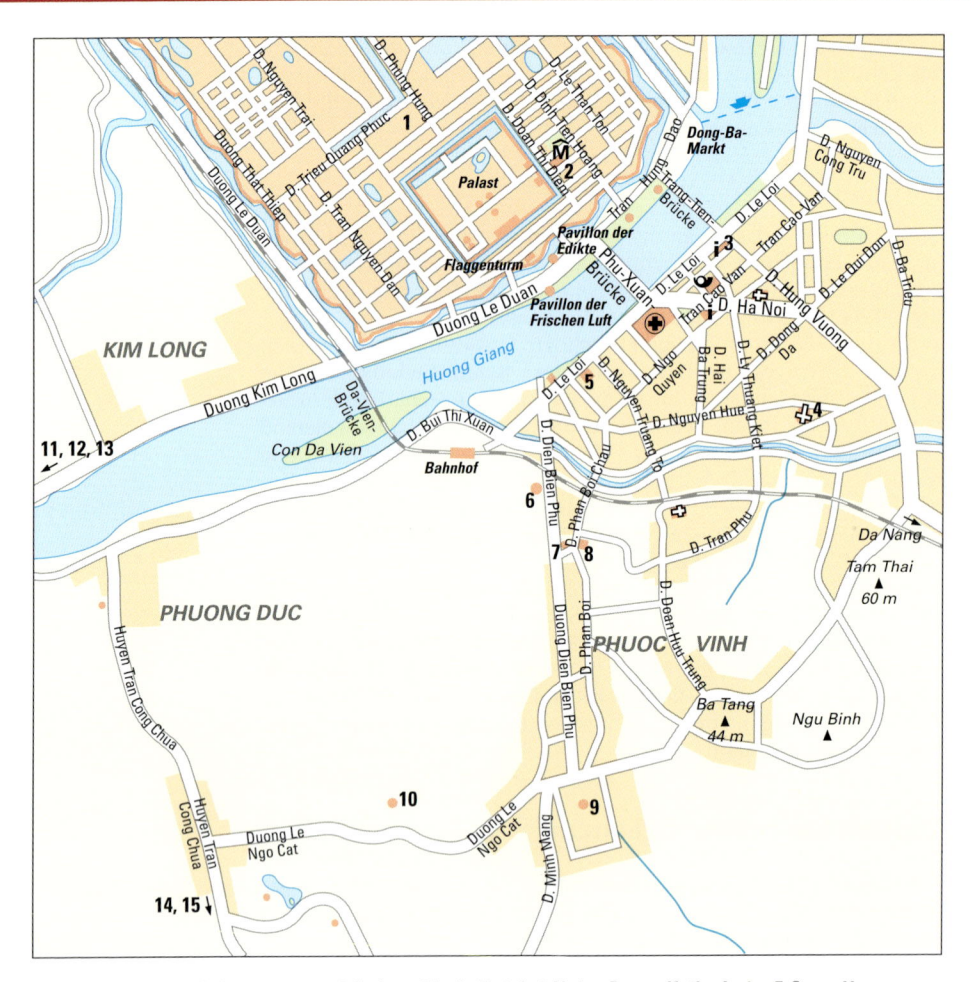

Hue 1 Zitadelle 2 Palastmuseum 3 Saigon Morin Hotel 4 Notre-Dame-Kathedrale 5 Quoc-Hoc-Schule 6 Chua Bao Quoc 7 Chua Tu Tam 8 Gedenkstätte für Phan Boi Chau 9 Altar für Himmel und Erde 10 Chua Tu Hieu 11 Chua Thien Mu 12 Dien Hon Chen 13 Lang Minh Mang 14 Lang Tu Duc 15 Lang Khai Dinh

es nicht weit bis zur lang gezogenen Ausfallstraße Duong Dien Bien Phu. Dort befinden sich zwei der wichtigsten Pagoden Hues.

Kurz hinter dem Bahnübergang gelangt man stadtauswärts über einen rechts abzweigenden Seitenweg zum **Chua Bao Quoc** (6). Seit seiner Gründung 1674 durch den aus China stammenden Mönch Giac Phong wurde er mehrfach verändert. 1749 verlieh ihm Fürst Nguyen Phuc Khoat (reg. 1738–65) den Titel Nationale Pagode (*bao quoc*) und unterstellte den Tempel seinem Schutz. 1808 benannte ihn die Mutter Gia Longs, Königin Hieu Khuong, nach einem Totalumbau um, bis Minh Mang ihm 1824 wieder den Titel Bao Quoc zuerkannte. Mit der Gründung einer Schule für Mönche und Nonnen, 1948, wurde der Tempel zu einem wichtigen Zentrum für die Erneuerung des Buddhismus und war in den 1960er Jahren ein Hort des Widerstandes gegen Diem. Verfall und Kriegsschäden machten eine Gesamtrenovierung notwendig, sodass die meisten der heutigen Bauten aus den 1950er Jahren stammen.

Man betritt die Anlage auf dem Ham-Long-Hügel durch ein dreiteiliges Tor (Cong Tam Quan). An einen freien Platz schließt sich ein kleiner Garten an, hinter dem sich die Haupthalle des Chua befindet. Den Hauptaltar dominieren die drei nebeneinander sitzenden Buddhas der Vergangenheit, Gegenwart und Zukunft. Im hinteren Raum sind die Statuen bedeutender Äbte aufgestellt, im Anschluss folgen die Wohnräume der Mönche. Hinter dem Hauptbau liegt ein gepflegter Orchideengarten, den Jugendliche gerne für weltlichere Dinge nutzen. Links von der außen reich verzierten Haupthalle thront inmitten von Bäumen die weiß getünchte Figur der Göttin der Barmherzigkeit, Quan Am. Dahinter stehen in einem eingegrenzten Bereich drei Grabstupas verstorbener Äbte.

Folgt man der Duong Dien Bien Phu etwa 400 m stadtauswärts, gelangt man vor der Einmündung der Duong Phan Boi Chau zum linker Hand liegenden **Chua Tu Dam** (7). Minh Hoang Tu, ein aus China geflohener Mönch, gründete das Kloster 1683, doch stammen die heutigen Gebäude von 1936. Im Zuge der buddhistischen Erneuerung formierte sich hier 1951 die Buddhistische Vereinigung Vietnams (*Tong Hoi Phat Giao Viet Nam*). Dort wo sich heute der Lotosteich befindet, verbrannte sich am 16. August 1963 ein Mönch im Zuge der Anti-Diem-Demonstrationen.

Auf der anderen Seite der Duong Phan Boi Chau befindet sich die **Gedenkstätte** (8) des Mandarins und Freiheitskämpfers **Phan Boi Chau** (1867–1940; s. S. 76). Im Hof des Hauses, wo er seine letzten Lebensjahre unter Hausarrest verbrachte, liegt sein Grab. Seit 1974 ist er als 7 t schwere Bronzefigur verewigt.

Am Ende der insgesamt 3 km langen Duong Dien Bien Phu liegt umgeben von Pinienbäumen (angepflanzt von Angehörigen des Königshauses und hohen Mandarinen) der **Altar für Himmel und Erde** (9; Dan Nam Giao). Hier brachten zwischen 1806 und 1945 unter Mitwirkung von bis zu 5000 Personen die Himmelssöhne (viet.: *thien tu*, chin.: *tianzi*) in Übernahme der chinesischen Tradition die Opfer für Himmel und Erde dar. Als die Anlage unter Gia Long am 25. März 1806 eingeweiht wurde, war sie noch von einer 390 m langen und 265 m breiten Mauer umgeben. Entlang der Nordmauer standen heute nicht mehr vorhandene Pavillons zur Vorbereitung der Zeremonien. Im ebenfalls verschwundenen Fastenpalast (Trai Cung) an der Südwestecke bereitete sich der König drei Tage auf die Zeremonien vor. Heute ist nur mehr der aus drei Ebenen bestehende Altar zu sehen. Die unterste, 85 cm hohe quadratische Ebene mit einer Seitenlänge

Traditionell fanden die Zeremonien alljährlich im ersten Mondmonat (Februar) statt, doch wegen des hohen Aufwands ließ König Thanh Thai (reg. 1889–1907) sie ab 1890 nur noch alle drei Jahre durchführen: Sandelholz wurde verbrannt, Opfertiere geschlachtet, Wein und andere Geschenke aufgestellt.

Nach Vorbild des Kaiserhofs in China hatten die Eunuchen auch unter Vietnams Königen eine wichtige Funktion. Meist handelte es sich um Söhne einfacher Familien, die sich durch den Verkauf ihrer Sprösslinge einen sozialen Aufstieg erhofften. Den Eunuchen oblagen am Hof unterschiedlichste Aufgaben: vom einfachen Diener oder Wächter bis zum königlichen Berater und Minister. Vor allem aber mussten sie den Harem des Herrschers beaufsichtigen. Nicht selten übten sie als Erzieher der königlichen Nachkommen großen Einfluss aus, was häufig zum Konflikt mit den Hofmandarinen oder gar dem König führte. So veranlasste die Machtfülle des Eunuchen Le Van Duyet (1763–1832) König Minh Mang nach dem Tod Le Van Duyets 1836 den Eunuchen jegliche politische Funktion zu verbieten. Seitdem durften sie auch keine Mandarinats-Posten mehr einnehmen. Mit dem Niedergang der Nguyen-Dynastie verloren auch die Eunuchen an Bedeutung.

von 165 m, heute stark beschädigt, repräsentiert die Menschheit. Als Symbol für die Erde, daher ebenfalls quadratisch, steht die 1 m hohe mittlere Plattform (83 x 83 m). Die oberste noch intakte runde Plattform mit einem Durchmesser von 40,5 m und einer Höhe von 2,8 m symbolisiert den Himmel. Auf den oberen beiden Plattformen brachten die Könige in Zelten die Opfer dar.

Vom Dan Nam Giao führt die Duong Le Ngo Cat weiter in Richtung Westen zu den Königsgräbern. Etwa nach 1 km markieren hinter einem Dorf auf der rechten Seite zwei Obelisken die Zufahrt zum inmitten eines Pinienwaldes gelegenen **Chua Tu Hieu** (10). Lage und Architektur machen die Pagode des Mitgefühls äußerst attraktiv. Ursprünglich stand an ihrer Stelle eine einfache Hütte, die sich der Mönch Nhat Dinh 1843 hatte bauen lassen. 1848 und 1894 wurde sie mit finanzieller Unterstützung von am Königshof lebenden Eunuchen erheblich erweitert und diente ihnen als Grabstätte. Sie wollten sicherstellen, dass ihrer auch nach dem Tode gedacht werden würde. Noch heute finden deshalb täglich um 11 und 16 Uhr Gedenkzeremonien statt. Vielen westlichen Buddhisten ist der Chua Tu Hieu auch geläufig, weil hier der im französischen Exil lebende bekannte Mönch Thich Nhat Hanh seine ersten Mönchsjahre verbrachte. Hinter dem dreiteiligen Eingangstor eröffnet sich ein Platz mit einem halbmondförmigen, 1931 angelegten See. Drachenmotive verzieren die Haupthalle zur Verehrung der drei Buddhas der Vergangenheit, Gegenwart und Zukunft. Der anschließende Raum gilt dem Gedächtnis der verstorbenen Äbte. Weitere Gebäude gruppieren sich um einen Innenhof. Im hinteren Gebäude sind drei Altäre (v. l.) den verstorbenen Eunuchen, General Quan Cong und den Toten gewidmet.

Chua Thien Mu (11) – das Symbol der Stadt

Über die nördlich des Parfüm-Flusses verlaufende Straße – oder wesentlich beschaulicher per Boot – lässt sich von der Zitadelle aus gerechnet nach 4 km eine weitere bedeutende Sehenswürdigkeit Hues erreichen: der Chua Thien Mu. Die Pagode der Himmlischen Mutter liegt auf dem Rücken des Ha-Khe-Hügels kurz vor einer scharfen Flussbiegung. Einer Legende zufolge soll an dieser Stelle eine Zeit lang allnächtlich eine alte Frau in rotem Gewand erschienen sein und den Bau einer Pagode prophezeit haben, woraufhin Fürst Nguyen Hoang (reg. 1558–1622) sie 1601 errichten ließ. Unter den späteren Nguyen-Fürsten und -königen wurde sie immer wieder vergrößert, nachdem Taifune wiederholt heftige Schäden angerichtet hatten.

Vom Fluss führt eine Treppe zunächst zur Straße hinauf, dann durch den **Ehrenbogen** zum Pagodengelände. Auf der **ersten Steinplattform** stand bis zu einem Taifun 1904 ein Pavillon; seitlich befinden sich zwei kleine quadratische **Stelenpavillons** aus dem Jahr 1864. Dahinter folgt auf der Zentralachse der 1844 errichtete **Thap Phuoc Duyen**. Mit seinen sieben Stockwerken symbolisiert der 21 m hohe achteckige Turm der Heiligen Vorsehung die sieben Inkarna-

Im Chua Tu Hieu

tionen Buddhas. Eine auf einer Schildkröte ruhende **Marmorstele** in einem Pavillon von 1715 rechts vom Turm hält die Gründungsgeschichte der Anlage fest. Auf der linken Seite befindet sich in einem ähnlichen Pavillon eine über 2 t schwere und 2,5 m hohe **Glocke** von 1710, die Fürst Nguyen Phuc Chu (reg. 1692–1715) gießen ließ.

Dahinter beginnt die eigentliche, von einer niedrigen Mauer eingegrenzte Anlage. Im **Torhaus** sorgen beidseitig der drei Durchgänge und nochmals an den Seiten der Außenmauern insgesamt zwölf Dharma-Wächter (*ho phap*) für respektvollen Eintritt. Durch den gepflegten **Garten** mit schönen Bonsais geht man auf das niedrige **Hauptgebäude** mit seiner tiefen Vorhalle zu. In deren Mitte sitzt ein dickbäuchiger Di Lac aus Messing und seitlich sind Darstellungen der 18 La Hans zu finden. Im hinteren Hallenbereich thronen die Buddhas der Vergangenheit, Gegenwart und Zukunft sowie auf dem Hauptaltar ein weiterer Dickbauch-Buddha, flankiert von jeweils einem Buddha Amitabha auf den beiden Seitenaltären. Der weitere Gebäudeteil dient als Mönchsunterkunft.

Der 73-jährige Mönch Thich Quang Duc hatte sich mit dem im Chua Thien Mu ausgestellten Austin zu einer belebten Kreuzung in Saigon fahren lassen, sich dann in Meditationshaltung niedergesetzt und war von Begleitern mit Benzin übergossen und angezündet worden. Da buddhistische Aktivisten den Fotografen Malcolm Browne benachrichtigt hatten, um die Selbstverbrennung Thich Quang Ducs zu fotografieren, prangte das Foto am nächsten Tag auf den Titelseiten der amerikanischen Tageszeitungen. Dieser und darauf folgende religiöse Suizide wurden in den US-Medien heftigst debattiert und trugen schließlich dazu bei, dass die USA Präsident Ngo Dinh Diem vier Monate später fallen ließen. Thich Quang Duc wird von den vietnamesischen Buddhisten bis heute als Märtyrer und Bodhisattva verehrt.

Links von der Halle ist in einer **Garage** ein alter Austin mit einem berühmten Foto an der Windschutzscheibe aufgebockt. Es zeigt die erste Selbstverbrennung eines Mönches aus Protest gegen das Diem-Regime am 11. Juni 1963 in Saigon.

Am Ende des Pagodengeländes steht ein **Stupa** zum Gedenken an den langjährigen Abt Thich Don Hau, dessen Totenfeier im Mai 1993 zu Demonstrationen buddhistischer Anhänger gegen das kommunistische Regime führte.

Dien Hon Chen (12)

Vom Chua Thien Mu kann man mit dem Boot weiter zu dem etwa 5 km flussaufwärts an einem Steilufer gelegenen Dien Hon Chen fahren. Der über Land kaum zu erreichende Tempel der Jadetasse am Fuß des Ngoc-Tran-Bergrückens wurde unter dem Dong-Khanh-König 1886 erbaut und ist ein gutes Beispiel für religiösen Synkretismus. Ursprünglich stand an dieser Stelle ein Cham-Tempel zur Verehrung der Göttin Po Yang Ino Nagar (s. S. 91). Später vereinnahmten die Vietnamesen diesen Kult und verehren nun die Frauengottheit als die himmlische Mutter Thien Yana.

Sie wird hier im erhöht liegenden Tempel der Gnade des Südlichen Reiches, **Dien Hue Nam**, verehrt. Das Zentrum des von zahlreichen Gebetsfahnen geschmückten Hauptraums bildet ein hoch aufragender neunstufiger Altar, an dessen Seite man emporsteigen kann, um die in einer gläsernen Vitrine ganz oben an der Rückwand thronende Thien Yana und ihre Schülerinnen zu betrachten. Einige der ausgestellten Requisiten werden auf einer Prozession zum Tempelfest am 15. Tag des siebten Mondmonats (August/September) mitgeführt.

Weiter rechts liegt der Tempel der Fünf Elemente, **Dinh Ngu Hanh**. Im weiter unten am Fluss gelegenen **Chua Thanh** wird General Quan Cong (Guan Yu) verehrt.

Die Königsgräber

Nach Vorbild der chinesischen Ming-Gräber nördlich von Beijing ließen sich die Nguyen-Könige im Süden Hues als Vorsorge für das spätere Leben ihrer Seelen große Grabanlagen bauen. Wie beim Königspalast folgten sie den traditionellen Prinzipien chinesischer Baukunst und Geomantik. Ideal waren Berge als Schutz im Norden, möglichst auch im Osten und Westen, und eine Öffnung nach Süden, wo sich Wasser befinden sollte. Deshalb liegen die Gräber von Gia Long und Minh Mang am linken Flussufer. In den ummauerten Anlagen befinden sich ein oder mehrere axial ausgerichtete Hofkomplexe mit Gedenktempeln und dem Grab. Hier findet die Seele vertraute Gebäude und Personen wieder, also Hallen, die jenen des Palastes gleichen, sowie Tiere, Beamte und Generäle als Steinskulpturen. Die Haupthalle birgt einen oder mehrere Gedenkaltäre mit Ahnentafeln für den verstorbenen König und die mit ihm bestatteten Hauptfrauen. Ebenfalls zu finden ist ein Pavillon mit einer großen Steinstele, die über das Leben und die Taten des Königs berichtet. Diesen Text verfasste jeweils der Nachfolger mit seinen Beratern (mit Ausnahme Tu Ducs). Das Grabmal selbst ist im Ideal ein kreisförmiger Tumulus, da der Kreis das Rund des Himmels symbolisiert. Jedoch wählten die Nguyen-Könige mit Ausnahme Minh Mangs Sarkophage als Grabstätte.

Südlich von Hue liegen sieben Königsgräber (*lang*). Nicht zuletzt aufgrund der politischen Wirren jener Zeit vermochte nicht jeder Nguyen-König eine Grabanlage in Auftrag zu geben. Der heutige Zustand der Gräber ist sehr unterschiedlich: Einige sind gut erhalten oder restauriert, andere hingegen weitgehend verfallen. Der Besuch der wichtigsten Gräber verschafft einen guten Überblick über die traditionelle Gestaltung und die spätere Entwicklung. Die Gräber Minh Mangs oder Gia Longs verdeutlichen die traditionelle Anordnung, Tu Duc variierte diese leicht, ohne sie aufzugeben, und schuf dabei eine sehr schöne Parkanlage, während Khai Dinh eher ein Rokokoschloss aus Beton entstehen ließ. Die Gräber erhielten eigene Ehrennamen, sind aber heute auch unter der Regierungsdevise des Königs, also z. B. als Lang Minh Mang, bekannt.

Wer mit dem Boot fährt, kann die Besichtigung des Lang Minh Mang mit jener des Chua Thien Mu und Dien Hon Chen verbinden. Die Bootsfahrt vom 7 km entfernten Chua Thien Mu dauert etwa eine Stunde. Alternativ ist das Grabmal des zweiten Nguyen-Königs auch mit dem Auto erreichbar, da eine Brücke auf die andere Flussseite führt. Daher kann der Besuch auch mit jenem von Lang Khai Dinh oder Lang Tu Duc kombiniert werden.

Lang Minh Mang (13; Hieu Lang)

Das Grab des Mitgefühls, Hieu Lang, liegt 12 km südlich von Hue am Westufer des Parfüm-Flusses. 14 Jahre währte die Suche nach einem geeigneten Ort, dann begannen die Untergebenen Minh Mangs 1840 mit dem Bau der Anlage. Nach dem plötzlichen Tod des Herrschers vollendete sein Sohn und Nachfolger Thieu Tri den Bau im Folgejahr.

Der ovale Grabkomplex beeindruckt durch eine klare Struktur, da alle wichtigen Gebäude auf einer 700 m langen zentralen Achse liegen. An deren Anfang befindet sich das seit der Bestattung permanent verschlossene **Große Rote Tor** (Dai Hong Mon), welches außen von einer Geistermauer zur Abwehr der bösen Kräfte geschützt wird. Heutige Besucher benutzen das **Rechte Rote Tor** (Huu Hong Mon) und gelangen von da zum Großen Roten Tor und dem anschließenden **Weg der Seelen** (San Chau). Sein Name bezieht sich auf die Steinskulpturen, zwei Tier- (Elefanten und Pferde) und fünf Menschenpaare (Zivil- und Militär-Mandarine), die diesen Ehrenhof zum Schutz des Königs säumen.

Skulpturen am Weg der Seelen, Lang Minh Mang

Der im Anschluss folgende **Stelenpavillon** (Nha Bia) steht auf einer relativ hohen, quadratischen, zweistufigen Plattform. Hier beschreibt Thieu Tri die »heiligen Tugenden und großartigen Errungenschaften« seines Vaters. Hinter dem Pavillon führen drei ausgedehnte, ansteigende Plattformen zum **Tor der Glorreichen Tugend** (Cua Hien Duc), das den Innenhof des **Tempels der Segensreichen Wohltat** (Dien Sung An) begrenzt. Dank seines abgestuften Walmdaches wirkt das Tempelgebäude sehr harmonisch. Es dient bis heute der Verehrung des Königspaares, dessen Ahnentafeln auf dem hinteren Altar stehen.

Vietnam: Hue

Lang Minh Mang
 1 *Großes Rotes Tor*
 2 *Ehrenhof/Weg der Seelen*
 3 *Stelenpavillon*
 4 *Tor der Glorreichen Tugend*
 5 *Tempel der Segensreichen Wohltat*
 6 *Tor des Königlichen Weges*
 7 *See der Absoluten Helligkeit*
 8 *Pavillon der Helligkeit*
 9 *See des Neumonds*
 10 *Grabhügel*

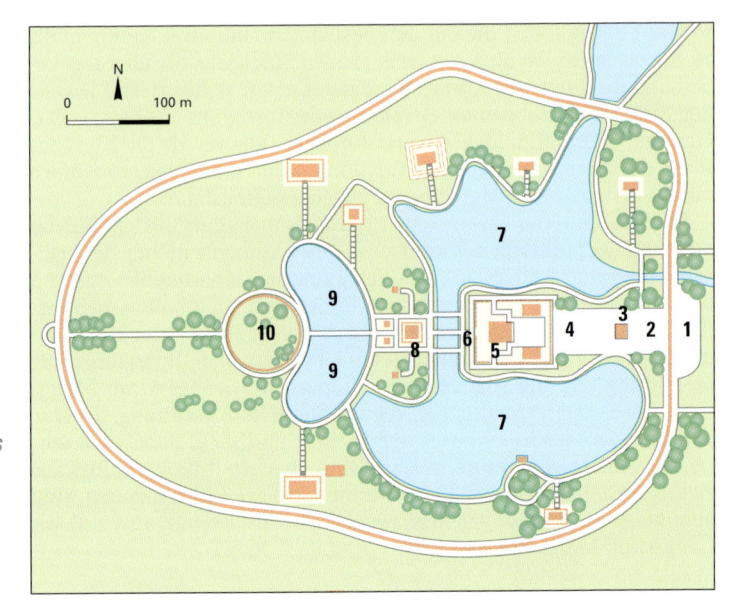

Der vordere ist als Ablage für Opfergaben gedacht, die an Geburts- und Todestagen sowie an religiösen Feiertagen dargebracht werden.

Durch das einfache **Tor des Königlichen Weges** (Hoang Trach Mon) gelangt man über eine Treppe auf die Ebene des Sees hinunter. Die Treppe erweckt den Eindruck, als stünde der Tempel auf einer dreistufigen Plattform.

Drei Brücken überqueren den künstlich angelegten **See der Absoluten Helligkeit** (Ho Trung Minh), hinter dem eine steile Treppe zum quadratischen **Pavillon der Helligkeit** (Minh Lau) hinaufführt. Hierbei handelt es sich um ein überaus harmonisches, zweistöckiges Gebäude, von dem aus sich die umliegende, künstlich angelegte Parklandschaft gut betrachten lässt.

Weiter auf der zentralen Achse verläuft nur noch eine **Brücke**. Über sie bzw. vorbei am **See des Neumondes** (Ho Tan Nguyet) trug man den Sarg des verstorbenen Königs zum ummauerten Tumulus, unter dem Minh Mang nun ruht. Dessen Kreisform korrespondiert mit dem quadratischen Minh-Lau-Pavillon, was einmal mehr die Symbolik vom unendlichen Rund des Himmels und dem endlichen Quadrat der Erde veranschaulicht.

Lang Tu Duc (14, Khiem Lang)

Über die Ausfallstraße Duong Dien Bien Phu führt am Dan Nam Giao vorbei eine Straße in Richtung Süden. Von dort erreicht man nach etwa 3 km die Grabanlage Tu Ducs. Der vierte Nguyen-König ließ

1864–67 einen in die Landschaft eingepassten, aber vollkommen von Menschenhand geschaffenen Park anlegen – fast einen Sommerpalast, wie ihn auch die chinesischen Kaiser schätzten – und nannte sein neues Refugium Van Nien Co, Bauten für die Ewigkeit. Zeitweise über 6000 Menschen mussten hier arbeiten, was 1866 wegen der schlechten Arbeitsbedingungen zu einem größeren Aufstand führte. Nach dessen Niederschlagung änderte Tu Duc den Namen in Palast der Bescheidenheit (Khiem Cung) um; seit seinem Tod heißt die Anlage Grab der Bescheidenheit. Der den Musen zugeneigte König hielt sich hier häufig auf, saß in einem der Pavillons am See, schrieb seine Gedichte oder jagte Hasen und Vögel auf der Insel.

Die wichtigsten Gebäude verteilen sich auf zwei an parallel verlaufenden Achsen ausgerichtete Komplexe. Die eine Gruppe umfasst die Wohngebäude, die andere die Grabanlage. Die Achsen passen sich harmonisch dem 12 ha großen, von einer hohen Mauer umgebenen Gelände in Ost-West-Richtung an.

Man betritt die Gesamtanlage auf der Südseite durch das **Tor des Bescheidenen Ereignisses** (Cua Vu Khiem). Linker Hand kann man zuerst den renovierungsbedürftigen, den Konkubinen Tu Ducs gewidmeten **Tempel des Bescheidenen Willens** (Chi Khiem Duong) besuchen. Seinen Innenhof umgeben an drei Seiten Hallen mit teilweise noch erhaltenen Altären für die Ahnentafeln und Opfergaben. Weiter hinten lagen die heute verschwundenen Wohnräume der Konkubinen.

Zurück auf den Weg geht es entlang dem künstlichen **See des Bescheidenen Bewahrens** (Ho Luu Khiem) zum **Pavillon des Bescheidenen Schwebens** (Du Khiem Tu), der als Bootsanlegestelle diente. Er liegt am Seeufer genau auf der Achse der Gebäudegruppe, die Tu Duc zu Lebzeiten als Wohnquartier diente. Etwas weiter nördlich führt eine Brücke zum **Pavillon der Bescheidenen Vorausschau** (Xung Khiem Ta) am Nordufer des Sees. Hier pflegte sich der König der Literatur zu widmen, zu dichten und Tee, für den das Wasser aus dem Tau von Lotosblumen gewonnen wurde, zu trinken.

Der Wohnkomplex

Um zur Achse mit dem Wohnkomplex zu gelangen, muss man wieder ein Stück zurück zur breiten Treppe gehen. Sie führt zum **Tor des Palastes der Bescheidenheit** (Khiem Cung Mon) hinauf. Der dreiflüglige Durchgang begrenzt den ersten Innenhof der Wohnanlage. Den beiden Seitengebäuden, welche von den Mandarinen als Wächterhaus genutzt wurden, schließt sich die **Halle des Bescheidenen Friedens** (Hoa Khiem Dien) an. Sie diente Tu Duc zu Lebzeiten als Arbeits- und Empfangsraum. Heute befindet sich hier sein und der Königin Ahnentempel, in dem noch einige Erinnerungsstücke aufbewahrt werden. Die Halle öffnet sich nach Westen auf einen Innenhof, den drei weitere Gebäude umschließen.

In der 1866 errichteten **Halle der Bescheidenen Helligkeit** (Minh Khiem Duong) auf der rechten Seite ließ Tu Duc zu seiner Unterhal-

Tu Duc riss 1847 den Thron an sich, der eigentlich seinem ältesten Bruder zugestanden hätte. Zu den daraus resultierenden familiären Streitigkeiten gesellten sich noch die zunehmenden Auseinandersetzungen mit den Franzosen, die die Herrschaft der Dynastie bedrohten. Tu Duc war solchen Auseinandersetzungen nicht gewachsen. Er sah sich eher als konfuzianischer Gelehrter und Dichter denn als Machtpolitiker. Obwohl mehr als 100 Frauen zu seinem Hof gehörten, blieb er kinderlos. All diesen widrigen Umständen suchte er sich in einem Refugium außerhalb des Palastes, das später auch seine Grabstätte werden sollte, zu entziehen.

Vietnam: Hue

Lang Tu Duc
1 Tor des Beschei-
denen Ereignisses
2 Tempel des
Bescheidenen
Willens
3 Wohnräume der
Konkubinen
(verschwunden)
4 See des Beschei-
denen Bewahrens
5 Pavillon des
Bescheidenen
Schwebens
6 Pavillon der
Bescheidenen
Vorausschau
7 Tor des Palastes
der Bescheidenheit
8 Halle des Beschei-
denen Friedens
9 Halle der Beschei-
denen Klarheit
10 Halle des Beschei-
denen Rückblicks
11 Halle der Beschei-
denen Ehrlichkeit
12 Ehrenhof
13 Stelenpavillon
14 Tieu-Khiem-See
15 Grabstätte Tu Ducs
16 Ruhestätte der
Königin Le Thien
Anh
17 Grabmal des Kien
Phuc

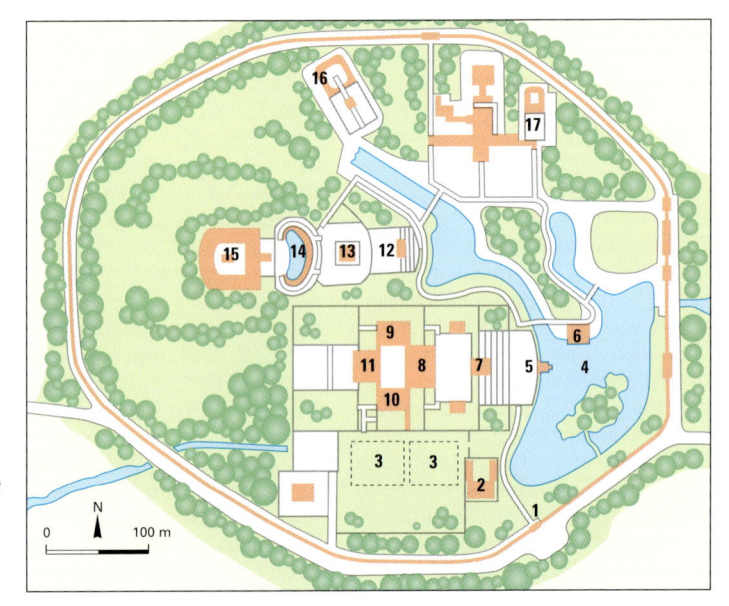

tung Theaterstücke aufführen, die bis zu 100 Tage dauern konnten. Es handelt sich um das älteste erhaltene Theater Vietnams. In den Räumen der **Halle des Bescheidenen Rückblicks** (On Khiem Duong) zur Linken wurden persönliche Gebrauchsgegenstände des Königs aufbewahrt. Die **Halle der Bescheidenen Ehrlichkeit** (Luong Khiem Dien) an der Westseite des Hofs war anfangs Wohn- und Schlafstätte Tu Ducs und später Gedenkstätte für seine Mutter Tu Du (1810–1901).

Die Gräber

Um zur zweiten Achse mit dem Grabkomplex zu gelangen, muss man zurück zum Hauptweg am See gehen. Auf dem **Ehrenhof der ersten Ebene** stehen als Wächterfiguren paarweise Elefanten, Pferde, militärische und zivile Mandarine, Letztere vermutlich in Lebensgröße Tu Ducs. Der Weg führt dann hinauf zum **Stelenpavillon**, der die mit 20 t landesweit schwerste und größte Grabstele birgt.

Zwischen zwei hohen, kachelverkleideten Ehrensäulen hindurch gelangt man zum mondsichelförmigen **Tieu-Khiem-See**, den man seitlich umschreitet und so zur eigentlichen **Grabstätte** gelangt. Sie besteht aus einem von zwei quadratischen Mauern umgebenen steinernen Sarkophag. Die massive Eisentür wurde nur am Todestag Tu Ducs für die Opferfeier geöffnet. Allerdings befindet sich der königliche Leichnam nicht hier, sondern in einem von elf Stollen, die zu diesem Zweck auf dem Gelände gegraben wurden.

Zurück zum See, der in einen Kanal übergeht, liegt nördlich des Tu-Duc-Grabes die ähnliche, aber bescheidenere **Ruhestätte von**

Die Königsgräber: Lang Tu Duc, Lang Khai Dinh

Königin Le Thien Anh (1828–1902). Einige Schritte weiter westlich führt ein Weg zum **Grabmal Kien Phucs**. Der Adoptivsohn Tu Ducs herrschte 1883/84 sieben Monate lang, bevor er einer Palastintrige zum Opfer fiel und vermutlich vergiftet wurde. Die Anlage besteht aus einem Gedenktempel und dem daneben liegenden Grab.

Lang Khai Dinh (15; Ung Lang)

Der Gegensatz zwischen der Grabanlage Tu Ducs und dem 5 km südwestlich davon gelegenen Grab Khai Dinhs (reg. 1916–25) könnte größer kaum sein. Zwar richtet sich auch das **Grab des Fortschritts**, Ung Lang, geomantischen Prinzipien folgend nach einer zentralen Achse (in nordöstlich-südwestlicher Richtung) und einem kleinen Bach am Fuß aus, doch strebt sie, am Abhang eines Hügels gelegen, vor allem in die Höhe statt in die Fläche. Auch die Baumaterialien verletzen alle traditionellen Gepflogenheiten: Statt Holz und Stein dominieren hier dunkelgrauer Beton als Baustoff sowie Porzellan- und Glasscherben in der Dekoration. Khai Dinh begann 1920 mit den Bauarbeiten und schuf, beeindruckt von den europäischen Palastanlagen, die er bei einem Besuch in Frankreich 1922 kennen lernte, eine sonderbare europäisch-ostasiatische Melange. So finden sich römische Pilaster, breite Torbögen und verschwenderische Verzierungen eines Rokokoschlosses vermischt mit asiatischem Dekor. 1931 beendete sein Sohn Bao Dai die Bauarbeiten.

Eine breite Treppenfront, durch Drachengeländer aus Beton in drei Teile geteilt, strebt steil nach oben. Nach 36 Stufen gelangt man von der Straße zur **ersten Ebene** mit zwei seitlichen Gebäuden für das Wachpersonal. Weitere 29 Stufen führen zur **zweiten Ebene** mit der traditionellen Ehrenallee. Diesmal sind die paarweise angeordneten Figuren auf jeweils zwei Reihen verteilt. Die von einem oktogonalen Pavillon geschützte Grabstele in der Mitte der Plattform ist verhältnismäßig klein und nur einseitig beschrieben. Zwei mächtige Ehrensäulen, die wie Nadeln in den Himmel ragen, flankieren sie.

Über drei weitere **Zwischenebenen** führen steile Treppen zum letzten Hof mit der mächtigen **Grabhalle**, die eher einem europäischen Schlösschen gleicht. Von ihr bietet sich ein weiter Blick in die Umgebung. Eine 4 m hohe Mauer umschließt die Anlage. Schon im Vorraum der Grabhalle wirkt die farbenfrohe Dekoration aus Porzellanscherben, die mosaikartig Jagdszenen, Blumen und andere Bilder ergeben, überladen. Im folgenden Raum befindet sich eine 1922 in Frankreich gefertigte vergoldete Bronzestatue des Königs mit einem Baldachin und einem strahlenförmigen Relief als Hintergrund. Unter ihr ruht Khai Dinhs Leichnam in einem 18 m tiefen Schacht. Seitlich hängen die Metallkränze von der Totenzeremonie. Die Wände des dritten Raums, in dem der König verehrt wird, sind etwas einfacher gehalten. Doch der Altar, der seine Ahnentafel trägt, ist ebenfalls über und über mit bunten Porzellanscherben verziert.

Tu Duc verfasste den 4916 Zeichen fassenden Text seiner Grabstele entgegen der Gepflogenheit selbst und verwendete als Charakterisierung seiner Herrschaft und seiner selbst häufig den Begriff ›khiem‹ (chin.: ›qian‹), was mit Demut, Bescheidenheit übersetzt werden kann. Auch die gesamte Grabanlage und nahezu alle Gebäude tragen dieses Wort in ihrem Namen. Selbstkritisch beurteilte der schwermütige König seine Regentschaft und klagte in einem seiner über 4100 verfassten Gedichte: »Wie schrecklich ist es, über menschliche Dinge nachzudenken (…) Die Lasten nach dem Tod drücken so schwer wie Berge«.

Vietnam: Hue

Weitere Grabstätten

Im Vergleich zu den anderen Grabanlagen wirkt das selten besuchte **Lang Dong Khanh** – einige hundert Meter südlich vom Lang Tu Duc über einen abzweigenden Weg zu erreichen – bescheiden. Anfänglich ließ an dieser Stelle Dong Khanh (reg. 1886–88) einen Tempel für seinen Vater, Prinz Kien Thai, errichten, doch als er selbst überraschend früh im Alter von 24 Jahren starb, wandelte sein Nachfolger Thanh Thai (reg. 1889–1907) den Tempel zur Grabstätte seines Vorgängers um. Als Dong Khans Sohn und dritter Nachfolger 1916 als Khai-Dinh-König den Thron bestieg, ließ er das Mausoleum renovieren und erweitern. Heute präsentiert es sich als interessante asiatisch-europäische Mischung. Während der Gedenktempel (Ngung Hy) sich nach den traditionellen Vorgaben richtet, folgt das erst 1917 fertig gestellte Grab mit seinem Pavillon europäischen Maßstäben.

Ganz anders zeigt sich das stark verfallene **Lang Gia Long** (Thien Tho Lang), dessen Lage zwischen dem Song Ta Trach (einem Zufluss des Huong Giang) und mehreren Bergen den geomantischen Prinzipien folgt. Um zur letzten Ruhestätte des Begründers der Nguyen-Dynastie zu gelangen, muss man von der Zitadelle aus gerechnet mit dem Boot 18 km flussaufwärts fahren. In einem weitläufigen hügeligen Gelände liegen mehrere Grab- und Tempelanlagen verstreut, da hier außer Gia Long, weitere Angehörige des Nguyen-Clans bestattet sind. Die Sarkophage des 1820 verstorbenen Königs und seiner ersten Hauptfrau Thua Thien Cao (1762– 1814) befinden sich innerhalb zweier erhöht liegender konzentrischer Mauern, die sich an einen Ehrenhof mit den größtenteils verschwundenen Wächterfiguren anschließen. Sehr harmonisch wirken der davor liegende See Ho Dai und der markante Berg Dai Thien Tho. Links vom Grab befindet sich auf einer eigenen Achse der 1820 vollendete Minh-Thanh-Tempel. Von dort führt ein Weg zu einer Anhöhe mit Grab und Gedenktempel Thuan Thien Thais (1769–1846), der zweiten Königin und Mutter Minh Mangs.

Ein Besuch der abseits liegenden Grabanlage Gia Longs ist vor allem wegen der landschaftlichen Lage und Ruhe zu empfehlen und kann im Rahmen einer ganztägigen Bootsfahrt mit der Besichtigung des Chua Thien Mu und des Lang Minh Mang verbunden werden.

Über den Wolkenpass nach Hoi An

Der Name **Deo Hai Van**, Pass der Meereswolken, kommt nicht von ungefähr, denn sehr häufig – vor allem während der langen Regenzeit zwischen November und März – ist der 496 m hoch gelegene Pass von Wolken verhüllt. Die Straße überwindet den Annamitischen Bergzug mit seinen um die 1100 m hohen Gipfeln, der zugleich eine Wetterscheide zwischen Nord und Süd bildet. Bis um 1400 lag hier die Grenze zwischen dem Champa- und dem Dai-Viet-Reich. Unter Gia Long (reg. 1802–20) wurde die so genannte Straße der Mandarine gebaut, um das neu geeinte Reich besser kontrollieren zu können. Für Fahrzeuge ist sie jedoch erst seit 1888 befahrbar, damals bauten die

◁ *Bronzestatue von König Khai Dinh*

Franzosen sie weiter aus. Zur Absicherung legten sie die heute noch sichtbaren Befestigungsanlagen an, die später auch im Vietnamkrieg genutzt wurden. Fast alle Durchreisenden machen auf der Passhöhe Halt, um bei klarer Sicht die Aussicht zu genießen oder des Berggeistes und der umherirrenden Seelen der Verunglückten in ihren Schreinen zu gedenken. Da bei Taifunen der Weg immer wieder unpassierbar wird und der gesamte Nord-Süd-Verkehr zum Erliegen kommt, baut man nun den 6,7 km langen **Hai-Van-Tunnel**, der bis 2005 fertig gestellt sein soll. Im Norden sind dem Deo Hai Van zwei kleinere Pässe vorgelagert, der **Pass des Glücklichen Elefanten** (Deo Phuoc Thuong) und der **Pass des Wohlstandes** (Deo Phu Gia).

Durchreisende können einen Halt an der **Lagune von Lang Co** einlegen. Hier locken ein schneeweißer Sandstrand und gute Fischgerichte. In der Lagune züchten die meist katholischen Bewohner Austern, deren Perlmutt für Intarsien verwendet wird.

Da Nang

Besonders sehenswert: Cham-Museum ☆☆

Da Nang ist die Drehscheibe Zentral-Vietnams. Sein Aufstieg ging Hand in Hand mit der Kolonialisierung des Landes. Im 17. Jh., als das 30 km südlicher gelegene Hoi An Handelsschiffe aus aller Welt willkommen hieß, gab es in dieser natürlichen Bucht nur einen Umschlagplatz mit Werft. Doch mit der Verlandung des Hafens von Hoi An und dem Bau immer größerer Schiffe nahm die Bedeutung Da Nangs zu. Unter den Nguyen-Königen lag am Han-Fluss die offizielle Schiffsanlegestelle ihres Reiches. Nur sie durften gemäß eines Erlasses von 1835 europäische Schiffe ansteuern. Daher begannen die Franzosen auch von hier aus ihre schrittweise Eroberung des Landes. Am 31. August 1858 landete eine französisch-spanische Expedition in Da Nang und nahm die Stadt ein. 30 Jahre später, als bereits ganz Indochina unter ihrer Kontrolle stand, wurde Tourane, wie die neuen Herren sie nannten, eine Stadt mit europäischem Gesicht. Doch lässt sie den kolonialen Charme anderer Orte Vietnams missen – eine Folge des Vietnamkriegs: Nachdem die ersten US-amerikanischen Einheiten am 7. März 1965 hier landeten, wurde Da Nang zu einem der größten Militärstützpunkte ausgebaut. Das riesige Gelände zwischen Südstadt und Marmorbergen gibt noch heute Zeugnis davon. Innerhalb weniger Jahre vervielfachte sich die Einwohnerzahl auf 800 000, da viele aus dem zur *free fire zone* erklärten Umland herzogen. Chaotisch endete das verhängnisvolle Engagement der Amerikaner zehn Jahre später am 29. März 1975, als Tausende Vietnamesen verzweifelt die letzten Evakuierungsflugzeuge stürmten. Die heutige Stadtregierung versucht diese Vergangenheit abzuschütteln und Da Nang mit seinen über 700 000 Einwohnern zu einem modernen Industrie- und Handelszentrum auszubauen. Mit dem Hafen an der Mündung des Han-Flusses und dem internationalen Flughafen entwickelte sich die Stadt in den letzten Jahren zu einer wichtigen regionalen Wirtschaftsmetropole.

Die Verkehrsanbindung von Da Nang ist exzellent. Die Stadt ist Haltepunkt des Wiedervereinigungsexpresses. Sowohl ins 764 km entfernte Hanoi als auch in die 964 km entfernte Ho-Chi-Minh-Stadt bestehen täglich mehrere Flugverbindungen. Mehrmals die Woche gibt es Flüge von/nach Bangkok. Die N 1A ist im Einzugsgebiet von Da Nang gut ausgebaut.

Da Nang: Museum für Cham-Skulpturen

Auch wenn es an Attraktionen fehlen mag, so lohnt sich doch ein Spaziergang entlang des **Hung-Vuong-Boulevards** mit seinen vielen Geschäften oder ein Gang über die beiden lebendigen Märkte **Cho Han** und **Cho Con**. In der meist nur ab 17 Uhr geöffneten, 1923 von den Franzosen gebauten katholischen **Kathedrale** sind schöne Glasfenster zu bewundern. Zudem kann Da Nang mit dem zweitgrößten **Cao-Dai-Tempel** (s. S. 208ff.) des Landes aufwarten. Das Heiligtum an der Hai-Phong-Straße wurde 1956 errichtet. Durchaus sehenswert sind zudem der **Chua Tam Bao** von 1953 mit fünf Pagodentürmen und der 1932 erbaute **Chua Pho Da** im Süden der Stadt an der Phan-Chu-Trinh-Straße. Er birgt eine buddhistische Schule für Mönche.

Museum für Cham-Skulpturen

Den Stolz von Da Nang stellt fraglos das Cham-Museum (Bao Tang Cham) im Süden der Stadt dar. Es birgt mit 300 Exponaten die weltweit größte Cham-Kunst-Sammlung. Als im Zuge der Forschungen der 1900 gegründeten École Française d'Extrême-Orient (EFEO) immer mehr Skulpturen und Inschriften zutage kamen, wurde die Notwendigkeit einer zentralen Sammlung schnell deutlich. Der Leiter der archäologischen Abteilung der EFEO, Henri Parmentier, ergriff die Initiative und entwickelte einen Bauplan mit Elementen der Cham-Architektur. Nach vier Jahren Bauzeit wurde das Museum 1919 eröffnet und nach einer Erweiterung 1936 Musée Henri Parmentier genannt. Die Kriege gingen auch am Museum nicht spurlos vorüber. Mehrmals wurde es geplündert und als Lazarett benutzt. Erst 1996 entdeckte man 157 im Garten vergrabene Fragmente eines Altars wieder.

Das hufeisenförmig angelegte Gebäude gliedert sich in vier offene Räume mit Seitenkorridoren, die nach den wichtigsten Fundorten benannt sind. Bereits im schön angelegten **Garten** sind einige Exponate zu sehen wie Garudas, Dvarapalas und Drachen. Es empfiehlt sich, den Rundgang im Ostflügel (links) zu beginnen und mit dem Westflügel zu beenden. Einen Überblick über die wichtigsten Fundorte bietet eine Wandkarte im hintersten Raum, der sich an den Dong-Duong-Raum anschließt.

My-Son-Raum: Die im östlichen Gebäudeflügel ausgestellten Objekte stammen größtenteils aus der Tempelstadt My Son. My Son, über ein halbes Millennium das religiöse Zentrum Champas, liegt 60 km südwestlich von Da Nang. Hier nahm die Ausprägung eines eigenständigen Cham-Stils ihren Anfang. Das Gros der Exponate in diesem Raum datiert in das 8. und 9. Jh., das Herzstück bilden jedoch, in der Mitte des Saals positioniert, Teile einer Altarbasis aus dem Kalan des **Tempels E 1** (spätes 7. Jh.). Auf ihr stand ursprünglich ein großer Lingam mit Yoni. Die Teile aus Sandstein zeigen hervorragende Reliefarbeiten mit 18 Einzelszenen. Sie stellen Tänzer, Musiker und Asketen in den Wäldern des Kailash, dem Sitz Shivas (symbolisiert durch den nicht vorhandenen Lingam), dar. Im Khmer-Reich sehr häufig, bei den Cham eher selten ist die Darstellung eines liegenden Vishnu auf der

---

Das deutsche Hospitalschiff MS Helgoland ankerte zwischen 1966 und 1971 vor Da Nang, um die zahllosen Verwundeten zu versorgen. Während seines fünfjährigen Einsatzes wurden 12 500 Verletzte an Bord stationär behandelt und etwa 330 000 Zivilisten ambulant versorgt. Bis 1999 unternahm es unter dem Namen ›Baltic Star‹ Kreuz- und Butterfahrten durch die Ostsee.

Henri Parmentier (1871–1949) wurde nach Pariser Studien der Archäologie und schönen Künste 1898 in Hanoi mit der Organisation der ›Mission archéologique de l'Indochine‹ beauftragt, aus der zwei Jahre später die EFEO hervorging. Als Chef der archäologischen Abteilung der EFEO (ab 1904) machte er sich durch zahlreiche Forschungen in Kambodscha, Laos, Thailand und Vietnam einen Namen. Noch heute basieren viele Erkenntnisse auf seinen Arbeiten. Parmentier starb am 22. Februar 1949 in Phnom Penh.

Vietnam: Über den Wolkenpass nach Hoi An

Relief mit Tänzern auf der Altarbasis von My Son E 1

siebenköpfigen Schlange Ananta, aus dessen Nabel eine Lotosblume mit Gott Brahma wächst. Zu seinen Füßen kniet ein Asket anstelle der sonst üblichen Darstellung von Lakshmi. Diese kosmische Schöpfungsszene war Teil des Türsturzes über dem Eingang des Tempels E 1. 1903 wurde der stehende Elefantengott Ganesha (2. Hälfte 7. Jh.) im Kalan des ihm geweihten **Tempels E 5** gefunden. Die Attribute eines Perlenkranzes und einer Axt lassen auf nordindische Einflüsse schließen. Ein weiterer sitzender Ganesha aus dem **Tempel B 3** wird in das 8. Jh. datiert. Schließlich ragt noch eine fast 2 m große stehende Shiva-Statue (ca. 8. Jh.) aus dem Kalan des **C 1** heraus, die Shiva als Asketen zeigt. Hier zeigt sich die für diese Periode realistische Darstellung der Skulpturen.

Bevor man in den größten Ausstellungsraum Tra Kieu gelangt, lohnt sich ein Blick in den **Ostkorridor**. Dort ist eine nicht identifizierte weibliche Gottheit aus dem 10. Jh. zu sehen, deren Kopf leider 1972 gestohlen wurde. Der so genannte Yang-Mum-Shiva (15. Jh.) am Osteingang zum Dong-Duong-Raum zählt zu den letzten Meisterwerken der Cham-Kunst. Die sehr symmetrisch wirkende Figur mit ihren für diese Zeit typischen halbmondförmigen Augen und dem markanten, spitz zulaufenden Kinn wurde in Yang Mum südlich von Kon Tum im Hochland gefunden.

Tra-Kieu-Raum: Den Blickfang in diesem Raum bildet der **Altar von Tra Kieu** aus dem 10. Jh., benannt nach dem heutigen Namen des alten Simhapura, 40 km südwestlich von Da Nang. Dort lag zwischen dem 4. und 10. Jh. das Zentrum von Amaravati. Die quadratische Basis, die einen mächtigen Lingam trägt, gehört aufgrund der feinen Reliefs zu den Meisterwerken jener Epoche. An den Ecken stützen javanisch beeinflusste Löwen den oberen Teil. Widersprüchliche Interpretationen erfahren die Reliefs an den vier Seiten. Manche erkennen darin die Hochzeit zwischen Rama und Sita, andere – wie der be-

Da Nang: Museum für Cham-Skulpturen

rühmte Angkor-Forscher George Cœdès – deuten sie als Szenen aus dem ›Bhagavata Purana‹ über das Leben Krishnas. Eine Sequenz soll die Heilung der buckligen Trivakra darstellen. Wie dem auch sei, die Figuren bestechen durch ihre feine Ausarbeitung, gut an ihrer Bekleidung erkennbar, und ihre geschwungenen Körper. Leichtigkeit und Dynamik in der Bewegung sind charakteristisch für den Tra-Kieu-Stil, dem sie zugerechnet werden. Selbiges gilt für die beiderseits des Altars stehenden, ebenfalls aus Simhapura stammenden Dvarapalas (10. Jh.), die auch als Nandishvara und Mahakala, der heilende und der destruktive Aspekt Shivas, gedeutet werden. Ihre Haartracht zeigt Parallelen zu Darstellungen von Cham-Soldaten an den Reliefs des Bayon von Angkor (s. S. 309ff.). Dem Tra-Kieu-Stil zugerechnet werden auch die **Tra-Kieu-Tänzer** (10. Jh.) an einer Altarbasis. Wegen ihrer aparten Figur und den feinen Gesichtszügen zählen sie zu den schönsten Cham-Skulpturen überhaupt.

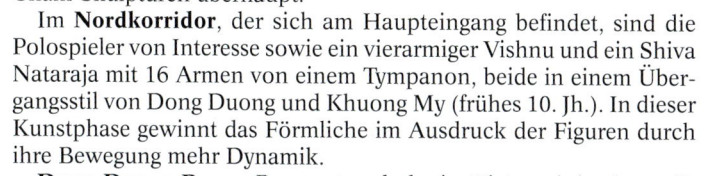

Tra-Kieu-Tänzer auf einer Altarbasis

Im **Nordkorridor**, der sich am Haupteingang befindet, sind die Polospieler von Interesse sowie ein vierarmiger Vishnu und ein Shiva Nataraja mit 16 Armen von einem Tympanon, beide in einem Übergangsstil von Dong Duong und Khuong My (frühes 10. Jh.). In dieser Kunstphase gewinnt das Förmliche im Ausdruck der Figuren durch ihre Bewegung mehr Dynamik.

Dong-Duong-Raum: Benannt nach der im Vietnamkrieg fast vollkommen vernichteten Mahayana-buddhistischen Klosteranlage Dong Duong (9./10. Jh.), sind hier hauptsächlich buddhistische Themen vertreten, wie der große **Buddha** in europäischer Sitzhaltung (9. Jh.). Er wurde im Vihara des Klosters gefunden und zeigt in der Faltung seiner Robe und in der Mudra Einflüsse der chinesischen Sui-Zeit (581–617). Die **Basis** unter ihm weist schöne Devata-Darstellungen auf. Auf der ihm gegenüberliegenden Wandseite befindet sich ein Altarpodest mit fein gearbeiteten Szenen aus dem Leben Buddhas, unterbrochen von Löwengestalten, sowie rechts davon eine Bodhisattva-Figur in entspannter Sitzhaltung. Zwei mächtige Dvarapalas, deren Gesichter an Wächterfiguren vietnamesischer Pagoden erinnern, flankieren eine weitere U-förmige **Altarbasis** von Dong Duong (9./10.Jh.), an der Szenen aus dem Leben Buddhas nach der Buddha-Biografie ›Lalitavishtara‹ (1.–4. Jh.) dargestellt sind. Eine nicht identifizierte sitzende **Gottheit** ruht auf einem Kubus mit Kala-Fratzen an seinen Seiten. Das Gesicht einer **Tara** – mit Buddha Amitabha im Haarschopf – am westlichen Raumausgang zeigt sehr gut das typisch Förmliche des Dong-Duong-Stils. Tara ist eine Emanation des Avalokiteshvara und damit ist ihr geistiger Vater Buddha Amitabha.

Buddha in europäischer Sitzhaltung aus dem Dong-Duong-Kloster

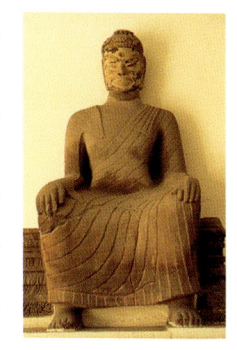

Den **Korridor** weiter in Richtung Thap-Mam-Raum gehend gelangt man zu einem schönen Beispiel des Frauenbrustmotivs. Frauenbrüste rund um eine Altarbasis oder ein Yoni tauchen zum ersten Mal im 10. Jh. auf und sind im 12. Jh. weit verbreitet. Da dieses Motiv in anderen indisierten Kulturen unbekannt ist, vermutet man Einflüsse des Kults um die weibliche Fruchtbarkeitsgottheit Uroja im Cham-Reich Indrapura (s. S. 91).

Thap-Mam-Raum: Die Exponate in diesem nach einem Tempel in der Binh-Dinh-Provinz benannten Raum zeichnen sich durch eine gewisse Monumentalität und Übertreibung aus. Sie lassen bereits den Niedergang der Cham-Kultur erkennen. Deutlich zeigt sich dies an den Tänzern, den Mischwesen aus Elefanten- und Löwenkörpern (*gajasimha*) sowie Löwen und Garudas aus dem 12. Jh., bei denen viel Wert auf Haar- und Körperschmuck gelegt wird. In der Hindu-Ikonographie unbekannte Drachen-Darstellungen zeugen von chinesischem Einfluss. Die Gesichter der Götterstatuen wirken eher ausdrucksarm, wie im Falle eines Shiva Nataraja vom ausgehenden 11. Jh. zu sehen ist.

Marmorberge und China Beach

Nur wenige hundert Meter von den Marmorbergen entfernt liegt der berühmte, mehrere Kilometer lange China Beach (Bai Tam Non Nuoc), an dem sich die US-Soldaten von ihrem Kriegsstress erholten.

Auf der Weiterfahrt nach Hoi An gelangt man nach 11 km zu den **Marmorbergen**. Sie heißen eigentlich Berge der Fünf Elemente (Ngu Hanh Son), da die fünf einzeln stehenden Hügel nach den Fünf Elementen der vietnamesisch-chinesischen Kosmologie benannt sind: Wasser (*thuy*), Metall (*kim*), Erde (*tho*), Feuer (*hoa*) und Holz (*moc*). Im Dorf Non Nuoc am Fuß der Hügel kann man in den Werkstätten und Geschäften Grabsteine und Marmorfiguren in allen Größen erstehen – allerdings stammt der dafür verwendete Marmor heute aus dem Norden Vietnams. Interessanter sind jedoch die Höhlen (Taschenlampe!) und Pagoden auf den Bergen. Bereits die Cham errichteten hier hinduistische Kultstätten; später wurden sie zu buddhistischen umgewandelt.

Vor allem seit einem Besuch des Herrschers Minh Mang 1825 und der nachfolgenden Renovierung von Pagoden erlebte die Wallfahrt zu den Marmorbergen einen Aufschwung. Beliebtester Pilgerort ist der **Nui Thuy Son** (Wasserberg), der über zwei steile Treppenwege erklommen werden kann. Der erste Aufstieg führt zum 1826 unter Minh Mang restaurierten **Chua Tam Thai**, der an der Stelle eines Cham-Sanktuariums steht. Von ihm zweigen Wege ab, z. B. zur **Hoa-Nghiem-Höhle**, die eine Quan-Am-Statue birgt. Eindrucksvoller ist jedoch die über einen Gang verbundene **Huyen-Khong-Grotte**, deren Eingang je zwei zivile und zwei militärische Mandarine bewachen. Das einfallende Tageslicht und die aufsteigenden Schwaden der Räucherstäbchen zaubern in dem großen Raum eine mystische Stimmung, sodass die zahlreichen daoistischen und buddhistischen Figuren noch entrückter wirken. Weitere Pfade führen zur kaminartigen **Linh-Nham-Grotte** und zu einem Ausblick unweit des beschaulichen **Chua Tam Ton**.

In Richtung Osten führt ein Weg an der **Van-Thong-Grotte** vorbei zum **Chua Linh Ung**, dessen Ursprünge ins 16. Jh. zurückgehen. Doch die heutigen Gebäude stammen aus neuerer Zeit wie etwa der Tempelturm aus den späten 1990er Jahren. Von der Pagode führen 100 Stufen nach unten. Unweit von ihr liegt der Eingang zur 10 m tiefen **Tang-Chon-Grotte**, welche ebenfalls Buddha-Statuen birgt.

Von den Marmorbergen sind es nur noch 10 km bis nach Hoi An.

Hoi An

Die geschichtsträchtige Hafen- und Handelsstadt liegt etwa 30 km südlich von Da Nang am nördlichen Ufer des Thu-Bon-Flusses (auch Song Cai genannt). Als die Cham im 4. Jh. ihre Hauptstadt Tra Kieu (Simhapura) und ihr Tempeltal My Son aufbauten, befand sich ihr Hafen Lam Ap Pho am Unterlauf des Thu Bon – möglicherweise am nördlichen Ufer, weil nur dort bei Ausgrabungen Cham-Relikte gefunden wurden. Mit dem Rückzug der Cham verlor auch der Hafen an Bedeutung, bis er im frühen 17. Jh. von Fürst Nguyen Hoang (reg. 1558–1622) und seinem Sohn und Nachfolger Nguyen Phuc Nguyen (reg. 1623–34) zu neuem Leben erweckt wurde. Sie öffneten ihn für den internationalen Handel, was vor allem Händler aus China und Japan anzog. Da beide Länder sich Ende des 16. Jh. offiziell nach außen hin abgeschottet hatten, ließen sie ihre Waren in ausländischen Häfen umschlagen. Dank seiner Nähe zu China bot sich der Hafen von Hoi An dafür an. Mit besonderer Genehmigung ausgestattete japanische Schiffe, *shuin-sen* genannt, konnten ihn während des Nordost-Monsuns in 40 Tagen erreichen. Zahlreiche Händlerfamilien siedelten sich hier an. Doch nachdem 1636 der Außenhandel in Japan endgültig verboten worden war, zogen die meisten zurück in ihre Heimat. In jene Zeit fällt die Gründung europäischer Handelsniederlassungen in Hoi An: 1613 die britische East-India Company, 1636 die holländische Vereenigde Oostindische Compagnie und 1664 die französische Compagnie des Indes. Allerdings konnten sie nur mit geringem Erfolg agieren und gaben bald auf. Chinesische Händler übernahmen praktisch die gesamte Stadt, als 1644 in Beijing die Ming-Dynastie von den mandschurischen Qing gestürzt wurde und zahllose Ming-Getreue nach Südostasien flohen.

Nachdem die Mündung des Thu Bon immer mehr versandete und die immer größeren Handelsschiffe in die Bucht von Da Nang ausweichen mussten, begann im 18. Jh. der Niedergang Hoi Ans. Zwar wurde die während der Tay-Son-Rebellion 1780 weitgehend zerstörte Stadt nochmals aufgebaut, doch 100 Jahre später hatten sich die Franzosen längst für Da Nang als Handelsstützpunkt entschieden, das sie 1888 zur Hauptstadt Annams erklärten. So war es nur konsequent, beim Bau der Eisenbahn 1930 die Kleinstadt Hoi An abseits liegen zu lassen. Die Stadt hatte ihre frühere Bedeutung endgültig eingebüßt – und diesem Umstand verdankt sie es, dass ihr altes Stadtbild weitgehend erhalten geblieben ist.

Die heutige Bebauung der Altstadt stammt zum großen Teil aus dem ausgehenden 19. Jh. und folgt jener südchinesischer Kleinstädte. Der Ort zieht sich entlang mehrerer parallel zum Fluss verlaufender Straßen. Meist sind es bis zu 60 m tiefe Tunnelhäuser, die sich dicht an dicht an der Straßenfront aneinander reihen. Trotz Unterschieden in Größe und Ausstattung sind sie ähnlich strukturiert. Einem Vorderhaus mit den repräsentativen Räumen folgt ein Innenhof und ein

Hoi An ☆☆

Unter europäischen Händlern des 17./18. Jh. war die Hafenstadt als Faifo bekannt. Alexandre de Rhodes, der im März 1627 nach Hoi An kam, nannte den Ort auf seiner Karte Faifo. Vermutlich übernahm er das vietnamesische ›Hai Pho‹ (Stadtviertel am Meer oder Zwei Stadtviertel). Faifo könnte sich aber auch von ›Hoa Pho‹ (Stadtviertel der Chinesen) oder von ›Hoi An Pho‹ (Hafen Hoi An) herleiten. Beide Begriffe tauchen in verschiedenen chinesischen und vietnamesischen Quellen auf. Hoi An, was ›Stadt des Friedens‹ bedeutet, erscheint erstmals auf einer Karte von 1630.

weiteres Gebäude mit Küche, Bad und Schlafgemächern. Nicht selten grenzt das Hinterhaus wieder an eine Straße oder schmale Gasse. Eine Ausnahme bildet die Ende des 19. Jh. angelegte Duong Phan Boi Chau mit vielen Häusern im Kolonialstil. Leider erfuhr Hoi An durch das Aufkommen des Massentourismus in den 1990er Jahren eine beispiellose Kommerzialisierung und gleicht heute einem Freilichtmuseum. Auch nachdem der Ort 1999 zum UNESCO-Weltkulturerbe erklärt wurde, werden alte Gebäude weiterhin ohne Rücksicht auf ihre Baugeschichte zu Läden oder Minihotels umgebaut. Andererseits müssten viele der über 800 denkmalgeschützten Objekte Neubauten weichen, gäbe es den Tourismus nicht.

Rundgang durch Hoi An

Vor dem Rundgang muss bei den Verkaufsstellen des Hoi An Tourist Offices ein Sammelticket für 50 000 Dong gekauft werden, mit dem anschließend eine begrenzte Anzahl von öffentlich zugänglichen Privathäusern, Tempeln und Museen besichtigt werden kann. Bei privaten Führungen der Hauseigentümer wird ein Trinkgeld erwartet.

Einen Bummel mit dem Besuch der wichtigsten Sehenswürdigkeiten entlang der Hauptstraße Tran Phu (bzw. ihrer östlichen Verlängerung Nguyen Duy Hieu) kann man ganz im Osten beginnen. Dort steht die 1845 errichtete **Versammlungshalle der Chinesen aus Trieu Chau** (1; Hoi Quan Trieu Chau). Sie ist eine von fünf *hoi quan*, die chinesische Auswanderer entsprechend ihrer Heimatprovinz in Hoi An bauten. Sie haben weitgehend den gleichen Aufbau: An der Straße befindet sich ein kleiner Vorhof, dahinter folgt eine Torhalle mit Erinnerungstafeln, Inschriften oder plakativen großen Schriftzeichen an den Wänden, danach kommt ein Innenhof, meist mit einer Miniatursteinlandschaft und Bonsais. Seitlich davon liegen die Versammlungs- und Geschäftsräume. Anschließend beginnt der Tempelbereich, der sich je nach finanzieller Situation in mehrere Vor- und Seitenhallen gliedern kann. Hier dominieren dicke, meist geschnitzte, rot und goldfarben lackierte Säulen und mit feingliedrigen Schnitzereien dekorierte Altäre, auf denen entweder Götterfiguren oder Ahnentafeln stehen.

Die Hoi Quan Trieu Chau besticht mit ausdrucksvollen Holzschnitzereien an Altären, Säulen und Wänden. Auf dem Hauptaltar wird die chinesische Schutzgottheit Ong Bon verehrt und auf den beiden Seitenaltären der Gott des Reichtums, Than Tai (rechts), und der segensreiche Gott der Tugend, Phuoc Duc. Sehr schön sind die Schnitzarbeiten am vorderen Altar, die im unteren Bereich eine Szene aus der Unterwasserwelt zeigen und im oberen Bereich neun feenartige Himmelswesen, *cuu tien* genannt.

Nur wenig westlich liegt die **Versammlungshalle der Chinesen aus Hainan** (2; Hoi Quan Hai Nam). Sie entstand 1875 und ist nach dem klassischen Muster einer *hoi quan* aufgebaut. Auf den drei Altären wird in Form von Ahnentafeln 108 Chinesen aus Hainan gedacht. Sie fuhren in einem von drei Handelsschiffen im Juli 1851 von der südchinesischen Insel in Richtung Quang Ngai und wurden von einem vietnamesischen Patrouillenboot aufgebracht. Obwohl sie ihre rechtmäßigen Handelspapiere vorzeigen konnten, wurden sie getötet. Die dafür verantwortlichen Personen ließ König Tu Duc später

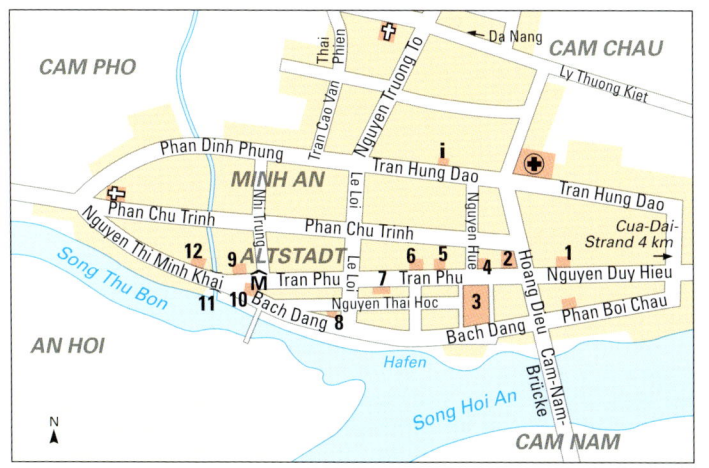

Rundgang Versammlungshallen, Markt, Mieu Quan Cong

Hoi An
1 Versammlungshalle der Chinesen aus Trieu Chau
2 Versammlungshalle der Chinesen aus Hainan
3 Markt
4 Mieu Quan Cong
5 Versammlungshalle der Chinesen aus Fujian
6 Versammlungshalle der chinesischen Vereinigungen
7 Quan-Tang-Haus
8 Tan-Ky-Haus
9 Versammlungshalle der Chinesen aus Kanton
10 Sa-Huynh-Museum
11 Japanische Brücke
12 Phung-Hung-Haus

hinrichten. Die Vorderfront des Altars zeigt eine Miniaturdarstellung der 108 Opfer aus Bronze. Rechts vom Eingang wacht Phuoc Duc über die Eintretenden.

An der nächsten Straßenecke liegt schräg gegenüber dem äußerst sehenswerten **Markt** (3) der 1653 gegründete **Mieu Quan Cong** (4; Chua Ong). Ihn kann man sowohl von der Duong Tran Phu als auch von der Duong Nguyen Hue aus betreten. Den vorderen Bereich des Tempels dominiert die übergroße Statue Quan Congs (chin.: Guan Yu), eines chinesischen Generals aus dem 3. Jh., flankiert von seinem Militärmandarin Chau Xuong (links) und dem Zivilmandarin Quan Binh (rechts). Im hinteren Bereich des Tempels, der früher Quan Am gewidmet war, befindet sich ein kleines Museum. Die Ausstellung erklärt anhand von Schrifttafeln, alten Fotos und einigen Ausstellungsstücken die Geschichte der Stadt.

100 m weiter entlang der Tran Phu liegt Hoi Ans größte und modernste *hoi quan*, die **Versammlungshalle der Chinesen aus Fujian** (5; Hoi Quan Phuc Kien). Der erstmals 1697 errichtete und mehrfach renovierte Tempel ist Thien Hau (chin.: Tian Hou), der chinesischen Schutzgöttin der Seeleute, geweiht. Ihre Statue thront auf dem Hauptaltar im Hauptraum, begleitet von ihren Helfern: dem grünhäutigen Thien Ly Nhan (der 1000 Meilen sieht) und dem rothäutigen Thuan Phong Nhi (der 1000 Meilen hört). Sie stehen von einem Glaskasten geschützt jeweils auf einem vorgelagerten Seitenaltar. Auf Altären im letzten Raum werden in der Mitte die Oberhäupter der ersten sechs aus Fujian stammenden Familien samt ihrer Nachfolger, links Ong Than Tai, Gott des Reichtums, und rechts die Zwölf Ammen (*ba mu*) verehrt.

Das schön gearbeitete Torhaus der Nr. 64 bildet den Eingang zur **Versammlungshalle der chinesischen Vereinigungen** (6; Lop Hoa Van Le Nghia). Sie entstand erstmals 1741 und wurde von chinesi-

Chinesen besitzen ein ausgeprägtes Gefühl regionaler Zugehörigkeit. Um im Fernhandel einen gewissen Schutz und verlässliche Anlaufstellen zu haben, entstanden schon früh Händlergilden und ab der Ming-Zeit in Gegenden, wo Händler aus einer bestimmten Region besonders viel Handel trieben, so genannte Zunft- oder Versammlungshäuser (chin.: ›huiguan‹). Dieses Prinzip findet sich in übertragener Form in den chinesischen Versammlungshallen (viet.: ›hoi quan‹) in Vietnam wieder.

schen Händlern aus Fujian, Kanton (Guangzhou bzw. die Provinz Guangdong), Hainan, Chaozhou und der Hakka genutzt. Als diese mit wachsendem Wohlstand je nach Herkunftsprovinz eigene Hallen bauten, verfiel die Anlage zunehmend und wurde zeitweise als Werkstatt benutzt, bis sie 1855 wieder errichtet wurde. Die Gestaltung der Seitengebäude nimmt auf sehr ansprechende Weise sowohl chinesische als auch westliche Elemente auf. Letztere zeigen sich in den Metallsäulen und schmiedeeisernen Gittern. Am Ende der Anlage liegt der Thien Hau geweihte Tempel. Er ist reich mit Schnitzereien versehen und goldverziert. Rechts steht das Schiff, das die Meeresgöttin der Legende nach rettete. Thien Hau wird auf dem mittleren Altar verehrt, während die beiden Seitenaltäre dem für Reichtum zuständigen Than Tai (rechts) bzw. der Göttin der Barmherzigkeit, Quan Am (links; Bodhisattva Avalokiteshvara), gewidmet sind. Etwas vorgesetzt stehen mit weit aufgerissenen Augen zur Rechten Thien Ly Nhan und zur Linken Thuan Phong Nhi. Im Anschluss an den Tempel befindet sich eine chinesischsprachige Schule.

Schräg gegenüber kann man das 300 Jahre alte **Quan-Tang-Haus** (7) besichtigen. Es gehört zu den besterhaltenen privaten Tunnelhäusern in Hoi An und zeigt an den Holzwänden schöne Schnitzereien.

Besonders interessant ist das etwa 200 Jahre alte **Tan-Ky-Haus** (8; Pfandhaus) in der 101, Nguyen Thai Hoc, einer Parallelstraße der Tran Phu. Wie für Tunnelhäuser Hoi Ans typisch, besteht es eigentlich aus zwei Gebäuden: dem repräsentativen Vorderhaus für den Empfang der Geschäftspartner und Besucher und dem durch einen Innenhof abgetrennten Wohnhaus mit den Schlafstuben, der Küche und dem Waschbereich. Der hintere Ausgang führt zur Uferstraße Bach Dang und diente der Be- und Entladung von Waren. Im Inneren besitzt das Haus hervorragende Schnitzarbeiten an den Säulen und Dachbalken aus dem Holz des Jackfruchtbaumes. Beachtenswert sind die unterschiedlichen Stile der Dachbalken, an denen vietnamesische, chinesische und japanische Einflüsse identifiziert werden können.

Die 1786 errichtete **Versammlungshalle der Chinesen aus Kanton** (9; Hoi Quan Quang Dong) an der Ecke Tran Phu/Nhi Trung betritt man durch ein hohes dreiteiliges Torhaus und einen Innenhof mit einem großen Drachen aus Kachelscherben in einem Wasserbe-

Aufriss des Tan-Ky-Hauses mit unterschiedlich beeinflussten Dachformen, das Vorderhaus befindet sich rechts:
1 vietnamesisch
2 japanisch
3 chinesisch

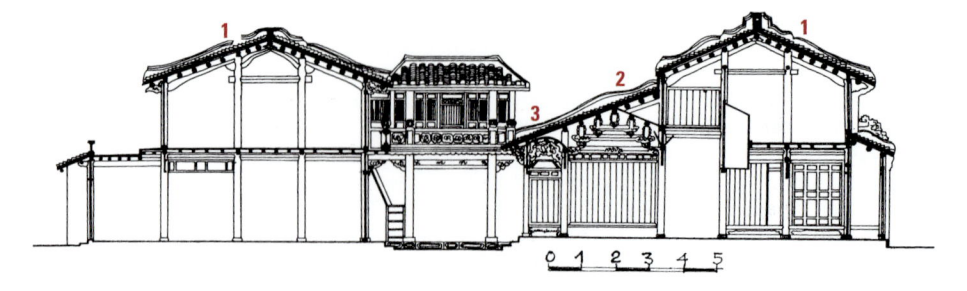

Tunnelhäuser, Japanische Brücke

Straßenszene in Hoi An

cken. In der Haupthalle des in den 1980er Jahre vollständig renovierten Tempels wird der von zwei Pferden flankierte General Quan Cong verehrt, rechts von ihm Than Tai (Gott des Reichtums) und links von ihm Thien Hau. In zwei Nebenräumen stehen Ältäre mit den Ahnentafeln der Stifter.

Kurz vor dem Ende der Tran Phu bietet auf der linken Seite das **Sa-Huynh-Museum** (10) anhand von Keramikfunden einen Einblick in die gleichnamige, etwa 2500 Jahre alte Zivilisation (s. S. 62).

Die holzüberdachte **Japanische Brücke** (11) führt über einen schmalen Nebenarm des Flusses zum Stadtteil der ehemaligen japanischen Gemeinde. Japanische Kaufleute ließen sie Ende des 16. Jh. als Verbindung zwischen dem chinesischen und dem japanischen Viertel errichten. Aus den an den Eingängen sitzenden Tierfiguren schließt man, dass die Brücke 1593, im Jahr des Affen, begonnen und nach zwei Jahren im Jahr des Hundes fertig gestellt wurde. 100 Jahre später findet die Brücke erstmals schriftliche Erwähnung, aber erst 1719 benannte Fürst Nguyen Phuc Cho (reg. 1715–38) sie offiziell Lai Vien Kieu (Brücke der Freunde von weither; der Begriff stammt aus dem ›Lunyu‹ von Konfuzius). Die 3 m breite und 18 m lange Brücke erhielt ihre heutige Form 1763. Vermutlich entstand dabei auch die kleine Brückenpagode (Chua Cau) in der Mitte, um einen riesigen Drachen namens Cu zu besänftigen, der für Erdbeben und Überschwemmungen verantwortlich gemacht wurde.

Vietnam: Hoi An/My Son

Nur wenige Meter westlich der Brücke gehört das über 200 Jahre alte **Phung-Hung-Haus** (12) auf der rechten Seite zu den meistbesuchten Privathäusern Hoi Ans. Eigentlich zu Recht, da es wunderbar gestaltete Dachbalken und herrliche Möbel birgt. Doch leider ist das von 80 Eisenholzsäulen getragene zweistöckige Gebäude mit käuflichen Souvenirs überfüllt, was den Aufenthalt etwas trüben mag.

Neben seinen Sehenswürdigkeiten lockt Hoi An vor allem mit vielen **Einkaufsmöglichkeiten**. Kaum ein Gebäude entlang der Hauptstraßen, das an seiner Vorderfront keinen Souvenir-, Kleider- oder Kunsthandwerkladen besitzt. Außerdem bereichert Hoi An die vietnamesische Küche mit dem schmackhaften Nudelgericht *cao lau*. Schließlich bietet sich eine **Bootsfahrt** auf dem Thu-Bon-Fluss in Richtung Meer und ein Besuch umliegender **Dörfer** an. Am nur 4 km entfernten **Cua-Dai-Strand** verführen stilvolle Resorts und einfache, aber gute Fischgerichte bietende Seafood-Restaurants zu einer ungeplanten Verlängerung des Hoi-An-Aufenthaltes.

My Son

My Son ✯✩

My Son wird heute meistens vom 40 km entfernten Hoi An aus im Rahmen einer Halbtagesfahrt besucht. Man fährt auf der N 1A gen Süden und biegt in Nam Phuoc in die nach Westen abgehende Nebenstraße 537 ein. Nach 9 km ist **Tra Kieu** erreicht. Fast nichts mehr erinnert daran, dass in diesem idyllischen Flecken zwischen dem 4. und 10. Jh. Simhapura, die alte Hauptstadt von Amaravati, lag. Anstelle des Cham-Heiligtums auf dem Buu-Chau-Hügel steht heute eine moderne katholische Kirche. Ausgrabungen im Umkreis des Hügels brachten wertvollen Goldschmuck und zahlreiche Skulpturen zutage. Ein Altar mit schönen Reliefs und die Tra-Kieu-Tänzer gehören zu den schönsten Exponaten des Cham-Museums in Da Nang. Es konnten auch Reste einer 4 km langen Befestigungsanlage identifiziert werden.

Es empfiehlt sich, nach My Son am frühen Morgen aufzubrechen, da es dort sehr heiß werden kann. Man sollte nicht abseits der Wege gehen, da dort immer noch Blindgänger liegen könnten. Schirm gegen Sonne und Regen und eine Taschenlampe erleichtern die Besichtigung.

Im Hintergrund B 5, im Vordergrund rechts C 1, My Son

Auf der Weiterfahrt nach My Son, vorbei an sympathischen Dörfern und Reisfeldern, rückt der Schöne (*my*) Berg (*son*) immer näher. Wegen seiner markanten Form wird er auch Katzenzahnberg (Hon Quap) genannt. Schließlich gelangt man nach 20 km zu einem Parkplatz mit Besucherzentrum und kleinen Restaurants. Von dort geht es zu Fuß über eine Brücke auf die andere Flussseite, wo Minibusse und museumsreife Militärjeeps warten, um die Besucher zu den 2 km entfernten Ruinen zu bringen. Am Endpunkt mit einem weiteren Besucherzentrum stimmt ein kleiner Pavillon mit Fotografien und einem Modell des Tempelgeländes auf die Besichtigung ein. Der letzte Kilometer muss wieder zu Fuß zurückgelegt werden.

Die Bedeutung von My Son

Im Jahr 1885, als die französische Armee Indochina eroberte, stieß eine Truppeneinheit in dem von Bergen geschützten Tal auf die Ruinen von My Son. Damals ahnten die Soldaten nicht, dass sie vor dem wichtigsten religiösen Zentrum der Cham standen. Hier errichteten ab dem 4. Jh. die Herrscher von Champa, nur 20 km von ihrer Hauptstadt Simhapura entfernt, über ein halbes Millennium hinweg ihre Heiligtümer, um Bhadreshvara, dem Beschützer ihres Landes und ihrer Dynastie, zu opfern und ihre Vorfahren zu verehren. Urnenfunde haben erwiesen, dass in den Heiligtümern von My Son die verstorbenen Könige nach ihrer Verbrennung beigesetzt wurden.

In der ersten Zeit ließen die Herrscher ihre Tempel aus Holz errichten, etwa ab dem 7. Jh. dann aus Ziegelstein. Die bauaktivste Phase erlebte My Son im 10. Jh., als Champa auf dem Höhepunkt seiner Macht stand. In jener Periode entstanden die schönsten Bauwerke, darunter der A 1, doch führten die wiederkehrenden Kriege mit den Khmer und Vietnamesen ab dem 11. Jh. zu Plünderungen und Zerstörungen. Nach dem allmählichen Niedergang wurden mit den Gruppen G und H im 12./13. Jh. die letzten Kultstätten eingeweiht, bevor sich die Cham vor den Vietnamesen immer weiter nach Süden zurückziehen mussten und im Laufe des 14. Jh. My Son aufgaben.

Gegen Ende des 19. Jh. begannen die Franzosen, die Ruinen vom Dschungel zu befreien. Ab 1901 nahm der Architekt und Archäologe Henri Parmentier eine systematische Untersuchung vor und belegte zur Unterscheidung die Tempelgruppen mit Buchstaben von A bis N, wie sie auch heute noch benutzt werden. Damals identifizierte er 70 verschiedene Gebäude aus einem Zeitraum von 500 Jahren. Von ihnen wurden die wichtigsten zwischen 1937 und 1944 durch die EFEO restauriert. Mehr als zwei Drittel fielen während des Vietnamkriegs jedoch den US-Bombardements zum Opfer, die 1969 einen Höhepunkt erreichten. Als ein polnisches Team 1980 erneut mit Restaurierungsarbeiten begann, waren nur 20 Ruinen in mehr oder weniger gutem Zustand übrig geblieben.

»Bhadravarman gibt dem Gott Bhadreshvara eine dauernde Heimstatt; (...) Vom Einkommen innerhalb der Grenzen seines Reiches muss ein Zehntel des sechsten Teiles, der für den König bestimmt ist, an den Gott abgegeben werden. (...) Zum König, der Kenntnisse besitzt in den vier Veden, zu den königlichen Beamten und zu den Einwohnern dieses Landes sage ich: Aus Mitleid zu mir, zerstört nicht, was ich euch gegeben habe.«
Erste Inschrift von My Son, 4. Jh.

Vietnam: My Son

Die Tempelkomplexe von My Son

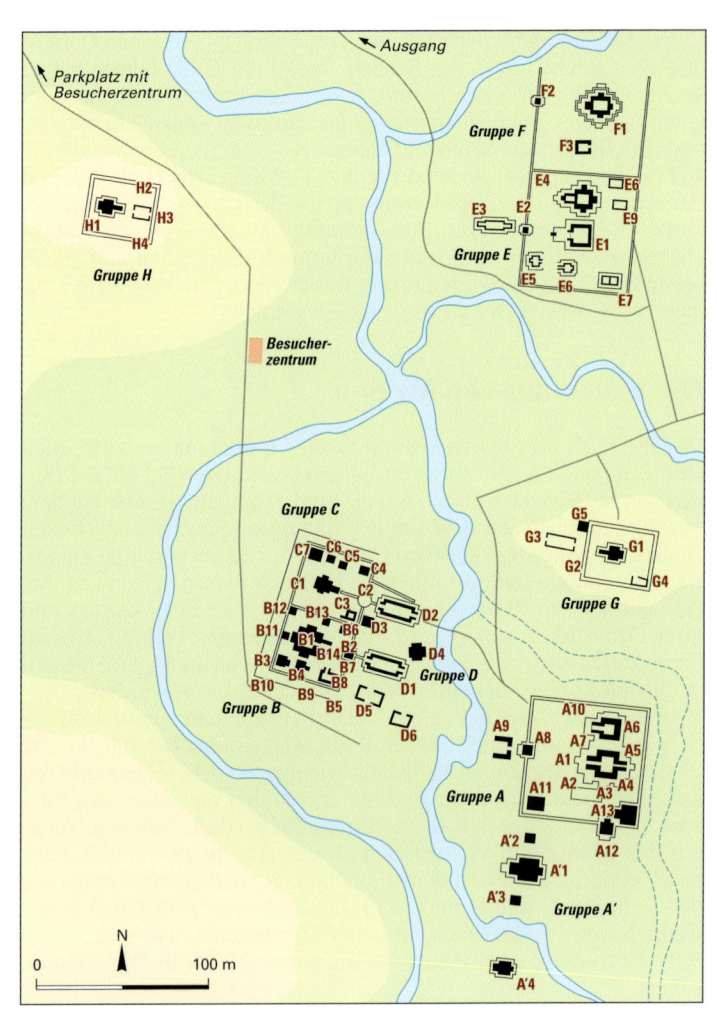

Die Tempelanlagen

Eine ausführliche Darstellung der Cham-Architektur finden Sie auf S. 92ff.

Der Besuch My Sons lohnt allein schon wegen dessen landschaftlicher Reize. Das Tal mit den umliegenden Bergen wirkt sehr harmonisch. Doch erahnt man noch die Folgen des Vietnamkriegs, als dieses zur *free fire zone* erklärte Gebiet mit Napalmbomben völlig verwüstet wurde. Viele Stellen wirken kahl und zerfurcht; immerhin tragen die Wiederaufforstungsbemühungen erste Früchte. Auf dem Weg zum Ruinenfeld überquert man eine Anhöhe, auf der einst rechter Hand die vier Kalan der **Gruppe H** aus dem 12. Jh. standen. Sie wurden nahezu vollständig vernichtet, ein Besuch lohnt sich daher

My Son: Die Tempelanlagen

nicht. Weiter geht es zu einem **Besucherpavillon**, von dem sich nur wenige hundert Meter entfernt die **Gruppen C**, **B** und **D** befinden. Auf den ersten Blick etwas verwirrend erscheinend, folgen sie doch dem klassischen Aufbau eines Cham-Heiligums: Das Sanktuarium (Cham: *kalan*) zur Verehrung der zentralen Kultfigur in der Mitte, umgeben von kleineren Kalan für den Kult untergeordneter Gottheiten, seitlich links davor ein ›Bibliothek‹ genannter länglicher Bau mit geschwungenem Dach zur Aufbewahrung von Zeremonialgegenständen und Schriften (Skt.: *koshagraha*). Dem Haupt-Kalan axial vorgelagert ist ein Eingangspavillon (Skt.: *gopura*) und eine längliche Vorhalle zur Vorbereitung der Zeremonien (Skt.: *mandapa*).

Gruppe C: Das erste Gebäudeensemble, auf das die Besucher stoßen, dominiert der Kalan **C 1** aus dem 10. Jh. Untersuchungen ergaben, dass Teile des Vorgängerbaus aus dem 8./9. Jh. Wiederverwendung fanden. Das Sanktuarium war Shiva unter seinem Namen Bhadreshvara geweiht. Anstelle eines Lingam wurde eine Statue Shivas als Asket (8. Jh.) verehrt (heute im Museum von Da Nang). Der Kalan weist einige Besonderheiten auf. So ist das geschwungene bootsförmige Dach eher ungewöhnlich für die normalerweise turmartigen Heiligtümer. Zudem weist es einen länglichen und keinen quadratischen Grundriss auf. Auf seiner Ostseite schließt sich ein Vestibül an. An den Seitenwänden sind zwischen Pilastern jeweils sieben apart wirkende Dvarapala-Figuren mit Sandstein-Köpfen in den Ziegelstein gearbeitet; einige stehen auf einem Lotos, andere auf einem Elefanten. Zusammen mit dem Grün der überall aus den Mauerritzen sprießenden Pflanzen laden sie zum Nachsinnen über Verfall und Vergänglichkeit ein.

Der Kalan **C 7** in der Nordostecke des abgegrenzten Bereichs aus dem frühen 9. Jh. wirkt massig und gedrungen. Am Gesims fallen geschwungene Bänderverzierungen auf, wie sie für den Hoa-Lai-Stil typisch sind. In **C 3**, mit der Öffnung nach Norden, wurden die Kultgegenstände aufbewahrt und über den Gopura **C 2** betraten die Besucher von Osten her den Tempelbereich. Stilistisch werden sie wie der Kalan C 1 dem A-1-Stil zugerechnet, auch wenn sie an die Qualität der Ornamentverzierungen des A 1 nicht heranreichen.

Gruppe B: Sie schließt sich, durch eine Mauer getrennt, südlich an Gruppe C an. Hier ist der zentrale Kalan **B 1** vollkommen zerstört. An den Resten der Basis aus Sandstein lässt sich seine einstige Größe noch erahnen. In der Tat war er das größte Bauwerk von My Son. Die Datierung gestaltet sich ein wenig kompliziert, da er offensichtlich mehrfach umgebaut oder gar neu errichtet wurde. Der ursprüngliche Kalan geht auf eine Stiftung König Harivarmans IV. (reg. 1074–81) zurück, doch wurde er laut Inschrift von 1234 unter König Jaya Parameshvaravarman II. (reg. 1226–?) durch einen Sandsteinbau ersetzt und Shiva geweiht. Er gilt als das letzte Bauprojekt von My Son.

Der etwas schiefe Tempelturm **B 3** in der Südwestecke zeigt Merkmale des My-Son-A-1-Stils und wird daher ins mittlere 10. Jh. datiert. An den Außenseiten dieses dem Elefantengott Ganesha geweihten Kalan verdienen die Dvarapalas (mit fein herausgearbeiteten Kopfbe-

Glaubt man einer Inschrift aus dem späten 12. Jh., so waren die Kalan mit vergoldetem oder versilbertem Metall überzogen. Dort berichtet König Jaya Indravarman IV. (reg. 1165/66–?), er habe Gold und 1479 »bhara«, Silber, gestiftet, um den Kalan und die Spitze des »Shrisanabhadreshvara« zu schmücken. Diese Edelmetalle hatte er übrigens als Kriegsbeute aus Angkor mitgebracht, das er 1177 eingenommen hatte.

deckungen) zwischen den Pilastern Beachtung. Die deutlich erkennbare dreigliedrige Abstufung an der Spitze des Kalan symbolisiert den Sitz der Götter (Skt.: *svarloka*) auf dem Berg Meru. Skanda, dem Gott des Krieges, war der zerstörte Kalan **B 4** gewidmet. Das florale Design an den oktogonalen Eingangssäulen ist typisch für den Dong-Duong-Stil, daher ordnet man ihn dem späten 9. Jh. zu. Möglicherweise zeitgleich zum A 1 wurde im 10. Jh. die östlich anschließende ›Bibliothek‹ **B 5** für die Kultgegenstände errichtet. Aufgrund des schönen Außendekors darf sie als Schmuckstück der B-Gruppe gelten. Detailfreudig ist das Rankenwerk an Pilastern und Friesen reliefartig aus dem Ziegelstein herausgearbeitet. Sehr grazil wirken zwischen den Pilastern die von runden Säulen eingerahmten Devatas. Ein ungewöhnliches Motiv entdeckt man an der Westseite. Dort sind im Giebelfeld über dem Fenster zwei unter einem Baum stehende, mit dem Rüssel sich berührende Elefanten zu sehen. Das in Ost-West-Richtung ausgerichtete längliche Gebäude mit seitlichem Eingang schließt ein geschwungener Dachaufsatz ab. Wenig ist von **B 6** in der Nordostecke erhalten, in dessen Innerem ein Becken gefunden wurde. Wahrscheinlich enthielt es das für die Zeremonien verwendete Wasser.

Gruppe D: Etwas unverständlich ist die Einteilung der Gruppe D, denn die Mandapas **D 1** und **D 2** sind eindeutig den Gruppen B bzw. C zugeordnet, auch wenn sie außerhalb von deren Umfassungsmauern liegen. Dem Engagement der Stuttgarter Gesellschaft der Freunde der Cham-Kultur e.V. ist zu verdanken, dass die beiden länglichen Gebäude 1994 in kleine Museen umgewandelt werden konnten. Zwischen ihnen wurden Stelen und Figuren aufgestellt. Im Inneren befindet sich eine Reihe von Exponaten, darunter ein tanzender Shiva. Von den umliegenden Bauten **D 4–6** ist kaum mehr etwas erhalten.

Gruppe A: Ein Weg führt in Richtung Osten über den Khe-The-Strom zu den Gruppen A und A'. Hier wird das Ausmaß der Zerstörungen des tragischen August 1969 am schmerzhaftesten bewusst. Dort, wo einst der berühmte 24 m hohe **A 1** stand, ist außer einer Basis nichts mehr zu sehen. Man ahnt noch, dass er einmal über zwei Eingänge und sechs kleinere Seitenschreine zur Verehrung der Dikpalas verfügte. In seiner Mitte wurde ein Yoni notdürftig zusammengeflickt. Auch an den unmittelbar links anschließenden **A 10** mit nach Westen ausgerichtetem Eingang erinnert nur mehr ein Ziegelsteinhaufen. Auf dem Gelände liegen am Boden verstreut noch einige Türstürze und Gesimse aus Sandstein mit schönen Verzierungen. Die vier Kalan-Ruinen der **Gruppe A'** sind fast vollständig vernichtet und vom Dschungel überwuchert.

Gruppe E: Sie liegt etwas nördlich von Gruppe A. Auch hier erinnern Bombentrichter an die Folgen des Krieges, dem z. B. der bis dahin recht gut erhaltene **E 4** (11. Jh.) zum Opfer fiel. Dagegen ist der Kalan **E 1** bereits längere Zeit verfallen. Er ist insbesondere wegen seines großartigen Altars aus der Mitte des 7. Jh. und des Türsturzes mit der Darstellung eines liegenden Vishnu bekannt. Beide gehören

Von Säulen eingerahmte Devata an B 5, My Son

»Die Kombination von mächtigen, aber anmutigen Monumenten mit der feinen Bildhauerkunst an Turmspitze und Ziegelbau, wie sie sich an den Menschen- und Tierdarstellungen zeigt, führte zu dem berühmten Stil in der Cham-Kunst des 10. Jh. – dem My-Son-A-1-Stil.«
Ho Xuan Tinh

zu den schönsten Exponaten im Cham-Museum von Da Nang. Nur **E 7** aus dem 10. Jh., dessen beide Kammern zur Aufbewahrung der Kultgegenstände dienten, ist noch einigermaßen erhalten. Auf dem Gelände befinden sich noch Yoni, eine Stele sowie ein kopfloser Dvarapala.

Gruppe F: Die nördlich anschließende Gruppe ist bescheidener und besteht aus Kalan, Gopura und einem kleineren Tempelturm. Obwohl der obere Teil zerstört ist, beeindruckt der Kalan **F 1** (7./8. Jh.) mit schönen Lotos- und Kala-Darstellungen an seiner Basis. Sowohl bei E als auch F ist signifikant, dass die Eingänge nach Westen ausgerichtet sind und nicht wie bei Hindu-Tempeln üblich gen Osten der Sonne entgegen. Möglicherweise sollten die Sanktuarien in Richtung Khe-The-Strom geöffnet sein, denn alle östlich von ihm liegenden Kalan sind seiner Richtung zugewandt.

Gruppe G: Auf einer Anhöhe, zwischen den Gruppen E und A, stand bis zum Krieg ein Ensemble von fünf Gebäuden. Heute ist nur der Kalan **G 1** wegen der Kala-Gesichter an der Basis von Interesse. Wie für den Binh-Dinh-Stil typisch, markieren drei spitzbogenförmige Eingänge die Seiten des Vestibüls. Dank der noch auf dem Gelände stehenden Stele mit Sanskrit-Inschrift ist dieser Tempel – als einziger in My Son – exakt datierbar. König Jaya Harivarman I. (reg. 1147–66) widmete ihn Gott Shiva und seinen verstorbenen Eltern.

Von den **Gruppen K**, **L** und **M** ist fast nichts mehr vorhanden. Die Ruine des einzeln stehenden Kalan **N** erreicht man über einen von Bäumen gesäumten Weg, der vor den Gruppen E und F abzweigt und zum Besucherzentrum am Endhaltepunkt der Shuttle führt.

Entlang der Küste nach Nha Trang

Eine Fahrt auf der N 1A entlang der Küste von Da Nang oder Hoi An in Richtung Nha Trang ist vor allem wegen ihrer landschaftlichen Reize interessant. Unterwegs bieten sich verschiedene Stopps bei Cham-Heiligtümern oder im Dorf My Lai an. Übernachtungsmöglichkeiten bestehen in den eher uninteressanten Städten Quang Ngai und Qui Nhon.

Bang An, Chien Dan und Khuong My

Aufgrund seiner oktogonalen Form stellt der **Turm von Bang An** eine Besonderheit in der Cham-Architektur dar. Er ist über die 25 km südlich von Da Nang liegende Stadt Vinh Dien zu erreichen. Dort zweigt nördlich der über den Vinh-Dien-Fluss führenden Brücke eine Straße Richtung Osten ab. Nach 3 km ist der 21,5 m hohe und 4 m breite Kalan zu sehen. Ihm ist östlich ein Vestibül mit drei spitz zulaufenden

Vietnam: Entlang der Küste nach Nha Trang

Darstellung von Tänzern, Chien Dan

Chien Dan bedeutet ›Baumaloe‹ und mag an das häufige Vorkommen dieses für Parfüm verwendeten Holzes erinnern.

Eingangsportalen an den Seiten vorgelagert. Zwei Gajasimhas flankieren den Eingang. Im Inneren birgt er einen Lingam. Die Datierung ist schwierig. Manche Forscher nennen das 11. Jh., doch möglicherweise wurde in diesem Shiva-Heiligtum der Lingam Parameshvara konsekriert, den König Bhadravarman II. (reg. ca. 905–917) in einer hier aufgefundenen Steleninschrift erwähnt.

Etwa 60 km südlich von Da Nang liegen im Dorf Tam An an der N 1 A die drei **Cham-Türme von Chien Dan**. Ihre variierenden Größen und Reliefstile lassen auf unterschiedliche Entstehungsdaten schließen; so datiert man den südlichen ins 11. Jh. und die beiden anderen ins frühe 12. Jh. Von den teilweise schwer beschädigten Ziegelsteintürmen besitzt vor allem der mittlere und mit 21 m größte Kalan hervorragende Reliefarbeiten. An dessen Basis aus Sandstein – bei Cham-Sanktuarien eher unüblich – sind auf der Kalan-Nordseite Tänzer, Musiker und zwei Lotosblumen pflückende Elefanten, auf der Süd- und Westseite wiederum Tänzer (evtl. eine Szene aus dem ›Ramayana‹) zu sehen. Unweit des Nordturms befindet sich eine 1989 entdeckte Steinstele mit Sanskrit-Inschrift.

Bei Restaurierungsarbeiten, 1989/90 von polnischen Konservatoren durchgeführt, kamen zahlreiche Statuen und Basrelieffragmente zutage. Sie wurden in ein 1997 eröffnetes kleines Museum gebracht: Tier- und Personendarstellungen, u. a. Garudas, Löwen, Nagas, Tänzer, ein Makara mit Menschen im Maul sowie eine im Südturm entdeckte sechsarmige, auf einem Büffel tanzende Durga als Mahisha Suramardini (Töterin des Büffeldämons Mahisha) finden sich hier. Ihr lebendiges und natürliches Erscheinungsbild rückt diese Sandsteinskulpturen in die Nähe des Tra-Kieu-Stils (10. Jh.), doch einige Forscher betrachten sie als stilistisch eigenständig. Die Vielzahl der

Funde lässt den Schluss zu, dass in Chien Dan eine bedeutende Cham-Siedlung lag.

Nur 10 km weiter und einen guten Kilometer südlich der Stadt Tam Ky befinden sich 200 m westlich von der Umgehungsstraße die drei **Kalan von Khuong My**. Auch diese über 20 m hohen Ziegelsteintürme wurden zu verschiedenen Zeiten errichtet. Der südliche und größte stammt aus dem frühen 10. Jh., gefolgt vom nördlichen und mittleren in den folgenden Jahrzehnten. Aufgrund ihrer feinen Ziegelsteindekoration gelten sie als Übergangsstufe zwischen dem Baustil von Dong Duong und dem berühmten A-1-Kalan von My Son. Charakteristisch dafür ist das in S-Form gestaltete Rankenwerk mit Weinblattmuster, welches am Mittelturm in der Linienführung noch eine Verfeinerung erfährt. Gut erkennbar sind auch die fünf Pilaster an den jeweiligen Seiten. Im Cham-Museum sind mehrere der hier entdeckten Figuren ausgestellt, darunter einige aus dem 7. Jh. Daraus folgt, dass bereits zu dieser Zeit in Khuong My ein Heiligtum gestanden haben muss.

My Lai

My Lai (Son My), ein Dorf 13 km östlich von Quang Ngai, ist einer jener Orte Vietnams, die zum Synonym für die Brutalität des Krieges und für sinnloses Leid geworden sind. Die Tragödie begann am 16. März 1968, als im Morgengrauen die 174. Hubschrauberstaffel der US-Luftwaffe landete und innerhalb kurzer Zeit das Leben fast aller Dorfbewohner auslöschte. Die Liquidierung von »allem, was sich bewegt«, war am Vorabend beschlossen worden, denn das Gebiet um den Tra-Khuc-Fluss galt als Hochburg des Viet Cong. Während im offiziellen Bericht die Tötung von 128 Gegnern im Kampf gemeldet wurde, waren in Wirklichkeit 504 Alte, Frauen und Kinder auf grausamste Weise ermordet worden. Dort wo das Dorf lag, ist heute eine **Gedenkstätte**. Hinweisschilder weisen auf die Stellen der Massaker hin, in einer Ausstellungshalle wird mit Fotodokumentationen und Erläuterungen die Erinnerung an das Geschehen aufrechterhalten.

Nur dem Engagement des Soldaten Ronald Ridenhour ist es zu verdanken, dass die Öffentlichkeit von diesem Kriegsverbrechen erfuhr – im Gegensatz zu vielen ähnlichen Massakern. Der leitende Lieutenant, William Calley Jr., wurde 1971 als Einziger zu lebenslanger Haft verurteilt, kam aber bereits nach dreieinhalb Jahren wieder frei.

Binh Minh – das alte Vijaya

Je mehr man sich auf der N 1A von Norden her der Stadt Qui Nhon nähert, desto zahlreicher werden die Cham-Ruinen. In der Provinz Binh Minh lag ab dem 11. Jh. das Zentrum des Reiches Vijaya; hier endete 1471 die über 1000 Jahre währende Geschichte von Champa. Von weitem bereits ist der aus dem frühen 13. Jh. stammende **Thoc Loc** (Turm der Khmer), auch Vang Thap (Goldener Turm) genannt, sichtbar. Er erhebt sich auf einer Anhöhe östlich der N 1A, ungefähr 30 km nördlich von Qui Nhon. Seine Seiten sind mit je fünf Pilastern dekoriert, deren Zwischenflächen ein rechteckiges Muster aufweisen.

Vietnam: Entlang der Küste nach Nha Trang

Landschaft bei Qui Nhon

Für Durchreisende bietet sich am mondsichelförmigen Strand Sa Huynh, 115 km nördlich von Qui Nhon, ein ausgiebiger Stopp an! Er gab übrigens der Sa-Huynh-Kultur (s. S. 62) ihren Namen.

Aus derselben Zeit stammt der 2 km weiter westlich der N 1A auf einem Hügel gelegene **Canh Tien** (Kupferturm). Er lag ursprünglich im Zentrum der Hauptstadt von Vijaya, die in vietnamesischen Chroniken Cha-Ban-Zitadelle genannt wird. Hier ließ sich um das Jahr 1000 Yan Pu Ku Vijaya (reg. 999–?) nieder, nachdem er Indrapura (Dong Duong) aufgrund der massiven Angriffe von Soldaten Le Dai Hanhs (reg. 979–1005) hatte verlassen müssen. Nach fast 500 Jahren fiel auch diese Stadt dem Expansionsbestreben der Vietnamesen zum Opfer und wurde 1471 fast vollständig zerstört. Ausgrabungen in den 1930er Jahren förderten einige Grundmauern zutage. Die heutigen Relikte stammen meist von einer unter den Tay-Son-Brüdern 1776 errichteten Wehranlage.

Der Canh-Tien-Kalan wirkt sehr hoch; das dreistöckige Dach mit ausgeprägten Miniatur-Kalan an den Ecken beginnt erst im oberen Drittel. An den Dachecken blieb das flammenartige Dekor mit Makara-Köpfen erhalten. Dem nach Osten ausgerichteten arkadenförmigen Eingang war ein heute nicht mehr vorhandenes Vestibül vorgelagert. Obwohl der für die Eckpilaster und Basis verwendete Sandstein bei Restaurierungsarbeiten in den 1960er Jahren teilweise durch Zement ersetzt wurde, spürt man noch die Ausgewogenheit in der Verwendung der Baumaterialien. Wo der Sandstein noch erhalten ist, weist er ein attraktives S-förmiges Rankenwerk auf.

Knapp 10 km weiter bzw. 8 km vor der Abzweigung der Straße in die Hafenstadt Qui Nhon liegt auf einer Anhöhe unweit eines Arms des Con-Flusses der **The Bac** (Silberturm), auch Banh It (Reiskuchenturm) genannt. Das Heiligtum besteht aus einem Ensemble von vier Gebäuden: auf der Hügelspitze ein Kalan mit vorgesetztem Vestibül, eine ›Bibliothek‹ an dessen Südseite, ein Gopura im Osten des Kalan und südwestlich von ihm ein Stelenturm. Der schlichte Kalan besitzt ein pyramidenförmiges dreiteiliges Dach mit Ecktürmen auf jeder Ebene, die zum Vorbild für nachfolgende Cham-Heiligtümer wurden. Die ›Bibliothek‹ mit bootsförmig geschwungenem Dach gilt aufgrund ihrer ornamentalen Verzierung an der Fassade als ein Meisterwerk der Cham-Architektur. An ihrer Basis sind Garudas in den Ziegelstein gearbeitet, die mit ihren ausgestreckten Armen die Seitenwände des länglichen Baus zu stützen scheinen. Etwas südwestlich ragt der Stelenturm mit vier schlanken, nach oben hin spitz zulaufenden Torbögen empor: der einzige, der bei Cham-Heiligtümern erhalten blieb. Im Osten ist dem Kalan ein nahezu dekorloser Gopura vorgelagert. Es gilt als gesichert, dass der Thap Bac zu Beginn des 11. Jh. errichtet wurde, kurz nachdem die Cham ihre Hauptstadt des Vijaya-Reiches hierher verlegten. Mit ihm scheint sich der Trend durchgesetzt zu haben, Heiligtümer auf Hügeln zu errichten.

Nur noch zwei der drei **Kalan von Hung Thanh** sind heute erhalten. Daher wird das 2 km nordwestlich von Qui Nhon an der Verbindungsstraße zur N 1A gelegene Heiligtum auch Thap Doi (Doppelturm) genannt. Die sich verjüngenden, pyramidenförmigen vier Dachseiten lassen eine Verwandtschaft mit den Türmen von Angkor Wat erkennen, daher wird er ins 12. Jh. datiert.

Entlang des Con-Flusses

Weitere Cham-Kalan sind entlang der Straße N 19 nach Plei Ku (Play Cu) zu finden, welche durch eine vom Con-Fluss gespeiste fruchtbare Ebene führt. Etwa 20 km westlich der Abzweigung von der N 1A biegt eine schmale Straße nach rechts ab, die in einen nur mit dem Zweirad befahrbaren Weg übergeht. Nach 2 km taucht der einzeln stehende **Kalan Thu Thien** auf. Er wird aufgrund stilistischer Ähnlichkeiten mit Canh Tien und Thoc Loc ins 13. Jh. datiert.

Nur 3 km Luftlinie trennen den Tempelturm vom nördlich des Con-Flusses gelegenen Heiligtum Duong Long. Allerdings kann dieses nur erreicht werden, wenn man wieder zur N 19 zurückkehrt, 7 km weiter bis nach Tay Son fährt und dort nach rechts in eine teilweise ungeteerte Straße abzweigt. Sie führt im Dorf Phu Phong am **Quang-Trung-Museum** – zur Erinnerung an die Rebellion der Tay-Son-Brüder (s. S. 73f.) – vorbei und biegt in Richtung Osten ab zum etwa 12 km entfernt liegenden Dorf Tay Binh.

Dort stehen die drei 25 bzw. 30 m hohen Sanktuarien **Duong Long**, auch Thap Nga (Elfenbeinturm) genannt. Sie sind deshalb von Bedeutung, weil sie unbestritten Einflüsse der Khmer-Kunst des 12. Jh. aufweisen und sich daher von anderen Cham-Tempeln deutlich unterscheiden. Zahlreiche Kriege einerseits und gute Beziehungen

Am 5. Tag des ersten Mondmonats (Februar) findet in Phu Phong das Tay-Son-Festival statt. Es erinnert an den Sieg von Nguyen Hue, dem späteren König Quang Trung, über die Armee der chinesischen Qing-Dynastie am Tet-Fest des Jahres 1789.

andererseits prägten im 12. Jh. das Klima zwischen Khmer und Cham. Offensichtlich fand dieser rege Kontakt seinen Niederschlag in der Sakralarchitektur. Gut erkennbar ist dies an dem sich sanft verjüngenden, pyramidenförmigen Dachaufbau und dessen rundem, lotosförmigem Abschluss aus Sandstein (Skt.: *amalaka*). Man fühlt sich an die Shikharas von Khmer-Sanktuarien aus der Angkor-Wat-Periode erinnert. Auch die vertikalen Abstufungen der Seitenwände anstelle der üblichen Pilaster finden ihr Vorbild in Khmer-Prasats jener Zeit. Ganz besonders deutlich weisen aber die Naga-Schlangen über den Türen und Scheintüren Ähnlichkeiten mit jenen von Angkor Wat auf. Am besten erhalten sind die auf drei Ebenen angeordneten fünf- bzw. siebenköpfigen Nagas über der Scheintür an der Südseite des Nordturms und über dem Nordeingang des Südturms. Insgesamt nimmt der Sandstein eine gewichtigere Rolle ein als bei Cham-Türmen üblich, wie an den Rahmen der Vestibüle – heute nahezu verschwunden – und Scheintüren zu sehen ist. Trotz aller Fremdeinflüsse verdeutlichen die drei Kalans die Individualität der Cham-Kunst.

Unterwegs nach Nha Trang

Die 240 km lange Strecke zwischen Qui Nhon und Nha Trang zählt zu den attraktivsten auf der Fahrt gen Süden. Sie führt über mehrere Pässe, die schöne Ausblicke auf die Küstenlandschaft bieten.

Ein Halt lohnt sich nach etwa 120 km am **Nhan Thap** (Schwalbenturm) – vermutlich 11. Jh. – auf einem Berg nördlich des Da-Rang-Flusses bei Thuy Hoa. Über die Pässe Deo Ca und Deo Dai Lanh gelangt man zur **Van-Phong-Bucht** mit der 30 km langen Halbinsel Hon Gom. Hier gibt es Fischerdörfer, Strände und Sanddünen. Nachdem man 83 km nördlich von Nha Trang mit dem Deo Co Ma (Pferdehals-Pass) einen weiteren Pass überwunden hat, laden 19 km vor Nha Trang die drei **Wasserfälle von Ba Ho** zu einer Rast ein.

Nha Trang

Besonders sehenswert:
Po Nagar ☆

Klima und Lage machen die 270 000-Einwohner-Stadt an der Mündung des Cai-Flusses zu einem der beliebtesten Urlaubsziele Vietnams. Dies wusste schon der Schweizer Arzt Alexandre Yersin zu schätzen, der sich hier im Juli 1891 niederließ; ebenso der letzte Nguyen-Herrscher Bao Dai, dem man in den 1920er Jahren fünf Villen – mit traumhaftem Meeresblick – erbaute. Die Stadt wurde erst 1653 von vietnamesischen Einwanderern gegründet, nachdem die dort siedelnden Cham weiter nach Süden abgedrängt worden waren. Zuvor lag hier das religiöse und kulturelle Zentrum des südlichen Cham-

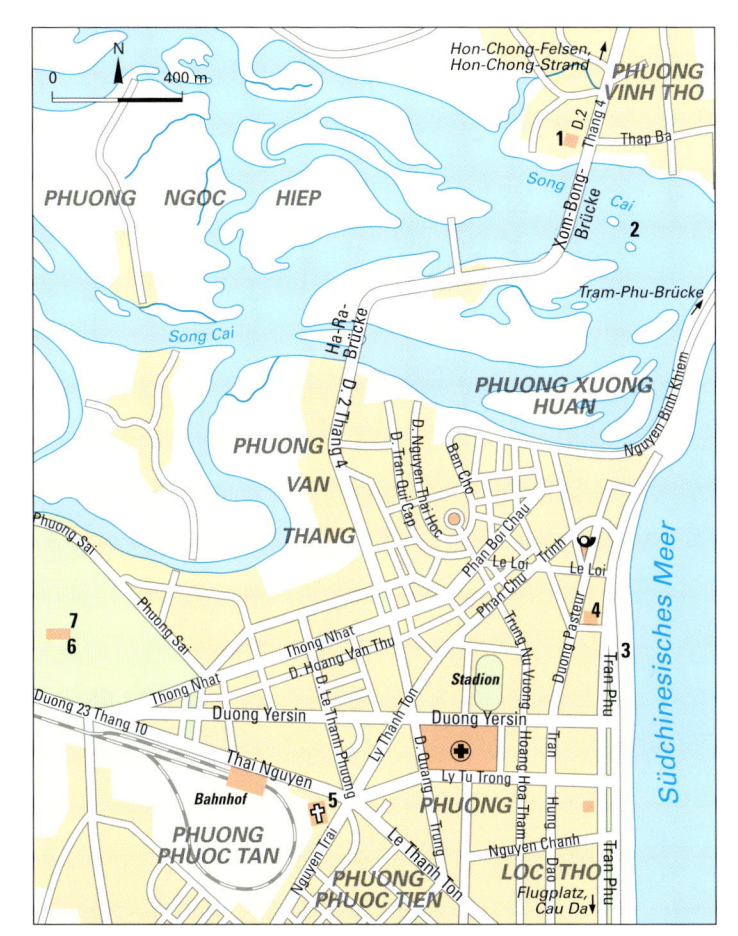

Der Po-Nagar-Tempel

Nha Trang
1 Po-Nagar-Tempel
2 Hafen
3 Stadtstrand
4 Pasteur-Institut
5 Kathedrale
6 Chua Long Son
7 Buddha-Statue

Königreiches Kauthara. Von dessen Namen Aya Trang (Flussschilf) leitet sich der Name Nha Trang ab. Heute ist die Stadt Verwaltungssitz der Provinz Khanh Hoa, in der die Menschen hauptsächlich vom Reichtum des Meeres, der Landwirtschaft und in zunehmendem Maße vom Tourismus leben.

Der Po-Nagar-Tempel (1)

Hauptsehenswürdigkeit der Stadt ist der im Norden auf einer Anhöhe liegende Po-Nagar-Tempel (Thap Ba), der im Gegensatz zu den meisten Cham-Heiligtümern noch genutzt wird. Hier, im religiösen Zentrum ihres Herrschaftsgebietes Kauthara, verehrten die Cham viel-

Vietnam: Nha Trang

Po Nagar

leicht schon ab dem 4. Jh. die Himmlische Mutter der Königsstadt, Po Yang Ino Nagar. Mehrere zwischen dem 8. und 14. Jh. datierte Inschriften erzählen von der bewegten Geschichte des Tempels. In ihnen werden übrigens erstmalig die Namen für Kambodscha, *Kambu*, und die birmanische Tempelstadt Bagan (Pagan), *Pukam*, erwähnt. Des Weiteren ist beispielsweise bekannt, dass zehn Jahre nach dem Niederbrennen eines Heiligtums aus Holz durch die Armeen der javanischen Shailendra-Dynastie König Shri Satyavarman 784 einen neuen

Der Po-Nagar-Tempel

Bau aus Ziegelstein errichten ließ. Doch auch dieser fiel der Zerstörung zum Opfer.

Die ältesten sichtbaren Relikte sind die in vier Reihen angeordneten 24 oktogonalen Säulenstümpfe des rechteckigen **Mandapa** aus dem Jahr 817 am Fuß des Hügels. Sie stützten ein Satteldach aus Holz und Ziegel, das allerdings schon lange verschwunden ist. Eine Besonderheit stellen die fehlenden, bei Vorhallen der Cham sonst üblichen Seitenmauern dar.

Vom Mandapa führte eine steile Treppe zu dem auf einer Achse gelegenen **Haupt-Kalan**. Die heutigen Besucher gelangen über eine moderne Treppe seitlich des Mandapa auf die obere Ebene mit vier intakten Cham-Türmen. Sie werden von dem knapp 23 m hohen Haupt-Kalan, heute Nordturm genannt, überragt. Er stammt aus dem 11. Jh. und prägt mit seinem konisch geformten dreiteiligen Dach und den nach oben spitz zulaufenden Scheintüren an drei Seiten einen eigenen Stil. Auf allen drei Ebenen sind an den Dachecken Miniatur-Kalan aufgesetzt. Bemerkenswert sind die dekorierten Doppelpilaster an den kaum verzierten Seitenwänden. Der Kalan besitzt im Osten ein Vestibül, durch das die Besucher unbeschuht nach innen gelangen. Die Sanskrit-Inschriften auf den Sandsteinrahmen des Eingangs berichten über Schenkungen an die Gottheit zwischen dem 11. und 13. Jh. Im Giebelfeld wird Durga als Mahisha Suramardini auf einem Wasserbüffel stehend gezeigt; der Dämon hatte sich gerade in jenem Moment in einen Wasserbüffel verwandelt, als die mit allen Waffen der Götter ausgestattete Gemahlin Shivas ihn tötete. Sie hält die Attribute der drei höchsten Gottheiten in ihren Händen: Dreizack (Shiva), Lotosblume (Brahma) und Chakra-Rad (Vishnu). Im Innern des Kalan blieben die Eisenholztüren erhalten. König Jaya Parameshvaravarman (reg. 1044–60?) stiftete laut Inschrift 1050 die zehnarmige, 1,2 m große Kultfigur, ihr Haupt ist allerdings neueren Datums. Als Basis der mit einem prächtigen gelben Gewand ausgestatteten Figur dient ein Lotosthron, der wiederum auf einem Yoni ruht. Erst viel später kamen die beiden Po-Yang-Ino-Nagar-Statuen seitlich von ihr hinzu. Zwei Wächter-Elefanten aus Eisenholz, die aus dem 8./9. Jh. stammen sollen, flankieren die Hauptkultfigur.

Im **Nordwestturm** – er wird der zweiten Hälfte des 10. Jh. zugeordnet und war Ganesha geweiht – ist das bootsförmig geschwungene Dach mit Verzierungen in Form gerollter Blätter sehenswert. An den Seiten des quadratischen Mittelbaus – der übrigens keine Scheintüren aufweist – sind Tierdarstellungen in den Ziegelstein gearbeitet: im Süden Garuda, im Norden ein Löwe und im Westen wahrscheinlich Indra auf Airavata.

Auch wenn das Dach stark verwittert ist, zeichnet sich der südlich des Haupt-Kalan anschließende **Zentralturm** durch die für den Binh-Dinh-Stil (12. Jh.) typische Eleganz aus. Die Basis von Kalan und Vestibül, bei denen Ziegelsteine eines Vorgängerbaus Verwendung fanden, ist mit Lotosblüten verziert. Im kargen Innern wird ein kleiner Lingam, dessen Basis das Frauenbrustmotiv aufweist, verehrt.

Po Yang Ino Nagar wurde ursprünglich vom südlichen Cham-Clan als Mutter- und Fruchtbarkeitsgottheit verehrt. Mit zunehmendem Einfluss des Hinduismus verband sich mit ihr der Kult um Bhagavati (Parvati), der Gefährtin Shivas. Die ab dem 16. Jh. das Land kolonisierenden Vietnamesen vereinnahmten auch die Göttin und nennen sie bis heute Thien Yana oder Thien Y Thanh Mau, himmlische Mutter. Dreimal im Jahr werden ihre Gewänder gewechselt, ihr Fest findet am 20.–23. Tag des dritten Mondmonats (April/Mai) statt.

Auch der benachbarte **Süd-Kalan** birgt im Innern einen Lingam. Vom einst dahinter stehenden **Westturm** – eine Stiftung König Vikrantavarmans III. im 9. Jh. – blieb nichts erhalten.

Weitere Sehenswürdigkeiten

Auf dem Weg vom Po Nagar in die Stadt empfiehlt sich ein Fotostopp am vielleicht schönsten **Hafen** (2) Vietnams. Die im Mündungsbereich des Cai-Flusses liegenden bunten Fischerboote und markanten runden Korbboote (*thung chai*) lassen sich gut von der schmalen Xom-Bong-Brücke oder der neueren, weiter östlich gebauten Brücke überblicken. Am 6 km langen **Stadtstrand** (3), gesäumt von Kasuarinen und Kokosnusspalmen, kann man wunderbar flanieren oder in einem der einfachen Cafés entspannen. Entlang der parallel zum Strand verlaufenden Tran-Phu-Straße stehen die großen Hotels der Stadt, Restaurants laden zur Einkehr ein. Wer etwas mehr Ruhe bevorzugt, wird sich am weiter nördlich liegenden Hon-Chong-Strand wohl fühlen. Er beginnt hinter dem sagenumwobenen Hon-Chong-Felsen.

Nachdem Yersin mehrere Jahre in Paris mit Louis Pasteur zusammengearbeitet und dort mit einem Mitarbeiter den Diphtherie-Erreger entdeckt hatte, folgte 1894 in Hong Kong die Entdeckung des später nach ihm benannten Pestbazillus Yersinia pestis.

Dem Schweizer Arzt Dr. Alexandre Yersin (1863–1943) ist im 1895 von ihm gegründeten **Pasteur-Institut** (4), dem ersten außerhalb Frankreichs, ein Museum gewidmet. Yersin kam 1891 nach Vietnam, ihm verdanken die Vietnamesen (und nicht nur sie) viel: Impfstoffe, Reformen im Gesundheitswesen, die Frühwarnung vor Taifunen – und den Ferienort Da Lat. Zudem machte er den Kautschuk- (*Hevea brasiliensis*) und Chinarindenbaum (*Cinchona ledgeriana*) zur Gewinnung von Latex bzw. Chinin heimisch. Sein einfaches Grab liegt auf einem Hügel beim Dorf Suoi Dau, 20 km südlich von Nha Trang.

Einen Besuch wert ist auch die 1933 fertig gestellte, auf einer Anhöhe unweit des **Bahnhofs** (5; Ga Nha Trang) liegende neogotische **Kathedrale** (6) mit schönen Glasfenstern. Von dem meist nur abends geöffneten Gotteshaus gelangt man über die Duong Thai Nguyen zum wichtigsten buddhistischen Kloster der Stadt, dem **Chua Long Son** (7). Die Pagode des Drachenberges stammt aus dem Jahr 1886, wurde aber mehrfach verändert, zuletzt 1975. Auf dem Klostergelände befindet sich eine bedeutende Mönchsschule. Rechts vom Hauptgebäude des Chua führen 152 Stufen zur weithin sichtbaren **Buddha-Statue** (8) auf dem Trai-Thuy-Hügel. Am Sockel der 14 m hohen, gleißend weißen Figur befinden sich von Flammen eingerahmte Porträts von Mönchen und Nonnen, die sich aus Protest gegen die Buddhistenverfolgung unter Diem verbrannt hatten. In Mauernischen rund um die 1967 errichtete Statue werden die Urnen Verstorbener aufbewahrt.

Nicht auslassen sollte man eine Bootstour zu einer der vorgelagerten Inseln. Wer gerne schnorchelt, kann **Hon Che** (Bambusinsel) oder **Hon Mun** (Ebenholzinsel) ansteuern. Auf **Hon Yen** (Schwalbeninsel) werden aus Vogelspeichel bestehende Schwalbennester geerntet und zu Unsummen an meist ostasiatische Kunden verkauft – Schwalbennestersuppe gilt als wahre Delikatesse. Einen Einblick in die maritime Welt geben eine Fischfarm mit Aquarium auf der Insel **Hon Mieu** (auch Hon Tri Nguyen) und etwas wissenschaftlicher das 1923 erbaute **Ozeanografische Institut**, 6 km südlich der Stadt.

Von Nha Trang nach Saigon

Abwechslungsreiche Landschaft prägt die letzten 450 km auf der gut ausgebauten N 1A bis zur südvietnamesischen Metropole. Höhenzüge wechseln sich mit Ebenen ab, in denen die größeren Städte wie etwa **Cam Ranh**, 50 km südlich von Nha Trang, liegen. Der dortige 20 km lange Naturhafen war abwechselnd ein Stützpunkt US-amerikanischer und russischer Kriegsschiffe. Unterwegs fallen riesige Becken zur Gewinnung von Meersalz auf. Mit nur 700 mm Niederschlag im Jahr gehört das Gebiet zur trockensten Region Vietnams. Daher werden vorwiegend Mais, Tabak und die ursprünglich aus Mexiko stammende Drachenfrucht (*thanh long*) angebaut.

14 km vor Phan Rang erblickt man auf der linken Straßenseite eines der ältesten Cham-Sanktuarien, **Hoa Lai**. Von den ehemals drei Kalan blieben lediglich zwei erhalten, der mittlere wurde im Ersten Indochinakrieg zerstört. Das ursprünglich von einer Mauer (200 x 150 m) umgebene Heiligtum wird ins späte 8./frühe 9. Jh. datiert. Am besten erhalten ist der massiv wirkende Nord-Kalan. Neben den markant vorgezogenen Scheintüren mit doppelten Spitzbögen sind die Pilaster mit feinen floralen Mustern sehenswert. In das Dachgesims sind Garudas mit ausgebreiteten Flügeln gearbeitet. Trotz schlechten Zustands des dreistufigen Dachaufbaus lassen sich die Verzierungen noch gut erkennen. Das schmucklose Innere zeugt von der hervorragenden Verarbeitung des Ziegelsteins. Kleiner und schwerfälliger wirkt der Süd-Kalan, der ebenfalls mit feinen, wenn auch etwas schlichteren Mustern dekoriert ist.

Schließlich gelangt man nach **Phan Rang** (105 km südlich von Nha Trang), dem Zentrum des letzten Reiches der Cham, Panduranga. Als einziges Cham-Reich bestand dies nach dem Fall von Vijaya (1471) noch fort, geriet aber bald ebenfalls in die Abhängigkeit der vietnamesischen Machthaber. 1832, als der Nguyen-König Minh Mang seine Herrschaft zentralisierte, verschwand es dann völlig. In der näheren Umgebung gibt es heute eine Reihe zumeist muslimischer Cham-Gemeinden wie z. B. das Dorf **Tuan Tu**. Einige Cham pflegen weiterhin ihre traditionellen Kulte, bedecken ihr Haupt mit einem kunstvoll gebundenen Baumwolltuch, die Männer bekleiden sich bisweilen mit einem Sarong. Mit dem an der N 20 nach Da Lat (108 km) gelegenen Ort **Thap Cham** bildet Phan Rang eine Doppelstadt mit insgesamt fast 90 000 Einwohnern.

Besonders sehenswert:
Po Klong Garai ☆

Die Kalan von Hoa Lai weisen im Dekor Ähnlichkeiten mit dem Prasat Damrei Krap auf dem Phnom Kulen und dem Wat Keo im südthailändischen Chaiya auf. Diese wiederum sind stark von der religiösen Architektur auf Zentral-Java beeinflusst. Dort erreichte die Shailendra-Dynastie (760–900) im 8./9. Jh. ihren Zenit und schuf mit dem Borobudur ein architektonisches Meisterwerk.

Vietnam: Von Nha Trang nach Saigon/Zentrales Hochland

> »Es ist nicht nur in den Himmeln, dass Könige, ihre Verwandten, und manchmal andere aus ihren Kreisen, zu Göttern werden. Es ist in erster Linie in dem begrenzten Bereich eines Gebietes. Sie werden nicht Shiva oder Prajñaparamita, sondern der Shiva oder die Prajñaparamita eines bestimmten Tempels (…) So geschieht Apotheose, aber in einer konkreten Form.«
>
> Paul Mus

Der Name Thap Cham, Cham-Turm, kommt nicht von ungefähr, liegt doch etwas außerhalb auf dem Betelnuss-Hügel (Doi Trau) das wohl am besten erhaltene Cham-Heiligtum **Po Klong Garai**. Das von einer Mauer eingefasste Tempelensemble präsentiert sich seit seiner Restaurierung durch polnische Experten (1981–90) in recht gutem Zustand und zeigt die klassische Anordnung: Auf einer Ost-West-Achse liegen Gopura, Mandapa und Kalan mit ausgeprägtem Vestibül im Osten, links versetzt eine ›Bibliothek‹. Dass das Heiligtum Shiva geweiht war, erkennt man am Shiva Nataraja über dem Eingang, dem Bullen Nandi im Vestibül und schließlich einem Mukha-Lingam (15./16. Jh.) mit dem Antlitz eines Cham-Königs im 20,5 m hohen Kalan. Die Cham nennen ihn König (Po) Klong Garai, doch ist seine Identität unklar. Vielleicht handelt es sich um ein Bildnis des Stifterkönigs Jaya Simhavarman III. (reg. ca. 1287–1307), der hier gemäß der Inschriften an den Seiten des Eingangs als »Shri Jaya Simhavarmalingeshvara« verehrt wurde und dem Tempel »Felder, Sklaven und Elefanten« zuerkannte. Die recht grobe Architektur mag die von Kriegen gegen die Mongolen geprägte Zeit widerspiegeln. An den Außenfassaden fehlen fast völlig die feinen Muster, die Pilaster sind sehr schlicht gestaltet. Flammen umgeben die spitzen Doppelarkaden sowohl an den drei Scheintüren als auch am Haupteingang des Kalan. In Mauervertiefungen an den Scheintüren ist jeweils eine unbekannte Gestalt im Lotossitz mit gefalteten Händen dargestellt. Ähnliche Figuren finden sich in Nischen des konisch geformten dreistufigen Daches, dessen ausgeprägte Ecktürme in Lotosknospenform dem Turm ein grobes Aussehen geben. Vom Mandapa blieb lediglich die Plattform erhalten; hingegen ist die ›Bibliothek‹ mit zwei Kammern im Innern und einem schiffförmigen Dach in recht gutem Zustand. Alljährlich feiern die Cham am 1. Tag des siebten Monats ihres Kalenders (Ende Oktober/Anfang November) hier ihr Kate-Fest.

Po Rome, 15 km südlich von Phan Rang, bildet den zeitlichen und künstlerischen Schlusspunkt der Cham-Kunst. Das Heiligtum liegt bei dem Dorf Hau Sanh, 8 km westlich der N 1A. Im 15./16. Jh. errichtet, versucht der auf einem Hügel stehende Kalan mit wenig Erfolg den Po Klong Garai nachzuahmen. Durch die lotosknospenförmigen, dabei scharfkantigen Ecktürme des dreiteiligen Daches wirkt der gedrungene Bau sehr unharmonisch. Im Inneren wird König (Po) Rome (reg. 1629–51) in Form eines Basreliefs (mit sehr realistischer Darstellung des Herrschers) als Shiva verehrt. Außerhalb steht zu seiner Erinnerung – er beging in vietnamesischer Gefangenschaft Suizid – eine Grabstele. Der Königin ist ebenfalls ein kleiner Schrein gewidmet.

Auf der Weiterfahrt entlang der N 1A Richtung Süden passiert man 32 km hinter Phan Rang den herrlichen **Sandstrand Ca Na**. Strände sind es auch, die Besucher in den Osten von Phan Thiet locken, wo auf der **Halbinsel Mui Ne** direkt am Meer schöne Resorts zum Verweilen einladen. Beliebt als Ausflugsziele sind die gewaltigen, vor allem im Morgenlicht feuerrot leuchtenden Sanddünen – ein bevorzugter Hintergrund für Modefotografen – und die beiden Kalan des

Po Rome

7 km nordöstlich von Phan Thiet auf einem Hügel liegenden Cham-Tempels **Phu Hai** (auch Pho Hai) aus dem 8. Jh.

Die verbleibenden 200 km bis nach Ho-Chi-Minh-Stadt führen an Drachenfrucht-, Cashewnuss-, Zuckerrohr- und Kautschukplantagen vorbei. Von der Industriestadt **Bien Hoa**, in der sich nach der Teilung des Landes 1954 viele Katholiken aus dem Norden niederließen – was an den zahlreichen Kirchen sichtbar ist – und die während des Vietnamkrieges einer der wichtigsten Stützpunkte des US-Militärs war, sind es noch 30 km bis zur südvietnamesischen Metropole.

Zentrales Hochland

Das Hochland nördlich von Da Lat wird von Touristen relativ wenig besucht. Den Städten wie Buon Ma Thuot, Plei Ku (Play Cu) oder Kon Tum fehlt es an Attraktionen. Dafür gibt ein Aufenthalt in den Dörfern der zahlreichen hier ansässigen Minderheiten einen Einblick in deren Leben. Für die Landwirtschaft spielt die Gegend als Anbaugebiet von Kaffee (3 % des gesamten Exportvolumens), Tee und Kautschuk eine wichtige Rolle.

Da Lat ☆
Besonders sehenswert:
Bao-Dai-Palast
Landschaft
Seufzersee

Da Lat

»Dat alias laetitiam, alias temperiem«, »Sie gibt Freude den einen, Erquickung den anderen«, soll Alexandre Yersin ausgerufen haben, als er 1893 bei einer Reise durch das Hochland die Landschaft rund um das heutige Da Lat sah und dort eine Forschungs- und Wetterstation gründete. Er nannte den Flecken nach der hier ansässigen Lat-Volksgruppe: Da Lat, Strom (*dak*) der Lat. 1899 wurde die 200 km lange Straße nach Nha Trang fertig gestellt, 1932 die Straße ins 310 km entfernte Saigon. Koloniale Großwildjäger und Erholungsuchende, die gerne unter sich blieben, schufen sich hier ab 1912 ihr »Petit Paris«. Heute ist die auf 1500 m Höhe gelegene »Stadt des ewigen Frühlings« mit einer Durchschnittstemperatur von 18° C insbesondere bei Vietnamesen beliebt und zu Ferien- und Festzeiten oft ausgebucht. Eingerahmt zwischen dem 2167 m hohen Lang Bian im Norden und dem 1800 m hohen Voi (Elefantenberg) im Südwesten werden in der fruchtbaren Ebene rund um die 125 000-Einwohner-Stadt auf terrassenförmig angelegten Feldern vorwiegend mitteleuropäische Blumen, Obst- und Gemüsesorten angepflanzt. Wer gerne Erdbeeren isst: Hier besteht zwischen Januar und März die Gelegenheit. Auch Weintrinker kommen auf ihre Kosten.

Am besten lässt sich die Stadt rund um den 1919 künstlich auf 5 km² aufgestauten Xuan-Huong-See mit Fahrrad oder Pferdekutsche erkunden. Südlich des nach der Dichterin Ho Xuan Huong (1768–1839) benannten Sees liegt die 1942 eingeweihte **Nha-To-Lon-Kirche** (1), deren bunte Glasfenster Besucher fast Glauben machen, in Europa zu sein. Architektonisch bizarr wirkt die **Villa Hang Nga** (2), auch

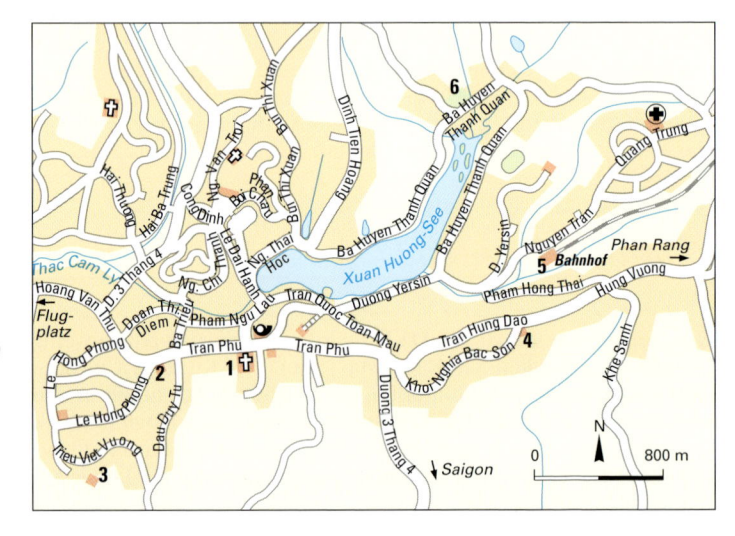

Da Lat
1 Nha-To-Lon-Kirche
2 Villa Hang Nga
3 Bao-Dai-Palast
4 Residenz des Generalgouverneurs
5 Bahnhof
6 Blumengarten

Crazy House genannt, in der Huynh-Thuc-Khang-Straße Nr. 3. Die Stalagmiten und Spinnweben nachahmende Architektur wurde von der (Lebens-)Künstlerin Dang Viet Nga entworfen, die als Tochter des ehemaligen Premiers Truong Chinh bereits künstlerische Freiheiten genießen konnte, als dies noch verpönt war. Hingegen ist der 1938 fertig gestellte **Bao-Dai-Palast** (3) sehr sachlich gehalten. Hier verbrachte der 1997 verstorbene Nguyen-König seine letzten Jahre in Vietnam, bevor er dann 1955 ins französische Exil ging. In den Räumen des zweistöckigen Gebäudes sind seine Hinterlassenschaften wie Piano, Trophäen und Fotografien zu sehen.

Die obersten Verwalter der Kolonie verbrachten ab 1933 in der **Residenz des Generalgouverneurs** (4) ihre freie Zeit. Lange Zeit als Gästehaus genutzt, harrt sie derzeit einer neuen Nutzung. Zu den schönsten Kolonialgebäuden der Stadt zählt der **Bahnhof** (5), der 1938 seiner Bestimmung übergeben wurde. Von ihm verkehrt mehrmals täglich die Crémaillère bis zum 8 km entfernten Dorf Trai Mat. Die alte Zahnradbahn verband zwischen 1928 und 1964 Da Lat mit Thap Cham.

Freunde von Lilien und Orchideen werden sicherlich im 1966 eröffneten **Vuan Hoa** (6; Blumengarten) am Nordende des Sees ihre Freude haben.

Sehenswertes in der Umgebung

Sehenswert sind einige Pagoden wie der 1 km nördlich der Stadt an einer Teeplantage gelegene **Chua Linh Son** von 1938 mit einer 1,25 t schweren Buddha-Statue aus Bronze oder der vor allem von Chinesen besuchte, 1958 gestiftete **Chua Thien Vuong** auf einem Berg 5 km südöstlich von Da Lat.

Hauptgrund für den Besuch des Höhenluftkurortes sind jedoch die landschaftlichen Reize seiner Umgebung. Weniger verirren sich verliebte Paare ins **Tal der Liebe** (Thung Lung Tinh Yieu), 5 km nördlich von Da Lat, sondern vielmehr die neue vietnamesische Spaßgesellschaft. Sie fährt hinaus, um auf dem **Da-Thien-Stausee** zu paddeln, als Cowboy verkleidet auf Ponys zu reiten oder zu picknicken. Etwas ruhiger geht es rund um den **Seufzersee** (Ho Than Tho) zu, der 6 km nordöstlich liegt. **Dörfer der Ma**, **Cho Ro** und **Lat** (Lach) – einer Untergruppe der zur Mon-Khmer-Sprachfamilie gehörenden Co Ho – können ebenfalls im Norden, etwa am Fuß des **Lang Bian**, besucht werden. Das Bergmassiv ist ein beliebtes Wandergebiet.

Im Süden von Da Lat ist das 1993 auf einem Hügel errichtete **Meditationszentrum Thien Vien Truc Lam** einen Besuch wert. Über 120 Mönche und Nonnen leben hier am Tuyen-Lam-See und üben sich mit einheimischen und ausländischen Laien-Buddhisten in strenger Meditation. Unweit der N 20 Richtung Saigon befinden sich einige Wasserfälle, die in erster Linie während und nach der Regenzeit interessant sind, wie etwa der **Datanla-** und der leider sehr kommerzialisierte **Prenn-Wasserfall**.

Man schrieb das Jahr 1788, als das Mädchen Mai Nuong beim Pilze suchen Hoang Tung begegnete. Die beiden verliebten sich ineinander und wollten heiraten. Doch Hoang Tung musste unerwartet in den Krieg ziehen, um mit König Quang Trung gegen die chinesischen Eindringlinge zu kämpfen. Er verschwand, ohne ihr Bescheid geben zu können. An seiner Liebe zweifelnd, bestellte sie ihn zu einem Treffen an den See. Doch er kam nicht und sie stürzte sich aus Verzweiflung ins Wasser. Als Hoang Trung nach seiner Rückkehr erfuhr, was sich zugetragen hatte, ging auch er in den See. Noch heute soll man das Seufzen der Liebenden vernehmen, wenn der Wind durch die Pinienbäume rauscht.

Zwischen Da Lat und Ho-Chi-Minh-Stadt

Wasserfälle – wie der **Lien Khong** (nach 30 km) und **Dambri** (nach 110 km) – befinden sich auch entlang der 310 km langen Strecke nach Saigon (Ho-Chi-Minh-Stadt). Ständige ›Begleiter‹ auf der Fahrt sind Ananas- und Teeplantagen. Maulbeerbäume werden für die gefräßigen Seidenraupen gepflanzt, z. B. bei **Bao Loc**. Nachdem sie geschlüpft sind, sich um ein Zehntausendfaches vergrößert und in Kokons eingesponnen haben, endet das Leben der Raupen nach etwa sechs Wochen in heißem Wasser. Die Kokons werden zu über 1 km langen Seidenfäden weiter verarbeitet, die Körper verspeist. In verschiedenen Familienbetrieben rund um Bao Loc können die Phasen der Seidenproduktion verfolgt werden. In dieser Region erblickt man am Straßenrand immer wieder Menschen, die ihre Körbe an einem Stirnband befestigt auf dem Rücken tragen. Es handelt sich bei ihnen meistens um Angehörige der Ma. Vom Ort Ma Da Gui führt eine 23 km lange schlechte Straße zum **Cat-Tien-Nationalpark**, ein Refugium für die letzten Exemplare des Java-Rhinozeros und andere bedrohte Tierarten wie den Gaur oder den Silber-Langur (*Trachypithecus cristatus*).

Wegen der schlechten Infrastruktur ist es am besten, den Nationalparkbesuch über eine Agentur zu buchen!

Ho-Chi-Minh-Stadt (Saigon)

Besonders sehenswert:
Chua Giac Vien ☆☆
Giac Lam ☆☆
Chua Ngoc Hoang ☆
Mieu Thien Hau ☆☆

Die Stadt scheint niemals stillzustehen. Egal, von welcher Seite man kommt, Mopeds, Fahrräder, Cyclos und Autos strömen in endlosem Fluss. Jeder wird mitgerissen und ist Teil eines undurchschaubaren Chaos – Saigon ist Bewegung. Saigon ist Lifestyle: der junge Mann im Café, in schicken Jeans mit Handy am Ohr; ›Miss Saigon‹ auf der Honda Dream, im Minikleid und mit modischer Sonnenbrille oder mehr klassisch im hauchdünnen Ao Dai mit elegantem Hut; der ausländische Geschäftsmann im Anzug auf dem Weg ins Büro. Nirgendwo in Vietnam kann man so sehr den Aufbruch des Landes verspüren wie in dieser Metropole. Werbungen für Konsumgüter ersetzen politische Parolen, modische Kleider das Grau der Uniformen. Kaum jemand nennt die Stadt bei ihrem offiziellen Namen, zu holprig und unpassend klingt Thanh pho Ho Chi Minh. Saigon klingt mondäner, nach glitzernden Hochhäusern und schmucken Kolonialbauten.

Die Stadt hat sich herausgeputzt. Alte Häuser werden renoviert, aber viel häufiger müssen sie neuen weichen. Immer weiter wächst sie in die Höhe, immer mehr in die Breite. Zahlreiche neue Siedlungen entstehen am Stadtrand. Allein in den vergangenen zehn Jahren stieg die Bevölkerung um über 500 000 auf 3,4 Millionen Menschen, in der gleichnamigen Provinz sind es weit mehr als 5,2 Millionen Einwohner. Genau weiß das niemand, denn viele sind nicht registriert. Wie ein Magnet zieht die Metropole Menschen aus der Provinz an, hier locken

Jobs. Ein Großteil der ausländischen Investitionen landet in Ho-Chi-Minh-Stadt. Doch daraus resultieren auch Probleme: Überbevölkerung, Wohnungsknappheit, soziale Verelendung, Obdachlosigkeit, Kinderarbeit, Kriminalität, Prostitution, Korruption – die Liste der unliebsamen Begleiterscheinungen ist lang.

Stadtgeschichte

Über Jahrhunderte hinweg war das Territorium um den Saigon-Fluss angestammtes Siedlungsgebiet der Khmer. Ab Ende des 16. Jh. zog es immer mehr vietnamesische Migranten in den Süden. Fürst Nguyen Phuc Nguyen (reg. 1623–34) eröffnete 1623 im heutigen Saigon ein Amt zum Einziehen von Steuern. Nicht weit davon entfernt etablierten chinesische Flüchtlinge, die nach dem Zusammenbruch der Ming-Dynastie (1644) eine neue Heimat suchten, den Handelsplatz Cholon.

Als Gründungsdatum gilt jedoch 1698. In diesem Jahr wurde Nguyen Huu Canh (1650–1700) von Fürst Nguyen Phuc Chu (reg. 1692–1715) zum Statthalter der neu geschaffenen Präfektur bestimmt. Er baute den Ort zum Militär- und Verwaltungszentrum aus. Die Bedeutung der Stadt wuchs kontinuierlich, litt jedoch wie die gesamte Region unter dem Tay-Son-Aufstand und war 1776–88 von den Tay-Son-Brüdern besetzt. 1790 ließ Nguyen Phuc Anh zur besseren Verteidigung die Zitadelle Gia Dinh errichten. Sie wurde 1859 von einer französisch-spanischen Flotte als fragwürdige Antwort auf die Unterdrückung christlicher Missionsversuche angegriffen. Drei Jahre später musste der damalige Nguyen-König Tu Duc (reg. 1847– 83) seine drei südlichen Provinzen abgeben, die von den Franzosen zur Kolonie Cochinchine zusammengefasst wurden. Zum Gouverneurssitz bestimmten die neuen Herren die Stadt Saigon, wie sie von nun an hieß. Schnell entwickelte sie ihr bis heute erhaltenes westliches Gepräge. Wasserkanäle wichen Straßen, wie der Nguyen Hue; breite Alleen durchzogen das Zentrum, eingerahmt von eleganten Kolonialbauten; Kirchen bestimmten das Stadtbild. Saigon galt als »Paris des Ostens«. 1931 legte man die stark gewachsene Stadt mit Cholon zusammen und benannte die Doppelstadt in Saigon-Cholon um.

Nach der Teilung Vietnams wurde die Metropole Hauptstadt der Republik von Vietnam (RVN). Der neue Präsident Ngo Dinh Diem residierte im alten Sitz des Generalgouverneurs. Mit dem Einzug der US-Truppen ab 1965 wurde Saigon immer ›amerikanischer‹. Nachtclubs und moderne Bauten schossen wie Pilze aus dem Boden, riesige Militäranlagen umspannten wie ein Gürtel die Stadt, der Tan-Son-Nhat-Flughafen war einer der betriebsamsten der Welt. Saigon vermochte kaum mehr dem Strom der Kriegsflüchtlinge vom Land Herr zu werden. Die Zahl der Einwohner schwoll auf über zwei Millionen an. Die dramatischsten Tage erlebte die Metropole in den letzten Tagen des April 1975. Noch heute sind die Bilder der Evakuierungsaktion vom Dach der damaligen US-Botschaft – heute wieder Kon-

Die Herkunft des Namens Sai Gon ist unklar. Einer These nach handelt es sich um eine vietnamesische Übersetzung von Prei Nokor (Wald des Kapokbaumes). So nannten die Khmer das heutige Stadtgebiet.

Operation IV war die größte Evakuierungsaktion in der US-Geschichte. In den letzten Tagen des Aprils 1975 wurden innerhalb von 18 Stunden 1373 US-Amerikaner, 5595 Südvietnamesen, 851 Angehörige anderer Nationen evakuiert, davon allein vom Grundstück der US-Botschaft 2100 Personen. 70 Hubschrauber flogen dafür 630 Einsätze.

Vietnam: Ho-Chi-Minh-Stadt (Saigon)

sulat der Vereinigten Staaten – unvergessen. Wenig später durchbrach ein Panzer der nordvietnamesischen Armee das Tor des Unabhängigkeitspalastes – Saigon war ›befreit‹. Ein Jahr danach folgte die offizielle Vereinigung mit dem Norden, die Stadt hieß fortan Thanh pho Ho Chi Minh (*thanh pho* = Stadt). Das 1978 erlassene Verbot priva-

Ho-Chi-Minh-Stadt 1 Hafenmole 2 Hotel Majestic 3 Flaniermeile Dong Khoi 4 Stadttheater 5 Hotel Continental 6 Hotel Rex 7 Hôtel de Ville (heute Sitz des Volkskomitees) 8 Ho-Chi-Minh-Statue 9 Kathedrale Notre Dame 10 Diamond Plaza 11 Hauptpostamt 12 US-Konsulat 13 Historisches Museum 14 Wiedervereinigungspalast 15 Museum für Kriegsrelikte 16 Museum von Ho-Chi-Minh-Stadt 17 Mariamman-Tempel 18 Cho Ben Thanh 19 Reiterstatue von General Tran Nguyen Han 20 Museum der Schönen Künste 21 Ho-Chi-Minh-Museum 22 Chua Ngoc Hoang 23 Den Tran Hung Dao 24 Lang Ong 25 Chua Vinh Nghiem 26 Chua Xa Loi 27 Gedenkstupa für Thich Quang Duc

ten Handels mit der darauf folgenden Enteignung führte die einst so vibrierende Metropole ins Desaster. Wem sich die geringste Möglichkeit bot, versuchte zu fliehen. Allein über eine Million Chinesen verließen das Land, als nach Einmarsch der vietnamesischen Armee in Kambodscha im Norden ein Grenzkrieg zwischen China und Vietnam ausbrach. Erst infolge der 1986 beschlossenen Doi-Moi-Politik verbesserte sich die Lage zusehends. Viel Geld stammt von den *viet kieu*, den Auslands-Vietnamesen, die bevorzugt in Ho-Chi-Minh-Stadt investieren, sodass die Metropole heute unbestrittenes Industrie- und Wirtschaftszentrum des Landes ist.

Orientierung

Ho-Chi-Minh-Stadt besitzt zwei Zentren: das quirlige **Cholon** (Quan 5 und 6) im Westen und das alte **koloniale Saigon** und heutige Geschäftsviertel (Quan 1 und 3) im Osten. Offiziell wird die 2094 km² große Metropole (einschließlich Umland) in 17 meist nummerierte Stadtbezirke (*quan*) und fünf Landdistrikte (*huyen*) eingeteilt. Der Saigon-Fluss schlängelt sich östlich der Stadt von Norden nach Süden, in Richtung Cholon führen einige Kanäle weiter bis ins Mekong-Delta. Viele Sehenswürdigkeiten befinden sich im kolonialen Teil und können zu Fuß erreicht werden. Andere liegen weit außerhalb, aber kein Problem: Taxis (*tac-xi*) mit Taxameter und Motorradtaxis (*honda om*) sind zur Genüge vorhanden.

Spaziergang mit kolonialem Ambiente

Ein abwechslungsreicher Rundgang durch das koloniale Saigon beginnt an der **Hafenmole** (1), an welcher am frühen Morgen die Alten ihre Gymnastik- und Taiji-Übungen machen und sich abends die Ton Duc Thang mit Motorbikes füllt. Ozeandampfer legen hier an, auf der anderen Seite des Saigon-Flusses leuchten nachts die Reklametafeln, Bootsfahrer werben für eine Fahrt durch die (stinkenden) Kanäle. Der beste Blick auf das Flussleben bietet sich von der Dachterrasse des gegenüberliegenden **Majestic** (2), dem 1925 eröffneten Traditionshotel. Hier ließ sich vor über 50 Jahren schon Graham Greene (1904–91) zu seinem Roman ›Der stille Amerikaner‹ inspirieren. Gute Aussicht bietet ebenfalls die Pool-Bar im 22. Stock des benachbarten Renaissance Riverside Hotel. Dazwischen liegt die alte und neue Flaniermeile **Dong Khoi** (3), ehemals Rue Catinat. Schicke Geschäfte und edle Boutiquen wechseln sich mit Bars und Restaurants ab, ein Elysium für die neue Mittelklasse und Touristen.

Schließlich erreicht man den breiten Le-Loi-Boulevard, der am rechts liegenden **Stadttheater** (4) endet. Von dem Franzosen Ferré nach dem Vorbild der Architektur der dritten französischen Republik entworfen, diente es den Kolonialherren seit seiner Eröffnung 1899 zur kulturellen Erbauung. Weniger erbaulich waren hingegen die Sit-

Vietnam: Ho-Chi-Minh-Stadt (Saigon)

Im Rex Trading Center informierte während des Vietnamkrieges der US Information Service die Reporter täglich um 17 Uhr über die aktuellsten Kriegsereignisse – wie unverfälscht, ist heftig umstritten.

zungen des südvietnamesischen Marionettenparlamentes, die hier bis 1975 stattfanden. Heute hat wieder die Kunst das Sagen, von der Modenschau bis zum Popkonzert. Fast ehrfürchtig steht man vor dem 1880 erbauten **Continental** (5), stiegen doch in diesem Hotel an der Ecke Le Loi/Dong Khoi zahlreiche literarische Größen ab. Das einst zugehörige Terrassencafé existiert allerdings nur mehr in Romanen. Dort hatte es bereits William Somerset Maugham (1874–1965) in den 1920er Jahren genossen, unter der Markise zu sitzen und in den lokalen Zeitungen die hitzigen Debatten über Ereignisse in der Kolonie oder lokale Affären zu verfolgen. Heute kann man dies unter schattigen Frangipani-Bäumen im Innenhof des Hotels tun.

Der Le Loi entlang nach Westen folgend, ragt an der Ecke zur Nguyen Hue die markante Fassade eines weiteren geschichtsträchtigen Hotels in die Höhe, des **Rex** (6). Seine ›Karriere‹ begann Anfang des 20. Jh. als Bainier-Garage – das seinerzeit größte Autohaus in Indochina –, 1959 wurde es in das Rex Trading Center umgewandelt. Auf der etwas kitschig dekorierten Dachterrasse des seit 1975 als Hotel geführten Gebäudes treffen sich abends Touristen und Einheimische zum Drink, um den endlosen Strom von Mopedfahrern auf den Boulevards zu beobachten.

Das **Hôtel de Ville** (7), der nicht zugängliche Sitz des Volkskomitees (Uy Ban Nhan Dan) von Ho-Chi-Minh-Stadt, steht am Ende der als Boulevard Charner angelegten breiten Nguyen Hue. Das zwischen 1901 und 1908 errichtete Verwaltungsgebäude ahmt architektonisch das 20 Jahre zuvor fertig gestellte Rathaus von Paris nach. Mit seinem Uhrturm und den roten Frontdächern sowie den Schnörkelverzierungen an der Fassade ist es das wohl meistfotografierte Bauwerk der Stadt. Einheimische und Fremde treffen sich gerne auf der ihm vorgelagerten Grünanlage zum Gruppenfoto. Dort steht auch ein weiteres beliebtes Motiv: die sympathische **Statue von »Onkel Ho«** (8; Bac Ho), Ho Chi Minh, mit Kindern im Arm.

Rathaus und »Onkel Ho«

Von hier führt der Weg zurück zur Dong Khoi, die in nordwestlicher Richtung am Vorplatz der neoromanischen **Kathedrale Notre Dame** (9; Nha Tho Duc Ba) endet. Am 7. Oktober 1877 begonnen, fand der rote Backsteinbau drei Jahre später seine Vollendung. Die Spitzen der beiden 40 m hohen Türme wurden erst um 1900 hinzugefügt und überragten lange Zeit die Dächer der Stadt. Heute stehen sie im Schatten des gläsernen **Diamond Plaza** (10), das einige hundert Meter weiter nordwestlich steht. Nicht nur der Briefmarken wegen lohnt sich der Besuch des 1886–91 erbauten **Hauptpostamts** (11; Buu Dien) an der rechten Seite vor der Kathedrale. In den neoklassizistischen Bau ließ der Architekt nach der Mode der Zeit Träger und Verstrebungen aus Gusseisen integrieren, sichtbar am verglasten Eingang und im Inneren des Gebäudes. Sie stammen aus der Werkstatt von Alexandre Gustave Eiffel. Auf Messingtafeln an der unteren Fensterreihe des Hôtel des Postes ließ die selbstbewusste Grande Nation die Namen bedeutender Geistesgrößen wie René Descartes, Benjamin Franklin und André Marie Ampère verewigen.

Koloniales Ambiente

Innenraum des Hauptpostamtes

An den Seitenwänden im Inneren befinden sich zwei Landkarten von Saigon und Süd-Vietnam während der Kolonialzeit.

Auf dem Le-Duan-Boulevard hinter dem katholischen Gotteshaus kann man sich entscheiden, ob man nach rechts in Richtung Botanischer Garten weitergehen will oder nach links Richtung Wiedervereinigungspalast. Wer sich nach rechts wendet, passiert an der Ecke der Duong Mac Dinh Chi das **Konsulat der USA** (12; s. S. 191). Am Ende des Boulevards liegt der 1864/65 von dem französischen Botaniker J. B. Louis Pierre (1833–1905) angelegte Botanische Garten und Zoo (Thao Cam Vien), auf dessen 20 ha großem Gelände sich auch das **Historische Museum** (13; Bai Tang Lich Su) befindet. Der Eingang zum 1929 als Musée Blanchard de la Bosse errichteten Gebäudes liegt jedoch an der quer verlaufenden Nguyen Binh Khiem. Die 16 Ausstellungsräume dokumentieren die Entwicklung Vietnams bis in die Gegenwart. Von Bedeutung sind vor allem Ausstellungsstücke aus den frühen indisierten Kulturen, z. B. in den Räumen 10 und 11 die Funde aus dem Funan- (1.–7. Jh.) und Zhenla-Reich (7.–9. Jh.). Darunter finden sich eine Lokeshvara- (7./8. Jh.) und eine Uma-Statue (8. Jh.), eine Buddha-Skulptur aus Eisenholz (6. Jh.?) sowie Münzen des römischen Kaisers Antonius Pius (reg. 138–161) und der persischen Sassaniden-Dynastie (224–642). Raum 13 birgt eine Sammlung von Cham-Skulpturen. Herausragende Qualität besitzen ein stehender Bronze-Buddha (4. Jh.) aus dem buddhistischen Kloster Dong Duong sowie eine Tänzer- und Lakshmi-Darstellung aus Tra Kieu (10. Jh.).

Seit 1976 in den Räumen des **Wiedervereinigungspalastes** (14) am anderen Ende der Le Duan der Zusammenschluss Vietnams beschlossen wurde, heißt dieses nüchtern wirkende Gebäude Halle der Einheit (Hoi Truong Thong Nhat). Früher trug es andere Namen: Seinen 1868 errichteten Vorgängerbau nannten die französischen Kolonial-

Vietnam: Ho-Chi-Minh-Stadt (Saigon)

Der Palast wurde Schauplatz des wohl bedeutendsten Tages der jüngeren Geschichte Vietnams, als am 30. April 1975 ein Panzer der nordvietnamesischen Armee das Tor durchbrach. Kurze Zeit später erklärte der gerade zum Präsidenten ernannte General Duong Van Minh (»Big Minh«) die bedingungslose Kapitulation. Big Minh: »Ich warte seit dem frühen Morgen darauf, Ihnen die Macht zu übergeben.« »Es ist keine Frage der Machtübergabe«, antwortete Bui Tin, »Ihre Macht ist zerbrochen. Sie können nichts abgeben, was Sie nicht besitzen!« Um 11.30 Uhr wehte die rote Flagge mit dem Stern auf dem Dach, der Zweite Indochinakrieg nahm hier sein Ende.

herren zu Ehren des damaligen kambodschanischen Königs Palais Norodom. Er diente dem Generalgouverneur als Dienstsitz. Nach der Zweiteilung des Landes 1954 zog der südvietnamesische Präsident Ngo Dinh Diem mit seiner Familie dort ein und nannte ihn Unabhängigkeitspalast (Dinh Doc Lap). Wie sehr Diem verhasst war, musste er spätestens am Morgen des 27. Februar 1962 erkennen, als zwei Piloten der südvietnamesischen Luftwaffe seinen Palast bombardierten. Das alte Gebäude war zwar nach dem Angriff nur gering beschädigt, doch ließ es der Präsident aus Sicherheitsgründen abreißen. Der 1966 fertig gestellte jetzige 4500 m^2-Bau ist in einen 12 ha großen Park eingebettet. Die im Geschmack der Zeit eingerichteten 95 Räume verteilen sich über sechs Stockwerke, davon zwei unterirdisch. Kaum etwas erinnert daran, dass sich das Gebäude – es wurde von dem in Frankreich ausgebildeten Architekten Ngo Viet Thu geplant – in Asien befindet. Kunstledersessel und tiefe Teppichböden in den verschiedensten Farben dominieren die Innenausstattung. Die meisten Räume können besichtigt werden, außer sie werden für Ausstellungen und Konferenzen benötigt.

Wohl das meist besuchte Museum Saigons ist das nur zwei Straßenzüge weiter nördlich in der Vo Van Tan, Ecke Le Qui Don, gelegene **Museum für Kriegsrelikte** (15; Bao Tang Chung Tich Chien Tranh) im ehemaligen Sitz der U.S. Information Agency (USIA). Wie jene damals ein einseitiges Bild der Kriegsereignisse aus US-amerikanischer Perspektive zeichnete, so haben die ausgestellten Fotografien und Kriegsgeräte nunmehr die Funktion, durch das Dokumentieren von Kriegsopfern und verwüstetem Land die Kriegsverbrechen der Vereinigten Staaten darzustellen. Allein die nackten Zahlen sprechen für sich: 7,85 Millionen Tonnen abgeworfene Bomben, 72 Millionen Liter versprühte Entlaubungsmittel (davon 42 Millionen Liter dioxinhaliges Agent Orange), 352 Milliarden US-Dollar Kriegsausgaben...

Auf dem Weg zurück in Richtung Zentrum entlang der belebten Duong Pasteur lohnt sich ein Besuch des **Museums von Ho-Chi-Minh-Stadt** (16; Bao Tang Thanh Pho Ho Chi Minh) an der Ly Tu Trong. Die Ausstellung im schmucken Kolonialbau von 1890 – einst offizielle Residenz des Gouverneurs von Cochinchine – ist der Geschichte der südvietnamesischen Metropole gewidmet. Zwar mag man über die einseitige Geschichtsdarstellung streiten, trotzdem vermittelt das ehemalige Revolutionsmuseum einen guten Überblick über Saigons bewegte Vergangenheit.

Wer die südlich des Museums verlaufende Querstraße Le Thanh Ton in Richtung Südosten geht und anschließend in die Truong Dinh einbiegt, trifft auf den hinduistischen **Mariamman-Tempel** (17; Chua Ba Mariamman). Er wurde Ende des 19. Jh. von der in Saigon ansässigen tamilischen Gemeinde gestiftet. In deren südindischer Heimat ist die Verehrung der Schrecken erregenden Mutter der Pocken (Mariyamman) weit verbreitet. Zwar leben kaum mehr Hindus in Saigon, trotzdem wird der Tempel vor allem zu Vollmondfesten gern besucht: viele chinesische und vietnamesische Gläubige haben nichts dagegen, auch diese Hindu-Gottheit in ihren Götterhimmel aufzunehmen. Wie bei hinduistischen Tempelbauten typisch, befinden sich in seinem Inneren zahlreiche Götterdarstellungen und in der Mitte des Raums ein begehbarer Schrein mit der Statue Mariyammans samt ihren Begleitern Maduraiveeran (links) und Pechiamman (rechts). Vor der Statue befinden sich zwei Lingam. Sehenswert sind die beiden üppig mit Motiven aus der hinduistischen Götterwelt dekorierten Shikharas.

Die Verkaufsstände einige Häuserblocks weiter östlich sind ein Indiz dafür, dass der große **Cho Ben Thanh** (18) nicht mehr weit ist. Seit 1914 wird in den Markthallen alles verkauft, was für den Alltag notwendig ist. Über dem Südeingang prangt eine Uhr, die zum Markenzeichen des Marktes geworden ist.

Überquert man den verkehrsumbrausten Platz mit der auf einer Verkehrsinsel thronenden **Reiterstatue des Generals Tran Nguyen Han** (19) – er kämpfte im 15. Jh. an der Seite Le Lois gegen die chinesischen Invasoren und setzte zur Informationsvermittlung erstmals erfolgreich Brieftauben ein – und geht auf der anderen Seite die Pho Duc Chinh hinein, so sind es nur einige hundert Meter zum **Museum der Schönen Künste** (20; Bao Tang My Thuat). In dessen Erdgeschoss finden vorwiegend Wechselausstellungen zeitgenössischer Kunst statt. Im zweiten Stock sind ideologisch gefärbte und daher wenig überzeugende Gemälde zu sehen, doch überrascht im dritten eine kleine, aber exquisite Sammlung von Hindu-Statuen aus der Cham- und Funan-Kultur.

Der Rundgang endet dort, wo mit dem ältesten Kolonialgebäude die Wiege Saigons liegt: am Südufer des nach Cholon verlaufenden Ben-Nghe-Kanals, dem Landeplatz für Wasserbüffel (Ben Nghe). Dort ist in dem 1863 eröffneten ehemaligen Zollhaus das **Ho-Chi-Minh-Museum** (21; Bao Tang Ho Chi Minh) untergebracht. Von einer der nahe gelegenen Anlegestellen verließ der 21-jährige Nguyen Sinh Cung am 5. Juni 1911 als einfacher Küchenjunge auf der Amiral La Touche Treville sein Land, um drei Jahrzehnte später als Ho Chi Minh zurückzukehren. In den beiden Stockwerken des im Volksmund wegen des Drachens auf dem Dachfirst »Drachenhaus« (Nha Rong) genannten Gebäudes sind eine Reihe interessanter Memorabilien und Fotografien zu sehen.

Tempel im Norden und Westen

Chua Ngoc Hoang (22)

Der **Chua Ngoc Hoang** (Phuoc Hai Tu) befindet sich im Stadtviertel Da Kao (73, Mai Thi Luu) unweit der großen Einfallstraße Dien Bien Phu. In dem 1909 von chinesischen Einwanderern aus Guangzhou (Kanton) gestifteten Tempel residieren einem gewaltigen himmlischen Verwaltungsapparat gleich zahlreiche daoistische Gottheiten. Angeführt vom Jadekaiser (Ngoc Hoang), dem Herrscher über Himmel und

Vietnam: Ho-Chi-Minh-Stadt (Saigon)

Das daoistische Pantheon ist wie ein bürokratischer Staatsapparat streng hierarchisch aufgebaut. Neben der himmlischen Götterwelt besteht ebenso organisiert die Welt der Höllen. Das Verhältnis der Chinesen zu ihren Göttern wiederum ist von Pragmatismus geprägt. Verehrt werden sie lediglich insofern, als man sie anruft, ihnen Opfer darbringt, weil man eine Gegenleistung erwartet.

Erde, wachen sie über ihren jeweiligen Zuständigkeitsbereich. Die volkstümliche Bezeichnung *chua* ist etwas irreführend, da sie normalerweise buddhistischen Heiligtümern vorbehalten ist. Vielleicht wird sie verwendet, da auch Gestalten des Buddhismus verehrt werden.

Der rötlich gestrichene Tempel besteht aus zwei nebeneinander liegenden länglichen Flachbauten. Außen eher schlicht, bergen sie in ihrem Inneren ein Heer daoistischer Figuren. An zwei kleinen **Schildkrötenteichen** vorbei betritt man zuerst das **rechte Gebäude**, um hinter dem Eingang von Tho Than, dem Erdgott (links), und Mon Quan, dem Türgott (rechts), empfangen zu werden. Weihrauchschwaden, die vielen Figuren und wenig Licht lassen den Raum düster und überladen wirken. Seitlich des ersten Altars stehen zwei bedrohlich wirkende Gestalten: der General, der den weißen Tiger (Symboltier des Westens und des Todes) besiegte (links), und der General, der den azurne Drachen (Symboltier des Ostens und des Zeugens) bezwang (rechts). Die fünf Figuren auf dem Altar entstammen vorwiegend der buddhistischen Glaubenswelt, von links: die Mutter der Fünf Buddhas der Himmelsrichtungen (Phat Mau Chuan De), der Höllenkönig (Diang Vang Vuong), Maitreya, Quan Am und Thich Ca, der historische Buddha Shakyamuni. Im Glaskasten dahinter steht eine Buddha-Figur aus Sandelholz. Schließlich gelangt man am Raumende zum Hauptaltar mit der Statue des Jadekaisers, umgeben von seinen vier Wächtern, die wegen ihrer Härte Vier Diamanten (Tu Dai Kim Cuong) genannt werden. Seitlich des Altars stehen auf etwa 4 m hohen Säulen die Mondgöttin (links) und der Sonnengott (rechts), während davor Bac Dau, der Gott des Nördlichen Polarsterns (links), und Nam Tao, der Gott des Südlichen Polarsterns (rechts), thronen, jeweils flankiert von ihren Wächtern. Der linke Seitenaltar dient der Verehrung Ong Bac Des, einer Inkarnation des Jadekaisers. Vor ihm an der Wand befinden sich erhöht Thien Loi, der die Bösen bestrafende Gott des Donners, und unter ihm auf zwei Ebenen seine Bewacher und die Generäle Ong Bac Des. Auf dem rechten Seitenaltar wird noch einmal Phat Mau Chuan De mit 18 Armen und drei Gesichtern, verehrt. An der Wand zu ihrer Rechten erblickt man den auf einem Phönix reitenden Dai Minh Vuong Quang, eine Inkarnation des Shakyamuni, und etwas weiter unten die Himmelsmenschen, Thien Nhan. Vor dem Altar kann man rechts durch einen seitlichen Durchgang über eine Treppe in den **ersten Stock** gelangen. Dort sind eine Quan-Am-Statue und die 18 La Hans zu sehen. Zudem genießt man von der Terrasse einen guten Blick über die Dächer des Tempels.

Wieder unten angelangt, führt auf der linken Seite vor dem Altar mit dem Jadekaiser ein Durchgang zum **benachbarten Bau**, der ebenfalls voller daoistischer Gottheiten ist. ›Vorsteher‹ ist hier der Höllenkönig (Thang Hoang) auf dem Altar ganz hinten. Sein rotes Pferd ist links davor zu sehen. Ihm zur Seite stehen Am Quan (links), der Gott des Weiblichen Elements, *yin*, und Duong Quan (rechts), der Gott des Männlichen Elements, *yang*, sowie insgesamt vier Gestalten (Thuong Thien Phat Ac) mit hohen Hüten, die Gutes belohnen und Böses be-

Detail aus einer Holztafel: der Höllenrichter

strafen sollen. Um Bestrafung geht es auch an den seitlichen Wänden vor dem Hauptaltar. Hier sind die zehn Höllen in dunkle Holztafeln geschnitzt. Detailfreudig werden die zu erwartenden Qualen dargestellt, ebenso die zuständigen Höllenrichter, in deren Büchern die Missetaten aufgeführt sind. Auf einer Zwischenwand gegenüber dem Hauptaltar befinden sich jeweils eine Statue des Höllenkönigs und der Göttin der Barmherzigkeit mit Kind, Quan Am Thi Kinh. Dahinter werden in einem abgetrennten Bereich zwölf Frauen verehrt, denen jeweils ein Jahr aus dem chinesischen Kalenderzyklus zugeordnet ist. Sie repräsentieren zudem positive wie negative menschliche Eigenschaften. Die größte Figur zeigt Kim Hoa Thanh Mau, die göttliche Mutter. Dass die Figuren gerne aufgesucht werden, zeigen die vielen von Gläubigen gestifteten Seidenumhänge, die damit ihre Bitten oder Danksagungen bekräftigen wollen.

Den Tran Hung Dao (23) und Lang Ong (24)

Nicht sehr weit vom Chua Ngoc Hoang entfernt, erinnert der **Den Tran Hung Dao** (23; in der 36,Vo Thi Sau) an den berühmten General, der 1287 die Mongolen am Bach-Dang-Fluss besiegte. Der Tempel wurde erst 1925 errichtet.

Einer sehr kontroversen Persönlichkeit ist der **Lang Ong** (24; Den Le Van Duyet) im Stadtviertel Ba Chieu an der Einmündung der Dinh-Thien-Hoang-Straße in den Bach-Dang-Boulevard gewidmet: General Le Van Duyet (1763–1832). In der hintersten Halle befinden sich die Altäre mit Ahnentafeln sowie persönliche Gegenstände des Generals. Sein Grab und jenes seiner Frau liegen in einem engen, von einer Mauer abgetrennten Hof. Auf dem Weg dorthin passiert man einen kleinen Pavillon mit der von König Thanh Thai (reg. 1889–1907) 1896 gestifteten Grabstele. Das beliebte Tempelfest wird am 30. des siebten Mondmonats (August/September), dem Todestag von Le Van Duyet gefeiert.

Nach Vorbild des Kaiserhofs in China hatten die Eunuchen auch unter Vietnams Königen wichtige Funktionen inne. So wurde der Eunuch Le Van Duyet zum engen Vertrauten Nguyen Phuc Anhs, des späteren Gia-Long-Königs. Nachdem sich Le Van Duyet im Kampf gegen die Tay Son als kluger Stratege erwiesen hatte, ernannte ihn Gia Long zum Statthalter über die südlichen Provinzen. Doch später schuf er sich durch seinen Widerstand gegen König Minh Mang (reg. 1820–41) und seine Offenheit gegenüber Frankreich Feinde. Minh Mang ließ Le Van Duyet posthum degradieren, sein Grab zerstören. Erst unter Tu Duc wurden er und seine Familie rehabilitiert und sein Grab wieder errichtet.

Buddhistische Tempel

Für Buddhismus-Interessierte empfiehlt sich ein Besuch der buddhistischen Van-Hanh-Universität (Thien Vien Van Vanh) in der Nguyen-Kiem-Straße 716, im Distrikt Phu Nhuan, etwas nördlich von der nach rechts abzweigenden Thich-Quang-Duc-Straße. Die Studenten, vorwiegend junge Mönche und Nonnen, sind Besuchern gegenüber recht aufgeschlossen. Jeden Sonntagmorgen findet um 7 Uhr eine Meditation statt.

Wer den zeitgenössischen Buddhismus von Vietnam kennen lernen möchte, ist im **Chua Vinh Nghiem** (25) an der stark befahrenen Einfallstraße Nam Ky Khoi Nghia richtig. Dieser sehr geräumige Pagodenkomplex wurde zwischen 1964 und 1971 mit Hilfe der Vietnamesisch-Japanischen Freundschaftsgesellschaft errichtet und birgt eine große Schule für Mönche und Nonnen. Die über eine breite Treppe zu erreichende erhöhte Haupthalle wirkt mit ihren beiden aufeinander gesetzten Walmdächern harmonisch. Im Inneren befindet sich eine 6 m hohe Figur des Buddha Shakyamuni, flankiert von Manjushri (Van Thu), dem Bodhisattva der Weisheit, und Samantabhadra (Pho Hien), dem Bodhisattva der Meditation. Hier zeigt sich auf schöne Weise, wie sich der Buddhismus in den 1960er/70er Jahren wieder auf seine Wurzeln besann und den historischen Buddha ins Zentrum stellte. Daher fehlt das in älteren Pagoden typische daoistisch-buddhistische Pantheon. Der 35 m hohe siebenstöckige Quan-Am-Turm an der Straße ist der Göttin der Barmherzigkeit geweiht. Urnen von Verstorbenen werden seit 1982 in einem 25 m hohen Pagodenturm hinter der Haupthalle aufbewahrt.

Zu den bedeutendsten Pagoden der Stadt zählt auch der **Chua Xa Loi** (26) in der Ba Huyen Thanh Quan. Das im Mai 1958 eingeweihte Kloster wurde während der buddhistischen Protestaktionen gegen das repressive Diem-Regime zu einem wichtigen Zentrum. In der Haupthalle sind die 6,5 m große vergoldete Steinskulptur des Buddha Shakyamuni sowie an den Wänden die von Nguyen Van Long gemalten 14 Bilder mit Szenen aus dem Leben Buddhas sehenswert. Dort wird auch eine Reliquie des Erleuchteten verehrt.

Einige hundert Meter von der Xa-Loi-Pagode entfernt steht ein **Gedenkstupa** (27; Ecke Nguyen Dinh Chieu/Cach Mang Thang Tam, Q. 3) zur Erinnerung an den Tod von Thich Quang Duc. Hier hatte sich am 11. Juni 1963 der 73-jährige hoch angesehene Mönch aus Protest gegen die Unterdrückung der Buddhisten durch das Diem-Regime mit Benzin übergossen und verbrannt.

Cholon – der große Markt

Kein Name wäre passender für diesen Stadtteil als Cholon – Großer Markt. In den engen Gassen zwischen dem Ben-Nghe-Kanal und der langen Zufahrtstraße Hung Vuong scheinen die Bewohner mit nichts anderem beschäftigt zu sein als mit Kauf und Verkauf von Waren. Seitdem sich die ersten Chinesen (*hoa*) hier im 17. Jh. ansiedelten und ihre eigene Stadt gründeten, dominieren sie den Handel. Aus der Wirtschaft der Kolonialzeit waren sie nicht fortzudenken; nicht wenige gelangten zu Reichtum und begannen die Welt der Kasinos und Bordelle zu dominieren. Cholon geriet in zweifelhaften Ruf – bis 1975. Als die kommunistische Regierung ihre fatale Enteignungspolitik durch-

Buddhistische Tempel, Cholon

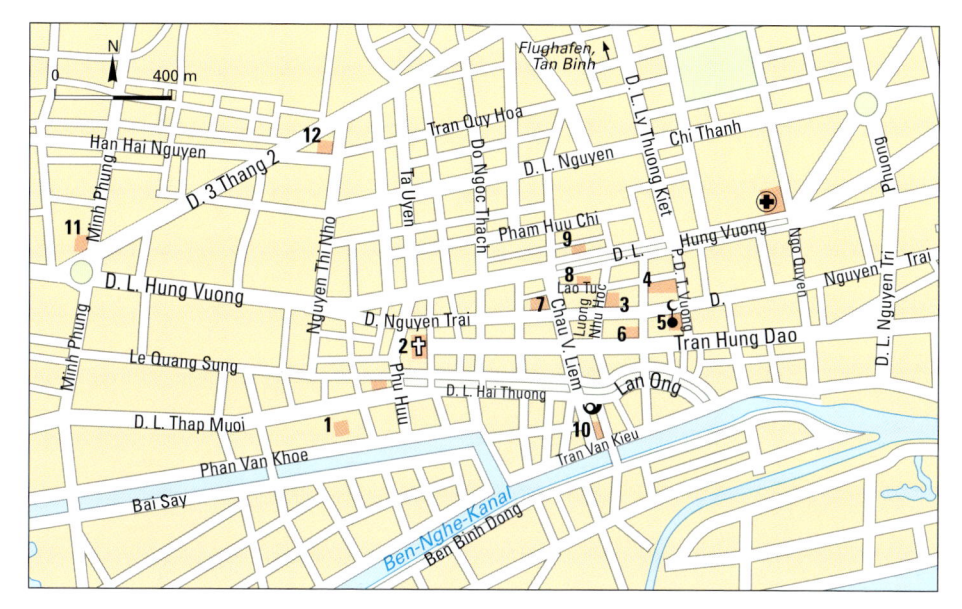

Cholon 1 Cho Binh Tay 2 Cha-Tam-Kirche 3 Mieu Tien Hau 4 Hoi Quan Nghia An 5 Cholon-Jamial-Moschee 6 Gemeindehaus Dinh Minh Huong Gai Thach 7 Versammlungshalle Ha Chuong 8 Chua On Lang 9 Phuoc An Hoi Quan (Versammlungshalle der Chinesen aus Fujian) 10 Nhi Phu Hoi Quan 11 Chua Phung Son Tu 12 Kanh Van Nam Vien

führte und sich mit dem Grenzkrieg von 1979 das Verhältnis zu China rapide verschlechterte, flohen Hunderttausende Chinesen ins Ausland. Mit der Liberalisierung der Wirtschaft sind viele wieder zurückgekehrt, und so bestimmen die Hoa wie zuvor das Stadtbild.

Die Chinesen brachten nicht nur ihren Geschäftssinn mit, sondern auch ihre Religiosität. Entsprechend ihrer Heimatregion stifteten sie Versammlungshallen (*hoi quan*) zur Pflege ihrer Tradition und der Verehrung ihrer Schutzgottheit. Kein Stadtteil besitzt so viele Tempel wie Cholon. Sie sind neben den Märkten und engen Gassen die Hauptattraktion im Quan Nam, dem 5. Distrikt.

Der interessanteste Markt der Stadt ist fraglos der zweigeschossige **Cho Binh Tay** (1) an der Thap Muoi. Seitdem er 1920 von dem chinesischen Geschäftsmann Quach Dam gestiftet wurde (ihm ist im Markt ein Denkmal gewidmet), quillt er nahezu über mit einer Fülle an Haushaltswaren und Lebensmitteln.

In die unweit gelegene **Cha-Tam-Kirche** (2; 25, Hoc Lac) waren Ngo Dinh Diem und sein Bruder Ngo Dinh Nhu am 1. November 1963 aus Angst vor einem Coup d'État geflohen, bevor sie abtransportiert und in einem Armeewagen auf dem Weg zum Militärhauptquartier getötet wurden. Heute treffen sich in dem um die Jahrhundertwende errichteten Bau die chinesischen Katholiken. Auf dem Kir-

Wer Gewürze, Kaffee, Tee, Cashewnüsse, etc. kaufen möchte, sollte sich im Cho Binh Tay und den benachbarten Straßen umschauen!

Vietnam: Ho-Chi-Minh-Stadt (Saigon)

Dachfirst mit Tiersymbolen am Mieu Thien Hau

chengelände liegt das Grab des päpstlichen Legaten François Xavier Tam Assou (1855–1934).

Im Umkreis der Nguyen-Trai-Straße befinden sich die schönsten Tempelanlagen und Versammlungshallen, allen voran der **Mieu Thien Hau** (3; 710, Nguyen Trai), auch Tue Tanh Hoi Quan (Versammlungshalle der Bewohner von Guangzhou) oder schlicht Chua Ba (Tempel der Großmutter) genannt. Er wurde um 1760 von Einwanderern aus Guangzhou (Kanton) gestiftet und ist der Gemahlin des Himmels (Thien Hau) und Schutzpatronin der Seefahrer und Fischer geweiht. Das heutige Tempelgebäude wurde zwischen 1828 und 1830 errichtet, erfuhr später jedoch mehrfache Veränderungen, zuletzt 1990. Die zahlreichen wochenlang brennenden Räucherspiralen in seinem Inneren hüllen den Tempel in einen magischen Dunst, besonders wenn sich darin das Sonnenlicht bricht. Von der Straße her betreten die Besucher zuerst den Vorplatz und die Torhalle, deren Dachfirst seit 1908 über und über mit Szenen aus der Legende der Thien Hau sowie Tiersymbolen (Drache, Fisch, etc.) geschmückt ist und dem Gebäude Lebendigkeit verleiht. Die feinen Reliefs aus bemalter Keramik zeugen von der hohen Handwerkskunst chinesischer Meister aus Cholon. An den Seitenwänden der Halle wachen links und rechts vom Eingangstor der blau gekleidete Bac Dau, Gott des Nördlichen Polarsterns, bzw. der rot gekleidete Nam Tao, Gott des Südlichen Polarsterns. Es folgt ein Innenhof mit mächtigen Behältern für Räucherstäbchen in allen Größen. Der Dachfirst des folgenden Hauptbaus ist ebenfalls mit detailreichen Keramikarbeiten verziert und zeigt Szenen aus chinesischen Erzählungen.

Auf dem Hauptaltar werden drei hintereinander stehende Statuen von Thien Hau verehrt. Der linke Altar ist Kim Hoa Thanh Mau, jener Himmelsmutter gewidmet, die vor allem in fraulichen Belangen konsultiert wird. Auf dem Altar zur Rechten steht eine Statue von Long Mau, der für Reichtum zuständigen Himmelsmutter. Ein kleines Schiffsmodell an der linken Seitenwand erinnert an die Legende von Thien Hau. Auf den roten Zetteln an den Wänden sind die Spenden der Gläubigen aufgeführt.

Wenige Schritte entfernt liegt der 1840 erbaute **Hoi Quan Nghia An** (4), auch Chua Ong (Tempel des Großvaters) genannt, zur Verehrung des chinesischen Generals Quan Cong alias Guan Yu, dessen Taten während der Epoche der Drei Reiche (220–265) in dem chinesischen Roman ›Geschichte der Drei Reiche‹ (14. Jh.) heroisiert wurden. Die mächtige Statue des rotgesichtigen Generals in der Haupthalle wird von seinem Militärmandarin Chau Xuong (links) und dem Zivilmandarin Quan Binh (rechts) flankiert. Auf den beiden Seitenaltären stehen die Statuen von Than Tai, Gott des Reichtums (links), und Thien Hau (rechts). Das 3 m hohe rote Pferd des Generals links vom Haupteingang wird gerne von Gläubigen aufgesucht, ebenso der rechts davon wachende Glücksgott Ong Bon. Quan Cong gilt als Patron der Händler und Gebildeten und soll die Menschen vor Unrecht bewahren. Nicht selten wurden Schiedssprüche in den ihm gewidmeten Tempeln verkündet.

Schräg gegenüber dem Tempel befindet sich an der Nguyen Trai (Nr. 641) die schlichte **Cholon-Jamial-Moschee** (5; Thanh Duong Hoi Giao Cho Lon), 1932 von aus dem südindischen Tamil Nadu stammenden Tamilen errichtet. Außerhalb der Gebetszeiten ist das weiße Gebäude meist verschlossen, doch lohnt sich ein Blick in den ruhigen Innenhof, in dem das Gebetshaus mit seinen eleganten, schmalen Minaretten steht.

Über den benachbarten Markt Cho Xa Tay kann man in Richtung Süden zur Tran Hung Dao gelangen, an der entlang weitere Tempelanlagen stehen, z. B. das **Gemeindehaus Dinh Minh Huong Gai Thach** (6), das chinesische Einwanderer 1789 zum Gedenken an die Angehörigen der Ming-Dynastie errichteten. Auf den drei Altären stehen die Ahnentafeln zur Verehrung der Dynastie-Mitglieder.

Entlang der Trieu Quang Phuc nach Norden und der Nguyen Trai gen Westen folgend, gelangt man etwa 100 m östlich der Chau Van Liem zum **Ha Chuong Hoi Quan** (8; 802, Nguyen Trai), auch Chua Ba Ha Chuong genannt. Diese Versammlungshalle besticht durch eine Vielzahl daoistischer Gottheiten. Die Stifter stammen aus der südchinesischen Küstenprovinz Fujian, weshalb es nicht verwundert, dass im Zentrum der Verehrung Thien Hau steht. Vor dem mittleren Altar mit ihrer Statue in der Haupthalle befinden sich seitlich eine Sänfte und ein Schiffsmodell. Auf dem linken Altar wird Ong Bon,

Der Thien-Hau-Kult entstand im südchinesischen Fujian. Dort soll 960 auf der Insel Meizhou ein Mädchen (960–989) geboren worden sein, das über magische Kräfte verfügte. Die Fischertochter rettete ihren Vater und Bruder auf wundersame Weise aus Seenot. Einer anderen Geschichte zufolge konnte nur ihr kleines Boot einen schweren Sturm bestehen, während alle anderen Fischer, die sich vorher geweigert hatten, sie mitzunehmen, untergingen. Jung verstorben, errichteten ihr die Dorfbewohner einen Tempel. Nachdem sich ihr Kult immer weiter ausbreitete, verlieh ihr der Kangxi-Kaiser (reg. 1662–1722) in einem Dekret von 1681 den Titel Gemahlin des Himmels (chin.: Tian Hou). In China ist sie unter dem volkstümlichen Namen Mazu, »Mütterchen«, bekannt.

auf dem rechten die Zehn Hebammen (Ba Me) verehrt, um zwei der wichtigsten menschlichen Sehnsüchte zu unterstützen: Reichtum und Kindersegen. In Hallen seitlich des Innenhofes gedenken Gläubige des beliebten Generals Quan Cong (linke Seite) und des Bodhisattva des Mitgefühls, Quan The Am Bo That (rechte Seite).

1740 stifteten Chinesen aus Fujian an der 12 Lao Tu den **Chua On Lang** (8). Die Anlage, eigentlich eine Versammlungshalle (*hoi quan*), wird wegen der besonderen Verehrung der Göttin der Barmherzigkeit auch Chua Quan Am genannt. Der Tempel wurde mehrfach erneuert, zuletzt 2002. Seitdem erstrahlt er in bunten Farben, was die religiöse Melange von daoistischen und buddhistischen Gottheiten noch unterstreicht. Sehenswert ist das Keramikdekor auf dem Dach der vorderen Halle. Im Mittelpunkt der Verehrung stehen auf der Vorderseite der Haupthalle Thien Hau und auf deren Rückseite Quan Am. Auf den Seitenaltären in der linken Tempelhalle dominieren buddhistische Motive (Bodhisattvas, Buddhas, La Hans), während im hinteren Tempelraum auf sieben Altären jeweils daoistische Gottheiten Verehrung finden.

Entlang der Straßen Hai Thuong Lan Ong, Luong Nhu Hoc und Trieu Quang Phuc befinden sich zahlreiche Geschäfte für traditionelle chinesische Medizin. Neben vielen bekannten Heilmitteln werden dort allerdings auch Körperteile bedrohter Tierarten wie getrocknete Haifischflossen und Rhinozeroshörner feilgeboten.

Eine weitere Schenkung von Chinesen aus Fujian ist die Versammlungshalle **Phuoc An Hoi Quan** (9; 184, Hung Vuong) aus dem Jahr 1902 mit herrlichen Schnitzarbeiten. Im Innern wird neben dem rotgesichtigen General Quan Cong und dessen Pferd auch Ong Bon, der Gott des Reichtums und des Glücks verehrt. Letzterem ist darüber hinaus ein eigener Tempel gewidmet, der **Nhi Phu Hoi Quan** (10) in der 264 Hai Thuong Lan Ong, besser unter der Bezeichnung Chua Ong Bon bekannt.

Auf historischem Grund steht der **Chua Phung Son Tu** (11; Chua Go), denn von 1988–91 durchgeführte Ausgrabungen brachten Stücke aus der Funan-Periode (1.–7. Jh.) zutage. Die Pagode wurde zwischen 1802 und 1820 auf Initiative des Meditationsmeisters Lieu Thong errichtet und 1904 von dem Mönch Tue Minh umgebaut. Sie zeigt mit ihrem lang gezogenen Gebäude Parallelen zum Chua Giac Lam. Auch hier besticht der Hauptraum durch seinen Figurenreichtum. Der Altar zeigt das bekannte buddhistische Pantheon. Auf dem linken Seitenaltar ist Bodhidharma (Bo De Dat Ma) dargestellt. Er soll im 6. Jh. den Meditationsbuddhismus nach China gebracht haben, von wo er nach Vietnam gelangte. Der rechte Seitenaltar birgt Statuen von Quan Am und ihren beiden Begleitern. Gegenüber dem Hauptaltar sind die beiden Dharma-Wächter Khuyen Thien, Förderer von Edelmut und Großzügigkeit, und Trung Ac, Richter über die Bösewichte, zu sehen.

Der Chua Phung Son liegt abseits des 3-Thang-2-Boulevards, kurz bevor jener in die Hung-Vuong-Straße mündet.

Eine Besonderheit bildet der **Kanh Van Nam Vien** (12), denn in diesem Tempel wird vorwiegend der daoistische Kult gepflegt, doch ist er keine klassische Versammlungshalle. Er liegt etwas versteckt in einer schmalen Seitengasse, die links von der Nguyen Thi Nho abzweigt. Einwanderer aus der Provinz Guangdong ließen ihn 1939–42 errichten, um u. a. den Stifter des Daoismus, Laozi, zu ehren. Dieser legendenumrankten Gestalt ist das obere Stockwerk des Hauptbaus gewidmet. Auf Seitenaltären im unteren Bereich werden rechts ein Schüler Laozis, Huynh Dai Tien, und links Hoa De, ein Heilkundiger aus der Han-Dynastie (206 v. Chr.–9 n. Chr.) verehrt. Des Weiteren verdienen Statuen der Acht Unsterblichen, des konfuzianischen Dichters Van Xuong sowie einer Quan Am Beachtung.

Nördlich von Cholon

Mit dem Aufstieg der mandschurischen Qing-Dynastie 1644 flohen auch Ming-treue chinesische Mönche nach Vietnam. Einige von ihnen ließen sich nördlich der Marktstadt Cholon nieder und gründeten erste Klöster. Von diesen Klosterbauten blieb indes nichts erhalten, sodass der 1744 von dem chinesischen Händler Ly Thuy Long gestiftete **Chua Giac Lam** (Wald der Erleuchtung) als das älteste Kloster der Stadt gilt. Nachdem 1772 der angesehene Meditationsmeister Vien Quang zum hiesigen Abt ernannt worden war, entwickelte sich die Anlage zu einem bedeutenden Zentrum buddhistischer Gelehrsamkeit. Im Lauf der Zeit erfuhr der Chua Giac Lam mehrfache Umbauten, so 1799–1804 und 1906–10. Der innen begehbare siebenstöckige Reliquienturm (*thap xa loi*) kam erst 1994 hinzu. Heute wirkt die Anlage inmitten des Häusermeers wie eine Oase des Friedens. Ein am 16. März 1953 gepflanzter Bodhi-Baum im Vorgarten ist ein Geschenk des aus Sri Lanka stammenden Mönchs Narada.

Der Chua Giac Lam befindet sich in der Lac-Long-Quan-Straße Nr. 118 im Distrikt Tan Binh.

Die flachen Gebäude, deren Dachfirste ungewöhnlich kurz sind, liegen alle auf einer Zentralachse. Sie betritt man von der rechten Seite, nachdem man das 1938 erbaute Nhi-Quan-Tor durchquert wurde, und gelangt zuerst zur großen Versammlungshalle. Hier treffen sich Mönche und Gläubige an den zahlreichen Feier- und Totengedenktagen, insbesondere am 1. und 15. Tag eines Mondmonates. An den seitlichen Altären sind die Porträts und Ahnentafeln Verstorbener aufgestellt. Bemerkenswert sind die Holzschnitzereien an Einfassungen und Eisenholzsäulen. Sie zeigen Szenen aus dem Leben Buddhas oder La Hans auf verschiedenen Tieren. Daneben gibt es Darstellungen der vier symbolträchtigen Tiere (Drache, Schildkröte, Einhorn und Phönix) und Pflanzen (Aprikose, Orchidee, Chrysantheme und Bambus).

Seitlich der vier Altäre zum Gedenken an die verstorbenen Mönchspatriarchen der hier vertretenen südlichen Lam-Te-Meditationsschule führen schmale Portale zum Altarraum. Dort stehen die wertvollsten von insgesamt über 110 Statuen. Das Gros ist aus dem harten Holz des Jackfruchtbaumes geschnitzt, das anschließend lackiert und bemalt wurde. Auf dem Hauptaltar finden sich in mehreren Reihen angeordnet die wichtigsten Gestalten der Mahayana-buddhistischen Glaubenswelt. In der ersten Reihe flankieren je zwei Bodhisattvas Buddha Amitabha: links Samanthabhadra (auf einem Elefanten) und Mahasthamaprapta (auf einem Drachen), rechts Avalokiteshvara (ebenfalls auf einem Drachen) und Manjushri (auf einem Löwen). Ein Dickbauch-Buddha (Di Lac) mit fünf auf ihm krabbelnden Kindern und zwei Wächtern an seiner Seite ist zu erkennen sowie eine Darstellung von Buddha als Kind. Es folgt eine Bronzestatue des historischen Buddha (Thich Ca Mau Ni) und eine Figur des Buddha des Unermesslichen Lichts, Amitabha, begleitet von seinen Schülern Ananda (At Nan) und Kashyapa (Ca Diep). Dem Altar gegenüber befinden sich – sehr typisch für die Tempelarchitektur des Südens – Statuen eines Dharma- und Höllenwächters. Etwas rechts daneben steht der Wunschbaum (Den Duoc Su) mit 49 Zweigen, auf denen eine Figur des Medizin-Buddhas sitzt. Gläubige zünden hier eine Öllampe an, um ihre Toten auf deren Weg zu begleiten. Die Figuren an den beiden Seiten des Altarraums stellen insgesamt 18 La Hans und zehn Höllenrichter (Diem Vuong) dar und stammen teils noch aus dem 18. Jh.

Auf der gegenüberliegenden Seite der Versammlungshalle schließt sich das Refektorium mit langen schweren Esstischen und der Wohnbereich der Mönche mit Ziergarten, Studiensaal und Schlafraum an. Durch die angrenzende Küche gelangt man zu einem Raum, der die Urnen zahlreicher Verstorbener birgt. Für deren Wohlergehen im Totenreich sorgt der Bodhisattva Kshitigarbha (Dia Tang Bo Tat), dessen Statue auf einem Altar steht.

Der Chua Giac Vien liegt etwas abseits der Lac-Long-Quan-Straße in der Nähe des Dam-Sen-Kulturparks rund um den Lotossee. Von der Straße führt an der Hausnummer 247 ein etwa 400 m langer Weg bis zum Kloster.

Knapp 2 km entfernt in Richtung Südwesten liegt der **Chua Giac Vien**, dessen Geschichte mit der Giac-Lam-Pagode eng verbunden ist. 1798 wurde der Mönch Huong Dang beauftragt, Letztere zu renovieren. Für seine täglichen Riten ließ er sich auf einer kleinen Insel in der Nähe einen Quan-Am-Pavillon errichten. 1850 baute der Meditationsmeister Hai Tinh das einfache Gebäude zum Kloster aus und nannte es Giac Vien, Garten der Erleuchtung. Zwar etwas schlichter, ähnelt es in seiner Gesamtanlage stark dem Chua Giac Lam. Die 360 m² große längliche Halle wird ebenfalls seitlich betreten. Zuerst gelangt man zum Versammlungsraum mit zahlreichen Ahnenaltären und Esstischen für die Besucher. Etwas abgetrennt stehen die Altäre mit Porträts der verstorbenen Äbte und einer Statue des Gründerabtes Hai Tinh. Durchgänge führen zum Hauptraum, der die gleiche Konzeption wie die des älteren Vorbildes erkennen lässt. Auf dem Altar sind zu sehen: Buddha Amitabha mit vier Bodhisattvas auf ihren Begleittieren, der dickbäuchige Di Lac mit zwei Wächterfiguren, im gelben Gewand Thich Ca als Kind, die Buddhas der Drei Zeiten, dazwischen Ananda (links) und Kashyapa (rechts), der Jadekaiser (Ngoc Hoang) mit seinen Ministern, dem Gott des Südlichen (Nam Tao) und des Nördlichen Polarsterns (Bac Dau); ganz hinten A Di Da (Amitabha). Sehr schön sind die vier mit nom-Schrift verzierten Eisenholzsäulen und der Wunschbaum etwas links vom Altar mit 49 Medizin-Buddhas auf Drachen oder Kranichen. Die seitlichen Altäre sind wiederum den 18 La Hans und den zehn Höllenrichtern gewidmet.

Am Schluss folgen auf eigenen Altären der Meeresgott (mit Drachen) und der Erdgott auf einem Löwen. Dem Altar direkt gegenüber befinden sich die beiden Statuen der grimmig blickenden Dharma- und Höllenwächter. In einem Nebengebäude werden die Urnen der Verstorbenen aufbewahrt.

Ausflüge in die Umgebung von Saigon

Vung Tau

Traumstrände sucht man vergebens auf der hügeligen Halbinsel Vung Tau. Die Popularität der ›Bucht der Schiffe‹ liegt eher in ihrer Nähe zur südvietnamesischen Metropole. Mit dem Fahrzeug hat man den 125 km südöstlich von Ho-Chi-Minh-Stadt gelegenen Ort über die N 51 in gut zwei Stunden erreicht, das Schnellboot braucht sogar nur 1 1/4 Stunden.

Bereits die portugiesischen Seefahrer des 16. Jh. kannten die Landzunge als Navigationspunkt. Besiedelt wurde sie jedoch erst Anfang des 19. Jh., als der Begründer der Nguyen-Dynastie, Gia Long, malaiische Piraten vertreiben konnte, die von dort aus die Gegend unsicher machten. Zur Belohnung durften sich hier ab 1822 die dafür verantwortlichen drei Offiziere mit ihren Familien niederlassen. Unter den Franzosen avancierte die Halbinsel – nun Cap Saint Jacques genannt – Ende des 19. Jh. zum Seebad. Wegen des im Meer entdeckten Gas- und Erdölvorkommens entwickelte sich Vung Tau in den vergangenen Jahrzehnten zudem zum Zentrum der Ölindustrie. 1979 wurde die Provinz Bia Ria-Vung Tau zur Sonderwirtschaftszone erklärt und erzielt heute eine der höchsten ökonomischen Zuwachsraten des Landes. Für Ruhesuchende mag Vung Tau zwar nicht der richtige Ort sein, gleichwohl bietet die Halbinsel eine Reihe kurzweiliger Sehenswürdigkeiten und Unterhaltungsangebote.

Zu den Attraktionen auf Vung Tau gehören der Park des Chua Thich Ca Phat Dai, der Strand Bai Truoc, die Weiße Villa und das Walgrab Lang Ca Ong. Des Weiteren kann man den Bai-Sau-Strand oder den Ocean Park besuchen. Auf der südlichen Halbinselspitze bietet sich vom Kleinen Berg (Nui Som) eine schöne Aussicht. Sehenswert sind der Chua Niet Ban Tinh Xa und die Christus-Statue. Etwas ruhiger ist es am Strand von Long Hai, 30 km nordöstlich von Vung Tau.

Die Tunnel von Cu Chi

Das unterirdische Tunnelsystem in Cu Chi legt trotz Touristenrummel ein eindrucksvolles Zeugnis vietnamesischer Widerstandskraft ab. Den Besuchern werden nach Ankunft zunächst im Video die heroischen Taten der Bewohner von Cu Chi gezeigt. Im folgenden Rundgang durch ein Waldstück steht man erstaunt vor Bambusfallen, begutachtet selbst gemachte Bomben, geht durch enge Tunnel, trinkt in der Untergrundküche heißen Tee und isst gekochten Maniok. Gewöhnungsbedürftig: Man kann Schießübungen abhalten oder am Verkaufsstand aus Munition angefertigte Souvenirs kaufen. Es ist verblüffend, mit welcher Unbeschwertheit in Cu Chi der Krieg präsentiert wird. Schließlich kamen allein in dieser Gegend Zehntausende ums Leben; Napalmbomben verwandelten die Gegend in eine Mondlandschaft. Und doch ist man beeindruckt von der Zähigkeit und Willensstärke der Menschen, die zum Teil jahrelang in den Tunneln leben und später ihre geschundene Heimat wieder aufbauen mussten.

Bereits 1948 begannen die Bewohner im Kampf gegen die Franzosen unterirdische Verstecke anzulegen. Aus ihnen erwuchs ein weit verzweigtes **Tunnelsystem**, das in den 1960er Jahren auf einer Fläche

180 km südlich von Vung Tao liegt das Con-Dao-Archipel. Auf der größten Insel, Con Son, internierten ab 1940 zuerst die Franzosen, dann die südvietnamesischen Diktatoren ihre unliebsamen Gegner. Die berüchtigten offenen Gefängniszellen wurden als ›Tigerkäfige‹ bekannt und sind heute Museum. Das Archipel ereicht man per Schiff in zwölf Stunden oder per Hubschrauber. 1984 wurde auf Con Son ein Nationalpark eingerichtet.

von 150 km² eine Länge von über 200 km erreichte, von dem aus der Viet Cong operierte. Als die US-Streitkräfte Anfang 1966 in der Nähe einen Stützpunkt für ihre 25. Division einrichteten, ahnten sie nicht, dass ihr Feind direkt unter ihnen war. Vergeblich versuchten sie nach der Entdeckung, das auf drei Etagen errichtete Tunnelsystem zu zerstören. Weder halfen die massiven Flächenbombardierungen und Entlaubungsaktionen noch konnten kleinwüchsige Soldaten, »Tunnelratten« genannt, große Erfolge erzielen. Viele kamen in den unzähligen Fallen grausam ums Leben. Deutsche Schäferhunde scheiterten am Geruch amerikanischer Seife und Kleidungsstücke, die der Viet Cong zur Irreführung an die Tunneleingänge legte. Cu Chi überstand den Krieg und wird heute von der kommunistischen Regierung mit Vorliebe als Symbol für die vietnamesische Widerstandskraft präsentiert. Den Opfern widmete sie den 1995 eingeweihten **Ben-Duoc-Tempel**, der sehr schön am Saigon-Fluss liegt. 44 357 von ihnen sind namentlich auf Granitplatten aufgeführt.

Tay Ninh – das Zentrum der Cao Dai

Viermal am Tag, zu Mittag und Mitternacht sowie um 6 und 18 Uhr, findet die knapp einstündige Zeremonie statt. In einer streng geordneten Prozession schreitet zuerst die Geistlichkeit ein. Ihre verschiedenfarbigen Gewänder repräsentieren den Buddhismus (gelb), den Daoismus (blau) und den Konfuzianismus (rot). Schließlich folgen die weiß gekleideten Laienanhänger (Tin Do), die sich – Männer und Frauen getrennt – auf den Boden setzen. Von traditionellen Musikinstrumenten begleitet, folgen zahlreiche Sprechgesänge, die immer wieder von Verbeugungen unterbrochen werden.

Die meisten Touristen eilen nach der Besichtigung der Tunnel von Cu Chi über die N 22 weiter ins 60 km entfernte Tay Ninh, dem Zentrum der Cao-Dai-Sekte, um rechtzeitig die einstündige 12-Uhr-Zeremonie in deren Haupttempel mitzuerleben. Leider ist der Besuch in Tay Ninh zu einem Zirkus verkommen, der kaum zum Verständnis dieser bunt schillernden Religion beiträgt.

Die Geburtsstunde des Caodaismus fällt in den Februar 1920, als dem aus Cholon stammenden Beamten Ngo Minh Chieu (auch Ngo Van Chieu) in einer spiritistischen Sitzung zum ersten Mal ein Geist namens Cao Dai erschien und sich als höchstes Sein offenbarte. Später zeigte sich Cao Dai in Form eines göttlichen Auges, das zum Symbol der neuen Religion werden sollte. Sie zu gründen, wurde Ngo Minh Chieu in einer Séance an Heiligabend 1925 aufgefordert und in weiteren Sitzungen die Details erläutert. Im darauf folgenden Jahr etablierte eine Gruppe um Minh Chieu die ›große Religion zur Erlösung aller in der dritten Weltphase‹, Cao Dai. Die streng hierarchisch organisierte Sekte, angeführt von dem Leiter des Exekutivrats, *giao tong*, sieht sich nach Moses und den Gründern der Weltreligionen als dritte und letzte Manifestation des Absoluten. Ihr Ziel: Liebe und Gerechtigkeit in der Welt zu schaffen und die Menschheit mit dem Göttlichen zu vereinen. Sehr schnell sammelte die neue Religion im Deltagebiet mehrere 100 000 Anhänger um sich, verfolgte jedoch bald eher irdische Ziele. Mit einer Armee von über 30 000 Mann kontrollierten die Sektenmitglieder weite Gebiete um ihr 1926 etabliertes Zentrum in Tay Ninh, kämpften mal gegen die Kolonialherren, mal gegen die konkurrierde Sekte Hoa Hao. Nach der Teilung Vietnams wurden sie von Ngo Dinh Diem entwaffnet, agierten aber später gegen die Kommunisten, deren Ho-Chi-Minh-Pfad in ihrem Territorium endete. Folg-

Gottesdiens im Cao-dai-Tempel von Tay Ninh: Über dem Altar wacht das Auge.

lich konnten sie nach 1975 ihren Glauben nur bedingt ausüben und wurden unterdrückt. Erst seit den 1990er Jahren ist eine gewisse Lockerung zu beobachten. Die etwa zwei Millionen Anhänger dürfen ihre Religion wieder praktizieren, wobei Séancen (*co but*) weiterhin offiziell verboten sind. Das Amt des Giao Tong ist seit 1934 unbesetzt.

Der »Heilige Stuhl«, wie das Cao-Dai-Zentrum im Osten von Tay Ninh genannt wird, besteht aus einem großen Gelände mit zahlreichen Verwaltungsgebäuden, kleineren Tempeln, Raststätten und Aufmarschplätzen. Herzstück ist der ab 1933 errichtete Haupttempel. Mit seinen beiden Türmen und der Kuppel gleicht er eher einer Kirche. Man betritt den Tempel durch das von Türmen flankierte und mit dem göttlichen Auge geschmückte Hauptportal. Im Inneren explodieren die Farben, und die Elemente verschiedenster Religionen verschmelzen zu bemerkenswertem Kitsch. Die Säulen sind mit Drachen verziert, die offenen Fenster mit einem Dreieck mit Auge, den Altar dominiert eine riesige Weltkugel mit Auge und über ihm »versammeln« sich vor einem blauen Vorhang die Figuren der großen Weisen der Menschheit: Jesus mit offenem Herzen, Konfuzius mit schütterem Bart und rotem Gewand, der blau gewandete und weißbärtige Laozi, Quan Am, die Göttin der Barmherzigkeit, und Buddha, der Erleuchtete.

Vietnam: Das Mekong-Delta

Die Stadt Tay Ninh ist wenig sehenswert, doch lohnt sich ein Ausflug zum 15 km nördlich gelegenen **Nui Ba Den**, dem 986 m hohen Berg der Schwarzen Frau. Der Name des erloschenen Vulkans bezieht sich auf eine Legende: Das Mädchen Ly Thi Thien Huong suchte den Berg regelmäßig zum Gebet auf. Als der junge Mann, in den sie sich verliebt hatte und den sie statt des Mandarins, dem sie versprochen war, heiraten wollte, in den Krieg ziehen musste, floh sie hierher und stürzte sich in die Tiefe. Seit sie einem Mönch im Traum erschien, wird sie auf dem Berg verehrt. Auf den Gipfel führt eine Seilbahn.

Das Mekong-Delta

Besonders sehenswert: Ha Tien

Hier endet der lange Weg des Mekong. Nach über 4600 km teilt er sich bei Phnom Penh in den Hau Giang (Unterer Fluss) – in Khmer Bassac genannt – und Tien Giang (Oberer Fluss), um schließlich über mehrere Arme ins Südchinesische Meer zu münden. Wegen der vielen Mündungsarme nennen die Vietnamesen den 220 km langen Abschnitt Song Cuu Long, Fluss der Neun Drachen. Das mittransportierte Alluvial bildete sich über Jahrtausende hinweg zu einem äußerst fruchtbaren Boden aus; immer noch wächst das Land jährlich mehrere Zentimeter ins Meer hinaus. Obwohl es nur wenige Meter über dem Meeresspiegel liegt, sind Überschwemmungen relativ selten, da der Tonle Sap in Kambodscha (s. S. 340) als natürliches Auffangbecken wirkt. Heute gehört das Deltagebiet – mit 40 000 km^2 doppelt so groß wie Sachsen-Anhalt – zur Reiskammer des Landes. Bis zu dreimal im Jahr kann hier Reis gepflanzt und damit etwa Zweidrittel der nationalen Ernte von gegenwärtig über 32 Millionen Tonnen pro Jahr eingeholt werden. Darüber hinaus gibt es zahlreiche Plantagen für tropische Früchte, und die Fisch- und Garnelenzucht spielt eine wesentliche Rolle. Auch die Industrialisierung schreitet zügig voran. Zwischen Saigon und Can Tho sind in den vergangenen Jahren eine Reihe Textilfabriken entstanden. Für Touristen sind die Städte eher uninteressant, auch hat Vietnam schönere Tempel zu bieten. Dafür geben stimmungsvolle Fluss- und Kanalfahrten, schwimmende Märkte, endlose grüne Reisfelder, tropische Gärten und Fahrradtouren durch beschauliche Dörfer einen Einblick in eine faszinierende Kulturlandschaft, in der die Menschen von und mit dem Wasser leben.

Junge alte Geschichte

Ins Mekong-Delta mit seinen heute etwa 17 Millionen Bewohnern gelangten die Vietnamesen spät. Erst unter den Nguyen-Herrschern Gia Long und Minh Mang konnte das Gebiet im frühen 19. Jh. unter Kontrolle gebracht und systematisch kolonisiert werden. Spuren einer Be-

Das Mekong-Delta

siedlung lassen sich jedoch 2000 Jahre zurückverfolgen. Hier lag Funan (s. S. 223ff.), das als eines der ersten südostasiatischen Staatsgebilde mit der indischen Kultur in Berührung kam. Seine Existenz belegen chinesische Berichte und römische Münzfunde ab dem 1./2. Jh. n. Chr. Über den Hafen Oc Eo und ein ausgedehntes Kanalnetz kontrollierten die Bewohner bis ins 7. Jh. die Küstengewässer. Dann lösten die Khmer das Funan-Reich ab. Noch heute bezeichnen die Kambodschaner das Deltagebiet als Khmer Krom, Unteres Kambodscha.

Nach dem Zusammenbruch der Ming-Dynastie in China 1644 gelangten zudem chinesische Flüchtlinge hierher, die viele der Deltastädte wie My Tho oder Can Tho gründeten. Im großen Stil urbar gemacht wurde das dünn besiedelte Marschland jedoch erst im Zuge der französischen Kolonialisierung. Die neuen Herren ließen durch Zwangsarbeit über 1300 km Kanäle für Bewässerung bzw. Transport graben und Land trockenlegen. Zudem siedelten sie Vietnamesen aus dem Norden an. Innerhalb weniger Jahrzehnte avancierte Vietnam weltweit

Das Mekong-Delta

zur Nummer drei im Reisexport. Sehr bald waren weite Flächen im Besitz weniger Großgrundbesitzer, der Handel lag in den Händen von Chinesen. So verwundert es nicht, dass das Mekong-Delta einen guten Nährboden für kommunistische Freiheitskämpfer und religiöse Befreiungsbewegungen bildete, von denen Cao Dai und Hoa Hao nur die bekanntesten sind. Dies zeigte sich auch während des Vietnamkriegs, als die US-Streitkräfte weite Teile der Wälder mit Agent Orange besprühten, Dorfbewohner in Wehrdörfer (*strategic hamlets*) umsiedelten und das Gebiet doch nicht unter Kontrolle bringen konnten.

My Tho und Umgebung

Wegen der Nähe zu Saigon bildet das 70 km entfernte **My Tho** das bevorzugte Ziel eines Tagesausflugs ins Deltagebiet. 1697 gründeten chinesische Flüchtlinge – die nach wie vor die hiesige Wirtschaft dominieren – das Zentrum der Provinz Tien Giang mit heute etwa 120 000 Einwohnern. Die Hauptattraktion der Stadt am oberen Mekong-Arm Tien Giang bildet die 1820 gegründete Vinh-Trang-Pagode. Mit ihrer ausladenden Architektur und Gartenanlage wirkt sie wie ein Palast.

In erster Linie wird jedoch My Tho (Schönes Land) als Ausgangspunkt für eine Bootsfahrt zu einer der vier größten Inseln gewählt, z. B. zur touristisch gut erschlossenen **Einhorninsel** (Toi Son) mit ihren schönen Obstgärten. Hier gedeihen über 40 Bananen- und 37 Kokosnussarten. Höhepunkt ist eine Kanufahrt durch von Nipapalmen gesäumte Kanäle. Auf der benachbarten **Phönixinsel** (Con Phung) residierte einst der ›Kokosnussmönch‹, Ong Dao Dua, dessen 1964 gegründete Sekte Trinh Do Cu Si eine Synthese zwischen Christentum und Buddhismus schuf. Er soll sich ausschließlich von Kokosnüssen ernährt haben, daher sein Name. Bis zu seinem Tod 1990 scharte er mehr als 5000 Anhänger um sich. Heute wirkt sein ehemaliges Zentrum verwahrlost und verlassen. Einladender dagegen sind die **Drachen-** (Con Long) und **Schildkröteninsel** (Con Qui), wo sich ebenfalls ein Gang durch die üppige Natur anbietet.

Von My Tho aus kann zudem die benachbarte **Provinz Ben Tre** besucht werden. Auch hier vermitteln Bootsfahrten durch Kanäle zwischen den Flussarmen Cua Dai und Tien Giang einen schönen Einblick in das Leben der Menschen. Manche von ihnen sind mit der Honiggewinnung beschäftigt, andere verkochen den Saft der Kokospalme zu Zucker – erstaunt erfahren Besucher, was alles aus dieser nützlichen Palme gewonnen und gefertigt werden kann.

Vinh-Trang-Pagode in My Tho

Vinh Long und Tra Vinh

Am besten, man nähert sich dem 70 km von My Tho entfernt liegenden **Vinh Long** mit dem Boot, denn vom Wasser aus wirkt die Umgebung der eher unscheinbaren 100 000-Seelen-Stadt am interessantesten. Guter Ausgangspunkt ist **Cai Be** mit seinem ganztägigen schwimmenden Markt. Von dort kann man auf den Kanälen an Longan- und Rambutanplantagen vorbei zum **Co-Chien-Fluss** fahren, um das quirlige Treiben auf dem Wasser zu beobachten oder einen Blick auf die im Jahr 2000 fertig gestellte 1,5 km lange **My-Thuan-Brücke** zu werfen. Einige Kilometer südöstlich des Stadtzentrums von Vinh Long, das sich am Südufer des Co Chien erstreckt, ist der Besuch des Tempels **Van Than Mieu**, 1866 zu Ehren von Konfuzius erbaut, zu empfehlen. Zudem gedenken die Gläubigen hier des Freiheitskämpfers Phan Thanh Giang, der sich 1930 seiner Verhaftung durch Suizid entzog. Populär sind zudem Fahrten zu den Inseln **Binh Hoa Phuoc** und **An Binh**, die gut per Boot und Fahrrad erkundet werden können.

Knapp 70 km südöstlich von Vinh Long liegt **Tra Vinh**. Bereits die Tempelarchitektur in der gleichnamigen Provinz zwischen den Flüssen Co Chien und Hau Giang lässt erkennen, dass hier sehr viele Khmer leben. Sie machen etwa ein Drittel der über eine Million zählenden Gesamtbevölkerung in der Provinz aus. Am sehenswertesten ist der etwa 7 km südwestlich des Stadtzentrums an der N 53 gelegene Chua Ang. Anstelle des heutigen Theravada-buddhistischen Tempelbaus soll hier bereits im 8. Jh. ein Khmer-Heiligtum gestanden haben. Einiges spricht dafür, denn zu jener Zeit existierte am unteren Mekong Wasser-Zhenla, ein Reich mit Zentrum in Angkor Borei (s. S. 223f., 279). Der nicht weit davon entfernt liegende viereckig angelegte Teich Ao Ba Om, an dessen Ufern über 100 Jahre alte Thingan-Bäume (*Hopea odorata*) stehen, könnte der dazugehörige Baray gewesen sein. Dass in Tra Vinh bereits seit mehr als 400 Jahren Chinesen ansässig sind, beweist der Chua Ong, eine Stiftung aus dem Jahr 1556.

*Reispapier
Gemahlener Reis wird mit Wasser vermischt und per Schöpflöffel auf ein über den Kochtopf gespanntes Tuch verteilt. Dort wird er gedünstet, bis er eine gewisse Festigkeit erreicht, und anschließend zum Trocknen auf ein Bambusgeflecht gespannt. In vielen Dörfern kann man diese Gestelle mit den runden Fladen sehen. Das dünne Reispapier findet hauptsächlich für Frühlingsrollen Verwendung.*

Can Tho

Die etwa 300 000 Einwohner zählende Provinzhauptstadt **Can Tho**, 170 km von Saigon entfernt, liegt nicht nur im Zentrum des Mekong-Deltas, sie ist auch dessen bedeutendster Wirtschafts- und Verwaltungsstandort. Seit 1966 gibt es hier eine Universität mit Forschungsschwerpunkt auf Agrar- und Umwelttechnologien. Dass es der Stadt gut geht, verraten die vielen neueren Häuser und Gästeunterkünfte, allen voran das schmucke Victoria Hotel. Für Touristen gibt es allerdings nicht viel zu sehen, für sie ist Can Tho meist nur ein Übernachtungsstopp. Doch lohnt sich ein Gang über den bunten Stadtmarkt. Beim Schlendern entlang der netten Uferpromenade kommt man unter der Statue von Ho Chi Minh schnell mit Einheimischen in Kontakt. Für die kleine Khmer-Gemeinde wurde zwischen 1946 und 1948 das Theravada-buddhistische Kloster Munirangsayaram in der Hoa-Binh-Straße errichtet. Junge aufgeschlossene Mönche versuchen hier dem Tempelnamen gerecht zu werden und ihre Erkenntnis (*muni*) zu vervollkommnen (*rangsay*).

Kanal bei Phung Hiep

In der Umgebung entstanden in den vergangenen Jahren eine Reihe von touristisch aufbereiteten Obstgärten, meist mit Restaurants und Souvenirshops, wie z. B. die Gärten von **My Khanh**, **San Duong**, **Ba Lang** und **Tan Binh**. Zu ihnen werden von Can Tho aus Bootsfahrten angeboten; ebenso zu den vor allem morgens sehr lebhaften schwimmenden Märkten in **Cai Rang** (7 km südlich), **Phong Dien** (15 km südwestlich) und, etwas bescheidener, im 25 km südöstlich an der N 1A gelegenen **Phung Hiep**.

Land der Khmer

Für die im Delta wohnenden Khmer stellt das 65 km von Can Tho entfernte **Soc Trang** eine Art kulturelles Zentrum dar. Viele von ihnen kommen alljährlich um den 14. des zehnten Mondmonats (November) zum Oc-Om-Bok-Fest und beten um gute Ernteerträge und fischreiche Gewässer. Höhepunkt der Feierlichkeiten ist das Bootsrennen auf dem Soc-Trang-Fluss, wenn die bis zu 25 m langen eleganten geschwungenen und reichlich bemalten Langboote (*ghe ngo*) um hohe Preise wetteifern. In der 110 000-Einwohner-Stadt ist die Khleng-Pagode mit einer angeschlossenen Mönchsschule sehenswert. Sie stammt von 1533, wurde aber mehrfach erneuert. Aus der Anfangszeit existieren einige Buddha-Figuren im Inneren des reich verzierten Viharn von 1907. Das kleine Museum für Khmer-Kultur auf der anderen Straßenseite vermittelt einen Eindruck vom Leben dieses Volkes. Man mag es als Kitsch ansehen, aber der aus Lehm bestehende Chua Dat Set (Lehm-Pagode) hat das gewisse Etwas. Die unzähligen Skulpturen schuf Künstlermönch Ngo Kim Tong bis zu seinem Tod 1970.

Auf der Weiterfahrt nach Ca Mau kann man nach 12 km auf der N 1 A in der **Xa-Lon-Pagode** einen Stopp einlegen. Auf ihrem Gelände gibt es eine Palischule für junge Theravada-Mönche.

Vogelfreunde kommen in **Bac Lieu**, 52 km südwestlich von Soc Trang, auf ihre Kosten. Dort nisten in den Mangroven- und Melaleucawäldern des 127 ha großen Vogelschutzgebietes (San Chim Bac Lieu) während der Regenzeit über 50 Vogelarten, darunter der China-Seidenreiher (*Egretta eulophotes*) oder der Indische Kormoran (*Phalacrocorax fuscicollis*). Es ist eines von insgesamt 30 Schutzgebieten im Mekong-Delta. Weitere gibt es in der benachbarten Provinz Minh Hai.

Im Herzen des alten Funan

Long Xuyen, Hauptstadt der 3424 km² großen Provinz An Giang, ist für Besucher wenig interessant. Das An-Giang-Museum lohnt wegen der Funde aus Oc Eo einen Besuch, ist allerdings oft verschlossen. Die Stadt am Hau Giang war eine Hochburg der 1939 von Huynh Phu So (1919–47) gegründeten Sekte Hoa Hao, benannt nach seinem Geburtsort, die bis 1956 mit ihrer Armee weite Teile der Provinz kontrollierte. Noch heute zählt die buddhistisch beeinflusste Bewegung 1,5 Millionen Anhänger.

Von Long Xuyen führt eine schmale Straße ins 55 km entfernte Rach Gia. Auf dem Weg dorthin passiert man nach etwa 40 km den wohl geschichtsträchtigsten Ort des Deltagebietes, **Oc Eo**. Hier lag zwischen dem 1. und 7. Jh. die bedeutendste Hafenstadt des Funan-Reiches. Die Funde, darunter Goldmünzen aus dem Jahr 152 mit dem Porträt des römischen Kaisers Antonius Pius (reg. 138–161), bestätigen Handelskontakte bis nach Europa. An der Ausgrabungsstätte erinnert wenig an die große Vergangenheit des einst 3 x 1,6 km großen Hafens der Tausend Flüsse, wie die Chinesen ihn nannten. Eine 1,7 m große Buddha-Figur aus Sandstein und zwei Stelen mit Sanskrit-Inschriften, die aus dem Funan-Reich stammen sollen, befinden sich im Chua Linh Son, einer kleinen Pagode am Berg Nui Ba The, der nicht weit vom Dorf Vong The entfernt liegt. Von Oc Eo sind es noch 15 km bis nach Rach Gia.

Im Gegensatz zu den Cao Dai lehnen die Hoa Hao religiöse Strukturen ab. Es gibt weder Mönche noch Tempel. In den Häusern steht meist nur ein einfacher Altar mit Blumen und Räucherstäbchen. Die Gläubigen sind angehalten, Gutes zu tun und sich durch Rezitation und Studium buddhistischer Texte weiterzuentwickeln. Aus Respekt vor den Ahnen sollen Männer sich weder Bart noch Haare schneiden.

Entlang der Küste

Die etwa 200 000 Einwohner der aufstrebenden Hafenstadt **Rach Gia** leben hauptsächlich von Fischfang und Landwirtschaft, manche auch vom Schmuggel mit dem nahe gelegenen Kambodscha. Für Besucher bildet sie meist nur das Sprungbrett zur Insel Phu Quoc. Wer Zeit hat, kann einen der zahlreichen Tempel besuchen wie den Den Nguyen Trung Truc. Er ist nach einem Freiheitskämpfer benannt, der 1861 an der Zerstörung des französischen Kriegsschiffes L'Espérance beteiligt war. Sieben Jahre später wurde er gefasst und hingerichtet.

Zwar ist die Straße nach Ha Tien (100 km) nicht die beste, dafür entschädigt sie mit wunderschönen Ausblicken auf das Meer. Zudem kann die Landschaft bei **Hon Chong** (80 km) mit pittoresken Kalksteinfelsformationen, Stränden und Grotten aufwarten. Leider fallen immer mehr Berge und Felsen der Zementindustrie zum Opfer. In der **Grotte Hang Tien** versteckte sich 1784 Nguyen Phuc Anh, der spätere Gia-Long-König, im Kampf gegen die Tay Son. Nicht weit vom schönen Strand **Bai Duong** entfernt liegt der **Chua Hong**. Er ist vor eine mit klingenden Stalaktiten ausgestattete Grotte gebaut, die über einen Gang hinter dem Altar betreten werden kann. Eine weitere sehenswerte Höhle, **Mo So**, 17 km vor Ha Tien, ist in der Regenzeit nur per Boot erreichbar.

Schließlich gelangt man nach **Ha Tien**, der wohl schönsten Stadt des Deltagebietes. Die 85 000 Einwohner zählende Hafenstadt nahe der kambodschanischen Grenze liegt idyllisch an der Meeresbucht Dong Ho (Ostmeer), eingerahmt von den Bergen Ngo Ho und To Chau. Eine Reihe von Pagoden sind dem im 17. Jh. aus dem chinesischen Guangzhou (Kanton) eingewanderten Mac-Clan gewidmet. Das Oberhaupt, Mac Cuu, das sich hier niederlassen durfte, schuf innerhalb kurzer Zeit einen wichtigen Seehafen. 1730 gründete Mac Cuu den Chua Tam Bao von Mac Cuu, einige Jahrzehnte später seine zweite Frau, Nguyen Thi Xuan den in der Nähe liegenden Chua Phu Dung. Nach ihrem Tod bestattete man sie auf dem Hügel hinter der Haupthalle. Den 130 Opfern eines Überfalls durch die Khmer Rouge am 14. März 1978 wurde an der Höhlenpagode Chua Thach Dong (auch Thanh Van), 3,5 km in Richtung Grenze, eine Stele errichtet. Die Gräber des Mac-Clans liegen auf dem Hügel der Gräber, **Nui Lang**, 3 km nordwestlich von Ha Tien. König Gia Long persönlich gab sie aus Dankbarkeit für ihre Verdienste 1809 in Auftrag.

In der Geschichte spielte die Insel **Phu Quoc**, 40 km vor Ha Tien, für kurze Zeit eine wichtige Rolle, als der französische Bischof Pierre Joseph Pigneau de Béhaine, der in Ha Tien residierte, Nguyen Phuc Anh in seinem Kampf gegen die Tay Son unterstützte und ihm 1782 sowie im März 1783 mit seiner Armee auf der Insel Unterschlupf gewährte. Heute wird die mit 565 km^2 größte Insel Vietnams noch nicht vom Massentourismus heimgesucht. Die Strände im Westen und Süden sowie die Wälder sind noch relativ unberührt, obwohl der Flughafen regelmäßig angeflogen wird. Immerhin wurden 50 km^2 zum Schutzgebiet erklärt. Die 65 000 Bewohner leben hauptsächlich vom Fischfang und der Herstellung von *nuoc mam*, der berühmten Fischsoße. Zentrum ist die Stadt Duong Dong im Norden des 20 km langen Long Beach (Bai Truong).

Chau Doc

Nahe der kambodschanischen Grenze liegt am Westufer des Hau Giang die Stadt **Chau Doc**, deren 60 000 Einwohner ein buntes Gemisch aus Chinesen, Vietnamesen, Khmer und Cham bilden. Entsprechend mannigfaltig ist das religiöse Leben: Katholiken treffen sich in der kleinen **Kirche** von 1920 an der Duong Le Loi und die muslimischen Cham in der 1750 gestifteten Mubarak- oder **Chau-Giang-Moschee** jenseits des Flusses. Im 1926 erbauten **Dinh Chau Phu** an der Uferstraße Tran Hung Dao wird Nguyen Huu Canh (1650–1700) gedacht. Er war Gouverneur im Süden Vietnams und Gründer Saigons. In unmittelbarer Nachbarschaft liegt der bunte **Stadtmarkt** mit dem für das Mekong-Delta üblichen reichhaltigen Angebot an Meeresfrüchten und Obst. Beliebt sind **Bootsfahrten** zu den umliegenden Cham-Dörfern und schwimmenden Fischzuchthäusern, unter denen in Käfigen die lukrativen Haiwelse (*Pangasiidae*) für den Export gezüchtet werden.

Wichtigstes Pilgerziel in der Region ist der 6 km südwestlich gelegene Krabbenberg, **Nui Sam**. Rund um die 230 m hohe Erhebung befindet sich eine Vielzahl von Tempeln, wie etwa der 1847 von dem Adligen Doan An gestiftete und 1958 vergrößerte Chua Tay An. In seinem Innern werden buddhistische, hinduistische und daoistische Gottheiten verehrt. Wichtigstes Heiligtum ist jedoch der schräg gegenüberliegende Mieu Ba Chua Xu (Tempel der Frau Chua Xu). Das Gebäude selbst ist eher nüchtern, es ersetzte 1972 einen Vorgängerbau aus den 1820er Jahren. Umso fantasiereicher ist die Legende um die Statue von Ba Chua Xu. Sie soll sich ursprünglich auf dem Nui Sam befunden haben. Vergeblich versuchten Anfang des 19. Jh. siamesische Invasoren sie abzutransportieren. Auf dem Weg nach unten wurde sie immer schwerer, und man ließ sie schließlich liegen. Nur neun junge Frauen könnten, so prophezeite Ba Chua Xu in einer Erscheinung, sie wegtragen. Entsprechend geschah es. Bis heute ist es jungen Frauen vorbehalten, am Tempelfest am 23.–27. des vierten Mondmonats (Mai) die Statue zu waschen.

Das **Grabmal von Thoai Ngoc Hau** (auch Nguyen Van Thoai, 1761–1829), einem unter Gia Long dienenden Militärmandarin, sowie seiner Frauen Chau Thi Vinh Te (1766–1826) und Truong Thi Miet liegt am Fuße des Nui Sam. Der hohe Beamte ließ u. a. den nach seiner Gattin benannten Vinh-Te-Kanal unter Einsatz kambodschanischer Zwangsarbeiter zwischen Rach Gia und Chau Doc graben. Diesen kann man von der Bergspitze, die zu besteigen zwar anstrengend ist, gut überblicken.

In **Ba Chuc**, 30 km südwestlich von Nui Sam, werden in einer 1991 erbauten Pagode über 1000 Schädel von Opfern der Roten Khmer aufbewahrt. Sie hatten zwischen dem 12. und 30. April 1978 die Gegend heimgesucht und in einer Gewaltorgie 3157 Menschen getötet.

Mit dem Schiff kann man von Chau Doc nach Phnom Penh fahren bzw. umgekehrt. Die Fahrt dauert je nach Länge des Aufenthaltes an der Grenze Vinh Xuong/Kaom Samnar 4–5 Stunden. In Chau Doc ist eine Stadtrundfahrt mit dem ›xe loi‹, einer Fahrradrikscha, bei welcher der Fahrer im Gegensatz zu den Cyclos vorne sitzt, lohnenswert.

Kambodscha: Land und Geschichte

Kambodscha – Land und Leute

Volksgruppen und Bevölkerungssituation

Verglichen mit Laos und Vietnam präsentiert sich Kambodscha als ein ethnisch relativ homogenes Land. Über 90 % der Gesamtbevölkerung sind **Khmer**, die zu den frühesten Siedlern im kontinentalen Südostasien gehören. Lange bevor die Tai-Völker die Region erreichten, waren die Khmer entlang des Mekong und in Nordost-Thailand ansässig.

Eine Sondergruppe bilden die heute etwa 200 000 vorwiegend muslimischen **Cham** (Khmer Islam), die aus Vietnam stammen. Von dort flüchteten sie in den vergangenen Jahrhunderten vor Repressalien nach Kambodscha, wo sie zu Opfern des Pol-Pot-Regimes wurden: Massaker, Zerstörung und Zweckentfremdung von Moscheen.

Eine fast verschwindende Minderheit von etwa 100 000 Angehörigen von Bergvölkern, **Khmer Loeu** (Hochland-Khmer), lebt in den Bergen und Wäldern von Mondulkiri und Ratanakiri. Selbst die sieben größten Gruppen unter ihnen, die Tampuan, Jarai, Kreung, Kachok, Brao, Kavet und Phnong, zählen nur wenige tausend Mitglieder. Während sie in der Vergangenheit isoliert in den Wäldern lebten, bedrohen heute wirtschaftliche Interessen ihre traditionelle Lebensweise. So hat nicht zuletzt die Vergabe von Konzessionen an die Palmöl- oder Holzindustrie in den letzten Jahren zum teilweisen Verlust ihres natürlichen Lebensraums geführt.

In den Städten gibt es kleine, aber wirtschaftlich bedeutende chinesische Gemeinden. Die Anwesenheit von **Chinesen**, heute etwa eine halbe Million, ist bereits seit dem 13. Jh. dokumentiert. Ihr Zuzug aus China hat sich mit der politischen Stabilisierung Kambodschas verstärkt; doch lebt ein Großteil illegal im Land. Letzteres gilt ebenfalls für das Gros der ca. 5–6 % bei den Khmer nicht sonderlich beliebten **Vietnamesen**. Sie werden oft abwertend *yuon*, Barbaren, genannt. Diskriminierung von und Übergriffe auf Vietnamesen sind keine Seltenheit. Die Ursachen liegen in der vietnamesischen Expansionspolitik des 18./19. Jh., als der östliche Nachbar Teile Kambodschas besetzt hielt und sich das Mekong-Delta einverleibte.

Kambodscha besitzt heute mit 2,3 % pro Jahr eine der höchsten **Bevölkerungswachstumsraten** in der Region. Als die Roten Khmer 1975 die Macht übernahmen, lebten 7,1 Millionen Menschen im Land. heute sind es bereits 13 Millionen, wobei etwa 40 % der Bevölkerung unter 15 Jahre alt sind. In der Hoffnung auf bessere Lebensbedingungen in der Stadt verzeichnet Kambodscha einen zunehmenden Trend in die Städte, wo etwa jeder fünfte Kambodschaner lebt.

Als Folge der schlechten **Gesundheitsversorgung** (30 Ärzte auf 100 000 Einwohner) ist die Lebenserwartung sehr niedrig. Frauen werden im Durchschnitt 58,6, Männer 54 Jahre alt.

Ein Beispiel für die Probleme des Landes bietet das Schulwesen Kambodschas, das in den 1950er Jahren noch als vorbildlich galt. Während des Pol-Pot-Regimes wurde es jedoch völlig zerstört. Die Folgen sind noch heute zu spüren. Einer Statistik der Weltbank zufolge liegt die Analphabetenrate immer noch bei 60 %. Während die meisten Dörfer mit Grundschulen ausgestattet sind, fehlt es an Mittelschulen, die nur in jedem zwanzigsten kambodschanischen Dorf zu finden sind. So besucht nur ein Fünftel der Schulkinder die Mittelschule. Die männlichen Kinder haben immerhin die Möglichkeit, in einem der nächst gelegenen Klöster zu wohnen. Mädchen sind hier benachteiligt und verlassen oft vorzeitig die Schule, um sich um ihre Geschwister zu kümmern oder mit einfachen Arbeiten zum Familienunterhalt beizutragen.

◁ Mönche in Angkor Thom

Sprache und Schrift

Die Khmer-Schrift wurde im 13. Jh. zum Vorbild der Thai-Schrift.

Khmer, die offizielle Sprache des Landes, gehört der Mon-Khmer-Gruppe an, die wiederum Teil der austro-asiatischen Sprachfamilie ist. Im Gegensatz zum Laotischen und Vietnamesischen zählt sie nicht zu den tonalen Sprachen. Infolge der starken Einflüsse Indiens und Europas haben eine Vielzahl von Termini aus dem Sanskrit, Pali und Französischen Eingang gefunden, z. B. *preah* von dem Sanskrit-Wort *brah* (heilig). Für Ausländer liegt die Schwierigkeit des Aussprechens in der zungenbrecherischen Kombination von Konsonanten, die zudem oft sehr ähnlich klingen. Nur geübte Ohren hören die feinen Nuancen zwischen den Lauten *d* und *t* oder *b* und *p*. Die Grammatik hingegen ist recht einfach zu erlernen, weil sie auf der Subjekt-Prädikat-Objekt-Reihenfolge basiert. Konjugationen und Deklinationen fehlen, zur Anzeige von Singular bzw. Plural oder der Zeit werden Hilfswörter verwendet. Eine eigenständige **Khmer-Schrift** ist bereits auf Inschriften des frühen 7. Jh. nachgewiesen und leitet sich von der südindischen Pallava-Schrift (benannt nach dem gleichnamigen Reich des 4.–8. Jh. mit Zentrum in Kanchi, westlich von Madras) ab. Das heute gebräuchliche Schriftsystem besteht aus 33 Konsonantenzeichen und 24 Vokal- und Diphthongzeichen. Geschrieben wird von links nach rechts. Ähnlich dem Laotischen lässt ein uneinheitliches Transkriptionssystem verschiedene Schreibweisen von Begriffen zu.

Religion

Artikel 43 der Verfassung garantiert die freie Religionsausübung und erhebt den Buddhismus zur Staatsreligion.

Nachdem fast 1000 Jahre lang die **Hindu-Kulte** am Hof der Könige vorherrschten, setzte sich ab dem 13. Jh. in Kambodscha immer mehr der **Theravada-Buddhismus** durch. Die Herrscher der Reiche identifizierten sich nicht mehr mit Shiva oder Vishnu, sondern waren nach Vorbild des indischen Königs Ashoka (3. Jh. v. Chr.) Patron des Buddhismus. Als die heute dominierende Volksreligion hat Letzterer das kulturelle Leben tief durchdrungen. Nahezu alle Khmer bekennen sich zu ihm, auch wenn sie parallel dazu dem **Geisterglauben** anhängen.

Anfang der 1990er Jahre gaben die von dem Mönch Maha Ghosananda angeführten jährlichen Friedensmärsche (›dhamma yietra‹) wichtige Impulse für den Versöhnungsprozess der ehemals verfeindeten Bürgerkriegsparteien.

Im 20. Jh. erfuhr der Buddhismus zeitweise einen heftigen Rückschlag: Während des Pol-Pot-Regimes wurden die meisten Klöster zerstört oder entheiligt, Mönche in den Laienstand versetzt oder ermordet. Die nachfolgende kommunistische Regierung gestattete die Religionsausübung zwar, indes nur beschränkt und unter staatlicher Kontrolle. Seit dem Pariser Friedensabkommen von 1991 erfährt die Religion eine Renaissance. So werden inzwischen Klöster renoviert oder neu errichtet, buddhistische Feiertage wie das Vesakh-Fest im Mai oder das Choul Vuhsa im Juli zur Eröffnung der dreimonatigen Fastenzeit wieder gefeiert.

Der buddhistische Mönchsorden (*sangha*) gliedert sich in den **Maha Nikay** (Großer Orden), zu welchem über 90 % der Mönche zählen,

Sprache und Schrift, Religion, Politik und Wirtschaft

und den **Dhammayutika Nikay** (Orden der Dharma-Nachfolger). Der Dhammayutika Nikay wurde 1833 im benachbarten Königreich Siam von Mongkut (Rama IV., reg. 1851– 68) gegründet und gelangte Mitte des 19. Jh. nach Kambodscha. Mongkut, der bis zu seiner Ernennung zum König 27 Jahre als Mönch lebte, wollte mit diesem Reformorden den Buddhismus von den Fehlentwicklungen (magische Praktiken, Amulettkult etc.) reinigen und die in seinen Augen laxe Mönchsdisziplin wieder auf die im ›Vinaya‹ niedergeschriebenen 227 Ordensregeln zurückführen. Vorbild waren die strengen Klöster der in Thailand siedelnden Mon.

Politik und Wirtschaft

Seit der Proklamierung der Verfassung am 24. September 1993 heißt das Land offiziell *Preahreacheanachakr Kampuchea*, Königreich Kambodscha. Alle fünf Jahre wählt das Volk die **Nationalversammlung**, der gegenwärtig 123 Abgeordnete angehören. Als zweite Kammer ist der **Senat** für die Verabschiedung von Gesetzen zuständig. Von den 61 Mitgliedern werden jeweils zwei durch den König und die Nationalversammlung ernannt, die restlichen 57 wählt alle sechs Jahre das Volk. Sowohl Nationalversammlung als auch Senat treten zweimal im Jahr zu längeren Sitzungsperioden zusammen. Der **Thronfolger** – er muss mindestens 30 Jahre alt sein und der königlichen Familie angehören – wird innerhalb einer Woche nach dem Tod des Vorgängers durch den Königlichen Thronrat bestimmt. Ihm gehören die Präsidenten des Senats und der Nationalversammlung sowie deren Stellvertreter, der Premier und die obersten Mönche der buddhistischen Maha Nikay und Dhammayutika Nikay an.

    Administrativ gliedert sich das Land in 20 Provinzen (*khet*) und die drei Metropolen (*krong*) Pailin, Phnom Penh und Sihanoukville. Die Provinzen wiederum teilen sich in Distrikte (*srok*) und Kommunen (*khum*), die Metropolen werden in Stadtdistrikte (*khan*) und Bezirke (*sangkat*) untergliedert.

    Dank der relativ stabilen politischen Lage verzeichnet Kambodscha seit 1999 ein jährliches **Wirtschaftswachstum** von über 5 % und eine niedrige Inflationsrate. Den wirtschaftlichen Motor bilden gegenwärtig Textilindustrie und Tourismus. Insbesondere ostasiatische Firmen investieren wegen der niedrigen Löhne in Textilfabriken. Die Schattenseite dieser Art von Wachstum liegt in schlechten Arbeitsbedingungen bei extrem niedriger Bezahlung (weniger als 2 US-$ pro Tag), was in den vergangenen Jahren immer wieder Proteste auslöste. Bisher kommt der stark zunehmende Tourismus primär der Provinz Siem Reap zugute, in der mit Angkor die Hauptattraktion des Landes liegt.

    Betrachtet man diese Faktoren, so wird deutlich, dass etwa 80 % der Gesamtbevölkerung – so viele Menschen leben auf dem Land – vom Wirtschaftswachstum nahezu völlig ausgeschlossen sind. Eine

Möchte eine Frau ein religiöses Leben führen, kann sie lediglich als weiß gekleidete ›don chi‹ wie eine Nonne leben, genießt allerdings nicht denselben Status wie ein Mönch. Trotzdem nehmen immer mehr Frauen diese Möglichkeit wahr. Viele ›don chi‹ engagieren sich im sozialen Bereich. Zudem ist es gerade für kinderlose Witwen eine gute Möglichkeit, vom Kloster versorgt zu werden und somit abgesichert den Lebensabend zu verbringen.

Kambodscha: Kulturgeschichte

Auf dem Land dient oft noch der Ochsenkarren als Transportmittel

Eines der Haupthindernisse für weitreichende Investitionen sind mangelnde qualifizierte Arbeitskräfte und ein Ausufern der Korruption. So wird das Land wohl noch lange Zeit von Entwicklungshilfe und den Krediten internationaler Geberländer abhängig bleiben.

katastrophale Infrastruktur und häufige Überschwemmungen während der Regenzeit verhindern dort ein stabiles Wachstum. Mehr als ein Drittel der Landbevölkerung lebt unter der Armutsgrenze, d. h. pro Tag steht ihnen weniger als 1 US-$ zur Verfügung. Um ihre Situation nachhaltig zu verbessern, soll in Zukunft der Agrarsektor – er macht ein Drittel der Gesamtwirtschaft aus – erheblich erweitert werden. Gegenwärtig stellt neben Holz Latex das wichtigste Exportgut dar, eine Entwicklung, die einsetzte, nachdem 1897 der erste Kautschukbaum (*Hevea brasiliensis*) aus Malaysia nach Indochina gelangt war. Aufgrund des Bürgerkrieges wurde der Anbau über Jahrzehnte hinweg völlig vernachlässigt, gewinnt nun aber wieder an Bedeutung.

Kulturgeschichte Kambodschas

Das Altertum

Bedeutendster Fundort von Tonscherben aus der Zeit um 4200 v. Chr. ist eine Höhle bei Laang Spean in der Provinz Battambang.

Knochenfunde belegen eine Besiedlung Kambodschas spätestens um etwa 600 000 v. Chr. Die nach der nordvietnamesischen Provinz benannte **Hoabinh-Kultur** (ca. 11.–4. Jt. v. Chr.; s. S. 62) lässt sich auch in Kambodscha nachweisen. Bevorzugtes Domizil der Jäger und Sammler waren Kalksteinhöhlen. Die Menschen unbekannter Herkunft stellten Steinwerkzeuge und Tongefäße her.

Die Ausgrabungen seit den 1960er Jahren in Baan Chiang und Non Nok Tha auf dem nordostthailändischen Khorat-Plateau haben ergeben, dass dort bereits im **vierten Jahrtausend v. Chr.** größere Siedlungen bestanden und bereits sehr früh eine eigenständige agrarisch geprägte Zivilisation existierte. Die Menschen bevorzugten feste Ansiedlungen in der Nähe von Gewässern, etwa auf dem Khorat-Plateau, am Tonle Sap und am Mekong. Spätestens um **3000 v. Chr.** war die aus Südchina übernommene Technik des Nassreisanbaus bekannt. Weitere Agrarprodukte waren Baumwolle, Hirse, Taro, Yamwurzel und Zuckerrohr. Ab dem **zweiten Jahrtausend v. Chr.** fand Bronze Verwendung, was Funde in Samrong Sen östlich des Tonle Sap bestätigen.

Im Einzugsgebiet des Mekong, z. B. in Krek und Memot in der Provinz Kompong Cham, legten Archäologen bisher 18 kreisrunde Erdwerke mit einem Durchmesser von 200–260 m frei. Diese durch Außenwall und Innengraben gesicherten Siedlungen werden in die zweite Hälfte des **ersten Jahrtausends v. Chr.** datiert. Gläserne Armreifen, die stilistische Parallelen zu Funden aus der Sa-Huynh-Kultur in Vietnam (s. S. 62) aufweisen, deuten auf überregionalen Handel hin. Spätestens ab dem **5. Jh. v. Chr.** war die Herstellung von Eisen verbreitet. Zu dieser Zeit zeichnete sich auch ein Trend zu größeren Niederlassungen mit über 1000 Bewohnern ab, was Ausgrabungen in der Region zwischen Angkor Borei bei Takeo (s. S. 279) und Oc Eo im Mekong-Delta (s. S. 211) sowie im Einzugsgebiet des Mun-Flusses in Nordost-Thailand – dort werden die Vorläufer der Khmer vermutet – ergeben haben. Es bildeten sich die ersten Staatengebilde heraus, die den regionalen Handel bis nach China und Indien ausweiteten.

In Oc Eo gefundene Goldmünze mit dem Haupt des Antonius Pius

Funan – der erste indisierte Staat

Der erste indisierte Staat – oder eher Verbund von Stadtstaaten – des kontinentalen Südostasien lag im Mekong-Delta: Funan. Vermutlich gehörten seine Bewohner der austro-asiatischen Sprachgruppe an. Die Chinesen beschrieben sie als dunkelhäutige Menschen mit krausem Haar. Die Lokalisierung des oder der Zentren Funans ist nicht eindeutig. Offensichtlich befand sich der Haupthafen in Oc Eo, weitere Metropolen des Reiches werden im heutigen Angkor Borei und am Fuß des Ba Phnom in der Provinz Prey Veng lokalisiert. Doch ob einer dieser Orte mit der in Inschriften erwähnten Hauptstadt Vyadhapura (Stadt der Jäger) identisch ist, lässt sich nicht eindeutig sagen. Die meisten Bewohner lebten in Pfahlbausiedlungen an Flüssen bzw. Kanälen und sicherten ihren Lebensunterhalt mit Fischfang und Reisanbau. Mittels Kanälen legten sie das fruchtbare Schwemmland trocken und machten es landwirtschaftlich nutzbar.

Funan profitierte von der Zunahme des Handels zwischen China, dem indischen Subkontinent, Westasien und Europa seit der Zeitenwende. Funde von Münzen des römischen Kaisers Antonius Pius (reg. 138–161) und der persischen Sassaniden-Dynastie (224–642) in Oc Eo belegen weitreichende Kontakte. Ab dem 3. Jh. ermöglichten größere Schiffe mit neuer Segeltechnik eine effektivere Nutzung der Monsunwinde. Die Reisfelder und das über 200 km lange Kanal- und

Der in chinesischen Berichten verwendete Name Funan ist die einzig bekannte Bezeichnung des ab dem 1. Jh. nachweisbaren Staatenverbundes. Die beiden chinesischen Schriftzeichen ›fu nan‹ transkribieren den Begriff ›biu nam‹, von dem sich das heutige Khmer-Wort für Berg, ›phnom‹, ableitet. Der Name bezieht sich auf den Titel der Könige, Herrscher der Berge (Alt-Khmer: ›kurung bnam‹).

Kambodscha: Kulturgeschichte

»*Anfänglich hatte Funan eine Frau namens Liu Yeh [Khmer: Soma] zur Königin. Es lebte ein Mann aus dem Land Mo Fu, der Hun Tien [Kaundinya] hieß und mit Inbrunst den Geisterkult pflegte (...). Eines Nachts träumte er davon, wie der Geist ihm einen göttlichen Bogen gab und befahl, auf ein Handelsboot zu gehen und in See zu stechen. (...) So ging er an Bord eines großen Schiffes und fuhr zur See. Der Geist lenkte den Wind so, dass das Boot nach Funan gelangte. Liu Yeh versuchte es zu erbeuten, doch Hun Tien hob den göttlichen Bogen und schoss. Sein Pfeil durchschlug die Barke [von Liu Yeh] auf beiden Seiten. Liu Yeh ergab sich, und Hun Tien nahm sie zur Frau. (...) Dann regierte er das Land und vererbte die Macht an seine Nachkommen.*«
Liang-Annalen

Die Khmer-Version der Legende berichtet weiter, dass der Vater von Soma, ein Naga-König, sein Reich vergrößerte, indem er zur Gewinnung neuen Landes das Wasser trank und das Land dann seinem Schwiegersohn überließ.

Flusssystem erlaubte den Schiffen ein sicheres Abwarten des Wechsels der Monsunwinde im Hafen von Oc Eo.

Mit den Schiffen kamen indische Migranten nach Funan, die sich in seinen Städten niederließen. Schenkt man der aus Südindien stammenden ›Legende von Liu Yeh (Weidenblatt) und Kaundinya‹ Glauben, so wurde ein ausländischer König, vielleicht aus Indien stammend, zum Begründer der ersten Dynastie in Funan. Unbestritten ist, dass sich Gedankengut aus dem Subkontinent immer stärker in der Region verbreitete. Religiöse Kulte verschmolzen mit einheimischen, so die Verehrung Shivas in Gestalt des Lingam, mit lokalen Fruchtbarkeitskulten. Bevorzugte religiöse Orte waren in Kambodscha seit alters die Berge. Sie wurden nun auch mit dem Berg Meru identifiziert – dem Weltenberg in der indischen Mythologie. Auf dem Ba Phnom vereinigte sich zudem ein Kult um Neak Ta Mae Sa (Weiße Mutter) mit einem Kult um Durga, Konsorte Shivas, als Mahisha Suramardini (Töterin des Büffeldämons Mahisha). Zu ihren Ehren brachte man zu Beginn der Aussaat Menschenopfer dar, die bis 1877 nachweisbar sind. Parallel fand der Mahayana-Buddhismus erste Anhänger. Er breitete sich in den ersten nachchristlichen Jahrhunderten über die Hafenstädte Südostasiens aus.

Im 3. Jh. kontrollierten die Flotten Funans die gesamte Küstenregion zwischen Mekong-Delta und dem Isthmus von Kra in Thailand. Mit China standen die Herrscher in regelmäßigem Austausch, allein im 3. Jh. wurden fünf Tributgesandtschaften in das Reich der Mitte entsandt. Die beiden Händler Kang Tai und Zhu Ying, die Mitte des 3. Jh. die Hauptstadt von Funan besuchten, beschrieben damals die Fruchtbarkeit und den Reichtum des Landes.

Unter einem weiteren Herrscher namens Kaundinya (um 420) wurde indisches Denken systematisch übernommen. Der Monarch stellte etwa zeitgleich mit den Cham die Verehrung Shivas als Maheshvara (Höchster Herr) in Form eines Lingam in den Mittelpunkt des Staatskultes. Er übernahm den Shaka-Kalender (beginnend mit dem vermuteten Krönungsjahr Kanishkas, des Königs von Kushan, 78 n. Chr.) und etablierte die im südindischen Pallava-Reich verwendete Schrift auch in seinem Herrschaftsgebiet. Mit ihm begann die Tradition, königlichen Titeln das Suffix -*varman* (geschützt von) anzufügen. Eine Blütezeit erlebte das Reich vor allem unter Kaundinya Jayavarman (reg. um 480–514) und dessen nichtehelichem Sohn Rudravarman (reg. 514–ca. 545). Zwar pflegten sie den Shiva-Kult, doch waren sie zugleich praktizierende Buddhisten. Mit den chinesischen Dynastien der Südlichen Qi (479–501) und Liang (502–556) standen die Herrscher in regem Austausch. An den Kaiserhof in Nanjing entsandte Rudravarman sechs Tributgesandtschaften und den berühmten buddhistischen Gelehrten Nagasena. Nach dem Tod Rudravarmans um etwa 545 begann der Niedergang des Reiches und mit Zhenla, einem in Süd-Laos lokalisierten Fürstentum und zeitweiligen Vasall Funans, taucht ein weiteres indisiertes Staatengebilde auf.

Hinsichtlich Kunst und Kultur im Funan-Reich gibt es nur wenige Informationen. Die chinesische ›Geschichte der Drei Reiche‹ (Ende 3. Jh.) berichtet von Musikern, die im Rahmen einer Tributgesandtschaft im Jahr 243 dem chinesischen Kaiser zum Geschenk gemacht wurden. Des Weiteren weiß man, dass der indischen Tradition folgend festes Baumaterial (vorwiegend Ziegelstein) den sakralen Bauten vorbehalten war, allerdings sind auch von diesen heute nur noch wenige Fundamentreste vorhanden. Die ältesten existierenden Skulpturen werden in das 6. Jh. datiert, darunter über 2 m große Vishnu-Figuren vom Phnom Da (s. S. 266, 279). Von der Präsenz des Buddhismus zeugen eine Bronze-Figur des Vajrasattva (5./6. Jh.) und stehende Buddha-Figuren im Gupta-Stil (s. S. 249).

»Die oft diskutierte ›Indisierung‹ Südostasiens (...) war niemals ein blindes Übernehmen indischer Werte, sondern eher die Entwicklung einer südostasiatischen Kultur, die sich von der Erfahrung der indischen Zivilisation inspirieren ließ.«
Thomas Suárez

Zhenla

Ob Zhenla tatsächlich Funan im 7. Jh. als vorherrschende Macht am Mekong ablöste oder ob es parallel dazu existierte, bleibt umstritten. Die Quellen beschränken sich vorwiegend auf Inschriften und chinesische Berichte. Tatsache ist, dass Funan nach dem 6. Jh. in chinesischen Chroniken nicht mehr erwähnt wird, dafür ab 616/617 Zhenla immer häufiger. Von Zhenla ist ebenfalls nur der chinesische Name bekannt, dessen Bedeutung jedoch unklar. Die Bewohner des Reiches gehörten der Mon-Khmer-Sprachgruppe an und gelten als Vorfahren der Khmer. Die erste Inschrift in Khmer stammt aus dem Jahr 611 und wurde in Angkor Borei gefunden. Vermutlich lag der Schwerpunkt Zhenlas anfänglich im Umkreis der südlaotischen Stadt Champasak. Später scheint er sich mehrfach verlagert zu haben – oder aber es existierten mehrere Machtzentren, eines etwa in der Umgebung von Sambor Prei Kuk (s. S. 286ff.). Dort soll der erste bedeutende Herrscher, Bhavavarman I. (reg. 6./7. Jh.), die nach ihm benannte Stadt Bhavapura gegründet haben. Sein Herrschaftsbereich lag wahrscheinlich nördlich des Tonle Sap und entlang des Mekong. Dieser Strom sollte immer mehr zur ›Ader‹ der politischen Macht werden, an ihm entlang erfolgte die kontinuierliche Ausdehnung Zhenlas gen Süden. Unter Ishanavarman I. (reg. ca. 616–nach 637) umfasste das Reich Zentral-Kambodscha, Teile Nordost-Thailands und Süd-Laos. Seine Hauptstadt Ishanapura befand sich im heutigen Sambor Prei Kuk. Mit China und dem Cham-Reich pflegte er freundschaftliche Beziehungen. Eine Tochter vermählte er mit einem Prinzen aus Champa.

Nach dem Tod Ishanavarmans I. scheint sein Reich zerfallen zu sein, denn die aus den zahlreichen Sanskrit- und Khmer-Inschriften hergeleiteten Genealogien weisen größere Lücken auf. Andererseits erlebte die Region eine kulturelle Blüte. Für die zweite Hälfte des 7. Jh. sind lokal begrenzte Kunststile in der Bildhauerei nachweisbar, die auf hohe Kreativität schließen und stilistische Gemeinsamkeiten mit den Mon (eine im heutigen Myanmar und Thailand siedelnde Ethnie) und Cham erkennen lassen. Der Kontakt mit Indien intensivierte sich: In

Der chinesische Pilgermönch Yijing bemerkte bei seiner Reise durch Zhenla im späten 7. Jh., dass der einst prosperierende Buddhismus von einem König vernichtet worden sei und es keine Mönche mehr gäbe.

Brahma-Stele im Stil von Prei Kmeng, 2. Hälfte 17. Jh., Musée Guimet

Kambodscha: Kulturgeschichte

Kambodscha bildeten sich einflussreiche shivaitische und vishnuitische Gruppen heraus. Indische Brahmanen kamen in großer Zahl nach Zhenla, Sanskrit war als religiöse Sprache etabliert. Während die Vielzahl von Harihara-Statuen aus jener Zeit von der Verehrung Shivas und Vishnus in einer Person zeugt, ließ es sich andererseits kein König nehmen, sich und sein Land unter den Schutz Shivas zu stellen und den Lingam-Kult zu pflegen. Der Buddhismus spielte zu jener Zeit wohl nur eine marginale Rolle.

In 13 noch erhaltenen Inschriften wird die Herrschaft Jayavarmans I. (reg. ca. 657–nach 681) gepriesen. Durch Eroberungszüge vergrößerte er sein Reich bis nach Vientiane, nach seinem Tod versank das Land jedoch im Chaos. Die Annalen der chinesischen Tang-Dynastie (618–906) berichten von einer Aufsplitterung Kambodschas in ein Lu Zhenla (Land-Zhenla) mit Zentrum am Wat Phou und ein Shui Zhenla (Wasser-Zhenla) mit Zentrum bei Angkor Borei im Jahr 706. Diese Teilung soll das gesamte 8. Jh. angedauert haben. Allerdings bezweifeln manche Historiker diese Zweiteilung und vermuten, dass die Region die ganze Zeit in kleinere Staatengebilde aufgegliedert gewesen sei. Politische Einheit brachte schließlich Jayavarman II., mit dem die Angkor-Periode eingeleitet wurde.

Das Angkor-Reich

Das Jahr 802, als Jayavarman II. (reg. vor 770–nach 800) sich auf dem Phnom Kulen in einer Zeremonie von der Vorherrschaft Javas losgesagt haben soll, wird als Beginn des eigentlichen Angkor-Reiches betrachtet. Seit seiner Regierungszeit avancierte das Gebiet nördlich des Tonle Sap über ein halbes Millennium hinweg zum Zentrum der Macht. Über die Gestalt Jayavarmans herrscht unter Historikern äußerste Unklarheit. Das Problem: Der Herrscher hinterließ keinerlei schriftliche Dokumente. Alle Informationen basieren auf späteren Inschriften, allen voran die Inschriften aus den Tempeln von Roluos (spätes 9. Jh.) und auf der berühmten Sdok-Kak-Thom-Stele, datiert auf den 8. Februar 1053. Letztere berichtet, dass Jayavarman II. aus Java zurückkehrte, von Indrapura (dem heutigen Banteay Prei Nokor bei Kompong Cham) aus das Land einte und ab 802 als König über Mahendraparvata regierte. Der historische Wert dieser Schrift wird jedoch angezweifelt, da sie vor allem der Legitimation einer Priesterfamilie diente. So ist mit »Java« kaum die heutige indonesische Insel gemeint, sondern vielleicht Champa. Irreführend ist die in der Stele erwähnte Zeremonie des »Kamrateng Jagat Ta Raja« (*devaraja*) auf dem Phnom Kulen, die unter manchen Historikern zur Annahme führte, dass Jayavarman II. dort zum Gottkönig erhoben wurde. Offensichtlich übernahm der Herrscher eine vor allem in Süd-Indien verbreitete Vorstellung, dass Shiva als Herr des Universums, welcher König ist (kamb.: *kamrateng jagat ta raja*), auf dem mythologischen Berg Mahendra residiere. Daraus abgeleitet trugen bereits die Könige der Shai-

»Dann kam seine Majestät, um als Herr [kurun] über Mahendraparvata zu herrschen, und der Herr Shivakaivalya folgte ihm, um ihm weiterhin zu dienen. Ein Brahmane namens Hiranyadama und Experte in den magischen Wissenschaften kam auf Einladung seiner Majestät aus Janapada, um eine Zeremonie abzuhalten, die es für das Land der Kambujas unmöglich machen sollte, weiterhin von Java abhängig zu sein, und sicherzustellen, dass es nur einen Herrn über die Welt, nur einen Chakravartin gibt. (...) Der Brahmane (...) ordinierte den Herrn Shivakaivalya, um das Ritual des Devaraja durchzuführen. Der König und der Brahmane Hiranyadama schworen, dass allein die Familie des Herrn Shivakaivalya dieses Ritual durchführen durfte.«
Sdok-Kak-Thom-Stele

lendra-Dynastie auf Java den Titel Herrscher des Berges (*shailendra*) und verbanden mit ihm den Anspruch eines *chakravartin* (Weltenherrscher). Um selbst zu einem solchen Weltenherrscher zu werden, wählte Jayavarman den Phnom Kulen zu ›seinem‹ Berg Mahendra, nannte die neue Hauptstadt Mahendraparvata und ließ in einer Zeremonie durch den Priester Shivakaivalya ein Lingam zum *devaraja* weihen, das zu einer Art Palladium für das unabhängige Reich wurde. In seiner letzten Königsstadt, Hariharalaya (dem heutigen Roluos), starb er um die Mitte des 9. Jh. und wurde ab 880 im Preah Ko als Parameshvara (Höchster Herr) verehrt. Es ist der erste bekannte Fall eines Königs, der posthum mit einem Titel Shivas bezeichnet wurde und damit göttlichen Status erhielt. Von nun an gewannen die Könige und ihre Gemahlinnen nach ihrem Tod durch ihre Verschmelzung mit der hinduistischen Gottheit göttlichen Status. Sie erhielten einen religiösen Titel und wurden in eigens errichteten Tempeln in Form eines Lingam (oft auch Mukha-Lingam) oder einer Götterstatue verehrt. Da dieser Kult keine indischen Vorbilder hat, gehen Forscher davon aus, dass sich in der Vergöttlichung der verstorbenen Herrscher traditioneller Ahnenkult und Geisterglaube mit hinduistischen Vorstellungen verbunden haben.

Aufstieg zur Regionalmacht

Nach dem Tod Jayavarmans II. führten dessen Sohn Jayavarman III. (reg. 9. Jh.) und auch sein Neffe Indravarman I. (reg. 877/878–889/890) die Herrschaft des Reiches von Hariharalaya aus fort. Unter Letzterem entstand mit dem Bakong das erste bedeutende Pyramidenheiligtum und der erste bedeutende Baray, der Indratataka. Nach Indravarmans I. Tod kam es zwischen zweien seiner Söhne zu einem erbitterten Machtkampf. Der Sieger, Yashovarman I. (reg. 889/890–ca. 910), wurde zu einem der kreativsten Bauherren in der Frühzeit Angkors. Er gründete die damals vermutlich größte Stadt des kontinentalen Südostasien, das 4 km² große Yashodharapura. Auf dem im Zentrum gelegenen Phnom Bakheng errichtete er seinen Staatstempel. Man kann nur erahnen, wie viele Menschen zum Bau der neuen Hauptstadt vonnöten waren, denn der Herrscher ließ ab 889 zusätzlich den 7,5 km langen und 1,8 km breiten Östlichen Baray anlegen.

Auch stiftete Yashovarman I. in Hariharalaya 893 inmitten des Indratataka Baray einen Tempel zur Verehrung seiner Eltern, den Lolei. Nimmt man die Baumaßnahmen als Indiz, so muss in seiner Ära die Zahl der Bewohner rapide zugenommen haben. Ihre Ernährung war gesichert: Im je nach Jahreszeit 2500–10 000 km² großen Tonle Sap herrschte unerschöpflicher Fischreichtum; die Barays und ein ausgeklügeltes Bewässerungssystem stellten die Wasserversorgung der Hunderte von Quadratkilometern umfassenden Reisfelder sicher, sodass bis zu drei Ernten im Jahr eingeholt werden konnten; der Phnom Kulen lieferte frisches Quellwasser, Waldprodukte und Baumaterial.

Mit dem Devaraja-Kult stellten die Herrscher Angkors sich und ihr Reich unter den Schutz Shivas. Daher war diesem ›Herrn des Universums, der König ist‹, ein Staatstempel zu errichten. Kultobjekt war meist ein Lingam, seltener eine Shiva-Statue. Es war ein elitärer Kult: Nur Könige, Brahmanen und eine Vielzahl von Bediensteten, darunter Tänzer und Musiker, durften bei den Zeremonien anwesend sein. Der Devaraja verlor im frühen 12. Jh. an Bedeutung: Suryavarman II. ersetzte ihn durch eine Vishnu-Figur und verehrte sie als Vishnuraja, und Jayavarman VII. erhob eine Buddha-Figur zum Objekt der Verehrung.

Der Name Kambuja (Nachkommen des Kambu) taucht erstmalig 817 in einer Cham-Inschrift in Po Nagar (Nha Trang) auf. 947 findet sich zum ersten Mal in einer Inschrift des Herrschers Rajendravarman der Begriff Kambu. Es ist ein Sanskrit-Wort mit unklarer Bedeutung. Arabische Händler des 9./10. Jh. nennen die Bewohner Kambodschas in ihren Berichten ›Kamar‹, ›Kimar‹ und auch ›Khmer‹.

Die riesigen Wasserspeicher Angkors (›baray‹) stellten eine Innovation dar: Man grub sie nicht in den Boden, sondern errichtete sie mit hohen Dämmen. Damit lag ihr Wasserspiegel höher als die zu bewässernden Felder. Unter Ausnutzung des natürlichen Gefälles konnte das Wasser nun mit geringem Arbeitsaufwand durch ein Kanalsystem abgeleitet werden. Es genügte, die Stauwehre jeweils zu öffnen bzw. zu schließen. Damit das Wasser bei geringem Gefälle auch zu den entlegensten Reisfeldern gelangte, wurde es durch Sperren immer wieder kurz aufgestaut und über seitlich abgehende Kanäle weitergeleitet. Um nicht nur von den Niederschlägen während der Monsunzeit abhängig zu sein, zweigte man zudem Wasser von den Flüssen ab. Die dafür notwendigen Kanäle wurden ebenfalls mittels Dämmen geschaffen. Dabei achteten die Khmer darauf, das Gefälle dieser Kanäle gering zu halten, um eine gleichmäßige Wasserzufuhr zu ermöglichen.

Nur kurze Zeit währte die Herrschaft seiner beiden Nachfolger. Ein Schwager Yashovarmans I. und ab 921 in Chok Gargyar (Koh Ker) residierender Fürst namens Jayavarman IV. (reg. ca.921–941/42) riss die Macht an sich und machte seine etwa 100 km nordöstlich von Angkor gelegene Residenz zur neuen Hauptstadt Lingapura. In der heute sehr ärmlichen Region hinterließ er eindrucksvolle architektonische Spuren, wie den 921 aus mächtigen Sandsteinblöcken errichteten 36 m hohen Staatstempel Prasat Thom zur Verehrung Shivas unter dem Namen Tribhuvaneshvar. Sein offensichtlicher Hang zum Kolossalen zeigt sich auch in der Bildhauerei. Eindrucksvolle Beispiele finden sich im Nationalmuseum von Phnom Penh (s. S. 265ff.).

Seinem nachfolgenden Sohn, Harshavarman II. (reg. 941/942–944/945), war nur eine kurze Lebenszeit beschieden, doch dessen Cousin, Rajendravarman II. (944/945–968), läutete eine Ära der Stabilisierung und Konsolidierung des Reiches ein. Er schlug zahlreiche Rebellionen nieder und degradierte ehemals verbündete Khmer-Fürstentümer zu Provinzen. Im Norden und Westen dehnte er sein Herrschaftsgebiet weit ins heutige Thailand aus und führte eine Expedition gegen Champa. Heute ist dieser Herrscher wegen seiner architektonischen Zeugnisse bekannt. Im Zentrum des Östlichen Baray ließ er unter Anleitung seines Baumeisters Kavindrarimathana – er ist der einzig namentlich bekannte Baumeister Angkors – den Östlichen Mebon errichten. In seiner neuen Stadt entstanden der Staatstempel Pre Rup und der Baray Srah Srang.

Jayavarman V. (reg. 968–1001) setzte die von seinem Vater begonnene Konsolidierung des Reiches fort. Obwohl dem Shiva-Kult verpflichtet, förderte er ebenso die Verehrung Buddhas und Vishnus. Die zahlreichen Inschriften bezeugen ein blühendes kulturelles Leben. Eine Eulogie auf Jayavarman V. gibt indirekt Aufschluss über die Art der zeitgenössischen Musikinstrumente: Zimbeln aus Kupfer, Lauten, Flöten, Glocken, Tamburine, Muscheln und Trommeln. Sie wurden bei Prozessionen und militärischen Aufmärschen ebenso eingesetzt wie bei religiösen Zeremonien. Der tolerante König umgab sich mit gelehrten Brahmanen und Ministern. Auch Frauen konnten Führungspositionen einnehmen, so arbeitete eine Angehörige des Herrscherhauses als Richterin.

Jayavarman V. hatte direkt nach seinem Regierungsantritt die Stadt seines Vaters verlassen und an der Westseite des Östlichen Baray die Stadt des Siegreichen Königs‹, Jayendranagiri, gegründet. Für seinen *devaraja* gab er einen neuen Staatstempel in Auftrag, den Ta Keo. Mit diesem Heiligtum setzte sich Sandstein als dominierendes Baumaterial durch.

Auf Jayavarmans V. Tod folgten erneut Thronstreitigkeiten. Im Jahr 1002 reklamierten gleich zwei Prinzen die Krone für sich: Suryavarman I. und Jayaviravarman. Ihr Machtkampf sollte sich bis etwa 1010 hinziehen. Schließlich vermochte Suryavarman I. (reg. 1001/02–49) die Kontrolle über das gesamte Reich zu gewinnen und konnte in den kommenden 40 Jahren seine imperiale Macht entfalten.

Eine regionale Großmacht

Um sich der Loyalität seiner Untertanen zu versichern, ließ Suryavarman I. am 9. September 1011 in einer feierlichen Zeremonie 4000 Beamte die absolute Ergebenheit schwören. Unter seiner Ägide avancierte das Khmer-Reich zu einer regionalen Großmacht. Sein Gebiet reichte bis ins heutige Lopburi in Zentral-Thailand und an den Isthmus von Kra. Diese Landenge im heutigen Süd-Thailand war von großer Bedeutung für den Handel zwischen Indien und China und wurde auch von der den indonesischen Inselarchipel dominierenden Seemacht Shrivijaya (670–1052) in Anspruch genommen. Mit dem im südindischen Thanjavur residierenden Regenten Rajendra I. (reg. 1014–42) – unter ihm erlebte die Chola-Dynastie (Mitte 9.–13. Jh.) ihren Zenit – pflegte er freundschaftliche Beziehungen.

Suryavarman verlegte seine Königsresidenz ins heutige Angkor Thom. Erstmalig wurde der Palastbezirk mit einer Mauer, die bis heute sichtbar ist, umwallt. In seinem Zentrum entstand der Staatstempel Phimeanakas. Unter der Herrschaft Suryavarmans I. entstanden im ganzen Reich zahlreiche Bauwerke, u. a. 100 km westlich von Angkor die große Stadt Preah Khan. Zudem ließ er das Bewässerungssystem Angkors erheblich erweitern. Obwohl er den Shiva-Kult weiterhin pflegte und zahlreiche Lingam stiftete, war er ein Anhänger Buddhas.

Sein Nachfolger Udayadityavarman II. (reg. 1049–ca. 1067) hatte alle Mühe, das Reich zusammenzuhalten. Kaum an der Macht, musste er gegen den ambitionierten Cham-König Jaya Parameshvaravarman (reg. 1044–ca. 1060) und gegen interne Aufstände ankämpfen. Nichtsdestotrotz verdankt ihm die Nachwelt einen der schönsten Pyramidentempel: den Baphuon. Die auf ihn folgenden drei Könige hingegen hinterließen wenige architektonische Zeugnisse.

1112/13 putschte sich schließlich ein entfernter Verwandter des Herrscherhauses an die Macht, der als der großartigste Erbauer in die Geschichte Angkors eingehen sollte: Suryavarman II. (reg. 1112/13– vor 1155). Er war erneut um die Expansion des Reichs, aber auch um dessen Festigung bemüht. Aus letzterem Grund nahm er die von seinen Vorgängern vernachlässigten Beziehungen zu China wieder auf und schickte 1116 und 1120 jeweils eine Gesandtschaft an den chinesischen Kaiserhof. Insgesamt standen die Hegemonialbestrebungen Suryavarmans II. jedoch unter keinem guten Stern. Mit erzwungener Unterstützung durch die Cham griff er zwischen 1128 und 1135 mehrfach erfolglos das aufstrebende Dai-Viet-Reich an. Auch sein Plan, das Cham-Reich unter direkte Kontrolle zu bringen, gelang nur kurzzeitig. Ein jüngerer Bruder seiner ersten Königin, einer Cham, den er 1145 nach einem Feldzug zum Herrscher von Vijaya (s. S. 71) machte, fiel vier Jahre später der Rache eines rivalisierenden Cham-Königs zum Opfer. Hingegen konnte er sein Imperium nördlich des Dangrek-Gebirges bis in die hohen Nordosten Thailands ausdehnen. Im Südwesten lässt sich sein Einflussbereich bis nach Nakhon Si Thammarat in Süd-Thailand nachweisen.

Die Gesellschaft jener Zeit war streng hierarchisch organisiert: an der Spitze der Herrscher, gefolgt von den Ministern (meist Familienangehörige) und Priesterfamilien (oft durch Heirat mit dem Herrscherhaus verbunden), dann die Administration und weiter unten das Volk, dem in seinen Dörfern ein Ältester vorstand. Ganz unten standen die Sklaven – Kriegsgefangene, Minderheiten, Strafgefangene –, in Inschriften als »Hund«, »Katze« oder »Abschaum« beschimpft. Sie trugen die Last des gigantischen Bauprogramms der Khmer-Könige.

Das Fürstentum Lavo (Lopburi) im Chao-Praya-Bassin scheint zu Zeiten Suryavarmans II. Vasall des Khmer-Reichs gewesen zu sein und wurde erheblich von dessen Kunst beeinflusst. Parallelen des Prasat im dortigen Wat Mahathat mit Angkor Wat sind unübersehbar. Aus dem genannten Prasat sollte sich später der eigenständige thailändische ›prang‹ entwickeln, wie er vor allem in Ayutthaya zu sehen ist.

Suryavarman II. ließ eine Vielzahl von Tempeln errichten, erweitern oder restaurieren. Insbesondere der Vishnu-Kult erlebte unter ihm eine Blütezeit. Eindrucksvollstes Zeugnis hierfür gibt fraglos Angkor Wat, dessen Konzeption und Ikonographie auf diese Hindu-Gottheit zugeschnitten ist (s. S. 25f.), und des Königs posthumer Name Paramavishnuloka, Der in die Höchste Welt des Vishnu Aufgestiegene, lautet. Zwar bevorzugte der Herrscher persönlich den Vishnu-Kult, doch wurden die Verehrung Shivas und Buddhas nicht vollkommen verdrängt, wobei gerade in der führenden Schicht der Khmer der Shivaismus weiterhin die Hauptreligion bildete und der Lingam-Kult gepflegt wurde. Die große Zahl aufgefundener Buddha-Figuren im Angkor-Wat-Stil zeugt von der Präsenz des Buddhismus.

Das Angkor-Reich: Krise und letzte Blütezeit

Am Srah Srang

Krise und letzte Blütezeit

Nach dem Tod Suryavarmans II. zwischen 1150 und 1155 und der kurzen Herrschaft Dharanindravarmans II. (vor 1155–ca. 1160) führte vermutlich sein Nachfolger Yashovarman II. (reg. ca. 1160–ca. 1165) viele der begonnenen Bauwerke fort. Das Reich zusammenzuhalten vermochte er jedoch nicht. 1165 fiel Yashovarman schließlich auf der Rückreise von einem Straffeldzug gegen Lavo einem Komplott zum Opfer. Der Anstifter ließ sich zum König Tribhuvanaditya (reg. ca. 1165–77) krönen. Auch im benachbarten Cham-Reich kam es zu einem blutigen Machtwechsel. Der dortige Usurpator, Jaya Indravarman IV. (reg. 1165/66–?), sollte das Angkor-Reich in die schwerste Krise seiner Geschichte führen. Sowohl über Land als auch über den Tonle Sap griffen seine Armeen 1177 das Khmer-Reich an und eroberten, wahrscheinlich von alliierten Khmer-Fraktionen unterstützt, dessen Hauptstadt, wobei der Khmer-König ums Leben kam.

Ein Großneffe Suryavarmans II. versuchte das Reich wieder zu befreien. In einer Seeschlacht – vielleicht auf dem Relief an der Außengalerie des Bayon (s S. 310) dargestellt – gelang es ihm 1178, die Cham in die Defensive zu führen und schließlich aus Angkor zu vertreiben. Doch erst drei Jahre später, 1181, konnte sich der bereits 55-Jährige als Jayavarman VII. zum König eines befreiten Landes machen. Mit atemberaubender Geschwindigkeit veränderte der praktizierende Mahayana-Buddhist das Gesicht des durch endlose Kriege zerstörten Reiches. Es entstanden Straßenverbindungen zu den wichtigsten Metropolen. Für die Reisenden ließ er etwa alle 16 km Rasthäuser errichten. Die religiösen Bauten standen ganz im Zeichen des Buddhismus. Zur Verehrung seiner Mutter stiftete er 1186 das königliche Kloster (*rajavihara*) Ta Phrom. Am Schauplatz der entscheidenden Schlacht gegen die Cham weihte er 1191 zum Gedenken an seinen Vater die buddhistische Universitätsstadt Preah Khan ein. Im ganzen Land, von Lopburi über Sukhothai bis nach Vientiane und im Süden bis zum Tonle Bati, entstanden eine Vielzahl von Tempelanlagen. Unweit der heutigen Grenze zu Thailand, etwa 100 km nordwestlich von Angkor, ließ er die neue Stadt Banteay Chhmar errichten. Schließlich veranlasste der rastlose Bauherr den totalen Umbau der Hauptstadt seiner Vorgänger und sicherte sie mit Mauer und Wassergraben. Mit 9 km² Größe gehörte die heute Angkor Thom genannte Metropole zu den bedeutendsten Städten Südostasiens. Der Bayon, sein Staatstempel im Stadtzentrum, wurde zum religiösen Kristallisationspunkt des Reiches. Hier vereinigten sich in den Schreinen die Gottheiten seines Herrschaftsgebietes. In den Gesichtertürmen drückte der König das allumfassende Mitgefühl des Bodhisattva Avalokiteshvara, mit dem sich der König identifizierte, aus: als Lokeshvara Samantamukha, Weltenherr, der in alle Richtungen Gesichter hat, beobachtet er das Wohl und Wehe seines Reichs. Außerdem ließ Jayavarman VII. als Ausdruck seiner Omnipräsenz im gesamten Land Porträtstatuen von sich in Gestalt eines Meditierenden aufstellen.

Das Leben dieses Khmer-Herrschers war zweifelsohne auch von Frauen beeinflusst. Seine Mutter, Förderin des Buddhismus, ließ er im Ta Prohm posthum als Prajñaparamita (die Personifikation der Weisheit) verehren; seine erste Frau Jayarajadevi bestach durch ihre Intelligenz und Religiosität und verhalf laut Inschrift armen Mädchen zu einer Ausbildung; ihre Schwester und seine zweite Frau Indradevi war seine wichtigste Beraterin und übertraf als buddhistische Lehrerin mit ihrem Wissen laut Inschrift »die Weisheit der Philosophen«. Sein Todesdatum lässt sich nicht mehr genau bestimmen und wird um das Jahr 1220 vermutet.

Vielfach wird das riesige Bauprogramm Jayavarmans VII. für den Niedergang des Angkor-Reichs verantwortlich gemacht. Fraglos ab-

Die konfuzianisch geprägten chinesischen Autoren berichten immer wieder erstaunt von der hohen Bildung kambodschanischer Frauen und preisen ihre Kenntnisse in Astrologie und Politik. Die Astrologie spielte in der Khmer-Gesellschaft eine bedeutende Rolle: Kein Haus- oder Tempelbau, keine bedeutende Entscheidung erfolgte ohne die vorherige Konsultation eines Astrologen oder einer Astrologin.

sorbierte es eine riesige Schar von Arbeitern, die nur wenige Jahrzehnte zuvor hatten Angkor Wat errichten müssen. Durch Arbeitseinsatz und Abgaben hatte die Bevölkerung zum Bau und Unterhalt der Tempelanlagen beizutragen. Doch welchen Einfluss dies wirklich auf den Niedergang des Reichs hatte, bleibt Spekulation, denn immerhin bestand das Khmer-Reich noch über 200 Jahre fort.

Während sein Nachfolger, Indravarman II. (reg. ca. 1220–43/44), den Mahayana-Buddhismus weiterhin als Staatskult pflegte und viele Bauten seines Vaters vollendete, erhob Jayavarman VIII. (reg. 1243/44–95) in seiner langen Regierungszeit den Shivaismus letztmalig zum offiziellen Kult und versuchte die buddhistische Religion zu unterdrücken. Mit Pedanterie ließ Jayavarman VIII. in den Reliefs Tausende von Buddha-Figuren entfernen und Statuen zerstören. Nur sehr wenige überstanden diesen Eingriff. Doch konnte er die Zeit nicht mehr zurückdrehen. Der Buddhismus hatte sich als dominierende Religion in der Bevölkerung bereits durchgesetzt, allerdings in der Form des Theravada-Buddhismus. Er war bereits seit den ersten nachchristlichen Jahrhunderten in der Chao-Praya-Ebene verbreitet und erlebte im 13. Jh. einen rasanten Aufschwung. Verantwortlich dafür waren die gravierenden geopolitischen Veränderungen in der Region.

Im Schatten der Nachbarn

In Ost- und Zentralasien schuf der Mongolenfürst Dschinghis Khan (reg. 1162–1227) ein gewaltiges Reich, das sein Enkel Khubilai Khan (reg. 1260–94) gen Süden ausweitete. Zwar blieb das Khmer-Reich von Einfällen verschont, doch veränderten sich die politischen Machtverhältnisse in der Region. Im Zuge der Eroberungszüge wanderten immer mehr Tai (Khmer-Inschriften nennen sie *syam*) von ihrem Stammland im heutigen Yunnan entlang des Mekong nach Südostasien und gründeten dort in den fruchtbaren Ebenen ihre ersten Fürstentümer: **Sukhothai** (1238) und **Lan Na** (1296). Ihr Einflussbereich vergrößerte sich unter Ramkhamhaeng (reg. ca. 1279–98) erheblich und nahm bald auf Kosten des Khmer-Reiches die gesamte Chao-Praya-Ebene ein. In **Angkor** putschte sich mit Shrindravarman (reg. 1295–1307/08) der letzte bedeutende König an die Macht. Das Leben an seinem Hof ist uns dank der Berichte des chinesischen Abgesandten Zhou Daguan, der 1296/97 in der Khmer-Metropole weilte, überliefert. Shrindravarman war der erste Khmer-König, der sich zum Theravada-Buddhismus bekannte.

Im 14. Jh. jedoch verlieren sich die Spuren Angkors. Die Geschichte kann nur anhand laotischer und thailändischer Chroniken rekonstruiert werden. Der letzte bekannte König ist Jayavarman Parameshvara (reg. 1327–?), Vater der ersten laotischen Königin Keo Kaeng Ngya (s. S. 350). Wenngleich architektonische Zeugnisse aus dieser Periode ebenfalls fehlen – religiöse Gebäude wurden nun vorwiegend aus vergänglichem Material errichtet –, galt Angkor nach wie vor als reich.

Jayavarman VII. richtete 102 ›Häuser für die Kranken‹ (›arogyasala‹) ein, denen er dreimal jährlich Nahrungsmittel und Medizin zukommen ließ. Fast 100 Mitarbeiter waren für die Versorgung der Patienten zuständig. Da die Häuser aus vergänglichem Material errichtet waren, blieben nur die religiösen Anbauten aus Stein erhalten. In ihnen verehrte man den im Mahayana-Buddhismus populären Medizin-Buddha Bhaishajyaguru Vaiduryaprabha.

»Die buddhistischen Mönche (Chu Ku) rasieren sich ihre Köpfe, tragen gelbe Roben, wobei ihre Schulter frei bleibt, knoten um ihre Taille ein gelbes Band und gehen barfuss. In ihren Tempeln, (…) befindet sich nur eine Statue, die Ähnlichkeit mit Buddha Shakyamuni aufweist und Po Lao genannt wird. (…) Einige Mönche haben das Vorrecht, Sänften (…) und Schirme mit goldenen oder silbernen Griffen zu benutzen. Diese Männer konsultiert der König in wichtigen Angelegenheiten. Es gibt keine Nonnen.«

Zhou Daguan

Kambodscha: Kulturgeschichte

Der Seehandel mit China hatte aufgrund der legendär gewordenen Expeditionen des chinesischen Muslims Zheng He, die er zwischen 1405 und 1433 unternahm, erheblich zugenommen.

Der Dominikanermönch Gaspar da Cruz berichtete über die große Zahl der Mönche in Lovek, nach seinen Schätzungen etwa ein Drittel der männlichen Erwachsenen, die großen Einfluss besäßen. Da er kaum Missionserfolge erzielte, zog er nach einem Jahr nach China weiter.

Der endgültige Untergang Angkors wurde mit der Etablierung eines weiteren Tai-Reiches eingeläutet: **Ayutthaya**. Ein Fürst namens U Thong hatte 1350 am Chao Praya eine neue Metropole gegründet und weitete seine Herrschaft sehr bald auf Kosten Sukhothais aus. Bereits im darauf folgenden Jahr griffen seine Armeen auch Angkor an und besetzten es für vier Jahre. In den kommenden Jahrzehnten wiederholten sich die Attacken, bis es Borommaracha II. (reg. 1424–48) 1431/32 gelang, Angkor einzunehmen und die Stadt zu plündern. Tausende Kambodschaner wurden verschleppt oder flohen, mit ihnen der neue König (*chao*) Ponhea Yat (reg. 1432–ca. 1462).

Chao Ponhea Yat etablierte seine Residenz nach einer kurzen Zwischenstation in Tuol Basan (heute Srei Santhor) an der Stelle des heutigen Phnom Penh. Die neue Stadt nannte er Krong Chaktomuk, Stadt der Vier Gesichter. Sie gewann schnell an Bedeutung, denn aufgrund ihrer Lage am Zusammenfluss von Mekong und Tonle Sap profitierte sie vom aufblühenden Seehandel mit China. Die Zahl ausländischer Händler, die sich in Kambodscha niederließen, darunter Chinesen und Malaien, wuchs schnell an. Wiederholte Invasionen durch die Armeen Ayutthayas erzwangen indes die mehrfache Verlegung der Hauptstadt: 1505 nach Udong und 1528 nach Lovek.

Mit der Öffnung des Seewegs durch die Landung Vasco da Gamas im südindischen Calicut am 20. Mai 1498 traten die **Europäer** als weiterer politischer Machtfaktor auf den Plan. Der erste nachweisbare Besucher aus Europa war der portugiesische Dominikaner Gaspar da Cruz, 1555/56. Ihm folgten portugiesische und spanische Kaufleute, die sich in den folgenden Jahrzehnten zeitweilig in die politischen Angelegenheiten einmischten. So unterstützten sie die Könige von Lovek, Barom Reachea I. (reg. 1568–79) und Chey Chettha I. (reg. 1579–94), bei deren sechs Einfällen in Siam. Als 1594 siamesische Soldaten unter Führung ihres großen Königs Naresuan (reg. 1590–1605) Lovek einnahmen, nutzten zwei Abenteurer, der Portugiese Diego Veloso und der Spanier Blaz Ruiz de Hernan Gonzales, das darauf folgende Chaos aus, um das Königreich unter ihre Kontrolle zu bringen. Bei Kämpfen mit malaiischen Händlern kamen sie 1599 ums Leben.

1620 verlegte König Chey Chettha II. (reg. 1619–25) seinen Hof nach Udong. Trotz politischer Schwäche pflegten der Hofstaat und die Oberschicht das kulturelle Leben. Musik und Tanz erblühten, der ›Ream Ker‹ (›Der Ruhm Ramas‹), die Khmer-Version des ›Ramayana‹, fand in Anlehnung an den siamesischen ›Ramakien‹ mit eigenen literarischen Ausschmückungen seine kambodschanische Ausformung und wurde als Schattentheater (*sbaek thom*) und Tanzdrama (*lakhon khol*) aufgeführt. Die Helden Preah Ream (Rama), Naeng Seda (Sita) oder Hanuman und selbst der Dämonenkönig Krong Reap (Ravana) erscheinen in ihren Abenteuern ›menschlicher‹ als ihre indischen Vorbilder. In Preah Ream sahen die Khmer in erster Linie ein Vorbild, weil er die hohen ethischen Ideale des Buddhismus verwirklicht hatte.

Im ausgehenden 17. Jh. verloren Udong und die Handelsstadt Phnom Penh schnell an Bedeutung, da Vietnamesen und Flüchtlinge aus China ihren Einflussbereich bis ins Mekong-Delta ausdehnten und dort Handelsniederlassungen wie Gia Dinh (heute Saigon) und Cholon gründeten. Damit war das Khmer-Reich vom Meer abgeschnitten und geriet in die völlige Abhängigkeit Vietnams und Ayutthayas.

Einen Tiefpunkt seiner Geschichte erreichte Kambodscha ab den 1770er Jahren. Die Hauptursache hierfür lag in den aggressiven Feldzügen des thailändischen **Generals Taksin**, der nach dem Fall Ayutthayas (1767) das zusammengebrochene Reich zurückerobern wollte und im Zuge dessen 1772 auch Phnom Penh zerstörte. Von Osten her überquerten Armeeeinheiten der **Tay-Son-Rebellen** (s. S. 73f.) den Mekong und stifteten ebenfalls Unruhe. Mit dem Aufstieg der **Chakri-Dynastie** ab 1782 in Bangkok und der **Nguyen-Dynastie** ab 1802 in Hue waren zwei rivalisierende Mächte entstanden, zwischen denen die **Könige von Udong** aufgerieben zu werden drohten. Weite Teile des Landes standen nur mehr unter nominaler Kontrolle Udongs. Verstand der vietnamesische König Gia Long (reg. 1802–20) Vietnam und Thailand noch als ›Vater‹ und ›Mutter‹ Kambodschas, so wollte sein Nachfolger Minh Mang (reg. 1820–41) Kambodscha unter seine alleinige Kontrolle bringen, was auf die Ablehnung seines siamesischen Opponenten Rama III. (reg. 1824–51) stieß. Immer wieder wurde die Bevölkerung von beiden Seiten zu Zwangsarbeit rekrutiert, was mehrere Aufstände auslöste. 1841 brach erstmals ein offener Konflikt zwischen Vietnam und Thailand aus, der in den Folgejahren regelmäßig auf kambodschanischem Boden zu Gefechten führte. Im April 1848 vereinbarten die beiden Rivalen einen Waffenstillstand und teilten Kambodscha auf. Der neue kambodschanische König Ang Duong II. (reg. 1843–60) war zwar politisch von Vietnam abhängig, aber unter ihm erblühten Kunst und Kultur. Mit siamesischer Hilfe belebte er das höfische Leben in Udong nach dem Vorbild des Hofes von Bangkok unter Rama IV. (reg. 1851–68). Auch erwies er sich durch die Restaurierung zahlreicher Tempel als Patron des Buddhismus.

»Unter ihnen [den Kambodschanern] gibt es Adlige und Untertanen. (...) Alle Adligen besitzen mehrere Frauen, deren Zahl von ihrem Reichtum abhängt. Vornehme Damen sind weiß und schön, die Frauen der einfachen Leute braun. Sie bearbeiten den Boden, während ihre Männer im Krieg sind. (...) Die Adligen kleiden sich mit Seide, feiner Baumwolle und Schleierstoffen. Sie reisen in Sänften, die von einfachen Leuten auf den Schultern getragen werden, während das Volk auf Karren, Büffeln und Pferden reist. Den hohen Beamten und dem König bezahlt es ein Zehntel des Wertes aller Erzeugnisse, das es dem Wasser und Land entnimmt.«
Gabriel Quiroga de San Antonio, 1603

Kolonialisierung

Die sich kontinuierlich verstärkende Präsenz Frankreichs in Südostasien warf ihre Schatten auch auf Kambodscha. 1862, drei Jahre nach ihrem Überfall auf Saigon, annektierte die Grande Nation drei Provinzen in Vietnams Süden und rang dem kambodschanischen König Norodom (reg. 1860–1904) am 11. August 1863 ein Schutzmachtabkommen ab. Mit ihm verlor Kambodscha seine Souveränität, war aber vor den Hegemonialinteressen seiner Nachbarn geschützt. Drei Jahre später siedelte der König von Udong nach Phnom Penh um. Anfänglich zeigten die Franzosen ein eher geringes Interesse an Kambodscha. Sie sahen das kleine Königreich als Hintertür für den Handel mit China und entsandten daher 1866 die Mekong River Commission unter E. Doudart de Lagrée zur Erforschung des Mekong. Sehr bald war jedoch

Französischer Wachtturm in Kambodscha

Kambodscha: Kulturgeschichte

Mit dem Vertrag vom 11. August 1863 verlor Kambodscha seine Hoheitsgewalt an Frankreich. Frankreich war für alle ausländischen Kontakte zuständig und verpflichtete sich im Gegenzug zum Schutz Kambodschas. Frankreich erkannte die Souveränität des Königs an, half ihm bei der Aufrechterhaltung der öffentlichen Ordnung und sicherte das Land vor äußeren Feinden.

Die Ruinen Angkors, die der Naturforscher Henri Mouhot 1860 besucht hatte und in seinen Berichten beschrieb, weckten das Interesse der Europäer. In Mouhots Gefolge begannen französische Administratoren wie Louis Delaporte und Etienne Aymonier die Ruinen zu erforschen. Bereits 1867 wurden Originalstücke aus Angkor und Tempelnachbauten auf der Pariser Weltausstellung gezeigt, was Begeisterung auslöste. Mit der Rückgabe der Provinz Siem Reap an Kambodscha 1907 begannen die Restaurierungsarbeiten. Die Ruinen wurden das Ziel betuchter Touristen, darunter der Schriftsteller Paul Claudel.

klar, dass der Fluss wegen der Wasserfälle und vielen Stromschnellen für die durchgehende Navigation nach China ungeeignet war.

Ab 1884 baute Frankreich gegen den Protest der Khmer seine Herrschaft weiter aus und entriss dem König die Kontrolle über Administration, Wirtschaft, Finanzwesen und Legislative. Drei Jahre später vereinigte es Kambodscha und Vietnam in der Kolonie **Union Indochinoise**. Mit dem franko-siamesischen Vertrag vom 23. März 1907 musste Thailand die von ihm seit 1794 besetzten Provinzen Battambang, Sisophon und Siem Reap wieder abtreten. Damit hatte die Kolonialmacht Kontrolle über die fruchtbaren Reisfelder bei Battambang und die Ruinen Angkors. Nach dem Tod des siechen Norodom 1904 bestieg dessen Bruder Sisowath (reg. 1904–27), sein langjähriger Rivale und Günstling Frankreichs, den Thron. Während seiner Regentschaft baute Frankreich die Kolonialwirtschaft systematisch aus. Die Anbaufläche für Nassreis wurde erheblich ausgedehnt und östlich von Kompong Cham entstanden riesige Kautschukplantagen. Doch profitierten vor allem französische und chinesische Zwischenhändler vom lukrativen Export. Die Arbeiter in den Plantagen waren vorwiegend vietnamesische Immigranten.

Sisowaths Nachfolger, Monivong (reg. 1927–41), war ein Förderer des kulturellen Lebens. Unter ihm erreichte das königliche Ballett hohe Professionalität. Die Ausbildung der Tänzer und Musiker wurde 1928 der elf Jahre zuvor von Georges Groslier gegründeten École des Arts Cambodgiens unterstellt.

Antikoloniale Stimmungen traten nur vereinzelt in Erscheinung. Erst in den 1930er Jahren entstand eine nationalistische Bewegung, da nun das 1930 gegründete Institut Bouddhique, das 1936 etablierte Lycée Sisowath und die ab 1936 erscheinende Zeitschrift ›Nagara Vatta‹ (›Angkor Wat‹) Intellektuellen eine Plattform bot. Doch war sie weniger antifranzösisch als vielmehr auf die Wahrung der kambodschanischen Identität ausgerichtet.

Im September 1940 erreichte dann der **Zweite Weltkrieg** mit der Landung japanischer Truppen Kambodscha. Im Folgejahr besetzte die mit Japan kooperierende thailändische Armee zwei Provinzen im Nordwesten. Anfänglich blieben die französischen Kolonialbeamten unangetastet, erst im März 1945, als Japan Kambodscha für unabhängig erklärte, wurden sie interniert. Der 1941 von den Franzosen auf den Thron gehobene König Norodom Sihanouk wurde zum Premier ernannt. Nach der japanischen Kapitulation am 14. August 1945 verlor Kambodscha seine Unabhängigkeit erneut an Frankreich. Frankreich gestand Kambodscha zwar eine gewisse Autonomie innerhalb der **Union Française** zu und erlaubte die Gründung politischer Parteien, doch hielt es an seiner grundsätzlichen Kontrolle fest.

Innerhalb kurzer Zeit formierten sich die Demokratische Partei, in der sich die liberalen Kräfte vereinigten, und die Liberale Partei als Sammelbecken für die Konservativen. Aus den ersten drei Parlamentswahlen 1946, 1947 und 1951 ging die Demokratische Partei jeweils als klarer Sieger hervor. Doch ihr Ideal von einer Demokratie nach französischem Vorbild konnte sie nie verwirklichen, denn sie hatte zwei starke Widersacher: die französische Kolonialmacht und den jungen, ambitionierten König Sihanouk. Zudem machte sich der **Indochina-Krieg** im benachbarten Vietnam bemerkbar. Die Kämpfe griffen auch auf kambodschanisches Territorium über. 1951 wurde auf Initiative der Viet Minh die Revolutionäre Volkspartei Kampuchea (KPRP) gegründet, von der sich später auch der junge Saloth Sar (s. S. 255) angezogen fühlte. Die Angst vor einer neuen vietnamesischen Vorherrschaft stieg stetig, denn zeitweilig standen weite Gebiete Kambodschas unter der Kontrolle der Viet Minh.

Um die wachsende Opposition gegen ihn zu unterdrücken, entmachtete Sihanouk am 5. Juni 1952 die Regierung und regierte per Dekret. Ab Februar 1953 unternahm der König seine durch mehrere Länder führende ›Croisade Royale pour l'indépendance‹. Mit ihr schaffte er es in kurzer Zeit, das Volk hinter sich zu einen. Frankreich sah sich gezwungen, seine Kolonie in die **Unabhängigkeit** zu entlassen. Am 9. November 1953 war Kambodscha nach 90 Jahren wieder ein souveräner Staat. Dies wurde endgültig mit der Schlusserklärung der Genfer Konferenz am 21. Juli 1954 bestätigt.

Unabhängiges Kambodscha

Alleinherrscher Sihanouk

Mit der Unabhängigkeit war Sihanouk der uneingeschränkte Herrscher Kambodschas, das Volk betrachtete er als seine Kinder. Da ihn die Königskrone in seinen politischen Ambitionen hinderte, dankte er am 2. März 1955 ab, übergab sie seinem Vater Norodom Suramarit (reg. 1955–60), trug wieder den Titel Prinz (Maha Upayuvaraja) und gründete eine eigene Massenbewegung, die Sozialistische Volksgemeinschaft (*Sangkum Reastr Niyum*). Mit ihr gewann er bei den folgenden drei Wahlen 1955, 1958, 1962 alle Sitze im Parlament und war damit ohne parlamentarische Opposition. Wirtschaftlich wie politisch versuchte der meist als Premier regierende Prinz einen Weg zwischen den Blöcken. Sein ›Khmer-Sozialismus‹ basierte auf den Säulen von Monarchie, Buddhismus und der Gleichheit des Volkes (und damit verbunden der Tradition der Gemeinschaftsarbeit). Eine Wirtschaftsreform 1963 führte zur Verstaatlichung von Betrieben, Banken und Versicherungen. Als Mitglied der blockfreien Staaten verfolgte er außenpolitisch einen strikt neutralen Kurs.

Angesichts der Überlegenheit und Popularität Sihanouks sahen viele seiner Gegner nur den Weg in die Illegalität. Rechtsorientierte Fraktionen fanden ihre Heimat in der Bewegung *Khmer Serai* (Freies Kambodscha). Die Linksextremen organisierten sich in der geheim agierenden Kommunistischen Partei Kambodscha (CPB), die ab 1962 von Saloth Sar angeführt wurde. Sihanouk machte sie später unter dem Namen Khmer Rouge bekannt.

> »Für viele (...), auch für Sihanouk selbst, waren der Prinz und ›Kambodscha‹ eins. Immer auf Bestätigung aus, ließ er es zu, mit den Königen Angkors verglichen zu werden, und verlangte, dass seine Untertanen sich ihm gegenüber ebenso verhielten wie ihre Vorfahren gegenüber den Königen zur Zeit Angkors.«
>
> David Chandler

Ab 1963 verweigerte der seit 1960 als Staatsoberhaupt agierende Prinz jegliche US-amerikanische Militärhilfe und erlaubte dem Viet Cong insgeheim, in seinem Land Militärbasen anzulegen. Wachsende wirtschaftliche Probleme und die zunehmenden Kämpfe im Grenzgebiet zu Vietnam ließen die Popularität des amtsmüden und immer unberechenbarer werdenden Autokraten sinken. Während einer mehrmonatigen Auslandsreise wandte sich eine Gruppe um Premier Lon Nol gegen ihn und setzte ihn am 18. März 1970 ab. Dies führte das Land in den Bürgerkrieg zwischen Anhängern der Khmer Rouge, Lon Nols und Sihanouks. 1972 kontrollierten die Truppen Lon Nols trotz US-Unterstützung neben der Provinz Battambang nur noch die großen Städte. Die Khmer Rouge kontrollierten immer weitere Teile des Landes. Die Bombardierungen durch US-Flugzeuge – 685 000 t Bomben wurden insgesamt abgeworfen – vernichteten ganze Landstriche, heimatlos gewordene Bauern schlossen sich häufig den Rebellen an.

Nach dem Abzug der US-Truppen ab August 1973 übernahmen die Kommunisten die Macht: Am 17. April 1975 marschierten die schwarz gekleideten Soldaten der **Roten Khmer** – viele von ihnen noch fast Kinder – in Phnom Penh ein. Die gesamte urbane Bevölkerung wurde aufs Land evakuiert, vor allem in die ertragreichen nordwestlichen Provinzen. Doch der radikale Umbau der Gesellschaft hatte fatale Folgen: Die Ernten blieben hinter den Erwartungen zurück, und die wenigen Überschüsse wurden nach China exportiert, um damit Waffenimporte zu finanzieren. Landesweit herrschte Hungersnot – und führte zum Tod von etwa einer Million Menschen. Andersdenkende hatten in der seit Januar 1976 Demokratisches Kampuchea genannten Republik keinen Platz, nicht in das ideologische Schema passende Bürger wurden systematisch verfolgt. Neben Mitgliedern der alten Regierung handelte es sich dabei um Lehrer, Ärzte, Mönche und Intellektuelle. Nur das nominelle Staatsoberhaupt Sihanouk blieb unangetastet, stand aber in seinem Palast unter Hausarrest. Auch innerhalb der eigenen Partei wurde jegliche Opposition unterdrückt.

Die Führer der Khmer Rouge blieben bis zum März 1976 anonym. Dann wurde erstmalig Pol Pot öffentlich als neuer Premier genannt. Doch kaum jemand wusste, dass sich dahinter Saloth Sar verbarg. Ein Jahr nach dem Tod Mao Zedongs reiste er im September 1977 nach Beijing, um dessen Nachfolger Hua Guofeng zu treffen, und betrat damit die Weltbühne. Sein Besuch war erfolgreich. Die Volksrepublik bekräftigte ihre Freundschaft mit Kambodscha und verstärkte die Lieferung von Waffen. Diese wurden von den Roten Khmer bei Massakern an Vietnamesen auch eingesetzt. Die Zahl der Überfälle auf grenznahe Dörfer in Vietnam nahm stetig zu. Pol Pot träumte wie viele seiner Landsleute von der Rückeroberung des Mekong-Deltas. Die Antwort blieb nicht aus: Um die Jahreswende 1977/78 besetzten vietnamesische Truppen das Grenzgebiet und verschleppten Tausende von Einheimischen. Darüber hinaus liefen rebellierende Soldaten der Khmer Rouge über. Einige von ihnen erkoren die Vietnamesen für die Bildung einer Exilregierung aus, darunter Heng Samrin und Hun Sen.

Ziel der unter dem Namen Angkar Padevat (Revolutionäre Organisation) operierenden Khmer Rouge war es, das Land so schnell wie möglich in einen autarken sozialistischen Staat zu verwandeln. Die vier Punkte ihrer Politik umfassten die Kollektivierung der Wirtschaft, Gleichschaltung des revolutionären Willens der Bevölkerung, nationale Autarkie und Stärkung der Armen. Deshalb wurde alles dagegen Stehende radikal abgeschafft: urbanes Leben, Geldwesen, Privatbesitz, Familienleben, Bildung, Religion und all das, was einen Hauch von Individualität besaß.

Ausweitung des Krieges in Vietnam auf Kambodscha 1972

Der Grenzkonflikt schwelte währenddessen weiter und endete Weihnachten 1978 in einer vietnamesischen Invasion. Mit der Einnahme Phnom Penhs am 7. Januar 1979 war das Pol-Pot-Regime am Ende. Man vermutet, dass ihm fast ein Viertel der Gesamtbevölkerung von etwa 7 Millionen Menschen zum Opfer gefallen ist.

Vietnamesische Besatzung und Bürgerkrieg

Anfänglich hieß die Bevölkerung die vietnamesischen Besatzer willkommen. In ganz Kambodscha machten sich Menschen auf, um nach überlebenden Angehörigen zu suchen, oft ergebnislos. Das Land wurde in **Volksrepublik Kampuchea** umbenannt und von einer vietnamtreuen Regierung geführt. Doch die neue Regierung unter Heng Samrin und Hun Sen war trotz Unterstützung von fast 100 000 vietnamesischen Soldaten nicht in der Lage, das gesamte Staatsgebiet zu kontrollieren. Gegen sie kämpften entlang der thailändischen Grenze verschiedene Fraktionen: Anhänger von Sihanouk, der nun im Exil in Beijing lebte, die KPNLF (Nationale Befreiungsfront des Khmer-Volkes) unter Son Sann (1967/68 Premier unter Sihanouk) und die Khmer Rouge. Sie bildeten 1982 die Koalitionsregierung des Demokratischen Kampuchea (CGDK). Vor den immer wieder ausbrechenden Kämpfen flüchteten Hunderttausende nach Thailand, wo sie in Flüchtlingslagern lebten. Landminen forderten viele Opfer in der Zivilbevölkerung und machten weite Gebiete unbewohnbar.

Kambodscha: Kulturgeschichte/Kunst und Kultur

UNTAC, die bisher größte Mission der Vereinten Nationen, stößt heute auf harsche Kritik: die 2 Milliarden US-$ Unkosten hätten effektiver eingesetzt werden können; nicht zuletzt trieb das üppige Gehalt der UNTAC-Angehörigen die Lebenshaltungskosten ins Unerschwingliche. AIDS und Prostitution breiteten sich aus, die Konflikte zwischen den Fraktionen konnten die UNTAC-Leute nicht entschärfen.

Die Regierung in Phnom Penh war im Westen nicht anerkannt, nur aus dem Ostblock erfolgte Unterstützung. Die Khmer Rouge behielten sogar ihren Sitz bei den Vereinten Nationen. Erst 1989 trat eine Veränderung ein, nachdem sich Vietnam bereit erklärte, seine Truppen aus Kambodscha abzuziehen. Ein Jahr später kam es erstmals zu direkten Verhandlungen zwischen den gegnerischen Fraktionen und der Regierung, die am 23. Oktober 1991 mit dem Pariser Abkommen endeten. Es sah die Bildung einer Übergangsregierung, des Obersten Nationalrats, vor, die mit Unterstützung der Vereinten Nationen die Aufgabe hatte, den vereinbarten Waffenstillstand zu kontrollieren, die Flüchtlinge zu repatriieren, die Armeen der Fraktionen zu entwaffnen und freie und faire Wahlen vorzubereiten. Zu diesem Zweck wurde die ›United Nations Transitional Authority in Cambodia‹, UNTAC, gegründet. Im Laufe des Jahres 1992 kamen 22 000 internationale Angehörige der UNTAC – Soldaten, Polizisten und Zivilisten – nach Kambodscha, um die Wahlen vorzubereiten. Doch es gelang ihnen nicht, das Abkommen vollständig umzusetzen. Die Khmer Rouge weigerten sich hartnäckig, die Waffen abzugeben und boykottierten schließlich die Wahlen, die dennoch im Mai 1993 friedlich vonstatten gingen. Die erstaunlich hohe Wahlbeteiligung zeigte deutlich, wie sehr sich die Kambodschaner Frieden und Demokratie wünschten.

Zerbrechliche Demokratie

FUNCINPEC – Front Unis National pour un Cambodge Indépendent, Neutre, Pacifique, et Coopératif (Nationale Einheitsfront für ein unabhängiges, neutrales, friedliches und kooperatives Kambodscha): Die königsnahe Partei wurde 1981 von Norodom Sihanouk gegründet und wird heute von dessen Sohn Prinz Ranariddh geleitet.

Mit 45,5 % der Stimmen ging FUNCINPEC, angeführt von Sihanouks Sohn, Prinz Ranariddh, bei den Wahlen als Sieger hervor, gefolgt von der CPP (Cambodian People's Party/Kambodschanische Volkspartei) unter Führung Hun Sens mit 38,2 %. Doch Hun Sen akzeptierte seine Niederlage erst, nachdem sich der Prinz auf eine große Koalition eingelassen und ihn zum Zweiten Premier ernannt hatte. Die 120-köpfige verfassungsgebende Versammlung entschied sich nach thailändischem Vorbild für eine konstitutionelle Monarchie und berief Sihanouk zum Staatsoberhaupt auf Lebenszeit. Am 24. September 1993 fand die feierliche Krönungszeremonie statt. Mitte der 1990er Jahre begann der rasante Niedergang der Khmer Rouge, der im Juli 1997 mit der Verurteilung Pol Pots zu lebenslanger Haft besiegelt wurde. Er starb unter nicht ganz geklärten Umständen am 15. April 1998.

Die Machtkämpfe zwischen den Rivalen Hun Sen und Ranariddh spitzten sich immer weiter zu und führten im Juli 1997 zum Bruch. Ranariddh wurde entmachtet. Es drohte ein neuer Bürgerkrieg auszubrechen, woraufhin der Erste Premier ins Ausland floh. Angesichts der eingefrorenen Auslandshilfe – sie macht immerhin ein Achtel des Bruttoinlandproduktes aus – willigte Hun Sen ein, die anstehenden Wahlen wie geplant im Juli 1998 stattfinden zu lassen. Sie gingen relativ friedlich vonstatten. Die CPP siegte erwartungsgemäß und konnte 64 von 122 Sitzen in der Nationalversammlung stellen. Ihr folgte die FUNCINPEC mit 43 Sitzen und die Sam-Rainsy-Partei (SRP) mit 15

Sitzen. Nach einer den Wahlen folgenden politischen Krise bildeten CPP und FUNCINPEC erneut eine große Koalition mit Hun Sen als Premier und Prinz Norodom Ranariddh als Präsident der Nationalversammlung.

Auch die Wahlen im August 2003 bestätigten den Führungsanspruch Hun Sens, der mit seiner Partei 73 der 123 Sitze im Parlament errang. Gegenwärtig ist die Lage in Kambodscha relativ stabil, auch wenn noch viele Aufgaben zu erledigen sind. Dazu zählt nicht zuletzt das geplante Tribunal gegen die Khmer Rouge, denn bisher wurden nur wenige von ihnen zur Verantwortung gezogen. Umstritten ist, ob und in welcher Form die UN beteiligt werden soll. Insgesamt stellt die Judikative ein großes Problem dar. Doch letztlich haben die Menschen nach vielen Jahrzehnten endlich wieder das Gefühl, ihr Schicksal selbst beeinflussen zu können.

Die Sam Rainsy Party (SRP) war 1997 von dem ehemaligen Finanzminister und FUNCINPEC-Mitglied, Sam Rainsy, gegründet worden, um damit gegen die Korruption in der Regierungskoalition zu protestieren. Bei den Wahlen von 2003 gewann sie 22 % der Stimmen.

Kunst und Kultur

Wohnkultur der Khmer

Wer in ländlichen Gebieten durch die Dörfer fährt, mag kaum einen Unterschied zu der über 700 Jahre alten Beschreibung des chinesischen Abgesandten Zhou Daguan erkennen. Er notierte, der einfache Mann bedecke sein Haus nur mit Stroh und verfüge weder über einen Tisch noch ein Bett. Auch die Bemerkungen aus den Annalen der Südlichen Qi-Dynastie (479–501), die Menschen wohnten in erhöhten Häusern, haben heute noch ihre Gültigkeit: Dem natürlichen Jah-

Pfahlbauten am Tonle Sap

resrhythmus angepasst, lebt ein Großteil der Bewohner Kambodschas wie seit Jahrtausenden in Wohnhäusern aus vergänglichen Materialien, meist Holz oder Bambus. Spätestens bei den Überschwemmungen während der Monsunzeit hätte es fatale Folgen, wären die Bauten nicht auf Stelzen errichtet. Die erhöhte Bauweise soll auch eine bessere Luftzirkulation ermöglichen sowie die Bewohner vor Ungeziefer und wilden Tieren schützen. Darüber hinaus dient der untere Bereich der Tierhaltung und Lagerung von landwirtschaftlichen Arbeitsgeräten. Dem oberen Wohnbereich ist eine Veranda vorgelagert. Im Inneren befindet sich meistens ein einziger Wohnraum, nur größere Gebäude besitzen kleine abgetrennte Schlafräume. Die Innenausstattung ist karg mit nur wenigen Möbeln. Als Bett dienen geflochtene Bambusmatten, die allnächtlich ausgerollt werden. Erst seit neuerer Zeit finden sich erhöhte Betten und Tische.

Paläste der Götter – Architektur Angkors

Vor dem Hausbau muss zuerst ein Experte (›kru‹; von Skt.: ›guru‹ – Lehrer) konsultiert werden, der die richtige Lage und den richtigen Zeitpunkt des Hausbaus bestimmt. Oft handelt es sich um einen Mönch, der Kenntnisse in Astrologie und Geisterkult besitzt. In einer Zeremonie wird der lokale Geist (Krun Bali) dazu bewogen, dem Hausbau zuzustimmen und die Bewohner zu schützen. An vielen Häusern findet sich zu seiner Verehrung ein Geisterhäuschen.

Stadtplanung, Architektur und Ikonographie der Khmer folgen hinduistischen und teilweise buddhistischen Konzepten. Mit ihren Städten, Tempeln und Skulpturen schufen die Khmer ein Abbild ihrer Vorstellung vom Universum, die der indischen Mythologie folgt (wobei es mehrere Varianten gibt): In der Mitte erhebt sich als *axis mundis* der Weltenberg Meru oder auch Sumeru, auf dessen fünf Gipfeln die obersten Götter unter Führung des Schöpfergottes Brahma residieren. Im Shivaismus ist er als Berg Kailash auch der Wohnsitz Shivas. Jede Richtung wird von einer Wächtergottheit (*dikpala*; s. S. 28) bewacht. Sieben sich konzentrisch abwechselnde Gebirgszüge und Ozeane umgeben ihn. In den vier Himmelsrichtungen liegen vier von Ozeanen umgebene Kontinente, darunter der südliche Kontinent Jambudvipa (Rosenapfelbaum-Insel), auf dem auch Bharatavarsha (Indien) lokalisiert wird. Dem ›Vishnu Purana‹ zufolge umgeben sieben, jeweils durch Ozeane getrennte Kontinente den Berg Meru. Der ihm am nächsten gelegene ist Jambudvipa. In manchen Hindu-Kosmologien wie etwa im ›Yoga Vasishtha‹ wird der Kosmos auch als von Brahma erschaffenes, in drei Sphären geteiltes Weltenei beschrieben: die Höllen und sieben Unterwelten unten, die Erde (*bhurloka*) mit den Ozeanen und Kontinenten in der Mitte und oben den Himmelssphären (*svarloka*).

Die Stadtplanung der Khmer lehnte sich mit dem zentralen Tempelheiligtum als Symbol des Meru und den Einfassungsmauern und Wassergräben als Abbild der umgebenden Berge bzw. Ozeane an diese Kosmologie in vereinfachter Form an. Da die jeweiligen Herrscher stets aufs Neue das Gleichgewicht des Kosmos und die Verbindung zwischen Götter- und Menschenwelt herstellen wollten, waren ein jeder von ihnen darauf bedacht, ein neues Heiligtum zu errichten. Tempel waren kein Ort der Volksreligiosität wie etwa ein buddhistischer Wat oder eine Moschee, sondern Paläste der Götter, die nur ihnen vorbehalten waren. Zutritt hatten daher allein die religiösen Würdenträger: Priester und Könige.

Die Proportionen und Maße eines Tempels folgten astronomischen, geometrischen und zahlenmystischen Regeln, exakt berechnet von dem leitenden Priester (*sthapaka*) und dessen Baumeister (*sthapati*). Der Sthapaka legte auch den Zeitpunkt einer Tempeleinweihung mit Hilfe astrologischer Berechnungen fest.

Bauelemente

Wassergraben und **Umfassungsmauer** umschließen den stets vierseitig (meist quadratisch) angelegten Tempelbezirk, trennen den sakralen Bereich vom profanen und symbolisieren das Weltmeer und die den Kontinent abgrenzende Bergkette. Im Zentrum erhebt sich der **Prasat** (Skt.: *prasada* – Tempelturm), der das Kultobjekt, ein Lingam oder eine Statue, birgt. Dieses immer quadratische oder rechteckige Zentralheiligtum liegt auf einer Ost-West-Achse mit in den meisten Fällen nach Osten ausgerichtetem Eingang. An manchen Prasats führen zwei oder vier Eingänge in den Innenraum oder die Seiten sind mit Scheintüren versehen. Um alle Aufmerksamkeit auf die Kultfigur zu lenken, ist das Innere dunkel gehalten und schlicht gestaltet. Zumeist ist das Kraggewölbe heute sehr gut zu sehen, da die Innenverkleidung aus Holz verschwunden ist. Als Symbol des Berges Meru steht der Prasat gelegentlich zur Verstärkung dieser Symbolkraft auf einem natürlichen (Phnom Bakheng, Preah Vihear, Phnom Da bei Takeo) oder künstlich aufgeschütteten Hügel (Angkor Wat, Ta Keo, Baphuon). Bisweilen veranschaulichen auch fünf Prasats (z.B. Angkor Wat, Phnom Bakheng, Pre Rup) die Gipfel und Pyramidenstufen oder Galerien die konzentrischen Gebirgszüge. Auch die Dachkonstruktion betont die Bedeutung als kosmischer Berg. Das Dach verjüngt sich in mehreren Stufen und ist an den Seiten häufig mit Miniatur-Prasats und/oder Götterfiguren (z.B. acht *dikpala*) bestückt.

Dem Zentralheiligtum kann ein **Mandapa** (Vorhalle) vorgelagert sein, das entweder direkt mit ihm verbunden ist oder einzeln steht. Schließlich findet sich noch eine Variante mit vier Vestibülen als Erweiterung der Eingänge. **Gopura** nennt man die Eingangspavillons oder monumentalen Torbauten, meist mit einem Turm versehen, die in den Tempelbezirk führen. Sie sind fast immer reich verziert und können mehrere Durchgänge besitzen. Die Eingänge – sei es in den Prasats oder Gopura – weisen folgende Elemente auf: Runde oder achteckige Seitensäulen, die den Türsturz tragen, und Giebelfelder (Tympanon), gestützt von zwei Pfeilern (Pilaster). Insbesondere an ihnen zeigt sich die Entwicklung der Bau- und Dekorstile. Umlaufende oder gekreuzte **Galerien** finden sich in den Khmer-Tempeln seit dem 11. Jh. Sie sollen ein würdiges Um- oder Beschreiten des Zentralheiligtums ermöglichen. Den Prasat flankieren vielfach ein oder zwei Gebäude, die missverständlicherweise als ›**Bibliothek**‹ bezeichnet werden. Ihre tatsächliche Funktion ist jedoch nicht eindeutig

»Dem Plan der Hauptstadt der Khmer liegen Vorstellungen zugrunde, die allen großen Kulturen des Ostens gemeinsam sind, und zwar namentlich das Anliegen, die Welt der Menschen in Einklang zu bringen mit dem All.«

George Cœdès

geklärt, wahrscheinlich dienten sie zur Aufbewahrung ritueller Gegenstände.

Technik

Bis ins frühe 20. Jh. wurden die Palastanlagen prinzipiell aus Holz errichtet. Daher ist von ihnen nichts mehr vorhanden. Je nach Bedeutung der Räume waren die Wände und Decken vergoldet und mit Intarsien versehen. Eine Mauer oder ein Zaun umschlossen jeweils die einzelnen Palastbereiche, die repräsentativen Bauten, die Wohn- und die Tempelgebäude.

Zu Beginn des Tempelbaus fertigten die Baumeister ein Modell an, um es anschließend proportional zu übertragen. Für die Fertigstellung eines etwa 12 m hohen Ziegelsteinturms benötigten sie ungefähr einen Monat, für Angkor Wat mindestens 35 Jahre.

In den Tempeln von Angkor bildet **Sandstein**, aus Steinbrüchen auf dem 40 km nördlich gelegenen Phnom Kulen über den Siem-Reap-Fluss herbeitransportiert, seit Errichtung des Ta Keo zwischen 975 und 1000 das dominierende Baumaterial. Die Blöcke wurden an ihren Seiten aufgeraut und ohne Mörtel aufeinander gesetzt. Über schräge Gleitbahnen aus Holz zog man die Steine hoch und schichtete sie übereinander.

In der Vor-Angkor-Zeit erbaute man Tempel aus **Ziegelstein**. Die akkurate Bauweise dieser Bauwerke beeindruckt bis heute. Kaum ein Spalt ist zwischen den Steinen sichtbar, die Ziegelwände lassen sich daher wie Naturstein mit Meißeln bearbeiten. Als Bindemittel diente vermutlich das Harz des Yangbaumes (*Dipterocarpus alatus*), gemischt mit zerriebenem Muschelkalk. Für Fenster- und Türrahmen fand vereinzelt **Schiefer** Verwendung. **Laterit** findet sich bei weniger bedeutenden Tempelanlagen oder an Teilen davon (z. B. Umfassungsmauern). Unter Jayavarman VII. ersetzte es immer häufiger den rarer werdenden Sandstein. Heute völlig verschwunden sind die Holzkonstruktionen an Dächern und Eingängen sowie die häufig verwendeten Bronzeverkleidungen an den Türmen.

Laterit ist ein lehmiger Boden. Wegen seines hohen Eisengehalts ist er braunrot gefärbt und kann in feuchtem Zustand gut bearbeitet werden, bevor er durch Lufttrocknung steinhart wird. Die Khmer verwendeten ihn vor allem für weniger wichtige Gebäudeteile oder als Fundament. Dank seiner porös wirkenden Struktur – die Khmer nennen ihn deshalb auch ›bai kriem‹, gegrillter Reis – eignet er sich hervorragend als Ausgangsmaterial für Stuckverzierungen.

Baustile

Auch wenn die architektonischen Konzepte der Geisteswelt des indischen Subkontinents entstammen, konnte sich in der weit über 700-jährigen Baugeschichte die künstlerische Kreativität der meist unbekannten Baumeister Kambodschas voll entfalten. Man unterscheidet insgesamt 14 Stilrichtungen, die nach den wichtigsten und jeweils typischsten Tempeln benannt wurden. Sie sind nicht in allen Fällen chronologisch zu verstehen. Manche verliefen zeitgleich und waren regional begrenzt.

Prä-Angkor-Zeit (7.–9. Jh.)

Aus der Prä-Angkor-Zeit sind fast ausschließlich vierseitige, in Sambor Prei Kuk auch achtseitige Ziegelstein-Prasats zu finden, die einzeln oder in Gruppen stehen. Stilistische Eigenarten lassen sich sehr gut an den Verzierungen der Portale erkennen. Ein Prasat besitzt einen, meist nach Osten ausgerichteten Eingang, den ein Sandsteinrahmen einfasst und runde oder oktogonale Säulen flankieren. Der Türsturz darüber weist ein reiches Dekor auf. Typisch für Türstürze im **Sambor-Prei-Kuk-Stil** (frühes 7. Jh.) sind Darstellungen von krokodilartigen Wesen (Sanskrit: *makara*), aus deren Mäulern von Medaillons unterbrochene Girlanden quellen. Die untere Hälfte füllen Bögen aus. Girlanden, Medaillons und Bögen kennzeichnen auch die Türstürze im **Prei-Kmeng-Stil** (spätes 7. Jh.). Bei Exemplaren im **Kompong-Preah-Stil** (8. Jh.) verschwinden die Medaillons, Girlanden werden mit Rankenwerk umgeben. An der Bauweise der Prasats als solcher lassen sich bei diesen Stilen kaum Unterschiede erkennen: Im Inneren besitzen sie Scheingewölbe (Kraggewölbe), die durch das Überkragen der Ziegelsteine entstehen. Um die Stabilität zu wahren, war es notwendig, die Steine sehr exakt einzupassen.

Der **Phnom-Kulen-Stil** (Mitte 9. Jh.) fällt in eine Übergangsphase, da er einerseits der vorhergehenden Ziegelbauarchitektur verpflichtet war, andererseits eine größere Vielfalt in der Verwendung von Materialien und Gebäudeanordnungen aufweist. Zudem nahm er, etwa in der Anordnung der Prasats, externe Einflüsse auf. So finden sich sowohl auf dem Phnom Kulen (Prasat Damrei Krap) als auch in Champa (Hoa Lai; s. S. 185) Ensembles aus drei nebeneinander stehenden Prasats. Die erstmalige Verwendung von Kala-Gesichtern an den Türstürzen wurde wahrscheinlich aus Java übernommen. Insgesamt sind die meist quadratischen Prasats höher als in früheren Epochen und weisen im oberen Teil zwei bis drei klare Abstufungen auf.

Angkor-Periode (9.–13. Jh.)

Während der ein halbes Jahrtausend währenden Angkor-Periode bestimmen anfänglich noch Türme aus Ziegelstein die Architektur. Sie fallen jedoch in ihrer Dekoration üppiger als bisher aus, wie bei Tempeln im **Preah-Ko-Stil** (Ende 9. Jh.) zu sehen ist. Dort sind die Pforten und die Scheintüren sehr fein gearbeitet. Die vollkommen aus Sandstein bestehenden Scheintüren ahmen das Design der heute verschwundenen hölzernen Eingangstüren nach. Die Steinmetzarbeiten an den Türstürzen zählen zum Schönsten der Khmer-Kunst. Darstellungen wie Kala oder Makara sind filigran herausgearbeitet und von reichem Rankenwerk und kleinen mythologischen Figuren umgeben. Ein Novum stellen die in Nischen entsprechend dem Geschlecht der verehrten Kultfigur platzierten weiblichen Gottheiten (Skt.: *devata*) bei Frauen oder Wächterfiguren (Skt.: *dvarapala*) bei Männern dar. Längliche Bauten, von den französischen Konservatoren ›Bibliotheken‹ genannt, werden erstmals in die durch eine Außenmauer abgeschlossene Gesamtanlage integriert.

Mit dem **Bakheng-Stil** (9./10 Jh.) wird das kosmologische Konzept des Berges Meru, das sich ja in den Prasats widerspiegelt, noch deutlicher: die Lage auf einem natürlichen Berg, die Pyramidenform und die Anordnung der fünf Haupttürme wie die fünf Punkte auf einem Würfel bzw. wie die fünf Gipfel des Weltenberges. Bestes Beispiel ist der Namensgeber des Stiles, Phnom Bakheng.

Tempel im **Koh-Ker-Stil** (frühes 10. Jh.) knüpfen in der filigranen Verarbeitung der Türstürze und Säulen wieder stärker an Preah Ko

»Die alte Kultur von Angkor war (...) nichts anderes als die von einer ungewöhnlich begabten eingeborenen Bevölkerung umgeformte und assimilierte indische Kultur.«
George Cœdès

Kambodscha: Kunst und Kultur

Detail am Tempel von Banteay Srei

an, wobei die zentralen Figuren in den Türstürzen mehr Raum erhalten. Ziegelstein ist fraglos noch dominant, doch nimmt der Einsatz von Laterit und Sandstein zu.

Auch bei Tempelbauten im **Pre-Rup-Stil** (Mitte 10. Jh.), darunter Pre Rup, Östlicher Mebon und Bat Chum, dominiert Ziegelstein, doch in den Nebenbauten wie etwa den erstmals auftauchenden länglichen Hallen beginnt sich Sandstein durchzusetzen.

Der **Banteay-Srei-Stil** (zweite Hälfte 10. Jh.) bildet bezüglich des verwendeten Baumaterials – Sandstein und Laterit – sowie dessen Bearbeitung eine Ausnahme. Der Tempel ist mit tief gearbeiteten, üppig gestalteten Reliefs – meist Blumenornamenten – verziert, die nahezu jede freie Fläche der wichtigsten Gebäudeteile ausfüllen. Erstmalig werden die Tympana über den Portalen mit klassischen Szenen aus den Epen und Puranas versehen.

Bei Tempelbauten im **Khleang-Stil** (Ende 10./11. Jh.), benannt nach den beiden kleinen Heiligtümern gegenüber der Elefantenterrasse in Angkor Thom, wird der Galerie eine herausragendere Stellung als bisher zugemessen. Erstmals finden sich kreuzförmig gestaltete Eingangspavillons. Das Dekor präsentiert sich etwas dezenter als in Banteay Srei, es fehlt die Tiefe der Reliefs und die Überschwänglichkeit. Bekannteste Vertreter dieses Stils sind Ta Keo und Phimeanakas.

Der **Baphuon-Stil** (Mitte 11. Jh.) gilt als wichtige Weiterentwicklung der Pyramidenarchitektur, die nun von zwei konzentrischen Galerien, unterbrochen von Gopuras und Eckpavillons, umgeben ist. An den Basreliefs zeigen sich erstmalig neben Einzelszenen Episodenfolgen aus den großen Hindu-Epen.

Mit dem **Angkor-Wat-Stil** (Ende 11./Mitte 12. Jh.) findet die klassische Khmer-Kunst im gesamten Reich Verbreitung: von Phimai und

Phnom Rung im Norden (heute Nordost-Thailand) bis Beng Mealea im Osten. An den konisch geformten Türmen bestechen die üppigen Verzierungen (s. Angkor Wat, Phimai, Banteay Samre). Weit und nach außen hin offen präsentieren sich die Galerien, die meist konzentrisch verlaufen und an den Achsenpunkten miteinander verbunden sind. Die mehrköpfigen Nagas mit fächerartiger Kopfbedeckung sind wie die zahlreichen Basreliefs sehr fein gearbeitet. Apsaras schmücken die freien Wandflächen.

Unter Jayavarman VII. (reg. 1181–ca. 1220) und seinem Nachfolger Indravarman II. (reg. ca. 1220–43/44) beginnt die bauaktivste Ära mit den letzten großen architektonischen Erneuerungen. Nach dem bekanntesten Tempel wird die neue Architektur **Bayon-Stil** (Ende 12./Anfang 13. Jh.) genannt. Es entstehen große Städte wie Angkor Thom und Banteay Chhmar im Nordwesten Kambodschas. Allerdings geht die Vielzahl der Bauten zu Lasten der Qualität. Zahlreiche Gebäude bleiben unvollendet, und oft ersetzt Laterit den Sandstein als Baumaterial. Die Reliefs sind weniger fein gearbeitet. In der ersten von drei Bauperioden entstehen weitläufige ebenerdige Tempelanlagen (Ta Prohm, Banteay Kdei, Preah Khan) sowie landesweit Rasthäuser und Krankenstationen. Es folgt eine Periode der Porträtskulpturen. Kennzeichnend dafür sind die Gesichtertürme und Alleen mit Devas und Asuras. In der dritten Phase entstehen weniger bedeutende Gebäude wie die Elefantenterrasse.

Post-Bayon-Ära (Ende 13.–15. Jh.)

Unter der vagen Bezeichnung ›Post-Bayon-Ära‹ werden die wenigen Bauten zusammengefasst, die in den zwei Jahrhunderten zwischen dem Tod Jayavarmans VII. um 1220 und den letzten großen Einfällen der siamesischen Armee in den Jahren 1431/32 entstanden. Sie lassen sich jedoch stilistisch nicht einordnen. In dieser Periode werden bestehende Bauten verändert oder weitergebaut, wegen des Aufkommens des Theravada-Buddhismus entstehen zudem fast nur noch Klosterbauten aus Holz. Eine der wenigen Neuerungen sind kreuzförmige Terrassen und von Säulen gestützte Zufahrtswege.

Der Wat – das buddhistische Kloster

Nachdem sich der Theravada-Buddhismus ab dem späten 13. Jh. auch bei der gesellschaftlichen Elite durchgesetzt hatte, entstanden im ganzen Land buddhistische Klöster. Im Gegensatz zu Hindu-Tempeln hatten sie mit Ausnahme des Stupa nur funktionale Bedeutung, vergängliche Materialien genügten daher für den Bau. So sind die ersten Bauten aus Holz verschwunden, wurden immer wieder erneuert oder ersetzt. Aufgrund der Kriege und der Zerstörungen durch die Khmer Rouge blieb indes auch von den späteren Klosteranlagen kaum etwas erhalten, sodass die meisten Wat aus neuerer Zeit stammen. Heute gibt es landesweit etwa 3700 Wat. Bevorzugtes Bauma-

Kambodscha: Kunst und Kultur

Vihear und Stupa in Battambang

Idealerweise bildet ein Wat das gesellschaftliche Zentrum eines Dorfes oder Stadtteils. Annähernd alle weltlichen und religiösen Aktivitäten spielen sich dort ab. Der Wat dient als Zufluchtsort für Bedrängte, als religiöse oder weltliche Schule, als Forum für die Alten, als Spielplatz für die Kinder und Treffpunkt für die Jugendlichen, kurz: der Wat ist der Brennpunkt der Gemeinschaft. Zwischen den dort lebenden Mönchen, die oft aus dem Dorf selbst stammen, und den Bewohnern besteht eine enge Beziehung, die geprägt ist von gegenseitiger Abhängigkeit.

terial sind Beton und Ziegelstein, die das teuer gewordene traditionell verwendete Holz immer mehr verdrängen.

Folgende Elemente gehören zu einem buddhistischen Kloster: ein oder mehrere **Vihear** (Skt.: *vihara*) zur Verehrung einer Buddha-Figur, ein **Stupa** (*chetdey*) zur Aufbewahrung einer Buddha-Reliquie oder der sterblichen Überreste eines Königs, kleinere **Grabstupa** verstorbener Mönche und Laienanhänger, **Sala** (offene Hallen) als Aufenthaltsbereich für die Gläubigen, eine **Bibliothek** für den Palikanon und **Wohngebäude** (*kuti*) für Mönche. Auch hier umschließt eine Mauer den gesamten Komplex, trennt den sakralen vom profanen Bereich. In ländlichen Wat-Anlagen darf ein **Schrein** zur Verehrung des lokalen Schutzgeistes (*neak ta*) nicht fehlen. Gerne pflanzt man **Bodhi**-Bäume zur Erinnerung an die Erleuchtung Buddhas. In größeren Klöstern ist darüber hinaus eine **Palischule** für Mönche zu finden, und in Phnom Penh stehen dort oftmals Unterkünfte für Studenten aus dem Umland.

Der **Vihear** ist das wichtigste Gebäude. Stehen mehrere Vihear auf dem Wat-Gelände, umgeben Grenzsteine (*sima*) die für die Ordination der Mönche bestimmte Versammlungshalle. Auf einer Ost-West-Achse liegend, besteht er aus ein oder zwei Ebenen. Das Dach bildet an Front- und Rückseite hohe Giebelfelder aus, die meist mit Rankenwerk verziert sind, doch können auch hinduistische Gestalten wie Vishnu auf Garuda oder Indra auf dem dreiköpfigen Elefanten Airavata dargestellt sein. An den Längsseiten dienen Naga-Schlangen als Dachkonsolen. Markant sind die nach oben geschwungenen Garuda-Vögel (*krut*) als Firstaufsätze und die Naga-Schlangen an den Dachseiten. Vor dem Eingang zum Wat oder Vihear stehen Wächterfiguren: Yakshas (*yeak*), Löwen (Skt.: *rajasimha*) bzw. Naga-Schlangen (*neak*). Auf hohen Säulen thront nicht selten der Hamsa-Vogel (*hang*) als Symbol für die buddhistische Lehre. Diese Art der Darstellung war bei den im Westen Thailands und Südosten Myanmar lebenden Mon populär und breitete sich auch in anderen Regionen aus. Im Inneren des Hauptraums befindet sich an der Westseite der Altar mit zahlreichen Buddha-Figuren und Beigaben wie Blumen, Vasen etc. Häufig sind die Seitenwände bemalt, zumeist mit Szenen aus dem Leben Buddhas oder seiner früheren Wiedergeburten (Skt.: *jataka*). Es finden sich auch die fünf Buddhas des jetzigen Zeitalters mit ihren Tiersymbolen: Kakusandha (Skt.: Krakucchanda, Hahn), Konagamana (Skt.: Kanakamuni, Naga-Schlange), Kassapa (Skt.: Kashyapa, Schildkröte), Gotama (Skt.: Gautama, Kuh) und der zukünftige Metteya (Skt.: Maitreya, Löwe).

Über die Bedeutung des Stupa s. S. 364f.)!

Die skulpturalen Stile

Prä-Angkor-Zeit (7.–9. Jh.)

Typisch für die Stile der Prä-Angkor-Zeit ist die natürliche, entspannte Haltung der Figuren. An den ältesten erhaltenen Beispielen aus dem 6. Jh. – es handelt sich fast ausschließlich um Buddha-Darstellungen – lassen sich eindeutig Einflüsse des indischen Gupta-Stils (4. Jh.–Ende 6. Jh.) erkennen. Charakteristisch sind eine ovale Kopfform, ausgeprägte Haarlocken und transparente Gewänder. Die stehenden Skulpturen sind nahezu ausnahmslos in der für indische Figuren typischen *tribhanga*-Haltung dargestellt, bei welcher der Körperschwerpunkt auf dem durchgestreckten rechten Bein ruht und das linke Bein leicht eingeknickt ist. Möglicherweise gelangten diese Figuren aus Indien ins Funan-Reich oder wurden von indischen Künstlern gefertigt.

Die frühesten eigenständigen Khmer-Statuen werden dem **Phnom-Da-Stil** (6./7. Jh.) zugeordnet, erkennbar an gedrehten Haaren, einer zylindrischen Kopfbedeckung sowie einem einfachen Lendentuch

Die kambodschanische Bildhauerkunst ist in erster Linie religiöse Kunst und von daher vor allem hinduistisch und buddhistisch geprägt. Ein Bildhauer verstand seine Arbeit nicht als Kunst, sondern als religiösen Akt. Daher war die individuelle Ausdruckskraft seines Werkes unbedeutend, denn als Teil eines religiösen Gesamtkonzeptes war es vorgegebenen Prinzipien und Regeln unterworfen. Seine Werke, seien es Reliefdarstellungen aus Epen wie ›Mahabharata‹ oder ›Ramayana‹ und den ›Puranas‹ oder Skulpturen, dienten weder der Erbauung des Volkes noch hatten sie rein dekorativen Charakter. Vielmehr erweckte der Künstler mit ihnen die Gottheiten bzw. Mythen der Hindu-Literatur neu, um auf diese Weise die kosmische Harmonie zu erhalten oder wieder herzustellen. Allerdings hat sich im Lauf der Jahrhunderte eine Vielzahl von Stilen herausgebildet.

(*sampot*) als einzigem Kleidungsstück. Das runde Gesicht dieser Figuren erscheint sehr voll und lebhaft, zwischen Kopfbedeckung und Stirn ragen Locken hervor. Die meisten Bildnisse sind mit einem halbrunden Stabilisierungsbogen versehen, wie er sich auch noch beim Gros der Skulpturen im **Sambor-Prei-Kuk-Stil** (erste Hälfte 7. Jh.) findet. Auch bei ihnen wirkt das Gesicht voll. Die Augen sind ausdrucksstark, das Haupt ist mit einem Zylinder oder zylindrisch hochgesteckten Haaren versehen. Die meist lebens- oder überlebensgroß dargestellten Körper wirken kompakt, der Sampot ist ihren Formen geschmeidig angepasst.

Im weiteren Verlauf des 7. Jh. bestanden verschiedene kurzlebige Stilrichtungen oft parallel zueinander, fanden jedoch kaum überregionale Bedeutung. Dazu zählen der **Prei-Khmeng-Stil** und der **Prasat-Andet-Stil**. Sie zu unterscheiden ist nicht immer eindeutig, eine Zuordnung erfolgt meist über den Fundort.

Angkor-Periode (9.–13. Jh.)

Der **Kulen-Stil** (9. Jh.) läutet die Angkor-Periode ein. Benannt nach dem Bergzug Phnom Kulen, auf dem Jayavarman II. (reg. vor 770–nach 800) im Jahr 802 seine temporäre Hauptstadt Mahendraparvata gegründet haben soll, bildet dieser Stil einen Übergang von den bisher naturalistischen Darstellungen zu abstrakterem Formalismus. Die kompakten Körper wirken mächtig. Sie weisen zwar zumeist noch eine zylindrische Kopfbedeckung auf – insbesondere die Vishnu-Statuen –, doch kann diese durch Kopfschmuck ersetzt sein. Die für die klassische Angkor-Periode markante breite Kopfform mit starrem, fast maskenhaftem Gesicht zeichnet sich bereits ab. Der Sampot reicht bis an die Knie und ist zu einer Hose gebunden.

Aufgrund ihrer symmetrischen Haltung und ihrer breiten quadratischen Gesichter wirken Skulpturen im **Preah-Ko-Stil** (Ende 9. Jh.) noch ›staatsmännischer‹. Typisch ist das zylindrisch aufgesteckte, oberhalb der Stirn von einem Diadem begrenzte Haar. Der von einem Gürtel gehaltene Sampot ist in der Mitte wie ein Anker gebunden. Dies gilt auch für die Figuren des darauf folgenden **Bakheng-Stils** (frühes 10. Jh.), doch sind dort die Sampot durchgehend gefaltet.

Kolossalität ist das Merkmal der Figuren im **Koh-Ker-Stil** (erste Hälfte 10. Jh.). Doch trotz ihrer Massigkeit wirken die wenigen erhaltenen Figuren leicht und lebhaft. Wie ein Gegenpol zu diesen erscheinen die zarten und weichen Statuen im **Banteay-Srei-Stil** (zweite Hälfte 10. Jh.). Nahezu schwulstige Lippen und ausgeprägte Augen betonen das freundliche Gesicht. Vor allem beeindruckt die detailfreudige Ausarbeitung der Haare und Kopfbedeckungen.

Die runden, weichen Formen, insbesondere der Gesichter, verleihen den ebenfalls eleganten, wenn auch im Detail weniger exakt gearbeiteten Figuren im **Baphuon-Stil** (11. Jh.) erneut mehr Natürlichkeit.

Mit dem **Angkor-Wat-Stil** (erste Hälfte 12. Jh.) erreicht die Khmer-Kunst einen Höhepunkt. Die Skulpturen wirken statischer als noch

Skulptur, vermutlich eine Darstellung der Jayarajadevi, 12./13. Jh., Bayon-Stil

beim Baphuon-Stil, doch dank der mannigfachen Verzierungen von Kleidung, Schmuck und Haartracht zugleich prächtig und feierlich. Der Körper männlicher Skulpturen ist muskulös, der der Frauen zierlich. Das Gesicht ist breit, die Lippen sind wulstig, eine konisch zulaufende Kopfbedeckung (*mukuta*) schmückt zumeist das Haar.

Rückkehr zur Schlichtheit könnte das Motto der Bildnisse im **Bayon-Stil** (zweite Hälfte 12. Jh.) lauten. Die vorwiegend dem Mahayana-Buddhismus zuzuordnenden Figuren sind recht schmucklos gestaltet. Hier schlägt sich die Hinwendung Jayavarmans VII. zum Buddhismus nieder, der offensichtlich auf das Ideal der Selbstlosigkeit und Askese anspielen wollte. Im Vergleich zu früheren Stilen sind sie eher grob gearbeitet. Doch zeigen die Gesichter der Figuren und an den Reliefs menschlichere Züge als bisher, was besonders an den Porträtstatuen des Herrschers und seiner Frau Jayarajadevi deutlich wird.

Buddhistische Kunst ab der Mitte des 13. Jh.

Ab der Mitte des 13. Jh. begann ein rapider Niedergang in der Khmer-Ikonographie. Mit der zunehmenden Vorherrschaft des Theravada-Buddhismus änderten sich die Prioritäten. Es entstanden kaum mehr Skulpturen aus Sandstein, sondern vorwiegend Buddha-Figuren aus Bronze und lackiertem Holz, deren Gros jedoch heute verschwunden ist. Die Statuen greifen immer wieder die Stile von Angkor Wat und Bayon auf, z. B. die konisch geformte Spitze des Kopfschmucks. Hinzu kommen neben lokalen Ausprägungen künstlerische Impulse aus Thailand, die sich u. a. am Schulter- und Kopfschmuck gekrönter Buddha-Figuren zeigen. Die filigrane blattförmige Flamme hinter den Ohren findet sich auch an Figuren aus dem Ayutthaya des 16./17. Jh.

Tanz und Schattentheater

Dem Bericht des chinesischen Abgesandten Zhou Daguan aus dem ausgehenden 13. Jh. zufolge war der achte Mondmonat dem Tanz gewidmet. Täglich mussten Schauspieler und Musiker im Königspalast Aufführungen, ›ai lan‹ genannt, geben.

Die Ursprünge des klassischen Khmer-Tanzes liegen im Dunkeln. Spätestens mit dem Aufkommen hinduistischer Rituale ab etwa dem 1. Jh. waren Tempeltänze üblich. Einflüsse aus Indonesien werden Jayavarman II. (reg. Ende 8./Anfang 9. Jh.–Mitte 9. Jh.) zugeschrieben, der eine Zeit lang auf Java gelebt haben soll. Von dort stammt die Tradition, dass am Königshof von Angkor nur Tänzerinnen zugelassen waren, nicht wenige gehörten zugleich dem Harem der Herrscher an. Unter Jayavarman VII. sollen es über 3000 Tänzerinnen gewesen sein. Zu jener Zeit erlebten die stilisierten Bewegungen und Gebärden ihre vollkommenste Ausformung.

Bis heute haben sich unterschiedliche klassische Tanzformen erhalten. Der **Apsara-Tanz** (*robam apsara*) zur Unterhaltung des Herrschers und zur Verehrung der Götter war nach dem Untergang des Khmer-Reiches jahrhundertelang in Vergessenheit geraten und wurde erst in den 1950er Jahren wiederbelebt. Der stilisierte Tanz mit über 1500 Handhaltungen und Posen ist ausschließlich Frauen vorbehalten, die mit ihren prächtig bestickten Sampots, den hautengen Blusen

Bei der Renaissance des Apsara-Tanzes spielte Prinzessin Norodom Bopha Devi, die auf Initiative ihrer Großmutter, Königin Kossomak Nearirat Serey Vathana (1904–70), zur Tänzerin ausgebildet wurde, eine Schlüsselrolle. Die Prinzessin leitet bis heute das Königliche Ballet.

sowie den elaborierten Kopfbedeckungen die Apsara-Darstellungen an den Tempelreliefs nachahmen.

Beim **Tanzdrama** (*lakhon khol*) stehen die Aufführungen von Epen und Volkserzählungen im Vordergrund. Neben dem ›Ream Ker‹ (›Ramayana‹) wird gerne die dramatische Geschichte von der Wassergottheit Moni Mekhala und dem Dämonen Ream Eyso aufgeführt. Mit ihren Wunderwaffen, einem Ball bzw. einer Axt, erzeugen sie in ihrem Kampf gegeneinander Blitz und Donner, die alljährlich den Monsun ankündigen. Die Tänzer des *lakhon khol*, ursprünglich rein männlich, tragen Pappmaché-Masken der gespielten Gestalten.

Eine erst langsam wiederbelebte Theaterform ist das **Schattentheater** (*nang sbaek*), das viele Parallelen zum indonesischen Wayang Kulit aufweist. Die Formen der Figuren und Kulissen werden aus Wasserbüffel- oder Kuhleder gearbeitet und mit Stäben geführt. Die Szenen, ebenfalls vorwiegend aus dem ›Ream Ker‹ oder volkstümlichen Geschichten, werden von einem Pinpeat-Ensemble (s. u.) begleitet und von Sängern oder Sprechern kommentiert.

Musik

Die Khmer-Musik blickt zweifellos auf eine lange Tradition zurück und erreichte in der Angkor-Ära eine Blüte. Viele Tempelreliefs zeigen Musiker, und Inschriften berichten von Tempelorchestern. Externe Einflüsse sind unübersehbar: So ähnelt die mondförmige Laute *chapei* dem chinesischen *yueqin* und das zweisaitige Streichinstrument *tro* dem *huqin*. Parallelen mit dem indonesischen *gamelan* zeugen zudem vom jahrhundertealten Austausch mit dem Inselarchipel.

Die Musik der Khmer ist polyphon und basiert auf einem fünfstufigen Tonsystem (Pentatonik), das linear aufgebaut ist und daher für westliche Ohren disharmonisch klingt. Die Musiker improvisieren eine gemeinsame Melodie, wobei der Trommler als ›Dirigent‹ das Tempo vorgibt und das Zusammenspiel kontrolliert. Das höfische **Pinpeat-Ensemble** gehört zu den ältesten Orchesterformen und besteht aus mindestens acht Musikern . Es begleitet klassische Tanzdramen, Schattentheater und religiöse Zeremonien. Folgende Instrumente sind dabei gebräuchlich: eine konisch geformte, oboenartige Riedflöte (*sralai*), ein Xylophon aus Bambus (*roneat ek*), ein Metallophon mit 21 Platten (*roneat dek*), 16 hochtönige Gongs, die im Halbkreis aneinander gereiht sind (*kong touch*), und tieftönige Gongs (*kong thom*), Zimbeln (*ching*) sowie kleine (*samphor*) und große zweifellige Fasstrommeln (*skor thom*).

Häufiger anzutreffen sind **Mohori-Orchester**, die zu Anlässen wie Hochzeiten oder Festivals spielen. Zur Zeit des Angkor-Reiches waren sie für die Begleitung der Tempeltänze verantwortlich. Die Musik klingt leichter, da neben den Pinpeat-Instrumenten stärker Melodie betonte Instrumente wie Saiteninstrumente (*tro*) und Harfen (*takhe*) eingesetzt werden.

Die vier wichtigsten Handgesten (›kbach‹) des Apsara-Tanzes: eine geschlossene Hand mit erhobenem Zeigefinger (›Kbach Chung Aul‹) symbolisiert eine Knospe; die offene Handfläche mit nach hinten gebogenen Fingern (›Kbach Sung Luc‹) ein Blatt; gespreizte Finger mit sich berührenden Daumen und Zeigefingern (›Kbach Cheap‹) bei nach außen weisendem Handrücken eine Blüte; eine nach vorne weisende Handfläche mit drei gespreizten Fingern und einen Kreis formendem Daumen und Mittelfinger (›Kbach Coung‹) eine Frucht. In Kombination mit Tanzbewegungen und Posen verschiebt sich die Bedeutung der Handgesten auf eine abstraktere Ebene, z. B. zur Darstellung von Emotionen.

Galerie bedeutender Persönlichkeiten

Hun Sen (geb. 05.08.1952)

Mit 18 Jahren Mitglied der Khmer Rouge, verließ Hun Sen 1977 die Bewegung und ging nach Vietnam. Er gründete 1978 die United Front for the National Salvation of Kampuchea (UFNSK), die mit Hilfe der vietnamesischen Armee die Khmer Rouge vertrieb. 1979 wurde er Außenminister, 1985 mit 33 Jahren Premierminister. Am Pariser Friedensabkommen im Oktober 1991 war er maßgeblich beteiligt und teilte seit den Wahlen im Mai 1993 bis 1997 als Vize-Premier die Macht mit Norodom Ranariddh. Die folgenden Wahlen gewann seine Cambodian People's Party (CPP) mit großer Mehrheit. Heute ist der Pragmatiker und Idealist unangefochtener Machthaber.

Jayavarman II. (reg. vor 770–nach 802, 790–835?)

König Jayavarman II. verlegte das Machtzentrum des Khmer-Reichs erstmals in das Gebiet von Angkor und führte den Devaraja-Kult ein. Inschriften zufolge kehrte er aus dem Exil in Java zurück, sagte sich von der Vorherrschaft der dortigen Shailendra-Dynastie los und ließ sich 802 auf dem Phnom Kulen zum König krönen. In seiner Regierungszeit einte er das zerfallene Land, wechselte mehrfach seine Residenz, bis er sich in Hariharalaya (Roluos) niederließ. Nach seinem Tod wurde er dort unter dem posthumen Namen Parameshvara (Höchster Herr) im Tempel Preah Ko verehrt.

Jayavarman VII. (reg. 1181–ca. 1220)

Französische Forscher des frühen 20. Jh. rekonstruierten anhand von Inschriften die Bedeutung des letzten großen Herrschers von Angkor als Reformer und Erbauer. Der Großneffe Suryavarmans II. kam mit 55 Jahren an die Macht. Nach Jahren des Chaos infolge von Angriffen der Cham reorganisierte Jayavarman VII. das Reich, vergrößerte es bis nach Vientiane und in die Chao-Praya-Ebene und etablierte den Mahayana-Buddhismus als Staatskult. Er ließ mehrere Städte (Angkor Thom, Banteay Chhmar) und Klöster (Ta Phrom, Banteay Kdei, Preah Khan) errichten. Reste seiner 102 Kranken- und 121 Raststationen sind selbst in Laos und Nordost-Thailand zu finden.

Jayavarman VII., Bildniskopf aus der Angkor-Periode (12./13. Jh.), Nationalmuseum in Phnom Penh

Henri Mouhot (1826–61)

Geboren im französischen Montbéliard, arbeitete er nach philologischen und naturwissenschaftlichen Studien als Lehrer in Russland. Reisen wurde seine Passion. Kaum nach Frankreich zurückgekehrt, verließ er es in Richtung England. Die finanzielle Unterstützung der Royal Geographical Society und Zoological Society of London ermöglichte ihm, 1858 nach Thailand aufzubrechen und von dort die Region um den Mekong zu erkunden. Er besuchte auch die Ruinen von Angkor, die er durch seine posthum veröffentlichten Beschreibungen für den Westen ›entdeckte‹. An Malaria erkrankt, starb er am Abend des 10. November 1861 bei Luang Prabang.

Norodom Sihanouk (geb. 31.10.1922)

Die wohl schillerndste Figur der jüngeren Geschichte Kambodschas, Norodom Sihanouk, wurde mit 19 Jahren 1941 zum König gekrönt und führte das Land 1953 in die Unabhängigkeit. Zwei Jahre später überließ er die Krone seinem Vater und regierte bis zu seiner Absetzung 1970 als Premier. Von den Khmer Rouge unter Hausarrest gestellt, lebte er ab 1979 vorwiegend im chinesischen Exil, von wo er 1982–90 die ›Koalitionsregierung des Demokratischen Kampuchea‹ führte. 1991 nach Phnom Penh zurückgekehrt, wurde er am 24. September 1993 zum zweiten Mal gekrönt. Der Vater von 14 Kindern (zwei mit Königin Norodom Monineath Sihanouk) machte auch als Filmemacher und Komponist von sich reden.

Norodom Sihanouk, 1966

Saloth Sar alias Pol Pot (1925–98)

1925 in der Provinz Kompong Thom geboren, hielt sich Saloth Sar nach Studien an der École Technique in Phnom Penh zwischen 1949 und 1953 in Paris auf, wo er mit marxistischen Ideen in Berührung kam. Zurück in Kambodscha, führte er ein Doppelleben als Lehrer an einer Privatschule und kommunistischer Untergrundkämpfer. 1963 floh er in den Dschungel, gründete mit vietnamesischer Hilfe die Kommunistische Partei Kampuchea (CPK), organisierte den bewaffneten Widerstand gegen Sihanouk und ab 1970 gegen Lon Nol. 1975 fiel das Land in die Hände der Khmer Rouge, die unter der Führung von Pol Pot, wie er sich ab 1977 nannte, ein Terrorregime errichteten. 1979 floh Pol Pot in den Nordwesten, wo er fast 20 Jahre lang den Guerillakrieg dirigierte. 1997 in einem Schauprozess verurteilt und unter Hausarrest gestellt, starb er am 15. April 1998 in Anlong Veng.

Suryavarman II. (reg. 1112/13–vor 1155)

Der durch einen Putsch gegen seinen Onkel an die Macht gelangte Suryavarman II. führte mehrere Kriege gegen das Dai-Viet-Reich (1123–36) und Champa (1144–49), allerdings mit mäßigem Erfolg. So ging er weniger als siegreicher Kriegsherr, sondern als großer Erbauer in die Annalen ein. In seiner Regierungszeit entstand neben verschiedenen kleineren Tempeln wie Thommanon und Banteay Samre das wohl beeindruckendste Bauwerk Südostasiens, Angkor Wat. Dort wurde er posthum unter dem Namen Paramavishnuloka (Aufgestiegen in die höchste Welt des Vishnu) verehrt.

Reiserouten in Kambodscha

Phnom Penh

Wer Phnom Penh besucht, wird zwei Dinge verspüren: jenes für eine asiatische Großstadt so typische Brodeln und das koloniale Flair, das Phnom Penh sich bewahrt hat. Viele ältere Bauten wurden liebevoll restauriert, und die breiten Boulevards verleihen Phnom Penh eine mondäne Atmosphäre. Magnetisch zieht die Metropole meist junge Menschen aus der Provinz an, die ihr Glück hier versuchen. In den fünf Jahren von 1998 bis 2003 stieg ihre Bevölkerung um über 10 % auf fast 1,3 Millionen Einwohner an. Einem Pilz ähnlich wuchert sie immer weiter in ihr Umland hinaus. Zur Hauptverkehrszeit verstopfen Motorräder und Autos die Straßen. Es ist, als wolle Phnom Penh innerhalb kurzer Zeit alles nachholen, was in den Jahren der Kriege versäumt bzw. unter den Roten Khmer verteufelt wurde.

Wechselvolle Geschichte

Bereits zur Zeit Angkors war das Gebiet um den Zusammenfluss von Tonle Sap und Mekong ein Warenumschlagplatz. Als Gründungsjahr der Stadt gilt, trotz sich widersprechender Chronikberichte aus dem 19. Jh., heute gemeinhin 1434. Damals soll König Ponhea Yat (Banya Yat; reg. 1432–ca. 1462) nach dem wiederholten Einfall siamesischer Truppen Angkor verlassen und seine Residenz nach Tuol Basan (heute Srei Santhor) am Ostufer des Mekong und dann nach Phnom Penh verlegt haben. Der Ort schien sicherer und dank seiner zentralen Lage am schiffbaren Mekong für den Handel förderlich zu sein. Chao Ponhea Yat nannte die neue Königsstadt Krong Chaktomuk, Stadt der Vier Gesichter. Er ließ sie trockenlegen und mit einem Schutzwall umgeben. Unter dem frommen König wurden zudem der Wat Phnom renoviert und weitere buddhistische Klöster gestiftet.

Auch nachdem der Regierungssitz ab dem 16. Jh. mehrmals verlegt wurde, blieb Phnom Penh die wichtigste Handelsmetropole Kambodschas. Eine wachsende Zahl ausländischer Händler, insbesondere Chinesen und Malaiien, siedelte sich hier an. Als erste Europäer ließen sich ab 1560 portugiesische und spanische Kaufleute in der Metropole nieder. In den folgenden Jahrzehnten wurde die Handelsstadt in den Sog der politischen Geschehnisse gezogen. Zwei Jahre nachdem Lovek aufgrund einer siamesischen Invasion gefallen war, griffen spanische und portugiesische Abenteurer 1594 Phnom Penh an. Im folgenden Jahrhundert erschienen die ersten britischen und holländischen Schiffe, 1636 gründete die holländische Vereinigde Oostindische Compagnie (VOC) eine Fabrik. Doch die Stadt geriet – wie das gesamte Land – immer mehr in den Einflussbereich von Siam und Vietnam. Einen Tiefpunkt in der Stadtgeschichte bildete das Jahr 1772, als Truppen unter General Taksin Phnom Penh zerstörten.

Besonders sehenswert:
Königspalast ☆☆
Nationalmuseum ☆☆
Wat Phnom ☆

Eine wohlhabende Witwe namens Penh lebte in einem Dorf am Ufer des Tonle-Sap-Flusses. Als dieser eines Tages anstieg, schwemmte die Flut Koki-Stamm (Hopea spp.) ans Ufer. Frau Penh, näherte sich dem Baumstamm und entdeckte in seinem hohlen Inneren vier kleine Buddha-Figuren aus Bronze und eine steinerne Götterstatue. Voller Freude ließ sie einen Erdhügel aufschütten und darauf eine Pagode errichten, um den Statuen ein würdiges Zuhause zu schaffen. 1372 wurde das Heiligtum eingeweiht und nach der Stifterin Wat Phnom Don Penh, Kloster auf dem Berg Frau Penhs, genannt. Heute noch ist der Wat Phnom, der später namensgebend für die Stadt – Phnom Penh, Berg der Penh – werden sollte, das wichtigste lokale Heiligtum.

◁ Das Nationalmuseum in Phnom Penh

Kambodscha: Phnom Penh

> »Die Stadt liegt am Zusammenfluss von zwei großen Strömen und hat etwa 10 000 Einwohner, meist Chinesen; aber sie besitzt eine schwimmende Einwohnerschaft, die doppelt so groß ist und aus Kambodschanern und Cochin-Chinesen besteht, die in ihren Booten leben. Es ist die Zeit, in der die meisten Fischer vom großen See zurückkehren, um in Penom-Penh zu halten und einige ihrer Fische zu verkaufen, und eine Schar Kleinhändler hierher strömt, um Baumwolle zu erwerben, die vor dem Regen eingebracht wird.«
>
> Henri Mouhot

Auch das 19. Jh. prägten zahlreiche Kriege mit den Nachbarn, und als 1866 unter König Norodom der Regierungssitz erneut nach Phnom Penh verlegt wurde, lebten dort nur noch 10 000 Menschen, darunter Vietnamesen, Chinesen, Cham und Khmer. Jede Volksgruppe hatte ihre eigene Siedlung: die Vietnamesen und Cham im Norden, die Chinesen im Zentrum und die Khmer im Süden. Damals verlief die einzige befestigte Straße der Stadt entlang des Flusses, ansonsten waren die Stadtviertel nur über Kanäle und Pfade zu erreichen. Mouhot, der Phnom Penh 1860 besuchte, bezeichnete sie als den »großen Basar Kambodschas« und beobachtete, dass ein Großteil der Bevölkerung in Hausbooten auf den Flüssen lebte.

Nach der Etablierung des französischen Protektorats veränderte Phnom Penh sein Aussehen rapide. Es entstanden administrative Gebäude, Handelshäuser, elegante Jugendstil-Villen für die in der Stadt lebenden Franzosen sowie repräsentative Boulevards. Der Königspalast wurde größtenteils neu errichtet, später kamen die Preah-Monivong-Brücke über den Bassac-Fluss (1929), der Bahnhof (1932) und der Neue Markt (1935) hinzu. Ende der 1930er Jahre lebten über 100 000 Menschen in der Metropole. Nach der Unabhängigkeit 1953 blühte Phnom Penh in einer Zeit der politischen Stabilität auf und entwickelte sich zu einer der modernsten Städte der Region. Die »Perle Asiens«, als die sie ausländische Journalisten priesen, erlebte eine ihrer bauaktivsten Phasen. 1963 wurde das Olympische Stadion gebaut, ein Jahr später öffnete das Tonle-Bassac-Theater seine Pforten und der Internationale Flughafen Pochentong nahm seinen Dienst auf. Die Bevölkerung verdoppelte sich innerhalb einer halben Dekade auf 900 000 Einwohner im Jahr 1970.

Dann jedoch begann mit der Absetzung Prinz Sihanouks 1970 und der Machtübernahme Lon Nols der Niedergang. Die ständigen militärischen Konflikte auf dem Land ließen den Flüchtlingsstrom nach Phnom Penh anschwellen. Auf den Straßen und in den überall entstehenden Slums kämpften zwei Millionen Einwohner ums tägliche Überleben. Mit dem Einmarsch der Khmer Rouge geschah am 17. April 1975 das wohl Einmalige in der Geschichte Phnom Penhs: Die gesamte Bevölkerung, auch Alte und Kranke, mussten innerhalb von 48 Stunden die Stadt verlassen. Zurück blieben nur einige tausend Angehörige der Roten Khmer, darunter Pol Pot. Plünderungen und Zerstörungen waren an der Tagesordnung. Schulen, Bibliotheken und buddhistische Pagoden wurden in Lagerräume und Ställe oder gar in Folterstätten umgewandelt. Für drei Jahre, acht Monate und 20 Tage blieb Phnom Penh sich selbst überlassen, und es wird wohl noch Jahrzehnte dauern, bis die Stadt sich von diesem Trauma erholt haben wird.

Als am 7. Januar 1979 die Khmer Rouge von der vietnamesischen Armee endgültig vertrieben worden waren, standen die Besatzer vor der schwierigen Aufgabe, die zusammengebrochene Infrastruktur neu aufzubauen. Weder Strom- noch Wasserversorgung funktionierten, es gab keine Schulen, den Krankenhäusern fehlte es an Personal und medizinischem Gerät. Ein Großteil der früheren Bevölkerung war dem

Regime zum Opfer gefallen. Die meisten Menschen, die nun nach Phnom Penh zogen, kamen vom Land, wo ihre Dörfer nicht mehr existierten. Der fortdauernde Bürgerkrieg und der Mangel an Fachkräften ließen den Wiederaufbau allerdings nur schleppend voranschreiten.

Erst die Unterzeichnung des Friedensvertrages 1991 bedeutete einen Wendepunkt. Insbesondere die Präsenz von 22 000 UN-Mitarbeitern veränderte das Leben in der Stadt. Innerhalb kurzer Zeit entstand eine Infrastruktur, um die Bedürfnisse der zahlungskräftigen – meist männlichen – UN-Angehörigen zu befriedigen. Hotels wurden gebaut, Restaurants und Nachtclubs schossen wie Pilze aus dem Boden, und nicht zuletzt nahm die Zahl der Prostituierten zu. In den Jahren 1992/93 zählten die Mietpreise in Phnom Penh zu den höchsten weltweit. Seitdem sich Mitte der 1990er Jahre die Lage konsolidiert hat, lässt sich eine stete Verbesserung der Verhältnisse beobachten. Mit ausländischer Finanzhilfe werden Straßen ausgebessert, wird die Stromversorgung sichergestellt und Schritt für Schritt das marode Bewässerungssystem erneuert. In den Außenbezirken sind bereits zahlreiche Textilfabriken entstanden. Hier arbeiten meist junge Frauen für einen Hungerlohn unter schlechten Arbeitsbedingungen, doch sind die Verdienstmöglichkeiten immer noch besser als auf dem Land.

Ein großes Problem bildet indes der aus der Landflucht resultierende Bevölkerungsdruck. Viele Menschen leben in einer der vielen illegalen Slumsiedlungen unter miserablen hygienischen Bedingungen. Müllberge, verstopfte Straßen und urbane Gewalt sind die großen Herausforderungen. Doch geht es unverkennbar aufwärts, und die Menschen blicken optimistisch in die Zukunft. Das kulturelle Leben wird bunter, und für den Reisenden lassen nicht zuletzt die zahlreichen Sehenswürdigkeiten den Aufenthalt in Phnom Penh zu einem wunderbaren Erlebnis werden.

Orientierung in Phnom Penh – die Stadtstruktur

Dank der großen Boulevards und der gitterförmig angelegten Straßen fällt die Orientierung in Phnom Penh relativ leicht. Im Osten bilden die beiden Flüsse Tonle Sap und Tonle Bassac eine natürliche Stadtgrenze. In der Vergangenheit stellte die häufige Änderung der Straßennamen durch die wechselnden Regimes das Hauptproblem dar. Doch seit den letzten großen Umbenennungen 1993 scheint dieser Trend vorläufig abgeschlossen zu sein. Das Gros der wichtigen Avenuen trägt heute die Namen der letzten Könige, etwa der parallel zum Fluss verlaufende Sisowath Quay oder der sich von Nord nach Süd erstreckende Monivong Boulevard. Die Nebenstraßen (*phlauv*) sind zumeist nummeriert, wobei die Zählung im Norden mit geraden Zahlen und am Fluss mit ungeraden Zahlen beginnt – Abweichungen bzw. Unregelmäßigkeiten gehören allerdings dazu. Letzteres gilt verstärkt bei Hausnummern, die manchmal willkürlich gesetzt zu sein scheinen. Sucht man ein bestimmtes Gebäude, empfiehlt es sich stets, die Namen der nächstliegenden Querstraßen zu kennen.

Wer Zeit hat, sollte Phnom Penh zu Fuß erkunden, denn entlang der Boulevards und in den Seitenstraßen locken unzählige Gerüche, Begegnungen und manche Überraschung. Cafés und beschauliche Klosteranlagen laden zur Rast ein. Ein guter Ausgangspunkt für die Besichtigungen bildet der Königspalast. Von ihm aus kann man das in unmittelbarer Nachbarschaft liegende Nationalmuseum besuchen, und auch die anderen Sehenswürdigkeiten sind von dort aus gut zu erreichen.

Kambodscha: Phnom Penh

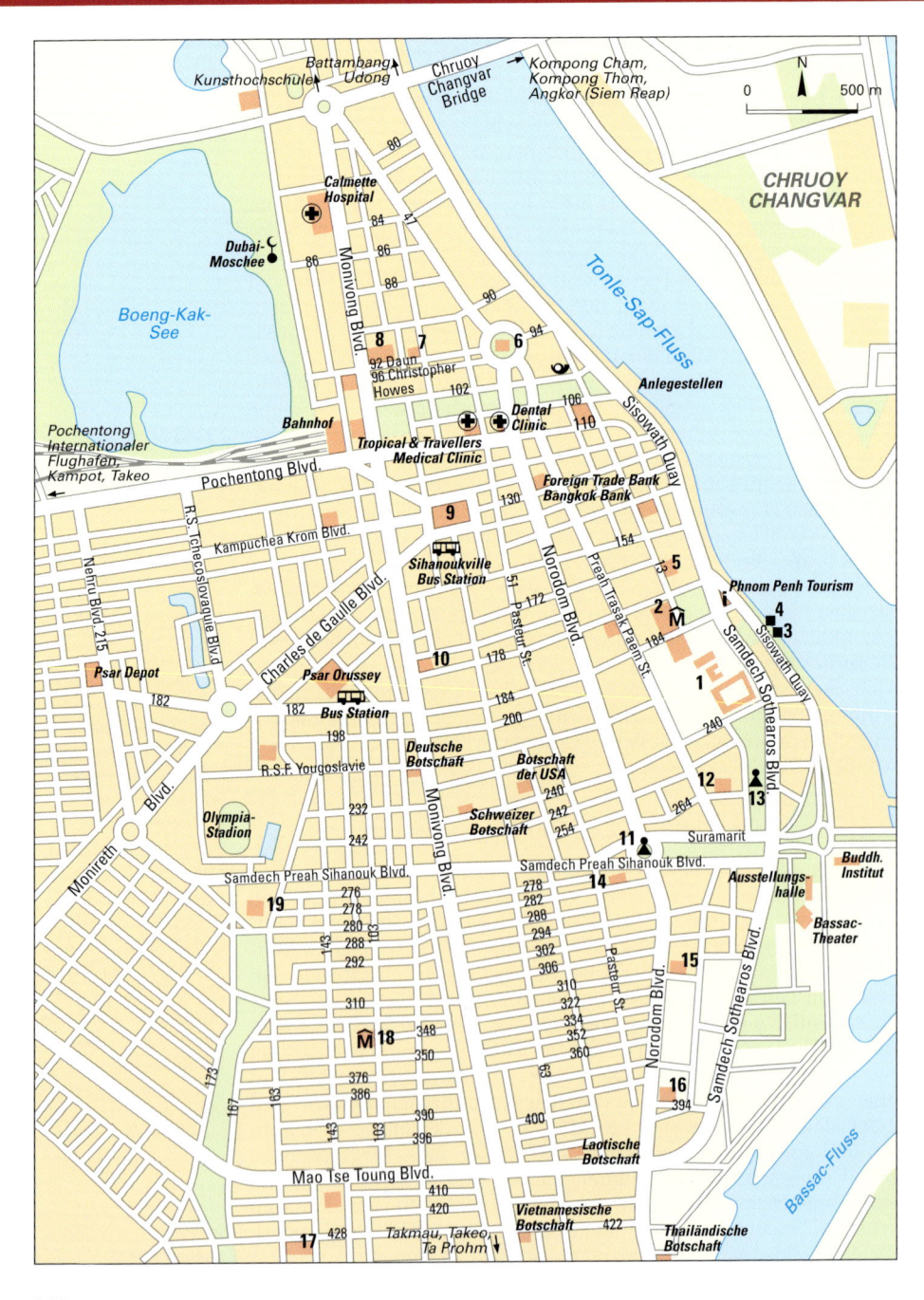

Die mittlerweile 290 km² große Metropole gliedert sich nach einer Verwaltungsreform in sieben Distrikte (*khan*) mit zusammen 76 Bezirken (*sangkat*): Russey Keo am nördlichen Stadtrand, Daun Penh östlich des Boeng-Kak-Sees und Tuol Kork westlich davon, der Geschäftsdistrikt 7 Makara zwischen Stadion und Palast, Chamkar Mon rund um den Mao Tse Tung Boulevard, Meanchey am südwestlichen und Dangkor am südlichen Stadtrand.

Königliche Pracht und strahlende Pagoden
Königspalast und Silberpagode (1)

Zweifellos gehört der Palastkomplex zu den architektonischen Glanzlichtern der Stadt. Dort, wo 1813 König Ang Chan II. (reg. 1806–11, 1813–35) die Zitadelle Banteay Kev errichtete, entstanden drei Jahre nach dem Umzug König Norodoms I. nach Phnom Penh (1866) die ersten Palastanlagen aus Holz. Sie wurden mit französischer Hilfe unter König Sisowath (reg. 1904–27) durch Steinbauten ersetzt. Den Platz wählte man nicht von ungefähr, fließen doch auf seiner Höhe Tonle Sap und Mekong zusammen. Hier lässt sich zweimal jährlich beobachten, dass der Tonle Sap seine Richtung ändert.

Die Anlage besteht aus drei jeweils durch Mauern begrenzten Arealen: im Norden der repräsentative Bereich mit dem Thronsaal als Herzstück, westlich davon die königliche Residenz und im Süden der religiöse Bereich mit der Silberpagode als wichtigstem Bauwerk. Nur die repräsentativen und religiösen Gebäude sind – so offizielle Empfänge oder Zeremonien stattfinden – Besuchern zugänglich.

Vom Samdech Sothearos Boulevard her betritt man das Areal durch einen **Eingang**, der etwa 100 m südlich des markanten Chan-Chaya-Pavillons liegt. Von dort geht es über einen kurzen Weg zum weitläufigen repräsentativen Bereich. Auf der rechten Seite ist nördlich des Siegestors der offene **Chan-Chaya-Pavillon** zu sehen. Der durch seine luftige Architektur bestechende Bau mit seinem gestaffelten, von Säulen getragenen Dach wurde 1912–14 unter König Sisowath errichtet und dient bis heute klassischen Musik- und Tanzaufführungen des königlichen Balletts, öffentlichen Ansprachen und der Abnahme von Paraden. Das meist verschlossene **Siegestor** auf gleicher Höhe wie der Thronsaal darf traditionell nur der König durchschreiten.

Im Zentrum der Anlage erhebt sich der etwa 100 m lange **Preah Tineang Tevea Vinichhay**, der Thronsaal. Hier finden seit seiner Ein-

Das einfachste und schnellste Verkehrsmittel in der Stadt ist das Motorrad-Taxi (›moto dup‹). Man winkt die Fahrer einfach herbei, handelt den Preis aus, und los geht es. Für mehrere Personen eignen sich auch die Motorradrikschas. Gemütlicher und langsamer ist die Fahrradrikscha (›cyclo‹), die jedoch immer mehr vom ›moto dup‹ verdrängt wird.

Zusätzlich zur Eintrittskarte muss auch eine Kameragebühr bezahlt werden, obwohl das Fotografieren in den Innenräumen verboten ist. Für den Besuch des Königspalastes sollte korrekte Kleidung (keine Shorts, keine ärmellosen T-Shirts) getragen werden. Die meisten Gebäude darf man nur ohne Schuhe betreten.

Phnom Penh 1 Königspalast mit Silberpagode 2 Nationalmuseum 3 Schrein am Fluss 4 Vetika-Om-Touk-Pavillon 5 Wat Ounalom 6 Wat Phnom 7 Nationalbibliothek 8 Hotel Le Royal 9 Psar Thmei/Central Market 10 Wat Koh 11 Unabhängigkeitsmonument 12 Wat Botum 13 Kambodscha-Vietnam-Monument 14 Wat Lanka 15 Wat Prayuwong 16 Wat Than 17 Psar Tuol Tom Pong/Russenmarkt 18 Tuol-Sleng-Genozid-Museum 19 Wat Moha Montrei

Der Palast war 23 Jahre lang verwaist, bis er mit der zweiten Königskrönung Norodom Sihanouks am 24. September 1993 wieder seiner ursprünglichen Bestimmung zugeführt wurde.

Unter Napoleon III. (1808–73), der ab 1852 Frankreich als absoluter Monarch regierte, begann die Ära des Empire Français. Frankreich baute in jener Zeit seine Stellung als weltweit agierende Hegemonialmacht weiter aus, in Asien durch die französisch-britische Expedition gegen China (1857–60), die Einnahme Indochinas (ab 1858) und die wirtschaftlich wichtige Konstruktion des Suezkanals (eröffnet 1869). Das Ende Napoleons kam mit der Niederlage im Deutsch-Französischen Krieg 1870/71. Napoleon geriet in preußische Gefangenschaft, sein Regime wurde gestürzt; er starb am 9. Januar 1873 im englischen Exil.

weihung 1919 Krönungs- und Staatszeremonien sowie offizielle Empfänge statt. Der von dem kambodschanischen Architekten Olknga Teap Neamit aus Stein errichtete Bau liegt erhöht auf einer Terrasse und ist vom Osten über eine von Naga-Schlangen flankierte breite Treppe erreichbar. Um ihn reihen sich zahlreiche Stützsäulen, an deren Abschluss Kinnaras bzw. an den Ecksäulen Garudas das farbenfrohe Dach tragen. Die Farben der glasierten Ziegel symbolisieren den Buddhismus (gelb), die Monarchie (blau) und das Land (grün). Exakt über dem Thron erhebt sich ein 59 m hohes Spitzdach mit – als Reminiszenz an die Gesichtertürme des Bayon in Angkor Thom – den vier Gesichtern Lokeshvaras (oder Brahmas?) in Miniaturform.

Dank der zahlreichen Fensteröffnungen wirkt das Innere des Saals freundlich und hell. Kaum eine Stelle, die nicht ausgeschmückt ist. Der Boden ist in geometrischem Muster bunt gefliest, welches auch der Teppich aufgreift. Jeweils zwölf Gemälde mit mythologischen Wesen schmücken die Wände. An der Decke sind Szenen aus dem ›Ream Ker‹ dargestellt. Zum Ende des weitläufigen Raumes hin steht erhöht der königliche, nur anlässlich der Krönung verwendete Thron. Über ihm spannt sich ein neunstufiger Schirm, Zeichen der königlichen Macht; um ihn gruppieren sich vier weitere, kleinere Schirme. Die Fünfzahl erinnert an die fünf Gipfel des Berges Meru.

Den Thron flankieren Büsten der letzten sechs verstorbenen Könige der gegenwärtigen Dynastie sowie links eine Statue König Sisowaths (reg. 1904–27) und rechts jene König Sisowath Monivongs (reg. 1927–41). Von den beiden vergoldeten Stühlen vor dem Thron aus hält das Königspaar Audienzen im kleinen Kreis ab. Auf den seitlich gruppierten Stühlen trifft sich der Königliche Thronrat zur Wahl des neuen Königs. Im hinteren Bereich des Thronsaals befinden sich einige Kammern, darunter zwei seitlich gelegene, in denen sich König und Königin nach ihrer Vermählung sieben Tage lang getrennt voneinander aufhalten. Ein Raum dient zur Aufbahrung des königlichen Leichnams bis zu seiner Verbrennung. Von der Nordwestseite des Thronsaals bietet sich ein schöner Blick auf die von Mauern umschlossene königliche Residenz **Khemarin**, 1931–41 unter Sisowath Monivong errichtet. Etwas abseits steht nördlich der Halle ein kleineres zweistöckiges **Gebäude zur Aufbewahrung von Musikinstrumenten und Zeremonialgerät** (nicht zu besichtigen). Ursprünglich bestieg der König von dessen oberem Stockwerk aus seinen Reitelefanten.

Nach dem Verlassen des Thronsaals nach Süden passiert man weitere, für Besucher verschlossene Gebäude. Sie haben meist funktionalen Charakter. Ein kleines zweistöckiges **Gebäude** dient **zur Aufbewahrung der königlichen Regalia** und das L-förmig angelegte, gelbe Gebäude westlich davon beherbergt seit seiner Erbauung unter dem Vater Sihanouks, Norodom Suramarit (reg. 1955–60), die **Administration**. Noch etwas weiter südöstlich schließt sich der vollständig aus Eisen errichtete **Pavillon Napoleon III.** an. Napoleon III. hatte ihn anlässlich der Eröffnung des Suezkanals am 17.11.1869 für Königin Eugénie fertigen lassen, die ihn 1876 König Norodom I.

Königspalast und Silberpagode

schenkte. In ihm werden Präsente Napoleons sowie Gemälde, Fotografien und Ballettkleider aufbewahrt. Die 1912 erbaute **Phochani-Halle** im südöstlichen Bereich des Repräsentationskomplexes dient kleineren Empfängen und Banketten.

An der Südseite schließt sich, durch eine Mauer abgegrenzt, der **religiöse Bereich** des Königspalastes an. Man betritt ihn durch ein eigenes Tor. Eine **Galerie**, deren Rückwand 1903/04 von 40 Künstlern unter Anleitung von Okhna Tepnimit Mak bemalt wurde, umgibt das Areal. Auf einer Gesamtlänge von 604 m und einer Höhe von 3,65 m stellen die Wandmalereien den gesamten ›Ream Ker‹, die Khmer-Version des ›Ramayana‹, dar. Die Erzählung beginnt am (geschlossenen) Osttor und setzt sich dann im Uhrzeigersinn fort. Die hohe Luftfeuchtigkeit hat jedoch weite Teile stark in Mitleidenschaft gezogen.

Vorbei an einem quadratischen Bau, der ehemaligen Bibliothek zur Aufbewahrung der Palmblattmanuskripte, **Mondap** genannt – im Inneren birgt sie eine 500 kg schwere Bronzeplastik des Stieres Nandi –, gelangt man zum Herzstück der Anlage: der **Silberpagode** oder Wat Preah Keo Morokat (Kloster des Smaragd-Buddhas). Das heutige Gebäude wurde 1962 unter der Regentin Kossomak Nearirat Serey Vathana aus Beton errichtet und ersetzte die früheren Holzbauten aus den Jahren 1892 und 1902. Als architektonisches Vorbild diente der Wat Phra Keo im Königspalast von Bangkok, und wie dort leben auf

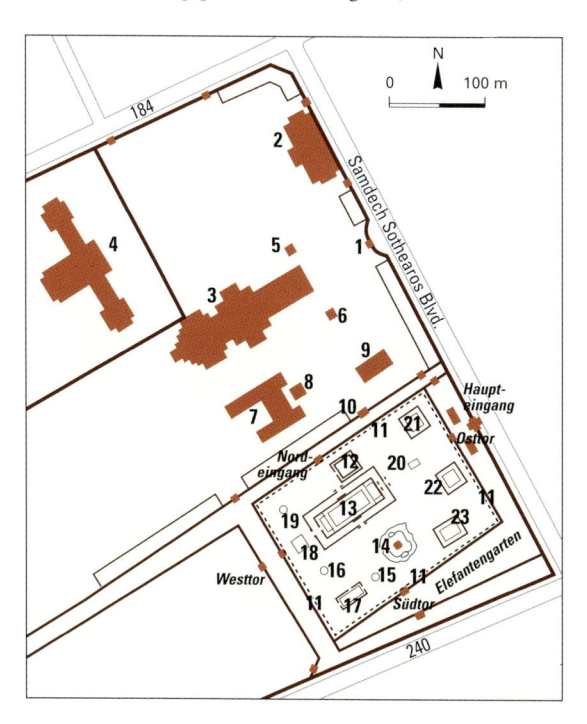

Königspalast und Silberpagode
1. Chan-Chaya-Pavillon
2. Siegestor
3. Thronsaal
4. Khemarin
5. Aufbewahrung von Instrumenten und Zeremonialgerät
6. Aufbewahrung der königlichen Regalia
7. Administration
8. Pavillon Napoleon III.
9. Phochani-Halle
10. Tor zur Silberpagode
11. Galerie
12. Mondap
13. Silberpagode
14. Phnom Mondap
15. Stupa für Kantha Bopha
16. Stupa für König Norodom Suramarit
17. Pavillon für religiöse Zeremonien
18. Angkor-Wat-Modell
19. Reiterstandbild Napoleons III.
20. König-Norodom-Stupa
21. König-Ang-Duong-Stupa
22. Schrein mit Fußabdruck Buddhas

Kambodscha: Phnom Penh

Die Silberpagode, im Vordergrund der Stupa zum Gedenken an Kantha Bopha

dem Gelände keine Mönche. Das Gebäude ruht auf einer erhöhten Terrasse, auf welcher hohe Säulen aus italienischem Marmor stehen. Sie stützen das mehrstufig verschachtelte und von einer Spitze gekrönte Dach. Typisch für kambodschanische Tempeldächer, zieren auch hier Naga-Schlangen mit flammenartigen Körpern die Dachseiten, mythologische Vögel bilden den Firstaufsatz.

Seinen volkstümlichen Namen trägt der Wat aufgrund der insgesamt 5329 in Frankreich gefertigten Bodenfliesen aus kambodschanischem Silber, die je 1,125 kg wiegen. Der zweite Name bezieht sich auf die heiligste Figur Kambodschas, den Preah Keo, eine grüne Buddha-Figur aus Baccarat-Kristall, die aus dem 17. Jh. stammt und dem Smaragd-Buddha im Wat Phra Keo in Bangkok nachempfunden wurde. Sie thront auf einem mehrstufigen, fein verzierten Altar im Zentrum des Raums. Blickfang davor ist eine von einem Glasbehälter geschützte, stehende Buddha-Figur aus purem Gold, 1904 zur Krönung König Sisowaths angefertigt. Das Gewand der 90 kg schweren, nahezu lebensgroßen Figur ist mit 2086 Diamanten besetzt. Die Krone ziert ein kostbarer 25-Karäter, ein 20-Karäter wurde in die Brust eingearbeitet. Die Buddha-Statue hält ihre Hände in der *abhaya-mudra*. Hinter der Statue stehen weitere wertvolle Figuren, darunter ein 80 kg schwerer Bronze-Buddha. Auf der Rückseite des Smaragd-Buddha-Altars befinden sich einige königliche Utensilien wie eine für die Krönungszeremonie verwendete Sänfte. Darüber hinaus birgt die Pagode eine beachtliche Sammlung kostbarer Buddha-Figuren sowie vorwiegend in Vitrinen ausgestellte Gastgeschenke. Neben goldenen Masken des königlichen Balletts finden sich etwa ein Samurai-Schwert aus Japan, Schmuck und ein Miniaturstupa aus Gold.

Auf der Südseite der Silberpagode erhebt sich etwas zurückversetzt der künstliche Hügel **Phnom Mondap**, auf dessen Spitze in einem Schrein ein vergoldeter Fußabdruck Buddhas verehrt wird. Einer auch in anderen südostasiatischen Ländern verbreiteten Tradition zufolge soll der Erleuchtete auf einer seiner Reisen hier seine Lehre verkündet haben. Am Fuß des Hügels suchen Schüler/Studenten oder ihre Angehörigen gern die Statue eines Eremiten auf, der beim Erlangen eines guten Examens helfen soll.

Westlich des Phnom Mondap steht ein fein verzierter **Stupa zum Gedenken an Kantha Bopha** (Duftende Blume), eine Tochter Sihanouks. Geschmackvoll wurde er einem der Prasats von Banteay Srei nachgebildet. Die Asche der 1952 im Alter von vier Jahren an Leukämie gestorbenen Tocher ist in einem auf einer Lotosblüte ruhenden Miniaturstupa eingeschlossen.

Zum Gedenken an den Vater Sihanouks, König Norodom Suramarit, wurde nach dessen Tod 1960 ein dreiteiliger **Stupa** im Westen des Areals errichtet. Ein unweit davon, fast in der Südwestecke gelegener offener **Pavillon** dient privaten religiösen Zeremonien der Königsfamilie. Kurz vor dem verschlossenen Westausgang wurde 1999 ein **Modell von Angkor Wat** erbaut.

Auf dem östlich der Silberpagode vorgelagerten Platz steht in einem schönen Pavillon ein **Reiterstandbild Napoleons III.**, das dieser 1875 König Norodom schenkte. Das Haupt Napoleons wurde allerdings später gegen das Norodoms ausgetauscht. Zwei weitere Stupas stehen seit 1908 etwas versetzt: in der Nordostecke des Areals ein **Stupa zum Gedenken an König Norodom** und südlich etwa auf gleicher Höhe ein **Stupa für König Ang Duong**, den 1860 verstorbenen Vater Norodoms. Ein kleiner **Schrein** an der Südostseite birgt einen weiteren Fußabdruck Buddhas.

Nach Kantha Bopha, der Tochter Sihanouks, sind in Phnom Penh zwei Kinderkrankenhäuser benannt, die auf die Initiative des Schweizer Arztes Dr. Beat Richner zurückgehen. Der Alltag: »1800 Poliklinik-Patienten, 230 hospitalisierte Patienten, 6 chirurgische Eingriffe, 50 Entlassungen, 50 Eintritte, 100 Röntgenbilder, 30 Ultraschalluntersuchungen, 160 Blutanalysen,...«

Das Nationalmuseum (2)

Auch das markante braunrote Gebäude des Nationalmuseums unweit des Königspalastes gehört zu den architektonischen Attraktionen Phnom Penhs. Im traditionellen Khmer-Stil von dem vielseitigen Kulturschaffenden und ersten Kurator Georges Groslier (1887–1945) geplant, wurde es nach dreijähriger Bauzeit am 13. April 1920 von König Sisowath feierlich eröffnet. Das Museum stand anfangs unter der Leitung der École Française d'Extrême-Orient (EFEO) und ging 1966 in die Hand des kambodschanischen Staates über. Nach der Machtübernahme der Roten Khmer 1975 verrottete es zusehends, blieb jedoch von größeren Plünderungen verschont. Am 13. April 1979 wurde es wiedereröffnet und ist insbesondere nach den Restaurierungsarbeiten in den 1990er Jahren mit über 5000 Exponaten das weltweit führende Museum für Khmer-Kunst.

Das Gebäude umschließt einen Innenhof, zu dem hin sich die Galerien öffnen. Der im Uhrzeigersinn verlaufende Rundgang beginnt am östlich gelegenen Haupteingang und gibt in einer chronologischen

Das Nationalmuseum war zunächst nach dem damaligen französischen Generalgouverneur von Indochina und späteren Kolonialminister Albert Sarraut (1872–1962) benannt, seit 1951 heißt es National Museum of Phnom Penh.

Kambodscha: Phnom Penh

Bronzefiguren aus verschiedenen Epochen

Das Verfahren zur Herstellung von Bronze gelangte vermutlich zwischen 1500 und 1000 v. Chr. nach Kambodscha und war spätestens im 6. Jh. v. Chr. weit verbreitet. Zweifellos erreichte es einen Höhepunkt in der Angkor-Periode, aus der die meisten Ausstellungsstücke stammen.

Prä-Angkor-Periode 6.– 9. Jh.

Stil: Phnom Da 6./7. Jh.

Torso von Durga, Sambor-Prei-Kuk-Stil

Abfolge einen exzellenten Einblick in die verschiedenen Stilrichtungen kambodschanischer Kunst. Die Exponate sind auf Englisch beschriftet, bei Bedarf bieten einheimische Führer ihre Dienste an (vorher Preis aushandeln).

Ostgalerie, Südseite: Im Raum links vom Eingang sind eine Vielzahl von Bronzefiguren aus den unterschiedlichsten Epochen ausgestellt. Es dominieren hinduistische und buddhistische Skulpturen, darunter stehende Buddha-Figuren aus dem 7. Jh., die mit ihrem fast durchsichtigen Gewand und ovalen Gesicht Einflüsse der indischen Gupta-Periode erkennen lassen. Eine **Vajrasattva-Statue** aus dem 5./6. Jh. zeugt von der Präsenz des Mahayana-Buddhismus im Funan-Reich. Als typisches Attribut trägt dieser Bodhisattva eine Glocke in seiner linken Hand. Bemerkenswert ist eine vierarmige **Harihara-Statue** aus dem 11./12. Jh., die stilistisch deutlich der Angkor-Wat-Periode zugeordnet werden kann. Achtarmige Darstellungen des zukünftigen **Buddha Maitreya** sind insbesondere interessant, weil sie bisher nur als Bronzefiguren, nie aber als Sandsteinarbeiten gefunden wurden. Man erkennt sie an den Lotosblütenmotiven in den Handflächen und einem Miniatur-Stupa im Haarschopf. Die Funktion der am Ende des Raums gezeigten **Bronzetrommeln** aus dem 4.–1. Jh. v. Chr., die sich in ganz Südostasien finden, ist bis heute nicht geklärt (s. S. 62f.).

Südgalerie, Ostseite: Dieser Ausstellungsbereich zeigt Funde aus der Prä-Angkor-Periode. Die Skulpturen dieser Phase kennzeichnet eine natürliche Gelassenheit ohne exaltiertes Dekor. Schöne Beispiele aus dem 6./7. Jh. bilden die **Buddha-Figuren** aus der Umgebung von Angkor Borei, dem alten Zentrum des Funan-Reiches östlich von Takeo. Sie lassen Ähnlichkeiten mit Darstellungen der Gupta-Periode (4. Jh.– Ende 6. Jh.) erkennen, z. B. die ovale Kopfform, die ausgeprägten Haarlocken oder die völlig transparenten Gewänder. Auch das abgewinkelte linke Knie (*abhanga*) bei den stehenden Figuren folgt indischen Vorbildern. Ursprünglich waren die Statuen mit Lack überzogen und vergoldet, wie an einigen Beispielen noch zu sehen ist. Ihnen ähnelt im Stil ein **Hochrelief** aus dem 6. Jh. Es zeigt Krishna den Berg Govardhana hebend, um sich und seine Kuhherde vor den Regenfluten zu schützen, die der wütende Indra gesendet hat.

Des Weiteren findet sich in diesem Raum eine fast 3 m große stehende **Vishnu-Figur** vom Phnom Da, in der Provinz Takeo (s. S. 279). An ihr lassen sich wunderbar die Charakteristika des nach dem Fundort benannten Phnom-Da-Stils (6./7. Jh.) studieren: gedrehte Haare und eine zylindrische Kopfbedeckung sowie ein einfaches Lendentuch (*sampot*) als einziges Kleidungsstück. Das runde Gesicht erscheint voll und lebhaft, die hervorstehenden Locken zwischen Kopfbedeckung und Stirn sind typisch für das 7. Jh. Ein die Figur umspannender Bogen, an dem die acht Arme enden, dient der Stabilisierung.

Einige sehr schöne Skulpturen werden dem Sambor-Prei-Kuk-Stil (erste Hälfte des 7. Jh.) zugeordnet, darunter **Torsi von Durga**, der Konsorte Shivas, und die ›**Dame von Koh Krieng**‹, die Skulptur einer unbekannten Frau, gefunden in der Nähe von Kratie. Die femininen

Körper dieser Arbeiten strahlen eine Geschmeidigkeit aus, die der locker fallende, von einem feinen Gürtel mit indischem Design gehaltene Sampot noch betont. Dieser Stil blieb auch nach Aufgabe der nördlich von Kompong Thom gelegenen Hauptstadt Ishanapura (Sambor Prei Kuk) populär.

Stil: Sambor Prei Kuk erste Hälfte 7. Jh.

Zu den bedeutendsten Stilen des von politischer Instabilität geprägten 7. Jh. gehört der Prasat-Andet-Stil, dessen Name sich auf das westlich von Kompong Thom gelegene Heiligtum bezieht. Das Nationalmuseum zeigt mit einer fast 2 m großen, schlanken und wohlproportionierten **Harihara-Figur** das vielleicht beste Beispiel dieses Stils und zugleich eine seiner schönsten Skulpturen überhaupt. Auf dem Kopf sind die Haare von Shiva (rechte Kopfseite) und die zylindrische Kopfbedeckung des Vishnu (linke Seite) miteinander vereint. Bezeichnend für diesen Stil ist der Sampot, dessen linkes Ende in der Mitte befestigt und durch einen verzierten Gürtel dekoriert wird.

Stil: Prasat Andet Ende 7./Beginn 8. Jh.

Aus dem Tempel Prasat Thma Dap in Mahendraparvata, der temporären Hauptstadt Jayavarmans II. (reg. vor 770–nach 800) auf dem Phnom Kulen, stammt eine stehende **Vishnu-Figur**. Sie ist ein gutes Beispiel für den Kulen-Stil, bei dem sich der Übergang von naturalistischen Darstellungen zu mehr Formalismus abzeichnet. Ihr fester, mächtiger Körper ruht auf dem linken Entlastungsbein. Sie weist noch eine zylindrische Kopfbedeckung auf, die in späteren Darstellungen von einem Kopfschmuck ersetzt ist. Das Haupt wirkt breiter und dadurch schwerer als bei früheren Skulpturen, das Gesicht starr und maskenhaft. Die nahezu quadratische Kopfform sollte die kommenden Stile beeinflussen. In den Augen ist die Iris dargestellt und die Augenbrauen sind miteinander verbunden. Typisch ist auch der nach oben gedrehte Oberlippenbart. Die Falten des elaboriert gebundenen Sampot sind ausgeprägter als bisher.

Stil: Kulen erste Hälfte 9. Jh.

Südgalerie, Westseite: Hier richtet sich das Augenmerk zunächst auf Skulpturen aus der Roluos-Gruppe. Die Statuen aus Roluos wirken ›staatsmännisch‹ und steif. Dies lässt sich gut an der **Shiva-Statue** aus dem Prasat Preah Ko erkennen. Sie steht gerade auf beiden Beinen, ihr Gesicht ist breit und quadratisch. Augenbrauen und Bart werden stark betont. Ein Diadem begrenzt das zylindrisch aufgesteckte und mit einem auffallenden Halbmond verzierte Haar. Der von einem Gürtel gehaltene Sampot ist in der Mitte schwungvoll gebunden.

Stil: Preah Ko Ende 9. Jh.

Was in Preah Ko begonnen wurde, setzte sich im ersten Staatstempel von Angkor auf dem Phnom Bakheng fort. Die unter König Yashovarman I. (reg. 889–ca. 915) geschaffenen Skulpturen wirken frontal und streng symmetrisch. Dies wird auch am Sampot eines **männlichen Torsos** deutlich. Das gestreifte Lendentuch ist zu einer Art Hose gebunden und in der Mitte gleichmäßig gefaltet. Der von einem Gürtel festgehaltene Überwurf fällt in mehreren Stufen in der Form eines doppelten Ankers. Dem Bakheng-Stil zugeordnet werden auch einige Porträts von **Shiva**, **Vishnu** und **Brahma**. Die Kopfbedeckungen sind teils zylindrisch, teil konisch gestaltet und fein verarbeitet. Ebenfalls auf der Westseite der Südgalerie wird ein in der Provinz Takeo ent-

Stil: Bakheng Ende 9./frühes 10. Jh.

267

Kambodscha: Phnom Penh

decktes Exemplar eines **Mukha-Lingam** (Gesichts-Lingam) aus dem 8. Jh. gezeigt. Beispiele eines solchen mit einem Gesicht verzierten Lingam wurden sowohl im benachbarten Champa als auch in Zhenla und dem späteren Angkor-Reich gefunden. Es weist auf die Praxis hin, Shiva- und Devaraja-Kult miteinander zu verschmelzen.

Stil: Koh Ker
928–941

Es folgen eindrucksvolle Beispiele im Koh-Ker-Stil, der benannt ist nach dem 100 km nordöstlich von Angkor gelegenen Ort Koh Ker. Dorthin hatte der Usurpator Jayavarman IV. (reg. ca. 921–941) seine Residenzstadt für mehrere Jahre verlegt. In dieser Zeit entstanden Kolossalfiguren mit charakteristischen Stilelementen. Wohl am bekanntesten sind die gegeneinander kämpfenden Affenbrüder **Valin und Sugriva** aus dem Prasat Chen. Massigkeit und Leichtigkeit, strenge Symmetrie und Lebhaftigkeit kennzeichnen diese Figuren. Dies gilt auch für die ›**Ringer**‹ aus dem Prasat Thom. Die Sampot beider Gruppen weisen mit ihren linearen Mustern Ähnlichkeiten mit dem Preah-Ko-Stil auf.

Stil: Banteay Srei
967–868

Interessant ist es nun, im Vergleich dazu die hier ebenfalls gezeigten und nur wenige Jahrzehnte später geschaffenen Skulpturen und Halbreliefs aus Banteay Srei zu betrachten. Der Gegensatz könnte kaum größer sein. Durch die rötliche Farbe des Sandsteins und die geschmeidigen Formen ersetzen sie Mächtigkeit und Steifheit durch Herzlichkeit und Zartheit. Wie der Tempel insgesamt, so sind die Figuren eher von kleiner Gestalt. Ein schönes Beispiel bieten **Shiva** und auf seinem linken Knie sitzend seine Konsorte **Uma** (Umamaheshvara). Leider wurde das Haupt Umas 1970 gestohlen. Im Vergleich zu älteren Figuren wirken die Augen hier lebendiger, die Lippen voller. Die Sampot der Figuren sind schlicht und symmetrisch. Ebenfalls für den Banteay-Srei-Stil steht ein **Türsturz** mit neun Gottheiten (*navagraha*) aus dem Prasat Kuk Rokar bei Kompong Svay, Provinz Kompong Thom. Die Gottheiten sind mit ihren Begleittieren (*vahana*) dargestellt und personifizieren die Neun Planeten, die zugleich mit den acht Himmelsrichtungen einschließlich der Mitte assoziiert werden.

Stil: Khleang
Ende 10./Beginn 11. Jh.

Westgalerie, Südseite: Benannt nach zwei kleinen Tempeln östlich des großen Platzes in Angkor Thom, zeichnen sich die Skulpturen des Khleang-Stiles durch feine, nicht allzu üppige Verzierungen aus. Ihm zugeordnet wird ein Mahayana-buddhistischer **Caitya** (Skt. für Heiligtum; Pali: *cetiya*) aus Sandstein. Die Funktion des auch als Grenzstein interpretierten Miniatur-Stupa mit einer Lotosknospe als Spitze ist nicht eindeutig geklärt. Der quadratische Mittelteil des *caitya* zeigt vier Bodhisattvas, darunter Vajrasattva (mit Glocke und Donnerkeil) und den vielarmigen und -köpfigen Lokeshvara.

Stil: Baphuon
11. Jh.

Fast am südlichen Ende der Westgalerie befindet sich die Figur einer **Lakshmi**, der Konsorte Vishnus. Sie gibt ein herrliches Beispiel für den nach dem 1060 eingeweihten Staatstempel König Udayadityavarmans II. (reg. 1049–67) benannten Baphuon-Stil. Die Statue fand man unweit der Hafenstadt Kampot. Ihre natürliche Ausstrahlung wird durch ihre grazile Figur betont. Auf dem Kopf trägt sie eine spitz zulaufende Krone, das Gesicht ist offen, mit Grübchen am Kinn. Der fein gestreifte, von einem geknoteten Gürtel gehaltene Sampot ist elegant um den freien Bauchnabel gebunden. Vermutlich war die Figur einst mit Schmuck und Edelsteinen behangen.

Unter den verschiedenen Ausstellungsstücken im Angkor-Wat-Stil, der statischer als der Baphuon-Stil, doch zugleich prächtiger ist, befindet sich eine stehende **Vishnu-Figur**, die 1992 in der Provinz Kandal südlich von Phnom Penh gefunden wurde. Die Attribute (Kaurimuschel, Rad, Diamantzepter) sind vollständig erhalten. Ebenso gut erhalten sind mehrere Exemplare des **Mucalinda-Buddha**. Das breite Gesicht dieser Figuren aus dem 12. Jh. und ihre fein gearbeitete konische Kopfbedeckung verleihen ihnen eine würdevolle Ausstrahlung.

Eine sitzende armlose Skulptur **Jayavarmans VII.** eröffnet den Teil der Ausstellung, der dem Bayon-Stil gewidmet ist. Im gesamten Khmer-Reich wurden derartige Porträtstatuen – eine Innovation Jayavarmans VII. – gefunden. In unserem Fall zeigt die Figur den Herrscher meditierend in der Körperhaltung eines Buddha, dessen Verehrung der König zum Staatskult erhoben hatte. Die kaum geschmückte Figur wirkt weniger statisch als massig.

Westgalerie, Nordseite: In dieser Abteilung des Museums dominieren buddhistische Themen. Neben **Buddha-Figuren** (meist Buddha auf der Naga-Schlange) werden Mahayana-buddhistische Gestalten gezeigt, darunter ein achtarmiger **Lokeshvara**, dessen Körper vollständig mit kleinen sitzenden Buddha-Figuren übersät ist. Eine Porträtstatue zeigt **Jayarajadevi**, die erste Frau König Jayavarmans VII., in Gestalt des Bodhisattva der Weisheit, Prajñaparamita, oder Tara. Die kniende Figur mit schmalem Gesicht ist zierlich und schlicht. Auch das Sampot ist einfach gehalten. Der konische Kopfschmuck deutet die Form einer Lotosknospe an und ist mit feinen Lotosblättern und einer sitzenden Buddha-Figur verziert.

Nordgalerie: Die Nordgalerie widmet sich Gebrauchsgegenständen, z. B. königlichen Sänften und Urnen. Des Weiteren werden Keramikfunde u. a. aus Angkor Borei präsentiert.

Ein eigener **Raum in der Nordostecke** des Museums ist Buddha-Figuren der Post-Bayon-Ära gewidmet. Ihnen zugesellt hat man drei Arbeiten aus Holz bzw. Bronze, die der Angkor-Wat-Periode zugerechnet werden. Sie stellen den **gekrönten Buddha** dar, Buddha als Weltenherrscher. Einige Beispiele aus dem 16./17. Jh. versuchen den Angkor-Wat-Stil nachzuahmen. Die stehenden Buddhas aus dem 17./18. Jh. sind meist aus Holz, mit Lack überzogen, dann bemalt und mit Buntglas verziert.

Ostgalerie, Nordseite: Wie auf der Südseite (s. o.) sind auch auf der Nordseite der Ostgalerie Bronzearbeiten ausgestellt. Deren Glanzstück bildet ein Fragment eines ursprünglich über 4 m langen liegenden **Vishnu** im Baphuon-Stil aus dem späten 11. Jh. Es wurde 1936 im Westlichen Mebon (s. S. 330) gefunden und zeigt Vishnu auf der Weltschlange Ananta (oder Shesha).

Innenhof: Der wohl berühmtesten Figur des Museums ist im Innenhof ein eigener Pavillon gewidmet, dem **Leprakönig**. Sie wurde auf der

Stil: Angkor Wat 1100–1175

Jayavarman VII. Stil: Bayon Ende 12./13. Jh.

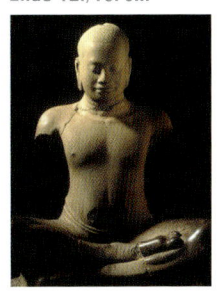

Stil: Post-Bayon ab Mitte 13. Jh.

Mucalinda-Buddha Dieses Motiv, das einen vom siebenköpfigen Naga-König Mucalinda beschützten Buddha zeigt, wurde bei den Khmer im 12. Jh. populär und bezieht sich auf eine Legende, derzufolge Buddha unter dem Baum des Naga-Königs Mucalinda meditierte und von diesem vor einem Gewittersturm geschützt wurde. Die bereits im Pali-Kanon geschilderte Erzählung zeigt den Versuch, den Naga-Kult in den Buddhismus zu integrieren.

Wenn im Oktober/November der Tonle-Sap-Fluss seinen Lauf verändert und wieder in den Mekong zurückfließt, dann findet das landesweit wichtigste Fest statt: Bonn Om Touk. Aus dem ganzen Land machen sich Menschen auf, um dieses weltweit einmalige Phänomen zu feiern. Während in der Regenzeit die Wassermassen des Mekong über den Tonle-Sap-Fluss in den gleichnamigen See abfließen, der daraufhin um ein Mehrfaches ansteigt, speist wegen des niedrigeren Wasserstandes in der Trockenzeit der Tonle-Sap-Fluss den Mekong. Höhepunkt des Festes ist ein Bootsrennen, an dem sich Mannschaften aus dem ganzen Land beteiligen. Mehr als 60 Ruderer finden in einem der fast 30 m langen Boote Platz. Den Gewinnern wird die Ehre zuteil, mit dem Durchfahren eines über den Fluss gespannten Bandes dem Tonle Sap wieder das Einmünden in den Mekong zu ›erlauben‹.

nach ihm benannten Terrasse des Leprakönigs in Angkor Thom gefunden. Eine Inschrift an der Basis identifiziert sie als Yama, Herrscher der Unterwelt, und erlaubt eine Datierung ins 14. Jh. Der volkstümliche Name leitet sich von einer Legende ab, derzufolge König Yashovarman I. (reg. 889/890–ca. 910) an Lepra erkrankt sein soll.

Wie diebstahlgefährdet gerade die abgelegenen Tempel sind, zeigen die beiden **Basreliefs** aus der nahe der thailändischen Grenze gelegenen Tempelstadt Banteay Chhmar (Ende des 12. Jh.) an der Nordseite des Innenhofes. Über 100 zu einer Wand gehörende Sandsteinblöcke wurden Ende der 1990er Jahre gestohlen und nach Thailand transportiert. Glücklicherweise wurden die Diebe gefasst und die Steine anschließend ins Nationalmuseum überführt. Sie zeigen je zweimal den vielarmigen Lokeshvara mit knienden Adoranten.

Flanieren auf dem Sisowath Quay

Entlang dem Sisowath Quay zeigt sich Phnom Penh von seiner prächtigsten Seite. Besonders am späten Nachmittag flanieren viele Einheimische entlang der Uferpromenade. Dabei ist ein Besuch beim Schutzgeist der Stadt, Preah Ang Dangka, fast obligatorisch. Ihm ist ein einfacher **Schrein** (3) am Flussufer auf der Höhe des Königspalastes gewidmet. Vom offenen **Vetika-Om-Touk-Pavillon** (4) nördlich des Schreins aus beobachtet das Königspaar das alljährlich zum Bonn Om Touk stattfindende Bootsrennen.

Vorbei an Restaurants und Cafés Richtung Norden gehend, taucht linker Hand bei der Einmündung des Samdech Sothearos Boulevard in den Sisowath Quay der **Wat Ounalom** (5) auf. Das bedeutendste Kloster Phnom Penhs blickt auf eine lange Geschichte zurück; König Ponhea Yat gründete es Anfang des 15. Jh. Hier residiert der höchste Patriarch des buddhistischen Maha-Nikay-Ordens (s. S. 220f.), und hier ging 1930 mit französischer Hilfe aus der Tripitaka-Kommission das berühmte Institut Bouddhique hervor. Bei seiner Zerstörung unter den Khmer Rouge gingen leider über 40 000 wertvolle Schriften für immer verloren. Die Gebäude des Wat Ounalom – ein Großteil der Beton- und Ziegelsteinbauten wurde erst in den letzten Jahrzehnten errichtet – sind in ein größeres Gelände eingebettet. Von Osten her die Anlage betretend, gelangt man zum mächtigen Haupt-Vihear aus dem Jahr 1952. Er besteht, eher ungewöhnlich, aus drei Stockwerken. Leider ist das Gebäude meist verschlossen, sodass die Wandmalereien von 1957 selten zu besichtigen sind. Sie zeigen Episoden aus dem Leben des Erleuchteten. Am Altar steht die Rekonstruktion einer Buddha-Figur, deren Original die Khmer Rouge zerstörten, sowie die Statue des von ihnen ermordeten vierten Patriarchen Samdech Huot Tat. Der Stupa hinter dem Vihear soll als Reliquie ein Haar aus der Augenbraue Buddhas bergen. Die weiteren Stupas bergen die Asche früherer Patriarchen. Im westlichen Teil der Anlage befinden sich die Wohnräume der Mönche sowie Studentenunterkünfte.

Stupa für Chao Ponhea Yat, Wat Phnom

Weiter geht es den Sisowath Quay entlang in Richtung Norden, vorbei an den Anlegestellen der Schnellboote nach Siem Reap und Kompong Cham. Nach etwa 1 km muss man hinter der Hauptpost in die 98. Straße einbiegen, um das beliebteste Pilgerziel der Stadt zu erreichen: den auf einem 27 m hohen Hügel gelegenen Wat Phnom.

Wat Phnom (6)

Vor allem an Feiertagen müht sich ein Strom von Pilgern die von Naga-Balustraden und Wächterlöwen gesäumte Treppe empor, um das Heiligtum zu besuchen. Wahrsager, betende Menschen, Bettler und kichernde Mädchen ergeben eine bunte Melange. Auf dem Hügel drängen sich eine Reihe von Bauwerken, darunter im Zentrum ein **Vihear**. Ursprünglich aus Holz errichtet, wurde er im 19. Jh. aus Stein erbaut. In seiner heutigen Form stammt er von 1926. Aus der buddhistischen Mythologie entlehnte Gestalten – Naga-Schlangen, Wächterfiguren oder Löwen – säumen den Aufgang zum Vihear, dessen gestaffeltes Dach auf Säulen mit Kinnari-Kapitellen ruht. Im Inneren finden sich Wandmalereien mit Szenen aus den Jatakas, u. a. die letzte Inkarnation Buddhas als Prinz Vessantara. Im westlichen Anschluss an den Hauptbau steht ein großer Stupa zum Gedenken an den Stadtgründer, Chao Ponhea Yat. Etwas südlich zwischen Vihear und Stupa wird in einem kleinen Schrein die Stifterin der Pagode, Frau Penh (s. S. 257), verehrt.

Die chinesischen und vietnamesischen Gläubigen suchen insbesondere den auf der Nordseite gelegenen **Preah-Chau-Tempel** auf. Zur spirituellen ›Absicherung‹ werden dort gleich mehrere Gottheiten verehrt: neben dem Schutzgeist des Wat Phnom, Preah Chau, zwei daoistische Gottheiten und eine achtarmige Vishnu-Statue. Am

Das Institut Bouddhique als Forschungsinstitut mit angeschlossener Bibliothek entwickelte sich nach seiner Gründung zur wichtigsten buddhistischen Bildungseinrichtung des Landes und spielte auch im Rahmen der kulturellen Erneuerungsbewegung des kolonialen Kambodscha seit den 1930er Jahren eine Rolle. So erschien unter seiner Ägide die erste bedeutende Zeitschrift in Khmer-Sprache, ›Kampuja Suriya‹. Nach der Zerstörung durch die Khmer Rouge konnte es 1992 – u. a. mit Hilfe der deutschen Heinrich-Böll-Stiftung – wieder aufgebaut werden und befindet sich heute in einem eigenen Gebäudekomplex am Preah Sihanouk Boulevard unweit des Flusses.

Detail des Reliefs am Denkmal für die Rückgabe der Provinzen Battambang, Siem Reap und Sisophon

südlichen Bergfuß erinnert oberhalb einer großen Blumenuhr ein **Denkmal** an die Rückgabe der drei von Thailand besetzten Provinzen Battambang, Siem Reap und Sisophon (symbolisiert durch drei Frauen mit Opfergaben) am 23. März 1907.

Entlang der Straße Nr. 92 in Richtung Monivong Boulevard stehen einige der schönsten Kolonialbauten der Stadt, darunter die **Nationalbibliothek** (7) und das feine **Hotel Le Royal** (8) aus dem Jahre 1929 mit seiner Elephant Bar.

Vom Wat Phnom zum Unabhängigkeitsmonument

Ein Besuch Phnom Penhs wäre unvollständig ohne den Besuch eines Marktes. Macht man sich vom Wat Phnom wieder auf den Weg Richtung Süden den Norodom Boulevard hinunter, so bietet es sich an, nach rechts in die 130. Straße einzubiegen. Sie führt auf den durch seine Architektur auffallenden **Psar Thmei** (9, Neuer Markt), auch als Central Market bekannt, zu. Er wurde 1935 anstelle eines trockengelegten Sees im Art-déco-Stil mit vier ausladenden Seitenflügeln, die sich um den zentralen Kuppelbau gruppieren, errichtet. Hier werden hauptsächlich Schmuck, Textilien und Haushaltsutensilien feilgeboten. Außerhalb des Gebäudes sind auch Lebensmittel zu haben.

Geht man via 63. Straße oder Monivong Boulevard nach Süden, erreicht man zwischen der 174. und 178. Straße den **Wat Koh** (10; Inselkloster), eines der fünf im 15. Jh. unter Chao Ponhea Yat in der Stadt gegründeten Klöster. Die heutigen Gebäude stammen jedoch aus den 1990er Jahren, da die Anlage unter den Khmer Rouge zerstört wurde. Der große Stupa des Klosters birgt die sterblichen Überreste von Angehörigen des Königshauses.

Auf der Kreuzung von Samdech Preah Sihanouk und Norodom Boulevard erhebt sich das **Unabhängigkeitsmonument** (11). Fünf Jahre nach der Unabhängigkeitserklärung am 9. November 1953 wurde das nach dem Vorbild des Bakong-Tempels (Roluos) – Ausdruck für das neue Selbstbewusstsein der Nation – geschaffene Denkmal, zugleich eine Gedenkstätte für die Toten des Krieges, eingeweiht.

Einen wunderbaren Platz sich zu erholen, schaffen die schattigen Bäume des weitläufigen **Wat Botum** (12) östlich des Unabhängigkeitsmonumentes in der Straße Nr. 13 (zwischen 244. und 264. St.). Er strahlt mit seiner gepflegten Grünanlage angenehme Ruhe aus. Seit 1865, als auf seinem Gelände mit der Gründung einer Mönchsschule der buddhistische Reformorden Dhammayutika Nikay (s. S. 221) etabliert wurde, trägt er seinen heutigen Namen Kloster des Lotosteiches (*botum wathei*). Nach umfassender Restaurierung haben die glücklicherweise von den Khmer Rouge verschonten Gebäude ihren Glanz zurückerhalten, so auch der 1937 neu errichtete Vihear. Seine hohen Außensäulen zur Abstützung des Daches und die großen Fenster ahmen den Baustil der Klosteranlagen Bangkoks nach. Das Innere ist in leuchtenden Farben nahezu vollständig mit Szenen aus der Buddha-Biographie ausgemalt. Der Vihear birgt die Statue des von den Einheimischen hochverehrten Buddha Somanakodom. Die vielen reich verzierten Stupas auf dem Gelände bergen die Asche hochrangiger verstorbener Mönche und Laien. Der höchste und eleganteste unter ihnen erinnert an einen Bruder König Norodoms. Zwischen seinem schlanken *anda* und der Spitze greifen vier Gesichter jene des Bayon-Tempels in Angkor auf.

Im östlich angrenzenden Friedenspark will das **Kambodscha-Vietnam-Monument** (13) die Freundschaft zum ungeliebten Nachbarn beschwören. Zwei schützend hinter einer Khmer-Frau stehende vietnamesische Soldaten aus Sandstein erinnern an die Befreiung Phnom Penhs vom Pol-Pot-Regime am 7. Januar 1979.

Südlich des Samdech Preah Sihanouk Boulevard

Auch der **Wat Lanka** (14) gehört zu den Klostergründungen Chao Ponhea Yats. Während der Pol-Pot-Zeit als Waffenlager missbraucht, wurde der Wat Lanka als eines der ersten Klöster renoviert. In dem zweistöckigen Vihear befinden sich auf beiden Ebenen Wandmalereien aus den späten 1980er Jahren. In leuchtenden Farben schildern sie Szenen aus Buddhas Leben, z. B. den Traum seiner Mutter Maya von einem weißen Elefanten, der zu ihrer Schwangerschaft führte. Während das Erdgeschoss den Gläubigen zum Gebet offen steht, finden im ersten Stock Mönchszeremonien statt.

Der Name Wat Lanka nimmt Bezug auf Theravada-buddhistische Mönche aus Sri Lanka, die hier einst residierten.

Im Wat Lanka finden zwei Mal pro Woche Einführungen in die Meditation statt.

Wat Lanka

Kambodscha: Phnom Penh

Der Chef von S-21, Kaing Kek Leu alias Duch, konnte erst 1998 identifiziert werden und ist einer der wenigen Khmer Rouge, die bislang zur Verantwortung gezogen wurden.

Nachdem während des Khmer-Rouge-Regimes nahezu alle Künstler und Intellektuellen des Landes ums Leben kamen, werden die Schönen Künste Kambodschas in der 1965 gegründeten ›Université Royal des Beaux Arts‹ an der 70. Straße (westlich der Freundschaftsbrücke) am Leben erhalten. Neben Architektur, Malerei und Musik ist die Institution vor allem wegen der hier gebotenen Ausbildung in klassischem Tanz (s. S. 252f.) bekannt. Bereits mit sieben Jahren beginnen die Kinder ihre langjährige Ausbildung in dieser harten Disziplin. Die besten Absolventen finden mit Glück eine Anstellung am Nationaltheater.

Rund um den **Wat Prayuvong** (15), einige hundert Meter weiter südlich am Norodom Boulevard gelegen, werden aus Beton Grabstupas, Geisterhäuschen und religiöse Statuen hergestellt. Wer Einkaufen mit einem guten Zweck verbinden möchte, ist im **Wat Than** (16; Preah Norodom Boulevard Nr. 180) am richtigen Ort. Auf dem Klostergelände befindet sich eine handwerkliche Ausbildungsstätte für Minenopfer und an Kinderlähmung Erkrankte. Im Verkaufsraum können die fertigen Produkte, etwa Seidenschals, erworben werden. Im Süden der Stadt, jenseits von Monivong und Mao Tse Toung Boulevard zwischen der 440. und 450. Straße gelegen, erfreut sich der **Psar Tuol Tom Pong** (17), als Russenmarkt bekannt, wegen seiner beachtlichen Auswahl an Souvenirs großer Beliebtheit. Der Name erinnert noch an die ›Zeit der leeren Geschäfte‹, als während der vietnamesischen Besatzung hauptsächlich Russen hier ihren Bedarf an Exportwaren deckten.

Wer Phnom Penh besucht, sollte seine Augen nicht vor einem der schrecklichsten Kapitel der kambodschanischen Geschichte verschließen, dem Pol-Pot-Regime. Diesem wird an der Ecke 103./350. Straße mit dem **Tuol-Sleng-Genozid-Museum** (18) gedacht. Das Gebäude wurde 1962 als Ponhea Yat Highschool gegründet und 1970 in Tuol Svay Prey Highschool umbenannt. Ein gutes Jahr nach der Machtübernahme der Khmer Rouge richteten deren Führer im Mai 1976 in den vier Schulgebäuden das Security Office 21 (S-21) ein. Dies bedeutete nichts anderes als die Umwandlung der Klassenräume in Gefängniszellen und Folterkammern. S-21 wurde ein Ort, »in den man hinein- und nie mehr herauskam«, wie es hinter vorgehaltener Hand hieß. Das Grundstück wurde mit elektrischem Stacheldraht umgeben, in den umliegenden Häusern wohnten einige der über 100 Beschäftigten von S-21, darunter 10- bis 15-jährige Jugendliche, um jegliche Fluchtmöglichkeit auszuschalten. Mehr als 17 000 Gefangene wurden bis zur Vertreibung der Khmer Rouge im Januar 1979 hier gefoltert und später in Chœung Ek (s. S. 275) getötet. Bereits kurze Zeit nach der Befreiung durch die Vietnamesen wurde S-21 als Tuol-Sleng-Museum für Völkermord eröffnet. Für die Besatzer bot die Gedenkstätte die Gelegenheit, die Brutalität der Khmer Rouge zu dokumentieren und somit ihren Einmarsch zu rechtfertigen.

Wer nach dieser Dokumentation des Grauens noch einmal ein Kloster aufsuchen möchte, kann sich nach Norden zurück zum Samdech Preah Sihanouk Boulevard begeben. Dort liegt südlich des Olympischen Stadions der **Wat Maha Montrei** (19; Großer Minister), eine Stiftung des in der ersten Hälfte des 20. Jh. unter König Monivong dienenden Beamten Chakrue Ponn. In diesem aktiven Kloster kann man vor allem spätnachmittags das quirlige Klosterleben beobachten. Da der 1970 erbaute Haupt-Vihear in der Khmer-Rouge-Zeit als Lebensmittellager verwendet wurde, blieb er von Zerstörungen weitgehend verschont. Die Wandmalereien im Inneren zeigen wieder Episoden aus dem Leben Buddhas.

Killing Fields von Chœung Ek

Was in Tuol Sleng begonnen, wurde in den Killing Fields von Chœung Ek zu Ende geführt. Nach Verhör und Folterung brachte man die Gefangenen zu dem 15 km südwestlich von Phnom Penh gelegenen Ort und richtete sie hin. 1980 identifizierte man 129 Massengräber und hob 43 davon aus. Man geht von mehr als 17 000 Opfern aus. Ein gläserner Stupa ersetzte 1988 die einfachen Holzschuppen zur Aufbewahrung der mehreren Tausend Schädel. Als eindringliches Zeugnis erinnert er an eine der schlimmsten Phasen in der Geschichte Kambodschas.

Ausflüge von Phnom Penh

Bei Halb- oder Ganztagesausflügen von Phnom Penh aus erlebt man den ländlichen Charme von Kambodschas Süden. Kaum hat man die Hauptstadt hinter sich gelassen, beginnen die endlosen Reisfelder. Dazwischen ragen immer wieder Kalksteinhügel heraus, auf denen einige der ältesten Tempelruinen Süd-Kambodschas stehen wie etwa auf dem Phnom Chiso und dem Phnom Da in der Nähe von Takeo. Ein beliebtes Sonntagsausflugsziel für die Hauptstadtbewohner bildet der kleine See Tonle Bati. Besucher aus dem Ausland werden jedoch eher am Tempel Ta Prohm mit seinen schönen Reliefs Gefallen finden. Udong schließlich erinnert an die letzten Könige Kambodschas.

Besonders sehenswert
Tonle Bati ☆
Phnom Chiso ☆
Phnom Da ☆
Udong ☆

Ta Prohm von Bati

Der See Tonle Bati liegt nur etwa 30 km südlich von Phnom Penh und ist über die NR 2 bequem in einer Stunde zu erreichen. Wenige hundert Meter vom Ufer entfernt steht einer der seltenen bedeutenden Tempel im Süden Kambodschas aus der Angkor-Periode, **Ta Prohm**. Vermutlich wurde er unter Jayavarman VII. Ende des 12./Anfang des 13. Jh. auf den Resten eines älteren Hindu-Heiligtums als buddhistische Stätte errichtet. Eine hier aufgefundene Sanskrit-Inschrift aus der Mitte des 6. Jh. (eine der ältesten überhaupt) lässt eine schon früher bedeutende Kultstätte an dieser Stelle vermuten.

Die liebevoll gepflegte Anlage des Ta Prohm strahlt eine recht angenehme Atmosphäre aus. Obwohl heute stark verfallen, lohnt sich der Besuch insbesondere wegen der Sandsteinreliefs. Stilistisch ordnet man einige der buddhistischen Szenen dem 16. Jh. zu – was auf eine Restaurierung in dieser Zeit schließen lässt –, während die anderen, vor allem die hinduistischen und profanen Motive, aus dem 12./13. Jh. stammen. Dem typischen Aufbau eines Khmer-Sanktuariums folgend schließt eine allerdings nur noch rudimentär erhaltene Außenmauer

Ta Prohm von Bati
Erbaut im 12./13. Jh.
unter Jayavarman VII.

Kambodscha: Ausflüge von Phnom Penh

Ausflüge von Phnom Penh

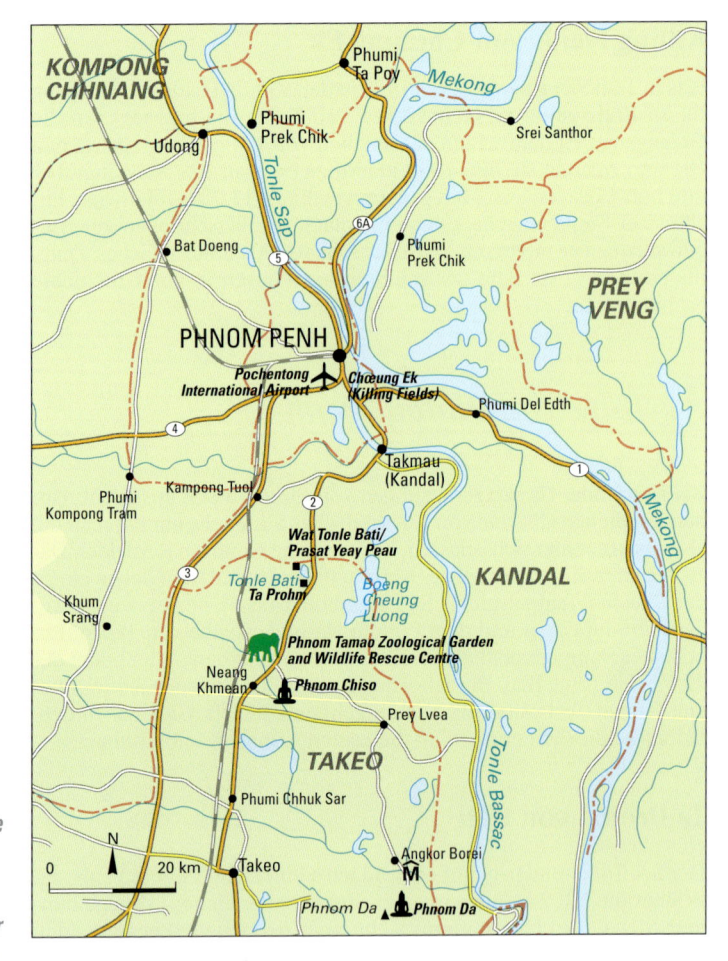

Die kambodschanische Küste
Die über 430 km lange Küste Kambodschas ist touristisch weitgehend unerschlossen. Die wenigen Seebäder werden vor allem von in Kambodscha lebenden Ausländern und betuchten Einheimischen besucht – obwohl sich die Strände durchaus mit jenen Thailands messen können. Es lohnen sich ein Abstecher nach Kampot und aufs Bokor-Plateau sowie über die NR 4 nach Krong Preah Sihanouk (Sihanoukville).

aus Laterit (100 x 130 m) den Komplex ein und folgt damit der hinduistischen Kosmologie (s. S. 242f.). Eine ebenfalls nur noch partiell stehende Galerie (30 x 30 m) mit vier Gopuras an ihren Kardinalpunkten umschließt wiederum das Sanktuarium, das über den östlichen Hauptzugang betreten wird. Zwei stark verfallene ›Bibliotheken‹ stehen an den Ecken der Ostseite. Anstelle des ursprünglichen Türsturzes über dem Ost-Gopura der Galerie wurde bei der Restaurierung im 16. Jh. eine Darstellung des liegenden Buddha in den Sandstein gearbeitet. Über dem Nordeingang zum Sanktuarium sind im Tympanon ein vierarmiger Lokeshvara mit Apsaras und Adoranten sowie etwas seitlich des Eingangs ein Königspaar dargestellt. Im zweiteiligen Sanktuarium mit vorgelagertem Vestibül befinden sich heute neben einem Lingam auch Buddha-Statuen, deren Köpfe zum Teil gestohlen wurden. Auf dem freien Areal des Tempels entdeckt man noch einige Türstürze mit schönen Reliefs, die u. a. das Quirlen des Milchmeeres (links vor dem Osteingang der Außenmauer, s. S. 300) illustrieren.

Der **Wat Tonle Bati** wurde im 20. Jh. in unmittelbarer Nähe des Ta Prohm errichtet. Auf seinem Grundstück steht der **Prasat Yeay Peau** (Mutter Peau), mit dem sich eine Legende verbindet: Bei einem Aufenthalt am Tonle Bati lernte König Preah Ket Mealea die schöne Fischertochter Peau kennen und lieben. Peau wurde schwanger und gebar einen Sohn. Ihn nannte sie Ang Prohm. Der König schenkte ihr einen Ring, den sie später dem Sohn geben sollte, damit er ihn bei einem Wiedersehen erkennen könne. Als Ang Prohm 16 Jahre alt war, reiste er zum Königshof, um seinen Vater zu sehen. Seine Mutter gab ihm wie verabredet den Ring als Erkennungszeichen mit auf den Weg. Der Herrscher erhob seinen Sohn zum Fürsten seiner Heimatregion und trug ihm auf, zu seinen Untergebenen wie ein Vater zu sein. Daher wird der Ort Bati, Ort des Vaters, genannt. Später errichtete der Fürst je einen Tempel für sich und seine Mutter.

Ein schöner Türsturz mit einem sitzenden Buddha, beschützt vom Naga-König Mucalinda, ziert den Eingang. Äußerst ungewöhnlich ist die Darstellung eines tanzenden Vishnu im Giebelfeld über der Scheintür auf der Westseite.

Im 6. Jh. war der Süden Kambodschas Teil des Funan-Reichs und erlebte unter den in der Inschrift von Ta Prohm erwähnten Königen Kaundinya Jayavarman (reg. um 480–514) und dessen unehelichem Sohn Rudravarman (reg. 514–ca. 545) eine Blütezeit.

Phnom Chiso

Bereits von weitem ist von der NR 2 aus der inmitten von Reisfeldern aufragende 120 m hohe **Phnom Chiso** zu erkennen. Der Besuch des 55 km südlich von Phnom Penh gelegenen Bergheiligtums kann gut mit dem von Ta Prohm verbunden werden. Von der NR 2 zweigt in Neang Khmau ein Schotterweg nach links ab. In dem Dorf stehen auf einem Klostergelände zwei Ziegelstein-Prasats aus dem 10. Jh., die eventuell der Göttin Kali geweiht waren. Diese Vermutung legt der Name des Dorfes, Schwarze Frau, zumindest nahe. Nach etwa 4 km erreicht man dann den Fuß des Berges, an dem der nördliche Treppenaufstieg mit seinen über 500 Stufen beginnt. Alternativ führt ein Weg einige Kilometer weiter südlich von Neang Khmau zum Südaufgang, der auf der Höhe der Dorfschule von Trabeang Srong abzweigt. Dort führen 412 Stufen nach oben.

Auf dem Hügel, etwas unterhalb der Bergkuppe, liegen neben modernen Klostergebäuden die Reste des Shiva-Heiligtums **Suryaparvata**, auch Suryagiri, Berg des Sonnengottes, genannt. König Suryavarman I. (reg. 1001/02–49) stiftete es um das Jahr 1018 als eine Art spiritueller Demarkation seines geeinten Großreiches anstelle eines älteren Sanktuariums aus der Funan-Periode. Man betritt Suryagiri vom etwas erhöhten Weg im Westen her und gelangt zuerst zur Umfassungsmauer (45 x 50 m). Sie umschließt das Sanktuarium, zwei ›Bibliotheken‹ und vier einzeln stehende Prasats. Das in Ost-West-Richtung stehende längliche Sanktuarium besteht aus dem Vestibül, einem Zwischenraum

*Phnom Chiso
Um 1018 unter Suryavarman I. eingeweiht*

In seiner langen Regentschaft einte Suryavarman I. das zersplitterte Königreich und etablierte an den Grenzen vier Shiva-Heiligtümer als spirituelle Grenzmarkierungen: Sikhareshvara (Preah Vihear) im nördlichen Dangrek-Gebirge, Ishanathirta an einem unbekannten Ort im Osten, Jayakshetra (Wat Baset) im Westen unweit von Battambang, und Suryaparvata im Süden auf dem Phnom Chiso.

Kambodscha: Ausflüge von Phnom Penh

und dem Haupheiligtum. Offensichtlich wurde es mehrfach verändert. 1973, als die Khmer Rouge auf dem Berg Stellung bezogen, stürzte das von zwei Säulenreihen getragene Dach des länglichen Vestibüls nach einem Bombenangriff ein. Zwei alte Holztüren mit ungewöhnlichen Darstellungen von Dvarapalas auf Schweinen trennen das Vestibül vom Vorraum des quadratischen Haupheiligtums ab. Im Sanktuarium wird heute anstelle des ursprünglichen Lingam eine Buddha-Statue verehrt. Die beiden mit Wasser gefüllten Yoni an den Seiten des Vestibüls sind ein gutes Beispiel dafür, wie sich Reste von Hindu-Kulten auch heute noch im Theravada-buddhistischen Umfeld halten.

Zwei ›Bibliotheken‹ liegen östlich des Sanktuariums und weisen über ihren Eingängen schöne Sandsteinreliefs auf, die bevorzugt den Kopf des Dämonen Kala mit weiteren Gottheiten zeigen. An der Westseite des Allerheiligsten gruppieren sich in Hufeisenform vier kleinere – zum Teil verfallene – Prasats. Am besten erhalten ist ein Ziegelstein-Prasat mit der Statue eines Eremiten im Inneren im Anschluss an die südliche ›Bibliothek‹. Beachtenswert sind auch die Darstellungen über den Ost- und West-Gopuras der Umfassungsmauer. Über dem Eingang des West-Gopura zeigt ein zerbrochener Tympanon den liegenden Vishnu auf der Schlange Ananta. Auf dem herabgefallenen Fragment ist Lakshmi zu erkennen. Der Türsturz über dem rechten Nebeneingang des Ost-Gopura illustriert das Quirlen des Milchmeeres.

Nach Verlassen der Umfassungsmauer gen Osten steht man am steil abfallenden Berghang, der vor allem am Spätnachmittag einen herrlichen Blick in die Weite der kambodschanischen Ebene bietet. Heute wie damals dient der gut sichtbare **Baray** – von den Bewohnern Tonle Om genannt – der Bewässerung der Reisfelder. Von diesem einige hundert Meter entfernt liegenden Wasserreservoir führt der ursprüngliche Zugang zum Heiligtum. Unterbrochen wird er von zwei kreuzförmigen Gopuras aus Laterit, als **Sen Thmol** und **Sen Ravang** bekannt, deren Türrahmen aus Sandstein bestehen. Am Berghang sind teilweise die Lateritstufen erhalten geblieben.

Die Wiege Kambodschas: Angkor Borei und Phnom Da

Über die NR 2 weiter gen Süden fahrend erreicht man nach etwa 25 km (von der Abzweigung nach Phnom Chiso aus gerechnet) die Provinzstadt Takeo. Sie liegt etwa 80 km südlich von Phnom Penh. Die Stadt selbst hat wenig Sehenswürdigkeiten zu bieten, doch bildet sie den Ausgangspunkt für den Besuch von Angkor Borei und Phnom Da. Diese beiden Stätten lassen sich am besten über einen der unzähligen Kanäle erreichen, die wie ein Netz das fruchtbare Mekong-Delta durchziehen. Problemlos können am Hafen in Takeo Bootstaxen für die erlebnisreiche Fahrt zu den beiden nicht sehr weit voneinander entfernt liegenden Orten gemietet werden.

Dvarapala-Darstellung auf einer Holztür, Phnom Chiso

Die Verehrung von Einsiedlern wurde aus der hinduistischen Tradition Indiens übernommen. Hierbei handelt es sich nicht um historische Figuren, sondern um mit übernatürlichen Kräften ausgestattete mythologische Wesen, die als eine Art Schutzgeist verehrt werden.

Angkor Borei

Ausgrabungen des Lower Mekong Archaeological Project (LOMAP) haben es erneut bestätigt: Bei **Angkor Borei** (Alte Stadt) handelt es sich um eine der ältesten Städte Kambodschas. Untersuchungen ergaben, dass hier bereits um 400 v. Chr. eine Siedlung existierte und die Menschen durch das Anlegen von Kanälen und Reservoirs die Landschaft urbar machten. Somit schufen sie die Grundlage für den Aufstieg des Funan-Reiches. Im zunehmenden Seehandel mit China und Indien diente vermutlich der nur etwa 90 km südlich von Angkor Borei gelegene Hafen Oc Eo (s. S. 215) – mit Angkor Borei über einen Kanal verbunden – den Schiffen als Ankerplatz, um den Wechsel der Monsunwinde abzuwarten. Ob Angkor Borei der Ort war, den die beiden chinesischen Gesandten Kang Tai und Zhu Ying im 3. Jh. besuchten und das dortige politische und soziale Leben beschrieben, ist indes nicht sicher. Eine in Angkor Borei aufgefundene Inschrift aus dem Jahr 611 belegt erstmals eine eigenständige Khmer-Schrift. Damals fungierte die Metropole unter dem in Sambor Prei Kuk regierenden Ishanavarman I. (reg. ca. 616– nach 637) als wichtiges Handelszentrum. Als im 8. Jh. chinesischen Annalen zufolge das Khmer-Reich in ein Land- bzw. Wasser-Zhenla gespalten war, besaß die Stadt möglicherweise den Rang einer Kapitale, bevor sie endgültig an Bedeutung verlor. Die in Inschriften erwähnte Hauptstadt von Wasser-Zhenla, Vyadhapura, wird meist mit Angkor Borei identifiziert.

Der heutige Besucher des quirligen Handelsstädtchens, dessen 14 000 Bewohner vom Fischfang und der Landwirtschaft leben, spürt und sieht von dieser Geschichtsträchtigkeit wenig. Erst seit der Eröffnung eines kleinen, von der EU finanzierten **Museums** 1998 wird der historischen Bedeutung der Region Rechnung getragen. Es präsentiert in seinen beiden Räumen eine schöne Kollektion von Skulpturen, die in der Umgebung gefunden wurden, darunter Vishnu- und Buddha-Darstellungen.

»*Es gibt befestigte Dörfer, Paläste und Siedlungen. Die Menschen sind alle hässlich und schwarz, ihre Haare gekräuselt; sie sind fast nackt und gehen barfuß. Ihr Naturell ist einfach, und sie tendieren ganz und gar nicht zum Diebstahl. (...) Sie säen ein Jahr und ernten für drei. Zudem lieben sie es, Ornamentverzierungen auszuarbeiten und zu meißeln. Viele ihrer Bestecke sind aus Silber. Steuern werden in Gold, Silber, Perlen oder Parfum bezahlt. Es gibt Bücher und Räume für Archive und anderes. Ihre Buchstaben gleichen denen der Hu [Volk, das indische Schrift verwendet].*«
Kang Tai, 3. Jh.

Phnom Da

Etwas südlich von Angkor Borei ist über einen Kanal der bereits von weitem sichtbare Berg **Phnom Da** zu erreichen. Der Name steht heute insbesondere für einen eigenen skulpturalen Stil, der sich an einigen hier gefundenen bedeutenden Statuen zeigt: gedrehte Haare, eine zylindrische Kopfbedeckung und nur ein einfacher Sampot. Auf dem Berg selbst befinden sich zwei beachtenswerte Heiligtümer, darunter auf der Kuppe – von Frangipani-Bäumen umgeben – ein **Prasat** aus dem 11./12. Jh. Er ist über eine Treppe gut zu erreichen. Der quadratische Bau besteht weitgehend aus Laterit, nur für die – verfallene – Spitze wurde Ziegelstein verwendet. Der in einen Sandsteinrahmen gefasste Eingang weist entgegen der traditionellen Ost-Ausrichtung nach Norden, die anderen drei Seiten des Baus besitzen nur Scheintüren. In einer Kalksteingrotte abseits der Treppe sind einige Yoni zu sehen.

Eine Besonderheit stellt der etwas tiefer am Berghang liegende **Asram Maharosei** (Kloster des Großen Asketen) dar. Dieser längliche, aus Basaltstein errichtete Bau wird in die Regierungszeit Bhavavarmans I. (reg. ca. 6./7. Jh.) datiert. Inschriften lassen vermuten, dass das Gebäude um das Jahr 640 aus der Nähe von Kratie am Mekong hierher verlegt wurde. Dies würde auch die Verwendung von Basalt als Baumaterial erklären, der am Phnom Da selbst nicht vorkommt. Im Inneren des Komplexes umläuft ein Korridor das eigentliche Sanktuarium. Sechs Fensteröffnungen lassen nur wenig Licht in das Innere dringen. An dessen rechter Seite ist ein Abfluss (*somasutra*) für das bei Zeremonien verwendete Wasser zu erkennen. Ursprünglich barg das Allerheiligste eine Figur des Harihara, dessen Kult in jener Zeit sehr populär war. Die Statue wurde bereits um 1882/83 von Étienne Aymonier entwendet und gehört heute zu den herausragendsten Exponaten des Pariser Musée Guimet.

Udong

Blick auf den Wat Umong

Zwar war Udong vom frühen 17. Jh. an über 200 Jahre hinweg Sitz der kambodschanischen Könige, doch heute erinnert hier kaum noch etwas an jene Zeit. Nach dem Niedergang des Angkor-Reiches musste infolge kriegerischer Auseinandersetzungen der Regierungssitz wiederholt verlegt werden. So siedelte Chey Chettha II. (Jayajettha II.; reg. 1619–25) 1620 von Srei Santhor nach Udong über. Als 1866 König Norodom I. (reg. 1860–1904), bereits von der französischen Kolonialmacht abhängig, nach Phnom Penh zog, lebten in Udong gerade noch 12 000 Menschen. Von Interesse sind heute allein die Tempelanlagen und Stupas der letzten Könige auf den Hügeln von Udong.

Phnom Udong, wie die Einheimischen den von Nord nach Süd verlaufenden Bergzug nennen, ist heute vor allem beliebtes Ziel einheimischer Pilger. Vom Parkplatz unweit des modernen Klosters **Wat Umong** führt der Weg hinauf zum Haupthügel, dem **Phnom Preah Reach Troap** (Berg des Königlichen Glücks). Den Namen erhielt er, weil auf ihm bei einem Angriff der siamesischen Armee 1594 der Königsschatz versteckt worden sein soll. Unweit des Weges birgt ein kleines **Gebäude** die sterblichen Überreste von Opfern der Khmer Rouge. Der steil ansteigende Pfad passiert die **Ruine des Vihear Preah Ath Roes**, des Vihara der 18 Ecken. Als die Roten Khmer den Berg für strategische Zwecke nutzten, sprengten sie 1977 den 66 Jahre zuvor von König Sisowath gestifteten Vihear. Fundamente, acht Säulen und eine stark zerstörte 9 m hohe Buddha-Statue bilden die letzten Relikte. Unweit davon steht der renovierte, reich mit Dekor (Elefanten, Naga-Schlangen etc.) überzogene **Chet Chker Amao**.

Etwa 120 m weiter hügelaufwärts liegen drei kleinere Vihear: der mit einem Ziegeldach gedeckte **Preah Ko** (Heiliger Stier), benannt nach dem dort verehrten Bullen Nandi, **Preah Keo** (Heiliger Jade-Buddha) und **Preah Neak** (Heiliger Naga), benannt nach dem Mucalinda-Buddha im Inneren. Die Originalfiguren von Preah Ko und Preah Keo wurden von den Siamesen bei ihrem Feldzug von 1594 entwendet. Ein weiterer **Schrein** dient der Verehrung des Generals Tambon Dei in Gestalt einer männlichen Statue mit Schnurrbart. Er soll sich im Kampf gegen die Thais große Verdienste erworben haben.

Schließlich erreicht man auf dem Berggrat vier in Nord-Süd-Achse aufeinander folgende Stupas, errichtet zum verehrenden Andenken an einige Könige Kambodschas. Der gelb getünchte **Chet Dey Mak Proum** zum Gedenken an König Monivong (reg. 1927–41) ist reich mit Stuck verziert und zeigt an der Basis den mit einer Naga-Schlange kämpfenden Garuda und an seiner Spitze vier Lokeshvara-Gesichter. Etwas höher liegt der **Chet Tray Troeng**. Ihn ließ König Norodom 1891 für seinen Vater und Vorgänger Ang Duong II. (reg. 1843/48–60) erbauen. Der renovierungsbedürftige Stupa ist teils noch mit blauen Kacheln dekoriert. Es folgt der **Chet Damrei Sam Poan**, gestiftet von Chey Chetha II. für die Asche seines Vaters, König Srei Soriyopor (auch Barom Reachea VII., reg. 1603–19), des Gründers von Udong. König Sihanouk ließ den vierten und neuesten Stupa **Sakya Mony Chet Dey** bauen, der eine Reliquienkopie Buddhas birgt und zukünftig die sterblichen Überreste Sihanouks aufnehmen soll. Vom 55 m hohen Stupa führt eine moderne Treppe mit 509 Stufen nach unten.

Die alte Königsstadt Udong, die Siegreiche, 40 km nordöstlich von Phnom Penh kann als Halbtagesausflug von Phnom Penh aus besucht werden. Über die NR 5 von der Hauptstadt aus kommend, sieht man die Hügel von Udong schon von weitem. Die Fahrt führt vorbei an Textilfabriken, in denen sich meist junge Frauen für einen Hungerlohn abmühen, und an Dörfern der muslimischen Cham, die unter den Khmer Rouge fast völlig vernichtet wurden, aber heute wieder ihre Kultur und Religion frei ausüben können. Symbol dafür sind die renovierten Moscheen.

Indra auf Airavata am Chet Dey Mak Proum

Auf dem kleineren, etwas südöstlich gelegenen Hügel befindet sich die **Ruine der Moschee Ta Sann**. Sie wurde während der Regentschaft Ang Duongs für die muslimische Cham-Gemeinde gestiftet und ist nach dem ersten Iman benannt, mit dem der König im regen Austausch stand. Auch sie fiel den Zerstörungen der Khmer Rouge zum Opfer.

Zentral-Kambodscha

Kompong Cham ☆
Besonders sehenswert:
Wat Nokor
Ba Chey ☆☆

Sambor Prei Kuk ☆
Besonders sehenswert:
Prasat Sambor ☆
Prasat Tor ☆
Prasat Yeay Puon ☆

Mit dem kontinuierlichen Ausbau der Infrastruktur ergeben sich neue Möglichkeiten, die landschaftliche und kulturelle Vielfalt Kambodschas kennen zu lernen. Die Überlandfahrt von Phnom Penh über Kompong Thom nach Siem Reap stellt inzwischen eine attraktive Alternative zu Boot und Flugzeug dar. Unterwegs bietet sich der Besuch der Ruinen von Sambor Prei Kuk unweit von Kompong Thom an. Kompong Cham ist in nur drei Stunden mit dem Boot oder über eine gute Straße erreichbar und lädt zu abwechslungsreichen Ausflügen in die nähere Umgebung ein.

Kompong Cham

Die drittgrößte Stadt Kambodschas am Westufer des Mekong ist ein wichtiger Umschlagplatz für Waren aus der Region. Während der Kolonialzeit wurde hier vor allem Kautschuk aus den riesigen, in den frühen Jahren des 20. Jh. angepflanzten Plantagen östlich des Flusses verladen. Einige Villen und Stadthäuser erinnern noch an den Reichtum der einstigen Kolonialherren. Mit der 2001 fertig gestellten neuen Brücke und dem geplanten Ausbau der NR 7 nach Vietnam erhofft man sich weitere wirtschaftliche Impulse.

Wat Nokor Ba Chey
Im frühen 13. Jh. unter
Jayavarman VII. erbaut.
Stil: Bayon

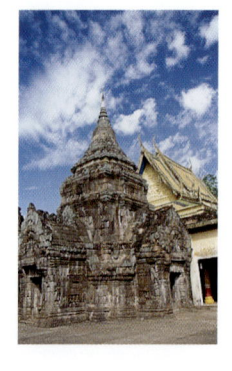

Fraglos stellt der **Wat Nokor Ba Chey**, auch verkürzt Wat Nokor genannt, die Hauptattraktion der Stadt dar. Das etwas außerhalb liegenden Mahayana-Heiligtum der Ära Jayavarmans VII. ist heute ein Theravada-buddhistischer Wat, sodass sich die Anlage als eigenwillige Mischung aus Alt und Neu präsentiert. Von Interesse sind vor allem die gut erhaltenen Reliefs an den Gopuras der Galerie und des Sanktuariums, die in die Klosteranlage integriert sind. Die Besucher betreten das ursprünglich von zwei Lateritmauern umschlossene Heiligtum von Osten her. Eine Naga-Balustrade führt zu dem von Yakshas und Löwen bewachten Ost-Gopura der zweiten Außenmauer. In dem folgenden freien Gelände stehen drei schöne Bodhi-Bäume (*Ficus religiosa*) und überdachte offene Pavillons (*sala*) für die Pilger.

Eine teilweise eingestürzte Galerie umgibt das Sanktuarium, das sich unmittelbar an einen neueren Vihear anschließt. Letzterer zeigt sich mit seinen bunten Wandmalereien in krassem Kontrast zu dem graubraunen Ton der alten Gemäuer. Ein Stupa aus dem 16. Jh. krönt das Sanktuarium, dessen Sandstein-Giebelfelder über den vier Eingängen buddhistische Motive zeigen. Sie stammen vermutlich ebenfalls aus der Mitte des 16. Jh., als der Tempel umgestaltet wurde: an der Ostseite der Sieg des Erleuchteten über Mara, unter Buddha Shakyamuni erscheint die Erdgöttin Thorana; an der Südseite Buddha, wie er sich das Haar abschneidet (oben) und sich von seinem Pferd verabschiedet, das später aus Gram stirbt (Mitte), darun-

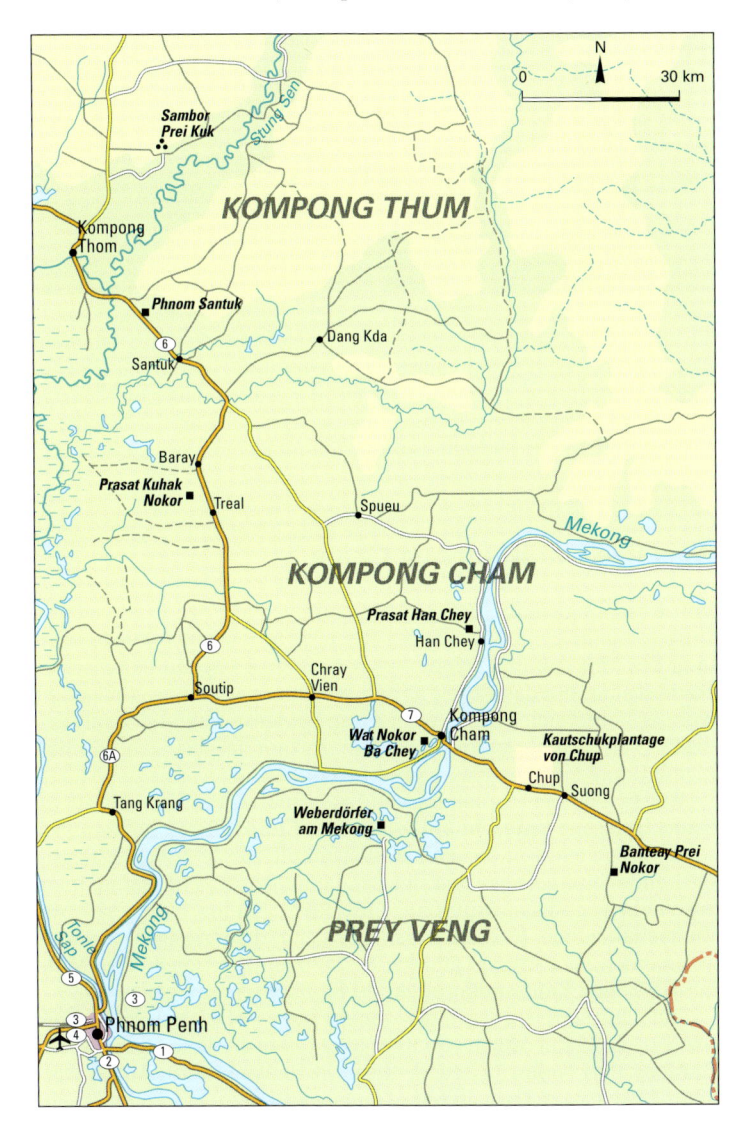

Zentral-Kambodscha

Im Tempel Wat Nokor

ter knien Adoranten; Prinz Siddharta, umgeben von seinen schlafenden Frauen, verlässt den Palast (Westseite) und zieht in die Hauslosigkeit (Nordseite). Der West-Gopura der Außenmauer, der einzige einigermaßen erhaltene Torturm der Anlage, zeigt an der Nordseite Vishnu und an der Südseite Lokeshvara, umgeben von Apsaras und Adoranten.

Ausflüge von Kompong Cham

Um Ikat-Stoffe herzustellen, färben die Weber die Einzelfäden vorab verschiedenfarbig. Als Folge entsteht ein etwas verschwommen wirkendes geometrisches Muster.

Von Kompong Cham bieten sich attraktive Ausflüge in die nähere Umgebung an. So lohnt sich ein Besuch der reizvollen **Dörfer entlang des Mekong** und seines weiter südlich gelegenen Seitenarmes Tonle Knom, um das Leben am Fluss kennen zu lernen. Einige Bewohner haben sich auf das Weben von Seidenstoffen in der aufwändigen Ikat-Technik spezialisiert. Um dorthin zu gelangen, können kleine Boote aus Fiberglas gemietet werden.

Wer sich für die Herstellung von Latex interessiert, kann die 20 km östlich gelegene **Kautschukplantage von Chup**, die größte Kambodschas, besuchen. Seit die erste Kautschukpflanze 1897 von Malaysia nach Indochina gelangte, hat sich der daraus gewonnene Naturgummi zu einem wichtigen Exportgut entwickelt. Endlos reihen sich die Kautschukbäume (*Hevea brasiliensis*) in dem riesigen Gelände aneinander. Hier werden jährlich ca. 20 000 t Kautschuk, die Hälfte der jährlichen Kautschukproduktion Kambodschas, erzeugt.

Im 6./7. Jh. unter Bhavavarman I./Jayavarman I. erbaut. Stil: Prei Khmeng

Von Chup erreicht man, der – schlechten – NR 7 nach Südosten folgend, ca. 45 km östlich von Kompong Cham die Tempelgruppe von **Banteay Prei Nokor** (Zitadelle der Königlichen Stadt). An Jayavarmans I. (reg. ca. 657–nach 681) Hauptstadt Purandarapura erinnern nur Teile eines Erdwalls, ein Wassergraben und wenige Monumente, auf dem Gelände eines modernen Wat.

Phnom Proh und Phnom Srei

Fährt man von Kompong Cham aus die NR 7 nach Nordwesten, so erblickt man bereits von weitem die beiden inmitten einer weiten Ebene gelegenen Kalksteinberge **Phnom Proh** und **Phnom Srei**. Um ihre unterschiedliche Höhe rankt sich eine Legende.

Gelänge es den Frauen in einer bestimmten Zeit einen höheren Hügel als die Männer aufzuschütten, dürften sie in Zukunft ihre Partner frei wählen. Man vereinbarte, nur nachts zu arbeiten. Als die Wette verloren schien, griffen die Frauen zu einer List. Sie zündeten jede Nacht ein großes Feuer an, wodurch die Männer wähnten, der Tag sei angebrochen. So erlangten die Frauen den Sieg – und ihren Willen. Daher heißt der höhere und steilere Berg – 210 Stufen führen auf ihn hinauf – Phnom Srei (Frauenberg) und der niedrigere und flachere Phnom Proh (Männerberg). Auf ihren Gipfeln befinden sich neuere Tempelanlagen, die die von den Khmer Rouge zerstörten oder beschädigten Vorgängerbauten ersetzten.

Prasat Han Chey

Von Kompong Cham aus kann man einen Bootsausflug zum 20 km flussaufwärts gelegenen **Prasat Han Chey** unternehmen. Das Heiligtum aus dem 6. Jh. liegt zwischen den Gebäuden des modernen Wat Phnom Chey Kiri auf einem Hügel am Westufer des Mekong. Vom Fluss führen Treppen nach oben. Der Prasat Han Chey besteht aus zwei Gebäuden, die seitlich eines modernen Vihear liegen: einem kubusförmigen Mandapa aus Sandstein (exzellent erhaltener Türsturz) sowie dem quadratischen Ziegelstein-Prasat. Von historischem Interesse sind die beiden Inschriften, die in den Sandsteinrahmen des Prasat-Eingangs gearbeitet wurden. Der Stifter des Tempels, Bhavavarman I. (reg. 6./7. Jh.), wird als großer Krieger gepriesen, der die »Könige der Berge« besiegt und »ihre Reiche besetzt« habe. Tatsächlich wurde unter Bhavavarman I. um das Jahr 550 die Macht des Funan-Reiches endgültig gebrochen, und der Aufstieg von Zhenla, das sich zu seiner Zeit von Süd-Laos bis ins Mekong-Delta erstreckte, begann.

In der 2. Hälfte 6. Jh. unter Bhavavarman I. erbaut.
Stil: Prei Khmeng

Zur Tempelgruppe Sambor Prei Kuk bei Kompong Thom

Die NR 6 zwischen Phnom Penh und dem 170 km weiter nördlich gelegenen Kompong Thom ist zu weiten Teilen gut, allerdings fordert der alljährliche Monsunregen seinen Tribut. Die von endlosen Reisfeldern und hoch aufragenden Palmyrapalmen geprägte Landschaft

Kambodscha: Zentral-Kambodscha

Prasat Kuhak Nokor Im 11. Jh. unter Suryavarman I. erbaut. Stil: Khleang

zeigt sich mitunter recht eintönig. Auf dem Weg lohnen einige interessante Unterbrechungen etwa am **Prasat Kuhak Nokor**. Um zu ihm zu gelangen, biegt man etwa 100 km nördlich von Phnom Penh (südlich der Stadt Baray) in eine links abgehende Seitenstraße hinein und fährt weitere 10 km. Das Shiva geweihte Heiligtum aus dem 11. Jh. ist vollständig aus Laterit errichtet und von einer 3 m hohen Mauer (45 x 34 m) eingeschlossen. Der Türsturz über dem Eingang zum nach Osten orientierten Mandapa zeigt Indra auf dem dreiköpfigen Elefanten Airavata. Die seitlichen Säulen weisen ein schönes Blumendekor mit Löwen (links) und Tänzern (rechts) auf. Ungewöhnlich sind die beiden in die Außenmauern integrierten Seitentempel. Zwei Barays befinden sich östlich der Tempelanlage.

Wer keine Anstrengungen scheut, kann die 980 Stufen auf den 207 m hoch gelegenen **Phnom Santuk**, 18 km südlich von Kompong Thom, erklimmen. Als Treppengeländer dienen Naga-Schlangen, die von unzähligen Männer bzw. Frauen gehalten werden. Neben einer schönen Aussicht bietet der buddhistische Wallfahrtsort zahlreiche kleinere Schreine und Buddha-Reliefs, die in Sandsteinfelsen geschlagen wurden. Auf dem Berg leben auch einige Mönche.

Kompong Thom selbst ist als Übernachtungsstopp auf der Weiterfahrt nach Siem Reap und als Ausgangspunkt für die Besichtigung der Ruinen von Sambor Prei Kuk geeignet. Darüber hinaus hat die Stadt am Stung-Sen-Fluss nicht viel zu bieten.

Die etwa 1400 Jahre alten Ruinen von Sambor Prei Kuk, 30 km nordöstlich von Kompong Thom, sind von dort über eine ungeteerte Straße in ca. 45 Minuten zu erreichen.

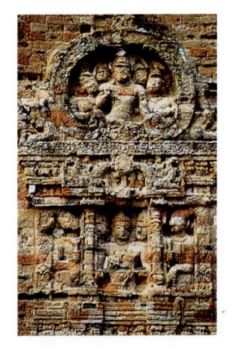

Fliegender Palast, Sambor Prei Kuk

Sambor Prei Kuk

Die wichtigste Khmer-Metropole der Prä-Angkor-Zeit ist für Besucher erst seit wenigen Jahren wieder zugänglich. Wahrscheinlich gründete Bhavavarman I. (reg. 6./7. Jh.) am Stung Sen, einem Nebenfluss des Tonle Sap, seine Stadt Bhavapura. Deren exakte Lage ist nicht mehr bekannt. Nach dem Tod seines Nachfolgers Mahendravarman (reg. Anfang 7. Jh.) begann unter König Ishanavarman I. (reg. ca. 616–nach 637) der eigentliche Aufstieg von Sambor Prei Kuk. Der Herrscher verlegte seine Hauptstadt in das heutige Ruinenfeld und nannte sie – einer gängigen Tradition der Khmer folgend – nach seinem Namen Ishanapura, Stadt des Shiva. Ishanapura blieb für einige Jahrzehnte Hauptstadt, bis sie unter Jayavarman I. (reg. 657–nach 681) vermutlich nach Banteay Prei Nokor bei Kompong Cham verlegt wurde.

Sambor Prei Kuk besteht aus drei größeren und mehreren kleineren meist von Mauern eingefassten Tempelgruppen – insgesamt handelt es sich um über 100 kleinere Tempel –, die verstreut in einem bewaldeten Gelände liegen. Mit Ausnahme des Prasat Asram Isey bestehen alle Bauten aus Ziegelstein, der meist so exakt verarbeitet wurde, dass kein Spalt zwischen den einzelnen Steinen zu sehen ist. Über das Bindemittel gibt es nur Vermutungen, vielleicht wurden die klebrigen Säfte der Palmyrapalme und des Yangbaumes verwendet, der in Kambodschas Dschungel häufig vorkommt. Ursprünglich wa-

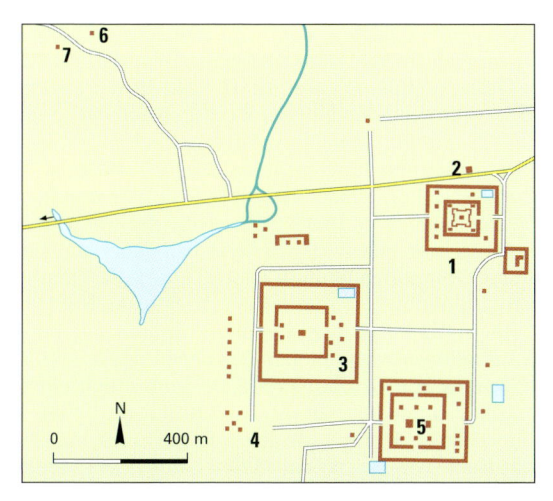

Sambor Prei Kuk
1 Prasat Sambor (Nordgruppe)
2 Prasat Asram Isey
3 Prasat Tor (Zentralgruppe)
4 Prasat Trapeang Ropeak
5 Prasat Yeay Puon (Südgruppe)
6 Prasat Krol Romeas
7 Prasat Srei Krop Leak

ren die Tempel mit Stuck überzogen. Türsturz und Säulen sind aus Sandstein, deren Ornamentverzierung den Sambor-Prei-Kuk-Stil charakterisieren. Typisch für die Gestaltung der Türstürze sind Girlanden und Medaillons sowie die Darstellung krokodilartiger Wesen (Skt.: *makara*). Einfache florale Muster zieren die runden oder oktogonalen Säulen. Nicht zuletzt die Art der Darstellungen an den Außenwänden, darunter so genannte Fliegende Paläste (s. u.), bedeutet einen wichtigen Schritt in der Entwicklung einer eigenständigen kambodschanischen Reliefkunst. Dank der guten Verarbeitung der Ziegelsteine konnten die Szenen wie Reliefs aus den Steinen herausgearbeitet werden. Mit Sambor Prei Kuk beginnt die Tendenz zur Ensemblebildung, die auf festgelegten geometrischen Prinzipien basiert: ein in Größe und Dekor herausragendes Hauptsanktuarium in der Mitte, umgeben von mehreren kleineren Sanktuarien und umschlossen von einer Mauer. Hier erschließt sich bereits die in Angkor perfektionierte Idee, die Tempelanlagen als Abbild des hinduistischen Kosmos zu gestalten (s. S. 242f.). Soweit bekannt, waren nahezu alle Hauptsanktuarien in Sambor Prei Kuk Shiva geweiht, das bestätigen die Yoni und Lingam sowie Statuen von Durga, der Gefährtin Shivas, die hier gefunden wurden. Einige schöne Beispiele können im Nationalmuseum von Phnom Penh besichtigt werden (s. S. 265ff.).

Die Tempel von **Prasat Sambor** (1; Nordgruppe) liegen rechts von der Hauptzugangsstraße ins Tempelgebiet. Zwei Einfassungsmauern umschließen die Gruppe. Innerhalb der inneren Umfassungsmauer aus Laterit befinden sich das zentral gelegene Haupttheiligtum und in jeder der vier Ecken ein kleinerer Prasat. Aufgrund seiner oktogonalen Form – möglicherweise eine Anspielung auf die acht Weltregionen – eher ungewöhnlich ist der Prasat in der Nordwestecke. An seinen Seiten wurden Reliefs mit Menschengestalten in den Ziegelstein gearbeitet. Diese in Sambor Prei Kuk populäre Darstellung wird ge-

Bereits in den 1960er Jahren wurden die Heiligtümer von der École Française d'Extrême-Orient (EFEO) studiert und teilweise restauriert, doch aufgrund des Jahrzehnte währenden Bürgerkriegs erneut vernachlässigt. Erst in den letzten Jahren befreiten Arbeiter sie im Rahmen des Brot-für-Arbeit-Programms (WFP) der Vereinten Nationen vom Dschungel, sodass der Zugang zu den wichtigsten Tempelgruppen nun unproblematisch ist.

*Sambor Prei Kuk Ende 6./erste Hälfte 7. Jh. unter Ishanavarman I. erbaut.
Stil: Sambor Prei Kuk*

wöhnlich Fliegende Paläste genannt. Innerhalb der äußeren Mauer blieben im westlichen Anschluss vier zum Teil verfallene Prasats erhalten; im Osten sind die Reste eines weiteren Prasat zu finden.

Architektonisch ins Auge fällt der kleine, einzeln stehende **Prasat Asram Isey** (2) nördlich des Prasat Sambor. Der kubusförmige Bau (2 x 2 m) ist vollständig aus Sandstein errichtet und zeigt fein gearbeitetes florales Dekor. Einschusslöcher erinnern daran, dass das gesamte Gebiet um Sambor Prei Kuk bis Mitte der 1990er Jahre Basis der Khmer Rouge war. Nordwestlich des Asram Isey befinden sich die Reste weiterer Gruppen, allerdings in schlechtem Zustand.

Südwestlich des Prasat Sambor liegt der **Prasat Tor** (3; Zentralgruppe). Seinen volkstümlichen Namen, Löwentempel, erhielt er wegen der Wächterlöwen vor den vier Eingängen des mit 35 m höchsten Sanktuariums von Sambor Prei Kuk. Vermutlich entstand das Tempelensemble unter Jayavarman I., von den restlichen Tempeln blieb nichts erhalten. Heute befinden sich nur noch die beiden Löwen mit ausdrucksvoll gestalteten Mähnen vor dem Osteingang des Sanktuariums in situ. Kleine Sandsteinsäulen und Türstürze an den Scheintüren zeigen reiche Ornamentik.

Südlich vom Prasat Tor führt ein Weg zur Tempelgruppe **Prasat Trapeang Ropeak** (4). Von den ursprünglich fünf Tempeln sind das Hauptsanktuarium, dessen Fliegende Paläste noch Reste der Stuckverzierung zeigen, und die Basis des Nordwestturmes erhalten.

Der Staatstempel Ishanavarmans I. aus dem frühen 7. Jh., **Prasat Yeay Puon** (5; Südgruppe), ist das größte und beeindruckendste Ensemble des Ruinenfeldes. Der ersten rechteckigen Außenmauer aus Laterit folgt eine zweite, in regelmäßigen Abständen mit medaillonartigen Reliefs verzierte Mauer aus Ziegelstein (260 x 236 m). Die unterschiedlichen Szenen zeigen u. a. einen Kampf zwischen zwei Männern und einem Löwen. Auf der Ost-West-Achse stehen das längliche, auf einer Terrasse ruhende Sanktuarium und östlich vorgelagert der noch gut erhaltene quadratische Mandapa. Der einzige Eingang befindet sich im Osten und besteht aus Sandstein. Beachtenswert sind die in die Seitenmauern des Eingangs eingemeißelten Inschriften und der Türsturz, der eine Naga-Schlange erkennen lässt. In die beiden Pilaster des Eingangs wurden Krieger (links) und Pferde (rechts) sowie Apsaras eingearbeitet. Interessante Verzierungen weisen auch die Türstürze über den drei Scheintüren an den anderen Seiten auf, darunter Löwenköpfe (Südtüre) und *gajasimha* (Elefantenlöwen) über der Nordtür. Im Inneren befinden sich Sockelreste sowie ein Yoni. An den Wandinnenseiten kann man gut erkennen, wie exakt die Ziegelsteine aufeinander gepasst wurden. Die Außenseite zieren wieder Fliegende Paläste.

Der Mandapa birgt in seinem Inneren einen sandsteinernen, auf vier mit Blumenornamenten geschmückten Stützen stehenden, quadratischen Sockel unbekannter Funktion. An einer seiner Seiten ist ein beschädigter Männerkopf zu erkennen.

Jeweils drei, ebenfalls mit außerordentlicher Exaktheit gemauerte oktogonale Prasats reihen sich an der Nord- und Südseite des Sanktuariums. Sehr gut erhalten sind die Fliegenden Paläste am Prasat an der Südwestseite.

Nicht nur Touristen, sondern auch Tiger verirren sich gelegentlich zu den beiden nahezu völlig vom Dschungel überwucherten Tempelensembles **Prasat Krol Romeas** (6) und **Prasat Srei Krop Leak** (7). Sie liegen etwa 3 km nordwestlich der übrigen Gruppen. Neben kleineren, in einer Reihe stehenden Schreinen mit teilweise schön verzierten Türstürzen finden sich im Prasat Krol Romeas die Relikte eines großen Laterit-Tempels mit massiven Säulen. Nördlich schließt sich ein bis heute mit Wasser gefüllter Baray an.

Angkor – Götterwelt in Stein

Höhepunkt eines jeden Kambodscha-Besuches sind fraglos die Tempelruinen von Angkor. Der Flughafen des nahe gelegenen Siem Reap wird von Maschinen aus der ganzen Region angeflogen wie etwa aus Bangkok, Singapur oder Ho-Chi-Minh-Stadt. Immer mehr Touristen reisen über die thailändisch-kambodschanische Grenze in Aranyaprathet/Poipet ein. Von dort führt die NR 5/6 ins 160 km entfernte Siem Reap. Diese Stadt kann auch vom 320 km entfernten Phnom Penh aus angefahren werden. Ein Zwischenstopp lohnt sich bei dieser Variante in Kompong Thom (150 km) zum Besuch der Tempelstadt Sambor Prei Kuk (s. S. 286ff.) und in Kompong Kdei zum Halt an der aus Laterit erbauten **Brücke Spean Praptos**. Sie stammt noch aus der späten Angkor-Zeit und wird nach wie vor genutzt. Sehr schön erhalten sind dort die Naga-Balustraden mit neunköpfigen Nagas an den Brückenenden. Zwar sind die Straßen zur Zeit in einem schlechten Zustand, werden aber Schritt für Schritt ausgebaut. Schließlich erfreut sich eine 5- bis 6-stündige Bootsfahrt von Phnom Penh zum Nordufer des Tonle Sap gerade bei Rucksackreisenden großer Beliebtheit.

Besonders sehenswert:
Angkor Wat ☆☆
Bayon ☆☆
Neak Pean ☆
Östlicher Mebon ☆
Pre Rup ☆
Preah Khan ☆☆
Ta Prohm ☆☆

Ausflüge:
Banteay Samre ☆
Banteay Srei ☆☆
Beng Mealea ☆
Phnom Kulen ☆
Roluos-Gruppe ☆
Tonle Sap ☆

Siem Reap

In Siem Reap quartiert sich ein, wer Angkor besichtigen möchte. Der Name der 60 000-Einwohner-Stadt, Ort des Sieges (*reap*) über die Siamesen (*siem*), erinnert an ein dunkles Kapitel kambodschanischer Geschichte. Seit den 1770er Jahren kam es zu regelmäßigen Einfällen siamesischer Truppen; unter Rama I. (reg. 1782– 1809), Gründer der Chakri-Dynastie, wurde die Provinz Siem Reap 1794 Teil Siams. Nach seinem Tod konnten die Siamesen kurz vertrieben werden (woran der Name erinnert). Erst 1907 fiel die Provinz wieder an Kambodscha.

Auch wenn die Besichtigung der Monumente von Angkor sehr zeitaufwändig ist, sollte ein Bummel über den **Alten Markt**, Psar Chas, im südlichen Teil der Stadt nicht fehlen. Dort werden neben Lebensmit-

Kambodscha: Angkor – Götterwelt in Stein

Blick auf Angkor Wat

teln Seiden- und Baumwollstoffe, Schmuck und zahlreiche Souvenirs angeboten. In den schönen Kolonialgebäuden rund um den Markt locken kleine Geschäfte und Restaurants die Besucher an.

In den letzten Jahren entstanden eine Reihe von Initiativen zur Wiederbelebung des traditionellen Handwerks. Im **Les artisans D'Angkor** westlich des Bakong Guesthouse können Besucher Bildhauern, Holzschnitzern und Lackarbeitern bei der Arbeit zusehen und die sehr schönen Produkte erwerben. Ein angeschlossenes **Seidenweberzentrum** liegt 18 km westlich der Stadt im Puork-Distrikt.

Siem Reap: Conservation d'Angkor

In den Gebäuden der **Conservation d'Angkor** werden Tausende Statuen und Stelen zum Schutz vor Diebstahl aufbewahrt. Es liegt auf halbem Weg zwischen Siem Reap und Angkor in einer rechts abzweigenden Seitenstraße. Ein Teil der Sammlung kann gegen geringes Entgelt besichtigt werden, u. a. Häupter von Asuras und Devas, die von den Zufahrtsalleen zu Angkor Thom und Preah Khan stammen, sowie übergroße Lokeshvara-Figuren vom Bergheiligtum Phnom Bok. In einer Halle werden die wertvollsten Inschriften aufbewahrt, darunter Stelen von Angkor Wat, Preah Khan und Ta Prohm.

Das markante, 1999 eröffnete Kinderkrankenhaus Jayavarman VII. an der Straße nach Angkor geht auf eine Initiative Dr. Beat Richners (www.beatrichner.ch) zurück (mit Besucherzentrum). Der 1947 geborene Schweizer Kinderarzt arbeitete bereits 1974/75 in Kambodscha, musste aber nach der Machtübernahme durch die Khmer Rouge das Land verlassen. 1991 lud ihn die Regierung ein zurückzukehren. Mittlerweile leitet er drei Kinderkrankenhäuser: eines in Siem Reap und zwei in Phnom Penh.

Der chinesische Abgesandte Zhou Daguan, Mitglied einer diplomatischen Mission zur Zeit der Yuan-Dynastie, besuchte die Hauptstadt des Khmer-Reiches 1296/97. Zu jener Zeit herrschte Shrindravarman III. (reg. 1295–1307/08), unter dem der Theravada-Buddhismus das religiöse Leben zu dominieren begann. In seinem Bericht ›Zhenla Fentuji‹ (›Aufzeichnungen über die Gebräuche Kambodschas‹) dokumentierte Zhou Daguan das politische, soziale, religiöse und wirtschaftliche Leben in Angkor.

Im **Wat Thmei** (**Neuer Tempel**), auch Wat Athismarsan genannt, 1,5 km nördlich von Siem Reap an der westlichen Zufahrtsstraße nach Angkor, befindet sich eine Gedenkstätte zur Erinnerung an die Gräueltaten des Pol-Pot-Regimes.

Angkor – Städte und Tempel

»Man hat das Gefühl, in einem Tempel aus einer anderen Welt zu sein, von fremden Menschen gebaut, deren Ideen so völlig anders geartet sind.« Viele Besucher werden die Empfindungen des langjährigen französischen Konservators Henri Marchal (1876–1970) beim Besuch der Monumente von Angkor teilen. Wie wenige Baudenkmäler der Erde strahlen sie eine mystische Fremdheit aus, die trotzdem – oder gerade deshalb – Besucher magisch anzieht. Für die Khmer lebt Angkor als elementarer Bestandteil ihres kulturellen Gedächtnisses fort. Stolz erinnern sie sich ihrer großen Vergangenheit, auch wenn der mühsame Wiederaufbau ihres kriegsgebeutelten Landes die Gegenwart prägt. Angkor, die Seele Kambodschas, bleibt immer präsent: ob als Teil der Nationalflagge, des Geldscheins oder als Biermarke. Kaum ein Staatsgast, dem hier nicht die einstige Größe Kambodschas vor Augen geführt wird.

Der allgemein gebräuchliche Begriff Angkor (Königsstadt oder Hauptstadt) führt häufig zur Verwirrung. Das Gros der Menschen denkt bei Angkor zuerst an den berühmten Tempel Angkor Wat oder an die Königsstadt Jayavarmans VII., Angkor Thom. Tatsächlich jedoch verbergen sich hinter diesem von dem Sanskrit-Wort *nagara* (Stadt) abgeleiteten Namen eine Vielzahl von Städten und Tempeln, die in einem Zeitraum von mehr als 600 Jahren in der weiten Ebene zwischen dem Tonle Sap und dem Gebirgszug Phnom Kulen errichtet wurden. Die Baugeschichte lässt sich vom Prasat Ak Yum aus dem 8. Jh. bis zum 1295 eingeweihten Mangalartha verfolgen, und dies, obwohl viele Heiligtümer verschwunden sind.

Doch nicht alle der vermutlich 36 Könige, die zwischen 802 und 1432 von Angkor aus herrschten, hinterließen architektonische Spuren. Die meisten der weit über 50 Tempelanlagen entstanden zwischen dem 11. und 12. Jh., als das Reich der Khmer seine größte Ausdehnung besaß. In dieser Epoche war das Reich gefestigt, die Versorgung der Bevölkerung dank komplexer Bewässerungssysteme der Reisfelder gesichert – und einem jeden Herrscher war daran gelegen, seine Macht durch einen Staatstempel zu manifestieren, um damit die Harmonie mit dem Kosmos wiederherzustellen bzw. zu erneuern.

An die eigentlichen Städte der Khmer erinnert nahezu nichts mehr, nur die Außenmauern lassen ihre Größe und Bedeutung erahnen. Alle profanen Bauten, von der einfachen Hütte bis zum Königspalast, sind verschwunden, da sie aus vergänglichen Materialien wie Bambus und Holz errichtet wurden. So geben nur die sakralen Bauten aus Stein Zeugnis von dieser faszinierenden Zivilisation.

Erforschung, Restaurierung und touristische Erschließung

Zwar büßte Angkor 1432 seine Stellung als Herrschersitz endgültig ein, doch war das Gebiet weder jemals gänzlich verlassen noch vergessen. Bereits im frühen 17. Jh. zeichnete ein japanischer Pilger eine Karte von Angkor Wat, und um dieselbe Zeit verfasste der portugiesische Chronist Diego de Couto den ersten Bericht eines Europäers. Spätere Beschreibungen stammen aus der Feder von Missionaren. So berichtete der apostolische Nuntius in Vietnam, P. Chevreuil, in einem Brief aus dem Jahr 1674 von der Stätte oder auch P. Bouivillevaux, der die Ruinen 1850 zum ersten Mal besuchte. Im Bewusstsein der Europäer verankert aber wurde das Wissen um Angkor erst durch den französischen Naturkundler Henri Mouhot (1826–61), dessen Beschreibungen und Zeichnungen 1863 posthum veröffentlicht wurden (s. S. 236, 254f.).

Sehr bald folgten Forscher wie der deutsche Ethnograf Adolf Bastian und der schottische Fotograf John Thomson, dem die ersten Aufnahmen zu verdanken sind. Die französische Mekong Exploration Commission unternahm 1866 Erkundungsreisen durch das drei Jahre zuvor gegründete französische Protektorat und in die vom Königreich Siam besetzten Gebiete. Der Marineoffizier Etienne Aymonier (1844–1929) schließlich nahm in den 1880er Jahren eine umfassende Bestandsaufnahme aller Monumente in Angriff. Doch erst 1908 gründete die École Française d'Extrême-Orient (EFEO) die Conservation d'Angkor, und begann im Auftrag der Kolonialregierung mit der Erforschung. Das Institut brachte einige der herausragendsten Khmer-Forscher hervor, etwa die Epigrafen Louis Finot (1864–1935) und George Cœdès (1886–1969), die mit ihren Übersetzungen der über 1200 aufgefundenen Inschriften in Sanskrit und Khmer erheblich zur Erhellung der Geschichte des Khmer-Reiches beitrugen. Da die Datierungen der Inschriften dem indischen Shaka-Kalender folgen – er beginnt mit dem Jahr 78 n. Chr., als Kanishka den Thron von Kushan bestiegen haben soll –, sind sie relativ problemlos zu deuten.

In den ersten beiden Jahrzehnten der Institutsgeschichte begnügten sich die Konservatoren mit der Befreiung der Tempel vom Dschungel. Doch nach einem Besuch von Henri Marchal in Niederländisch-Indien übernahmen die Restauratoren ab 1931 die auf Java bereits 20 Jahre zuvor von holländischen Archäologen praktizierte Anastylose und wandten dieses Verfahren zuerst am Tempel Banteay Srei an. Bis zur Machtübernahme der Khmer Rouge 1975 konnte die EFEO einige der wichtigsten Tempel restaurieren. Der Bürgerkrieg und das Pol-Pot-Regime zwangen zum Einstellen der Arbeiten; Angkor drohte wieder vom Dschungel eingenommen zu werden. Obwohl die Region um Angkor immer wieder Schauplatz von Kämpfen zwischen den verfeindeten Bürgerkriegsparteien war (das Gebiet um den Phnom Kulen stand unter Kontrolle der Khmer Rouge), begannen Mitarbeiter des Archaeological Survey of India (ASI) ab 1986 in Angkor Wat mit später wegen des Verwendens von Chemikalien und Zement heftig kritisierten Restaurierungsarbeiten.

Weitere wichtige Informationsquellen waren und sind die archäologischen Ausgrabungen sowie chinesische Dokumente, darunter Annalen verschiedener Dynastien und der Bericht des Gesandten Zhou Daguan.

»Die Anastylose besteht darin, ein Bauwerk wiederherzustellen oder wiederaufzurichten mit seinem eigenen Material und nach einem dem Einzelfall angepassten Verfahren. Fehlen alte Steine, ohne die das antike Werk nicht wiedererrichtet werden könnte, so nimmt sich die Anastylose das Recht, sie im gebotenen Ausmaß behutsam durch neue zu ersetzen.«
Balanos, Konservator der Akropolis

Kambodscha: Angkor – Götterwelt in Stein

Übersichtskarte Angkor
1 Angkor Wat
2 Phnom Bakheng
3 Baksei Chamkrong
4 Prasat Bei
5 Angkor Thom
6 Thommanon
7 Chao Say Tevoda
8 Spean Thma
9 Ta Keo
10 Ta Prohm
11 Banteay Kdei
12 Srah Srang
13 Prasat Bat Chum
14 Prasat Kravan
15 Pre Rup
16 Östlicher Mebon
17 Östlicher Baray
18 Ta Som
19 Jayatataka Baray
20 Neak Pean
21 Prasat Krol Ko
22 Preah Khan
23 Östlicher Mebon
24 Prasat Ak Yum

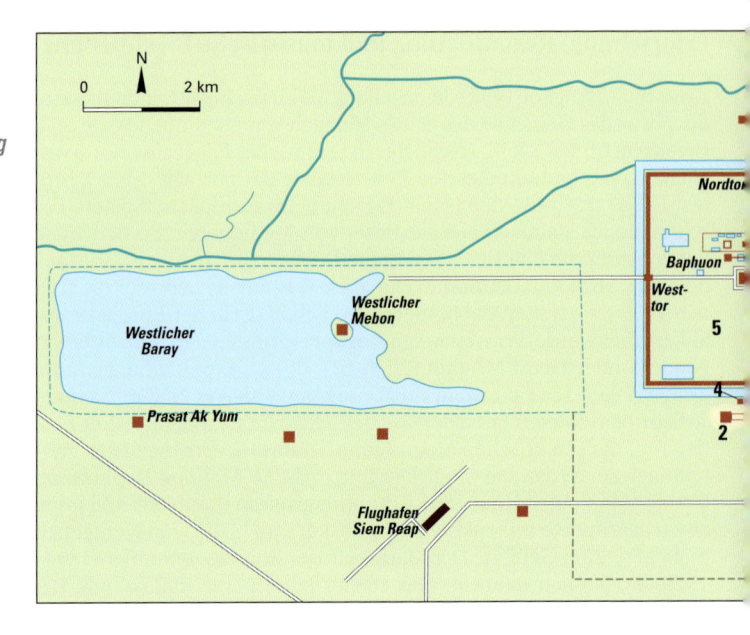

Nach der politischen Stabilisierung Kambodschas und der Anerkennung von Angkor als Weltkulturerbe 1992 ist die EFEO heute u. a. neben dem amerikanischen World Monuments Fund (WMF), dem kambodschanischen Institut APSARA, der japanischen Sophia-Universität, ASI und dem German Apsara Conservation Project (GACP) der Fachhochschule Köln aktiv. Die Arbeiten werden von dem International Coordinating Committee (ICC) unter Federführung der UNESCO abgestimmt.

Aufgrund der Größe empfiehlt es sich, Angkor Wat mehrmals aufzusuchen. Eindrucksvoll ist die Anlage bei Sonnenaufgang im Gegenlicht ebenso wie bei Sonnenuntergang, wenn sich die Türme und Flachreliefs rot verfärben. Die Betrachtung der Reliefs kann man bei einem zweiten Besuch vornehmen, da sie erhebliche Zeit in Anspruch nimmt.

Varianten der Besichtigung
Dank der gegenwärtigen politischen Stabilisierung kann man auch abgelegene Tempelanlagen wie Banteay Srei gefahrlos besichtigen. Landminen sind weitgehend beseitigt, allerdings ist bei Abstechern abseits der Wege weiterhin Vorsicht geboten. Seit Anfang der 1920er Jahre haben sich zwei touristische Routen etabliert: Der 17 km lange **Petit Circuit** (**Kleiner Rundweg**) führt von Angkor Wat durch das Südtor des Angkor Thom über Thommanon, Chao Say Tevoda, Ta Keo, Ta Prohm, Banteay Kdei, Srah Srang und Prasat Kravan wieder zurück. Der 9 km längere **Grand Circuit** (**Großer Rundweg**) schließt Pre Rup, Östlichen Mebon, Ta Som, Krol Ko, Neak Pean und Preah Khan ein. Diesen Routen, für die man mindestens drei Tage benötigt, folgen die meisten Besucher. Die weiter entfernt gelegenen Sehenswürdigkeiten Banteay Samre, Banteay Srei, Kbal Spean und Phnom Kulen können gut an einem Tag besucht werden, während die Roluos-Gruppe einen zusätzlichen halben Tag in Anspruch nimmt. Wer be-

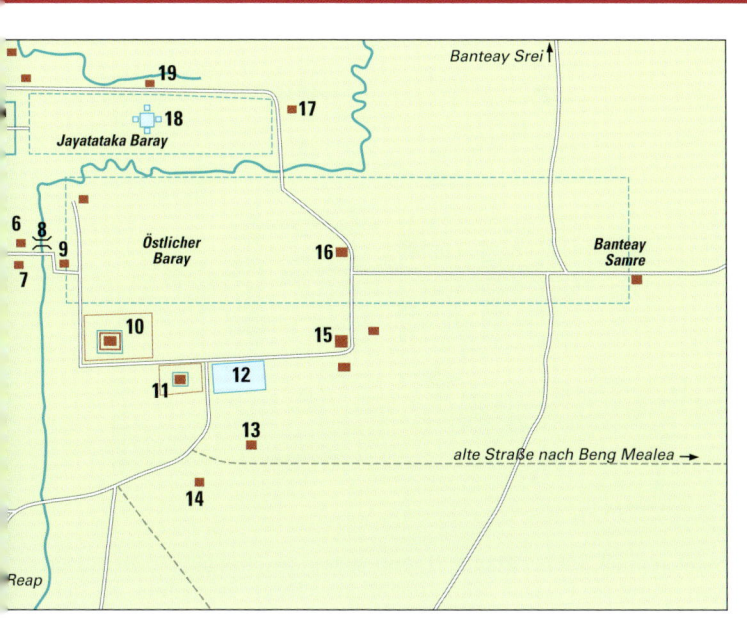

Wer über ausreichend Zeit und Kondition verfügt, kann das Areal mit dem Fahrrad erkunden, allerdings sollte man die Entfernungen und klimatischen Bedingungen nicht unterschätzen. Ferner bieten in Siem Reap zahlreiche Motorrad-Taxis (›moto dup‹) ihre Dienste an. (Preis vorher aushandeln). Bequemer, aber natürlich teurer: ein klimatisiertes Fahrzeug mit Fahrer und bei Bedarf mit einheimischem Reiseführer.

schwerliche Wege nicht scheut und gern klettert, kann die erst seit wenigen Jahren zugängliche Tempelruine von Beng Mealea, 60 km östlich von Siem Reap, besuchen. Doch lange schon sind die Zeiten vorbei, in denen man den Ausflug nach Beng Mealea mit einer Jagd auf Tiger, Panther und Elefanten verbinden konnte, wie Maurice Glaize in seinem 1944 erstmals erschienenen Führer vorschlug.

Angkor Wat (1)

»Ein Land, das eine derartige architektonische Meisterleistung vollbringen kann, darf nicht untergehen!« Diese Auffassung von Louis-Adolphe Bonard (1805–67), erster Gouverneur von Cochinchina (1861–63), mag mit dazu beigetragen haben, dass Kambodscha fortbestand – wenn auch als französisches Protektorat – und nicht zwischen Thailand und Vietnam aufgerieben wurde. Wohl alle Besucher fesselt der Anblick des Angkor Wat, der zu Recht als Höhepunkt der Khmer-Architektur und eine der weltweit imposantesten Tempelanlagen gilt.

Tempel oder Grabmal? Das war die zentrale Frage der ersten Archäologen. Die ungewöhnliche Ausrichtung nach Westen im Gegensatz zu der für Hindu-Tempel üblichen Ostausrichtung und die gegen den Uhrzeigersinn verlaufenden Reliefs der ersten Galerie, die den Besucher zwingen, wie bei einer Totenprozession dem Heiligtum beim Umschreiten die linke Seite zuzuwenden, ließ sie auf eine Grabanlage schließen. Heute geht man davon aus, dass Angkor Wat zuerst als

1113–50 unter Suryavarman II. erbaut. Angkor Wat besticht durch die Gesamtarchitektur, durch seine Galerien, Reliefs und die Apsara-Darstellungen.

Kambodscha: Angkor – Götterwelt in Stein

Angkor Wat
1 West-Gopura des Haupttempels
2 Schlacht von Kurukshetra
3 Südwest-Pavillon
4 Militärprozession
5 Himmel und Höllen
6 Südost-Pavillon
7 Quirlen des Milchmeeres
8 Sieg von Vishnu über die Asuras
9 Nordost-Pavillon
10 Sieg Krishnas über den Asura Bana
11 Schlacht zwischen Devas und Asuras
12 Nordwest-Pavillon
13 Schlacht von Lanka
14 gekreuzte Galerien in Hofraum
15 Bibliotheken
16 Zentralheiligtum

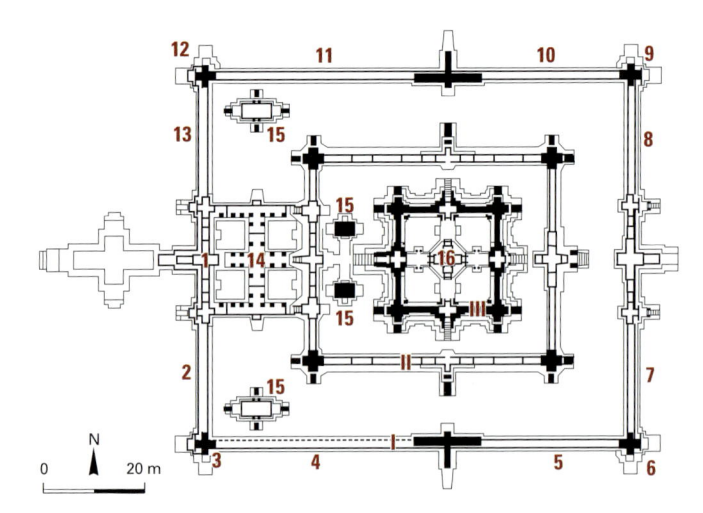

Staatstempel Suryavarmans II. und später als Grabtempel zu dessen Verehrung als Paramavishnuloka diente. Denn da Vishnu mit dem Westen assoziiert wird, kann die Westorientierung auch mit dessen Kult zusammenhängen. Spätestens ab dem 16. Jh. wurde der Tempel in ein buddhistisches Heiligtum umgewandelt.

Aber Angkor Wat war mehr. Bereits der Name, Königsstadt, die ein Kloster ist – er leitet sich von dem Sanskrit-Wort *nagara* und *wat*, dem Khmer-Wort für Kloster, ab –, deutet darauf hin: Der 195 ha große Komplex mit einer Ost-West-Ausdehnung von 1,5 km und einer Nord-Süd-Ausdehnung von 1,3 km (einschließlich Wassergraben) war eine eigenständige Stadt. Als Suryavarman II. mit dem Bau Angkor Wats begann, ließ er nicht nur einen sakralen Komplex errichten, sondern eine neue Königsmetropole. Die wahrscheinlich mehreren 10 000 Bewohner lebten auf dem heute überwiegend bewaldeten Gelände innerhalb des 190 m breiten Wassergrabens. Dieser Graben diente als Schutz – und vor allem als Wasserspeicher. Gespeist wird er bis heute durch den Siem-Reap-Fluss, mit dem er über einen Kanal verbunden ist.

Angkor Wat beeindruckt vor allem in seiner klaren Struktur, die einmal mehr die der Architektur zugrunde liegende Hindu-Kosmologie ausdrückt. Die verlängerte Prozessionsstraße symbolisiert den Übergang zwischen dem menschlichen Bereich und dem Sitz der Götter auf dem kosmischen Berg Meru. Dessen Haupt- und vier Seitengipfel werden durch die fünf markanten Türme der oberen Ebene versinnbildlicht. Den den Berg Meru umgebenden Ozean schließlich stellt der Wassergraben dar, die Galerien die Bergketten rund um den Meru.

Über den westlich gelegenen Hauptzugang, ein mit Sandsteinplatten gepflasterter 220 m langer und 12 m breiter **Damm**, der den **Wassergraben** durchschneidet, gelangt man zur Tempelstadt. Von Osten her führt zu ihr nur ein grasbewachsener Damm, der vermutlich dem

Warentransport diente. Es folgt die von einer 1025 x 800 m langen **Umfassungsmauer** aus Laterit eingeschlossene ehemalige Königsmetropole. Etwas östlich versetzt erhebt sich darin der Tempelberg, dessen drei Ebenen jeweils von einer Galerie mit vier Gopuras und vier Ecktürmen umgeben sind.

Die Westseite der Umfassungsmauer dominiert der prächtig gestaltete, insgesamt 235 m breite **Hauptzugang**. Er verhindert den freien Blick auf den Tempelberg, nimmt aber in vereinfachter Form dessen Fassade vorweg. Vielleicht wollte der unbekannte Baumeister damit eine Spannung erzeugen und den Betrachter auf den folgenden grandiosen Anblick vorbereiten. Um die optische Wirkung zu perfektionieren, bediente er sich eines geometrischen Gesetzes, demzufolge ein Bauwerk vom doppelten Abstand zu seiner größten Ausdehnung am besten zur Geltung kommt. Tatsächlich ist die zum Tempel führende, 9,4 m breite Prozessionsstraße mit 350 m fast doppelt so lang wie dessen 187 x 215 m messende Basis. Der **Hauptzugang** besteht aus einem dreiteiligen Gopura in der Mitte, der über **Galerien** mit zwei äußeren Portalen verbunden ist. Letztere ermöglichten es auch Wagen und Elefanten, in den inneren Bereich zu gelangen. Der rechte von insgesamt drei Eingängen, die der Gopura besitzt, birgt eine 4 m hohe, achtarmige Vishnu-Figur, deren Haupt allerdings in Zement ersetzt wurde. Da die überdimensionale Statue in der räumlichen Enge etwas deplaziert wirkt, wird angenommen, dass sie die zentrale Kultfigur war und erst viel später von ihrem ursprünglichen Standort im Zentralheiligtum hierher verbracht wurde. An der Gopura-Ostseite sollte man sich den betörenden Anblick der fein gearbeiteten Apsaras (eine zeigt sogar ihre Zähne!) nicht entgehen lassen.

Die anschließende **Prozessionsstraße** wird alle 50 m – insgesamt sechsmal – von seitlich abgehenden Treppen unterbrochen. Dort enden Balustraden in Gestalt von sieben aufragenden Köpfen der Naga-Schlange, die wie ein entfalteter Fächer gestaltet sind. Von den Treppen verbanden gitterförmig angelegte Seitenwege die Wohnbereiche mit dem Hauptweg.

Auf halber Strecke befinden sich parallel zum Weg zwei so genannte ›**Bibliotheken**‹. Ob sie wirklich der Aufbewahrung von Schriften dienten, mag bezweifelt werden, denn dafür sind die etwa 40 m langen Bauten mit kreuzförmigem Grundriss im Vergleich zu ähnlichen Gebäuden sehr aufwändig gestaltet. Elegant werden die vier Eingänge durch pfeilergestützte Vorhallen verlängert.

Etwas seitlich der anschließenden Tempelplattform erläutert ein kleines **Dokumentationszentrum des German Apsara Conservation Project** (GACP) die aufwändige Restaurierung der zum Teil erheblich verwitterten Reliefs.

Stehender Vishnu im Hauptzugang zu Angkor Wat

Mittels eines komplizierten Analyse- und Konservierungsverfahrens versucht das von der Fachhochschule Köln verantwortete German Apsara Conservation Project (GACP) seit 1995 die fortschreitende Zerstörung der 1850 Apsaras und anderer Basreliefs zu stoppen. Dazu gehört eine Foto- und Computerdokumentation zur umfassenden Bestandsaufnahme vom Zustand des Sandsteins. Verwitterte Teile werden anschließend durch einen Steinfestiger fixiert, um den weiteren Verfall zu stoppen.

Der Haupttempel: Basreliefs der ersten Galerie

Über eine erhöhte, zweistufige und kreuzförmig angelegte Terrasse sowie den **West-Gopura des Haupttempels** erreicht man die **erste**

Kambodscha: Angkor – Götterwelt in Stein

und berühmteste **Galerie** (215 x 187 m) mit über 540 m langen und 2 m hohen Flachreliefs. Eine doppelte Stützpfeilerreihe ermöglichte es, die von einem Gewölbedach geschützte Galerie breiter anzulegen, damit sie bequem umschritten werden kann. Im Inneren war sicherlich eine zweite Decke aus Holz eingezogen, ähnlich jener, die in der Südgalerie rekonstruiert wurde. Trotz der Größe – fast 1100 m^2 sind mit Reliefs, deren wichtigste Szenen einst wohl farblich hervorgehoben waren, ausgefüllt – fügen sich die Reliefdarstellungen durch ihre feine und sehr flache Ausarbeitung exzellent in das klar strukturierte architektonische Gesamtkonzept ein. Durch die Treppenaufgänge an den Achsenpunkten entstehen acht Abschnitte, die jeweils abgeschlossene Szenen präsentieren. Sie sollten vermutlich der Bevölkerung die Größe des als Vishnu-Inkarnation verehrten Königs Suryavarman II. vor Augen führen. Dessen Kriege gegen die Cham fanden ihre religiöse Erhöhung in den aus den Hindu-Epen entlehnten Schlachtszenen. Es ist anzunehmen, dass daher die Galerie im Gegensatz zum Rest des Sanktuariums für das Volk zugänglich war. Aufgrund der Anordnung der Darstellungen verläuft die nun folgende Beschreibung der Reliefs entgegen dem Uhrzeigersinn:

Westgalerie, Südabschnitt: Das knapp 50 m lange Relief zeigt die *Schlacht von Kurukshetra* zwischen den Armeen der Kauravas (links) und Pandavas (rechts). Das Relief zeigt ein Meer von Kriegern, aus denen die Hauptfiguren übergroß herausragen. Tänzerisch stehen sie auf ihren Streitwagen, den Bogen bereits gespannt und zum Abschuss bereit. Die Dramatik der Schlacht wird dadurch verstärkt, dass die anfänglich in Reih und Glied marschierenden Soldaten sich zur Mitte hin im Kampfgetümmel vermischen. Die Detailfreudigkeit des Reliefs wird nicht zuletzt am Kopfschmuck deutlich, der sich auch bei den Kriegern in der militärischen Prozession (s. u.) wiederfindet. Links

Die Schlacht von Kurukshetra bildet den Höhepunkt des ›Mahabharata‹-Epos, das in 100 000 Doppelversen die Geschichte der in Nordindien herrschenden Bharata-Dynastie erzählt. Abkömmling dieser Dynastie ist König Vichitravirya, dessen blinder Sohn Dhritarashtra Vater der 100 Kauravas ist und von dessen zweitem Sohn Pandu die fünf Pandava-Brüder – Yudhishthira, Bhima, Arjuna sowie die Zwillinge Nakula und Sahadeva – abstammen. Beide Sippen befinden sich in ständigem Machtkampf um den Thron, der schließlich zu einem furchtbaren Krieg führt. Nach 18 Tagen und zahllosen Opfern wird der Kampf von den Pandavas für sich entschieden.

außen liegt der von Arjunas unzähligen Pfeilen getroffene Bhishma am Boden. Er war als Halbonkel der Pandavas und Kauravas Ziehvater der verfeindeten Cousins. Ungefähr 15 m weiter Richtung Mitte ist oben der Brahmane Drona an seinem Haarzopf zu erkennen, der beide Clans in der Waffenkunst unterwies. Im Zentrum stoßen die Armeen aufeinander. Kurz dahinter erscheint Arjuna, hier nur anhand seines vierarmigen Wagenlenkers Krishna identifizierbar. Beide sind die Zentralfiguren der ›Bhagavad Gita‹.

Südwestpavillon: Den kreuzförmigen Verbindungspavillon zur Südgalerie schmücken an den Durchgängen und Fensterstürzen Einzelszenen aus der Hindu-Mythologie: An der Ostseite des **nördlichen Durchgangs** hebt Krishna den Berg Govardhana, um Hirten und ihre Kuhherde vor heftigen Regenschauern zu schützen, die der verärgerte Indra gesandt hat. Auf der Westseite ist das Quirlen des Milchmeeres dargestellt. Die Südseite des **westlichen Durchgangs** zeigt den 20-armigen und vielköpfigen Ravana, den Berg Kailash schüttelnd, weil Nadikeshvara ihn auf Anordnung Shivas daran hindert, den Berg zu betreten. Neben Shiva ist seine Gefährtin Uma zu sehen. Über dem Fenster der Westseite im **südlichen Durchgang** wiederum sieht man Shiva als Eremit mit Bart und Perlenkranz neben Uma. Shiva tötet hier den Liebesgott Kama, weil dieser Shiva auf Bitten Umas hin mit einem Pfeilschuss aus der Meditation geweckt hatte. Kama stirbt in den Armen seiner Gefährtin Rati. Die Ostseite zeigt über dem Fenster den im ›Ramayana‹ geschilderten Kampf zwischen den Affenbrüdern Valin und Sugriva. Von oben eilt Rama zu Hilfe und tötet Valin mit einem Pfeil. An der Nordseite des **östlichen Durchgangs** erkennt man zwei dekorierte Boote, die einen See voller Fische befahren. Vermutlich handelt es sich um eine Darstellung des Wasserfestes in Dvaravati. Dvaravati, der Ort mit Toren, wurde laut ›Mahabharata‹ von Krishna inmitten des Meeres gegründet. Das Wasserfest wird bis heute als Neujahrsfest der Khmer Mitte April gefeiert.

Südgalerie, Westabschnitt: Im Gegensatz zu den anderen Basreliefs hat dieses 94 m lange Teilstück einen historischen Bezug: Es zeigt eine *Militärparade König Suryavarmans II.* (unter seinem posthumen Namen Paramavishnuloka). Unklar ist, ob die Darstellung sich auf ein einmaliges Ereignis bezieht oder ob solch eine Parade regelmäßig stattfand. Auf den ersten 10 m teilt sich das Relief in einen oberen und einen unteren Strang. In der oberen Ebene gewährt der König auf dem Berg Shivapada eine Audienz. Auf seinem Thron sitzend, empfängt er die Huldigung seiner Truppen. Seinen Rang unterstreichen 14 Ehrenschirme, fünf Fächer, vier Rosshaarwedel und zwei Banner. Rechts von ihm erkennt man drei Würdenträger. Am Ende des oberen Motivs schließen sich einige Audienzteilnehmer der bereits im unteren Abschnitt verlaufenden Militärparade an. Deren Nachhut bilden die auf Sänften getragenen Palastdamen. 20 Oberkommandierende auf Kriegselefanten führen die Truppen an. Die Zahl der Ehrenschirme gibt Auskunft über ihren Status, ihre Namen und Titel sind in Sanskrit-Inschriften vermerkt. Vor dem zwölften Elefanten kündigt die königliche Stan-

Im wohl berühmtesten der 18 Bücher des ›Mahabharata‹, der ›Bhagavad Gita‹, wird geschildert, wie Arjuna beim Anblick seiner Verwandten auf der gegnerischen Seite mit Zweifeln an diesem Krieg erfüllt wird. Krishna erinnert ihn daran, seine Pflicht (Skt.: ›svadharma‹) als Krieger zu erfüllen. Ihr folgendes Gespräch über Karma und die Unsterblichkeit der Seele entfaltet die Quintessenz der Hindu-Philosophie. Dabei wird betont, dass ›bhakti marga‹, der Weg der liebenden Hingabe, zusammen mit dem meditativen Weg der Erkenntnis, ›jñana marga‹, und dem Weg des Handelns, ›karma marga‹, zur Erlösung führt. Bis heute ist ›Der Gesang (›gita‹) des Erhabenen (›bhagavad‹)‹ eines der wichtigsten Bücher der Hindus.

Kambodscha: Angkor – Götterwelt in Stein

darte (Vishnu auf Garuda), an, dass nun der König folgt. Suryavarman II. reitet, von 15 Ehrenschirmen geschützt, den größten Elefanten. Weiter vorne schreiten Priestern mit dem heiligen Feuer einher, dem der oberste Brahmane in einer Sänfte folgt.

Von historischem Interesse ist der Beginn der Prozession, der Hinweise auf die damaligen Machtverhältnisse gibt. Auf dem vorletzten Elefanten ist Shri Jayasimhavarman, der Regent von Lavo, dargestellt. Suryavarman II. (reg. 1112/13–vor 1155) herrschte zeitweise über die alte Mon-Metropole Lavo, das heutige Lopburi in Zentral-Thailand. Die Vorhut bildet eine undiszipliniert marschierende, mit Speeren bewaffnete Gruppe vermutlich siamesischer Söldner (in der Inschrift *syam kuk* genannt), geführt von einem Kommandanten auf einem Elefanten.

Südgalerie, Ostseite: Dieses 66 m lange Teilstück zeigt in drei Reliefbändern auf 132 m^2 die *Himmel und Höllen mit dem Totenrichter Yama*. Die Guten und Edlen sind in Begleitung ihrer Frauen auf dem Weg zu einem der 37 Paradiese. Schirme und Sänften erleichtern ihren Aufstieg dorthin. Nach etwa 17 m ist der achtzehnarmige Yama, Gott des Todes und Herrscher der Unterwelt, auf seinem Büffel zu sehen. Etwa 3 m weiter folgen seine Assistenten Dharma, der die Urteile verkündet, und Chitragupta mit seinem Stab, der jede Tat in seinem Sündenregister aufgeführt hat. Hinter ihnen stürzen die Verurteilten in eine der 32 Höllen. In der ersten Hölle Avichi werden die frevelhaften Reichen auf einen Scheiterhaufen mit dornigen Zweigen geworfen. Jähzornige und Gewalttätige kommen in die sechste Hölle Nirucchvasa, wo sie gefesselt und anschließend auf einen Scheiterhaufen geworfen oder an stachelige Baumstämme gebunden werden. Etwa 3 m vor dem Ende wird die Hölle Maharaurava gezeigt. Den auf einem Rahmen festgebundenen Verdammten – Lügner und Betrüger – werden Nägel in den Körper geschlagen.

Ostgalerie, Südabschnitt: Nach dem dekorationslosen Südostpavillon gelangt man zur wohl symmetrisch strengsten Darstellung, dem *Quirlen des Milchmeers* durch die Devas und Asuras. Die Asuras erkennt man an ihren großen runden Augen und ihren Kriegshelmen, während die Devas mandelförmige Augen besitzen und eine konische Kopfbedeckung tragen. Auf den ersten 5 m des 49 m langen Reliefs ist die Armee der Asuras mit Pferden, Elefanten und Streitwagen zu sehen. Anschließend ist das Relief horizontal streng in drei Ebenen gegliedert: Den oberen Teil füllen fliegende Apsaras aus, während sich im unteren Teil auf einer Naga-Schlange allerlei Meeresgetier, darunter Krokodile und Drachen, tummelt. Ein vielköpfiges Wesen, vermutlich Ravana, hält die fünf Häupter der Naga-Schlange Vasuki, gefolgt von 92 Asuras, die am Körper der Schlange ziehen. Im Zentrum versucht vor dem als Säule angedeuteten Berg Mandara der vierarmige Vishnu das Wirken zu lenken. In seiner zweiten Inkarnation als Schildkröte Kurma stützt er die Basis des Berges, während oben Indra sich müht, ihn aufrecht zu halten. Leicht zu übersehen sind oberhalb des Diskus in Vishnus Hand die Göttin Lotos (als Lotos-

Die Erzählung vom Quirlen des Milchmeers beschreibt den Versuch, das Mittel zur Unsterblichkeit zu erlangen. Sie taucht einige Male in der Hindu-Literatur auf, u. a. im ›Vishnu Purana‹. Im sechsten Kalpa (s. S. 30), als Vishnu in Gestalt der Schildkröte Kurma zur Erde herabstieg, hatten die Devas (Götter) und Asuras (Dämonen) bereits seit 1000 Jahren durch das Drehen bzw. Hin- und Herziehen der gigantischen Naga-Schlange Vasuki um den Berg Mandara versucht, das Milchmeer zu quirlen, um dadurch die unsterblich machende Flüssigkeit ›amrita‹ zu gewinnen.

blume), der Elefant Airavata und das weiße Pferd Ucchaishrava. Sie werden – wie auch die Apsaras – durch das Quirlen des Meers geschaffen. Die 88 Devas finden Unterstützung durch den fünfköpfigen Shiva und am Schwanzende der Naga-Schlange durch einen Affen– Hanuman oder Sugriva. Die aus dem ›Ramayana‹ entlehnten Gestalten Ravana, Hanuman bzw. Sugriva gehören eigentlich nicht zum originalen Mythos, sondern wurden von den Künstlern ergänzt. Es fehlen auch in der Mitte die im Mythos erwähnte Lakshmi und das aufgewirbelte Amrita. Abgeschlossen wird die Szene durch das Götterheer.

Ostgalerie, Nordabschnitt: Dieses 52 m lange Teilstück, einer Inschrift zufolge erst zwischen 1546 und 1564 auf der Basis älterer Vorlagen vollendet, zeigt einen deutlichen Qualitätsabfall. Dargestellt ist – so vermutet George Cœdès – der *Sieg von Vishnu über die Asuras* in ihrer Hochburg Naraka, wie er im ›Harivamsa‹, einem späteren Anhang des ›Mahabharata‹, geschildert wird. Von links und rechts attackieren Dämonen auf Elefanten und Pferden den im Zentrum auf seinem Reittier Garuda stehenden Vishnu.

Nordgalerie, Ostabschnitt: Der Pavillon zwischen Ost- und Nordgalerie blieb offensichtlich unvollendet, er enthält keine Reliefs. Auch die Nordgalerie war fast ein halbes Jahrtausend ohne Dekoration. Erst Mitte des 16. Jh. wurden die Reliefs hinzugefügt, ein Qualitätsabfall ist unübersehbar. Auf den 66 m bis zur Mitte der Galerie wird der ebenfalls im ›Harivamsa‹ geschilderte *Sieg Krishnas über den Asura Bana* dargestellt. Zu dem Kampf kommt es, weil sich Aniruddha, der Enkel Krishnas, in Usha, die schöne Tochter Banas, verliebt hat. Aus Wut darüber setzt Bana Aniruddha in seiner Stadt Shonitapura gefangen, woraufhin Krishna einen Krieg gegen ihn beginnt. Das Relief setzt mit dem Kriegsverlauf ein. Wie üblich sind die Protagonisten in Übergröße dargestellt, weshalb zu Beginn der achtarmige Krishna auf Garuda stehend inmitten des Gemenges von Kriegern problemlos auszumachen ist. Die Attribute in seiner Hand, darunter Diskus, Kaurimuschel und Donnerkeil lassen ihn als Avatar Vishnus erkennen. Etwas weiter sieht man den Vogel Garuda, der ein riesiges Feuer löscht. Es wurde auf Geheiß Banas von Agni entzündet, um seine Stadt vor den Angriffen zu schützen. Agni ist mit sechs Köpfen und vier Händen auf einem Nashorn stehend dargestellt. Etwa 10 m vor Ende des Reliefs ist abermals Krishna abgebildet, der nun auf Bana trifft und ihm mit einem einzigen Diskuswurf fast alle Hände abtrennt. Schließlich kniet zum Reliefende hin Krishna auf dem Berg Kailash vor Shiva und stimmt dessen Ansinnen zu, das Leben Banas zu schonen.

Nordgalerie, Westabschnitt: Die folgenden knapp 100 m Relief stammen wieder aus der Zeit von Suryavarman II. und zeigen eine Schlachtszene zwischen Devas und Asuras. Über ihre genaue Bedeutung bestehen unterschiedliche Auffassungen. Cœdès interpretiert sie als den *Zweikampf zwischen Vishnu und dem Dämonen Kalanemi*, wie er im ›Bhagavata Purana‹ geschildert wird. In ihm gipfelte die Schlacht, deren Auslöser einmal mehr der Unmut der Asuras darüber war, nichts vom Amrita erhalten zu haben. Andere sehen in ihr den

Kambodscha: Angkor – Götterwelt in Stein

Die ›Puranas‹ enthalten Genealogien, Kosmologien und Erzählungen über die Hindu-Gottheiten und wurden in den nachchristlichen Jahrhunderten von meist unbekannten Autoren auf der Basis älterer mündlicher Überlieferungen niedergeschrieben. Die Texte dienen den verschiedenen hinduistischen Schulen als Grundlage ihrer Kulte. Am bekanntesten sind die 18 großen Puranas, darunter das für die Vishnuiten wichtige ›Vishnu-Purana‹.

In der Schlacht von Lanka greifen die Armeen des Rama die Insel Lanka an, um dessen vom Dämonenkönig Ravana festgehaltene Frau Sita zu befreien. Ravana hatte Sita durch einen Trick entführt und auf seine Insel Lanka verschleppt. Erst nach langem Suchen fand sie der weiße Affengeneral Hanuman.

endlosen *kosmischen Kampf* zwischen den guten und bösen Mächten. Interessant sind die übergroßen Darstellungen von 21 der wichtigsten Hindu-Gottheiten, die in Einzelduellen gegen die Dämonen kämpfen, darunter: Kubera, Gott des Reichtums, auf einem Yaksha, der Feuergott Agni auf einem von zwei Nashörnern gezogenen Streitwagen, der Kriegsgott Skanda auf einem Pfau, Indra, König der Götter, auf dem Elefanten Airavata mit vier Stoßzähnen; nach etwa zwei Dritteln des Reliefs ist Vishnu auf Garuda stehend zu sehen und ihm gegenüber ein vielarmiger Dämon mit sieben sichtbaren Köpfen, den Cœdès als Kalanemi identifiziert; es folgen der Totenrichter Yama, dessen Streitwagen ein Büffel zieht, Shiva auf einem vom Bullen Nandi gezogenen Streitwagen, Brahma auf dem Vogel Hamsa, Surya in einem von Pferden gezogenen Wagen mit Aruna (halb Mensch, halb Vogel) als Wagenlenker und Varuna, der Gott des Ozeans, auf einer fünfköpfigen Naga-Schlange.

Nordwestpavillon: Auch hier sind die Wände der kreuzförmigen Durchgänge und Fensterstürze reich ausgestaltet. Einige Motive stammen aus dem ›Ramayana‹. Die Südseite des **Ostdurchgangs** zeigt Krishna auf Garuda und zur Rechten seine Frau Satyabhama. Seine Soldaten führen den Leichnam des Dämonen Naraka und den Berg Maniparvata mit sich. An der Nordseite erkennt man über der Fensteröffnung den liegenden Vishnu auf der Schlange Ananta mit Lakshmi zu seinen Füßen und darunter eine Prozession von Göttern auf ihren Reittieren, die ihn bitten, auf der Erde zu erscheinen. An der Westseite des **Norddurchgangs** muss Sita, die Gemahlin Ramas, nach ihrer Befreiung aus den Händen des Dämonen Ravana das Gottesurteil der Feuerprobe bestehen, um zu beweisen, dass sie sich während ihrer Gefangenschaft nicht Ravana hingegeben hat. Leider ist dieser Teil des Reliefs stark beschädigt, lediglich Flammen deuten auf den ursprünglichen Inhalt der Darstellung hin. Über dem nördlichen Durchgang wird die Entführung Sitas durch den Dämonen Viradha dargestellt. Auf der nördlichen Seite des Westdurchgangs kehren Rama und Sita nach der Schlacht von Lanka nach Ayodhya zurück. Hamsa-Vögel ziehen den Wagen. An der Südseite findet Hanuman die gefangene Sita auf der Insel Lanka, trifft sie heimlich und zeigt ihr Ramas Ring. Die Ostseite des **Süddurchgangs** zeigt, wie Rama Sitas Hand gewinnt, nachdem er am Hofe ihres Vaters König Janaka beim Bogenschießen seine Konkurrenz besiegt hatte.

Westgalerie, Nordflügel: Dieses 51 m lange Reliefteil zeigt als Pendant zur Schlacht von Kurukshetra im Südflügel in eindrucksvoller Detailtreue die *Schlacht von Lanka*, in welcher das zweite große Hindu-Epos, das ›Ramayana‹, seinen Höhepunkt erreicht. Die Hauptfiguren zentrieren sich um das Mittelfeld und heben sich von den vielen spannenden und zum Teil akrobatisch anmutenden Einzelszenen der Schlacht durch ihre Übergröße ab. Rama balanciert in einer Szene mit gespanntem Bogen auf den Schultern Hanumans. Links von ihm stehen der Zauberer Vibhishana und Ramas treuer Halbbruder Lakshmana mit Bogen. Im folgenden Duell hat sich der auf zwei Löwen stehende Affe Nila im Dämonen Prahasta verbissen, und etwas weiter stürzt sich der Affe Angada auf den Elefanten (erkennbar an der dreifach konischen Kopfbedeckung) des Dämonen Mahodara. Der zwanzigarmige Ravana findet sich mit sieben seiner zehn Häupter auf einem von zwei löwenähnlichen Fabelwesen gezogenen Streitwagen. Seine Fangzähne und ineinander gewachsenen Augenbrauen lassen ihn furchterregend erscheinen. Weitere Zweikämpfe zwischen Affen und Dämonen folgen auf den anschließenden Metern, u. a. zum Ende hin (vermutlich) Hanuman gegen Nikumbha mit der edelsteinbesetzten Keule in der Hand und zuletzt der auf zwei drachenartigen Wesen stehende Affenkönig Sugriva, der Kumbha den Bogen entreißt.

Der Haupttempel: Das Zentralheiligtum

Nach Beendigung der Besichtigung der Reliefs in den unteren Galerien kann man vom West-Gopura über Treppen zu einem **Hofraum auf der ersten Terrasse** weitergehen, der durch kreuzförmig angeordnete Gänge viergeteilt wird und als Durchgang zu den drei Aufgängen der zweiten Terrasse dient. Die Vierteilung entsteht, weil ein Quergang die drei zum Zentrum verlaufenden Galerien in der Mitte verbindet. Vier Bassins, welche die Zwischenräume ausfüllen, dienten vermutlich rituellen Waschungen. Inmitten der Vielzahl von Gängen, Säulen und dekorierten Fenstern herrscht eine beschauliche Atmosphäre, in Ruhe kann man die mit attraktiven Apsaras geschmückten Wände und ornamentalen Verzierungen an den Säulen betrachten. Wegen der zahlreichen ursprünglich aufgestellten Buddha-Statuen ist die südliche Galerie als Preah Poan (1000 Buddhas) bekannt. Viele der Statuen gingen jedoch im Lauf der Zeit verloren. An einigen quadratischen Stützsäulen sind insgesamt 41 Inschriften in Pali und Khmer aus dem 16.–18. Jh. zu finden. Sie bezeugen die Popularität von Angkor Wat als buddhistische Pilgerstätte auch nach dem Untergang des Khmer-Reiches. Außer dem ›Kreuzgang‹ befinden sich auf der ersten Terrasse noch zwei erhöhte ›**Bibliotheken**‹. Sie liegen in der Nordwest- bzw. Südwestecke, von beiden bietet sich ein schöner Blick auf den Zentralbereich des Tempels.

Insgesamt 14 Treppen führen zur 7 m höher gelegenen **zweiten Terrasse** (100 x 115 m), deren Ecken heute nur teilweise erhaltene Türme bekrönen. Über den Eingängen zur umlaufenden **Galerie** sind die Giebelfelder mit hinduistischen, zumeist verwitterten Motiven versehen. Wiederum finden sich zwei ›**Bibliotheken**‹ im Westteil der zweiten Ebene. Besucht man Angkor Wat morgens oder abends, so erscheinen die unzähligen Apsaras an der Wand der Galerie im warmen Licht noch graziler als bei vollem Tageslicht. Jede einzelne Figur ist individuell gestaltet.

Voller Bewunderung blicken die meisten Besucher auf die 11 m höher gelegene **dritte und letzte Ebene**. Sie wirkt mit ihren vier steilen Aufgängen und fünf Türmen aus der Perspektive der zweiten Ebene wie ein Berg. Oben angelangt, kann man einen Rundgang durch

Kambodscha: Angkor – Götterwelt in Stein

Unzählige himmlische Tänzerinnen bewohnen den Berg Meru, um dort die Götter zu unterhalten. Die 1850 Apsaras in Angkor Wat zählen neben den Flachreliefs zu den Höhepunkten künstlerischen Schaffens.

die quadratische **Außengalerie** (60 x 60 m) machen. Zwei axial angelegte Galerien verbinden sie mit dem Zentralheiligtum. Die vier Ecktürme und der erhöhte Zentralturm bestimmen die Silhouette von Angkor Wat und finden sich auch in der kambodschanischen Flagge wieder.

Im **Zentralheiligtum** wurde Suryavarman II. nach seinem Tod in Gestalt der Hauptkultfigur als jener verehrt, der in die höchste Welt des Vishnu aufgestiegen ist, als Paramavishnuloka. Doch spätestens im 16. Jh., nachdem der Theravada-Buddhismus sich als dominierende Religion durchgesetzt hatte, ersetzte man die Kultfigur durch vier Buddha-Statuen. Ob unter dem Turm einst tatsächlich der König bestattet lag, blieb bis heute ein Geheimnis. Von oben bietet sich ein guter Blick zurück über die zweite Terrasse hinweg auf den langen Prozessionsweg, über den man Angkor Wat betreten hat.

Phnom Bakheng (2)

Ende 9./Beginn 10. Jh. unter Yashovarman I. erbaut.
Der schöne Ausblick und die Basreliefs lohnen einen Besuch.

Auf dem Weg von Angkor Wat in Richtung Angkor Thom erhebt sich zur Linken der 67 m hohe Berg Phnom Bakheng. Hier entstand der erste Haupttempel Angkor, zugleich Mittelpunkt der 4 x 4 km großen Stadt Yashodharapura. König Yashovarman I. (reg. 889/890–ca. 910) gründete Ende des 9. Jh. die Kapitale, nachdem er seine Residenz in

Hariharalaya (Roluos) aufgegeben hatte. Von den drei auf den Berg führenden Treppen ist nur die von zwei Löwen flankierte Haupttreppe im Osten begehbar. Allerdings sind die Stufen stark zerfallen, sodass der Aufstieg beschwerlich ist. Die Aussicht vor allem bei Sonnenuntergang ist großartig.

Der eigentliche Tempel liegt etwas westlich zurückversetzt auf einem ovalen Plateau, dessen höchste Erhebung den Kern der 13 m hohen **Stufenpyramide** bildet. Sie war ursprünglich von einer 190 x 120 m langen Lateritmauer umgeben, von der noch Reste der Gopuras erkennbar sind. Auf dem vorgelagerten, künstlich geebneten Gelände standen vermutlich die Wohngebäude der Priester.

Um die quadratische Basis (76 x 76 m) der fünfstöckigen Pyramide reihten sich 44 – heute teils verschwundene – **Ziegelsteintürme**. Weitere 60 kleine **Schreine** aus Sandstein gruppieren sich zu je zwölf in symmetrischer Anordnung um die fünf konzentrischen **Terrassen**. An den vier Achsenpunkten führen sehr steile Treppen mit zwei sitzenden Wächterlöwen auf jeder Ebene nach oben. Die wohlproportionierten Sandsteinfiguren sind delikat gearbeitet und teils gut erhalten. Den Abschluss des Heiligtums bildeten auf der **obersten Plattform fünf Prasats**, die wie die Fünf auf einem Würfel angeordnet waren. Dieses neuartige Arrangement als Symbol für die fünf Gipfel des Meru machte später in Angkor Schule. Heute existieren nur noch die Basis des Hauptturms in der Mitte (mit einigen schönen Reliefs) und wenige Reste der anderen vier Türme. Im Hauptturm stand ein Lingam, verehrt als Yashodhareshvara, im Mittelpunkt des Kultes.

Auf der Tempelpyramide des Phnom Bakheng stehen neben dem Zentralturm weitere **108 Türme**. Die Zahl gilt in der hindu-buddhistischen Kosmologie als Symbol der Vollkommenheit.

Etwas bequemer als über den Hauptweg gelangt man auf dem Elefantenrücken über den gewundenen ›Elefantenpfad‹ auf den Phnom Bakheng. Er zweigt links vom Hauptaufgang ab. Rechts davon führt ein Fußgängern vorbehaltener Weg nach oben.

Baksei Chamkrong (3) und Prasat Bei (4)

Wenig besucht werden die beiden kleinen, aber hübschen Tempel im nördlichen Anschluss an den Phnom Bakheng. Der elegante Pyramidentempel **Baksei Chamkrong** (Der Vogel mit Beschützenden Schwingen) zeichnet sich durch seine eleganten Proportionen aus. Ein quadratischer Ziegelsteinturm von 13 m Höhe mit Osteingang und Scheintüren aus Sandstein an den anderen drei Seiten steht auf einer vierstufigen Pyramide (27 x 27 m) mit Aufgängen an den Achsenpunkten. Der Türsturz an der Ostseite des Shiva geweihten Tempels zeigt Indra auf dem Elefanten Airavata. In den Seitennischen sind Reste von Devatas zu sehen. Von der einstigen Umfassungsmauer blieb nichts erhalten. Von den drei Türmen des benachbarten **Prasat Bei** (Drei Türme) ist nur der mittlere einigermaßen erhalten. Der in den 1960er Jahren restaurierte Tempel wurde wohl nie fertig gestellt, denn nur die Türstürze des mittleren und südlichen Prasat besitzen Verzierungen. Auf beiden ist Indra auf Airavata dargestellt.

Am 23. Februar 948 eingeweiht, erbaut unter Harshavarman II./Rajendravarman. Hier fallen insbesondere die eleganten Proportionen ins Auge.

Im 10. Jh. unter Yashovarman I. erbaut. Am Prasat Bei sollte das Augenmerk den Türstürzen gelten.

Angkor Thom (5)

Ende des 12. Jh. unter Jayavarman VII. u. a. erbaut. Besonders sehenswert ist das Südtor.

Angkor Thom galt seinerzeit als die größte Stadt Südostasiens und diente als architektonisches Vorbild für andere Metropolen wie etwa Sukhothai, die 1238 gegründete Hauptstadt des ersten siamesischen Reiches.

An den Ecken der Stadtmauer stehen vier heute schwer erreichbare Heiligtümer, die Prasats Chrung. Sie waren dem Bodhisattva Lokeshvara gewidmet und enthielten Inschriften, in denen Jayavarman VII. die Schutzmauer als den bis an den Himmel reichenden Berg des Sieges, Jayagiri, und den Wassergraben als bis zu den Tiefen der Schlangenwelt reichenden Fluss des Sieges, Jayasindhu, pries. Zweifellos ist dies eine Anspielung auf die hinduistische Kosmologie. Der Tempel in der Südostecke ist am besten erhalten und kann über einen 1,5 km langen Fußweg vom Südtor erreicht werden.

Über 250 Jahre lang war Angkor Thom Hauptstadt des Khmer-Reiches, bis die Herrscher 1432 nach der letzten großen siamesischen Invasion die Stadt verließen. Jayavarman VII. (reg. 1181–ca.1220) begann mit dem Bau dieser Metropole, als er nach Kriegen gegen die Cham ab 1181 seine Macht gefestigt hatte. Die Große Stadt, so die Bedeutung des heutigen Namens Angkor Thom, war das größte seiner zahlreichen Bauprojekte. Da sich ihr 9 km² großes Areal mit den Städten seiner Vorgänger überschnitt, integrierte er deren Bauwerke unverändert, so etwa den Baphuon, oder er gestaltete sie nach seiner Vorstellung um, wie dies beim Palastkomplex der Fall ist. Diesen ließ er erweitern und an der Ostseite mit der Elefantenterrasse abschließen. Wie viele Menschen ursprünglich hier lebten, ist nicht bekannt, sicherlich ging die Zahl der Einwohner in die Hunderttausende.

Ungeachtet dessen, dass der König den Hindukult durch den Mahayana-Buddhismus ersetzte, übernahm er weitgehend unverändert die stadtplanerischen Prinzipien seiner Vorgänger: quadratischer Grundriss (3 x 3 km) als Symbol der Welt, die 8 m hohe Lateritmauer und der 100 m breite Wassergraben als Abbild des umgebenden Gebirges bzw. Ozeans, der Bayon in der Mitte als Berg Meru. Zweifellos diente die gewaltige Mauer in erster Linie Verteidigungszwecken, denn die Bedrohung durch die Armeen der Cham war bei Baubeginn gegen Ende des 12. Jh. noch nicht völlig gebannt.

Die Gestaltung der vier Stadttore an den Achsenpunkten und des Siegestores auf der Höhe des Königspalastes stellt jedoch eine Abwendung von der traditionellen Khmer-Architektur dar, bei welcher die Ausschmückung einer Tempelanlage hinter ihre Architektur zurücktritt. Jayavarman gab dem Skulpturalen, das nun mit der Architektur verschmolz, eine bis dato nicht gekannte Vorrangstellung. Nirgends, außer beim Bayon, wird dies so augenfällig wie bei den Stadttoren von Angkor Thom, die wie kolossale Skulpturen wirken. Drei Turmspitzen, in die insgesamt vier mächtige Gesichter eingearbeitet sind, bekrönen die über 23 m hohen Tore. Bei den Gesichtern handelt es sich um die Darstellung des Bodhisattva Lokeshvara Samantamukha, mit dem sich Jayavarman gleichsetzte, und durch die er seine Allpräsenz ausdrücken wollte. Das Skulpturale wird auch an den beiden Seiten des 3,50 m breiten und 7 m hohen Durchgangs fortgeführt. Dort sind jeweils die drei Häupter des Elefanten Airavata auszumachen, der mit seinen säulenartigen Rüsseln Lotosblüten zupft. Auch bei den steinernen Alleen entlang der Zufahrten zu den Toren steht das Figürliche im Vordergrund. Beidseitig der Dämme, die den Wassergraben durchqueren, säumen jeweils 54 riesige Skulpturen aus Sandstein den Weg: links Devas, erkennbar an den Mandelaugen und der konischen Kopfbedeckung, rechts ihre Gegner, die Asuras, deren aufgerissene Kulleraugen und breite Gesichter furchteinflößend wirken. Beide Gruppen halten eine siebenköpfige Naga-Schlange in Händen. Einige Forscher wie Cœdès und Paul Mus sehen hier das

Angkor Thom: Der Bayon

Motiv vom Quirlen des Milchmeers aufgegriffen (s. S. 300, Angkor Wat). Als Berg Mandara (Meru) dient dieser Auffassung zufolge der Haupttempel Bayon im Zentrum. Sie interpretieren die Figurenallee aber auch als eine Naga-Brücke, die den weltlichen Bereich mit dem göttlichen verbindet.

Zumeist betritt man Angkor Thom durch das **Südtor**, das gegen Mittag wegen des Sonnenlichts zu einem Fotostopp einlädt. Zusammen mit dem Nordtor wurde es zwischen 1944 und 1946 Maurice Glaize restauriert. Wie von den übrigen Toren auch, führt von dort eine 1,5 km lange Straße ins Zentrum der Stadt, zum Bayon. Vom Siegestor, 500 m nördlich des Osttors, verläuft eine weitere Straße schnurgerade zum Königspalast.

Der Bayon

Der Bayon, im Zentrum von Angkor Thom auf dem Kreuzungspunkt der von Nord nach Süd und Ost nach West verlaufenden Hauptachsen gelegen, gehört zu den mysteriösesten und zugleich faszinierendsten Heiligtümern weltweit. Lange hatte es gedauert, bis die ersten Forscher zu Beginn des 20. Jh. zu einer eindeutigen Datierung und Identifizierung gelangten. Über die Jahrhunderte hinweg von Dschungel überwuchert, wurde der Tempel zwischen 1912 und 1914 davon befreit. Erst dann wurde deutlich, dass die verschachtelten Kammern und Gänge Resultat mehrfacher Veränderungen sind. Am rätselhaftesten jedoch waren die Gesichtertürme. Die anfängliche Annahme, es handle sich um die vier Gesichter Brahmas, wurde alsbald verworfen, denn sehr selten sind Hindu-Tempel diesem obersten Gott geweiht. Eine andere These lautete, die Türme seien riesige mit Gesichtern versehene Lingam. Solche Mukha-Lingam (Gesichts-Lingam) waren in

Asuras flankieren den Damm zum Bayon.

Die Wasserversorgung für die Einwohner wurde über Tunnel in der Nordostecke sichergestellt, die das Wasser aus dem Siem-Reap-Fluss in die Stadt leiteten. Reste der Abwasserkanäle und des Baray Beng Thom sind noch in der Südwestecke zu sehen.

Kambodscha: Angkor – Götterwelt in Stein

Angkor Thom
1 Bayon
2 Baphuon
3 Elefantenterrasse
4 Terrasse des Leprakönigs
5 Phimeanakas
6 Tep Pranam
7 Preah Palilay
8 Preah-Pithu-Gruppe
9 Prasats Suor Prat
10 Nördlicher Khleang
11 Südlicher Khleang

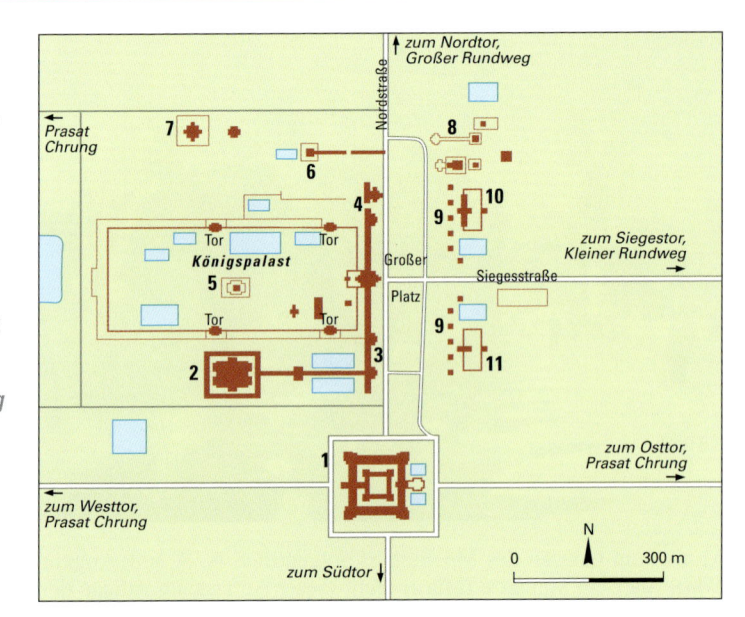

Ende 12. Jh.–Ende 13. Jh. unter Jayavarman VII. und Jayavarman VIII. erbaut. Bestechend: die Basreliefs und die berühmten Gesichtertürme.

»Die Mauer bildet ein perfektes Quadrat mit einem Steinturm an jeder Seite. Im (magischen) Zentrum des Königreiches erhebt sich ein Goldener Turm, der von mehr als zwanzig kleineren Türmen und mehreren Hundert Steinkammern umgeben ist. Auf der östlichen Seite ist eine goldene Brücke, beidseitig flankiert von zwei goldenen Löwen.«
Zhou Daguan

ganz Südostasien verbreitet und vor allem bei den Cham populär. Schließlich fand der Forscher Henri Parmentier 1924 einen versteckten Türsturz mit einer Lokeshvara-Darstellung, was ihn zur bis heute allgemein akzeptierten Auffassung führte, die Gesichtertürme versinnbildlichen den Bodhisattva Lokeshvara Samantamukha. Damit war klar, dass es sich bei dem gesamten Tempel anfänglich nicht um ein hinduistisches, sondern um ein von Jayavarman VII. gestiftetes Mahayana-buddhistisches Heiligtum handelte. Ins Zentrum seines Staatskultes hatte er den Bodhisattva Lokeshvara Samantamukha, der mit den vier Gesichtern seine beschützende Macht in alle vier Himmelsrichtungen seines Reiches ausstrahlen sollte, gestellt. Während sein Nachfolger Indravarman II. (reg. ca. 1220–43/44) diesen Bodhisattva-Kult noch beibehielt, führte Jayavarman VIII. (reg. 1243/44–95) die Shiva-Verehrung wieder ein. Allerdings tat er dies auf rabiate Weise: Nahezu alle Buddha-Darstellungen ließ er entfernen. Erst 1933 fand man die beschädigte Hauptfigur, eine sitzende Buddha-Statue, wieder und stellte sie in einem Pavillon zwischen Königspalast und Siegestor neu auf.

Der Bayon präsentiert sich als eine dreistufige Pyramide, deren untere beiden Ebenen von Galerien umschlossen sind. Den Abschluss bildet die obere Plattform mit den meisten Gesichtertürmen, die über recht steile Treppen erreichbar ist. Wie auch die anderen Tempelkomplexe des Königs wirkt der Bayon mit den verschachtelten Gängen und verwinkelten Galerien wie ein Gegenentwurf zu den klaren Strukturen des Angkor Wat. Deswegen besticht letzterer bereits aus der Distanz, während der Bayon von weitem wie ein Ruinenberg

Angkor Thom: Der Bayon

wirkt und erst von nahem seine Faszination offenbart. Der allgemeine Zugang erfolgt durch eine im Osten vorgelagerte, 72 m lange **zweistufige Terrasse**, die Wächterlöwen und Garudas auf Naga-Schlangen flankieren. Durch die fehlende Außenmauer ist das Betreten des Sanktuariums jedoch von allen Seiten möglich. Diese ansonsten bei Khmer-Tempeln übliche äußere Eingrenzung ist hier bereits als Stadtmauer von Angkor Thom vorweggenommen. Zunächst gelangt man zur **Außengalerie** (156 x 141 m), die durch vier Eckpavillons und Gopuras an ihren Achsenpunkten in acht Abschnitte geteilt ist. Diese Abschnitte werden in ihrer Mitte nochmals von insgesamt 16 Durchlässen unterbrochen, die Zugang zu Schreinen für die Verehrung von Kultfiguren im inneren Bereich ermöglichten. Da Jayavarman VIII. die Schreine jedoch zerstören ließ, sind von ihnen nur noch wenige Reste vorhanden. In den Nordost- und Südostflanken des inneren Bereichs befinden sich zudem zwei erst Ende des 13. Jh. errichtete ›**Bibliotheken**‹.

Die **Basreliefs** der beiden Galerien des Bayon wurden zu unterschiedlichen Zeiten geschaffen. Die Darstellungen an der Außengalerie, vermutlich zu Beginn des 13. Jh. entstanden, geben Einblicke in das Alltagsleben des Khmer-Reiches. Mitte des 13. Jh. ließ Jayavarman VIII. die Innengalerie im Rahmen der Wiedereinführung des Hindu-Kultes mit hinduistischen Motiven versehen.

Die Außengalerie

Auf acht jeweils 35 m langen Abschnitten werden historische Ereignisse und Alltagsszenen illustriert, die jedoch keine logische Abfolge ergeben. Es lassen sich nur Vermutungen darüber anstellen, auf welche Kriegszüge gegen die Cham sich die Darstellungen beziehen. Die folgenden Beschreibungen beginnen im Osten und verlaufen im Uhrzeigersinn.

Lokeshvara (Herr der Welt) oder Avalokiteshvara (Herr, der die Welt betrachtet) gilt als der Bodhisattva des Allumfassenden Mitgefühls oder Mit-Leidens. Im 25. Kapitel (›Samantamukha Parivarta‹) des ›Lotos-Sutra‹ wird das allumfassende Mit-Leiden Avalokiteshvaras beschrieben: »Wenn es (...) Lebewesen gibt, die verschiedene Leiden und Schmerzen ertragen, und wenn diese von dem Bodhisattva Avalokiteshvara hören und mit ganzem Herzen dessen Namen rufen, so achtet der Bodhisattva Avalokiteshvara sofort auf ihre Rufe und Stimmen und bewirkt, dass sie alle befreit und gerettet werden.« Um dies ikonographisch auszudrücken, wird er als Lokeshvara Samantamukha (der Gesichter in allen Richtungen hat) mit vier oder mehreren Gesichtern dargestellt.

Detail aus der Kriegsprozession der Khmer, Ostgalerie/Südseite, Bayon

> »In Kambodscha haben die Frauen den Handel fest in ihrer Hand. Aus diesem Grund sucht ein Chinese, der frisch ins Land gekommen ist, sofort eine einheimische Frau, denn er hält ihren wirtschaftlichen Instinkt für einen großen Gewinn. Markt wird jeden Tag von sechs Uhr früh bis Mittag abgehalten. Es gibt keine Geschäfte, in denen die Händler leben. Sie breiten ihr Angebot einfach auf einer am Boden liegenden Matte aus. Jeder hat seinen zugewiesenen Platz. Ich habe gehört, dass die Behörde Pacht dafür verlangt. Waren mit geringem Wert werden gegen Reis, Korn oder chinesische Produkte getauscht. Auch Stoffe gelten als Tauschmittel. Wertvolle Waren werden mit Gold oder Silber bezahlt.«
> *Zhou Daguan*

Ostgalerie, Südseite: Bis zur Zwischentür ist auf zwei Ebenen eine nach rechts marschierende *Khmer-Armee* dargestellt. Im Prozessionszug erkennt man chinesische Söldner mit Bart und Haarzopf, Generäle auf Elefanten, Kavallerie und Musiker. Die Nachhut bilden drei Prinzessinnen in Sänften (obere Ebene) sowie Familien in Ochsenkarren und Haustiere. Es schließt – ebenfalls auf zwei Ebenen – eine weitere nach links ziehende Armee an. Zwischen den Soldaten finden sich Musiker und Elefanten mit Proviant. Ein Büffel ist wohl zum Schlachtopfer bestimmt. Weiter folgen auf vier Ebenen Alltagsszenen, darunter chinesische Männer, die sich um einen Kochtopf scharen.

Südgalerie, Ostseite: Bemerkenswert sind die Reliefs an diesem Teilstück der Galerie. Es handelt sich um eine der *Schlachten zwischen den Khmer und den Cham*, die auf die Eroberung Angkors durch die Cham 1177 folgten. Unmittelbar am Südostpavillon erkennt man auf der oberen Hälfte eine Palastszene mit König. Es folgen Kriegsboote der Khmer. Unten geht am Ufer das Alltagsleben weiter: Kleine, zwischen Bambusstäbe gespannte Fische werden gegrillt, Menschen gehen zum Markt, und Jäger stellen wilden Tieren nach. Währenddessen stürmen oben die Soldaten der Khmer und Cham (erkennbar an den eigenartigen Helmen) aufeinander los. Die Opfer bieten ein willkommenes Mahl für die Krokodile. Links von der Zwischentür fallen eine Geburtsszene und etwas weiter eine Marktszene ins Auge: Männer erfreuen sich am Hahnenkampf, Chinesen lassen ihre Ware abwiegen, und Händler tragen ihre Lasten in Körben – Begebenheiten, wie sie auch heute noch in Kambodscha zu beobachten sind.

Südgalerie, Westseite: Es schließt hier eine *Militärparade* an. So wird ein gewaltiger, von zwei Personen bedienter Bogen auf einem Elefanten gezeigt und etwas weiter ein Katapult auf Rädern.

Westgalerie, Südseite: Hier und in den folgenden Abschnitten blieben weite Teile unbearbeitet. Im unteren Bereich marschiert zu Beginn eine *Armee* durch den Wald. Im Teilabschnitt links der Zwischentür könnte auf zuerst drei, dann vier Ebenen eine Bürgerkriegssituation illustriert sein. Menschentrauben sind zu erkennen und einige beginnen zu kämpfen. Vielleicht bezieht sich die Szene auf eine in Inschriften erwähnte Revolte, die 1182 südlich von Battambang stattgefunden haben soll.

Westgalerie, Nordseite: Die *Kriegsgeschichte* setzt sich nach links auf zwei Ebenen fort. Nördlich der Zwischentür wird auf zwei Ebenen eine *Prozession* mit heiligem Feuer und dem König gezeigt. Eine Inschrift besagt, dass der König aus dem Wald zurückkehrt und seine Krönung feiert. Möglicherweise ist hier die Krönung Jayavarmans VII. im Jahre 1181 gemeint.

Nordgalerie, Westseite: Auch hier blieb vieles unvollendet. Erkennbar ist eine *künstlerische Darbietung* vor einem König. Oben sind Fechter und Ringer zu sehen, im darunter liegenden Bereich Musiker und ein Akrobat mit drei Kindern. Unten sind zahlreiche Tiere aufgeführt. Gen Osten folgen Eremiten, zwei fischreiche Flüsse mit angrenzenden Palästen und hinter der Zwischentür weitere Kriegsszenen.

Nordgalerie, Ostseite: Auf diesem Mauerabschnitt sind die *siegreichen Cham* abgebildet, eventuell ist dies ein Bezug auf ihren Einfall in Angkor 1177.

Ostgalerie, Nordseite: Der Nordostpavillon wie der gesamte Flügel ist mit weiteren *Kriegsszenen* illustriert – eine Fortsetzung der Szenen auf dem Südflügel (s. o.). Khmer-Soldaten marschieren gen Norden und sind in der Reliefmitte in Gefechte mit den Cham verwickelt.

Innengalerie

Es schließt sich die fast quadratische, nach außen offene zweite Galerie (70 x 80 m) an, von der wiederum weitere Galerien und Aufgänge zum Kernbereich abgehen. Diese Galerie erfuhr mehrfache Veränderungen, sodass sie heute verwirrend erscheint. Ursprünglich war sie kreuzförmig gestaltet und wurde später – vielleicht unter Jayavarman VIII. – in der jetzigen, allerdings verwinkelten, rechteckigen Form gestaltet. Sie besitzt nun vier Ecktürme und an den Achsenseiten jeweils einen Gopura mit drei miteinander verbundenen Gesichtertürmen, also insgesamt 16 Türme mit den fremdartigen Antlitzen des Lokeshvara. Da die breiten Portale und Durchgänge keine längeren Illustrationen zulassen, sind die Nischen und Wände mit Einzelszenen, meist aus der Hindu-Mythologie, geschmückt. Der Rundgang erfolgt wieder im Uhrzeigersinn von Osten her.

Ostgalerie, Südseite: Zwischen der Illustration des *Eremitendaseins* (rechts) und dem *Palastleben* (links) folgt auf drei Ebenen die Darstellung von *Shiva als Asket*.

Südgalerie, Ostseite: Nach *Schlacht- und Palastszenen* ist ein mit einem Löwen kämpfender *König* zu sehen. Vermutlich wird anschließend auf zwei Ebenen eine *Krishna-Legende* erzählt. Pradyumna, das Kind von Krishna und Rukmini, wird von einem Dämonen ins Meer geworfen, dann von einem Fisch verschlungen und später von Fischern aus dem Bauch des Fisches befreit.

Südgalerie, Westseite: *Shiva* wird in verschiedenen Szenen gezeigt, u. a. wie er Hof hält. Anmutig wirken die Apsaras und Palastdamen in Booten. Ein vierarmiger *Vishnu* ist ebenfalls von Apsaras umgeben. Vor ihm kniet ein König, dahinter wartet dessen Hofstaat.

Westgalerie, Südseite: *Vishnu auf Garuda* steht mit seiner Armee einem feindlichen Heer gegenüber. Zwischen zwei Gesichtertürmen wird auf drei Ebenen der *Bau eines Tempels* illustriert. Sklaven ziehen Steine mit Seilen vorwärts oder tragen sie auf ihren Schultern. Oben thront die Statue von Vishnu, gefolgt von einer weiteren vierarmigen *Vishnu-Darstellung* in der gegenüberliegenden Nische.

Westgalerie, Nordseite: Kurz hinter der Galeriemitte zeigen die Reliefs eine marschierende *Armee* mit zwei Herrschern in Streitwagen sowie eine *Palastszene*. Es folgt das *Quirlen des Milchmeers* aus dem ›Vishnu Purana‹. Wie beim Angkor Wat hilft auch hier ein Affengott, wahrscheinlich Hanuman, auf der Seite der Devas.

Nordgalerie, Westseite: Einer *Kriegsprozession* im Eckpavillon und einer Palastszene auf drei Ebenen folgt die *Hindu-Trinität*: der tanzende Shiva zwischen Vishnu und Brahma. Unten sind der Elefantengott *Ganesha* und *Rahu* erkennbar. *Shiva* und *Uma* sitzen zwischen Eremiten und Frauen. Etwas weiter links schießt der Liebesgott *Kama* mit dem Pfeil auf den meditierenden Shiva (neben Uma), der ihn daraufhin tötet. Sterbend liegt Kama in den Armen seiner Gefährtin Rati.

Nordgalerie, Ostseite: Die Seite zeigt u. a. *Shiva* und *Uma* auf dem Bullen Nandi, *Arjuna* und *Shiva als Jäger*, die Pfeile auf einen Eber schießen (Szene aus dem ›Mahabharata‹), und *Ravana, der den Berg Kailash schüttelt*.

Ostgalerie, Nordseite: Über einer *Armee in Marsch* fährt der Herrscher mit seinen zwei Frauen in einem von Hamsas gezogenen Wagen. Daneben tragen Männer die heilige Flamme. Zwei Szenen zeigen die Bergung einer (von den Cham?) in den Graben geworfenen Statue. Zuletzt wird in einer Nische vielleicht auf die volkstümliche ›*Legende des Leprakönigs*‹ angespielt. Von links nach rechts verlaufend dargestellt, kämpft ein König mit einer Riesenschlange. Ein Stück weiter sitzt er auf seinem Thron, und Frauen untersuchen seine Hände. Weitere Szenen stellen ihn im erkrankten Zustand dar, dessen Ursache, so die Legende, das Gift der Schlange gewesen sei.

Obere Plattform

Auch auf der dritten Plattform wurde die anfängliche Kreuzesform durch die vielen zusätzlichen Kammern und Türme verändert. Dies gilt ebenfalls für das dort in der Mitte aufragende **Zentralheiligtum**, dessen runde Grundform durch hinzugefügte Räume entstanden ist und das nun eine Höhe von 43 m über dem Boden erreicht. Die 37 **Gesichtertürme** zeigen sich aufgrund der vielen Durchgänge und Winkel in immer neuen Perspektiven. Mal wirken sie furchteinflößend, entrückt oder freundlich. Die Gesamtzahl der Türme könnte sich auf die 54 Provinzen des Khmer-Reiches zur Zeit Jayavarmans VII. beziehen. Wie bei anderen Bauten dieses Königs, so lässt sich auch beim Bayon erkennen, dass er in Eile errichtet worden sein muss. Zumindest die mangelhafte Bauweise lässt dies vermuten.

Baphuon

1060 unter Udayadityavarman II. erbaut. Sehenswert sind hier die Basreliefs.

Achtung: Aufgrund der Restaurierungsarbeiten sind gegenwärtig Teile des Tempels für Besucher gesperrt!

Seit Jahrzehnten wird diese massive fünfstufige Tempelpyramide südlich des Palastes von der EFEO mit großem Aufwand restauriert. Das ursprünglich fast 50 m hohe Shiva-Heiligtum war unter Udayadityavarman II. (reg. 1049–67?) Haupttempel der Stadt Yashodharapura. Er weihte es nach nur elfjähriger Bauzeit 1060 als Svarnagiri (Goldener Berg) ein. Sein Nachfolger hielt in einer Inschrift fest: »Als er in der Mitte von Jambudvipa (…) einen goldenen Berg aufsteigen sah, erbaute er im Zentrum der Stadt einen goldenen Berg. Auf dem Gipfel dieses Berges errichtete er in einem goldenen Tempel (…) ein Shivalinga aus Gold.« Zhou Daguan pries noch 240 Jahre danach den Baphuon als einen »Bronzeturm, noch höher als der goldene Turm [Bayon]: ein wahrlich imponierendes Spektakel; mit mehr als zehn Kammern an seiner Basis«. Doch aufgrund der schlechten Statik des Bauwerks stürzte die obere Terrasse ein und beschädigte andere Teile bzw. riss sie mit. Wasser, das durch Risse im unteren Bereich des Turms eindrang, tat ein Übriges. Darüber hinaus wurden im 16./17. Jh. aus den Galerien Steine für den Bau eines liegenden Buddha auf der Westseite der dritten Pyramidenstufe verwendet, dessen mächtige Reste noch zu sehen sind.

Vom **östlichen Gopura**, der einen Teil einer 425 x 125 m langen **Außenmauer** bildet, führt die erhöhte, von Säulen gestützte 172 m lange **Prozessionsstraße** zur äußeren von insgesamt drei konzentrischen **Galerien**, die nur noch teilweise stehen. Ein kreuzförmiger **Pavillon** in der Mitte der Anlage ist ebenfalls kaum erhalten, doch besitzt er einige sehr schöne Basreliefs, darunter Jagdszenen. Gerühmt wird der Baphuon vor allem wegen der Darstellungen in der **zweiten Galerie**, mit der die eigentliche, 120 x 100 m große Pyramide beginnt. An deren Gopuras finden sich Darstellungen aus dem ›Ramayana‹ und ›Mahabharata‹, darunter die Rückkehr von Rama und Sita nach Ayodhya und die Schlacht von Kurukshetra (Ost-Gopura) sowie Krishna im Kampf mit der Naga-Schlange Kaliya (Süd-Gopura). Auf der **fünften Pyramidenstufe** in 24 m Höhe sind nahezu alle Bauten wie Türme und Gopuras verschwunden, doch bietet sich ein schöner Blick auf die beiden wieder aufgebauten ›Bibliotheken‹ hinter der ersten Galerie.

Königliche Terrassen

Vom Bayon aus schreitet man entlang der Elefantenterrasse zum Areal des einstigen königlichen Palastes. Hier schlug das politische Herz des Angkor-Reiches. Die königlichen Palastanlagen aus Holz sind verschwunden, doch allein die 300 m in Nord-Süd-Richtung verlaufende **Elefantenterrasse** lässt den Besucher die frühere Größe des Komplexes erahnen. Hier nahm der Herrscher einst Paraden ab oder beobachtete Pferderennen, die auf dem weitläufigen Gelände zwischen Terrasse und den Prasats Suor Prat (s. u.) stattfanden. Ihr volkstümlicher Name bezieht sich auf die Darstellung von Elefanten, die sich entlang der Mauer bis zum zweiten südlichen Treppenaufgang zieht. Zumeist handelt es sich hierbei um Jagdszenen. Zur Mitte hin folgen Figuren mit Löwenköpfen und Garudas, jeweils mit erhobenen Armen. Das Gleiche wiederholt sich spiegelbildlich auf der nördlichen Seite. **Fünf Treppenaufgänge** führen zur 3 m höher gelegenen Plattform. Airavatas, deren Rüssel wie Säulen auf Lotosblüten ruhen, flankieren die Nebenaufgänge. Löwen, Hamsa-Vögel und eine Naga-Balustrade krönen den oberen Teil des zentralen Hauptaufgangs. Darauf stand vermutlich ein Holzpavillon, der dem weiter westlich gelegenen Palastkomplex vorgelagert war. Richtung Osten ist die Haupttreppe über eine gerade Straße mit dem Siegestor verbunden.

Ende 12. Jh.–Ende 13. Jh. unter Jayavarman VII. und Jayavarman VIII. erbaut.
Reliefs beachten.

Airavatas an einem der Nebenaufgänge

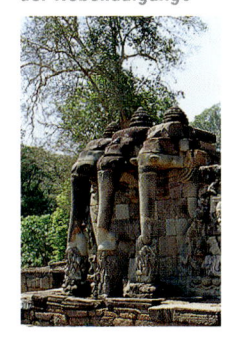

Detail aus einem Relief an der Terrasse des Leprakönigs

Der **nördlichste Treppenaufgang** ist aufgrund seiner Reliefdarstellungen sehenswert, darunter ein Polospiel, der dreiköpfige Elefant Airavata sowie Garudas und Gestalten mit Löwenhäuptern. Der Aufgang erfuhr mehrfache Veränderungen, denn anders lässt sich eine zweite, hintere Mauer nicht erklären. Die EFEO legte in den 1990er Jahren die hintere Mauer frei, sodass die dort als Relief gearbeiteten fünfköpfigen Pferde gut zu sehen sind. Der schlecht erhaltene Stupa oberhalb des Aufgangs ist eine spätere Ergänzung.

Die nördlich anschließende 25 m lange **Terrasse des Leprakönigs** wurde nach einer auf der Plattform gefundenen Statue im Lotossitz aus dem 14./15. Jh. benannt, die im Nationalmuseum von Phnom Penh ausgestellt ist und hier vor Ort durch eine Kopie ersetzt wurde. Sie stellt Yama, den Herrscher der Unterwelt, dar. Ihren Namen trägt sie jedoch aufgrund einer Legende, derzufolge sie ein Abbild des an Lepra erkrankten Königs Yashovarman I. (reg. 889/ 890–ca. 910) sein soll.

Auch diese Terrasse erfuhr Veränderungen, wie eine zweite, hinter der vorderen liegende Wand zeigt. Beide 6 m hohen Wände sind fast vollständig mit gut erhaltenen Reliefs ausgestaltet. Sie zeigen auf mehreren Ebenen Könige mit Hofstaat, Devatas, Nagas und andere Wesen aus der Mythologie. Vermutlich stand früher auf der Terrasse ein Holzpavillon, wo, wie George Cœdès vermutet, die Verbrennung der Könige und ihrer Familien stattgefunden haben könnte.

Phimeanakas und Königspalast

Ende 10./Anfang 11. Jh. unter Jayavarman V. u. a. erbaut.

Der eigentliche Palastkomplex zieht sich von der Elefantenterrasse in einer Breite von 246 m und einer Länge von 585 m Richtung Westen. Über einen Fußweg erreicht man von der Elefantenterrasse aus das östliche der beiden Nordtore. In der über 14 ha großen Anlage lebten von Suryavarman I. (reg. 1001/02–49) bis ins 15. Jh. fast ununterbrochen Kambodschas Könige. Innerhalb der 5 m hohen Lateritmauer sind heute nur die Wasserbecken und der Phimeanakas einigermaßen erhalten, die hölzernen Palastbauten sind verschwunden. Zwei Bassins an der Nordseite sind noch mit Wasser gefüllt. An ihren Einfassungsmauern lassen sich Reste von Sandsteinreliefs erkennen.

Aufgrund seiner drei steil ansteigenden Terrassen wirkt der nur 12 m hohe Phimeanakas aus Laterit und Sandstein größer als er tatsächlich ist. Offensichtlich wurden beim Bau des Himmlischen Palastes, so die Bedeutung seines Namens, auch Teile anderer Gebäude wieder verwendet, was bei einigen Türpfosten der oberen Galerie erkennbar ist. **Vier Aufgänge**, auf jeder Ebene von Löwen flankiert, führen an den Achsen der 35 x 28 m großen Basis nach oben. Dort auf der **obersten Terrasse** stand einst ein Prasat mit kreuzförmigem Grundriss: Der Phimeanakas diente als privater Tempel der Könige. Hier soll sich nach Zhou Daguans Bericht ein goldener Turm befunden haben, in welchem ein Geist in Form einer neunköpfigen Schlange als »Herrscher des gesamten Reiches« residierte und sich allnächtlich in eine Frau verwandelte, mit der sich der König vereinigte.

Tep Pranam und Preah Palilay

Etwas nördlich der Terrasse des Leprakönigs, an der Straße in Richtung Nordtor von Angkor Thom, zweigt ein Weg zum Heiligtum **Tep Pranam** (Verehrungswürdiger Gott) ab. Dort befindet sich auf einer Terrasse eine 6 m große sitzende Buddha-Figur. Entlang des Weges entdeckt man noch Relikte eines 75 m langen Zugangs aus Laterit. Die Statue wird von einem mit orangefarbenen Tüchern dekorierten Holzgerüst geschützt. Vermutlich stammt sie aus dem 16. Jh., jener Zeit, als Angkor ein populäres Ziel buddhistischer Pilger war.

Etwa 16. Jh. von einem unbekannten Herrscher erbaut. Sehenswert ist die Buddha-Figur.

150 m weiter nordwestlich von Tep Pranam liegt das ebenfalls buddhistische Heiligtum **Preah Palilay**. Innerhalb der 50 x 50 m messenden Lateritmauer erheben sich auf einer dreistufigen Terrasse die kaminähnlichen Reste des Sandstein-Prasat. Auf dem Weg dorthin passiert man eine kreuzförmige Terrasse, deren mit siebenköpfigen gekrönten Nagas gestaltete Balustrade gut erhalten ist. Zwischen ihr und einem folgenden dreiteiligen Gopura wird heute eine erst in jüngerer Zeit aufgestellte Buddha-Figur verehrt. Die Ziergiebel des ebenfalls aus Sandstein errichteten Gopura gleichen einem buddhistischen Bilderbuch mit Szenen aus dem Leben des Erleuchteten, darunter die Zähmung des Elefanten Nalagiri und die Nahrung spendenden Tiere im Wald Parileyyaka. Die qualitativ minderwertigen Reliefs lassen vermuten, dass sie oder die gesamte Anlage in der Nach-Angkor-Zeit (13./14. Jh.) geschaffen wurden.

Im 13. oder 14. Jh. unter Jayavarman VIII. und später erbaut. Attraktiv sind die Lage im Wald und Reliefs.

Preah Pithu

Kurz vor dem Nordende des Großen Platzes führt rechts ein Pfad zu den fünf Tempeln von Preah Pithu. Inmitten des Waldes liegen die kaum besuchten Ruinen – teils mit schönen Reliefs – ausgesprochen idyllisch. Die **beiden südlichen Kultstätten** wurden vermutlich zeitgleich in der ersten Hälfte des 12. Jh. zur Zeit Suryavarmans II. errichtet. Sie liegen, umschlossen von einem meist ausgetrockneten Wassergraben, auf einer Ost-West-Achse. Sehenswert ist die dem westlichen der beiden Tempel vorgelagerte kreuzförmige Terrasse mit Naga-Balustraden. Die auf runden Säulen ruhende zweistufige Terrasse führt zur 45 x 40 m großen Umfassungsmauer, durch deren West-Gopura man zum 6 m hoch gelegenen – heute eingefallenen – Sanktuarium gelangt. Vor dessen Westeingang liegt am Boden ein Türsturz mit einer Darstellung des Quirlens des Milchmeeres, an den Außenwänden erblickt man einige schöne Devatas. Über den Ostausgang gelangt man nach wenigen Metern zur Umfassungsmauer des kleineren Nachbartempels. Auch dort sind schöne Reliefs erhalten, darunter Darstellungen von Dvarapalas, Devatas und nochmals das Quirlen des Milchmeers am Türsturz über dem Nordeingang sowie ein tanzender Shiva über dem Westeingang des Sanktuariums.

12./13. Jh. unter Suryavarman II./Jayavarman VIII. erbaut. Hier sollte man sich die Basreliefs anschauen und die Stimmung genießen.

Etwa 100 m nordöstlich der beiden Tempel stehen die Relikte eines **dritten Heiligtums**. Auf einer 4 m hohen mehrstufigen Terrasse (40 x

40 m) befindet sich das Sanktuarium, dessen buddhistische Motive im Inneren stilistisch der Post-Angkor-Periode angehören. Ein im Norden an den Wassergraben anschließendes **viertes Heiligtum** mit unvollendeten Verzierungen im Angkor-Wat-Stil war Shiva geweiht. In dessen Sanktuarium befindet sich noch ein Lingam. Am **fünften Heiligtum**, etwa 30 m nördlich, zeigen Reliefs u. a. den Kampf zwischen den Affen Sugriva und Valin sowie Vishnu, den Ozean überquerend. Zeitlich wird es in die zweite Hälfte des 12. Jh. datiert.

Prasats Suor Prat und Khleang

Anfang 13. Jh. unter Indravarman II. erbaut. Schöner Gesamteindruck

Östlich des **Großen Platzes**, auf dem vermutlich Aufmärsche und königliche Zeremonien stattfanden, fallen zwölf gleichförmige Tempeltürme auf. Jeweils sechs – davon zwei etwas zurückversetzt – stehen nördlich und südlich der Siegesstraße. Einige der quadratischen Bauten aus Laterit und Sandstein blieben unvollendet. Ihre Funktion ist fraglich, des Volkes Fantasie sah in ihnen Türme der Seiltänzer und nannte sie deshalb **Suor Prat**. Der Gelehrte Parmentier interpretiert sie als eine Art »Ehrenloge« für hochstehende Persönlichkeiten anlässlich von Feierlichkeiten auf dem Großen Platz.

Ende 10./Anfang 11. Jh. unter Jayaviravarman (N) und Suryavarman I. (S) erbaut.

Die beiden **Khleang** nördlich und südlich der Siegesstraße bilden den Abschluss des königlichen Platzes. Die heutige Bezeichnung Warenhaus spielt vermutlich auf die Form und ungewöhnliche Breite (Nord-Khleang 4,7 m bzw. Süd-Khleang 4,2 m) der länglichen Hallen an. Sie dienten aber religiösen Zwecken: Es fanden sich Lingam und hinduistische bzw. buddhistische Figuren. Mit 40 x 4,7 m und einer Mauerdicke von 1,5 m ist der ältere nördliche Bau imposanter. Zudem ist er besser erhalten, obwohl er einige Jahrzehnte vor dem südlichen erbaut wurde. Offensichtlich gab es bauliche Veränderungen, denn der heute zusammengestürzte Turm in der Mitte kam zu einem späteren, nicht datierbaren Zeitpunkt hinzu.

Eine weitere seltsame Erklärung der Prasats Suor Prat gibt der chinesische Chronist Zhou Daguan. Ihm zufolge wurden dort »himmlische Urteile« auf folgende Weise gefällt: Kontrahenten, die sich im Streit befanden, sollten so lange im Turm ausharren, bis derjenige, der im Unrecht war, von einer Krankheit befallen wurde.

Beiden aus Laterit und Sandstein errichteten Tempeln schlossen sich im Osten Galerien an, von denen wenig erhalten ist. In der Mitte unterbrechen sowohl an der West- als auch an der Ostseite Vestibüle mit Eingängen die in Nord-Süd-Richtung liegenden Hallen. Die prominente Stellung der Galerien und die zurückhaltend gestalteten Reliefs führten zu einem eigenständigen Khleang-Stil, der sich auch beim Tempel Ta Keo wiederfindet.

Thommanon (6) und Chao Say Tevoda (7)

Im frühen 12. Jh. unter Suryavarman II. erbaut. Das Gesamtensemble und die Reliefs im Besonderen lohnen.

Hinter dem Siegestor taucht sehr bald auf der linken Seite der kleine, aber elegante Tempel **Thommanon** auf. Die Ähnlichkeit mit Angkor Wat ist unverkennbar, und in der Tat wurde er wenige Jahre zuvor errichtet. Mit der vollständigen Restaurierung in den 1960er Jahren ist die für Tempelanlagen mit einem Sanktuarium typische Architektur wieder hergestellt. Dazu gehört eine mit dem Hauptturm über einen Korridor (*antarala*) verbundene Vorhalle. Sie schließt nach nur wenigen Metern an den östlich vorgelagerten Gopura an, dem größten von vier geplanten Eingängen an der Umfassungsmauer (45 x 60 m). Allerdings wurde nur der westliche Gopura fertig gestellt.

Die Außenseite des Sanktuariums besticht durch feinstes Dekor mit feinem Rankenwerk und Blumenmotiven, das u. a. die graziösen Devatas umgibt. Tympanon und Türsturz über den acht Portalen sind meist verschwunden oder schwer beschädigt. Über dem Südeingang des Mandapa ist Ravana zu erkennen, der den Berg Kailash schüttelt. Eine wohlproportionierte ›Bibliothek‹ mit schönem floralem Dekor ist dem Sanktuarium südlich vorgelagert.

Auf der gegenüberliegenden Straßenseite befindet sich der gegenwärtig von chinesischen Experten restaurierte **Chao Say Tevoda**, dessen Grundplan dem des Thommanon ähnelt: Sanktuarium mit Mandapa im Zentrum, umgeben von einer Umfassungsmauer (40 x 50 m) mit vier, diesmal vollendeten Gopuras. An der Ostseite sind zwei ›Bibliotheken‹ erhalten, die sich jedoch in sehr schlechtem Zustand befinden. Stilistisch wird der Tempel in die ausgehende Angkor-Periode datiert.

Bei der Weiterfahrt nach Osten überquert die Straße nach etwa 200 m den Siem-Reap-Fluss. Links von der heutigen Brücke sind die Reste von 14 Stützpfeilern einer alten Steinbrücke, **Spean Thma** (8), zu erkennen, wahrscheinlich im 16. Jh. unter Verwendung von Steinen aus älteren Tempelanlagen neu errichtet oder restauriert.

Nach dem Besuch der Monumente in Angkor Thom setzt sich der traditionelle Kleine Rundweg (Petit Circuit) vom Siegestor des Angkor Thom fort. Seiner Route folgen auch die weiteren Beschreibungen.

Mitte des 12. Jh. unter Suryavarman II. u. a. erbaut.
Lage und Reliefs verdienen einen Blick.

Der Thommanon

Ta Keo (9)

975–1001? unter Jayavarman V. erbaut. Als erster Tempel aus Sandstein von Bedeutung, sehenswert aufgrund der fünf Prasats, besonders schön im Abendlicht.

Zahlreiche Stelen preisen König Jayavarman V., dessen Regentschaft eine Ära politischer Stabilität und kultureller Blüte war: »Er vereint in sich alle Qualitäten, ihm kommt der Glanz der Tugend zu; er ist sprachgewandt; er besitzt die Zeichen der Freundschaft mit Indra; er ist hoch geboren und Meister seiner selbst.«

Ta Keo
I erste Terrasse
II zweite Terrasse
III oberste Terrasse mit den fünf Prasats
1 Ost-Gopura der äußeren Mauer
2 längliche Galerien
3 Ost-Gopura der inneren Mauer
4 Galerie
5 ›Bibliothek‹
6 Bulle Nandi

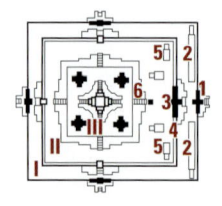

Nach einer Südbiegung der Straße erscheint auf der östlichen Seite der massige Tempelberg Ta Keo (Ahne Keo), ein wunderbares Beispiel für einen Tempelberg der Angkor-Zeit. Der Staatstempel Jayavarmans V. (reg. 968–1001) ist das erste Monument Angkors, dessen bedeutendste Gebäude vollständig aus Sandstein erbaut wurden. Der König brach mit der Tradition, den Haupttempel im Zentrum der Königsstadt zu errichten, und verlegte ihn südlich. Jayendranagiri, die neue Stadt des Siegreichen Königs, gründete er am Westufer des Östlichen Baray, den sein Vater Rajendravarman II. (reg. 944/945–68) zuvor hatte erweitern lassen. Unter Letzterem setzte nach dessen Rückverlegung der Hauptstadt von Chok Gargyar (Koh Ker) nach Angkor eine neue Phase in der Khmer-Architektur ein. Der Tempel präsentiert sich als fünfstufige Pyramide von insgesamt 22 m Höhe. Aufgrund der Straßennähe ist der Zugang über die West- und über die Südseite am bequemsten. Es empfiehlt sich, über den Süd-Gopura zunächst zur Ostseite zu gehen und dann von dort die Besichtigung zu beginnen, da hier der traditionelle Zugang erfolgte. Verließe man die Anlage über den Ost-Gopura der äußeren Mauer und ginge Richtung Osten, erreichte man nach 500 m den Östlichen Baray.

Am **Ost-Gopura der äußeren Mauer** (122 x 106 m) beginnend und sich gen Westen Richtung Tempelpyramide bewegend, fallen zunächst innerhalb der östlichen Außenmauer links und rechts des Gopura zwei 22 m lange **Galerien** auf. Sie dienten vermutlich als Rastplatz für Gläubige. Nach dem Erklimmen des 5,5 m höher liegenden **Ost-Gopura der inneren Umfassungsmauer** (80 x 75 m) trifft man auf eine weitere Innovation des Ta Keo: eine durchgehende **Galerie** mit nach innen gerichteten Fensteröffnungen. Offensichtlich diente sie rein dekorativen Zwecken, denn es fehlen die Eingänge.

Betritt man durch diesen zweiten Ost-Gopura dann den inneren Bereich des Tempels, so stehen rechts und links je eine ›**Bibliothek**‹. Sehr schön gearbeitet sind dort die gedrehten Fenstersäulen. Der kniende **Bulle Nandi** vor dem Aufgang zur Tempelpyramide selbst erinnert daran, dass der Berg mit den Goldenen Gipfeln, Hemashrinagiri, wie der Ta Keo anfänglich hieß, ein Shiva-Heiligtum war. Der weitere Aufstieg gestaltet sich nun mühsam, denn es müssen 30–40 cm hohe Treppenstufen erklommen werden, um zur 14 m hoch gelegenen **oberen Terrasse** zu gelangen. Sie krönen fünf mächtige, geradezu klobig wirkende **Sandsteintürme**, deren mittlerer 4 m erhöht liegt. Die fehlende Dekoration und die massiven Sandsteinblöcke, aus denen sie bestehen, lassen sie eher düster wirken. Warum der Tempel nie vollendet wurde, ist unklar. Vielleicht ließen die durch Machtkämpfe geprägten Jahre nach dem Tod des Königs keine Fertigstellung zu, und nachfolgende Herrscher verfolgten eigene Tempelprojekte. Gesichert scheint nur, dass ihn sein dritter Nachfolger, Suryavarman I. (reg. 1001/02–49), einem Guru zum Gebrauch hinterließ.

Ta Prohm (10)

Der Straße weiter nach Süden folgend, taucht linker Hand der äußere West-Gopura (mit Gesichterturm) des wohl geheimnisvollsten Tempels von Angkor auf, Ta Prohm, der Ahnherr Brahma. Er wirkt deshalb so entrückt, weil die EFEO ihn so belassen hat, wie sie ihn vorfand, und nur geringe Sicherungsmaßnahmen durchführte. So begreift man, wer in den vergangenen Jahrhunderten der ›wahre Herrscher‹ über Angkor war: der Dschungel. Wie Tentakeln von Kraken haben sich die Wurzeln der Würgefeige (*Ficus sp.*) und des größeren Seidenwollbaums (*Bombax ceiba*) über die Mauern gezogen und so ein neues Kunstwerk geschaffen.

Ta Prohm war ursprünglich ein buddhistisches Kloster (*rajavihara*), das Jayavarman VII. 1186 zum Gedenken an seine Mutter errichten ließ, und dem (weiblichen) Bodhisattva der Vollkommenen Weisheit, Prajñaparamita, geweiht. Ähnlich den anderen Bauten Jayavarmans VII. handelt es sich auch bei dem Ta Prohm um einen Flachtempel. Innerhalb der 1 km langen und 650 m breiten äußeren Umfassungsmauer aus Laterit befindet sich die eigentliche, nur etwa 1 ha große Tempelanlage (112 x 106 m). Ein Wassergraben und eine weitere, 250 x 220 m messende Mauer schließt sie ein. Innerhalb dieser Mauer umfassen dann drei konzentrische Galerien das Sanktuarium im Zentrum. Glaubt man der Inschrift, so lebten in dem Bereich zwi-

Vom Dschungel erobert: Ta Prohm

1186 unter Jayavarman VII./Indravarman II. erbaut.
Die eigene Atmosphäre dieses Tempels im Dschungel mit den Wurzeln der Würgefeigen besticht.

Für den Ta Prohm sollte man sich viel Zeit lassen, um die Dschungelatmosphäre einfangen zu können.

Kambodscha: Angkor – Götterwelt in Stein

Ta Prohm
- I äußere Galerie
- II mittlere Galerie
- III dritte Galerie
- 1 Ost-Gopura der zweiten Mauer
- 2 Säulen eines eingestürzten Gebäudes
- 3 Ruinen von Schreinen
- 4 Halle der Tänzer
- 5 Ost-Gopura der äußeren Galerie
- 6 Tempel für den Guru Jayavarmans VII.
- 7 Tempel für den Bruder Jayavarmans VII.
- 8 Relief Aufbruch in die Hauslosigkeit
- 9 West-Gopura der äußeren Galerie

Über 1000 Arten zählt der zur Familie der Maulbeergewächse (Moraceae) gehörende Feigenbaum (Ficus). Sein Verbreitungsgebiet liegt vorwiegend in den tropischen Regenwäldern Südostasiens. Prominenteste Arten sind der Indische Banyanbaum (Ficus benghalensis), der vor allem von Buddhisten verehrte Bodhi-Baum (Ficus religiosa), der Gummibaum (Ficus elastica) und die Würgefeige (Ficus sp.), deren Samen über Vögel auf Wirtsbäume oder Gebäude gelangt, diese später umschließt und abtötet bzw. die Steine sprengt.

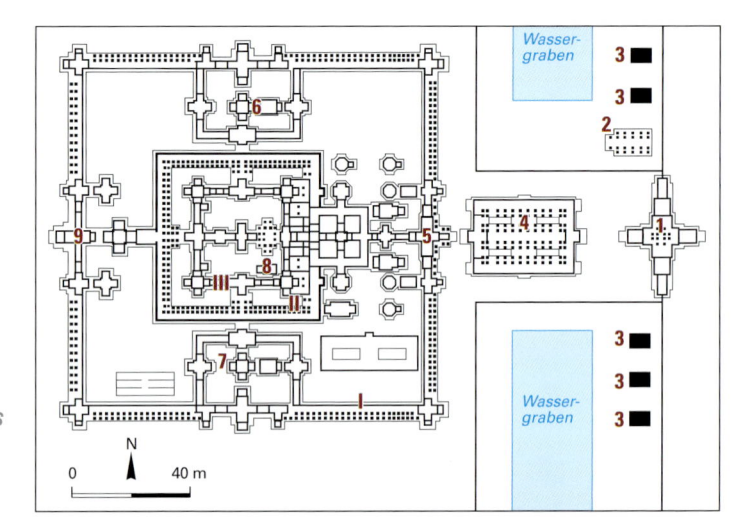

schen Außen- und Umfassungsmauer der Tempelanlage, also in der Klosterstadt, 12 640 Bedienstete, darunter 18 Priester, 2740 Angestellte, 2232 Assistenten und 615 Tänzer. Zum Unterhalt des Klosters sollen die Abgaben von 79 365 Personen aus verschiedenen Dörfern verwendet worden sein.

Dschungel und Verfall, aber auch spätere bauliche Erweiterungen lassen den Grundplan nur schwerlich nachvollziehen. Die meisten Besucher betreten und verlassen den Ta Prohm über den Westeingang, aber es lohnt sich, das Gelände von Ost nach West zu durchschreiten. Ein Weg führt von der Straße zum **Ost-Gopura der Außenmauer**, dessen Gesichterturm eingefallen ist. Nach einem knapp 500 m langen Spaziergang vorbei an Reisfeldern und Dschungel steht man vor dem kreuzförmigen **Ost-Gopura der zweiten Mauer** mit Szenen aus dem Leben Buddhas, darunter dem Angriff von Mara. Innerhalb dieser Mauer sind nördlich des Weges die **Säulen** eines eingestürzten Gebäudes zu erkennen, dessen Funktion unklar ist. An ihr entlang befinden sich in regelmäßigen Abständen die **Ruinen** von 60 kleinen Schreinen. Der Weg führt weiter zur ursprünglich überdachten **Halle der Tänzer**, die wohl für religiöse Zeremonien genutzt wurde. Links und rechts davon ist ein **Wassergraben** zu erkennen.

Mit dem **Ost-Gopura der äußeren** von insgesamt drei Galerien beginnt das Labyrinth der eingestürzten Gänge. Die eingefallenen separat stehenden Schreine zwischen den **Galerien** waren vermutlich jeweils einer der in der Tempelinschrift erwähnten 260 Gottheiten gewidmet. Ein Tempel nördlich der mittleren Galerie war dem Guru des Herrschers, ein Tempel südlich davon dem älteren Bruder Jayavarmans geweiht.

Die ursprüngliche Gestalt des **zentralen Tempelbaus** – ein in Ost-West-Richtung verlaufendes Sanktuarium mit umgebendem Wandelgang – ist kaum mehr nachvollziehbar, denn immer wieder steht man vor Baumriesen, die sich in die Ruinen gekrallt haben oder sie umschlingen. Zartes grünes Moos und Flechten überziehen die zahlreichen Devatas und lassen sie noch anmutiger erscheinen. Fratzen des Dämonen Kala sind noch an vielen Türstürzen zu erkennen. Die Szenen in den Giebelfeldern über den Eingängen zu den Galerien greifen meist buddhistische Themen auf, wie Buddhas Aufbruch in die Hauslosigkeit an der Südostseite innerhalb der innersten Galerie. An vielen Reliefs wurden die Abbildungen Buddhas entfernt, ein Werk Jayavarmans VIII., der den Shiva-Kult wieder einführte.

Von dem kreuzförmigen **West-Gopura der zweiten Mauer** führt ein 300 m langer Weg durch den Wald zum recht gut erhaltenen **westlichen Gopura der Außenmauer** – wieder versehen mit den vier markanten Gesichtern.

Banteay Kdei (11) und Srah Srang (12)

Südöstlich des Ta Prohm schließt sich unmittelbar auf der anderen Straßenseite ein weiteres Kloster Jayavarmans VII. an, **Banteay Kdei** (Zitadelle der Kammern). Mit 700 x 500 m ist es etwas kleiner als der Ta Prohm, aber ähnlich strukturiert. Da die Tempelstele nicht gefunden wurde, ist die genaue Funktion und Widmung des Banteay Kdei nicht bekannt. Die Anlage wurde 1946 nur geringfügig restauriert und vom Dschungel soweit befreit, dass sie einfacher zu besichtigen ist. Der Zugang ist sowohl von Osten als auch von Westen her möglich. Eine Lateritmauer umschließt die Klosterstadt, an deren Achsenpunkten sich vier Gopuras mit Gesichtertürmen erheben. Innerhalb der Mauer schließt ein Wassergraben eine weitere Lateritmauer (320 x 300 m) ein, die den eigentlichen Tempelkomplex (58 x 55 m) mit zwei Galerien umgibt.

Ende 12./13. Jh. unter Jayavarman VII./Indravarman II. erbaut. Auch hier locken Dschungelatmosphäre und Reliefs.

Vom Ost-Gopura der Außenmauer in die Tempelstadt eintretend gelangt man zu einer Terrasse mit Naga-Balustraden. Es folgt der Ost-Gopura der zweiten Mauer und anschließend die bei Jayavarman VII. übliche Halle der Tänzer, deren mit Apsaras verzierte Steinsäulen vermutlich ein Holzdach trugen. Durch die Außengalerie des Tempels gelangt man ins innere Sanktuarium. Es besteht aus einer konzentrischen Galerie, die an den Achsenpunkten durch einen Kreuzgang verbunden ist. Über den Eingängen und Ecken erhoben sich ursprünglich zehn Türme. Offensichtlich wurde das Kloster relativ schnell errichtet: Viele Details wurden nicht ausgearbeitet, und die Sandsteinquader sind übereinander geschichtet, ohne auf die Statik zu achten. Des ungeachtet sind auch im Banteay Kdei viele attraktive Devatas und andere mythologische Wesen zu entdecken.

Wie verzaubert wirkt der 700 x 350 m große, sich neben dem Banteay Kdei erstreckende Baray **Srah Srang** (Abb. S. 330f.) in den frühen Morgenstunden, wenn der Dunst über dem Wasser schwebt. Seit nunmehr 1000 Jahren ist der Baray mit Wasser gefüllt und erfüllt seine

Zu Fuß kann man vom Srah Srang den Banteay Kdei durchqueren, dann nach rechts über die Straße zum Osteingang des Ta Prohm gehen und diesen ebenfalls durchwandern. Eine gute Möglichkeit, Natur und Kultur zu erleben! Inklusive Besichtigungen braucht man für den 2,5 km langen Weg ca. zwei Stunden.

Mitte 10.–13. Jh. unter Rajendravarman II./ Jayavarman VII. erbaut. Besonders attraktiv am frühen Morgen

Funktion als Reservoir bis heute. Von Rajendravarman II. im 10. Jh. begonnen, wurde das Bassin unter Jayavarman VII. neu gestaltet. Aus dessen Zeit stammt die mehrstufige Terrasse am Westrand mit Naga-Balustraden und Löwenfiguren. Eventuell stand dort auch ein Holzpavillon. Zwar bedeutet der Name Srah Srang königliches Bad, doch der Baray war laut Inschrift ›zum Nutzen aller‹ bestimmt.

Prasat Bat Chum (13) und Prasat Kravan (14)

Südlich des Srah Srang befinden sich zwei kleinere Tempelanlagen, Bat Chum und Prasat Kravan. Zwischen ihnen verlief die alte Königsstraße Richtung Osten nach Beng Mealea und Preah Khan bei Kampong Svei.

960 unter Rajendravarman II. erbaut. Die Eingänge sind sehenswert.

Das 960 errichtete Mahayana-buddhistische Heiligtum **Bat Chum** besteht aus drei nach Osten ausgerichteten Backsteintürmen, umgeben von einem breiten Wassergraben. An den jeweiligen Eingängen beeindrucken vor allem die fein gearbeiteten oktogonalen Säulen aus Sandstein. Beachtung verdienen zudem die Wächterlöwen. Drei Inschriften vermitteln interessante Aufschlüsse über Bauprojekte Rajendravarmans II. und erwähnen den einzigen in Angkor namentlich bekannten Baumeister (u. a. von Pre Rup) und Stifter des Bat Chum, den Buddhisten Kavindrarimathana. Zudem verbieten sie das Baden der Elefanten im Srah Srang, da diese ›Deichbrecher‹ den Baray beschädigen könnten.

921 unter Harshavarman I. erbaut. Sehenswert sind die Backsteinreliefs.

Knapp vier Jahrzehnte älter als Bat Chum sind die fünf ebenfalls nach Osten ausgerichteten Türme des **Prasat Kravan**, den königliche Minister stifteten. Auf den ersten Blick eher unspektakulär, offenbart das Vishnu geweihte Heiligtum gut erhaltene Backsteinreliefs. Offensichtlich blieb der von einem Wassergraben umgebene Tempel unvollendet, denn von den in einer Reihe stehenden Türmen weisen lediglich zwei Dekor auf. 1968 wurde der Prasat Kravan unter Verwendung neuer Ziegelsteine (mit der Prägung C.A. für Conservation D'Angkor) vollständig restauriert. Im gut erhaltenen Zentralturm, der ein Lingam birgt, stehen vishnuitische Themen im Vordergrund: Der vierarmige Vishnu (mit Attributen: Lotosblume, Keule, Muschelschale, Diskus) überquert den Ozean (linke Wand), ein achtarmiger Vishnu mit Adoranten (Mitte), Vishnu auf Garuda (rechte Wand). Der Nordturm zeigt in drei Szenen Lakshmi, die Gefährtin Vishnus, mit Begleiter.

Der Große Rundweg (Grand Circuit)

Entlang der Südseite von Angkor Wat verläuft der Petit Circuit nun zurück nach Siem Reap. Der 9 km längere Grand Circuit hingegen schließt die weiter östlich und nördlich liegenden Tempel ein und erreicht über das Nordtor wieder Angkor Thom.

Pre Rup (15)

Mit dem Pre Rup (den Körper wenden; *rup* leitet sich von Skt.: *rupa*, Körper, ab)) erreicht der Grand Circuit sein östlichstes Ende und wendet sich abrupt nach Norden. Hier steht der Shiva gewidmete Staatstempel Rajendravarmans II. (reg. 944/945– 968). Wahrscheinlich war die Anlage zugleich das Zentrum der neuen Hauptstadt Yashodarapura am Südufer des Östlichen Baray (sein Vorgänger hatte in Chok Gargyar, Koh Ker, residiert). Da von der Stadt außer Relikten einer Straße nichts erhalten blieb, bleiben diesbezüglich allerdings Zweifel.

Der Tempel besteht aus einer dreistufigen Pyramide, die an der Basis 50 x 50 m misst und eine Höhe von 12 m erreicht. Zwei konzentrische **Umfassungsmauern** aus Laterit umgeben die Pyramide. Zwischen den Mauern befinden sich auf der Ostseite zwei Gruppen von ursprünglich jeweils drei **Türmen** (einer ist nicht mehr vorhanden), deren Funktion unklar ist. Die **länglichen Hallen** an den Seiten dienten vermutlich als Rastplatz für Pilger. Innerhalb der zweiten Mauer verläuft eine an den Ecken und den Seiteneingängen jeweils unterbrochene **Galerie**.

Zwei ›**Bibliotheken**‹ aus Ziegelstein flankieren den Weg zur **Pyramide**, vor deren östlichem Treppenaufgang ein innen hohler Steinsockel steht, möglicherweise die Basis für eine Nandi-Skulptur. Auf der ersten Pyramidenstufe befinden sich zwölf symmetrisch angeordnete kleinere Schreine unklarer Funktion. Im erhöhten Zentralturm auf der obersten Plattform wurde der *devaraja* in Form eines Shiva-Lingam unter dem Namen Rajendrabhadreshvara verehrt. Die vier ihn umgebenden Ziegelstein-Türme dienten der Verehrung der Ahnen des Königs. Alle fünf Türme wurden aus Ziegelstein unter Einbeziehung von Sandstein für Türen und Fenster errichtet. Vom Dekor blieb fast nichts erhalten, nur am Südwestturm sind die vierarmige und -gesichtige Sarasvati (auch Brahmi), Gefährtin von Brahma, sowie Varahi, Gefährtin der dritten Inkarnation von Vishnu als Eber (Varaha), zu erkennen.

961/962 unter Rajendravarman II. erbaut. Das Augenmerk richtet sich auf die zentrale Stufenpyramide und ihre Ziegelstein-Prasats.

Verstorbene Könige wurden als Manifestation von Shiva unter ihrem Namen und der Endung -eshvara (Herr) in Form eines Lingam oder einer Statue verehrt. Königinnen erhielten den posthumen Namenszusatz -deva.

Östlicher Mebon (16)

Bei der Weiterfahrt Richtung Norden gelangt man zum **Östlichen Baray**. Nur noch andeutungsweise sind die Konturen dieses riesigen, 7,5 x 1,8 km großen Wasserreservoirs auszumachen. König Yashovarman I. (reg. 889/890–ca. 910) ließ es zur Bewässerung seiner weiter westlich gelegenen Stadt Yashodharapura (mit Phnom Bakheng im Zentrum) ausheben, unter Rajendravarman II. wurde es vergrößert. Die Bauzeit des ca. 4 m tiefen Baray betrug sicherlich über drei Jahre.

Längst ist der Baray ausgetrocknet und das Areal in Reisfelder umgewandelt, daher ist es schwer vorstellbar, dass der **Östliche Mebon**, die von König Rajendravarman II. errichtete Tempelpyramide, einmal wie eine Insel mitten im Wasser lag. Da das Heiligtum im Wasser stand, fehlen die sonst üblichen Elemente wie Prozessionswege, Umfassungsmauern und Wassergräben. Dafür verfügt es an jeder Seite der 126 x 121 m großen Basis über eine Anlegestelle, über die man zu

Am 28. Januar 953 unter Rajendravarman II. eingeweiht Man sollte das Dekor am Türsturz, die Scheintüren und die Elefanten an den Ecken betrachten.

Zur Errichtung des Östlichen Mebon heißt es auf einer Stele: »Er [der König] hat im Baray von Yashodhara ein Lingam und einige Statuen gestiftet«. Datum und Uhrzeit der Einweihung sind exakt festgehalten: Freitag, 28. Januar 953, 11 Uhr.

einem der vier äußeren Gopuras gelangt. Sie sind Teil einer Lateritmauer, innerhalb der sich Reste einer Galerie befinden. Wie im Pre Rup verlief sie jedoch nicht durchgehend.

Der Tempel ruht auf einer 2,4 m höher gelegenen Terrasse, wiederum aus Laterit, an deren Ecken Elefantenfiguren aus Sandstein stehen. Verschiedene längliche Gebäude mit nicht geklärter Funktion befinden sich an den Seiten, und an den Achsenpunkten erheben sich jeweils zwei Prasats aus Ziegelstein, also insgesamt acht, die ursprünglich je einen Lingam bargen. Auf der weitere 3 m höher gelegenen zweiten Plattform erheben sich fünf Prasats, angeordnet wie die Fünf auf einem Würfel. Auch sie wurden aus Ziegelstein errichtet, mit einem offenen Eingang im Osten. Die oktogonalen Säulen und Türstürze aus Sandstein zeigen zum Teil gut erhaltene Verzierungen und lassen Ähnlichkeiten mit denen von Pre Rup erkennen. Unzählige Löcher, die einst dem besseren Halt der Stuckverzierungen dienten, übersäen die Ziegelsteinwände. Aus einer 218 Verse langen Inschrift (eine der längsten Sanskrit-Inschriften überhaupt) geht hervor, dass in den fünf Sanktuarien die Eltern von Rajendravarman II., repräsentiert durch Statuen von Shiva, Uma, Vishnu und Brahma, verehrt wurden. Somit handelt es sich beim Östlichen Mebon um einen Ahnentempel.

Ta Som (17)

*Ende 12. Jh./13. Jh unter Jayavarman VII./Indravarman II. erbaut.
Sehenswert ist die Ruine wegen der Dschungelatmosphäre, insbesondere der Ost-Gopura mit Würgefeigen, der Gesichtertürme und der Reliefs.*

Diese kleine Tempelruine im Wald 3 km nördlich des Östlichen Mebon trägt den volkstümlichen Namen Ahne Som. Bereits der Gesichterturm über dem westlichen Gopura der Außenmauer lässt von der Straße kommende Besucher erkennen, dass der Ta Som ein weiteres Werk Jayavarmans VII. ist. Sein Nachfolger Indravarman II. (reg. ca. 1220–43/44) ließ das Heiligtum vergrößern. Welche Funktion es hatte, ist mangels Inschrift nicht bekannt.

Der Lageplan ist einfach: eine **Außenmauer** (240 x 200 m) mit zwei Gopuras umgibt einen breiten, im Osten und Westen durchbrochenen **Wassergraben**. Innerhalb davon befindet sich eine **zweite Umfassungsmauer** mit ebenfalls zwei Eingängen. Im Zentrum schließt eine konzentrische **Galerie** (30 x 20 m) aus Laterit und Sandstein den kreuzförmigen – nun eingestürzten – **Zentralturm** und zwei ›**Bibliotheken**‹ ein. Es bietet sich an, die zurzeit vom World Monuments Fund (WMF) restaurierte Anlage von West nach Ost zu durchschreiten. Man passiert Naga-Balustraden und zahlreiche Devatas an den teilweise eingestürzten Wänden. Vor allem im Morgenlicht wirkt der von Würgefeigen eingenommene Ost-Gopura der Außenmauer mystisch. Dessen Tympanon enthält eine Lokeshvara-Darstellung.

Der Neak Pean (18) im Jayataka Baray

*Jayataka Baray und Neak Pean wurden Ende des 12. Jh. unter Jayavarman VII. erbaut.
Auf dem mittleren der fünf Wasserbassins von Neak Pean erhebt sich der Prasat auf einer Insel.*

Nördlich des Ta Som biegt die Straße nach Westen ab und führt an dem 3,5 km langen und 900 m breiten, heute ausgetrockneten Jayataka Baray (s. S. 327) entlang. In der Mitte des Baray liegt der Neak Pean

Großer Rundweg: Ta Som, Neak Pean, Krol Ko

auf einer ehemaligen quadratischen Insel, deren Seitenlänge 300 m misst. Um ihn zu erreichen, muss man von der Straße einen südlich abzweigenden Weg einschlagen und ihm einige hundert Meter folgen.

Neak Pean ist das wohl eigentümlichste Heiligtum Angkors. Es besteht aus einem Ensemble von fünf Wasserbassins, von denen das mittlere, 70 x 70 m große Wasserbecken noch mit Regenwasser gefüllt ist. In dessen Mitte erhebt sich auf einer runden Insel ein Prasat – einmal mehr Symbol des Weltenberges – mit Öffnung nach Osten und Scheintüren an den übrigen drei Seiten. Hier erkennt man die Grundstruktur, die dem Weltbild im Hinduismus wie im Buddhismus und auch in vielen anderen Kulturen zugrunde liegt: Quadrat (das Bassin) und Kreis (Insel) stehen für die Erde bzw. den Himmel. Maurice Glaize unternahm 1938/39 die Restaurierung des Tempels unter Anwendung des Anastylose-Verfahrens. Dabei stellte er fest, dass der Tempel im Laufe der Zeit bauliche Veränderungen erfahren hatte. So waren die drei mit Darstellungen des Lokeshvara versehenen Scheintüren ursprünglich offene Eingänge. Die darüber liegenden Giebelfelder zeigen nun Szenen aus dem Leben Buddhas. Seinen volkstümlichen Namen verdankt der Lokeshvara geweihte Tempel zwei ineinander verschlungenen Naga-Schlangen (Khmer: Neak Pean) an der Basis der Insel. Sie werden mit den Heil bringenden Naga-Königen Nanda (Freude) und Upananda (Segen) assoziiert. Die Insel soll laut Inschrift als Schiff zur Durchquerung des ›Ozeans der Existenzen‹ dienen.

Im Osten vorgelagert, ragt das fliegende Pferd Balaha aus dem Wasser. In dieser Gestalt erschien Bodhisattva Lokeshvara, um den vor Sri Lanka in Seenot geratenen Händler Simhala und seine Gefährten aus den Fängen Männer verschlingender Dämoninnen zu befreien.

An den Seiten des großen Beckens schließen sich vier kleinere, ebenfalls quadratische Bassins (25 x 25 m) als Symbol der vier Flüsse an, die mit Wasser aus dem Hauptbecken gespeist wurden. Da sie ausgetrocknet sind, kann man die ehemalige Wasserzufuhr problemlos besichtigen. Aus steinernen Wasserspeiern in Form von Häuptern (im Ostbassin ein menschliches, im Süden ein Löwen-, im Westen ein Pferde- und im Norden ein Elefantenhaupt) quoll das Wasser aus dem zentralen Bassin in die vier Nebenbecken, in denen die Gläubigen auf Lotossockeln stehend ihre rituellen Waschungen vornahmen. Denn heilbringend sollte laut Inschrift das Wasser des Neak Pean sein und jene »vom Schmutz der schlechten Taten reinigen, die damit in Berührung kommen«.

Krol Ko (19)

Etwas westlich der Abzweigung zum Neak Pean führt rechts ein Pfad zum kleinen Tempel Krol Ko (Ochsenpark), der vielleicht im Zusammenhang mit dem Preah Khan errichtet wurde. Das von zwei Einfassungsmauern aus Laterit umgebene einzeln stehende Heiligtum ist von geringem Interesse. Doch sind die am Boden liegenden Ziergie-

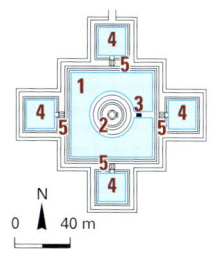

Neak Pean
1 Großes Wasserbassin
2 Insel mit Prasat
3 Pferd Balaha
4 Kleine Bassins
5 Wasserspeier

Das mittlere Bassin symbolisiert den See Anavatapta (›ohne Hitze‹) am Berg Meru, die kleineren Bassins die vier dort entspringenden heiligen Flüsse. Alten buddhistischen Kosmografien zufolge fließt durch den Ochsen (im Neak Pean ein Mensch) der Ganges, den Löwen der Tarim (oder der Fluss Sita), das Pferd der Oxus (oder der Amudarya) und den Elefanten der Indus. Der Anavatapta wird mit dem See Manasarovar unweit des Kailash identifiziert. Wurde der Herrscher morgens mit Wasser daraus besprengt, so besaß er die Kraft eines Chakravartin.

Ende 12./Beginn 13. Jh. unter Jayavarman VII. erbaut. Beachtenswert sind die Ziergiebel-Reliefs.

Kambodscha: Angkor – Götterwelt in Stein

bel sehenswert. Zwei zeigen Lokeshvara von Adoranten umgeben und an einem weiteren Tympanon ist Krishna zu erkennen, wie er den Berg Govardhana hebt.

Preah Khan (20)

1191 unter Jayavarman VII./Jayavarman VIII. erbaut. Einmal mehr besticht hier die Dschungelatmosphäre mit ihren Baumriesen; ebenfalls sehenswert sind die Reliefs und insbesondere die Garudas an der Außenmauer.

Neben Ta Prohm und Banteay Kdei schuf Jayavarman VII. 1191, zehn Jahre nach seiner Thronbesteigung, mit Preah Khan (Heiliges Schwert) eine weitere Klosterstadt im Umkreis seiner Königsresidenz Angkor Thom. Er nannte sie Nagara Jayashri (Stadt des Glücklichen Sieges) und widmete sie seinem Vater Dharanindravarman II. (reg. vor 1155–ca. 1160), der in der Gestalt des Bodhisattva Lokeshvara unter dem Namen Jayavarmeshvara verehrt wurde. Möglicherweise geht der Sanskrit-Name der 56 ha großen Stadt darauf zurück, dass das Gelände Schauplatz einer der wichtigsten Schlachten des Herrschers gegen die Cham war. Der König gründete dort auch eine große buddhistische Universität mit über 1000 Lehrern, an der wahrscheinlich seine zweite Frau Indradevi Dozentin für buddhistische Lehre war. In einer Inschrift preist der König ihr Wissen, das »die Weisheit der Philosophen übertraf«. 5324 Dörfer mit insgesamt 97 840 abgabepflichtigen Personen mussten einer weiteren Inschrift zufolge für den Unterhalt von Preah Khan sorgen.

Der Plan des Preah Khan folgt dem unter Jayavarman VII. üblichen Aufbau einer Khmer-Stadt. Eine äußere, 800 x 700 m messende Mauer aus Laterit, von einem Wassergraben umgeben, schließt das Wohngebiet und die Tempelanlage ein. Diese wiederum besteht aus einer

Preah Khan
1 *kreuzförmige Terrasse mit Naga-Balustraden*
2 *Ost-Gopura der Außenmauer des Tempelbezirks*
3 *Thitpokbaum*
4 *Halle der Tänzer*
5 *zweistöckiges Gebäude*
6 *Laterit-Terrasse*
7 *›Bibliotheken‹*
8 *Ost-Gopura der Außengalerie*
9 *Sanktuarium mit Stupa*
10 *Südlicher Nebentempel für die verstorbenen Könige*
11 *Nördlicher Nebentempel (Shiva-Tempel)*
12 *Westlicher Nebentempel (Vishnu-Tempel)*

Außenmauer (200 x 175 m) und zwei konzentrischen Galerien um das Sanktuarium.

Zwar ist der Zugang von mehreren Seiten möglich, doch empfiehlt es sich wiederum, der traditionellen Ost-West-Richtung zu folgen, denn so ist die Anlage des Preah Khan mit seiner verwirrenden Vielzahl von Galerien und Einzeltempeln leichter zu verstehen. Um zum Ost-Gopura der Außenmauer zu gelangen, verlässt man den Grand Circuit und biegt nach links in einen schmalen Weg ein. Nach 600 m gelangt man zur Tempelauffahrt. Von ihr führt ein von Grenzsteinen gesäumter Weg zum östlich gelegenen **Jayataka Baray** und endet an dessen Westufer mit einer mehrstufigen Terrasse. Der Baray diente zur Wasserversorgung der Tempelstadt. Die Grenzsteine aus Sandstein zeigen an der quadratischen Basis Löwen mit erhobenen Armen, die den oberen Teil zu halten scheinen. In den dortigen Nischen befanden sich Buddha-Darstellungen, welche jedoch – wie an nahezu allen Reliefs des Tempels – der Re-Hinduisierung unter Jayavarman VIII. zum Opfer fielen.

Die 100 m lange **Tempelauffahrt** zum Ost-Gopura der äußeren Umfassungsmauer säumt, wie auch die Eingänge der drei anderen zugänglichen Seiten, eine Allee aus Devas und Asuras (s. S. 306f., Angkor Thom). Nahezu alle Köpfe wurden von Kunsträubern entwendet oder lagern im Conservation D'Angkor. Insgesamt 72 mit Naga-Schlangen kämpfende, 5 m große Garudas zieren etwa alle 50 m die 3 km lange Außenmauer.

Vom dreiteiligen **Ost-Gopura** führt der Weg weiter zum eigentlichen Tempelbezirk. Auf halbem Wege befindet sich rechts ein längliches Gebäude mit massiven Mauern und einem Turmaufsatz an der Westseite. Es wird in einer Inschrift »**Haus des Feuers**« genannt und diente wohl zur Aufbewahrung des heiligen Feuers, das bei religiösen und staatlichen Zeremonien Verwendung fand. Vermutlich wurde das Feuer bei Prozessionen auf einer Art Trage transportiert, wie es in einigen Reliefszenen in Bayon und Angkor Wat zu sehen ist.

Kurz vor dem nächsten Ost-Gopura überquert man eine **kreuzförmige Terrasse** mit Naga-Balustraden und Wächterlöwen. Der 100 m breite **Ost-Gopura** der Außenmauer des Tempelbezirks ist mit fünf Eingängen und drei Tempeltürmen wohl der beachtlichste des Preah Khan. Besonders fotogen wirken an seiner linken Seite zwei ineinander verwobene Exemplare des in Kambodscha als Spong bekannten Thitpokbaumes (*Tetrameles nudiflora*). Es folgt die **Halle der Tänzer**, deren vier Atrien jeweils 24 Säulen umstehen. Dort finden sich anmutige Darstellungen tanzender Apsaras. Rechter Hand steht ein ungewöhnliches **zweistöckiges Gebäude**. Mächtige runde Säulen tragen die obere Etage, die vielleicht durch eine heute verschwundene Holztreppe zugänglich war. Diesem Bau ungeklärter Funktion schließt sich westlich eine **erhöhte Terrasse aus Laterit** an. Den Weg zum Gopura der Außengalerie des Sanktuariums flankieren zwei kleine ›**Bibliotheken**‹. Aufgrund der vielen eingestürzten Säulen und Wände von Galerien und Einzelschreinen ist der weitere Weg verwir-

Im Preah Khan fand man 1929 im Ost-Gopura der Außenmauer eine kniende Statue der Königin Jayarajadevi in Gestalt des weiblichen Bodhisattva Prajñaparamita oder Tara (s. S. 38). Sie zählt heute zu den schönsten Exponaten im Pariser Musée Guimet. Die erste Gemahlin von Jayavarman VII. genoss als dessen Beraterin hohes Ansehen. Nach ihrem frühen Tod ließ ihre Schwester und zweite Ehefrau des Königs, Indradevi, zahlreiche Statuen zu ihrer Verehrung anfertigen und pries sie in einer Stele als intelligente und tief religiöse Frau. Eine weitere Figur befindet sich im Nationalmuseum von Phnom Penh.

rend. Es empfiehlt sich, immer wieder Seitengänge und Nischen zu betreten, um die Reliefs an Wänden, Türstürzen und den Tympana über den Türen zu betrachten. Auch hier schufen Zerfall und Natur ein neues Kunstwerk.

Im etwas nach Westen versetzten, von einer weiteren Galerie eingeschlossenen kreuzförmigen **Sanktuarium** befindet sich dort, wo die Kultstatue des Lokeshvara Jayavarmeshvara stand (heute im Nationalmuseum von Phnom Penh), ein kleiner Stupa im singhalesischen Stil. Man errichtete ihn vermutlich im 16. Jh., als Angkor zum Ziel Theravada-buddhistischer Pilger wurde. Hinweise in einer Stele verraten, dass die Innenwände des Sanktuariums ursprünglich mit Bronzeplatten dekoriert waren. Die zahlreichen Löcher in seinen Wänden dienten wohl zu deren Befestigung.

Nach dem Besuch des Sanktuariums kann man noch die drei kleineren **Nebentempel** des Preah Khan aufsuchen, um deren Reliefs zu betrachten. Die Heiligtümer liegen nördlich, südlich und westlich der Außengalerie und spiegeln den religiösen Synkretismus dieses außergewöhnlichen Herrschers wider. Im südlichen Nebentempel verehrte man in 33 Kultstatuen die verstorbenen Könige. Der nördliche, Shiva geweihte Tempel besitzt eine schöne Darstellung des Schöpfungsmythos mit dem liegenden Vishnu auf der Weltenschlange Ananta.

Verlässt man das Sanktuarium Richtung Westen, der Vishnu zugeordneten Himmelsrichtung, so gelangt man hinter dem West-Gopura der Außengalerie zur ihm geweihten **Andachtsstätte**. Über deren Haupteingang hebt Krishna den Berg Govardhana. Auf dem weiteren Weg zum westlichen Ausgang durchquert man den von zwei beschädigten Wächterfiguren flankierten **Gopura der Außenmauer** des Tempelbezirks mit Szenen aus dem ›Ramayana‹ (Schlacht von Lanka). Kurz vor dem Außentor dokumentiert rechter Hand ein **Zentrum** die Restaurierungsarbeiten des US-amerikanischen World Monuments Fund (WMF). Dank des WMF können Naturfreunde auch einige der zahlreichen Baumriesen identifizieren, unter anderem den in Monsunregenwäldern sehr verbreiteten Yangbaum (*Dipterocarpus alatus*), dessen hochwertiges Holz leider zur massiven Abholzung der Wälder Kambodschas führt.

Vom Preah Khan führt die Straße weiter zum Nordtor des Angkor Thom, wo der Grand Circuit endet.

Ausflüge in die Umgebung

Durch die politische Stabilisierung und Verbesserung der Infrastruktur können nun im Umkreis von Angkor weitere interessante Tempelanlagen besucht werden. Damit schließen sich wichtige Lücken im Verständnis der Khmer-Geschichte, deren Schauplätze ja weit über das engere Gebiet um Angkor hinausgehen. Zudem kann man auf diese Weise Land und Leute kennen lernen. Es empfiehlt sich, mindestens einen Tag für einen Ausflug außerhalb Angkors einzuplanen.

Preah Khan, Ausflüge in die Umgebung: Westlicher Baray

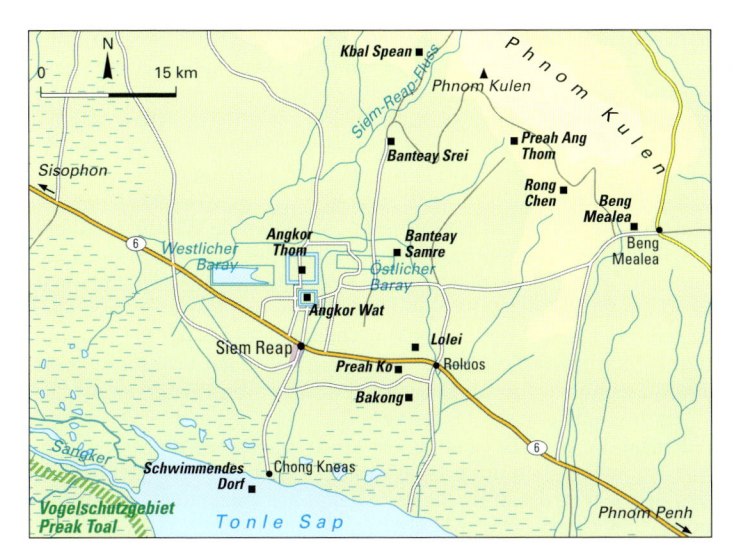

Siem Reap und Umgebung – Ausflüge

Der nordwestlich von Siem Reap liegende Westliche Baray ist sicherlich spätnachmittags am schönsten und eignet sich als Abschluss eines Besichtigungstages in Angkor. Die Roluos-Gruppe kann von Siem Reap aus an einem halben Tag besucht werden. Wer Strapazen nicht scheut, für den lohnt sich die Weiterfahrt zu den Ruinen von Beng Mealea. Sie sind in der Trockenzeit über eine schlechte, aber interessante Straße mit einem guten Fahrzeug erreichbar. Ein abwechslungsreicher Tagesausflug führt nach Banteay Samre, Banteay Srei und den Sehenswürdigkeiten um den Phnom Kulen.

So wird es nur noch eine Frage der Zeit sein, bis auch die 100 km nordöstlich von Angkor liegende **Tempelgruppe von Koh Ker** nicht mehr nur Abenteurern zugänglich ist. Die dortigen Heiligtümer wie der nördlich des Baray Beng Rahal gelegene siebenstufige Staatstempel Prasat Thom oder der ›rote Tempel‹ Prasat Kraham sind trotz ihres schlechten Zustandes beeindruckend. Hier befand sich unter dem Usurpator Jayavarman IV. (reg. ca. 921–941) 16 Jahre lang die Hauptstadt des Khmer-Reiches, bevor sie nach seinem Tode wieder nach Angkor verlegt wurde. Wunderschöne Sandsteinskulpturen aus Koh Ker, die einen eigenen Stil prägen, können (ohne Strapazen) im Nationalmuseum von Phnom Penh oder auch – beim nächsten Paris-Besuch – im Musée Guimet bewundert werden.

Dass heute die schönsten Khmer-Skulpturen in Paris zu sehen sind, ist unter anderem dem Marineoffizier Louis Delaporte (1842–1925) zu ›verdanken‹. Akribisch sammelte das Mitglied der ersten Mekong Exploration Commission von 1866 die Statuen und ließ sie nach Paris verschiffen, wo sie zuerst im Musée indochinois ausgestellt wurden, bevor sie 1920 ins Musée Guimet gelangten. Zahlreiche Exponate stammen aus dem Preah Khan.

Tempel am Westlichen Baray

Hauptsächlich zum Sonnenuntergang statten Touristen dem Westlichen Baray einen Besuch ab, der bereits vom Flugzeug aus beeindruckend wirkt. Das 8 km lange und 2,2 km breite Wasserreservoir ist das größte Angkors und dient nach einer grundlegenden Ausbesserung

Mitte 11. Jh. unter Udayadityavarman II. erbaut. Besonders schön ist die Abendstimmung am Westlichen Mebon.

in den 1950er Jahren den umliegenden Bewohnern wieder zur Bewässerung ihrer Reisfelder und zum Fischfang. Der 7 m tiefe Baray wurde vermutlich in der Regierungszeit Suryavarmans I. (reg. 1001/02–49) gegraben. Nach jahrelangen Kämpfen vereinte dieser König das zersplitterte Khmer-Reich und verlegte seine Residenz in das Gebiet des heutigen Angkor Thom, wo er u. a. den Phimeanakas erweiterte.

Seinem Nachfolger Udayadityavarman II. (reg. 1049–67?), dem Erbauer des Baphuon, ist der auf einer Insel liegende **Westliche Mebon** zu verdanken. Vandalismus und der Zahn der Zeit haben nicht viel von dem Tempel übrig gelassen, sodass der Besuch nur im Zusammenhang mit einer Bootsfahrt attraktiv ist. Von der 100 x 100 m langen Galerie blieben nur Ost- und Süd-Gopura mit Resten der Reliefs erhalten. 1936 wurden hier Teile einer großen liegenden Vishnu-Figur aus Bronze gefunden (heute im Nationalmuseum von Phnom Penh).

An der Südwestseite des Baray befindet sich der erst 1932 entdeckte **Prasat Ak Yum**. Er ist vor allem für Archäologen von Interesse, da hier wahrscheinlich unter Jayavarman II. (reg. vor 770–nach 800) in den Spätjahren des 8. Jh. die erste bekannte dreistufige Tempelpyramide über einem älteren Heiligtum errichtet wurde. Aufgefundene buddhistische und hinduistische Bronzestatuetten zeigen eindeutig, dass Kulte beider Religionen bereits fest etabliert waren.

Roluos-Gruppe

Über die gut ausgebaute NR 6 können die 13 km südöstlich von Siem Reap gelegenen Tempelruinen der Roluos-Gruppe bequem erreicht werden. Die Besichtigung lässt sich mit einer Fahrt durch die ländliche Idylle Kambodschas nach Beng Mealea verbinden. Die drei noch erhaltenen Sanktuarien werden nach dem in der Nähe liegenden Dorf Roluos benannt. Ursprünglich waren sie Teil der Stadt Hariharalaya, die der rastlose König und Begründer des Angkor-Reiches, Jayavarman II. (reg. vor 770–nach 800) zu Beginn des 9. Jh. etablierte. Hier befand sich die Hauptstadt von Kambujadesha, dem Land der Kambujas, wie das Khmer-Reich in Inschriften nun genannt wurde. Unter Indravarman I. (reg. 877/878–889/890) entstanden die beiden Tempelanlagen Bakong und Preah Ko. Dessen Sohn, Yashovarman I. (reg. 889/890–ca. 910), stiftete 893 das Heiligtum Lolei; in jenem Jahr, als er mit Yashodharapura und dem Phnom Bakheng als spirituellem Zentrum eine neue Metropole gründete.

Den Bauten Indravarmans liegen die charakteristischen Elemente der Khmer-Architektur zugrunde: viereckig ausgerichtet, mit Mauer und Wassergraben umgeben und dem Sanktuarium in der Mitte – als Abbild des Berges Meru und der ihn umgebenden Gebirge und des Urozeans. Ebenfalls der Khmer-Tradition folgend stiftete Indravarman seinen Vorfahren den Gedenktempel Preah Ko, ließ für den offiziellen *devaraja*-Kult den Staatstempel Bakong errichten und zur Bewässerung der Reisfelder ein Wasserreservoir (der heute verschwundene Indratataka mit dem Lolei in der Mitte) graben. Die ersteren beiden

Ausflüge: Roluos-Gruppe – Preah Ko

Tempelanlagen waren zugleich mit Wassergraben und Außenmauer versehene abgeschlossene Städte, in denen neben dem Herrscher Angehörige der Aristokratie und die mächtigen Clans der Brahmanen lebten. Das normale Volk wohnte in eigenen Siedlungen rund um die Stadt. Der Name Hariharalaya, Wohnsitz von Harihara, bezieht sich auf den vor allem in der Vor-Angkor-Zeit populären Kult der Verehrung von Shiva (*hara*) und Vishnu (*hari*) in einer Gestalt.

Preah Ko
Dieser südlich der Nationalstraße gelegene Tempel war der erste, den König Indravarman I. (reg. 877/878–889/890) in seiner Regierungszeit errichten ließ. Er stiftete ihn laut Inschrift von 880 zur Verehrung seines Vorgängers und seiner Eltern. Die Anlage besteht aus sechs von mehreren Umfassungsmauern umgebenen Prasats. Da die **äußere Mauer** mit 500 x 400 m im Vergleich zum eigentlichen Tempel recht überdimensioniert wirkt, vermutet man, dass sich auf dem Gelände auch die Königsresidenz befand. Innerhalb der 97 x 94 m langen **zweiten Umfassungsmauer** befinden sich die wenigen Relikte länglicher Hallen. Nahezu alle Gebäude des Tempels mit Ausnahme der ›Bibliothek‹ in der Südwestecke sind verschwunden, sodass sich ein freier Blick auf die Prasats bietet.

Die **sechs Prasats** stehen innerhalb einer dritten Mauer aus Ziegelstein (58 x 56 m) in zwei Reihen auf einer erhöhten Plattform mit nach Osten orientierten Öffnungen. Die Vielzahl der Ziegelstein-Prasats ver-

Am 25. Januar 880 unter Indravarman I. eingeweiht
Sehenswert sind die Wächterfiguren und die Stuckverzierungen am Tempel.

Preah Ko

Inschriften erwähnen häufig den genauen Tag, manchmal sogar die exakte Uhrzeit, in welcher ein Priester der Kultstatue eines Tempels ›die Augen öffnete‹, so die Formulierung – ein heiliger Augenblick. In einer Kammer unterhalb der Statue oder dem Sanktuarium wurden die Opfergaben wie Schmuck oder persönliche Gegenstände des Stifters aufbewahrt – Grund für die Tempelplünderungen späterer Zeit.

anlasste die Archäologen, von einem eigenen Preah-Ko-Stil zu sprechen. Vor den drei Treppenaufgängen, die gut erhaltene Wächterlöwen flankieren, kniet jeweils ein Bulle Nandi. Er gab dem Tempel seinen heutigen Namen Preah (heiliger) Ko (Bulle). Die Ziegelsteintürme zeichnen sich durch ihre feine Verarbeitung und die verschwenderische Stuckverzierung aus, von der selbst die wenigen erhaltenen Reste des Rankenwerks beeindruckend sind. Seitlich der Eingänge befinden sich Nischen mit Wächterfiguren (Skt.: *dvarapala*) aus Sandstein und an den Türrahmen oktogonale Säulen, die dem Konservator Maurice Glaize zufolge zu den schönsten der Khmer-Kunst zählen. Über den Eingängen ist der jeweilige Türsturz mit Rankenornament und dem körperlosen Dämonen Kala geschmückt. Alle sechs Shiva-Heiligtümer waren jeweils der Verehrung einer Person gewidmet. Der mittlere Prasat diente dem Kult des Vorgängerkönigs Jayavarman II. unter dem Namen Parameshvara, der rechte zur Verehrung seines Großvaters mütterlicherseits als Rudreshvara, und der linke für seinen Vater unter dessen posthumen Namen Prithivindreshvara. Die dahinter liegenden kleineren Türme waren den jeweiligen Gemahlinnen zugeordnet. Die Endung *-eshvara* bei Männern bzw. *-devi* bei Frauen verweist darauf, dass die Verstorbenen als Manifestationen von Shiva verehrt wurden. Doch anstelle der sonst üblichen Lingam als Kultobjekt wurden sie in Form von – allerdings verschwundenen – Statuen verehrt.

Bakong

881/882 erbaut unter Indravarman I., im unter Yashovarman II. verändert Die Stufenpyramide präsentiert sich mit einem abschließenden Prasat im Angkor-Wat-Sti.

Fraglos ist der an den Preah Ko anschließende Bakong der herausragendste Tempel der Roluos-Gruppe. Dieses zeitgleich mit Preah Ko entstandene Heiligtum läutete die erste Phase der klassischen Khmer-Architektur ein, die ihren Höhepunkt mit Angkor Wat erreichte. Der Bakong ist das erste bedeutende Pyramidenheiligtum der Khmer und war als Staatstempel von Indravarman I. zur Verehrung seines *devaraja* bestimmt. Nach seinem Tod wurde hier der König unter seinem

Bakong
1 Innere Mauer
2 Ost-Gopura der inneren Mauer
3 länglicher Bau
4 kleine Sandstein-Türme (12 insgesamt)
5 Zentral-Prasat
6 Ziegelstein-Prasat (8 insgesamt)

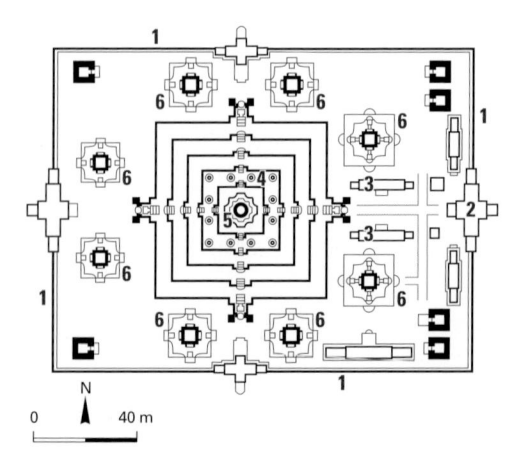

posthumen Namen Indreshvara verehrt. Vermutlich unter Yashovarman II. (reg. ca. 1160–ca. 1165) wurde er über 250 Jahre später wesentlich verändert und mit dem heutigen Prasat gekrönt, der als Vorbild für das moderne Unabhängigkeitsmonument in Phnom Penh diente. Bis in die 1930er Jahre hinein, als der damalige Konservator von Angkor, Maurice Glaize, sie in mühevoller Kleinarbeit restaurierte, glich die Anlage eher einem Erdhügel. Das heutige Resultat ist beeindruckend.

Die Gesamtfläche des Bakong misst 900 m in Ost-West-Richtung und 700 m in Nord-Süd-Richtung. Zwei teilweise noch sichtbare **Wassergräben**, die jeweils eine **Umfassungsmauer** aus Laterit einschließen, bilden den äußeren Abschluss. Zwischen ihnen befinden sich Reste von Ziegelsteintürmen und auf der östlichen Seite die Gebäude eines modernen Klosters. Der eigentliche Tempelberg wird von einer **inneren Mauer** (160 x 120 m) mit Eingängen an den Achsenpunkten eingegrenzt. Vom **Ost-Gopura** kommend, passiert man die Reste zweier **länglicher Bauten** aus Sandstein, die beidseitig den Weg flankieren. Sie stammen eindeutig aus der späteren Umbauperiode.

An der Basis der fünfstufigen Sandstein-Pyramide sind auf allen vier Seiten Durchlässe zu den jeweiligen Treppenaufgängen integriert. Wächterlöwen und Elefanten zieren Treppen und Ecken der einzelnen **Terrassen**. Die vierte Ebene säumen rundum insgesamt zwölf kleinere **Türme aus Sandstein**. Zudem war sie ursprünglich mit Basreliefs verziert, von denen allerdings nur noch wenig sichtbar ist. An der Südseite findet man noch Asura-Darstellungen.

Angkor Wat stand sicherlich Pate für den abschließenden 15 m hohen **zentralen Prasat** aus Sandstein, der im 12. Jh. seine heutige Gestalt erhielt. Die Giebelfelder über den vier Eingängen zeigen den tanzenden Shiva (O), das Quirlen des Milchmeeres (S), Vishnu auf der Schlange Ananta (W) und die von einer Schlange gefesselten Rama und Lakshmana (N). In diese Schlange verwandelte sich laut Ramayana der Pfeil, den Ravanas Sohn Indrajit mit seinem Bogen abgefeuert hatte, um Rama zu töten.

Von der oberen Plattform bietet sich ein guter Blick auf die insgesamt **acht Prasats** – drei allerdings nur mehr als Ruinen – aus Ziegelstein, die in Paaren die Tempelpyramide umgeben. Vor allem die relativ gut erhaltenen Türme der Westseite besitzen noch sehr schöne Verzierungen. Möglicherweise symbolisieren sie acht in der Inschrift erwähnte Erscheinungsformen Shivas.

Auf dem Areal des Bakong befindet sich des Weiteren ein neuer Vihear, in dem auch wieder Mönche leben.

Lolei

Heute ist es kaum noch nachvollziehbar, dass der Lolei auf einer künstlichen Insel inmitten des Indratataka Baray lag. Diesen ursprünglich 3,8 km x 800 m großen Baray ließ Indravarman I. zur Versorgung seiner Königsstadt anlegen, doch kam er nicht mehr dazu, den dazugehörigen Tempel zu bauen. Dies übernahm sein Sohn und Nachfolger Ya-

*Am 8. Juli 893 unter Yashovarman I. eingeweiht.
Sehenswert sind die blinden Türen und die Stürze.*

Die Kultstatuen wurden wie lebendige Personen behandelt. Die Tempelpriester weckten und badeten sie allmorgendlich, kleideten sie an und brachten ihnen als ›Frühstück‹ Opfergaben dar. Zwei weitere ›Mahlzeiten‹ folgten mittags und abends, dann herrschte Nachtruhe. Eine Schar Bediensteter wirkte als Musiker, Köche oder Wächter. Sie stammten aus Dörfern, die dem Tempel zugeteilt waren, und arbeiteten wahrscheinlich im Rotationsverfahren. Einer Inschrift zufolge waren in Lolei allein für den Nordostturm 182 Diener eingeteilt, die zwei Wochen lang ihren Dienst verrichteten und dann abgelöst wurden.

*Zu Beginn des 12. Jh. unter Suryavarman II./Yashovarman II. erbaut.
Der Besucher erlebt ein kompaktes Ensemble und sehenswerte Reliefarbeiten.*

shovarman I. (reg. 889/890–ca. 910), der ihn am Sonntag, den 8. Juli 893 schließlich einweihen konnte. Die Reste der vier Backsteintürme sind über einen nördlich von der Nationalstraße abzweigenden Seitenweg erreichbar. Offensichtlich stand Preah Ko für die Architektur dieses Tempels Pate, denn auch hier sollten ursprünglich sechs Prasats in zwei Reihen errichtet werden. Allerdings wurden die Pläne wohl noch während der Bauzeit geändert, denn in der Inschrift werden nur vier Heiligtümer genannt. Ähnlich wie im Preah Ko pflegte man hier einen shivaistischen Kult zur Verehrung der Ahnen. In den vorderen beiden Prasats wurden der Vater als Indravarmeshvara bzw. der Großvater mütterlicherseits als Mahipateshvara und in den hinteren Prasats deren Gattinnen verehrt.

Die Ruinen befinden sich auf einer 90 x 80 m großen **Terrasse**, die ursprünglich aus dem Wasser ragte, und sind heute von modernen Klostergebäuden umgeben. Von den vier **Prasats** sind nur noch zwei einigermaßen erhalten. Erst 1968 stürzte der Südostturm ein. Wie in dieser Bauperiode üblich, besitzen die Prasats einen nach Osten ausgerichteten Eingang und Scheintüren an den anderen Seiten. Vor allem der Nordostturm weist an seinen Außenseiten noch einige schöne Dvarapalas auf sowie filigran gearbeitete oktogonale Säulen mit Rankenwerk an den Seiten der Scheintüren und des Osteingangs. Der Türsturz über Letzterem zeigt Indra auf dem Elefanten Airavata, flankiert von Makaras und dreiköpfigen Naga-Schlangen. Kala-Fratzen zieren die Türstürze über den aus einem Sandsteinblock gearbeiteten Scheintüren an der Nord- und Südseite. Da die westlichen Türme den Frauen der Herrscher gewidmet waren, finden sich in ihren Nischen statt der Wächterfiguren Devatas.

Banteay Samre

Vom Großen Rundweg (Grand Circuit) zwischen Pre Rup und Östlichem Mebon biegt eine Straße nach Osten ab, die nach 4,2 km zu einem der schönsten Flachtempel aus der Angkor-Wat-Periode führt: Banteay Samre. Auch wenn Inschriften fehlen, so lässt er sich problemlos in die 37 Jahre während Regierungszeit Suryavarmans II. (reg. 1112/13–vor 1155) datieren, da er stilistisch den zur selben Zeit errichteten Tempeln mit einem Sanktuarium in Phimai und Phnom Rung im Nordosten Thailands oder dem Thommanon ähnelt. Vermutlich lag Banteay Samre im Herzen einer Siedlung, denn anders ist die mehr als 200 m lange Auffahrt im Osten nicht zu erklären. Von seiner Westseite führt ein 350 m langer Weg zum Ufer des heute ausgetrockneten Östlichen Baray. Den eigentlichen Tempel fassen zwei Mauern ein, deren äußere aus Laterit 83 x 77 m misst und mit 6 m erstaunlich hoch ist. Vielleicht inspirierte sie zu dem Namen Banteay, Zitadelle. Die überschaubare Größe gepaart mit der Vollständigkeit des Heiligtum verleihen ihm eine gewisse Kompaktheit.

Auch wenn die meisten Besucher den Tempel vom Norden her betreten, empfiehlt es sich, zuerst in Richtung Osteingang zu gehen und ihn von dort in der traditionellen Richtung nach Westen zu durchschreiten. Die dem Eingang vorgelagerte kreuzförmige **Terrasse**, mit der die Auffahrtsstraße endet, flankieren sehr schöne Wächterlöwen. Offensichtlich blieb der Ost-Gopura unvollendet oder wurde zerstört, denn heute befindet sich an seiner Stelle ein einfacher **Eingang**. Von ihm gelangt man über eine **Terrasse aus Laterit** zur **inneren Galerie** (44 x 38 m). Es lohnt sich, sie einmal im Uhrzeigersinn zu begehen, um die vier Gopuras mit den wunderbar gearbeiteten Reliefs zu betrachten. Am **Ost-Gopura** sieht man Krishna im Kampf mit der Naga-Schlange Kaliya (Türsturz, Ostseite), das Quirlen des Milchmeers (Ziergiebel, Ostseite) und Krishna den Berg Govardhana hebend (Ziergiebel, Westseite). Am **Süd-Gopura** finden sich verschiedene ›Ramayana‹-Schlachtszenen mit Affenkriegern. Der **West-Gopura** zeigt Sonne und Mond als menschliche Gottheiten (Ziergiebel, Ostseite) und der **Nord-Gopura** tanzende und musizierende Apsaras (Ziergiebel, Südseite). Der von der Galerie umschlossene Bereich bietet letztlich recht wenig Platz für die beiden ›**Bibliotheken**‹ und das im Zentrum gelegene **Sanktuarium** mit Mandapa. Die verschiedenen Ein- und Durchgänge zeigen auch hier unterschiedliche hinduistische Szenen und auf dem oberen Drittel des Sanktuariums buddhistische Motive aus den Jatakas.

Banteay Srei

Etwa 20 km nordöstlich von Angkor liegt das Juwel unter den Khmer-Heiligtümern, Banteay Srei. Die Fahrt dorthin führt vorbei an Dörfern, deren Bewohner den Saft aus der Palmyrapalme zu schmackhaftem Zucker verkochen oder daraus Palmschnaps brennen. Zitadelle (*banteay*) der Frauen (*srei*) nennen die Khmer den kleinen Tempel liebevoll. Offensichtlich lassen der Laterit und der rötliche Sandstein sowie die Devatas und filigranen Verzierungen die kleine Anlage ›feminin‹ erscheinen. Man muss sehr früh aufbrechen, um sie noch in Ruhe genießen zu können. Da der große Besucherandrang Schäden an der Bausubstanz verursachte, ist der Bereich um das Sanktuarium abgesperrt.

Laut Inschrift wurde der Tempel am 22. April 967 von Yajñavaraha und dessen Bruder zur Verehrung eines Lingam unter dem Namen Tribhuvanamaheshvara (Großer Herr der Drei Welten) gestiftet. Er lag innerhalb der Stadt Shivas, Ishvarapura. Yajñavaraha war Guru, Lehrmeister, Jayavarmans V. (reg. 968–1001) und wurde gerühmt als der »erste in der Kenntnis (...) von Buddha, der Medizin und Astronomie«. Unter König Jayavarman V. blühte das intellektuelle Leben. Selten werden so häufig königliche Beamte (darunter auch zahlreiche Frauen) und Brahmanen in Inschriften erwähnt wie zur Zeit dieses Herrschers. Die Faszination der Tempelanlage liegt fraglos im Variationsreichtum des Dekors. Die filigran gearbeiteten Ornamentverzierungen – meist Blumen und Rankenwerk – überziehen die wichtigsten Gebäudeteile. Sie rahmen elegant die halbplastischen Dvarapalas und

Am 22. April 967 unter Rajendravarman II./Jayavarman V. eingeweiht.
Interessantes Gesamtensemble, filigrane Verzierungen und thematische Reliefs

Die Gurus zählten zur Elite der Khmer-Gesellschaft und hatten als Erzieher und Berater der Könige oft politischen Einfluss. Häufig stammten sie aus der Herrscherdynastie oder aus Priesterfamilien. Guru Yajñavaraha war ein Enkel Harshavarmans I. (reg. ca. 910–ca. 922) und erzog Jayavarman V.

Kambodscha: Angkor – Götterwelt in Stein

Banteay Srei
1 Eingangspavillon
2 Prozessionsstraße
3 Galerien
4 Ost-Gopura der Außenmauer
5 Ost-Gopura der zweiten Mauer mit dreieckigem Tympanon
6 Galerien
7 Ost-Gopura der inneren Mauer mit tanzendem Shiva
8 ›Bibliotheken‹
9 Zentralheiligtum mit Mandapa
10 West-Gopura der inneren Mauer mit Valin und Sugriva

Erst 1914 entdeckte ein französischer Leutnant die abgelegenen Ruinen von Banteay Srei im Dschungel. Sie erlangten neun Jahre später traurige Berühmtheit, als der damals 22-jährige französische Literat und spätere Kulturminister André Malraux (1901–76) mit vier entwendeten Apsaras gefasst wurde. Zur Restaurierung wandte die EFEO hier zum ersten Mal zwischen 1931 und 1936 das Anastylose-Verfahren an.

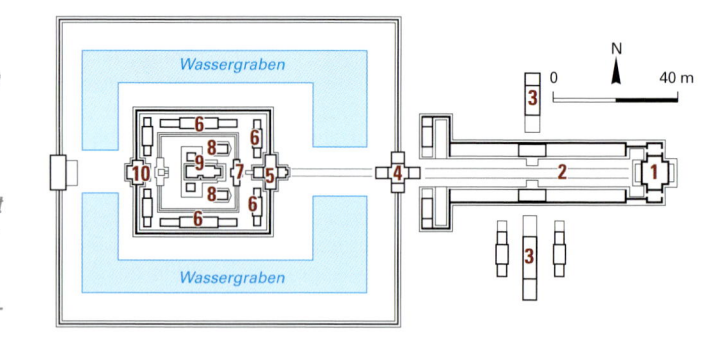

Devatas ein und verschmelzen mit den Reliefstrukturen an den Türstürzen und Tympana.

Der Aufbau des Banteay Srei ist klar strukturiert: Drei nur teilweise erhaltene konzentrische Mauern und ein Wassergraben grenzen den nach Osten ausgerichteten Flachtempel ein. Ein reich dekorierter äußerer **Eingangspavillon**, über dessen Durchgang Indra auf dem Elefanten Airavata zu sehen ist, steht am Beginn der 67 m langen **Prozessionsstraße**. Über diese gelangt man, vorbei an 32 schönen Grenzsteinen und auf halber Strecke zwei querverlaufende längliche Galerien unklarer Funktion passierend, zur Außenmauer (95 x 110 m) des Tempels. Hinter einem kreuzförmigen **Gopura der Außenmauer**, dessen östlicher Tympanon am Boden liegt und die Entführung von Sita durch den Dämonen Viradha zeigt, trennt der Weg einen Wassergraben in zwei Hälften. Es folgt der **Gopura einer zweiten Lateritmauer** (38 x 42 m) mit einem exzellent verarbeiteten dreieckigen Tympanon. Parallel zur zweiten Umfassungsmauer stehen insgesamt sechs längliche **Galerien**, die jedoch nur teilweise erhalten geblieben sind.

Von der dritten und **innersten Umfassungsmauer** (24 x 24 m) schließlich sind nur noch wenige Relikte vorhanden. Daher stehen die ursprünglich in sie integrierten Gopuras im Osten und Westen recht isoliert da. Durch den **Ost-Gopura** mit einer gut erhaltenen Darstellung eines Shiva Nataraja (Ostseite) und dessen furchterregender Konsorte Durga (Westseite) gelangt man zum nur 576 m² großen inneren Bereich, der die schönsten Gebäude des Tempels birgt: das dreiteilige Zentralheiligtum mit einem vorgelagerten Vestibül und zwei ›Bibliotheken‹.

Die beiden ›**Bibliotheken**‹ präsentieren sich als kleine Schmuckstücke mit interessanten Reliefs an den Tympana über den Eingängen. So schüttelt über dem Eingang der **südlichen** ›**Bibliothek**‹ der vielköpfige und -armige Ravana den Berg Kailash, auf dessen Spitze Shiva und Uma sitzen (Ostseite), und der Liebesgott Kama feuert einen Pfeil auf den Asketen Shiva ab. An dessen Seite kniet Uma (Westseite). An der **nördlichen** ›**Bibliothek**‹ sieht man Indra (auf Airavata), der es regnen lässt, um ein Feuer im Khandava-Wald zu löschen, das der Feuergott Agni entzündet hatte, um den Naga Taksaka

Ausflüge: Banteay Srei, Phom Kulen und Kbal Spean

Kampf zwischen Valin und Sugriva an der Ostseite des West-Gopura, Banteay Srei

zu töten. Der vierarmige Krishna (rechts) und sein Bruder Balarama (links) versuchen das Wasser von den Tieren des Waldes fern zu halten (Ostseite). Krishna tötet seinen grausamen Onkel Kamsa, der ihn als Kind hatte töten wollen (Westseite).

Das T-förmige **Zentralheiligtum** liegt auf einer Plattform mit sechs Aufgängen, die von je zwei knienden Wächterfiguren, darunter Yakshas, Garudas, Affen und Löwen, flankiert waren. Leider wurden viele der Originale gestohlen oder befinden sich im Conservation D'Angkor. Dank des harten Sandsteins sind die sehr tiefen und fein gearbeiteten Verzierungen an den Wänden, häufig Ranken, die aus Tiermäulern wuchern, in exzellentem Zustand, ebenso die Devatas und Dvarapalas in den Nischen des Sanktuariums. Die sechs Eingänge des Sanktuariums mit dem dem mittleren Prasat östlich vorgelagerten Mandapa zeigen vorwiegend die Wächter der Weltregionen (s. S. 28).

Hinter dem Zentralheiligtum zeigt der **West-Gopura** der inneren Umfassungsmauer ebenfalls gut erhaltene Reliefs, insbesondere den Kampf zwischen den Affenherrschern Valin und Sugriva (Ostseite) aus dem ›Ramayana‹.

Phnom Kulen und Kbal Spean

Der Phnom Kulen (Litschi-Berg) ist in der Erinnerung der Khmer fest verankert als der Ort, an dem vor über 1200 Jahren der rasante Aufstieg des Angkor-Reiches begann. Denn hier lokalisiert die berühmte Sdok-Kak-Thom-Inschrift vom 8. Februar 1053 die feierliche Zeremonie, bei welcher Jayavarman II. im Jahr 802 »den Gott, der König ist« (Skt.: *devaraja*) zum Palladium des Reiches bestimmt haben soll

Sehenswert sind die schöne Dschungellandschaft des Phnom Kulen, die Brücke Kbal Spean, die Tempelruinen und die Tausend Lingams.

Kambodscha: Angkor – Götterwelt in Stein

*Liegender Buddha
(Eingang ins Nirvana),
Phnom Kulen*

(s. S. 226). Hier auf dem 40 km nördlich von Siem Reap gelegenen Bergplateau soll Jayavarman II. seine Hauptstadt Mahendraparvata gegründet haben. Wenn auch die historischen Fakten umstritten sind, so ist der in Ost-West-Richtung verlaufende Bergzug für Angkor in vieler Hinsicht von Bedeutung. Von hier stammt der Sandstein für den Bau der Tempel, und hier entspringt der Siem-Reap-Fluss, der für die Wasserversorgung der Städte Angkors unabkömmlich war. Zudem wurde der Phnom Kulen, dessen höchster Gipfel auf 487 m Höhe liegt, mit dem Berg Kailash, dem Sitz Shivas, assoziiert und war somit Heimstatt zahlreicher Eremiten und Shiva-Heiligtümer.

Über 20 Jahre hinweg stand das 1993 zum Nationalpark erklärte 37,5 km² große Plateau unter Kontrolle der Khmer Rouge. Folge davon ist, dass nur wenige der zahlreichen Tempelruinen besichtigt werden können. Die Landminengefahr ist immer noch sehr groß, sodass die abgelegeneren Heiligtümer wie die wenigen Überreste des pyramidenförmigen Staatstempels von Jayavarman II., Rong Chen, oder die Ziegelsteintürme Prasat Chrei, Prasat Kraham, Prasat Thma Dap und der Parallelen zum Cham-Turm Hoa Lai aufzeigende Prasat Damrei Krap nur in Begleitung einheimischer Führer besucht werden sollten.

Hauptanziehungspunkt für Pilger ist heute der liegende Buddha von **Preah Ang Thom**, zu dem von der Südseite des Phnom Kulen aus eine ungeteerte Straße führt. Die 5 m lange Figur aus der Nach-Angkor-Zeit wurde in die Spitze eines riesigen Sandsteinmonolithen geschlagen und mit einem einfachen Vihear umgeben. Um den Vihear gruppieren sich einige moderne Gebetshallen und Schreine. Seitenwege führen durch den angrenzenden Wald zu Wasserstellen, von denen sich Gläubige heilende Wirkung versprechen.

Ausflüge: Phom Kulen und Kbal Spean, Beng Mealea

An Wochenenden und Feiertagen wird ein 30 m hoher **Wasserfall** zum beliebten Picknickplatz der Einheimischen. Er ist über einen Fußweg von Preah Ang Thom zu erreichen. Leider trübt der hinterlassene Müll etwas die ansonsten schöne Atmosphäre. In die im Wasser liegenden Sandsteinblöcke wurden verschiedene hinduistische Motive, darunter ein liegender Vishnu auf der Schlange Ananta, geschlagen. Nahe dem Wasserfall sind noch Reste eines Prasat zu sehen.

Weitere Steinmetzarbeiten befinden sich im Bett des so genannten **Flusses der Tausend Lingam**, der etwas rechts von der zum Preah Ang Thom führenden Straße liegt. Wie der Name bereits andeutet, wurden dort mehrere hundert Lingam in den Stein gemeißelt, um – so der Glaube – das darüber fließende Wasser zu heiligen. Ein schmaler Pfad führt zu einer sprudelnden Quelle des Flusses.

Etwa 13 km nördlich von Banteay Srei liegt auf einer Erhebung am westlichen Ende des Phnom Kulen ein weiteres Hindu-Heiligtum: **Kbal Spean** (Hauptbrücke). Für die Fahrt über eine ungeteerte Piste benötigt man wegen des schlechten Straßenzustades 40–50 Minuten. Auf dem Berg ließen sich unweit der Quelle des Stung Kbal Spean, einem Zufluss des Siem-Reap-Flusses, spätestens ab dem 11. Jh. Shiva-Anhänger nieder. In ihren Augen galt das vom Berg Shivas entspringende Quellwasser als heilig. Udayadityavarman II. (reg. 1049– 67?) stiftete laut Inschrift 1059 einen Lingam. Wahrscheinlich entstanden zu seiner Zeit auch einige der heute noch zu sehenden Reliefs.

Ein schmaler Pfad führt durch den Wald bergaufwärts, bis man nach etwa 30–40 Minuten zu einem kleinen **Wasserfall** kommt, wo das Wasser über Sandsteinblöcke stürzt. In diese Blöcke wurden hinduistische Szenen geschlagen, u. a. der liegende Vishnu auf der Ananta und Shiva mit Uma auf dem Bullen Nandi. Tragischerweise entfernten Kunstdiebe in jüngerer Zeit Teile der Motive. Etwas stromaufwärts sind neben weiteren Reliefs auf mehreren Abschnitten Lingam aus dem steinernen Untergrund des Flussbettes herausgearbeitet worden. In Inschriften wird dieser obere Teil des Stromes daher ebenfalls **Sahashralinga** (Fluss der Tausend Lingam) genannt.

Beng Mealea

Wer einen Eindruck bekommen möchte, wie Henri Mouhot die Tempel von Angkor vorfand, der sollte Beng Mealea besuchen. Bereits die Anfahrt ist beschwerlich, nur in der Trockenzeit ist der Ort über Banteay Srei oder Siem Reap (von beiden etwa 60 km östlich) aus zu erreichen. Da der Tempel völlig in Ruinen liegt, ist eine Besichtigung nur Klettergeübten angeraten. Erst 1999 wurde er von Minen gesäubert, da auch dieses Gebiet unter der Kontrolle der Khmer Rouge stand.

Kaum etwas deutet darauf hin, dass Beng Mealea (Lotosteich) einst zu den großen Metropolen des Angkor-Reiches zählte. Sie lag an der alten Königsstraße zwischen Angkor und der 100 km weiter östlich liegenden Stadt Preah Khan (bei Kampong Svay). Fehlende Inschriften machen es schwierig, ihre Bedeutung und Geschichte zu

---

Nach dem Ende eines Weltzeitalters (Skt.: ›kalpa‹) erschafft der auf der Schlange Ananta ruhende Vishnu Anantasayin den Kosmos neu. Aus seiner Seite wächst ein Lotos, auf dem der Schöpfergott Brahma sitzt. Häufig wird seine Gefährtin Lakshmi dargestellt, die ihn durch das Streicheln seiner Füße aus dem kosmischen Schlaf erwecken möchte.

Achtung! Der Weg nach Kbal Spean sollte unter keinen Umständen verlassen werden, da der Wald noch nicht von Minen geräumt wurde!

Mitte des 12. Jh. unter Suryavarman II./Yashovarman II. erbaut. In Beng Mealea erwartet den Besucher wieder Dschungelatmosphäre und entsprechend überwucherte Galerien.

ermessen, doch die Fläche von 108 ha (Angkor Wat: 200 ha) lässt vermuten, dass sie keinen unbedeutenden Flecken darstellte. Ein insgesamt 4,2 km langer, rechteckig angelegter und 45 m breiter Wassergraben ohne Einfassungsmauer bildete den Abschluss der Stadt. Von jeder Seite führten Wege mit Naga-Balustraden zum Heiligtum, wobei der Hauptzugang im Osten lag. Hier sind die Naga-Schlangen der Balustrade teilweise erhalten geblieben.

Die Grundstruktur des Tempels lässt sich wegen seines ruinenhaften Zustandes nur schwer nachvollziehen. Er besteht aus drei konzentrischen, im Westen und Süden durch Kreuzgalerien miteinander verbundenen Galerien. Ihre Gestaltung bildete eine Innovation in der Khmer-Architektur und fand in Angkor Wat ihre Vollendung. Daher gilt der Tempel als dessen architektonischer Vorläufer und muss Anfang des 12. Jh. entstanden sein. Zum ersten Mal wurden hier die **Galerien** mit einem vollständig aus Sandstein errichteten Gewölbe versehen und nach innen von einer Mauer und nach außen von ein oder zwei Pfeilerreihen abgegrenzt. Somit konnten sie erheblich breiter gebaut werden als bisher. Allerdings blieben die Wände im Gegensatz zu Angkor Wat undekoriert, nur an den **Gopura** finden sich Devatas und an den Tympana über den Eingängen vorwiegend vishnuitische Szenen (Rama und Krishna, Vishnu auf der Schlange Ananta). Das **Sanktuarium** ist etwas nach Westen verschoben, doch wem es gewidmet war, ist aufgrund fehlender Inschriften unbekannt. Die beiden innerhalb der dritten Galerie gelegenen länglichen ›**Bibliotheken**‹ befinden sich in verhältnismäßig gutem Zustand, auch wenn sie vollständig überwuchert sind.

Eine Reihe weiterer **Prasats** stehen im Umkreis von Beng Mealea.

Der Tonle Sap

Die Fischer auf dem Tonle Sap haben eine spezielle Fangmethode, Samras, entwickelt: Sie spannen Netze um eine größere Fläche von Bäumen, deren Äste sie anschließend entfernen, um dann die Fische fangen zu können. Allerdings ist diese Fangmethode wegen der Zerstörung der Wälder sehr umstritten und stellenweise verboten.

Ohne den Großen See, die wörtliche Übersetzung des Namens Tonle Sap, wäre das Angkor-Reich nicht in seiner Größe vorstellbar gewesen, ohne ihn würde das Leben in Kambodscha heute anders aussehen. Mythos, Kultur und Wirtschaft des Landes sind von diesem eigentümlichen Gewässer wesentlich geprägt. Der Tonle Sap fungiert wie ein Sammelbecken für die Wassermassen des Mekong, mit dem er über den 110 km langen Tonle-Sap-Fluss verbunden ist. Einzigartig in Asien, wechselt dieser Zufluss zweimal im Jahr, nämlich im Juni und Ende Oktober/Anfang November, seine Fließrichtung. Wenn im Mai die Regenzeit beginnt, schwillt der See innerhalb weniger Wochen auf ein Vielfaches an. Nimmt er zum Ende der Trockenzeit eine Gesamtfläche von etwa 2500 km^2 ein, so können es zum Höhepunkt der Monsunzeit im September/Oktober weit über 10 000 km^2 sein. Das entspricht etwa der Hälfte von Sachsen-Anhalt. Der Wasserpegel steigt dann von durchschnittlich 1 m auf 8–10 m an.

Der außerordentliche Reichtum an Flora und Fauna veranlasste die UNESCO 1997 den Tonle Sap und sein Einzugsgebiet (über 14 800

Ausflüge: Der Tonle Sap

km²) zum **Biosphärenreservat** zu erklären. Mit 500 Fischarten, davon 70 kommerziell verwertbaren, ist er der fischreichste Binnensee Asiens und deckt 60 % des landesweiten Proteinbedarfs. Über 100 Wasservogelarten sind hier beheimatet, darunter der vom Aussterben bedrohte Graupelikan (*Pelecanus philippensis*) und der Saruskranich (*Grue antigone tropicale*), mit 2 m Spannweite einer der weltweit größten fliegenden Vögel. Unter den Säugetieren sind noch Leoparden, Makaken, Languren, fliegende Füchse und eine endemische Fledermausart (*Hipposideros halophyllus*) anzutreffen. Riesige Mangroven- und Melaleuca-Wälder, die weite Teile der Feuchtgebiete am See bedecken, stehen in der Regenzeit monatelang unter Wasser und bieten Wassertieren Schutz und Nahrung. Allerdings ist auch hier das ökologische Gleichgewicht durch Überfischung, illegale Jagd und Abholzung bedroht. Immerhin leben etwa 1,2 Millionen Menschen, das sind 10 % der Gesamtbevölkerung Kambodschas, gegenwärtig auf und um den See. Touristisch hat der Tonle Sap in den vergangenen Jahren an Attraktivität gewonnen. Die Regierung möchte ihn zu einer bedeutenden Ökotourismus-Destination ausbauen, um eine alternative Einkommensquelle für die Bevölkerung zu erschließen.

Das Gros der Besucher kommt mit dem Großen See von Siem Reap aus in Berührung. In dem nur wenige Kilometer südlich der Stadt gelegenen Fischerdorf **Chong Kneas** beginnen Bootsfahrten zu den nahe gelegenen **schwimmenden Dörfern**.

Zwischen Dezember und März lohnt sich auch ein Tagesausflug zum 31 282 ha großen **Vogelschutzgebiet Prek Toal**, denn um diese Zeit ist die Chance am größten, eine der seltenen Vogelarten wie den Silberreiher zu sehen. Das in der Nähe des gleichnamigen schwimmenden Dorfes liegende Schutzgebiet ist eines von insgesamt drei Schutzzonen, die im Biosphärenreservat Tonle Sap etabliert wurden.

Schwimmendes Dorf auf dem Tonle Sap

Prek Toal ist mit dem Boot in etwa einer Stunde von Chong Kneas aus zu erreichen. Eine attraktive Alternative stellt die Bootsfahrt von der westlich des Tonle Sap gelegenen Provinzstadt Battambang aus dar. Ein Schnellboot fährt täglich am frühen Morgen von einer Anlegestelle am Sangker-Fluss ab. Sie dauert je nach Wasserstand 4–7 Stunden und führt über den Sangker-Fluss und den offenen See nach Prek Toal bzw. weiter nach Chong Kneas.

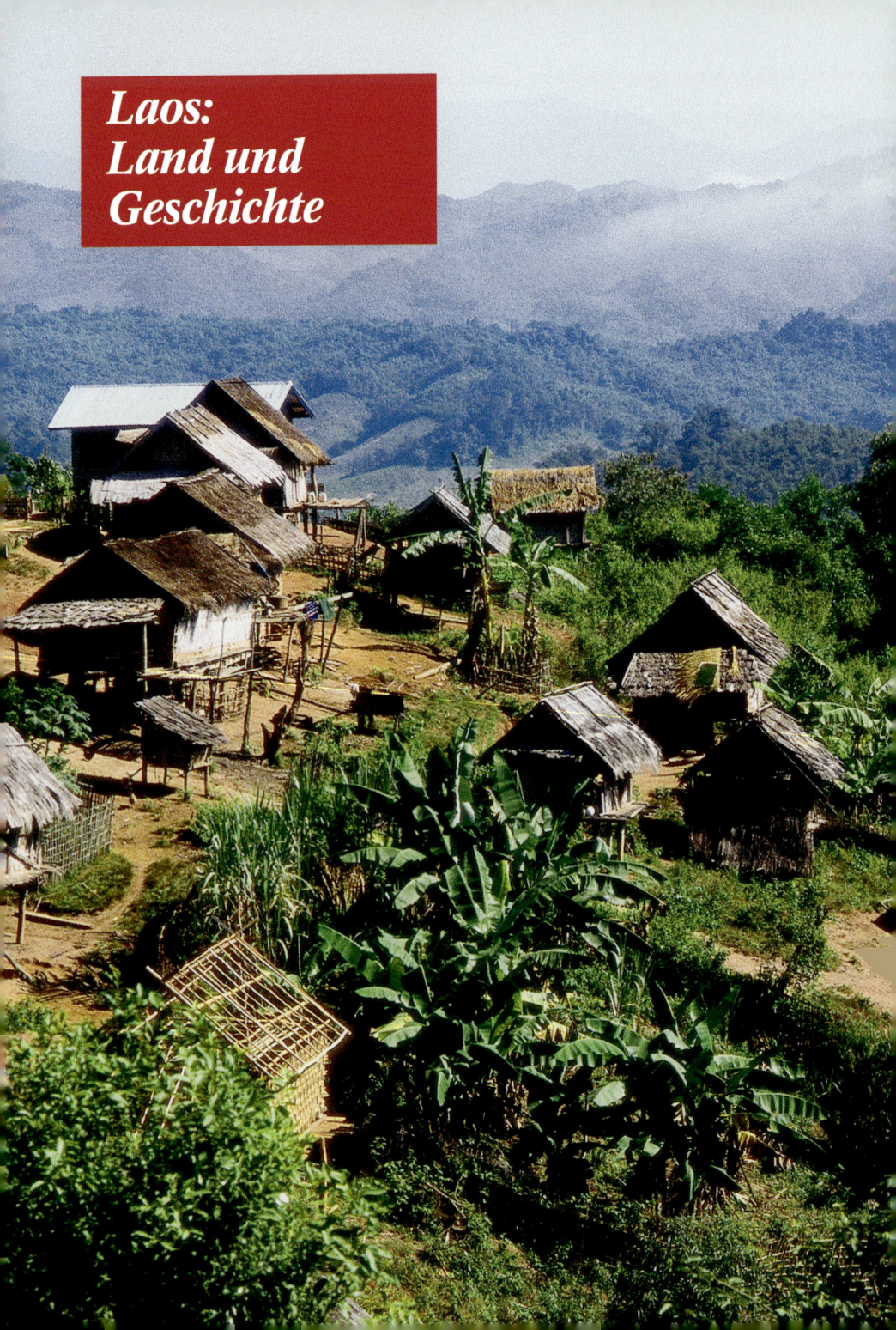

Laos:
Land und Geschichte

Laos – Land und Leute

Bevölkerung und Volksgruppen

Mit etwa 5,5 Millionen Menschen ist Laos im Vergleich zu den Nachbarstaaten dünn besiedelt, auf 1 km² leben im Schnitt nur 23 Einwohner. Allerdings liegt die jährliche Zuwachsrate bei 2,2 % (Durchschnitt bei Least Developed Countries: 2,4 %), was eine Verdoppelung der Einwohnerzahl in 30 Jahren bedeutet. Weit über die Hälfte der Bevölkerung ist jünger als 20 Jahre.

Das Grundproblem von Laos liegt in der extremen Unterentwicklung des ländlichen Bereichs, wo vier von fünf Einwohner siedeln und unter mangelnder **Gesundheitsversorgung** und **Schulbildung** zu leiden haben. Zwar hat sich die Situation im Land in den vergangenen Jahren bereits verbessert, doch in Anbetracht dessen, dass der Staat weniger als 10 % seines Budgets für Erziehung und Gesundheit ausgibt, wird die Entwicklung eines umfassenden Gesundheits- und Bildungssystems ein langwieriger Prozess bleiben. Bei einer durchschnittlichen Lebenserwartung von 54 Jahren sterben die Laoten im Durchschnitt 14 Jahre früher als ihre vietnamesischen Nachbarn. Laos verzeichnet zudem eine hohe Analphabetenrate. So können lediglich knapp Zweidrittel der Männer und weniger als ein Drittel der Frauen, die älter als 15 Jahre alt sind, lesen und schreiben. Zwar schreibt die Verfassung die Gleichberechtigung von Mann und Frau fest, doch in der Realität hat die Frau viele Pflichten (Kindererziehung, Hausarbeit, Einkommen und Verwaltung der Finanzen), aber wenig Rechte. Auf der politischen und wirtschaftlichen Führungsebene ist das weibliche Geschlecht kaum vertreten, nur ein Viertel der Abgeordneten der Nationalversammlung sind Frauen.

Fast 40 % aller Laoten haben noch nie eine Schule besucht, in einigen nördlichen Provinzen wie Phongsaly oder Luang Namtha sind es sogar mehr als 60 %. Zwei von drei Kinder brechen vorzeitig die insgesamt sechs Jahre dauernde Grundschule (›pathom‹) ab, um zum Lebensunterhalt ihrer Familie beizutragen.

Auch religiös spielen Frauen eine untergeordnete Rolle. Allein Männer dürfen zum Mönch ordiniert werden. Als weiß gekleidete ›mae khao‹ (auch ›mae si‹) führen Frauen – entweder in eigenen Klostergemeinschaften oder innerhalb eines Mönchsklosters – zwar ein asketisches Leben, sind aber den Mönchen nicht gleichgestellt.

Ethnien in Laos

Die geografische Situation ist sicherlich eine der Ursachen dafür, dass heute eine solche Vielfalt von Volksgruppen in Laos beheimatet ist. Denn in den nach wie vor dünn besiedelten Bergen und Hochebenen fand das Gros vor allem zahlenmäßig kleiner Ethnien Zuflucht. Viele der Gruppen lassen sich nicht genau klassifizieren, da es an Forschungen auf diesem Gebiet mangelt. Ethnologen sprechen von über 130 Ethnien, einschließlich der Untergruppen. In der letzten Volkszählung von 1995 werden 48 Ethnien genannt, die einer der großen südostasiatischen Sprachfamilien angehören: Tai-Kadai, Mon-Khmer, Hmong-Mien (Miao-Yao) und Tibeto-Birmanen. Hinzu kommen die der sinitischen Sprachfamilie zuzurechnenden Ho.

Angehörige der **Tai-Kadai-Sprachfamilie** machen mit Abstand den größten Anteil der Gesamtbevölkerung aus. Zu dieser Kategorie zählen die vorwiegend entlang des Mekong siedelnden Lao. Sie stellen mehr als die Hälfte der Bevölkerung und sind ethnisch mit den be-

◁ *Dorf bei Oudom Xay*

Akha-Frau

Um die nationale Einheit der in Laos beheimateten Volksgruppen zu betonen, fasste die kommunistische Regierung sie 1975 unter dem Begriff ›Lao‹ zusammen und teilte sie nach der Höhenlage ihrer Siedlungsgebiete in drei Kategorien ein: ›Lao Loum‹ (Tiefland-Lao), zu denen die Laoten und Tai-Gruppen zählen, die auf 300–800 m lebenden ›Lao Theung‹ (Lao der mittleren Berglagen), viele Mon-Khmer-Gruppen sind ihnen zugeordnet, und den ab etwa 800 m siedelnden ›Lao Soung‹ (Hochland-Lao), die zum Synonym für die Hmong geworden sind. Vom ethnologischen Standpunkt her ist diese Einteilung nicht haltbar und wird in der Verfassung von 1991 nicht mehr offiziell verwendet, wohl aber im allgemeinen Sprachgebrauch.

nachbarten Thais verwandt. Etwa 80 % aller Lao leben nicht in Laos, sondern als Folge der politischen Grenzziehung während der Kolonialzeit im Nordosten von Thailand. Auch die meist auf Anhöhen lebenden Phou Tai (Berg-Tai) zählen zu dieser Sprachfamilie. Mit knapp 500 000 Angehörigen stellen sie die drittstärkste Volksgruppe in Laos; sie besteht aus mehreren Untergruppen, benannt nach der Farbe ihrer Tracht, u. a. die Tai Dam (Schwarze Tai), Tai Khao (Weiße Tai) und Tai Daeng (Rote Tai).

Viele der auf Hochebenen und Berghängen bis 1000 m Höhe lebenden Volksgruppen sind bereits seit vielen Jahrhunderten in Laos ansässig und gehören der **Mon-Khmer-Sprachfamilie** an. Den Hauptanteil machen die in allen nördlichen Provinzen verbreiteten Khmu (500 000) aus. Daneben gibt es zahlreiche kleinere Gruppen wie die Katang (100 000) und in den dünn besiedelten südlichsten Provinzen die Suay (50 000), Laven (47 000), Katu (19 000) oder Alak (18 000). Von den Lao werden diese bis heute gesellschaftlich marginalisierten Gruppen wegen ihres eher dunklen Teints manchmal noch abschätzig *kha*, Sklave, genannt. Dies waren sie in der Vergangenheit auch häufig, als laotische Könige sie zu Arbeits- und Kriegsdiensten zwangen.

In Bergregionen ab 1000 m finden sich vor allem zur **Miao-Yao-Familie** zählende Ethnien, darunter die 350 000 Hmong (Meo/Miao), deren Vorfahren Anfang des 19. Jh. erstmals laotischen Boden betraten. Sie flohen vor Repressalien in ihrer Heimat südlich des Yangzi in Südwest-China und ließen sich nach einer Reihe von Rebellionen zuerst in dem Ort Nong Haet (Provinz Xieng Khouang) nieder. Eine ihrer Haupteinkommensquellen bildet bis heute Opium, das in den Höhenlagen angebaut und von muslimischen Händlern aus China weiterverkauft wird. Etwa um 1860 kamen die ersten der gegenwärtig 25 000 Mien (Yao) nach Laos. Sie brachten eine Reihe von Traditionen aus ihrer chinesischen Heimat mit wie die Schrift, Ahnenverehrung und daoistische Kulte.

Zur **tibeto-birmanischen Sprachfamilie** zählen die knapp 70 000 Akha sowie Lahu und Pounoy, deren Vorfahren ab dem 17. Jh. nach Laos kamen.

Schließlich leben vor allem in den Städten kleine, aber einflussreiche Gemeinden von **Südasiaten**, **Chinesen** und **Vietnamesen** (ca. 50 000), die in nicht geringem Maße die Wirtschaft dominieren und sich erst während der Kolonialzeit in Laos niederließen.

Sprache und Schrift

Als offizielle Amtssprache ist das der Tai-Kadai-Sprachfamilie zugeordnete **Laotisch** anerkannt und wird als Lingua Franca auch von Angehörigen der Bergvölker gesprochen – zumindest von den Jüngeren, die es in der Schule erlernen. Die Sprache ist mit dem Thai eng verwandt und zeigt viele Parallelen mit den Dialekten des Nordens und Nordostens von Thailand. Da in zahlreichen Haushalten thailändisches Fernsehen und Radio ständig präsent sind, bleibt nicht aus, dass gerade jüngere Laoten immer mehr den Thai-Akzent übernehmen. Im Laufe der Entwicklungsgeschichte fanden Wörter aus dem Chinesischen, Pali, Sanskrit und Französischen Eingang.

Laotisch ist eine tonale Sprache und basiert auf einsilbigen Grundwörtern, deren Bedeutung durch sechs Töne (Thai: fünf Töne) bestimmt wird: einen tiefen, mittleren, hohen, einen steigenden und zwei fallende (hoch und tief) Töne. Die Grammatik ist unkompliziert und folgt konsequent dem Subjekt-Prädikat-Objekt-Schema. Die aus ein oder mehreren Grundwörtern bestehenden Begriffe bleiben unverändert, mittels Hilfswörtern und Klassifikatoren werden Singular, Plural und Zeiten bestimmt.

Die **Schrift** hat sich nach der Gründung des ersten Reiches, Lan Xang, ab etwa dem 14. Jh. entwickelt und folgt dem Vorbild der Thai-Schrift, die wiederum Ende des 13. Jh. dem Khmer entlehnt wurde. Erst ab dem frühen 19. Jh. erfolgte eine Vereinheitlichung der unterschiedlichen Schriftzeichenvarianten. Ältere Palmblattmanuskripte, die Ausschnitte aus dem ›Pali-Kanon‹ oder Volkserzählungen enthalten, sind noch in Lao Tham (*tham* = Pali: *dhamma*) niedergeschrieben, eine Schrift, die der birmanischen folgt. Nach einer weiteren Standardisierung besteht das heutige Laotisch aus 30 Konsonanten und 28 Vokal- und Diphthongzeichen. Die Umschrift der laotischen Zeichen in lateinische Schrift ist mangels eines festgelegten Transkriptionssystems äußerst uneinheitlich. Daraus resultiert eine verwirrende Vielzahl von Schreibweisen laotischer Begriffe und Namen in lateinischen Buchstaben. So wird die von den Franzosen übernommene Schreibart Vientiane (sprich: Vieng Chan) gerade von Deutschsprachigen fast immer falsch ausgesprochen. In vielen Wörtern wird ›x‹ anstelle von ›s‹ geschrieben, ›l‹ ersetzt sehr häufig das ›r‹. Da Worttrennungen bei der laotischen Schreibweise sehr willkürlich erfolgen, gibt es auch keine Vereinheitlichung im Getrennt- und Zusammenschreiben.

Religion

Während die meisten Bergvölker verschiedenen Formen des Geisterglaubens anhängen und Ahnenkulte pflegen, hat sich seit dem 14. Jh. unter den Lao der Theravada-Buddhismus verankert. Der letzten Volksbefragung von 1995 zufolge bezeichnen sich 65 % der Gesamtbevölkerung als seine Anhänger, ein Drittel sieht sich als Animisten und nur 1 % bekennt sich zum Christentum.

Wie sehr der **Buddhismus** in der Kultur des Landes verankert ist, zeigen nicht nur die vielen Klöster (*wat*) in den Städten, sondern auch die insgesamt über 2000 Wat auf dem Land. Dort dienen sie nicht nur als religiöses und kulturelles Zentrum, sondern vielfach zugleich als Schule. Ein Großteil der etwa 20 000 Mönche und Novizen ist zwischen 10 und 25 Jahre alt, lebt allerdings nur temporär im Kloster, um dort Lesen und Schreiben zu lernen oder für ein paar

In den Kulturen vieler Volksgruppen spielt das Tabu eine wichtige Rolle, d. h. es dürfen bestimmte Orte oder Gegenstände unter keinen Umständen betreten bzw. berührt werden. Auch können gewisse Handlungen tabuisiert sein, weshalb sie strengstens verboten sind. Um Tabuzonen, wie z. B. an Dorftoren, abzugrenzen, bringen Akha, Khmu, Tai Lü oder Lanten so genannte ›taleo‹ (Adleraugen) an.

Die Regierung hat ein ambivalentes Verhältnis zur Religion. Einerseits gesteht sie in der Verfassung (Art. 30) die Religionsfreiheit zu, andererseits versucht sie aus Angst vor zu großer Einflussnahme, die Mönche zu kontrollieren.

Seit der Kolonialzeit hat sich die französische Schreibweise ›Laos‹ eingebürgert, obwohl die laotische Landesbezeichnung ohne ›s‹, also ›Lao‹ gesprochen und geschrieben wird.

Wochen religiöse Verdienste für die Familie zu erwerben. Einzig zugelassene buddhistische Körperschaft ist der Laotische Sangha (Song Lao), die Gemeinschaft der laotischen Buddhisten.

Insgesamt haben die Laoten ein eher pragmatisches Verhältnis zur Religion, was sich auch darin widerspiegelt, dass der Geisterglaube den meisten fast ebenso wichtig ist wie der Buddhismus.

Politik und Wirtschaft

Seit dem 2. Dezember 1975 nennt sich das Land offiziell Demokratische Volksrepublik Lao (Lao PDR), *Sathalanalat Pasathipatai Pasason Lao*. Die erst 1991 verabschiedete Verfassung ist weitgehend nach vietnamesischem Vorbild gestaltet. Artikel 3 schreibt die Führungsrolle der Laotischen Revolutionären Volkspartei LRVP (*Phak Pasason Pativat Lao*) mit etwa 100 000 Mitgliedern fest. Der nationale Parteikongress bestimmt alle vier bis fünf Jahre das Zentralkomitee (53 Mitglieder), aus dem sich wiederum das elfköpfige Politbüro unter Führung des Parteisekretärs rekrutiert. Laut Artikel 4 wird das Volk durch die alle fünf Jahre neu gewählte **Nationalversammlung** (*Sapha Heng Xat*) vertreten. Fast alle der gegenwärtig 109 Mitglieder gehören der LRVP an. Ihre Aufgabe liegt in der Kontrolle von Exekutive und Judikative, der Verabschiedung von Gesetzen, der Festlegung des Haushalts, der Ernennung des Obersten Richters und Staatsanwaltes sowie im fünfjährigen Turnus der Wahl des Staatspräsidenten. Die Nationalversammlung tritt zweimal im Jahr zusammen und wird ganzjährig vom Ständigen Rat repräsentiert. Die ebenfalls auf fünf Jahre gewählte **Regierung** besteht aus dem Ministerrat mit dem Premier an der Spitze. In der Laotischen Front des Nationalen Aufbaus sind laut Artikel 7 verschiedene Massenorganisationen wie Gewerkschaft, Jugend- und Frauen-Union vertreten.

Algenernte bei Vang Vieng

Die regionale und lokale **Administration** gliedert sich in 16 Provinzen (*khwaeng*) und den eigenständigen Großraum (*kamphaeng nakhon*) Vientiane, in 142 Distrikte (*muang*) und in Dörfer (*ban*). Wegen regelmäßig wiederkehrender Unruhen wurden 1995 Teile der drei Provinzen Vientiane, Xieng Khouang und Bolikhamsai als Sonderzone Saisombun direkt dem Militär unterstellt.

Mangelnde Infrastruktur, der fehlende Zugang zum Meer, wenig qualifizierte Arbeitskräfte, ein bescheidener einheimischer Markt und nicht zuletzt Korruption sowie die Bürokratie machen Laos nicht unbedingt zum Lieblingskind ausländischer Investoren. Nach den fatalen Auswirkungen der Verstaatlichungen in den ersten Jahren ihrer Herrschaft machte die Regierung 1986 mit dem Programm *Chintanakan Mai* (Neues Denken) eine Kehrtwendung und schrieb sechs Jahre später in der Verfassung sowohl das Recht auf Privateigentum (Art. 14,15) als auch die freie Marktwirtschaft (Art. 16) fest. Laos verfügt seit 1988 über ein äußerst liberales Investitionsgesetz.

80 % der Bevölkerung sind in der Landwirtschaft tätig, aber ausgedehnte Anbauflächen wie in den Nachbarländern fehlen. Nur 8 % des Territoriums können landwirtschaftlich genutzt werden, und davon wird gegenwärtig nur etwa die Hälfte bewirtschaftet. Eine rentable lokale Produktion von Konsumgütern kann sich kaum entwickeln, da der einheimische Markt von billigen Waren aus Thailand und China überschwemmt wird. So bleiben vor allem die reichhaltigen natürlichen Ressourcen als Devisenbringer. An erster Stelle steht der Export von Strom (70 % davon nach Thailand), der in großen Wasserkraftwerken gewonnen wird. Er macht gegenwärtig ein Drittel des Ausfuhrvolumens aus. Umweltgruppen kritisieren den geplanten Ausbau dieser Kapazitäten ebenso wie die Abholzung der Wälder: Edelhölzer wie Teak und Rosenholz gehören zu den wichtigen Exportgütern. Derzeit besteht ein Viertel der Ausfuhr aus Forstprodukten. Schließlich hat auch der Kaffeeanbau an Bedeutung gewonnen. Im Produktionsbereich spielt die Textilindustrie eine gewisse Rolle, steht aber unter dem Konkurrenzdruck anderer Staaten. Nicht zuletzt hat auch der Tourismus an wirtschaftlicher Bedeutung gewonnen. Fazit: Die Wirtschaft wächst langsam, aber stetig.

Zwar wuchs das Bruttoinlandsprodukt seit 1990 jährlich um etwa 5 % und das Pro-Kopf-Einkommen hat sich mehr als verdoppelt, doch besagt dies wenig, denn in weiten Teilen des Landes dominieren noch Tauschhandel und bäuerliche Subsistenzwirtschaft.

Kulturgeschichte von Laos

Frühgeschichte

In vielem ähnelt die Frühgeschichte Laos' jener von Nord-Vietnam. So wurden in Höhlen von Nord- und Nordost-Laos ebenfalls über eine halbe Million Jahre alte Spuren des Homo erectus entdeckt. Was gemeinhin als **Hoabinh-Kultur** (über 16 000 Jahre alt; s. S. 62) bezeichnet wird, findet sich auch in Laos.

Laos: Kulturgeschichte

Die laotische Geschichte scheint von einem Schleier des Vergessens umhüllt. Der Grund hierfür liegt darin, dass das Land genauso wie heute auch in der Vergangenheit am Rand der geopolitischen Ereignisse lag. Die sonst recht informativen chinesischen Quellen schweigen sich fast vollständig über Laos aus. Archäologische Forschungen waren aufgrund des jahrzehntelangen Krieges und der folgenden politischen Isolation nur in beschränktem Maß möglich. Die wenigen nationalen Chroniken wie das ›Phongsavadan Lan Xang‹ (Chronik von Lan Xang) waren keine Geschichtsbücher im Sinne historischer Forschungsberichte, sondern dienten der Legitimation und Verherrlichung des Herrscherhauses. Vielleicht aber werden in Zukunft eingehendere Forschungen möglich, um Licht in die Vergangenheit des Landes zu bringen.

Ähnlich wie auf dem Khorat-Plateau in Nordost-Thailand scheint sich ab dem dritten Jahrtausend v. Chr., also während des Übergangs von Jungsteinzeit zu Bronzezeit, in den Ebenen entlang des Mekong ein Trend zur Sesshaftwerdung abzuzeichnen. Vermutlich wanderten damals austronesische Völker aus dem maritimen Südostasien in das Gebiet ein und sicherten ihre Ernährung durch die Kultivierung von Pflanzen wie Nassreis, Hirse und Taro. Zeitgleich zu Vietnam und Kambodscha fand ab dem zweiten Jahrtausend v. Chr. Bronze und ab 500 v. Chr. Eisen Verwendung, was **Funde in Lao Pako**, etwa 50 km nordöstlich von Vientiane, bestätigen.

Eine regional begrenzte eigenständige Kultur etablierte sich in den letzten vorchristlichen Jahrhunderten auf der **Ebene der ›Tonkrüge‹** (s. S. 401ff.), benannt nach den verstreut liegenden, bis zu 3 m großen Steingefäßen, die möglicherweise als riesige Begräbnisurnen dienten. Regionaler Handel (u. a. mit Salz und Eisen) und die ausgedehnten Reisfelder bildeten die Grundlage dieser offensichtlich relativ reichen Zivilisation. Über sie ist jedoch heute fast nichts bekannt.

Tai-Migration

In den frühen nachchristlichen Jahrhunderten konzentrierten sich erste größere Machtzentren entlang des Mekong und seiner Zuflüsse. Wahrscheinlich zählten deren Bewohner zur Mon-Khmer-Sprachgruppe, möglicherweise hatten sich aber auch bereits kleinere Tai-Gruppen zumindest im Mündungsbereich des Mun-Flusses niedergelassen. Für dieses Gebiet berichten chinesische Quellen – und nur diese, daher ist lediglich der chinesische Name bekannt – von einem **Königreich Wen Dan**. Dessen Existenz ist durch eine Tributgesandtschaft nach China im Jahr 717 belegt. Spätestens ab dem 5. Jh. bildete der Wat Phou südlich von Champasak das bedeutendste religiöse Zentrum in der Region. Von dort nahm wahrscheinlich der Aufstieg des **Zhenla-Reiches** (s. S. 225f.) seinen Anfang. Ein weiteres Fürstentum, das in Chroniken unter dem Sanskritnamen **Shri Gotapura** erscheint, lag bei Thakhek und dem thailändischen Grenzort Nakhon Phanom. Ab dem 11. Jh. geriet der gesamte Mekong bis Vientiane in den Einflussbereich des erstarkenden **Angkor-Reiches** und stand während der folgenden 200–300 Jahre mehr oder minder unter dessen direkter Kontrolle.

Die Herkunft der Volksgruppe der **Tai**, welche als Vorläufer der Laoten und Thai gilt, lässt sich nur schwer bestimmen. Eine Mehrzahl der Forscher ist sich darin einig, dass die Tai anfänglich in der heutigen chinesischen Provinz Yunnan und der Autonomen Region Guangxi siedelten, von dort infolge der Machtzunahme der Han-Chinesen ab dem 1. Jh. v. Chr. Richtung Süden abgedrängt wurden und sich in mehrere Untergruppen aufsplitterten. Etwa ab dem 7. Jh. zogen einige dieser Untergruppen über den Mekong nach Laos und Nord-Thailand (diese Gruppe wird Tai Noi, Kleine Tai, genannt),

Tai-Migration

Wat Phou, im Hintergrund ein nahezu ausgetrockneter Baray

über den Thanlwin (Salween) nach Nordost-Birma (die Tai Yai, Große Tai, als Vorläufer der heutigen Shan) und über den Roten Fluss nach Vietnam. Bisher wurde das ab dem 8. Jh. enorm erstarkte Reich Nan Zhao in Nord- und West-Yunnan als erstes Tai-Reich angesehen, was aber heute als nicht mehr gesichert gilt.

Mag sich die Lebensweise der Tai-Gruppen aufgrund der geografischen Bedingungen ihrer Siedlungsräume unterschiedlich entwickelt haben, bewahrten sie sich neben ihrer Sprache dennoch einige Gemeinsamkeiten wie etwa den ausgeprägten Geisterglauben und den Theravada-Buddhismus. Typisch für Niederlassungen der Tai ist die Gründung von *muang* (sprich: *müang*), zentral organisierten, befestigten Siedlungen in fruchtbaren Flussebenen, z. B. das heutige Luang Prabang, Vientiane, Thakhek oder Champasak. Der hoch kultivierte Nassreisanbau sichert die Ernährung. Die *muang* stellten wichtige Knotenpunkte entlang der sich kreuzenden regionalen Handelsstraßen dar.

Im 13. Jh. erreichte die Wanderbewegung der Tai-Völker einen Höhepunkt. Verantwortlich dafür waren die Eroberungszüge der Mongolenherrscher Dschinghis Khan (reg. 1162–1227) und dessen Enkels Khubilai Khan (reg. 1260–94), die in Ost- und Zentralasien ein riesiges Imperium schufen. Dies führte bei den Staaten Südostasiens zu gravierenden Veränderungen der Machtverhältnisse.

Etwa zeitgleich erlebte auch das Khmer-Reich nach dem Tod Jayavarmans VII. um 1220 (das Todesjahr ist ungesichert) eine Phase der Schwäche, was ambitionierte Tai-Fürsten (*chao muang*) ausnutzten, um in den fruchtbaren Ebenen des Chao Praya und des Mekong die unabhängigen Fürstentümer **Sukhothai** – 1238 durch Inthrathit ausgerufen – und **Lan Na** – 1259 von Mengrai in Chiang Saen gegründet – zu etablieren. Ramkhamhaeng (reg. ca. 1279–98) machte Sukhothai

Infolge der Eroberung des mächtigen Bagan- (Pagan-) Reiches im heutigen Myanmar durch mongolische Gruppen im Jahr 1287 entstand beispielsweise ein Machtvakuum, von dem eine wachsende Zahl einwandernder Shan profitierte und Fürstentümer gründete.

zu einem Großreich, das bald das Gebiet des heutigen Thailand umfasste. Zu seinem Einflussbereich zählten laut einer Inschrift von 1292 auch die kleinen Tai-Fürstentümer Vieng Chan Vieng Kham (Vientiane) und Muang Soua (Luang Prabang). Die Nachfolger des Lan-Na-Königs Mengrai (reg. 1259–1317) vergrößerten ihr Herrschaftsgebiet bis weit ins heutige Laos. Der Aufstieg der Tai ging im 14. Jh. weiter, denn mit der Gründung von Ayutthaya am unteren Chao Praya im Jahr 1350 durch Fürst U Thong hatten die Tai auch weiter im Süden ihre Macht gefestigt. Dank des Zugangs zum Meer sollte diese Metropole in den folgenden Jahrhunderten zum Zentrum des mächtigsten Tai-Reiches werden.

Das Land des weißen Elefanten – Lan Xang

Zeitgleich zur Gründungsphase Ayutthayas entstand entlang des Mekong ein weiteres Tai-Reich. Verantwortlich dafür war der am Hof von Angkor aufgewachsener Tai-Prinz Fa Ngum. 1316 in das Fürstenhaus von Xieng Dong Xieng Thong (Luang Prabang) hineingeboren, musste er mit seinem Vater auf Befehl seines Großvaters und Fürsten bereits im Kindesalter in die Verbannung gehen und fand Zuflucht in der Khmer-Metropole. Ab 1350 gelang es ihm mit Hilfe einer Khmer-Armee, ein Fürstentum nach dem anderen zu erobern, bis er schließlich drei Jahre später das heutige Luang Prabang erreichte und diese günstig gelegene Stadt nach ihrer Einnahme zu seiner Hauptstadt erwählte. Dort rief er im selben Jahr das **Königreich Lan Xang Hom Khao** (kurz: Lan Xang), Land der Million Elefanten und des Weißen Schirms aus. Seine Eroberungszüge setzte er fort: So machte er Lan Na zum Vasallen Lan Xangs, 1356 war auch die fruchtbare Ebene um Vientiane bezwungen. Während laotische Chroniken Fa Ngum als unbestrittenen *chao maha civit* (Großer Herr des Lebens) preisen, ist eher anzunehmen, dass seine Macht in diesem zerklüfteten Bergland beschränkt war und die »unterworfenen« Reiche außer den geforderten Tributleistungen eigenständig agieren konnten.

Zusammen mit seiner Frau Keo Kaeng Ngya, einer Tochter des Khmer-Königs Jayavarman Parameshvara (reg. 1327–?), förderte Fa Ngum den Theravada-Buddhismus, der im ganzen kontinentalen Südostasien zur dominierenden Religion geworden war, baute Klöster und Tempel und lud angesehene Mönche in seine Hauptstadt ein. Zu einer Art Palladium wurde der Pha Bang, eine verehrte Buddha-Statue, die seine Frau aus Angkor mitgebracht haben soll. Nach deren Tod 1368 verlor Fa Ngum Chronikberichten zufolge das Interesse am politischen Leben, widmete sich religiösen Studien und dem weiblichen Geschlecht. Die Folge war abzusehen: Nach nur fünf Jahren entmachteten ihn seine Minister und erhoben Fa Ngums ältesten Sohn Oun Huan zum Regenten. Nach einer Volkszählung im Jahr 1376 trug dieser dann den Namen Samsenthai, König der 300 000 (*sam saen*) Freien (*thai*). Unter Samsenthais langer, zentralistisch geprägter Herrschaft erlebte Lan Xang eine Zeit der Konsolidierung. Er förderte nach Kräften den Buddhismus – u. a. stiftete er in Luang Prabang den Wat Manorom – und versuchte, das regionale Kräfteverhältnis in Balance zu halten. So entsandte er 1402 eine Gesandtschaft an den chinesischen Kaiserhof nach Nanjing. Mit den Königshäusern von Ayutthaya, Lan Na und Sipsong Pan Na (in Yunnan) war Samasenthai durch Heirat von Prinzessinnen verbunden.

Auf über 40 Jahre Frieden folgten nach dem Tod des Herrschers 1416 Jahrzehnte des politischen Chaos. Das Land wurde im Machtkampf zwischen seinen Söhnen aufgerieben, die jeweils nur kurze Zeit regierten. Erst unter seinem Sohn Vangburi, der 1442–79 als König Saiya Chakkaphat Phaen Pheo herrschte, kehrte etwas Ruhe im Land ein. Letztere wurde indes 1479 durch eine groß angelegte Invasion vietnamesischer Armeeeinheiten gestört, die König Le Thanh Tong (reg. 1460–97) im Rahmen seiner Expansionsbestrebungen entsandt hatte.

Lan Xang als Regionalmacht

Die Blütezeit Lan Xangs begann mit der Thronbesteigung Visounaraths 1501. Dieser Sohn Saiya Chakkaphats machte sich in der laotischen Geschichte als unermüdlicher Förderer des Buddhismus und eines laotischen Nationalgefühls einen Namen. Er überführte 1502 den Pha-Bang-Buddha von Vientiane nach Luang Prabang und erhob ihn zum Nationalsymbol. Visounarath verstand sich als *dharmaraja* (Pali: *dhammaraja*), als weltlicher Beschützer der buddhistischen Lehre (Skt. *dharma*; Pali: *dhamma*) und forcierte die Ausbildung der Mönche. Die Klöster waren religiöse und kulturelle Zentren, in denen auch erste Ansätze einer eigenständigen Literatur entstanden. Möglicherweise fand die laotische Version des ›Ramayana‹, der ›Pha Lak Pha Lam‹, dort ebenso ihre erste Ausformung wie literarische Erzählungen auf der Basis buddhistischer Volksliteratur, z. B. den populären ›Jatakas‹ und ›Avadanas‹. Im Auftrag des Königs verfassten zwei hochrangige Mönche eine laotische Chronik, die 1512 erschien. Hierin schrieben sie erstmalig die Legende des Khun Borom fest. Das ›Nithan Khun Borom Rasathirath‹ wurde zum Neujahrsfest (*pi may lao*), Mitte April, in allen großen Klöstern verlesen. Damit sollte eine eigenständige laotische Identität gefördert werden.

Phothisarath (reg. 1520–48) setzte die Politik seines Vaters fort und verbot den Geisterglauben, allerdings ohne Erfolg. Aus strategischen Gründen, u. a. um eine Revolte in Xieng Khouang zu unterdrücken, hielt er sich vorwiegend in Vientiane auf. Als das benachbarte Lan Na nach dem Tod des dortigen kinderlosen Herrschers durch Rivalitäten erheblich geschwächt war, setzte er 1546 seinen Sohn Setthathirath im Alter von nur elf Jahren auf den vakanten Thron von Chiang Mai. Aber schon zwei Jahre später musste Setthathirath überraschend die Regentschaft über Lan Xang übernehmen, nachdem Phothisarath bei

Urahn Khun Borom
Zu Urzeiten lebten die Götter und Menschen friedlich zusammen. Doch als die Menschen den Respekt vor den Göttern immer mehr verloren, ließ der König der Götter aus Rache eine Flut aufkommen. Nur drei Edelmänner (›khun‹) und ihre Familien überlebten und flohen in den Himmel. Sie baten die Götter um Verzeihung und konnten mit einem Wasserbüffel als Geschenk auf die Erde zurückkehren. Nach dem Tod des Wasserbüffels wuchs aus seinem Kadaver eine gigantische Ranke mit drei Riesenkürbissen heraus, aus denen Menschenschreie drangen. Die Khun bohrten zwei Löcher in die Kürbisse, aus denen die Tai und die Kha (Bergvölker) nach draußen gelangten. Diese beiden Völker sollten den Khun dienen, erwiesen sich jedoch als äußerst aufmüpfig. Um sie zu zivilisieren, entsandte der Himmelskönig seinen eigenen Sohn, Khun Borom, auf die Erde. Er wurde zum ersten König der Tai. Dessen sieben Söhne gründeten später sieben Königreiche, aus denen die ersten Tai-Reiche entstanden.

Laos: Kulturgeschichte

Im 16. Jh. erlebte die laotische Literatur einen enormen Aufschwung. Ein Großteil der Werke entstand in den buddhistischen Klöstern, welche gleichzeitig die bedeutendsten kulturellen Zentren darstellten. Nach dem Vorbild der 547 kanonischen (›jataka‹) und 50 außerkanonischen Geburtsgeschichten Buddhas (›pannasa jataka‹) verfassten Mönche über 200 weitere Erzählungen. In Reim- oder Prosaform gedichtet, wurden sie in den kulturellen Kontext von Laos gesetzt. Zu jener Zeit waren auch die drei bekanntesten literarischen Werke verbreitet: die ›Geschichte des Pha Wet Sandon‹ (die laotische Version des ›Vessantara Jataka‹), die ›Abenteuer des Prinzen Sinxay‹ – er befreit mit seinen Brüdern die von dem Dämonen Nyak Koumphan entführte Tante – und der auch in den Nachbarländern bekannte Epos ›Thao Hung‹, der vom Kampf zwischen verschiedenen Familie-Clans handelt.

einem Duell ums Leben gekommen war. Setthathirath (reg. 1548–71) regierte in einer Zeit politischer Unsicherheiten. Ursache dafür waren massive Angriffskriege birmanischer Truppen, die 1558 Lan Na unterwarfen. Wegen der günstigeren Lage erhob er 1560 Vientiane zum offiziellen Regierungssitz, die alte Königsstadt blieb unter dem neuen Namen Luang Prabang, Stadt des Pha Bang, spirituelles Zentrum. 1563 und 1568/69 gelang es den Birmanen, Ayutthaya einzunehmen, nicht jedoch Lan Xang. Zahlreiche religiöse Bauten im ganzen Reich erinnern an die Schaffenskraft Setthathiraths, wie etwa der Ho Pha Keo in Vientiane, den er für den berühmten Smaragd-Buddha (Pha Keo) aus Chiang Mai errichten ließ. Als schönste Beispiele laotischer Architektur gelten bis heute der Wat Xieng Thong in Luang Prabang und der That Luang in Vientiane. Erst Setthathiraths mysteriöses Verschwinden 1571 in Süd-Laos und die folgende politische Krise ermöglichten dem birmanischen König Bayinnaung (reg. 1551–81) und dessen Nachfolger, Lan Xang zu unterwerfen und 1575 einen willfährigen laotischen Prinzen auf den Thron von Vientiane zu setzen.

Den sehr lückenhaften Quellen nach gelang es Setthathiraths Neffen Voravongsa II. (reg. 1596–1622) zwar, die birmanische Oberhoheit wieder abzuschütteln, nicht aber den Machtkampf zu beenden. Erst unter der langen Regentschaft des »Sonnenkönigs« Souligna Vongsa (reg. 1637–94) fand das Land inneren Frieden. Die Berichte europäischer Besucher wie des italienischen Jesuitenpaters Giovanni-Maria Leria, der 1642–47 in Vientiane weilte, und des im Auftrag der holländischen Vereingde Oostindische Compagnie (VOC) 1641 nach Lan Xang gereisten Händlers Gerrit van Wuysthoff geben uns ein lebhaftes Zeugnis aus seiner Zeit. Leria zufolge war das Reich in sieben Provinzen aufgeteilt, die von Gouverneuren kontrolliert wurden. Die Alltagsgeschäfte wickelten vorwiegend der Vizekönig (*uparath*) und der Hohe Rat (*senam luang*) ab. Die Gesellschaft war streng hierarchisch organisiert: An der Spitze stand der absolute Monarch, gefolgt von seiner Familie und den *chao muang*, den Provinzfürsten. Schließlich kam die breite Masse der Bauern und Handwerker – sie mussten alle drei Jahre die Hälfte der Ernte abliefern und waren zu Arbeitsleistungen und Kriegsdiensten verpflichtet. Ganz unten in der gesellschaftlichen Hierarchie rangierten die Sklaven (*kha*), zu denen neben Kriegsgefangenen und Schuldnern auch die meisten Angehörigen der ethnischen Minderheiten zählten. Den Berichterstattern zufolge blühte das kulturelle Leben. Vientiane soll ein Magnet für Musikanten, Tänzer und Komödianten gewesen sein. Die Geschichten, Lieder und Gedichte, die diese vortrugen, basierten vorwiegend auf buddhistischer Literatur, die von Mönchen adaptiert und in Versform auf Blättern der Talipotpalme niedergeschrieben wurden.

Doch zeigte sich im 17. Jh., dem Zeitalter eines rapide zunehmenden Welthandels, ein fataler Nachteil Lan Xangs: Es besaß keinen Zugang zum Meer und war daher von seinen Nachbarländern abhängig, die durch hohe Zölle den Austausch von Gütern erschwerten. Einen weiteren Schwachpunkt stellte die geografische Lage dar, denn die vielen Bergzüge machten die Kontrolle des lang gestreckten Landes nahezu unmöglich. Zudem fehlten wegen der dünnen Besiedlung notwendige Arbeitskräfte. Diese Beeinträchtigungen sollten nach dem Tod Souligna Vongsas im Jahr 1695 den Niedergang des laotischen Reiches beschleunigen.

Geteiltes Reich

Der Kampf um die Krone stürzte das Land erneut ins Chaos. Infolge der Intervention des Königs von Ayutthaya wurde das Land geteilt. Ab 1707 regierten rivalisierende Herrscher-Clans in Luang Prabang und Vientiane, im Osten machte sich der Fürst von Muang Phouan (auf der Ebene der ›Tonkrüge‹ gelegen) zeitweilig unabhängig. Tief im Süden kam es zu einer Revolte in Champasak, in deren Folge 1713 Soi Sisamouth (reg. 1713–37), ein Enkel Souligna Vongsas, ein weiteres unabhängiges Königreich begründete.

Das einst mächtige Lan Xang geriet immer mehr unter den Einfluss seiner Nachbarn Vietnam und Siam. Während in den ersten Jahrzehnten des 18. Jh. die laotischen Königreiche eine eher ruhige Zeit erlebten, wurden sie bald darauf in den Sog der innenpolitischen Probleme ihrer Nachbarstaaten gezogen. In Siam machten birmanische Armeen 1767 Ayutthaya dem Erdboden gleich, in Vietnam war in den 1770er Jahren die Tay-Son-Rebellion entbrannt. Die letzten Jahrzehnte des 18. Jh. sollten die Laoten als die schlimmsten ihrer bisherigen Geschichte erleben. Verantwortlich dafür waren die verheerenden Eroberungsfeldzüge des siamesischen Generals Taksin. Er hatte bald nach dem Fall Ayutthayas eine Armee organisiert, mit welcher er das gedemütigte Siam zu einer Hegemonialmacht machen wollte. Er eroberte 1775 das über 200 Jahre von Birma kontrollierte Lan Na und reinstallierte das dortige Königshaus, wenn auch unter seiner Oberherrschaft. Zudem griff er das benachbarte Kambodscha an (s. S. 235). 1778/79 nahm sein General Chao Phraya Chakri Vientiane und dessen Bruder Chao Phraya Surasi Champasak ein. Tausende von Laoten wurden nach Thailand verschleppt und mussten dort Zwangsarbeit leisten. Chao Phraya Chakri entmachtete Taksin und ließ sich 1782 zum König Rama I. (reg. 1782–1809) ausrufen. Unter seiner Ägide konnten die nach Siam verschleppten laotischen Regenten von Vientiane und Champasak als Vasallen wieder regieren.

Der 1805 auf den Thron von Vientiane erhobene Anouvong (reg. 1805–28) hatte jedoch das ambitionierte Ziel, sein Königreich von den Siamesen unabhängig zu machen und ein geeintes Lan Xang in seiner alten Größe wiedererstehen zu lassen. Das prächtige Bangkok vor Augen, wo er aufgewachsen war, wollte er auch Vientiane zu einer blühenden Stadt machen. Er stiftete den Wat Si Saket und ließ den von Setthathirath 1566 gegründeten Ho Pha Keo komplett neu errichten. In der Hoffnung, dass die Briten auch Siam unterwerfen würden – sie hatten 1826 einen Teil Birmas annektiert –, entsandte er 1827

Das Gros der nach Siam verschleppten Einwohner Vientianes wurde in der Umgebung Bangkoks angesiedelt und musste bei den zahlreichen Bauprojekten Ramas III. (reg. 1824–51), u. a. bei der Aushebung von Kanälen (›klong‹) in und um Bangkok arbeiten.

Dem in Bangkok gefangen gehaltenen Anouvong drohte ein bitteres Ende. Geblendet wurde er in einem Eisenkäfig ausgestellt und zusammen mit seiner Frau, Königin Khaniphong, und dreien seiner Söhne in der Nacht vom 25. auf den 26. Januar 1829 getötet. Das Königshaus von Vientiane war ausgelöscht.

Laos: Kulturgeschichte

eine Armee gegen Ayutthaya – mit fatalen Folgen: In nur wenigen Monaten wurde sein Angriff zurückgeschlagen. Siamesische Truppen eroberten Vientiane und zerstörten es. Mit Hilfe des verbündeten vietnamesischen Königs Minh Mang (reg. 1820–41) versuchte er einen zweiten Angriff, doch auch er scheiterte. Die Siamesen verschleppten Anouvong und die gesamte Einwohnerschaft Vientianes nach Bangkok. Der König und seine Familie fanden einen tragischen Tod, das Königshaus Vientiane war ausgelöscht. Als im März 1867 eine französische Expedition zur Erforschung des Mekong unter Führung von Ernest Doudard de Lagrée und Francis Garnier nach Vientiane kam, fand sie nur noch einen »Haufen Ruinen« vor.

In den folgenden Jahrzehnten waren die ehemaligen Königreiche Vientiane und Champasak zu siamesischen Provinzen degradiert, nur Luang Prabang konnte sich halbwegs unabhängig halten. Dort empfing König Chantharath (reg. 1852–71) 1861 den französischen Naturkundler Henri Mouhot mit großem Pomp, doch reichte seine Herrschaft kaum über die Stadtgrenzen hinaus.

Unter französischer Herrschaft

In der zweiten Hälfte des 19. Jh. wurde Laos regelmäßig von chinesischen Horden heimgesucht, die sich nach der Farbe ihrer Banner Gelbe, Schwarze, Gestreifte oder Rote Ho nannten. Sie waren nach der Niederschlagung ihrer Aufstände in Yunnan nach Laos und Nord-Vietnam geflüchtet und plünderten dort Dörfer und Städte. Als im Juni 1887 die Schwarzen Ho Luang Prabang überfielen, floh der dortige altersschwache Regent Oun Kham (reg. 1873–94) in die Berge und ersuchte den Schutz der Franzosen, die im selben Jahr Kambodscha und Vietnam in der neu gegründeten Kolonie Union Indochinoise vereint hatten. Seit 1885 unterhielten sie in Luang Prabang ein Konsulat, das im Februar 1887 unter die Leitung von Auguste Pavie (1847–1925) gestellt wurde. Massiv drängten die Franzosen die Dominanz Siams immer weiter zurück. Sie provozierten das Thai-Königreich durch das Entsenden von Kanonenbooten in Richtung Bangkok, um die Zufahrt zur Königsstadt zu blockieren, bis der siamesische König Chulalongkorn (reg. 1868–1910) mit dem **franko-siamesischen Vertrag** vom 3. Oktober 1893 das französische Protektorat über die laotischen Gebiete östlich des Mekong akzeptierte. Laos erhielt infolge einer Reihe von Abkommen mit Siam und China im Jahr 1907 seine heutige Gestalt. Zwar ist es der Kolonialmacht Frankreich zu verdanken, dass Laos nicht völlig zwischen Thailand und Vietnam aufgeteilt wurde, doch verlor das Land mit der willkürlichen Grenzziehung seine ökonomisch bedeutendsten Gebiete westlich des Mekong. Aus diesem Grund leben heute fast 80 % aller Lao in Thailand.

Laos hatte für das Empire Français nur hinsichtlich der Sicherung des Weges nach China gewisse strategische Bedeutung. Wirtschaftlich war es eher eine Belastung, denn nur mit hohen Kosten war die Ad-

Bevor Auguste Pavie nach Luang Prabang kam, arbeitete er 17 Jahre als Kolonialbeamter in Kambodscha und Vietnam. Ab 1887 wurde er in Luang Prabang als Vizekonsul eingesetzt und bot nach der gemeinsamen Flucht vor den Schwarzen Ho König Oun Kham französisches Protektorat an. Nach dessen Einwilligung erforschte er in drei Expeditionen, 1887–89, 1889–91 und 1892–95, Nord- und Zentral-Laos und handelte 1893 in Bangkok den frankosiamesischen Vertrag aus. Bis 1896 war er französischer Repräsentant in der thailändischen Hauptstadt und lebte anschließend bis zu seinem Tod im Jahr 1925 in Frankreich, wo er die Ergebnisse seiner Forschungen zwischen 1898 und 1911 in den elf Bänden der ›Mission Pavie‹ veröffentlichte.

Französische Kanonenboote blockieren 1893 den Hafen von Bangkok, um den Anspruch auf Laos durchzusetzen.

ministration aufrechtzuerhalten. Während in Luang Prabang König Sakkarine, der älteste Sohn Oun Khams, unter französischem Protektorat über ein kleines Territorium zumindest nominell weiter regieren konnte, wurden die übrigen Landesteile schrittweise in zehn Provinzen gegliedert und unter direkte französische Verwaltung gestellt. Sitz des Gouverneurs war Vientiane. Das mangelnde Interesse der Grande Nation an Laos zeigt sich auch an der Organisation der Kolonialverwaltung. Nur die Führungspositionen waren von Franzosen besetzt, weniger bedeutende Posten nahmen Vietnamesen ein, die in unbegrenzter Zahl in das Land einwandern konnten und in den Augen der Kolonialherren kooperativer als die Laoten waren. In den 1930er Jahren machten die östlichen Nachbarn die Hälfte der Bevölkerung Vientianes aus, in Thakhek waren über 80 % der Einwohner Vietnamesen. In das Bildungs- und Gesundheitswesen wurde kaum investiert, 1930 gab es landesweit nur 82 Schulen. Nach dem Zweiten Weltkrieg hatte lediglich 1 % der Bevölkerung eine Grundschule besucht. Mit der winzigen lokalen Elite, vorwiegend Angehörige der Herrscherhäuser, pflegten die Kolonialherren relativ gute Beziehungen. Der Rest der Bevölkerung lebte wie eh und je von Subsistenzwirtschaft und lokalem Handel, hatte hohe Steuern zu entrichten und wurde zu Arbeitsdiensten herangezogen. Von gewisser Bedeutung waren Bodenschätze wie Zinn oder Kohle sowie Agrarprodukte, darunter Tropenhölzer, Kaffee, Tee und Kardamom. Aufgrund des hohen Profits wurde der Anbau von Schlafmohn gefördert. Den Handel mit dem daraus gewonnenen Rohopium hatten die Franzosen monopolisiert. Letztlich aber verhieß nichts so großen Profit, dass Frankreich hätte massiv in die laotische Infrastruktur investieren wollen.

Aus Protest gegen die Arbeitsdienste und Steuern kam es vor allem unter den Bergvölkern immer wieder zu sporadischen Aufständen, die jedoch allesamt niedergeschlagen wurden. Eine nationalistische Bewegung entstand erst infolge der Entwicklungen während des Zweiten Weltkrieges.

Kampf um Unabhängigkeit

In Brazzaville, der Hauptstadt der Kolonie Französisch-Äquatorial-Afrika (AEF), wurde auf Initiative Charles de Gaulles vom 30.01.–08.02.1944 eine Afrikanisch-Französische Konferenz abgehalten, um die französische Kolonialpolitik der Nachkriegszeit festzulegen. Die Kolonien sollten mehr Autonomie erhalten und ihre Verwaltung dezentralisieren. Die völlige Unabhängigkeit blieb ihnen jedoch versagt. In einem Staatenbund mit Frankreich sollten sie dessen Führungsstellung anerkennen. Der Bund wurde 1946 mit der Schaffung der Union Française in die Realität umgesetzt.

Im Königreich Siam endete die absolute Monarchie 1932 mit einem unblutigen Putsch des Militärs. Die neuen Machthaber waren nationalistisch eingestellt, nannten 1939 Siam in *Prathet Thai*, Land der Thai, um und wollten es zu einem Großreich machen. Nachdem Frankreich im Juni 1940 von der deutschen Wehrmacht besetzt worden war, nutzten die Thai-Militärs diese Schwäche und annektierten im folgenden November Teile der Provinzen Xayabouri und Champasak. Die seit 1941 in ganz Südostasien agierenden japanischen Truppen waren auch in Laos stationiert, doch konnten sich die Franzosen noch relativ frei bewegen. Erst am 9. März 1945 übernahmen die Japaner die vollkommene Kontrolle über das Land und internierten die französischen Bewohner. Am 8. April ließen sie den König von Luang Prabang, Sisavang Vong (reg. 1904–59), die Unabhängigkeit von Frankreich erklären.

Nach Vorbild der thailändischen Gruppe *Seri Thai* (Freies Thailand) hatte sich 1944 die antijapanische Widerstandsbewegung *Lao Seri* (Freies Laos) gebildet, blieb aber ohne große Auswirkungen. Von größerer Bedeutung war die von Prinz Phetsarath Rattanavongsa (1891– 1954) gegen Ende des Krieges initiierte Unabhängigkeitsbewegung *Lao Issara* (Freies Laos), die auch von seinen Halbbrüdern Prinz Souvanna Phouma (1901–84) und Prinz Utthong Souphanouvong (1909–95) unterstützt wurde. Phetsarath, Vizekönig (*uparath*) von Luang Prabang, war von den japanischen Besatzern zum Premier ernannt worden. Das Machtvakuum nach der japanischen Kapitulation im August 1945 ausnutzend, rief der Prinz am 12. Oktober die laotische Unabhängigkeit aus. Als König Sisavang Vong Widerstand leistete, setzte er ihn ab. Noch während des Krieges machten die Franzosen unter Charles de Gaulle (1890–1970) deutlich, dass sie nicht gewillt waren, ihre Kolonien in die Unabhängigkeit zu entlassen. ab 1946 begannen sie mit der Rückeroberung von Laos und ernannten im August Sisavang Vong wieder zum König, der nach Verabschiedung einer neuen Verfassung im Mai 1947 als Oberhaupt einer konstitutionellen Monarchie einem neu vereinten Laos vorstand. Thailand musste die von ihm annektierten Gebiete abtreten. Die Mitglieder des Lao Issara flohen nach Thailand oder in die Berge, wo sie von den vietnamesischen Viet Minh militärisch ausgebildet und unterstützt wurden. Phetsarath führte in Bangkok mit seiner Gruppe eine Exilregierung an.

Am 19. Juli 1949 wurde der Französisch-Laotische Vertrag unterzeichnet, welcher die Unabhängigkeit von Laos innerhalb der **Union Française** vorsah. Dies führte zur Aufspaltung des Lao Issara, da einige ihre Forderung nach Unabhängigkeit erfüllt sahen, andere dagegen nicht. Während Phetsarath abwartend in Bangkok zurückblieb, kehrte ein Großteil der Exilanten einschließlich Souvanna Phouma nach Vientiane zurück, um in Verhandlung mit den Franzosen zu treten. Der pro-kommunistische ›Rote Prinz‹ Souphanouvong jedoch ging mit Unterstützung des Viet Minh in den bewaffneten Widerstand. Bei einem von der Kommunistischen Partei Indochinas in der Provinz Houa Phan einberufenen Kongress im August 1950 wurde er zum Vorsitzenden der neugegründeten Front zur Befreiung von Laos, *Neo Lao Issara*, gewählt, die zum Sammelbecken linksgerichteter oppositioneller Kräfte wurde.

Bei den 1951 erstmalig stattfindenden Wahlen ging Souvanna Phouma mit der Nationalen Fortschrittspartei als Sieger hervor. Doch bereits bis 1953 brachten Truppen der Pathet Lao mit Hilfe der vietnamesischen Kommunisten weite Teile des Nordostens unter ihre Kontrolle. Dies veranlasste die Vereinigten Staaten, ihre Unterstützung gegen die »kommunistischen Aggressoren« anzubieten. Dem schwindenden Einfluss Frankreichs folgte das zunehmende Engagement der USA. Der Kalte Krieg hatte auch das kleine Laos erreicht.

Die gängige Bezeichnung für den militärischen Arm der Neo Lao Issara war ›Pathet Lao‹, Land der Lao. Der Begriff wurde später zum Synonym für die gesamte linke Bewegung.

Laos im Sog des Kalten Krieges

Infolge des militärischen Debakels der Franzosen im vietnamesischen Dien Bien Phu (s. S. 136f.) sah sich die Kolonialmacht gezwungen, auf der Genfer Konferenz am 21. Juli 1954 die Unabhängigkeit des Königreichs Laos anzuerkennen. Wie für Vietnam, schrieb die Konferenz jedoch eine faktische Teilung des Landes fest. Bis zur Auffindung einer politischen Lösung sollten die Provinzen Houa Phan und Phongsaly unter Kontrolle der Neo Lao Issara stehen, während der Rest in den Händen der Königlichen Regierung in Vientiane verblieb. Doch die erhoffte politische Lösung sollte nie kommen, immer mehr verhärteten sich die Fronten.

Im März 1955 gründeten 25 ehemalige Mitglieder der Kommunistischen Partei Indochinas unter Führung von Kaysone Phomvihane (1920–92) und Phoumi Vongvichit die Laotische Volkspartei, die ein Jahr später *Neo Lao Haksat* (Patriotische Front Laos) hieß. Sie stand unter Einfluss des Viet Minh. Die königliche Regierung von Vientiane wiederum geriet verstärkt in die Abhängigkeit der USA, die ihre Armee nahezu komplett finanzierte. Wieder einmal war Laos zum Spielball externer Kräfte geworden. Nur kurz währte eine 1957 von Souvanna Phouma und Souphanouvong gebildete Koalitionsregierung. Als bei den ersten gesamtlaotischen Parlamentswahlen im Mai 1958 von den 21 Parlamentssitzen 13 an die linken Parteien gingen, kam es zur Krise. Die linken Parlamentarier flohen zurück in den von ihnen kontrollierten Nordosten. Fatal wirkte sich das Einfrieren jeglicher US-amerikanischer Hilfe aus. Souvanna Phouma trat zurück und mit Phoui Sananikone (1903–83) kam eine rechtsgerichtete Regierung an die Macht.

Prinz Souphanouvong

Laos: Kulturgeschichte

1959 begann die CIA mit der Rekrutierung von 9000 Hmong, um die strategisch bedeutsame Ebene der ›Tonkrüge‹ unter Kontrolle zu bringen. Sie übertrug die Führung einem ehemaligen Mayor namens Vang Pao, der im ersten Indochinakrieg seine militärischen Erfahrungen gesammelt hatte und sein Geld mit dem Opiumhandel verdiente. Vang Pao schaffte es innerhalb kurzer Zeit, eine effektive Truppe aufzustellen, die bis 1970 auf 30 000 Mann anschwoll. Die CIA unterstützte diese ›geheime Armee‹ durch Flugzeuge ihrer Air America aus der Luft. Zumindest teilweise finanzierte der Geheimdienst die Operationen durch den Opiumhandel. Nur selten aber gelang es Vang Pao, die Hochebene unter Kontrolle zu bringen. Infolge des Pariser Abkommens von 1973 löste sich ein Großteil seiner Armee auf. Nach der Machtübernahme der Pathet Lao 1975 flohen neben Vang Pao Zehntausende von Hmong nach Thailand. Dort lebten sie jahrelang in Flüchtlingslagern, bevor sie in die USA und andere Drittländer emigrieren konnten.

Der Krieg eskalierte mit zunehmender Brutalität, vor allem nach dem zunächst erfolgreichen Putsch des jungen Kommandeurs Kong Le, der den Bürgerkrieg beenden und das Land neutralisieren wollte. Doch er scheiterte beim Versuch, eine gesamtlaotische Regierung unter Führung Souvanna Phoumas zu bilden. Ab 1959 verstärkten die USA die direkte Militärhilfe, und die CIA begann im Verborgenen mit der Rekrutierung von Bergminderheiten. Besonders erfolgreich war der US-Geheimdienst bei den Angehörigen der Hmong, was nicht zuletzt auf das Engagement des ambitionierten Vang Pao zurückzuführen war. Die Konfliktparteien und mit ihnen verbündeten Mächte beschworen auf einer zweiten **Genfer Konferenz** am 23. Juli 1962 noch einmal die »Unabhängigkeit und Neutralität« des Landes, doch eine daraus resultierende Koalitionsregierung zwischen Souvanna Phouma (die Neutralen repräsentierend), Souphanouvong (als Vertreter der Pathet Lao) und Prinz Boun Oum na Champasak (als Anführer der Rechten) scheiterte nach wenigen Monaten. Als die Vertreter der Pathet Lao nach einer Welle von Attentaten 1963 Vientiane wieder verließen, entbrannte der Bürgerkrieg erneut. Zudem wurde Laos immer tiefer in den Vietnamkrieg hineingezogen, da fast die Hälfte des 20 000 km langen Ho-Chi-Minh-Pfades durch laotisches Territorium führte.

Die USA begannen mit dem ›Geheimen Krieg‹. Trotz Vereinbarung des Genfer Abkommens von 1954, keine ausländischen Truppen in Laos zu dulden, kämpften zum Höhepunkt des Konfliktes 1968 schätzungsweise 12 000 US-Amerikaner und 40 000 Nordvietnamesen auf laotischem Territorium. Obwohl nach Bekanntwerden des US-Engagements in Laos weltweit Proteste ausbrachen, dehnten die USA die Flächenbombardierungen durch B-52-Bomber aus. Allein auf der strategisch wichtigen Ebene der ›Tonkrüge‹ wurden bis 1973 über zwei Millionen Tonnen Bomben abgeworfen. Fast ein Viertel der etwa drei Millionen zählenden Gesamtbevölkerung war auf der Flucht. Das US-Bombardement führte dazu, dass immer größere Teile der Bevölkerung, auch der Bergminderheiten, die Pathet Lao unterstützten. Auch im Süden weiteten sich die Kämpfe aus. Im Februar 1971 begann eine großangelegte Invasion der südvietnamesischen Armee, die allerdings trotz Unterstützung durch die US-Luftwaffe scheiterte.

Im Januar 1973 kam es endlich zu **Verhandlungen in Paris** und in deren Folge zur Einstellung der Kampfhandlungen. Im folgenden Monat vereinbarten die Pathet Lao und die Königliche Regierung die Wiederherstellung von Frieden und Eintracht. Zum dritten Mal bildeten im Mai 1974 Souvanna Phouma und Prinz Souphanouvong eine diesmal paritätisch besetzte **Koalitionsregierung**. Doch war sie nur von kurzer Dauer, da sich die Machtverhältnisse zugunsten der Pathet Lao verschoben hatten. Sie kontrollierte elf von 13 Provinzen und setzte sich auch in den Städten immer stärker fest. Unter dem Eindruck der politischen Ereignisse in Kambodscha und Vietnam strebte sie nach der alleinigen Macht. Massendemonstrationen gegen die rechten Politiker in den Städten führten zu einer ersten Fluchtwelle nach Thailand. Im August 1975 marschierte die Pathet Lao in Vientiane und Luang

Prabang ein. Am 2. Dezember 1975 rief sie die **Demokratische Volksrepublik Laos** (Lao PDR).

Die Demokratische Volksrepublik Laos

Nach dem Vorbild Vietnams wandelten die Pathet Lao das gesamte politische System um. Prinz Souphanouvong übernahm das neu geschaffene Amt des Präsidenten und Kaysone Phomvihane wurde zum ersten Premier ernannt. Als einzige Partei war fortan die Laotische Revolutionäre Volkspartei (LRVP) zugelassen. Die Fäden der Macht lagen in den Händen der sieben Mitglieder des Politbüros. Die traditionellen Institutionen wurden unterdrückt oder abgeschafft. So verlor der Buddhismus seine Rolle als staatstragende Religion und mit dem Ende der über 600 Jahre alten Monarchie seinen traditionellen Schutzherrn. König Sisavang Vatthana musste abdanken und erhielt das Amt des Präsidentenberaters. Angeblich, weil er Umsturzpläne förderte, wurden er und seine Familie jedoch am 24. November 1977 nach Sam Neua verschleppt, wo sich ihre Spur verlor. Wahrscheinlich starben sie in den Folgejahren an Krankheit und Erschöpfung.

Das ohnehin durch den Bürgerkrieg verarmte Land geriet immer mehr ins wirtschaftliche Desaster. Bereits im Jahr nach der Machtübernahme war ein Großteil des privaten Sektors verstaatlicht. 1978 beschloss die Regierung die Kollektivierung der Landwirtschaft. Enteignung und politische Verfolgung führten zu einem Exodus der Wirtschafts- und Bildungselite, bis 1980 verlor das Land 10 % seiner Gesamteinwohnerschaft.

Schnell zeigte sich, dass die Verwaltung mit der gesellschaftlichen Umgestaltung überfordert war. Die Armee wiederum wurde der immer wieder aufflammenden Rebellionen, die vor allem von Teilen der Bergvölker ausgingen, kaum Herr. Hilfe kam vom östlichen Nachbarn, der im laotisch-vietnamesischen Freundschaftsvertrag vom Juli 1977 seine Unterstützung zusagte und neben Beratern 50 000 Soldaten (die laotische Armee bestand aus 40 000 Mann) nach Laos entsandte. Mehr als je zuvor befand sich das Land in Abhängigkeit von Vietnam. Das Verhältnis zu den Nachbarn China und Thailand war eher gespannt, an der thai-laotischen Grenze kam es wiederholt zu blutigen Kämpfen. Wichtige Unterstützung erfuhr Laos von den sozialistischen Ländern, allen voran den UdSSR und der DDR. Letztere engagierte sich stark in der Ausbildung von Fachkräften und Wissenschaftlern. Durch »Seminare« (*samana*) sollte die Bevölkerung von den Vorzügen des Sozialismus überzeugt werden.

Während Samana für den Durchschnittslaoten die Teilnahme an kurzzeitigen Lehrveranstaltungen bedeutete, hieß es für politische Gegner ebenso wie für Prostituierte und Mönche teilweise jahrelange Zwangsarbeit und politische Indoktrination. Ein Drittel soll aus den schätzungsweise 30 000 Umerziehungslagern nicht mehr zurückgekehrt sein.

›Neues Denken‹ – politischer Stillstand

Ende der 1970er Jahre zeichnete sich deutlich ab, dass das Land in einem wirtschaftlichen Desaster unterzugehen drohte. Dies veran-

Ein wichtiges Symbol des verbesserten Verhältnisses zu Thailand ist die mit australischer Hilfe errichtete Freundschaftsbrücke über den Mekong, an deren Eröffnung 1994 auch der thailändische König Bhumiphol teilnahm.

lasste die Regierung zu einer behutsamen Privatisierung, die ineffizienten staatlichen Genossenschaften wurden schrittweise aufgelöst. Der 4. Parteitag der LRVP 1986 brachte die Wende, indem er in Anlehnung an die sowjetische Perestroika die Politik des Neuen Denkens, *Chintanakan Mai*, einführte. Dies hieß wirtschaftliche Liberalisierung bei unveränderten politischen Strukturen. So wurde in der auf dem 5. Parteitag im März 1991 verabschiedeten neuen Verfassung sowohl das Recht auf Privateigentum als auch der Ausschluss jeglicher politischer Pluralität verankert. Mit dem Zusammenbruch des Ostblocks 1989 war Laos gezwungen, sich nach neuen Partnern umzuschauen. Dies führte zu einer Annäherung an Thailand und China, die mit Beginn der 1990er Jahre zu den wichtigsten Wirtschaftspartnern geworden waren und das Land im Ausbau der desolaten Infrastruktur unterstützten. Seit 1997 ist Laos Mitglied der wichtigsten politischen Vereinigung Südostasiens, ASEAN.

Anfänglich waren gute wirtschaftliche Erfolge zu verzeichnen: Das Pro-Kopf-Einkommen wuchs jährlich um über 5 % an. In wachsendem Maße kamen ausländische Investoren ins Land und auch der internationale Tourismus nahm zu. Doch seit der zweiten Hälfte der 1990er Jahre ist ein Stillstand zu beobachten. Beim 6. Parteitag im März 1996 gewannen wieder die Traditionalisten die Oberhand. Gravierende Auswirkungen auf die Wirtschaft hatte die im Juli 1997 ausgebrochene Asienkrise. Laos leidet heute unter einem enormen Außenhandelsdefizit, über ein Fünftel seines Haushalts wird von ausländischen Kreditgebern gedeckt.

Mit Beginn des dritten Millenniums hat sich auch die Sicherheitslage des Landes verschlechtert. Eine Reihe von ungeklärten Bombenexplosionen erschütterte das Land, und in der Provinz Xieng Khouang kam es zu Gefechten zwischen Hmong-Rebellen und der Regierungsarmee. Zu Beginn des Jahres 2003 kam es auch zu Überfällen auf öffentliche Busse. Doch aus Angst vor Machtverlust wird jeglicher politische Protest und jede kritisch-negative Information unterdrückt. Mit der gegenwärtigen Regierung unter Führung des Staatspräsidenten und Parteisekretärs, General Khamthay Siphandone, an der Macht, wird es wohl noch lange dauern, bis das Land wirkliche Veränderungen erlebt.

Kunst und Kultur

Wohnkultur

In der Architektur der Wohnhäuser manifestiert sich eine Art kultureller Grenze zwischen Vietnam und Laos. Während die vietnamesischen Häuser traditionell ebenerdig aus Stein errichtet sind, bauen die Laoten ihre Holzhäuser auf Pfählen, um vor Ungeziefer, Hochwasser und ungewollten Besuchern besser geschützt zu sein. In der Trockenzeit eignet sich der untere Hausbereich für die Lagerung von Gerätschaften. Der Wohnbereich gliedert sich abhängig von der Größe des Hauses in einen großen Aufenthaltsraum und kleine Schlafkammern. Die Küche befindet sich meist in einem eigenen Gebäude. Einfache Häuser sind aus Bambus errichtet und von einem Palmdach bedeckt.

Neben dieser ›laotischen‹ Bauweise finden sich weitere Formen des Hausbaus bei den verschiedenen ethnischen Gruppen des Landes. So bauen z. B. die Hmong, Akha und Khmu ihre Häuser ebenerdig in Gruppen an den Berghang, während die auf dem Bolaven-Plateau siedelnden Katu und Alak ihre einfachen palmblatt- und strohbedeckten Häuser in einem Kreis um ihr Gemeinschaftshaus anordnen. Bei den ebenfalls auf der südlaotischen Hochebene lebenden Katang wohnen sehr häufig mehrere Familien in auf Pfählen stehenden Langhäusern unter einem Dach.

Auch die Königspaläste (*ho*) in Laos wurden aus Holz errichtet, aber ihrer Bedeutung angemessen reich mit Intarsien- und Schnitzarbeiten verziert. Leider blieb kein Beispiel erhalten, denn der einzige noch existierende Palast, der Ho Kham in Luang Prabang, stammt aus dem frühen 20. Jh. und wurde entgegen der Tradition aus Stein erbaut.

Laotische Tempelarchitektur

Von den Grundelementen unterscheiden sich laotische Klöster (*wat*) nicht von jenen in Kambodscha (s. S. 247ff.) oder Thailand. Je nach Größe und Bedeutung bestehen sie aus einer Vielzahl von Gebäuden, die entweder dem Aufenthalt der Mönche oder religiösen Zwecken dienen. Das dominierende Gebäude mit dem bedeutendsten Kultbild des jeweiligen Klosters, der **Sim**, fungiert auch als Ordinationshalle. Der längliche Bau mit mehrfach gestaffeltem Dach liegt auf der zentralen Ost-West-Achse in der Mitte des Klostergeländes, denn das Buddha-Bildnis sollte der aufgehenden Sonne zugewandt sein. Zur Hervorhebung seiner Bedeutung umgeben Grenzsteine den Sim. Diese Tradition wurde wahrscheinlich von den Mon übernommen, die bis ins 13. Jh. die Gebiete zwischen dem Mekong und dem Golf von Thailand besiedelten. Sehr alte Exemplare entdeckte man in Nordost-Thailand. Bei größeren Klöstern finden sich noch weitere Hallen zur Verehrung Buddhas, **Vihaan**, genannt. Als Symbol der buddhistischen Erleuchtung schlechthin steht auf dem Wat-Gelände – meist im westlichen Anschluss an den Sim – der zentrale Stupa, **That**. Kleinere Stupas, **That Kaduk**, die sich oft am Rand eines Wat-Geländes befinden, bergen die sterblichen Überreste verstorbener Mönche oder Laien. Zur Aufbewahrung der Palmblattmanuskripte – neben dem ›Palikanon‹ können dies auch andere literarische Werke wie Chroniken, Gedichte oder volkstümliche Erzählungen sein – dient eine Bibliothek, der **Ho Tai**. Zum Schutz der Texte vor Wasser und Ungeziefer liegt der kompakte,

Laos: Kunst und Kultur

Sim des Wat Xieng Thong, Luang Prabang

oft quadratische Aufbewahrungsraum auf einem hohen Unterbau. Gerade in ländlichen Wats finden sich noch ein oder mehrere geräumige, meist seitlich offene Gebäude, **Sala Hong Tham** (Dharma-Halle), in denen die täglichen Zeremonien oder religiöse Feiern mit Dharma-Belehrungen abgehalten werden. Sie dienen aber auch profanen Versammlungen oder kulturellen Veranstaltungen. Die Mönchsunterkünfte, **Kuti**, waren ursprünglich einfache Holzhütten; heute können es auch komfortable zweistöckige Häuser sein. Nicht fehlen darf der Glockenturm, **Ho Kong**, um die Tagesabschnitte zu markieren. Handelt es sich bei den Wat nicht um königliche Stiftungen, so werden sie komplett von den Gläubigen errichtet und unterhalten.

Mangels eingehender Forschungen gibt es bezüglich der Einteilung der Stile keine einheitlichen Auffassungen, sodass über die aufgeführten vier Stile sicherlich nicht das letzte Wort gesprochen ist. So vertreten einige Mitarbeiter der UNESCO in Luang Prabang die Auffassung, dass der Xieng-Khouang-Stil nur eine Variation des Luang-Prabang-Stils sei.

Stile

Die ersten Sim waren nahezu ausschließlich aus Holz errichtet, nur für Böden und Seitenwände kam Ziegelstein oder Laterit zum Einsatz. Daher war es notwendig, den Bau immer wieder zu erneuern, mit der Folge, dass kein ursprünglicher Holzbau die Zeit überdauert hat. Leider fielen viele Klöster auch den zahlreichen Kriegen zum Opfer, sodass es äußerst schwierig ist, die Entwicklung der Sim-Architektur exakt zu rekonstruieren. Im Allgemeinen unterscheidet man vier Hauptstile, wobei es Abweichungen geben kann. Die Unterschiede zeigen sich vor allem an der Dachkonstruktion. So kann das Satteldach mehrfach gestaffelt – wobei die Anzahl immer ungerade ist – und von einem Fußwalmdach umgeben sein. Sehr häufig erheben sich in der Mitte des Dachfirstes mehrere kleine Streben mit Schirmchen, *dok so fa* (Blumen des Himmels) oder auch *ngot so fa* (in den Himmel zeigen) genannt. Sie symbolisieren den Sitz der Götter auf dem Berg Meru. Wie in Thailand und Kambodscha werden die Enden des Firstes von nach oben geschwungenen *cho fa* (Himmelshaufen) abgeschlossen, die für gewöhnlich in stilisierter Form den Garuda-Vogel, manchmal aber auch ein anderes mythisches Wesen darstellen. Naga-Schlangen mit Flammenkörper zieren die Dachseiten.

Klassischer Luang-Prabang-Sil: Spätestens seit der Regentschaft König Setthathiraths Mitte des 16. Jh. ist dieser Stil verbreitet. Als einziges originales Beispiel ist der Wat Xieng Thong in Luang Prabang erhalten geblieben. Er stellt gleichzeitig einen Höhepunkt in der religiösen Architektur von Laos dar. Markantestes Merkmal ist das mehrfach gestaffelte lang gezogene Dach des Sim, das fast bis an den Boden reicht und an den Enden teleskopartig ausgezogen ist. Es zeigt große Ähnlichkeiten mit nordthailändischen Tempeln im Lanna-Stil, z. B. dem 1476 errichteten Viharn Luang im Wat Phra That Lampang Luang unweit von Lampang. Die typischen Dachfarben sind Schwarz, Rot und Gold. Der sehr dekorativ gestaltete Eingangsbereich besteht aus einer Veranda und acht der Dachschräge angepassten Säulen, sodass die mittleren Säulen fast doppelt so hoch wie die äußeren sind. Die vorderen Säulen sind im oberen Bereich durch reich verzierte Holzblenden miteinander verbunden, die mit filigran ausgestalteten Doppelbögen abschließen. Bis in neuere Zeit werden Tempel im Luang-Prabang-Stil errichtet, wobei es individuelle Variationen hinsichtlich der Säulenzahl, des Dekors oder der Dächer gibt.

Klassischer Luang-Prabang-Stil

Xieng-Khouang-Sil: Dieser Stil ist nach der alten Königsstadt Xieng Khouang im Nordosten von Laos benannt. Xieng Khouang war das Zentrum des kleinen, zeitweise unabhängigen Fürstentums Muang Phouan. Architektonische Beispiele finden sich aber auch in Luang Prabang (z. B. Wat Xieng Mouane). Das lang gezogene Satteldach des Sim reicht wie beim Luang-Prabang-Stil fast bis an den Boden, ist aber im Gegensatz zu ihm einfacher gestaltet. Zudem sind die abgeschrägten seitlichen Dachkonsolen meist massiver. Der Eingangsbereich weist reiche Verzierungen auf, meist Holzschnitz- und Einlegearbeiten mit floralem Dekor. Typisch ist der Doppelbogen als Abschluss der verzierten Holzblenden über dem Eingangsbereich. Aufgrund der Ähnlichkeiten zum klassischen Luang-Prabang-Stil wird er gelegentlich nicht als eigener Stil, sondern als dessen Variation angesehen.

Xieng-Khouang-Stil

Tai-Lü-Stil: Nach den Tai Lü benannt, einer Untergruppe der Tai, die ursprünglich im Königreich Sipsong Phan Na (im heutigen Yunnan) lebte und nach Laos und Nordthailand einwanderte, ist dieser Stil heute vor allem in der nördlichsten Provinz von Laos, Phongsaly, und in der nordthailändischen Nan-Provinz anzutreffen. Typisch ist das bis zu dreifach gestaffelte Satteldach mit einem umlaufenden, auf allen vier Seiten gleichmäßig geneigten Fußwalmdach. Letzteres bedeckt einen Säulengang im Innenraum des Sim. Die Außenmauern des Sim sind zumeist sehr dick.

Vientiane-Stil

Vientiane-Stil: Im frühen 19. Jh. populär geworden, ist er im Wesentlichen vom thailändischen Bangkok-Stil geprägt. Dies ist nicht

Laos: Kunst und Kultur

verwunderlich, da sein Förderer, König Anouvong, viele Jahre in der siamesischen Metropole verbracht hatte, die ihm als Vorbild galt. Der Stil zeichnet sich durch einen erhöht auf einer Terrasse liegenden, relativ schmalen Sim mit hohen Seitenwänden aus, der von einer Galerie umgeben sein kann. Die äußeren Säulen besitzen die gleiche Höhe wie die Seitenwände. Die Längsseite des drei- oder fünffach gestaffelten Daches ist relativ kurz und entspricht der Höhe der Fassade. Gelegentlich ist auf zwei oder allen vier Seiten ein zusätzliches Fußwalmdach angebracht. Die großflächigen Giebelfelder an den Front- und Rückseiten weisen üppiges, meist florales und teils hervorragend gearbeitetes Schnitzwerk sowie Spiegelmosaiken auf, in deren Zentrum häufig mythische Figuren wie Garuda und Vishnu, Indra auf dem dreiköpfigen Airavata oder die Vogel-Mensch-Wesen Kinnara/Kinniri dargestellt werden. Naga-Schlangen mit flammenartigem Körper begrenzen den Rand des Daches.

Der Stupa

Der Stupa gilt als *das* zentrale und älteste Symbol des Buddhismus. Lange bevor die ersten Buddha-Bildnisse aufkamen, war der Stupa-Kult verbreitet. Bereits kurz nach dem Tod des Erleuchteten soll der indische König Ashoka (reg. ca. 268–232 v. Chr.) die Verteilung der eingeäscherten Überreste des Erleuchteten an nordindische Fürsten veranlasst haben. Wie für königliche Grabmale üblich, wurden diese in halbrunden mit Steinen befestigten Grabhügeln beigesetzt. Aus diesem schlichten Grabhügel entwickelte sich im Zuge der Verbreitung des Buddhismus eine Vielfalt von Formen. Während in den Theravada-buddhistischen Ländern die anfänglichen Elemente weitgehend beibehalten wurden, erfuhr der Stupa in den Mahayana-buddhistisch geprägten Ländern eine derart große Veränderung, dass er mit den indischen Vorbildern fast nichts mehr gemein hat.

In Anlehnung an die frühen Begräbnisstätten besaßen die ersten Stupas die Form einer Halbkugel. Die besten Beispiele stammen noch aus der Zeit König Ashokas und sind im zentralindischen Sanchi (bei Bophal) und in Patan (Nepal) zu finden. Dort lassen sich auch die klassischen, im Laufe der Entwicklungsgeschichte teils völlig verschwundenen **Grundelemente** am deutlichsten erkennen. Wichtigster Bestandteil ist der auf einer quadratischen Plattform ruhende halbkugelförmige *anda* (Fachtermini in Sanskrit) aus Ziegelstein und Stuck. Ihm schließt sich als Aufbau der quadratische *harmika* an. In dessen Zentrum wiederum ragt ein Mast (*yashti*) auf, der im Anda oder sogar in der Erde verankert ist. Scheiben- oder schirmförmige Elemente sind an der Yashti befestigt, sie deuten Ehrenschirme (*chattra*; in ihrer Gesamtheit *chattravali*) an. Eine Vase (*kalasha*) – Symbol für die Fülle des erleuchteten Geistes – oder das Wunschjuwel (*chintamani*) krönt häufig die Spitze des Stupa. Die beiden Letzteren finden sich in Laos – wenn überhaupt – nur in verkümmerter Form.

Stupa und Pagode
Der wichtigste buddhistische Kultbau trägt, je nach Land und sprachlichem Kontext, eine verwirrende Vielzahl von Namen. Am gebräuchlichsten ist das Sanskrit-Wort ›stupa‹, das sich von ›stup‹ (Pali: ›thupa‹, aufrichten, erhöhen) ableitet. ›Chedi‹ leitet sich von dem Sanskrit-Wort ›caitya‹ (Pali: ›cetiya‹, Heiligtum) ab. In Sri Lanka ist ›dagoba‹ geläufig, das von ›dhatugarbha‹ (Reliquiengefäß) abstammt. Aus Letzterem hat sich das in europäischen Sprachen übliche Wort Pagode entwickelt, welches sich – anders als etwa in China oder Japan – als Teil der Namensgebung auf die gesamte buddhistische Tempelanlage (z. B. bei But-Thap-Pagode oder Parfüm-Pagode) oder in Mahayana-buddhistischen Komplexen nur auf den schlanken Tempelturm beziehen kann.
Von ›dhatu‹, Reliquie, leitet sich der in Laos übliche Name ›that‹ her, in Vietnam wurde die Silbe ›dha‹ zu ›thap‹, dem Wort für Tempelturm.

In Laos gibt es unterschiedliche Arten von **Stupa-Formen**, melonenförmig im Fall des That Makmo in Luang Prabang oder äußerst schmal im Fall des That Sikhottabong in Thakhek. Der Anda des Letzteren hat eher die Form einer schlanken Säule und wird von einer vierseitigen Bananenblüte gekrönt. Die geschlossene Bananenblüte, häufig anstelle der Ehrenschirme angebracht, ist zum Charakteristikum laotischer Stupas geworden und weit verbreitet – auch in den ehemals zu Laos gehörenden nordost-thailändischen Gebieten westlich des Mekong. Prominentestes Beispiel ist der Phra That in Vientiane.

Dem Stupa kommen eine Reihe von **Bedeutungen/Funktionen** zu: Grabstätte, Reliquienschrein oder Ausdruck für die Verehrung Buddhas. In Miniaturform hat er die Funktion einer Votivgabe. Als Reliquienschrein erinnert er an Buddhas völliges Erlöschen und birgt daher in seinem Inneren eine Kammer mit Reliquien des Erleuchteten (oder deren Kopien), buddhistischen Schriften, Miniatur-Stupas oder Buddha-Figuren. Der Stupa ermahnt die Gläubigen, sich nicht nur an Buddhas Erleuchtungsweg von der Welt des Wiedergeburtenkreislaufs zum Nirvana zu erinnern, sondern ihn selbst zu gehen. Dies kommt auch in der gängigen Praxis zum Ausdruck, den Stupa dreimal im Uhrzeigersinn zu umschreiten (laot.: *wien tien*). Schließlich ist der Kultbau auch ein kosmisches Symbol. Der Anda (Skt. für Ei) verleiht der uralten indischen Vorstellung eines Welteneis, aus dem der Kosmos entsteht, Ausdruck. In der Mitte des Kosmos steht der Berg Meru, den die Yashti symbolisiert. Diese Zentralachse wird als Verbindung zwischen allem Irdischen und Himmlischen interpretiert: die quadratische Plattform steht für die Erde und der runde Anda für den Himmel.

Kunsthandwerk

Weben

Der eigene Webstuhl gehört zum stolzen Besitz einer Frau, die dadurch Anerkennung und ökonomische Unabhängigkeit erlangt. Nicht nur bezüglich der Muster, sondern auch der Webtechnik gibt es erhebliche Unterschiede. So werden vor allem im Süden des Landes Seidenstoffe in der aufwändigen **Mat-Mi-Technik** hergestellt, im Westen besser bekannt als Ikat. Bei dieser Technik werden die Schussfäden bereits vor dem Weben unterschiedlich eingefärbt. Dazu spannt man sie auf ein Gestell und fasst sie bündelweise zusammen. Die Stellen, die nicht eingefärbt werden sollen, umwickelt man mit einem Faden. Nach dem Färben und Trocknen müssen die Stellen wieder aufgebunden werden, damit sie beim nächsten Färbevorgang entsprechend eine andere Farbe annehmen können. Beim anschließenden Weben sind die Webschiffe mit den verschieden eingefärbten Fäden immer wieder auszuwechseln, um ein entsprechendes Muster zu erhalten. Dies macht den Arbeitsprozess langwierig und die Stoffe entsprechend kostbar. Vermutlich wurde die Technik aus Kambodscha übernommen.

Laos mag hinsichtlich seiner architektonischen Zeugnisse im Schatten seiner Nachbarn stehen, nicht jedoch in Bezug auf sein Kunsthandwerk. Aufgrund der jahrelangen Isolation blieben viele Künste lebendig und dank der großen regionalen und ethnischen Eigenheiten präsentieren sie sich in großer Vielfalt. Nirgends wird dies deutlicher als im Textilbereich.

Einen noch aufwändigeren Arbeitsprozess erfordern in der **Chok-Technik** hergestellte Webarbeiten, weil dort das Muster mit weiteren Schussfäden hineingewebt wird. Dies kann durchgehend von der einen Webkante zur anderen geschehen oder nur über eine begrenzte Fläche. Das Verfahren findet häufig bei Brokatstoffen Anwendung und ist vor allem im Norden von Laos verbreitet.

Bei der Herstellung von gobelinartigen Wandbehängen oder den in Laos gebräuchlichen Wickelröcken, *pha sin*, wechseln die Weberinnen entsprechend des Musters die verschiedenfarbigen Schuss- und Kettfäden. Die Stoffe sehen wie Stickereien mit bunten, meist geometrischen Mustern aus. Nicht selten werden mehrere bereits vorgewebte Teile zusammengefügt. Sehr verbreitet sind bei den *pha sin* Rautenmuster oder Längsstreifen. Bei Stoffen für religiöse Zeremonien kommen häufig Darstellungen mythologischer Tiere wie Elefanten, Naga-Schlangen etc. vor. Als ehemalige Königsstadt ist in Luang Prabang noch die Herstellung von silbernen und goldenen Brokatstoffen sowie Wandbehängen mit geometrischen und floralen Mustern üblich.

Weberin

Wenn eine Familie nicht mit landwirtschaftlichen Arbeiten beschäftigt ist (vor allem zwischen Dezember und April), wendet sie sich dem kunstvollen Flechten von Behältern und Utensilien aller Art zu, um sie anschließend zu verkaufen. Ist das Weben eindeutig Domäne der Frauen, so sind beim Herstellen von Korbwaren auch die Männer beteiligt. Geschlossene Behälter dienen zur Lagerung von Nahrungsmitteln oder in Köcherform zum Transport von Waren auf dem Rücken. Aus Rattan, der in den Wäldern von Laos sehr verbreitet ist, und den faserigen Stängeln der Wasserhyazinthe werden seit geraumer Zeit zunehmend Möbelstücke in modernem Design hergestellt und anschließend exportiert.

Holzschnitzkunst

Angesichts des laotischen Waldreichtums verwundert es nicht, dass Holz zu den wichtigsten Baumaterialien zählt. Entsprechend ist die Schnitzkunst hoch entwickelt, was sich vor allem an den Tempelbauten zeigt. Dort finden sich an den Tür- und Fensterflügeln herausragende Holzreliefs mit hinduistischen und buddhistischen Motiven oder solchen aus volkstümlichen Erzählungen. Ein Lacküberzug macht die Arbeiten haltbar. Während die herausgearbeiteten Szenen überwiegend vergoldet sind, ist der Hintergrund rot oder schwarz lackiert. Florale Muster mit Einlegearbeiten aus Glas zieren sehr häufig die großflächigen Holzblenden und Giebelfelder. Auch die Dachkonsolen sind hervorragend in Form einer Naga-Schlange oder eines Makara geschnitzt. Aufgrund der Vergänglichkeit des Materials blieben fast keine älteren Beispiele erhalten. Kaum ein Stück ist älter als 100 Jahre.

Auch bei Holzskulpturen schufen die laotischen Künstler Meisterwerke. Wiederum handelt es sich vorwiegend um religiöse Arbeiten, insbesondere stehende **Buddha-Figuren**. Während die älteren Skulpturen (etwa ab dem 15. Jh.) deutliche Ähnlichkeiten mit dem thailändischen Sukhothai-Stil aufweisen (geschmeidiger, dynamischer Körper, fast durchsichtiges Gewand, ovaler Kopf mit Flamme, Skt.: *ketumala*, über dem *ushnisha*), zeichnen sich typisch laotische Buddha-Bildnisse ab dem 16./17. Jh. durch einen extrem schlanken, etwas steifen Körper mit überlangen Armen und Beinen aus, der den Erleuchteten weltentrückt erscheinen lässt. Neben den ›klassischen‹ *mudras* bei stehenden Figuren wie *abhaya*- und *vajrapradama-mudra* (s. S. 36) finden sich vor allem in Luang Prabang (s. Wat Visoun, Wat Xieng Thong) Figuren mit parallel zum Körper nach unten weisenden überlangen Armen (um Regen bittend). Zur Haltbarmachung werden Holzskulpturen bis heute mit Lack überzogen und anschließend bemalt.

Galerie bedeutender Persönlichkeiten

Anouvong (reg. 1805–28)

Der Sohn des letzten unabhängigen Herrschers von Vientiane wurde 1778 als Elfjähriger nach Bangkok verschleppt. Der siamesische König Rama I. machte ihn 1805 zum König von Vientiane. Doch entpuppte sich Anouvong nicht als willfähriger Vasall. Vielmehr suchte er die Unabhängigkeit, entsandte 1827 und 1828 Armeen gegen Thailand. Erfolglos: Die Siamesen eroberten Vientiane und verschleppten den laotischen König erneut nach Bangkok, blendeten ihn, stellten ihn in einem Eisenkäfig aus und töteten ihn in der Nacht auf den 26. Januar 1829.

Bis heute genießt Anouvong bei seinen Landsleuten als Streiter für die Unabhängigkeit von Laos großes Ansehen.

Kaysone Phomvihane (1920–92)

Der in Savannakhet geborene Sohn einer Laotin und eines Vietnamesen studierte in Hanoi Jura. Mit Hilfe des Viet Minh organisierte er den kommunistischen Widerstand in Laos und gründete im März 1955 die Laotische Volkspartei, deren Vorsitz er bis zu seinem Tod innehatte. Kaysone wurde 1975 der erste Premier des kommunistischen Laos, 1991 wechselte er ins Amt des Staatspräsidenten. Pragmatismus prägte seine Regierung, so versuchte er, die fatale Wirtschaftspolitik der ersten Jahre zu korrigieren. Er starb am 21. November 1992.

Utthong Souphanouvong (1909–95)

Der ›Rote Prinz‹ – adelig, aber links – studierte in Hanoi und Paris. In den 1930er Jahren zurück in Laos, engagierte er sich im antikolonialen Kampf, war am Aufbau der Pathet Lao beteiligt. Er führte den Guerillakrieg gegen die Regierung seines Halbbruders Souvanna Phouma an, mit dem er 1957–59 eine eher instabile Koalition einging. Nach dem Sieg der Kommunisten wurde Souphanouvong am 2. Dezember 1975 Staatspräsident. Dieses Amt hatte er bis 1991 inne (wegen eines Schlaganfalls ab 1986 kommissarisch vertreten). Er starb am 9. Januar 1995.

König Setthathirath

Setthathirath (reg. 1548–71)

Der wohl bedeutendste König von Lan Xang herrschte in einer Zeit birmanischen Expansionsdrangs. 1534 geboren, wurde er mit elf Jahren in Chiang Mai König von Lan Na. Nach dem Tod seines Vaters übernahm er 1548 den Thron von Lan Xang. 1560 verlegte er seine Residenz nach Vientiane. Setthathirath war ein großer Förderer des Buddhismus: Er stiftete den Wat Xieng Thong in Luang Prabang, den Ho Pha Keo in Vientiane und ließ den That Luang neu errichten. 1571 verschwand der erst 38-Jährige in der heutigen Provinz Attapeu.

Reiserouten in Laos

Vientiane (Vieng Chan)

Einen »Haufen Ruinen« traf die sechsköpfige Mekong Exploration Commission anno 1866 an, als sie auf ihrer Suche nach neuen Handelswegen den Mekong erkundete und auch in Vientiane (laot.: Vieng Chan) Halt machte. Das Heer des siamesischen Königs Rama III. hatte die Stadt 38 Jahre zuvor völlig zerstört. Was die Kommission bei ihrem Besuch vor allem beeindruckte, war »die absolute Ruhe, die über den Resten der einst so reichen und bevölkerten Stadt« lag. Zwar ist es heute in Vientiane mit dieser Ruhe vorbei, trotzdem überrascht die Hauptstadt von Laos mit etwa 170 000 Einwohnern durch ihre Überschaubarkeit und ihren gemächlichen Rhythmus. Ihr Name, mal als Stadt des Sandelholzes, mal als Stadt des Mondes übersetzt, steht heute sowohl für die eigentliche Metropole, für den erweiterten Umkreis (Municipality) mit 365 000 Einwohnern, als auch für die im Nordwesten anschließende Provinz mit 675 000 Einwohnern.

Erst seit Anfang der 1990er Jahre erlebt die Stadt am Mekong einen gewissen Aufschwung. Die Zahl der Autos und Motorräder nimmt zu, Baulücken werden ausgefüllt, alte Häuser renoviert – und der Stadtrand wird immer weiter zersiedelt. Doch wer Vientiane besucht, spürt noch das alte Laos, das authentische wie das koloniale. So erstrecken sich die Reisfelder und die Stelzenhäuser der Bauern entlang des Mekong bis in den Stadtbereich hinein, Villen französischer Prägung erinnern im Zentrum an die koloniale Vergangenheit, sozialistische Architektur zeugt vom Einfluss der früheren UdSSR und moderne Bauten verweisen auf den Wandel im Laos von heute.

Besonders interessant:
Ho Pha Keo ☆
That Luang ☆☆
Wat Si Saket ☆

Geschichte

Auch wenn man es ihr nicht mehr ansieht, Vientiane ist eine geschichtsträchtige Stadt. Vermutlich war sie bereits Mitte des ersten Jahrtausends Zentrum eines kleinen Fürstentums der Tai. Damals begannen die Tai von ihrem Stammland im heutigen Yunnan den Mekong entlang gen Süden zu ziehen (s. S. 348ff.). Das fruchtbare Flachland und der Fluss boten hervorragende Voraussetzungen für befestigte Siedlungen (*muang*). Allerdings fehlen archäologische Hinweise, die diese Annahme bestätigen könnten. Ebenso wenig bewiesen ist die Vermutung von Historikern, dass hier im 7./8. Jh. ein Fürstentum der Khmer lag. Nachweislich war Vientiane jedoch – das belegen Funde aus der Zeit des großen Khmer-Königs Jayavarman VII. (reg. 1181– ca. 1220) – spätestens im 12. Jh. als Teil des Angkor-Reiches eine wichtige Metropole. Mit dem Erstarken von Sukhothai, dem ersten großen Tai-Reich, ab der zweiten Hälfte des 13. Jh. wurden die Khmer verdrängt. In einer Stele von 1292 verkündet der große Tai-König Ramkhamhaeng (reg. ca. 1279–1298), er habe sein Herrschaftsgebiet bis

◁ *Rückseite des Sim mit Flammenbaum des Lebens und Rote Kapelle im Wat Xieng Thong, Luang Prabang*

nach Vieng Chan Vieng Kham (Vientiane) und Muang Soua (Luang Prabang) ausgedehnt. Schließlich wurde die Stadt etwa 60 Jahre später infolge der Eroberungen von König Fa Ngum (reg. 1353–73) Teil des ersten laotischen Reiches Lan Xang. König Setthathirath (reg. 1548–71) verlegte seinen Sitz aufgrund der zunehmenden Angriffe birmanischer Armeen 1560 von Luang Prabang nach Vientiane, nachdem sich schon sein Vater Phothisarath (reg. 1520–48) seit 1533 vorwiegend dort aufhielt. Während Setthathiraths Regentschaft entstanden einige der schönsten buddhistischen Heiligtümer, allen voran der That Luang. In den Dekaden nach seinem Tod blieb allerdings auch Vientiane nicht von wiederholten Angriffen des westlichen Nachbarn verschont.

Während der Regentschaft Souligna Vongsas (reg. 1637–94) erlebte Vientiane seine größte kulturelle Blütezeit und zog Künstler aus der ganzen Region an. In jener Epoche besuchten auch die ersten Europäer die Stadt am Mekong. Doch nach der Aufspaltung Lan Xangs in drei Reiche gerieten die schwachen Herrscher Vientianes völlig in Abhängigkeit von Ayutthaya, mussten erleben, wie der von dem siamesischen General Taksin entsandte Chao Praya Chakri mit einem 20 000 Mann starken Heer im April 1779 Vientiane einnahm und die Stadt plündern ließ. Die beiden wichtigsten Buddha-Figuren, der Pha Bang und der Pha Keo (Smaragd-Buddha), kamen in die damalige siamesische Hauptstadt Thonburi.

1805 wurde dann Anouvong zum Vasallenkönig von Vientiane. Die aufstrebende siamesische Metropole vor Augen, wollte Anouvong Vientiane zu einem zweiten Bangkok machen und ließ einige Tempel neu errichten, wie den Wat Si Saket und den Ho Pha Keo. Da sich der ambitionierte Chao Anou, wie der König von Laoten noch heute respektvoll genannt wird, mit seinem Vasallenstatus nicht zufrieden gab, kam es zweimal zu siamesischen Angriffen auf Vientiane, das schließlich dem Erdboden gleich gemacht wurde. Die gesamte Einwohnerschaft wurde nach Thailand verschleppt. Als wäre es nicht genug, plünderten 1874 die Schwarzen Ho (s. S. 354) das wenige, was noch übrig geblieben war, darunter den That Luang.

Nachdem Laos 1893 französisches Protektorat geworden war, gewann Vientiane als Verwaltungsstadt wieder an Bedeutung. In den folgenden Jahrzehnten entstand das Stadtbild, das auch heute noch prägend ist: Kolonialbauten, einige breite Alleen und die wiederaufgebauten Tempel, allen voran der That Luang.

Mit der formellen Unabhängigkeit am 22. Oktober 1953 wurde Vientiane dann Hauptstadt des Königreichs Laos. Wie der Rest des Landes, litt die Metropole unter dem nicht enden wollenden Machtkonflikt zwischen den politischen Fraktionen. US-amerikanische Wirtschafts- und Militärhilfe brachte der Stadt in den 1960er Jahren einen enormen Aufschwung – mit der negativen Begleiterscheinung, dass Bordelle und andere anrüchige Etablissements wie Pilze aus dem Boden schossen. Nach dem 2. Dezember 1975 aber, jenem Tag, an dem die kommunistische Bewegung Pathet Lao die Demokratische Volksrepublik Laos ausrief, begann ein Exodus der Regimegeg-

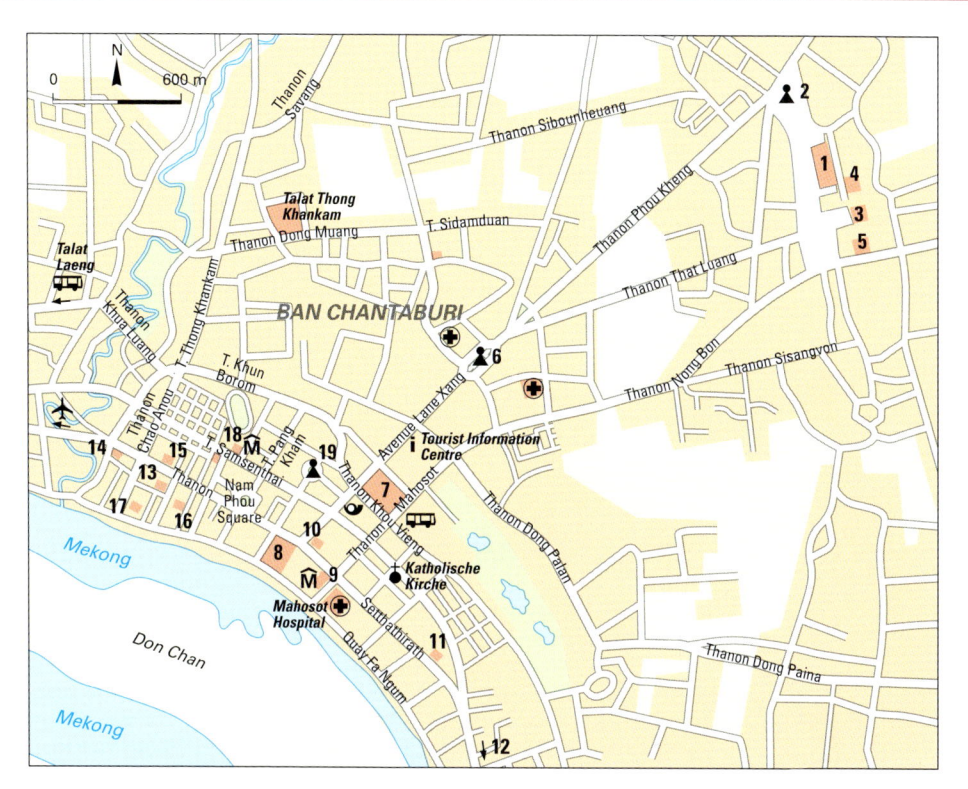

Vientiane (Vieng Chan) 1 Nationalversammlung 2 Denkmal für den Unbekannten Soldaten
3 That Luang 4 Wat That Luang Neua 5 Wat That Luang Tai 6 Patu Xay 7 Talat Sao 8 Präsidentenpalast (ehemaliger Ho Kham) 9 Ho Pha Keo 10 Wat Si Saket 11 Wat Si Muang 12 Wat Sokpaluang
13 Wat Ongtü 14 Wat Inpeng 15 Wat Hay Sok 16 Wat Mixay 17 Wat Chan 18 Nationalmuseum
19 That Dam

ner nach Thailand. Darunter hatte die Hauptstadt als Sitz der politischen und ökonomischen Elite besonders zu leiden. Seit der Öffnung des Landes im Jahre 1991 ist ein bescheidener Aufschwung zu spüren – mit allen positiven und negativen Folgen.

Orientierung in Vientiane

Es fällt nicht schwer, sich in der überschaubaren Stadt zurechtzufinden. Die meisten Sehenswürdigkeiten liegen im gitterförmig angelegten Geschäftszentrum zwischen dem Mekong im Süden, der Thanon Khun Borom im Westen und der Thanon Mahosot im Osten. Sehr viele Klosteranlagen reihen sich entlang der quer verlaufenden Thanon Setthathirath, während an der nördlichen Parallelstraße Thanon Samsenthai zahlreiche Geschäfte zu finden sind. Dem gebogenen

Zwar sind die Namen der Straßen (›thanon‹) auch auf Englisch ausgeschildert, doch orientieren sich die Einheimischen an den Stadtvierteln (›ban‹) und den dazugehörigen Klöstern. Daher ist es sinnvoller, sich gegebenenfalls nach markanten Punkten oder Sehenswürdigkeiten zu erkundigen denn nach Straßen.

Alljährlich vom 13. bis 15. Tag des zwölften Mondmonats (Oktober/November) wird das dreitägige That-Luang-Fest (Bun That Luang) gefeiert. Höhepunkt ist die Speisung der Mönche (Tak-Bat-Zeremonie) am Morgen des ersten Tages und eine Prozession vom Wat Si Muang zum That Luang. Am Abend des letzten Tages umschreiten Gläubige dreimal den That im Uhrzeigersinn (laot.: ›wien tien‹) und bekunden damit, dass sie den Weg des Erleuchteten gehen möchten. Dazu halten sie Kerzen in ihren Händen, die sie anschließend rund um das Heiligtum aufstellen. Begleitet wird das Festival von einem Jahrmarkt und zahlreichen kulturellen und sportlichen Aktivitäten, u. a. dem Ti-Khi-Spiel, einer Art rituellem Hockey.

Flusslauf des Mekong folgend zieht sich der Quai Fa Ngum von West nach Südost. Hier lässt es sich wunderbar flanieren. Vor allem zum Sonnenuntergang trifft man sich gerne in einem der einfachen Lokale am Flussufer oder in einem der Restaurants rund um den Springbrunnen Nam Phou.

Vom Präsidentenpalast im südöstlichen Teil der Thanon Setthathirath führt Vientianes Prachstraße, die Lane Xang Avenue, Richtung Norden und gabelt sich hinter dem Patu-Xay-Monument in drei Straßen. Die rechte Abzweigung, die Thanon That Luang, führt an Botschaften und Ministerien vorbei zum gleichnamigen Wahrzeichen der Stadt und der Nationalversammlung.

Über die Thanon Samsenthai und deren Verlängerung, Thanon Tha Deua, verlässt man Vientiane in Richtung Südosten und gelangt zu den außerhalb gelegenen Sehenswürdigkeiten wie dem Buddha-Park Xieng Khuan und der Freundschaftsbrücke mit dem Grenzübergang nach Thailand. Der internationale Flughafen Wattay wiederum liegt im Westen und ist über die Thanon Luang Prabang erreichbar.

Im Nordosten der Stadt

Auf einer Anhöhe etwa 4 km nordöstlich des Stadtzentrums schlägt das heutige politische Herz des Landes. Dort befindet sich der moderne Bau der **Nationalversammlung** (1) mit einem riesigen Exerzierplatz an der westlichen Vorderseite und dem **Denkmal für den Unbekannten Soldaten** (2) zum Gedenken an die Gefallenen des Pathet Lao am Nordende des Platzes. Das 1977 errichtete Mahnmal ist einem Stupa nachempfunden und an der Spitze mit einem sozialistischen Stern versehen. Sozusagen als religiöser Gegenpol thront südöstlich des Exerzierplatzes das Symbol der Nation, der That Luang.

That Luang – Symbol der Nation (3)

Der markante Stupa des That Luang ist nicht nur das Wahrzeichen der Stadt, sondern des gesamten Landes. Als Nationalsymbol ziert er seit der Verabschiedung der neuen Verfassung 1991 das Staatswappen von Laos. Eine Legende erzählt vom Ursprung des Ehrwürdigen (*luang*) Stupa (*that*): Buddha selbst sei hier gewesen und habe den Bau der Pagode vorhergesagt. Diese Weissagung habe der indische König Ashoka im 3. Jh. v. Chr. dann erfüllt und einen Splitter vom Brustbein Buddhas gestiftet, für den er den That erbauen ließ. Bisherige Funde belegen jedoch lediglich, dass hier spätestens im 12. Jh. ein Khmer-Heiligtum stand.

Die heutige Gestalt des Stupa geht auf König Setthathirath zurück, der ihn 1566 unter dem Namen Lokaculamani (Gipfel der Welt) einweihte. Als 1641 der Holländer Gerrit van Wuysthoff den That Luang als vermutlich erster Europäer erblickte, beeindruckte ihn die »vollständig mit Goldplatten« bedeckte »Pyramide«. König Anouvong ließ

Im Nordosten: That Luang

ihn zu Beginn des 19. Jh. renovieren und mit einer Außenmauer umgeben, doch wurde der That bereits 1828 von den Soldaten Ayutthayas beschädigt. Schließlich plünderten ihn 1873 die aus China stammenden Schwarzen Ho. Nachdem 1896 ein Blitzschlag nochmals große Schäden anrichtete, versuchte sich fünf Jahre später der französische Provinzverwalter Pierre Morin an einer Restaurierung. Deren mangelhafte Ausführung veranlasste die École Française d'Extrême-Orient, ihn 1931–35 umfassend zu rekonstruieren. Die Grundlage für diese Rekonstruktion bildeten Zeichnungen des Marineoffiziers Louis Delaporte (1842–1925), der als Mitglied der Mekong Exploration Commission 1867 erstmals Vientiane besucht hatte.

Während der ursprüngliche Zugang zum Komplex im Osten lag, betreten ihn heutige Besucher von der westlich gelegenen Thanon That Luang her. Auf dem breiten Vorplatz vor dem Nationalsymbol steht eine **Statue des Stifterkönigs Setthathirath**. Der That Luang besteht aus einem überdachten Wandelgang (91 x 91 m) mit vier Eingängen an seinen Achsenpunkten und dem aus drei Ebenen bestehenden 45 m hohen Stupa, der vor allem im Abendlicht glanzvoll erstrahlt. An der Westseite des ebenerdigen **Wandelgangs** sind eine

Der That Luang spiegelt in eindrucksvoller Weise die buddhistische Symbolik eines Stupa wider. Mit dem Sanskrit-Namen Lokaculamani weist er auf seine Bedeutung als Abbild des Berges Meru hin (im dortigen höchsten Tavatimsa-Himmel lebt Gott Indra im Culamani-Palast), und die ›parami‹ verweisen auf den spirituellen Weg von der Welt der Wiedergeburten zum Nirvana, von der Unvollkommenheit zur Vollkommenheit.

That Luang

Reihe von Funden aus der Khmer-Zeit ausgestellt, darunter Buddha-Figuren, Grenzsteine, Lingam, ein Dvarapala mit Schwert in der Hand und eine der wenigen Porträtstatuen des Khmer-Herrschers Jayavarman VII. Sie wurde 1951 in einem Wald unweit des Heiligtums gefunden und leider etwas unglücklich in eine Buddha-Figur umgestaltet.

An den Achsenpunkten des Stupa führt ein Treppenaufgang von Terrasse zu Terrasse nach oben. Die **unterste Plattform** (68 x 69 m) bildet die Basis des Haupttheiligtums. Insgesamt 323 stilisierte Lotosblütenblätter zieren wie Zinnen deren Außenmauer und sollen als *sima*, Grenzsteine, den heiligen Bezirk einfassen. Es empfiehlt sich, diese unterste Plattform durch den östlichen der insgesamt vier überdachten **Eingangspavillons** (*ho wai*) zu betreten, denn auf dieser Seite befindet sich ein bemerkenswerter von Anouvong gestifteter **Miniatur-Stupa** mit floralem Dekor. Rechts von ihm erinnert eine **Sandsteinsäule** mit fünf offenen Lotosblüten an die fünf buddhistischen Regeln (*pancasila*).

Etwas erhöht liegt die **zweite Ebene** (48 x 48 m), deren Seiten mit insgesamt 120 großen Lotosblütenblättern dekoriert und von 228 zinnenartigen Lotosblütenblättern, die Buddha-Figuren in Nischen bergen, abgeschlossen sind.

Auf der **dritten Terrasse** gruppieren sich 30 kleinere Stupas um den vierseitigen halbrunden *anda*. Diese Stupas stehen für die drei Grade der zehn buddhistischen Vollkommenheitsstufen (*parami/paramita*). Das jeweilige *parami* (s. S. 33) ist auf den Sockeln der Stupas eingraviert. In ihrem Inneren befanden sich einst wertvolle Beigaben aus Gold, welche die Schwarzen Ho jedoch stahlen. Der **Anda** des That misst 30 x 30 m und wird von einer Spitze in Form einer Bananenblüte gekrönt.

Ursprünglich gruppierten sich vier Klöster an den Achsenpunkten, also im Norden, Süden, Osten und Westen um den That, doch nur zwei von ihnen haben die Zeitläufte überdauert, der **Wat That Luang Neua** (4) im Norden und der **Wat That Luang Tai** (5) im Süden. In Letzterem residiert das Oberhaupt des laotischen Sangha, der Sankharath. Der Sim des nördlichen Klosters beeindruckt mit einem verzierten Giebelfeld und Wandmalereien mit Jataka-Geschichten in seinem Inneren. Links von dieser Ordinationshalle steht ein Stupa mit den sterblichen Überresten des 1995 verstorbenen Präsidenten Souphanouvong (s. S. 367).

Eigentlich war der für das Denkmal verwendete Zement – eine Spende der USA – für den Ausbau des Flughafens bestimmt. Doch die Machthaber bevorzugten es, sich ein Denkmal zu setzen, und ließen am Ende der breiten Lane Xang Avenue eine laotische Version des Pariser Arc de Triomphe errichten. Daher wird er auch spöttisch »senkrechte Startbahn« genannt.

An der Lane Xang Avenue

Wer vom That Luang zurück in die Innenstadt fährt, stößt nach etwa 1,5 km auf die bemerkenswerteste Sehenswürdigkeit von Vientiane: den **Patu Xay** (6; Siegestor), auch schlicht Anousavali (Monument) genannt. Diese Melange aus europäischen und laotischen Stilelementen wurde 1969 nach mehrjähriger Bauzeit fertig gestellt, wirkt aber immer noch unvollendet. Letztere zeigen sich vor allem im Dekor, etwa in den Darstellungen mythologischer Vogelmenschen (Skt.: *kinnari*) oder von Elefantenhäuptern. Von der oberen Plattform genießt man einen schönen Blick auf die recht grüne Stadt.

Nicht nur am Morgen, sondern ganztags (8.30–18 Uhr) ist der etwas südlicher an der Lane Xang Avenue gelegene **Talat Sao** (7; Morgenmarkt) geöffnet. Hier kaufen die Einwohner der Stadt nahezu alles, was sie brauchen. Für ausländische Besucher sind vor allem die angebotenen Stoffe im linken Bereich der mehrstöckigen Zentralhalle sowie Korb- und Silberwaren von Interesse. Die Auswahl an laotischen Wickelröcken, *sin*, ist enorm.

Das alte Zentrum der Macht

Am südlichen Ende der Lane Xang Avenue befindet sich hinter Mauern verborgen der nicht zugängliche **Präsidentenpalast** (8). Das im französischen Beaux-Arts-Stil errichtete Gebäude liegt in einen gepflegten Garten eingebettet und diente während der Kolonialzeit als Amtssitz des Gouverneurs. Bis zu seiner Zerstörung durch die Thai im frühen 19. Jh. lag hier der Palast (*ho kham*) der laotischen Könige. Ursprünglich reichte das Gelände bis zum Mekong-Ufer und schloss den östlich angrenzenden Bereich des Ho Pha Keo mit ein.

Ho Pha Keo (9)

Seitlich des Präsidentenpalastes in der Thanon Setthathirath liegt der ehemalige Königstempel **Ho Pha Keo**, Königstempel genannt, weil er vom Königshaus unterhalten wurde und ihm zum Besuch wichtiger buddhistischer Zeremonien diente. Seinen Namen trägt er nach der heute meistverehrten Buddha-Figur Thailands, die sich seit dem 22. März 1784 im Wat Phra Keo in Bangkok befindet. Der Königstempel zu Vientiane heißt übrigens schlicht *ho* (Saal) und nicht *wat* (Kloster), da hier nie Mönche residierten. Den ursprünglichen Bau gab König Setthathirath 1565 in Auftrag. Er gehörte zum Palastkomplex, der sich auf dem Areal des heutigen Präsidentenpalastes befand. Insgesamt 214 Jahre lang verehrten Gläubige hier den Pha-Keo-Buddha, bis siamesische Truppen ihn 1779 in ihre damalige Hauptstadt Thonburi brachten. Anouvong ließ das zerstörte Tempelgebäude zu Beginn des 19. Jh. nach Vorbild der Tempel von Bangkok wieder aufbauen, doch fiel es schon 1828 dem zweiten siamesischen Angriff auf Vientiane zum Opfer. Über 100 Jahre später, zwischen 1936 und 1942, veranlasste Souvanna Phouma die Restaurierung des Ho nach altem Vorbild, 1950 wurde er schließlich in ein Museum umgewandelt.

Den auf einer Terrasse stehenden Sim umgibt eine **Galerie**, auf der sich exzellente Beispiele von Buddha-Figuren im laotischen Stil befinden. Bemerkenswert sind einige Statuen im Dvaravati-Stil, die zwischen dem 6. und 9. Jh. entstanden sind, sowie Grenzsteine (*sima*) und Tempelinschriften in laotischer Schrift und in Mon. Eine beacht-

Die heute in Bangkok im Wat Phra Keo verehrte Buddha-Figur wurde Chronikberichten zufolge 1434 im nordthailändischen Chiang Rai in einem Stupa entdeckt: eine 66 cm große Buddha-Figur aus grünem Nephrit, deren Stucküberzug bröckelte. Sie sollte in die Königsstadt des Lan-Na-Reiches, Chiang Mai, gebracht werden. Doch der störrische Elefant, auf dem sie transportiert wurde, trug sie nach Lampang. Von dort gelangte sie 1468 schließlich doch nach Chiang Mai. Setthathirath, der Schwiegersohn des Herrschers von Lan Na, nahm sie 1551 mit nach Luang Prabang und 1564 nach Vientiane. Nach 214 Jahren wurde sie 1779 nach Einnahme von Vientiane durch die siamesische Armee zuerst nach Thonburi und sechs Jahre später in das neu gegründete Bangkok gebracht.

Laos: Vientiane

Das thailändische ›phra‹ und das laotische ›pha‹ leiten sich von dem Sanskrit-Wort ›brah‹ ab und bedeuten heilig.

liche Sammlung von Buddha-Darstellungen befindet sich auch im Inneren des **Sim**, darunter ein Exemplar im Khmer-Stil, eine aus Mandalay stammende Figur in Marmor sowie auf dem hohen Altar eine Nachbildung des Pha Keo. Von großer Schönheit ist eine schwarz lackierte Buddha-Statue aus Sandelholz aus dem 17./18. Jh., die Henri Parmentier 1911 in den Trümmern des Sim fand. Unter den Exponaten ragen auch Palmblattmanuskripte, ein vergoldeter Thron, Holzschnitzereien sowie eine in Xai Fong (ca. 10 km südöstlich von Vientiane) gefundene Inschrift aus dem Jahr 1186 heraus. Letztere stammt aus der Ära des großen Khmer-Königs Jayavarman VII. und beschreibt die Gründung eines Hospitals. Die auf vier Seiten beschriebene Sandstein-Stele gibt genauen Aufschluss über die verwendete Medizin und das Personal. Wer die Ebene der ›Tonkrüge‹ in Xieng Khouang nicht besuchen kann, hat im **Garten** die Gelegenheit, ein Exemplar dieser rätselhaften Steingefäße zu betrachten.

Wat Si Saket (10)

Dem Ho Pha Keo schräg gegenüber liegt das älteste erhalten gebliebene Heiligtum der Stadt, der Wat Si Saket, offiziell auch Wat Satasahatsaham genannt. Das 1818 von König Anouvong (reg. 1805–28) gestiftete Kloster blieb von den Zerstörungen der Armeen Siams 1828 verschont. Nach grundlegenden Restaurierungsarbeiten durch die EFEO in den 1930er Jahren ist der Wat Si Saket sowohl aktives Kloster als auch nationales Denkmal. Trotzdem macht er heute einen vernachlässigten Eindruck und bedürfte dringender Renovierung.

Wie für größere Klosteranlagen üblich, gliedert sich das Areal des Wat in den Wohnbereich der Mönche und den Kultbereich. In Letzterem bildet ein von einem überdachten Wandelgang umgebener Sim das Herzstück, dessen Architektur stark von den Tempelbauten Bangkoks inspiriert ist. Was nicht verwundert, verbrachte der Stifterkönig ab seinem elften Lebensjahr doch mehr als 20 Jahre in siamesischer Gefangenschaft.

Buddha in Bhumiparsha-Mudra im Wat Si Saket

Von der Thanon Setthathirath her kommend, passiert man auf dem Weg zum südlichen Eingang zwei **That**, die im Gedenken an die Eltern Anouvongs errichtet wurden. Nach Betreten des **Wandelgangs** empfiehlt es sich, ihn im Uhrzeigersinn zu durchschreiten. Mehr als 300 Buddha-Statuen in verschiedenen Größen reihen sich dort nebeneinander. Sie stammen aus der Zeit zwischen dem 16. und 19. Jh. und sind aus Bronze, Silber, Stein oder Holz gearbeitet. An der Rückwand des zur Innenseite offenen Wandelgangs befinden sich mehr als 2000 in kleine Wandnischen gesetzte Miniatur-Buddhas. Die Vielzahl der Figuren mag an das ›Wunder von Shravashti‹ erinnern, bei dem Buddha in der Hauptstadt des Königreichs Kosala im Wettstreit mit anderen religiösen Lehrern sich in mehrfachen Erscheinungen gezeigt haben soll, um so seine Überlegenheit zu demonstrieren.

Im Herzen der Anlage ruht der **Sim** auf einer erhöhten Plattform. An ihm sind die auch für die großen Tempel Bangkoks (z. B. dem Wat Pho) typischen Merkmale zu finden: das von mächtigen Säulen gestützte dreifache Staffeldach, das zusätzlich von einem Fußwalmdach umgeben ist, die von einer Naga-Schlange mit flammenartigem Körper geschmückten Giebel und die in stilisierter Form dargestellten Garuda-Vögel an den Firstenden. Das Innere des Sim birgt wieder zahlreiche kleine Wandnischen mit Buddha-Statuen. Zudem sind die Wände mit schlecht erhaltenen Malereien ausgeschmückt. Sie stellen Szenen aus den ›Jatakas‹ und der Buddha-Legende dar. Auf dem Altar am Ende des Raumes thronen eine Reihe von Buddha-Figuren, darunter auf dessen linker Seite eine stehende Figur in *abhaya-mudra* König Anouvongs in Lebensgröße. Glanzstück ist ein vor dem Altar stehender vergoldeter Kerzenständer mit ineinander verschlungenen Naga-Schlangen, deren Köpfe an den Enden des Leuchters elegant aufragen. Der Ständer wurde 1819 angefertigt und steht mit seiner oben spitz zulaufenden Form als kosmisches Symbol für den Berg Meru.

An der Nordseite des Sim befindet sich auf dessen Plattform ein 5 m langer **Wasserspender** aus Holz, *lang song nam pha* genannt, der von mehreren Naga-Schlangen umwunden wird. Er wird am Neujahrsfest Mitte April zur rituellen Waschung der Buddha-Statuen verwendet.

Außerhalb des Wandelgangs befindet sich auf der Westseite der **Ho Tai** zur Aufbewahrung der Palmblattmanuskripte. Das sich nach oben hin verjüngende mehrstöckige Dach der Bibliothek zeigt eindeutig birmanische Einflüsse. Nur eine der vier Türen des auf einer Plattform ruhenden quadratischen Baus ist noch original. Von den ursprünglich hier aufbewahrten Schriften ist nichts mehr vorhanden, sie wurden bereits 1828 nach Bangkok gebracht.

Entlang der äußeren Umfassungsmauer stehen mehrere kleinere **Stupas** (*that kaduk*) zur Aufbewahrung der sterblichen Überreste buddhistischer Gläubiger.

Wat Si Muang (11)

Etwas weiter stadtauswärts liegt an der Straßengabelung von Thanon Samsenthai und Thanon Setthathirath das Kloster der Heiligen (*si*) Stadt (*muang*) – eines der beliebtesten Heiligtümer Vientianes: Hier wird der Schutzgeist der Stadt verehrt. Der Wat Si Muang wurde an der Stelle eines früheren Khmer-Heiligtums errichtet, wie Reste eines Prasat aus Laterit (13. Jh.) im westlichen Anschluss an den Sim beweisen. 1828 fiel auch dieses Kloster siamesischer Zerstörungswut zum Opfer. Der heutige **Sim** stammt von 1915 und reflektiert mit seinem halbrunden Eingangsportal, flankiert von zwei ebenfalls halbrunden Fenstern, zweifellos den europäischen Architekturgeschmack jener Zeit. Bunt ornamentierte Pilaster und Friese gliedern die in freundlichem Gelb gehaltene östliche Fassade in klar strukturierte Flächen. Im Giebelfeld über dem Eingang befinden sich Stuckverzierungen mit Szenen aus dem Leben des Erleuchteten, u. a. die erste Predigt von Benares.

Von unschätzbarem literarischen Wert sind die in den Klöstern gesammelten Palmblattmanuskripte (laot.: ›nangsue bai lan‹), die neben religiöser Literatur auch geschichtliche Werke, Epen, Volkserzählungen und Dichtungen sowie Schriften zur Astrologie, Magie und traditioneller Heilkunde enthalten. Die Texte wurden größtenteils in das Blatt der Talipotpalme (Corypha umbraculifera) geritzt. Dazu wird das Palmblatt getrocknet, geglättet und mit Sand poliert, die Schrift anschließend mit schwarzer Farbe hervorgehoben. Durch je zwei Löcher an den Seiten der bis zu 900 Blätter wird eine Schnur zur Befestigung gezogen. Geschützt werden diese Blätter dann durch zwei Buchdeckel aus Holz. Da viele der jahrhundertealten Werke vom Verfall bedroht sind, werden sie im Rahmen des deutsch-laotischen Projektes zur Erhaltung laotischer Handschriften systematisch erfasst und auf Mikrofilm festgehalten.

Laos: Vientiane

Im Wat Si Muang

1563 ließ der Stifterkönig Setthathirath, auf dem Areal des heutigen Wat Si Muang eine Grube für die Stadtsäule (›lak muang‹) zur Verehrung des Schutzgeistes ausheben. Als sie fast fertig war, so die Legende, sprang eine junge Frau hinein und wurde von der umstürzenden Steinsäule erschlagen. Seitdem gilt Nang Si (Ehrenwerte junge Frau), wie sie heute genannt wird, als Beschützerin der Stadt, und da sie schwanger war, wird sie vor allem in weiblichen Belangen – insbesondere bei Kinderwünschen und Schwangerschaften – konsultiert.

Das Innere des Sim ist zweigeteilt. Im hinteren Raum ragt auf dem Altar der hoch verehrte Lak Muang in Gestalt einer vierseitigen, oben abgerundeten Säule aus Sandstein auf. Diese Form legt die Vermutung nahe, dass er als Lingam im Zentrum eines Shiva-Kultes stand. Gläubige hüllen die Säule mit bunten Bändern ein, um auf diese Weise Dank oder Bitte auszudrücken. Das Einkleiden von Figuren oder Einfassen von Stadtsäulen, ja selbst von Bäumen durch Bänder geht auf die indische Tradition zurück, Objekte wie Statuen, Pflanzen oder Gegenstände dem weltlichen Gebrauch zu entziehen und ihnen einen quasi-göttlichen Status zu verleihen. Um den Lak Muang gruppieren sich mehrere sitzende und stehende Buddha-Figuren verschiedener Größe. Die meisten sind Schenkungen neuerer Zeit und zeugen von dem Wunsch vieler Gläubiger, durch diese Spende Verdienste für das nächste Leben anzusammeln. Die mittlere Buddha-Figur überstand die Zerstörungen von 1828, weshalb ihr die Fähigkeit zugesprochen wird, bei besonders schwerwiegenden Anliegen zu helfen.

Inmitten eines kleinen Parks vor dem Haupteingang steht die mächtige **Bronzestatue** des zweitletzten Königs, Sisavang Vong (reg. 1904–59). Die Sowjetunion hatte es dem Regenten bei seinem Staatsbesuch 1972 zum Geschenk gemacht. Wohl nur deshalb wurde sie nach 1975 nicht entfernt.

Wat Sokpaluang (12)

Ein Kloster besonderer Art befindet sich etwa 3 km südöstlich des Stadtzentrums: der Wat Sokpaluang. Er liegt im vornehmen Stadtteil Muang Sisatthanak unweit der Deutschen Botschaft. Unter Einheimischen ist er auch als Wat Pa (Waldkloster) bekannt, denn Teile des großflächigen Klostergeländes sind bewaldet, was ihm eine beschauliche Atmosphäre gibt. Weder besitzt er besonders interessante Gebäude noch berühmte Buddha-Figuren. Bei ihm steht das spirituelle und körperliche Wohlergehen im Vordergrund. Regelmäßig werden hier Kurse in der Vipassana-Meditation angeboten und seit Anfang der 1990er Jahre offerieren buddhistische Nonnen Sauna und traditionelle Massage. Die wegen ihrer weißen Robe *mae khao* (Weiße Mutter) genannten Nonnen haben dazu eine einfache Hütte errichtet, in der man bei Eukalyptus- und Zitronengrasdämpfen ins Schwitzen kommt. Die Kräuter stammen aus dem Klostergarten.

Jeden Samstagnachmittag von 16 bis 17 Uhr findet eine Einführung in die Vipassana-Meditation statt. Für Sauna und Massage sollte man ein Handtuch und lockere Kleidung (am besten einen Sarong) mitbringen.

Im Zentrum der Stadt

Entlang der Thanon Setthathirath reihen sich einige kunsthistorisch mäßig interessante, dafür aber recht stimmungsvolle Tempelanlagen, allen voran das Kloster des Gewaltigen, **Wat Ongtü** (13), an der Ecke zur Thanon Chao Anou. Seinen Namen erhielt der Wat aufgrund der mehrere Tonnen schweren Buddha-Figur aus Bronze, die König Setthathirath zur Einweihung des Klosters um 1570 gießen ließ. Die heutigen Gebäude stammen von 1911, wurden aber Ende der 1990er Jahre von Grund auf erneuert. Bekannt ist der Wat wegen des angeschlossenen Buddhistischen Instituts für die Ausbildung der Mönche, die zum Studium des Pali-Kanons aus ganz Laos hierher kommen. Zudem residiert hier der zweithöchste Mönch, der Houng Sankharath.

Viele der jungen Mönchsstudenten leben in den vier den Wat Ongtü umgebenden Klöstern, z. B. im westlich anschließenden **Wat Inpeng** (14). Archäologische Funde und sein Name Wiedererrichtet (*peng*) von Indra (*in*) legen die Vermutung nahe, dass auf dem Gelände einst ein Khmer-Sanktuarium stand. Sehenswert sind die Stuckverzierungen und Wandmalereien des zwischen 1968 und 1975 neu erbauten Sim. Sein dreifach gestaffeltes Dach ruht auf gleich hohen Säulen und wird von einem als Dachreiter fungierenden *dok so fa* (s. S. 362f.) gekrönt. Die Doppelbögen der Holzblenden an der grün leuchtenden Frontfassade erinnern an Tempel in Luang Prabang, während das Dach dem Vientiane-Sil folgt. An der Nordseite befindet sich der älteste Ho Tai von Vientiane, im 19. Jh. zur Aufbewahrung des Pali-Kanons errichtet. Im Norden des Wat Ongtü liegt der **Wat Hay Sok** (15) mit schönen Naga-Schlangen an den Aufgängen zum Sim und im Osten der **Wat Mixay** (16), dessen ockerfarbener Sim ein lang gezogenes Staffeldach elegant abschließt. Über das Klostergelände wachen an den Eingängen mächtige Wächterfiguren, in Laos *nyak* genannt, deren Vorbilder die indischen Yakshas sind. An der Ecke Thanon Chao Anou/Fa Ngum Quai liegt der **Wat Chan** (17; Wat Chanthaburi), dessen Sim wegen seiner reich verzierten Fassade und dem schönen Satteldach ebenfalls einen Besuch wert ist.

Dort, wo während der Kolonialzeit das französische Oberkommando Quartier bezog, befindet sich heute das laotische **Nationalmuseum** (18). Das Kolonialgebäude liegt an der Thanon Samsenthai

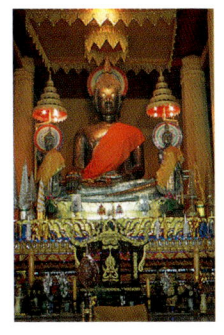

Kolossaler Bronze-Buddha im Wat Ongtü

Laos: Vientiane/Von Vientiane nach Luang Prabang

Wer sich für laotische Webarbeiten interessiert, kann Lao Textiles an der Thanon Nokeo Kummane (südlich der Kulturhalle) einen Besuch abstatten. Dort entstehen unter Anleitung der US-Amerikanerin Carrol Cassidy wahre Kunstwerke.
Lao Cotton, ein weiteres Projekt, versucht im Design Tradition und Moderne zu vereinen. Die Hauptniederlassung befindet sich in einer Seitenstraße der Thanon Luang Prabang, westlich des Novotel, im Stadtteil Ban Khounta.
In der Werkstätte des laotischen Textildesigners Nikone an der Thanon Thongkhankham im Stadtteil Ban Dongmieng kann man ebenfalls hervorragende Arbeiten erwerben.

zwischen der protzigen Kulturhalle und dem Nationalstadion. Seit einer umfassenden Neugestaltung im Jahr 2000 ist die Ideologie aus der Ausstellung ein wenig gewichen. Im unteren Stockwerk werden in Raum 1 vorzeitliche Exponate gezeigt, u. a. von der Ebene der ›Tonkrüge‹. Die Räume 2 und 3 stellen Dinosaurierknochen aus der Provinz Savannakhet und Exponate der Khmer-Kultur aus, darunter eine Ganesha-Figur (7. Jh.) sowie einen Vishnu-Kopf aus Sandstein (12. Jh.). Die Räume des Obergeschosses sind dem Lan-Xang-Reich, der Kolonialzeit und dem ›revolutionären Kampf‹ der Pathet Lao gewidmet. Leider lassen die Beschriftungen unter den Dokumenten und Bildern sehr zu wünschen übrig. Der Rundgang endet wieder im Untergeschoss, wo aktuelle Themen angesprochen werden. So wird das Drogenproblem (Laos gehört zu den Hauptanbaugebieten von Opium) ebenso thematisiert wie das Problem der nicht detonierten Sprengkörper (UXO), eine Folge der massiven US-Bombardements.

Etwas weiter östlich, unweit der US-Botschaft, liegt inmitten eines Verkehrskreisels, wo Thanon Chanta Kummane und Thanon Bartolini zusammentreffen, der kleine, aber markante **That Dam** (19). Der Schwarze (*dam*) Stupa (*that*) macht seinem Namen alle Ehre, denn der Stucküberzug des schlanken Baus mit oktogonaler Basis ist sehr dunkel. Sein Gründungsdatum bzw. jenes der einst zum Stupa gehörenden (nicht mehr existenten) Tempelanlage liegt im Dunkeln. Wahrscheinlich wurde er in der Frühzeit des Lan-Xang-Reiches (14./15. Jh.), gestiftet. Eine Legende weiß zu erzählen, dass im That eine Naga-Schlange wohnt, die über die Hauptstadt und ihre Bewohner wacht.

Ausflüge von Vientiane

Rund um Vientiane können im Rahmen von Halbtagesausflügen weitere Besichtigungspunkte angefahren werden, z. B. das **Kaysone Phomvihane Museum**. Es liegt 6 km nördlich des Stadtzentrums an der NR 13 und dient dem Personenkult um den ehemaligen Premier. Bereits zum 80. Geburtstag von Kaysone im Jahr 2000 wurde das Gebäude eröffnet, um mit Fotografien und Memorabilien die »Verdienste« und »Errungenschaften« des Parteiführers zu würdigen. Adressaten sind vor allem Laoten, denn die Exponate sind ausschließlich auf Laotisch beschriftet. Das gewaltige Bauwerk seht auf dem ehemaligen Gelände der US-amerikanischen Hilfsorganisation USAID, die während des Krieges die Unterstützung des Kampfes gegen die Kommunisten koordinierte.

Die für Europäer wohl kurioseste Sehenswürdigkeit in der Umgebung von Vientiane liegt etwa 25 km südöstlich der Stadt, **Wat Xieng Khuan**. Besser ist die religiöse Parkanlage als Buddha-Park (Suan Phut) bekannt und geht auf eine der ungewöhnlichsten religiösen Persönlichkeiten Laos' zurück, Bounleua Soulilat. Jahrelang lebte er als Einsiedler in einer Höhle, bevor er hier ab 1958 seine eigene Variante Hindu-buddhistischer Spiritualität schuf und eine beachtliche

Stadtzentrum, Ausflüge, Nach Luang Prabang

Liegender Buddha im Wat Xieng Khuan

Gefolgschaft um sich scharte, die ihn respektvoll Luang Phu (Ehrenwerter Großvater) nannte. Am Ufer des Mekong ließ er zahlreiche buddhistische und hinduistische Betonfiguren errichten. So finden sich neben einem großen liegenden Buddha hinduistische Gestalten wie Yakshas, Vishnu oder der dreiköpfige Airavata. Ein kürbisförmiger, grauer Bau, den man durch das Maul eines Dämonen betreten kann, soll Hölle, Erde und Himmel symbolisieren.

Etwa 20 km östlich der Hauptstadt, in Tha Nalaeng, überspannt seit 1994 die mit australischer Hilfe errichtete 1240 m lange **Freundschaftsbrücke** den Mekong. Sie bedeutet eine erhebliche Erleichterung für den Grenzverkehr zwischen Thailand und Laos.

Eine schöne Ansicht auf die Brücke genießt man vom **Kulturpark der Völker von Laos** (National Ehtnic Cultural Park) aus. Ziel der 1994 angelegten Parkanlage ist es, das Leben der verschiedenen laotischen Völker zu präsentieren, wozu beispielsweise deren traditionelle Häuser – leider aus Beton – nachgebaut wurden. Insgesamt wird der Kulturpark seinem Anspruch jedoch nicht gerecht.

1975 zog Luang Phu Bounleua Soulilat auf die gegenüber liegende Mekong-Seite ins thailändische Nong Khai, wo er ein Jahr später eine ähnlich bizarre Anlage, Wat Khaek (auch Sala Keo Ku), gründete und dort 1997 verstarb.

Von Vientiane nach Luang Prabang

Eine landschaftlich äußerst attraktive Fahrt erwartet Reisende entlang der NR 13 von der laotischen Hauptstadt nach Luang Prabang. Sie führt durch die fruchtbare Ebene des Mekong nördlich von Vientiane, vorbei an pittoresken Karstbergen bei Vang Vieng und durch herrliche Berglandschaften mit immer wieder neuen Ausblicken in die Ferne. Für die relativ gut ausgebaute 390 km lange Strecke brauchen Fahrzeuge etwa neun Stunden.

Achtung: Auf dem Abschnitt der NR 13 nördlich von Vang Vieng kam es in jüngster Zeit zu bewaffneten Überfällen auf Reisende. Daher sollte man vor Fahrtantritt unbedingt die aktuellsten Informationen über die Lage einholen!

Manche Laoten erinnern sich mit Schaudern an die frühere Funktion einiger Inseln im Ang Nam Ngum. Nach 1975 wurden auf ihnen – wie an vielen anderen Orten – Umerziehungslager eingerichtet – Samana (s. S. 359).

Als Kurzausflug eignet sich der Besuch des größten Stausees von Südostasien, **Ang Nam Ngum**, 100 km nördlich von Vientiane und via die NR 13 oder die etwas bergigere NR 10 zu erreichen. Wer die NR 10 nimmt, kann diesen Ausflug mit einem Halt am **Thoulakhom-Zoo** bei Ban Keun kombinieren. Allerdings wird die Haltung der Raubkatzen, Elefanten und Affen bei Tierfreunden nicht auf Begeisterung stoßen. Lohnenswerter ist ein Zwischenstopp in **Vang Xang** (Elefanten-Pfuhl), 65 km nördlich von Vientiane gelegen und über eine knapp 2 km lange Nebenstraße zu erreichen, die von der NR 13 abzweigt. Von Interesse sind hier zwei am Nam-Cheng-Fluss gelegene Gruppen von Hochreliefs mit je fünf Buddha-Darstellungen, die in rötliche Sandsteinwände geschlagen wurden. In der Hauptgruppe finden sich zwei fast 4 m große sitzende Buddhas in argumentativer Haltung (*vitarka-mudra*). Andere Reliefs zeigen den in Meditation versunkenen Erleuchteten mit beiden Handflächen im Schoß (*dhyana-mudra*). Manche Forscher datieren sie in das 10.–12. Jh. und vermuten, dass hier eine Siedlung oder Einsiedelei der Mon existierte. Der Name leitet sich von einem im Teich liegenden Felsblock ab, der einem Elefanten ähneln soll.

Der **Stausee Ang Nam Num** lockt mit landschaftlichen Reizen und Freizeitmöglichkeiten, weshalb er am Wochenende viele Erholungssuchende aus der Hauptstadt anzieht. Mit den zahlreichen aufragenden Inseln, einst Bergspitzen, wirkt der 250 km² große, von bewaldeten Bergen umgebene See (Bodensee: 540 km²) wie verzaubert. Ausgangspunkt für Bootsfahrten zu den Inseln ist das Fischerdorf **Na Keun**, 6,5 km östlich des Marktstädtchens Thalat an der Südwestseite des Stausees. Dort kommen in den Uferrestaurants auch Fischfreunde auf ihre Kosten. Bedeutender als der Tourismus ist jedoch die wirtschaftliche Rolle des 1971 gefluteten Stausees, mit dem ein Achtel der ausländischen Devisen erwirtschaftet wird. Exportschlager ist der Strom aus den Turbinen der Wasserkraftwerke, der vor allem in Thailand Absatz findet. Eine weitere lukrative Devisenquelle bildet das Tropenholz aus den überfluteten Wäldern, das Taucher unter Wasser schlagen.

Westlich des Stausees schließt sich das 2000 km² große Gebiet um den Berg des Wasserbüffelhorns, **Phou Khao Khouay**, an. Die 1993 zum Nationalpark erklärte Region liegt auf durchschnittlich 700 m Höhe und eignet sich für Wandertouren durch die Kiefernwälder und Floß- und Bootsfahrten. Reizvolle Ziele sind die Long-Xan-Schlucht mit Siedlungen der Hmong und Yao, die knapp 1700 m hohen bewaldeten Gipfel oder der Wasserfall Tad Leuk. Der Nationalpark ist sowohl über die NR 10 als auch die NR 13 (Südroute) erreichbar.

Vang Vieng

Vor dem Besuch einer Höhle muss man Eintritt bezahlen. Beim Rundgang wird man meist von einem Führer begleitet.

Zum beliebten Übernachtungsstopp für Reisende nach Luang Prabang (oder umgekehrt) hat sich das 160 km nördlich von Vientiane an der NR 13 gelegene Vang Vieng entwickelt. Dies liegt weniger an dem Städtchen am Fluss Nam Song, sondern an den pittoresken

Karsthügeln in der Umgebung, die nicht nur Maler- und Dichterherzen höher schlagen lassen (getrübt wird die Szenerie leider von einer Zementfabrik). Besuchenswert sind einige in der Umgebung liegende Grotten und Höhlen (laot.: *tham*), für die allerdings eine entsprechende Ausrüstung (Taschenlampe, gute Schuhe, strapazierfähige Hose) vonnöten ist. Rafting, Wanderungen und Fahrradtouren sind weitere Freizeitvergnügen.

Manche der Höhlen sind bereits touristisch bestens erschlossen und gut zu Fuß zu erreichen, wie z. B. die **Tham Chang**, 2 km südlich von Vang Vieng. Sie bot im 19. Jh. den Bewohnern Unterschlupf vor marodierenden chinesischen Horden; heute kann man sie gefahrlos begehen und seine Fantasie von den bunt illuminierten Tropfsteinformationen anregen lassen. Die 7 km westlich von Vang Vieng gelegene Krabbenhöhle, **Tham Poukham**, lässt sich mit dem Fahrrad ansteuern. Den kurzen, aber mühevollen Aufstieg zum 30 m hoch gelegenen Höhleneingang belohnt ein schöner Ausblick. Im Inneren befindet sich in der ersten Grotte ein Altar mit einem liegenden Buddha aus Bronze. Den weiteren Weg durch das folgende verzweigte Höhlensystem sollte man sich von einem Führer zeigen lassen. Ein beliebtes Tagesziel ist die **Tham Xang** (Elefantenhöhle), 14 km nördlich von Vang Vieng, deren Inneres gleichzeitig als buddhistischer Vihaan dient. Dort befinden sich mehrere Buddha-Figuren und ein Fußabdruck des Erleuchteten, weshalb die Höhle auch Pilger aus der Region anzieht. Ihren Besuch kann man mit dem der nahe gelegenen Schneckenhöhle, **Tham Hoi**, verbinden. Vom Boden aufstrebende Stalagmiten und von der Decke herunterragende Stalaktiten säumen den über 1 km langen Weg ins Berginnere.

Für die serpentinenreiche Weiterfahrt ins 230 km entfernte Luang Prabang brauchen private Fahrzeuge etwa 5–6 Stunden, die öffentlichen Busse etwas länger.

Wer oberirdische Ausflüge bevorzugt, kann sich ein Mountainbike leihen und entlang der (und manchmal durch die) Ströme Nam Ka und Houay San in Richtung Westen fahren. Die 32 km lange Rundfahrt führt durch ein enges Tal, vorbei an beeindruckenden Karstfelsen, durch das am Houay San gelegene Hmong-Dorf Naxom und über Ban Phonxay wieder zurück.

Luang Prabang

Spätestens dann, wenn man in Luang Prabang einen Sonnenuntergang über dem Mekong erlebt hat, wird man darin übereinstimmen, dass die Stadt des Pha-Bang-Buddhas zu den Juwelen asiatischer Städte zählt. Die einmalige Lage in einem von waldbestandenen Bergen umgebenen Becken zwischen Mekong und Nam Khan, das harmonische Häuserensemble, die wunderschönen Tempel, das angenehme Klima und nicht zuletzt die reizvolle Umgebung lassen die Besucher meist feststellen, dass sie nicht genügend Zeit für ihren Aufenthalt eingeplant haben. Seit Luang Prabang 1995 zum Weltkulturerbe erklärt wurde, werden Schritt für Schritt die Häuser und Tempel restauriert. So besteht die berechtigte Hoffnung, dass die Stadt ihren Charakter erhalten kann.

Besonders sehenswert:
Ho Kham ☆☆
Wat Xieng Thong ☆☆

Ausflüge:
Pak Ou Höhlen ☆

Stadtgeschichte

Funde von Dong-Son-Trommeln (nach dem nordvietnamesischen Fundort der ältesten Exemplare benannte Bronzetrommeln) in der Provinz Luang Prabang haben bestätigt, dass die Ufer des Mekong bereits um das 6. Jh. v. Chr. besiedelt waren. Der Mekong war es auch, an dem entlang die Tai ab etwa dem 6. Jh. n. Chr. aus ihrem Siedlungsgebiet in Yunnan nach Süden zogen und die ersten befestigten Niederlassungen (*muang*) gründeten, darunter Muang Soua, die Vorgängerstadt des heutigen Luang Prabang. Muang Soua entwickelte sich zu einem wichtigen Umschlagplatz im zunehmenden Handel zwischen China und Indien.

Zur Königsresidenz wurde die Stadt jedoch erst 1353, als Chao Fa Ngum (reg. 1353–73) nach zahlreichen Eroberungszügen das erste Großreich auf laotischem Boden, Lan Xang Hom Khao, kurz Lan Xang, schuf. Der laotische Prinz war seit seinem fünften Lebensjahr am Hof des Angkor-Reichs aufgewachsen, wohin er 1320 zusammen mit seinem Vater geflohen war. Später heiratete er in Angkor Keo Kaeng Ngya, die Tochter des Königs Jayavarman Parameshvara (reg. 1327–?). Seine religiöse Frau, so berichten die Chroniken, soll aus Angkor 1358 zusammen mit Mönchsgelehrten den Pha-Bang-Buddha mitgebracht haben, um den Theravada-Buddhismus als Staatskult zu fördern. Fa Ngum nannte die neue Königsstadt Xieng Dong Xieng Thong (Goldener Stadtbezirk, auch kurz: Muang Xieng Thong). Was er begonnen hatte, führte sein Sohn Samsenthai (reg. 1373–1416) in seiner langen Regierungszeit fort. Lan Xang erlebte seine erste Blütezeit. Infolge der zunehmenden Invasionen birmanischer Armeen entschloss sich König Setthathirath (reg. 1548–71) 1560, seinen Hof nach Vientiane zu verlegen. Zwar verlor Muang Xieng Thong seinen Königssitz, doch blieb die Stadt das religiöse Zentrum von Lan Xang. Zu Ehren der verehrten Buddha-Figur wurde sie 1563 in Luang Prabang, Stadt des Pha Bang, umbenannt. Erbstreitigkeiten im Königshaus Vientiane führten schließlich zur Spaltung des Landes. 1707 war Luang Prabang unter König King Kitsarath (reg. 1707–13) zu einem unabhängigen Königreich geworden, das jedoch nach Invasionen der birmanischen Armee, 1753 und 1771, mehr und mehr in die Abhängigkeit Siams geriet.

Eine weitere Bedrohung stellten die diversen Gruppen der Ho dar, die ab den 1860er Jahren regelmäßig die Region heimsuchten. Als am 7. Juni 1887 die 600 Mann starken Schwarzen Ho Luang Prabang nahezu dem Erdboden gleichmachten, floh der Regent Oun Kham (reg. 1873–94) in das Bergland und übergab die Regierungsgeschäfte an seinen ältesten Sohn. Damals hatten die Franzosen bereits ihren Einfluss in Indochina ausgeweitet und 1885 in der Stadt ein Konsulat unter der Leitung von Auguste Pavie (1847–1925) eröffnet. Mit dem am 3. Oktober 1893 unterzeichneten franko-siamesischen Vertrag wurde Laos unter französisches Protektorat gestellt und das Königshaus von Luang Prabang wieder etabliert. Luang Prabang war

---

Kriege und Rebellionen plagten das China des 19. Jh. Im Südwesten machten vor allem muslimische Chinesen die Region unsicher. Nach der Niederschlagung ihrer Aufstände in Yunnan begannen einige Banden, darunter die nach der Farbe ihrer Banner benannten Gelben und Schwarzen Ho, das Leben der Menschen in Laos und Nord-Vietnam zu tyrannisieren.

Luang Prabang

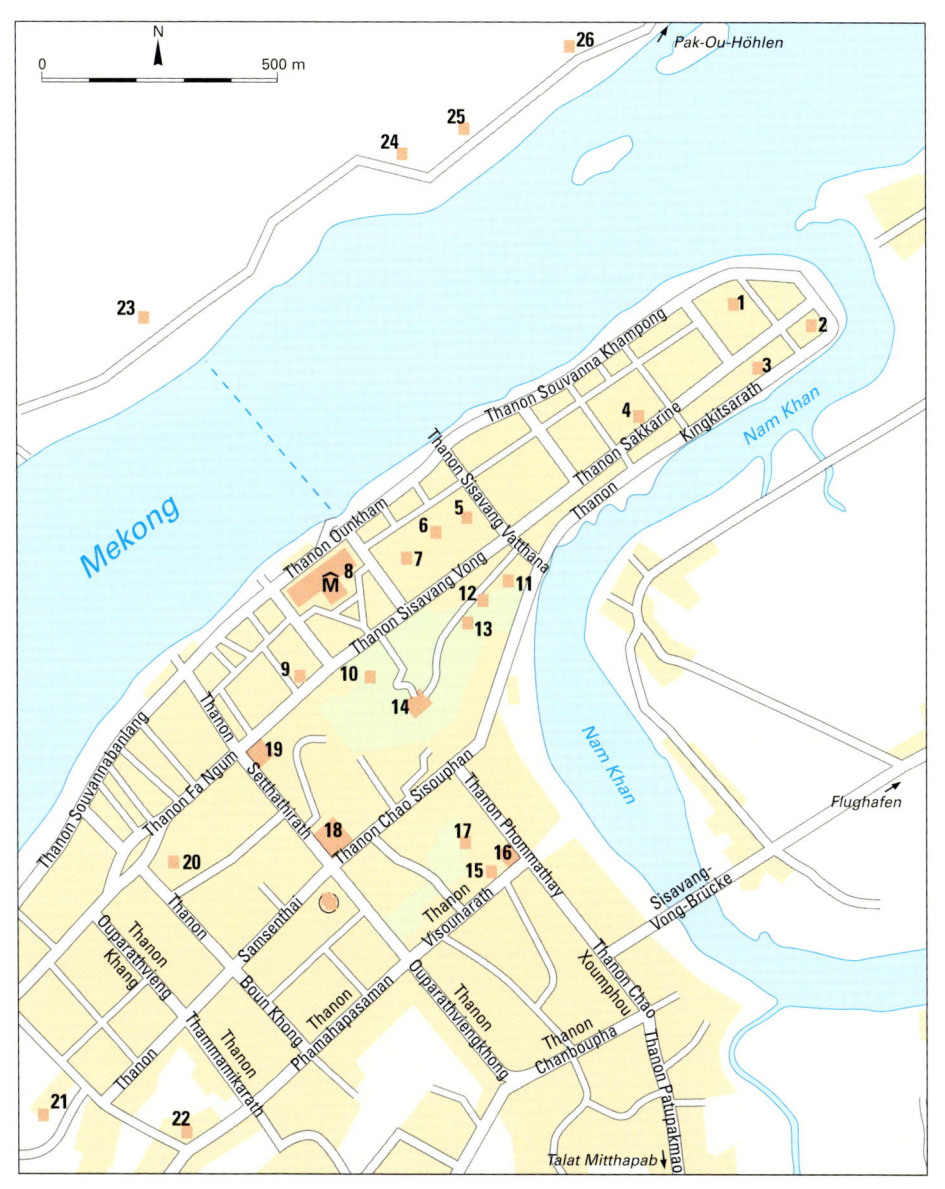

Luang Prabang 1 Wat Xieng Thong 2 Wat Pak Khan 3 Wat Khili 4 Wat Sene 5 Wat Pa Phay 6 Wat Xieng Mouane 7 Wat Choum Khong(sourintharame) 8 Ho Kham 9 Wat May 10 Wat Pa Huak 11 Wat Pa Fang 12 Wat Pa Khe 13 Wat Tham Phousi 14 That Chom Si 15 Wat Visounarath 16 That Makmo 17 Wat Aham 18 Talat Dala 19 Hmong-Markt 20 Wat Mahathat 21 Wat That Luang 22 Wat Manorom 23 Wat Xieng Maen 24 Wat Chom Phet 25 Wat Tham 26 Wat Long Khum

Laos: Luang Prabang

In Luang Prabang leben noch heute Mitglieder des Königshauses. So führen Sawee Nahlee, die Tochter des Kronprinzen Vong Savang, und ihr Ehemann Santi Inthavong das beliebte Hotel Villa Santi.

nun Königsstadt für das gesamtlaotische Reich, zu sagen hatte der Monarch jedoch nichts.

Als Sitz des Königs blieb Luang Prabang auch während des Zweiten Weltkriegs und nach der Unabhängigkeit 1954 von gewisser Bedeutung, doch die politischen Kräfte saßen in Vientiane und in den Bergen von Nordost-Laos, wo die Pathet Lao agierte. Als die kommunistische Befreiungsarmee die Kontrolle über Laos übernahm, musste der letzte König, Sisavang Vatthana (reg. 1959–75), am 29. November 1975 abdanken. Luang Prabang stieg für die nächsten Jahre zu einer gewöhnlichen Provinzstadt ab und besann sich erst mit der wirtschaftlichen Öffnung des Landes Anfang der 1990er Jahre wieder seiner reichen kulturellen Vergangenheit.

Orientierung

Die wichtigsten Sehenswürdigkeiten von Luang Prabang sind bequem zu Fuß zu erreichen und die Orientierung fällt leicht. Der Stadtkern, in dessen Herzen sich der Phou-Si-Berg erhebt, liegt auf einer Halbinsel, im Westen vom Mekong und im Nordosten vom Nam Khan begrenzt. Im Süden und Osten wird sie weitläufig. Dort befinden sich auch die meisten Märkte.

Bei einem Spaziergang entlang der Thanon Sisavang Vong und Sakkarine (Achtung: Straßennamen und Schreibweisen variieren) kann man bereits die wichtigsten Sehenswürdigkeiten besichtigen. Aber der Reiz Luang Prabangs liegt nicht allein in den schönen Tempelanlagen und dem alten Palast, sondern auch in seiner Atmosphäre. Man sollte sich Zeit zu lassen und Seitenwege zu gehen, um die Stimmung einzufangen. Nicht zuletzt präsentiert sich Luang Prabang als Einkaufsparadies; Volksgruppen wie die Hmong, aber auch junge laotische Künstler bieten ihre handgefertigten Produkte an.

Wat Xieng Thong (1)

Der Wat Xieng Thong am Nordende der Halbinsel stellt fraglos das schönste Beispiel der für Luang Prabang typischen Tempelarchitektur dar. 1560 gründete König Setthathirath, nachdem er seine Residenz nach Vientiane verlegt hatte, das Kloster der Goldenen Stadt, um die religiöse Bedeutung Luang Prabangs zu unterstreichen. Glücklicherweise blieb der am Mekong liegende Wat von der Brandschatzung der Schwarzen Ho im Juni 1887 verschont – vielleicht weil der Anführer der Horde, Deo Van Tri, hier einst als Novize gelebt hatte.

Auf dem Tempelgelände befinden sich einige Gebäude, die nicht zum klassischen Bestand eines Wat gehören, wie etwa der **Hong Kep Mien**, das Gebäude mit dem Begräbniswagen. Es liegt in unmittelbarer Nähe zum südöstlichen Tor, das über die Thanon Sakkarine her erreicht werden kann. Der Bau wurde 1962 errichtet, um den von sieben Naga-Schlangen beschützten Bestattungswagen des 1959 verstorbenen Regenten Sisavang Vong aufzunehmen. Mit diesem Wagen wurde der in einem urnenförmigen Behälter aus Holz in Embryonalstellung aufbewahrte Leichnam am 7. August 1960, neun Monate nach seinem Tod, zum Verbrennungsplatz am Wat That Luang gebracht. Die beiden anderen Behälter waren für seine Frau und seinen Sohn bestimmt. Sehenswert im Inneren sind neben dem Wagen und dem Wandmosaik zahlreiche stehende Buddha-Figuren in der Regenanrufungsgeste (laot.: *hiek fon*), die mit ihren eng an den Körper angelegten Armen ausgesprochen grazil wirken. Der Hong Kep Mien zeigt sich abends von seiner reizvollsten Seite: Die Basreliefs an der vergoldeten Außenseite schimmern dann im Abendlicht. Dort wie auch an den seitlichen Fensterflügeln sind Szenen aus dem ›Ramayana‹ dargestellt, darunter die Feuerprobe von Sita, mit welcher Rama die Treue seiner Frau testen wollte, und die Gazelle im Wald, die Ravana Gelegenheit gab, Sita entführen zu lassen. Weiter westlich auf dem Klostergelände befinden sich einige **That Kaduk**, kleinere Stupas mit der Asche von Angehörigen des Königshauses, sowie der **Trommelturm**.

Der im Zentrum liegende **Sim** (Abb. S. 362) ist mit seinem dreifach gestaffelten, fast den Boden berührenden Dach das Beispiel par Excellence für den klassischen Luang-Prabang-Stil, den u. a. hohe Giebelseiten und niedrige Längsmauern charakterisieren. Typisch ist auch die von halbrunden Bögen abgeschlossene Holzblende an der Vorderseite. Der Sim gehört zu den ältesten Bauten des Klosters, erfuhr jedoch im Lauf der Zeit verschiedene Veränderungen. So wurde das herausragende Glasmosaik an der rot gestrichenen Rückseite 1957 zum Gedenken an den 2500. Todestag Buddhas geschaffen. Es stellt den Flammenbaum des Lebens dar. Von großer Schönheit sind in der Mitte des Dachfirstes die insgesamt 17 in Dreiecksform aufstrebenden Säulen mit kleinen Schirmchen, *dok so fa* (Blumen des Himmels) genannt, welche auf den Sitz der Götter auf dem Berg Meru anspielen. Das Innere des Sim ist ebenfalls ausgeschmückt. Dort wurden an Säulen und Wänden Goldverzierungen in Schablonentechnik auf die rote und schwarze Grundfarbe aufgetragen.

Um den Sim gruppieren sich eine Reihe von kleineren **Vihaan** mit jeweils einer Buddha-Figur. Der erste und kleinste an der Ostseite des Sim birgt in seinem schmalen Inneren eine stehende Buddha-Figur mit der besänftigenden und furchtabweisenden Handhaltung (*abhaya-mudra*). Beide Hände, mit der Handfläche nach außen, sind auf Schulterhöhe ausgestreckt.

Wegen seines roten Außenanstrichs nannten die Franzosen den an der Südseite des Sim gelegenen *Vihaan Ho Pha Non*, La Chapelle Rouge (Rote Kapelle). Er birgt die wohl bedeutendste Buddha-Figur des Wat Xieng Thong, den liegenden Pha Sainyath. Die Bronzestatue soll 1569 im Auftrag König Setthathiraths gegossen worden sein; ein seltenes Beispiel einer liegenden Buddha-Figur im laotischen Stil. Typisch dafür ist seine gütige Ausstrahlung, sein schlanker Körper mit eng anliegendem, über das Knie reichendem linken Arm und die feinen gleich langen Finger. Aus diesem Grunde wurde er 1931 zur

Im Inneren des Sim erzählen die Wandbilder die Legende König Chanthaphanits, der ursprünglich als Händler in Vientiane lebte und viel auf dem Mekong unterwegs war. Als er in einem Gasthof übernachtete, träumte er von einem vom Himmel herabsteigenden Eremiten, der über seinen mit Blättern des Betelpfeffers gefüllten Sack stolperte. Als er den Traum seinem Wirt erzählte, deutete dieser ihn so: Auf seiner Weiterreise werde er mit viel Gold und Silber gesegnet werden. Dies dürfe er jedoch nicht anrühren. In der Stadt Xieng Thong aber werde er dafür mit Reichtum belohnt. Tatsächlich waren die Ufer der Stadt bei seiner Ankunft mit Gold und Silber bedeckt, und die erstaunten Bewohner machten ihn zu ihrem König.

Detail der Außenwand der Roten Kapelle

Kolonialausstellung nach Paris gebracht und gelangte nach längerem Aufenthalt in Vientiane erst 1964 wieder zurück. Die unzähligen Miniatur-Buddhas an den Wänden der Roten Kapelle stammen aus den späten 1950er Jahren, ebenso das bunte Glasmosaik, das die Außenwände dekoriert und die vermutlich wahre Geschichte des Kaufmannssohns Siaw Sawath darstellt. Er soll zur Zeit des König Souligna Vongsas II. (reg. 1771–91) gelebt haben und aufgrund seiner Klugheit von den Menschen aus der ganzen Umgebung konsultiert worden sein. Die Geschichte ist in zahlreiche ländliche und religiöse Szenen eingebettet.

Ebenfalls mit Glasmosaik verziert ist der 1828 erbaute quadratische, meist verschlossene **Ho Tai**, der ursprünglich den ›Tripitaka‹ (›Dreikorb‹) barg und heute Sitz des Pha Man (Heiliger Weiser) ist. Diese vergoldete Buddha-Figur aus Holz soll Chroniken zufolge 1557 im Mekong gefunden worden sein und gilt als Regen bringend. Wenn der Monsun ausbleibt, wird die Statue in einer Bittprozession durch die Stadt getragen.

Im Südwestbereich des Wat stehen weitere kleine **That** und unter einem länglichen Dach an der Klostermauer werden schmale **Langboote** für das alljährliche Bootsrennen gelagert. Hinter dem Nordwestausgang führen steile **Treppen zum Mekong**.

Tempel zwischen Mekong und Nam Khan

Im Rahmen eines Spazierganges vom nordöstlichen Ende der Halbinsel entlang der Thanon Sakkarine können einige kleinere, aber ausgesprochen interessante Klosteranlagen besichtigt werden. Beginnen sollte man mit dem am Nordostende der Straße gelegenen **Wat Pak Khan** (2), dem 1737 gestifteten Kloster an der Mündung (*pak*) des Khan. Trotz mehrfacher Renovierungen blieb die ursprüngliche Form des Sim weitgehend erhalten. Sein Dach weist eine Besonderheit auf: Es besteht aus einem kurzen Satteldach und einem rund um den Bau verlaufenden Pultdach, das ungewöhnlich schlanke Konsolen stützen. An den drei Türen des Sim finden sich schöne Holzreliefs. Zur Jahrtausendwende wurde in Zusammenarbeit mit der UNESCO, die übrigens im ehemaligen Zollgebäude gegenüber dem Wat ihren Sitz hat, eine neue Unterkunft (*kuti*) im alten Stil für die Mönche errichtet.

Der **Wat Khili** (3; Souvannakhili) an der Thanon Sakkarine in Höhe des Wat Xieng Thong geht auf eine Stiftung Chao Kham Satthas von 1773/74 zurück. Der Prinz war Angehöriger der Tai Phouan aus der Provinz Xieng Khouang und fand in Luang Prabang Schutz vor Angriffen birmanischer Armeen. Auch das Kloster des Goldenen (*souvanna*) Berges (*khili*) bewahrte die Ursprungsform seines Sim. Aufgrund des tief gezogenen doppelten, von Pfeilern gestützten Satteldaches wird er allgemein dem Xieng-Khouang-Stil zugeordnet. Neuere Interpretationen der UNESCO zählen ihn indes zu einer Variante des klassischen Luang-Prabang-Stils. Im Anschluss an den Sim steht ein großer That.

Ebenfalls direkt an der Thanon Sakkarine liegt unweit des Hotels Villa Santi der **Wat Sene** (4; Wat Sen Sukhalam). Der aus dem Pali abgeleitete Name bedeutet Tempel der Hunderttausend (*sen*) Freuden (*sukha*). Die Zahl Hunderttausend soll sich auch auf den vom Stifter aufgebrachten Geldbetrag zum Bau des Tempels beziehen. 1718 gründete Kronprinz Chao Mang den Tempel. Seit einer umfassenden Renovierung im Jahr 1957 erstrahlen die Gebäude des Wat Sene wieder in neuem Glanz. Das gilt vor allem für den reich verzierten Sim, dessen zweifarbiges Dach dem thailändischen Muster folgt. Um den Raum zu vergrößern, wurden zwei Seitenschiffe angefügt, sodass nun fünf Portale ins Innere führen. Auf dem Gelände wird – wie bei vielen anderen bedeutenden Tempeln – das Drachenboot für das alljährlich im September stattfindende Rennen aufbewahrt. Berühmt ist der Wat Sene wegen seines hoch angesehenen Abtes Satou Pha Kham Chan. Südwestlich des Hotels Villa Santi liegen weitere gepflegte Klosteranlagen. Sie zeigen eindrucksvoll den Variationsreichtum der Klosterarchitektur Luang Prabangs.

Der Sim des **Wat Pa Phay** (5), des Klosters des Bambuswaldes, wurde 1815 im Vientiane-Stil – charakteristisch hierfür sind die gleich hohen Säulen und das hohe Dach – wieder aufgebaut. Seine vergoldete Holzfassade besitzt filigran gearbeitete Verzierungen, vor allem am großflächigen Giebelfeld. Im benachbarten **Wat Xieng Mouane** (6) lassen sich im Anschluss wunderbar die Merkmale eines Sim im Xieng-Khouang-Sil (s. S. 363) studieren. Das Kloster der Glücklichen Stadt wurde 1853 auf Initiative eines Mönchs errichtet. Der Sim birgt eine sehr schöne Figurensammlung und am Eingang eher naive Wandmalereien mit Szenen aus dem Leben Buddhas. Unmittelbar nebenan steht der etwas jüngere, ebenfalls im Xieng-Khouang-Sil errichtete **Wat Choum Khong**(**sourintharame**) (7). Den Eingang seines Sim flankieren zwei aus China stammende Wächterfiguren aus Granit.

Ho Kham (8; Königspalast)

Wer die Königsresidenz von Luang Prabang besucht, vermag sich vielleicht die untergegangene Welt der laotischen Monarchie vorzustellen. Der Goldene Saal, Ho Kham, wie der Palast genannt wird, liegt zwischen der Thanon Sisavang Vong und dem Mekong. Der heutige Komplex wurde nach der Thronbesteigung von König Sisavang Vong 1904–09 errichtet und ersetzte den Vorgängerbau aus Holz. In der Vergangenheit war die Verwendung von Stein religiösen Gebäuden vorbehalten, sodass bereits der Gebrauch des Baumaterials einen Bruch mit der laotischen Tradition bedeutete. Darüber hinaus waren bei der Planung auch französische Architekten beteiligt. So entstand eine Melange aus französischen und laotischen Elementen. In den nachfolgenden Jahrzehnten erfuhr das Gebäude mehrfache Umgestaltungen.

Der Palast ist in ein größeres Gelände eingebettet. Von der Straße her verläuft der Zugangsweg, eine Palmenallee, vorbei an einer mäch-

Es herrscht Fotografierverbot in den Innenräumen. Kamera und Taschen müssen am Eingang abgegeben werden. Warme Socken sind vor allem im Winter ratsam, da die Räume nur unbeschuht betreten werden dürfen.

Laos: Luang Prabang

Ho Kham
1 Statue von König Sisavang Vong
2 ehemalige Konferenzhalle
3 Ho Pha Bang
4 Wasserlilienteich
5 Bootshaus für die königliche Barke
6 Ho Kham
7 Garage, Werkstatt
8 Küche, Vorratsraum
9 Angestelltenquartiere

Der Legende nach stammt der Buddha Pha Bang aus Sri Lanka, wo ihn ein Mönch auf wundersame Weise aus verschiedenen Metallen und mit Kristallen verziert anfertigte. Vermutlich wurde die 54 kg schwere Figur im 14. Jh. in Kambodscha aus einem Gemisch von Gold, Silber und Bronze gegossen. Kaeng Kangya, Frau König Fa Ngums, soll sie 1358 von Angkor hierher gebracht haben. Mehrfach wechselte die stehende Statue ihren Platz und wurde zweimal, 1779 und 1827, von den Siamesen ›entführt‹. Seit 1947 wird sie im Ho Kham aufbewahrt.

tigen **Bronzestatue König Sisavang Vongs** und einer dahinter liegenden ehemaligen **Konferenzhalle**. Blickfang auf der rechten Seite ist der neue **Ho Pha Bang** im Luang-Prabang-Stil, der nach seiner Fertigstellung die verehrte Buddha-Statue aufnehmen wird. Kurz vor dem Ho Kham selbst liegt links des Zuwegs am Rand des Palastgeländes hinter einem schönen **Wasserlilienteich** das **Bootshaus**.

Der **Ho Kham** selbst besteht aus zwei Querflügeln und dem dahinter anschließenden länglichen Hauptkomplex mit den repräsentativen Räumen und den Privatgemächern. Am Ende der überdachen Vorderseite des rechten Querflügels befindet sich der Raum des Pha Bang, in welchem neben der verehrten Figur (oder einer Kopie, wie vermutet wird) und anderen wertvollen Buddha-Statuen geschnitzte Stoßzähne, eine Stelltafel mit Perlmutteinlagen aus dem 19. Jh. und andere Utensilien ausgestellt sind.

Das Giebelfeld des Portalvorbaus am Haupteingang des Ho Kham zeigt das Symbol des laotischen Königreiches: der Schirm über dem dreiköpfigen Elefanten Airavata – Symbol für die drei historischen Reiche – und mehrere ineinander verschlungene Naga-Schlangen, die Regen und Fruchtbarkeit verheißen. Die Eingangshalle, in die man anschließend tritt, diente Empfängen und religiösen Zeremonien. Ein erhöhter Stuhl in der Mitte war für den vorsitzenden Mönch, meist den Sankharath, reserviert. In seitlichen Glasvitrinen sind eine Vielzahl von Buddha-Figuren ausgestellt, die aus zerstörten Tempeln und Stupas stammen.

Rechts schließt sich der Audienzraum des Königs an. Die Wandmalereien mit Szenen aus dem laotischen Alltag vom Sonnenaufgang bis zum -untergang, mit Stadtansichten und Darstellungen von Bau-

*Die neue Halle für den
Pha-Bang-Buddha –
Ho Pha Bang*

werken fertigte 1930 der französische Maler Alix de Fautereau an. Zwei mit Lack überzogene und vergoldete Tafeln zeigen Szenen aus dem ›Ramayana‹. Zum Gedenken an drei der letzten Könige wurden in Frankreich die an der Seite stehenden Büsten gegossen. Sie repräsentieren Oun Kham (reg. 1873–94), Sakkarine (reg. 1894–1903) und Sisavang Vong (reg. 1904–59).

Von der Eingangshalle aus linker Hand befindet sich das Sekretariat mit zahlreichen Staatsgeschenken. Der Raum diente auch kleineren Empfängen mit Abendessen oder zum Aufenthalt wartender Gäste, bevor sie zum König bzw. zur Königin vorgelassen wurden.

Der Empfangsraum der Königin folgt im Anschluss daran. Dort fallen die großen Ölgemälde des russischen Malers Ilya Gazurov aus dem Jahr 1967 ins Auge. Sie zeigen König Sisavang Vatthana (reg. 1959–75), Königin Khamphoui und Kronprinz Vong Savang. Auch in diesem Raum sind zahlreiche Gastgeschenke ausgestellt.

Die in der Mitte des Palastes gelegene Thronhalle präsentiert sich ihrem Rang angemessen als größter und schönster Saal. Er wurde nach dem Tode König Sisavang Vongs von dessen Nachfolger erheblich erweitert und umgestaltet. Die Wände sind rot getüncht und mit Glasmosaik verziert. Dargestellt sind u. a. die Geschichte von Luang Prabang, die Überbringung des Pha Bang aus Angkor, Feste wie Neujahr (*Bun Pi Mai Lao*) und das That-Luang-Festival sowie eine laotische Liebesgeschichte. Zwei bekannte lokale Künstler, Thit Boun Thanh und Thit Duang, schufen sie Anfang der 1960er Jahre. Auch der Thron stammt aus dieser Zeit. Seitlich des Throns sind die Insignien königlicher Macht ausgestellt. Die Schätze des 1910 eingestürzten That Makmo befinden sich im Glasschrank auf der rechten Seite,

Laos: Luang Prabang

In der letzten der 547 Jataka-Geschichten wird Buddha als Prinz Vessantara (Pha Wet Sandon; Skt.: Vishvantara) wiedergeboren. Als eine Dürre das Nachbarland heimsuchte, überließ er dessen Bittgesandtschaft den weißen Elefanten – Glücksgarant eines jeden Königreiches. Das aufgebrachte Volk seiner Heimat protestierte bei seinem Vater, dem König, und forderte die Verbannung des Prinzen. Dieser verließ daraufhin mit seiner Frau und den beiden Kindern den Palast und zog in den Wald. Als ein alter Brahmane bei Wet Sandon vorstellig wurde und bat, ihm die beiden Kinder zur Hilfe zu überlassen, willigte der Prinz ein. Erneut erschien ein Brahmane und bat ihn, ihm seine Frau zu überlassen. Wieder stimmte Wet Sandon zu. Nun gab sich der Brahmane als Gott Shakra (Indra) zu erkennen. Des Prinzen Selbstlosigkeit wurde belohnt: Die Familie wurde wieder vereint, der weiße Elefant dem Land zurückgegeben und Wet Sandon schließlich zum König gekrönt.

darunter mehrere Miniatur-Stupas aus Gold sowie Buddha-Figuren. Sie stammen meist aus dem 15./16. Jh. Weitere wertvolle Gegenstände wie ein Betelnussbehälter und eine Almosenschale enthält ein Schrank auf der linken Seite. Ein ausgestellter Elefantensitz wurde im frühen 19. Jh. angefertigt und soll von dem letzten König von Vientiane, Anouvong (reg. 1805–28), in seinem erfolglosen Feldzug gegen die Siamesen verwendet worden sein.

Im gesamten Palast finden sich etwa 60 **Bronzetrommeln**, die rein dekorativen Charakter besitzen. Es handelt sich um Kopien der so genannten Dong-Son-Trommeln, deren älteste Exemplare aus der Bronzezeit stammen und die im gesamten südostasiatischen Raum Verbreitung fanden.

Dem Thronsaal schließen sich die asketisch anmutenden **Privatgemächer** der Königsfamilie an, die sich rund um einen Innenhof gruppieren. Dem Korridor entgegen dem Uhrzeigersinn folgend passieren Besucher zuerst die Bibliothek, anschließend die durch eine Tür voneinander getrennten Schlafräume der Königin und des Königs, einen Ausstellungsraum mit einer schönen Sammlung von Musikinstrumenten, Masken für die Aufführung des ›Ramayana‹, königlichen Orden und Stempeln und das Speisezimmer.

Seitlich und hinter dem Palast liegen Gebäude wie die **Garage**, die **Küche**, die **Wohnräume der Angestellten**. Der hintere Ausgang führt zur ehemaligen königlichen Bootsanlegestelle am Ufer des Mekong.

Der Wat May am Fuß des Phou Si (9)

An der Südwestseite des Ho Kham schließt sich der Wat May (Neuer Tempel), sicherlich einer der prächtigsten Wats von Luang Prabang, an. Der offizielle Name der Klosteranlage lautet Wat Si Souvanna Phoumaham. König Anourouth (reg. 1795–1816) initiierte den Bau des Klosters 1796 nach seiner Rückkehr aus siamesischer Gefangenschaft. Aufgrund der politischen Unruhen vermochte jedoch erst sein Sohn und Nachfolger, König Manthathourath (reg. 1817–36), 1822 dessen Pläne zu verwirklichen. Die weiteren politischen Ereignisse verzögerten Bau und Einweihung des Wat: Er wurde schließlich 1891 durch den späteren König Sakkarine (reg. 1894–1903) eingeweiht und zum offiziellen Sitz des Oberhauptes des buddhistischen Ordens erhoben. Der Sankharath verblieb bis 1975 im Wat May.

Der imposante **Sim** beeindruckt mit seinem fünffach gestaffelten, weit herunterreichenden Satteldach. Er erfuhr mehrfache Veränderungen, so wurden die überdachten seitlichen Galerien ebenso wie das von acht goldverzierten Säulen getragene Querdach über der Frontseite erst später hinzugefügt. Die Frontseite bildet dank ihres großflächigen, vergoldeten Basreliefs die Hauptattraktion des Wat May. Eingebettet in hübsche ländliche Motive, Szenerien, wie man sie auch heute noch bei einer Reise durch Laos' Landschaften findet, wird in Einzelszenen die Geschichte der vorletzten Inkarnation Buddhas als Pha Wet Sandon (Pali: Vessantara; Skt.: Vishvantara) erzählt. Das Relief wurde 1968 aus lackiertem und vergoldetem Beton geschaffen.

Nachdem die Ho 1887 den Wat Visounarath zerstört hatten, wurde der Pha-Bang-Buddha hierher überführt. Bis 1947 verblieb er im Wat May, dann brachte man ihn aus Sicherheitsgründen in den Ho Kham. Doch zum laotischen Neujahrsfest Mitte April wird er bis heute im Wat May ausgestellt und von den Gläubigen mit Wasser übergossen.

Wer die Aussicht vom Phou Si in Ruhe genießen möchte, sollte den Spätnachmittag meiden, da sich um diese Zeit die Besucher zum Sonnenuntergang drängen!

Auf dem Phou Si

Phou Si, der Erhabene Berg, hat aufgrund seiner markanten Erscheinung sicherlich schon bei den ersten Siedlern religiöse Assoziationen geweckt. Die Könige von Lan Xang sahen in ihm ein irdisches Abbild des kosmischen Berges Meru und ließen daher mehrere Tempel errichten. Bis heute spielt er eine zentrale Rolle beim laotischen Neujahrsfest, wenn eine Lichterprozession zur Verehrung einer in ihm hausenden Naga-Schlange abgehalten wird. Touristen suchen ihn heute vor allem wegen der guten Aussicht auf.

Mehrere Wege führen auf den Berg. Der Hauptaufstieg beginnt an der Thanon Sisavang Vong gegenüber dem Königspalast. Seitlich davon liegt etwas erhöht der **Wat Pa Huak** (10; Kloster des Bambuswaldes), dessen Besuch sich wegen der Wandmalereien im Inneren des 1861 im Vientiane-Stil errichteten Sim lohnt. Die Malereien mit detailfreudigen Szenen aus dem Alltag und dem Königshof zeigen Einflüsse aus China, weil die Künstler von einem chinesischen Meister unterrichtet wurden. Beachtung verdient auch die Darstellung von Indra und dem Elefanten Airavata im Giebelfeld über dem Eingang. Von dem Tempel führen 328 Treppenstufen recht steil nach oben.

Weniger anstrengend ist der an der nordöstlichen Bergseite beginnende Aufstieg. Er ist über schmale Gassen von der Thanon Sisavang Vong oder der Querstraße Thanon Si Phutthabat aus zu erreichen. Von der Thanon Si Phutthabat führt der Weg zunächst zum 1799 gestifteten **Wat Pa Fang**, (11; Kloster des Flammenbaum-Waldes), einem schönen Beispiel des Xieng-Khouang-Stils.

Nur wenig entfernt liegt der **Wat Pa Khe** (12; Kloster des Khe-Baum-Waldes) von 1853. Wegen der europäisch anmutenden Darstellungen an den Holztüren des im Vientiane-Stil erbauten schlanken Sim nannten ihn die Franzosen »La Pagode des Hollandais«. Sie deuteten die Motive auf den Türflügeln als Porträts des holländischen Händlers Gerrit van Wuysthoff und des Jesuitenmissionars Giovanni-Maria Leria, die Mitte des 17. Jh. Laos besuchten. Doch wollte der Künstler vermutlich ein Treffen zwischen zwei Gesandten des chinesischen Kaisers und einem Vertreter König Chantharaths (reg. 1852–71) in Kunming darstellen. Die Wandmalereien im Inneren zeigen Szenen aus dem ›Pha Lak Pha Lam‹, der laotischen Version des ›Ramayana‹.

Die Wandmalereien im Wat Pa Huak erzählen die Geschichte des hochmütigen Königs Jambupati, der eines Tages Buddha besuchen wollte. Um dem Herrscher die Nichtigkeit seines Reichtums vor Augen zu führen, erschien ihm der Erleuchtete in prachtvollen Gewändern, wie sie der König vorher noch nie gesehen hatte. Beschämt sah Jambupati seine Arroganz ein und wurde zu einem bescheidenen Anhänger Buddhas.

Vom Wat Pa Khe führt eine schmale Treppe zum **Ho Thin Pha Bat**, einem Schrein mit dem Fußabdruck (*bat*) Buddhas (*phuttha*), weshalb der gesamte Komplex auch Wat Si Phutthabat genannt wird. Der Weg verläuft den Bergrücken entlang zu einer Grotte und einer neueren liegenden Buddha-Figur, die zu einem weiteren kleinen Kloster, dem **Wat Tham Phousi** (13) gehören. Auf der Bergspitze thront der 24 m hohe **That Chom Si** (14), von dem sich ein herrlicher Panoramablick bietet. Seine heutige Gestalt erhielt er 1804, wurde aber 1914 umfassend restauriert.

Südöstlich des Phou Si

Buddha-Statuen im Luang-Prabang-Stil, Wat Visounarath

Auf der südöstlichen Seite des Phou-Si-Berges ließ König Visounarath (reg. 1501–20) für den Pha-Bang-Buddha 1512 ein neues Kloster errichten, den nach ihm benannten **Wat Visounarath** (15; Wat Visoun). Fast 200 Jahre verehrten die Gläubigen hier die Statue, bis sie 1707 nach Vientiane überführt wurde. Nach einem weiteren Aufenthalt 1867–87 im Wat Visoun gelangte der Pha Bang zu seiner vorletzten Station, dem Wat May. Die ursprünglich aus Holz errichteten Klostergebäude fielen 1887 den Zerstörungen der Schwarzen Ho zum Opfer. Daher stammen die heutigen Bauten aus dem ausgehenden 19. Jh., wie etwa der 1898 wieder aufgebaute Sim, dessen Architektur einige Besonderheiten aufweist. Zwar ist das rund um den breit angelegten Bau verlaufende Pultdach mit aufgesetztem kurzen Satteldach nichts Ungewöhnliches – es findet sich z. B. auch beim Wat Pak Khan –, doch fallen die gedrechselten Fenstersäulen auf, die an die Fenstergestaltung bei Khmer-Tempeln erinnern. Um ihn herum und an den Seiten stehen neben Grenzsteinen (*sima*) zahlreiche, teilweise beschädigte Buddha-Figuren, darunter einige im Khmer-Stil, sowie stehende Holzskulpturen in der Regenanrufungsgeste. Sie wurden hier untergebracht, nachdem Prinz Phetsarath 1942 den Wat zum Museum erklärte. Sehenswert sind auch die Holzschnitzereien an den Türflügeln, u. a. mit einer herrlich in Rankenverzierungen eingebundenen Darstellung des von einem dreifachen Schirm geschützten Hindu-Gottes Indra auf seinem Reittier Airavata (versinnbildlicht durch drei Elefanten).

Auf demselben Gelände wie der Wat Visoun liegt der wohl markanteste Stupa der Stadt, **That Makmo** (16). Phantin Xieng, die Frau von König Visounarath, stiftete ihn 1504. Der Name leitet sich von der halbrunden Form des 34,5 m hohen That ab, der in den Augen des Volkes einer Wassermelone (*makmo*) ähnelt. Der originale Name lautet That Phatum, Lotos-Stupa. Auch er fiel den Zerstörungen der Schwarzen Ho zum Opfer und stürzte nach dem Wiederaufbau 1914 noch einmal aufgrund der schlechten Bausubstanz zusammen. Dabei kamen wertvolle Beigaben aus der Reliquienkammer im Inneren zutage, die sich heute im Palastmuseum befinden, darunter goldene Buddha-Figuren und Miniatur-Stupas. Der heutige That stammt aus dem Jahr 1932.

Nur durch eine Mauer vom Areal des That Makmo getrennt liegt der etwas unscheinbare **Wat Aham** (17). 1818 wurde das Kloster des Überströmenden Herzens gegründet, um den aus Muang Khun in der Provinz Xieng Khoang hierher geflohenen obersten Mönch des Sangha (Sankharath) aufzunehmen. Der Sim zeigt die typischen Elemente des klassischen Luang-Prabang-Stils. Im Inneren sind die Seitenwände nahezu komplett mit Illustrationen aus Buddhas Leben bedeckt. Wahrscheinlich befand sich hier zuvor bereits ein Kloster, das König Phothisarath (reg. 1520–47) anstelle eines Schreins zur Verehrung der beiden Schutzgeister der Stadt, Pu Ngo und Nga Ngo, hatte errichten lassen. Phothisarath hatte mit einem Erlass 1527 vergeblich versucht, diesen Geisterkult zu verbieten. Der Schrein befand sich dort, wo heute zwei beeindruckende Bodhi-Bäume stehen.

Märkte

Was wäre Luang Prabang ohne seine Märkte (*talat*). Sie sind nicht nur für Touristen von Interesse, sondern mindestens ebenso für die in der Umgebung lebenden Volksgruppen, die zum Ein- und Verkaufen herkommen, aber natürlich auch um Neuigkeiten auszutauschen. Die Händler auf dem zentral gelegenen **Talat Dala** (18) an der Südseite des Phou-Si-Berges bieten alle erdenklichen Gebrauchsgegenstände für die laotischen Haushalte an, aber auch Touristen haben hier die Chance, Souvenirs aus Silber, Antikes etc. zu finden. Auf dem **Hmong-Markt** (19) an der Kreuzung Thanon Setthathirath/ Sisavang Vong verkaufen Angehörige der Hmong eine Vielzahl von Handarbeiten, insbesondere Stoffarbeiten mit den charakteristischen Applikationen.

Weitere Märkte
Seit 2001 werden in den fünf großen Hallen des Talat Phosy – er liegt an der Thanon Phothisarath, etwa 2 km südwestlich der Hauptpost – Gebrauchs- und Nahrungsmittel verkauft. Etwas fürs Auge bietet der Talat Mitthaphab (Freundschaftsmarkt) mit seinem reichen Nahrungsmittelangebot vor allem am Morgen. Er liegt an der Kreuzung Thanon Chao Xoumphou/Route 13 (Richtung Flughafen).

Im Süden der Stadt

Etwa 500 m weiter in Richtung südwestlichem Stadtausgang liegt hinter dem Phousi Hotel etwas erhöht der **Wat Mahathat** (20), abgekürzt Wat That genannt. Er ist von der Straße aus über von Naga-Schlangen gesäumte Treppen zu erreichen und besteht aus zwei Ebenen mit jeweils einem Sim. König Setthathirath stiftete ihn 1548, in seinem Krönungsjahr. Allerdings stammen die meisten Gebäude aus dem frühen 20. Jh., da 1900 ein tropischer Sturm erhebliche Zerstörungen anrichtete. Vor allem der untere Sim ist sehenswert, da dort sowohl an Fenstern und Türen als auch am Eingangsbereich die populäre Liebesgeschichte von Sisouthon und Manola erzählt wird. Diese aus der buddhistischen Avadana-Sammlung stammende Erzählung fand Eingang in die laotische Volksliteratur:

Manola, eine Kinnari (Vogelmensch), wünschte sich, in einem Lotosteich im Menschenland zu baden. Nach langem Drängen gestattete ihr Vater ihr, in Begleitung ihrer sechs Schwestern dorthin zu gehen. Sie legten ihre Flügel ab und nahmen ein Bad. Einem Jäger ge-

Auch die ›Avadanas‹ (Heldentaten) enthalten Schilderungen über die früheren Inkarnationen Buddhas.

Manola und ihre Schwestern

lang es, Manolas Flügel zu stehlen und sie zu entführen. Ihre Schwestern vermochten zu fliehen. Der Jäger brachte Manola in den Königspalast, um sie nach erfolglosen Annäherungsversuchen dem Prinzen Sisouthon zu übergeben. Dieser verliebte sich zum Missfallen seiner Eltern in sie. So sandte das Königspaar den Prinzen Sisouthon aus dem Palast, um in einen vermeintlichen Krieg zu ziehen. In Abwesenheit Sisouthons wurde Manola nun das Leben am Hof so schwer gemacht, dass sie fliehen wollte. Die Gelegenheit ergab sich bei einem Tanz vor der Königin. Diese war so von Manolas Kunst entzückt, dass sie ihr den Wunsch erfüllte, ihre Flügel anzulegen, um noch besser tanzen zu können. Manola nutzte die Chance und entfloh. Als sie in einem Wald einen Einsiedler traf, übergab sie ihm einen Ring, den er Sisouthon als Zeichen ihrer Liebe übergeben solle, falls dieser nach ihr suche. Danach kehrte sie in ihr Reich zurück. Nach seiner Rückkehr machte sich Sisouthon verzweifelt auf die Suche nach Manola. Schließlich traf er den Eremiten, der ihm den Ring übergab, ihn aber vor bevorstehenden Gefahren warnte. Der Prinz musste gegen zahlreiche wilde Tiere kämpfen, bis er an einen schier unüberwindbar scheinenden See gelangte. Auf den Flügeln eines Riesenvogels erreichte er schließlich Manolas Reich und verbarg sich bei einem Brunnen. Als die Dienerinnen Manolas dorthin kamen, um Wasser für ihr Bad zu schöpfen, legte er den Ring in einen der Krüge. Manola entdeckte diesen und wusste nun, dass Sisouthon in ihrer Nähe war. Voller Freude bat sie ihren Vater, mit Sisouthon in das Menschenland zurückkehren zu dürfen.

Unweit des Wat That Luang stand ursprünglich das erste von Fa Ngum erbaute Kloster. Es wurde 1359 errichtet und nach einem aus Angkor stammenden Mönch Wat Pha Saman genannt.

Weiter gen Südwesten trifft man in Luang Prabang auf die frühesten Klostergründungen der Stadt. Allerdings weist nichts mehr auf ihr Alter hin, denn sie mussten nach Zerstörungen immer wieder neu errichtet werden. Zu den bedeutendsten zählt der **Wat That Luang** (21) östlich des alten Sportfeldes. Er wurde 1818 zu Beginn der Regentschaft König Manthathouraths (reg. 1817–36) gegründet. Seinen Namen Ehrwürdiger (*luang*) That erhielt er aufgrund des mit Kupferplatten bedeckten großen That südwestlich des Sim. An seiner Stelle soll König Ashoka im 3. Jh. v. Chr. einen Stupa, in dem er eine Reliquie Buddhas verbarg, errichtet haben. Auf diese Überlieferung verweist auch der frühere Name des Wat: Si Dhamma (Dharma) Ashoka Stupa. Bis 1975 wurden die wichtigsten königlichen Rituale auf dem Platz neben dem alten Sportfeld abgehalten, u. a. die Kremation der Könige. Letztmalig fand hier 1960 die Verbrennung der sterblichen Überreste von König Sisavang Vong (reg. 1904–59) statt. Ein Teil seiner Asche befindet sich seit 1965 in dem mit goldenen Glasmosaiksteinen besetzten That.

Ebenfalls zu den frühesten Tempelgründungen zählt der **Wat Manorom** (22) an der Ecke Thanon Phamahapasaman/Thanon Thammamikarath von 1375. Er wurde von Samsenthai (reg. 1373–1416) gestiftet und ist vor allem wegen der ältesten Buddha-Figur Luang Prabangs interessant. Die 6 m hohe Bronzefigur wurde 1372 im Sukhothai-Stil gegossen und soll 12 t gewogen haben. 1887 nahmen die Schwarzen Ho einige Teile mit, sodass nur noch Torso und Kopf original sind. Der Sim und die anderen Gebäude stammen aus den 1970er Jahren.

Jenseits des Mekong

Wer Luang Prabang im Abendlicht erleben und zudem einige weitere interessante Tempel besuchen möchte, kann mit einem Boot auf die andere Seite des Mekong übersetzen. Es empfiehlt sich, festeres Schuhwerk und eine Taschenlampe mitzunehmen.

Das älteste Kloster auf dieser Flussseite ist der **Wat Xieng Maen** (24). Der glücklose König Nokeo Koumane (reg. 1571/72 , 1591–96) hatte ihn 1592 nach seiner Rückkehr aus 16-jähriger birmanischer Gefangenschaft gestiftet. Die fast völlig verfallenen Gebäude wurden 1927 neu aufgebaut. Der Tempel genießt bis heute Ansehen, weil in ihm 1867 über sieben Tage lang der Pha-Bang-Buddha aufbewahrt wurde. 300 m entfernt liegt auf einer Anhöhe der 1888 errichtete **Wat Chom Phet** (25), von dem sich ein schöner Panoramablick eröffnet. Ein kleiner That birgt die Asche der 1929 verstorbenen Königin Thong Si, der Ehefrau König Sakkarines. Unweit des Chom Phet erreicht man über einen Pfad eine fast 100 m lange Höhle, die **Wat Tham** (25) oder auch Tham Khoua Sakkarine genannt wird. Ihr Inneres (Taschenlampe!) birgt zahlreiche Buddha-Figuren, die aus aufgelassenen Tempeln stammen. Alljährlich zum Neujahrsfest im April kommen die Gläubigen hierher, um sie mit Wasser zu heiligen. Eine weitere Tradition besteht darin, am Ufer des Mekong kleine Sand-Stupas zu errichten.

Seit er 1994 unter Aufsticht der UNESCO restauriert wurde, ist wieder etwas Leben in dem im 18. Jh. errichteten **Wat Long Khun** (26) eingekehrt. Einst diente der Wat dem Herrscherhaus als Ort der Meditation. So war es vor einer Königskrönung Brauch, dass sich der zukünftige Monarch drei Tage lang hierher zurückzog, um sich auf seine neue Aufgabe vorzubereiten. Dazu trugen sicherlich die Wandmalereien im Inneren des Sim bei. Sie zeigen Szenen aus dem Leben Buddhas, darunter eine detailfreudige Darstellung des Angriffs von Mara, und zwei interessante Jataka-Geschichten. Das ›Muga-Pakkha-Jataka‹ erzählt von Prinz Temiya, der sich 16 Jahre taub stellte, bevor er plötzlich über die Vergänglichkeit des Lebens zu sprechen begann und zum Asketen wurde. Dass Macht vergänglich ist, sollte dem zukünftigen Herrscher durch das ›Nimi-Jataka‹ vor Augen geführt werden. Dort wird von König Nimi berichtet, der nach der Entdeckung seines ersten grauen Haares seinen Sohn zum Herrscher bestimmte und als Asket weiterlebte.

»Die grauen Haare, die auf meinem Kopf erscheinen, sind Gottes Botschafter, um mich daran zu erinnern, dass meine Zeit gekommen ist, die Welt zu verlassen.«
›Nimi-Jataka‹ (Nr. 541)

Reizvolle Umgebung

Nicht nur Luang Prabang selbst hat seine Reize, sondern auch die Umgebung mit der für Laos so typischen Berg- und Flusslandschaft. Sie bietet den Bewohnern – meist Hmong oder Khmu – genug zum Überleben. Die Täler und Ebenen eignen sich zum Reis- oder Gemüseanbau, da Ströme und Bäche zur Genüge vorhanden sind; in den

Gewässern tummeln sich Fische und die (noch) bewaldeten Hügel liefern Holz als Bau- und Brennmaterial. Leider wird wie eh und je Wanderfeldbau betrieben, sodass viele Berghänge abgeholzt sind.

Ein beliebtes Ausflugsziel ist das etwa 4 km östlich der Stadt gelegene Weberdorf Ban Phanom. Auf dem Weg dorthin lohnt sich ein kurzer Halt am 1988 gestifteten **Santi Chedi** (Friedensstupa), dessen achtseitiger vergoldeter Stupa innen begehbar ist. Einwandernde Tai Lü aus dem alten Tai-Fürstentum Sipsong Phan Na in Yunnan gründeten Ban Phanom im 17. Jh. am Ufer des Nam Khan.

Dass es den Bewohnern von **Ban Phanom** wirtschaftlich recht gut geht, ist an den neuen, meist aus Stein und Teakholz erbauten Häusern erkennbar. Aus vielen tönt das Surren der Spinnräder oder rhythmische Klappern der hölzernen Webstühle, mit denen die Mädchen und Frauen wie seit jeher Baumwoll- und Seidenstoffe mit traditionellen Mustern anfertigen. Webten sie früher für das Königshaus, so sind an dessen Statt heute die Touristen getreten, denen in einer Halle von geschäftstüchtigen Frauen die fertigen Stoffe – meist Decken und Wandbehänge – angeboten werden.

Das abgeschiedene **Grab von Henri Mouhot** befindet sich einige Kilometer weiter am Nam-Khan-Fluss. Der Weg dorthin ist ausgeschildert, da immer mehr Besucher demjenigen die Ehre erweisen wollen, der Angkor für den Westen ›entdeckte‹. Von der ungeteerten Straße führt ein Weg hinunter zum Fluss, an dem entlang ein Pfad zum Grab verläuft. Die weiß getünchte Grabstätte mit der schlichten Aufschrift ›Henri Mouhot 1826–1861‹, die Auguste Pavie 1867 errichten ließ, wurde 1990 restauriert. An dieser Stelle endete die fast drei Jahre währende Reise, die Mouhot von Thailand über Kambodscha und Süd-Vietnam nach Luang Prabang führte.

Ein attraktiver Tagesausflug führt zu den Höhlentempeln von **Pak Ou**, die etwa 25 km nördlich von Luang Prabang am Mekong liegen. Bereits die morgendliche Bootsfahrt entlang der neblig verschleierten Uferlandschaften beeindruckt, allerdings kann es in den Wintermonaten noch sehr kühl sein. Der Name Pak Ou bedeutet Mündung des Ou und bezieht sich auf die gegenüber den Höhlen liegende Mündung des aus Nord-Laos kommenden Nam Ou in den Mekong, einer in alten Zeiten wichtigen Handelsroute. Schon in vorbuddhistischer Zeit verehrten hier die Einheimischen die Geister des Flusses. Seit wann die Höhlen ein buddhistisches Heiligtum sind, ist nicht bekannt. Sicher ist, dass sie spätestens ab dem 15. Jh. zum beliebten Wallfahrtsort wurden. Auch wenn viele Figuren entwendet wurden, ist die Vielzahl der gestifteten Buddhas bemerkenswert. Tham Thing, die untere Höhle, lässt sich gut vom Boot aus erreichen und wegen ihrer geringen Tiefe ist sie leicht begehbar. Eine Steintreppe führt vom Anleger zum Eingang. Die hier versammelten stehenden, liegenden oder in Meditationshaltung verharrenden Statuen – von wenigen Zentimetern bis über 1,5 m Größe – verraten dem Besucher die Frömmigkeit der buddhistischen Gläubigen, die die Skulpturen als Votivgaben darbrachten. Von der Thing-Höhle führt ein recht steiler Weg zur oberen,

Pak Ou

60 m über dem Fluss gelegenen, längeren Tham Phoum. Sie birgt in ihrem Inneren einen Stupa mit weiteren zahlreichen Buddha-Figuren. Fehlendes Licht macht eine Taschenlampe erforderlich.

Lohnenswert ist der Besuch in dem gegenüberliegenden Dorf **Ban Pak Ou**, das ein sehenswertes kleines Kloster im klassischen Luang-Prabang-Stil besitzt, dessen Ursprünge bis ins 16. Jh. zurückreichen. Ein Rundgang durch den Ort vermittelt einen Einblick in das laotische Landleben.

Von Pak Ou wieder ein gutes Stück in Richtung Luang Prabang ist der Halt in dem Dorf **Ban Sang Hai** wegen des dort gebrannten Reisschnapses *lao lao* fast obligatorisch geworden. Bevor er destilliert wird, muss in Tontöpfen der Klebereis mehrere Tage fermentieren, was einen strengen Geruch verbreitet. Der Dorfname Sang (herstellen) Hai (Gefäß) erinnert an die alte Töpfertradition. In **Ban Thin Hong** auf der westlichen Flussseite (südlich der Pak-Ou-Höhlen) fanden Paläontologen etwa 8000 Jahre alte Keramikscherben und Steinwerkzeuge, was insgesamt auf eine frühe Besiedlung der Region hindeutet.

Wer von Luang Prabang mit dem Boot flussabwärts fährt, kann nach wenigen Kilometern einen Halt in **Ban Chane** am rechten Mekong-Ufer einlegen. In diesem Dorf ist nahezu jede Familie mit dem Formen und Brennen von Töpferwaren beschäftigt.

Ein weiteres Ausflugsziel bildet der Wasserfall Tad Kuang Si, etwa 30 km südlich von Luang Prabang. Auf dem Weg dorthin lohnt sich ein Rundgang in den fünf großen Hallen des **Talat Phosy** an der Thanon Phothisarath, etwa 2 km südwestlich der Hauptpost. Unterwegs können zudem Dörfer der Hmong und Khmu oder der nur etwa 1,5 km südlich von Luang Prabang an der NR 13 gelegene **Wat Sangkhalok** besucht werden. Von König Phothisarath (reg. 1520–48) 1527/28 anstelle eines früheren Heiligtums an der Mündung des Nam Dong in den Mekong errichtet, beeindruckt er heute durch Stuckreliefs und Holzschnitzereien an seinem Sim aus dem Jahr 1905. Die Szene an den Türflügeln des Hauptportals stammt aus der Erzählung Sisouthon und Manola (s. S. 395f.).

Einen Besuch wert ist auch das kurz vor Kuang Si liegende Khmu-Dorf **Ban Tha Baen**. Von dort sind es nur wenige hundert Meter zum **Tad Kuang Si**, dessen Wassermassen sich über mehrere Stufen in die Tiefe stürzen. Seit im Dezember 2001 die vordere Felswand zusammenstürzte, hat er seinen Reiz etwas eingebüßt. Doch zieht er immer noch zahlreiche Besucher an, die am Fuße des Wasserfalls an einem der zahlreichen Stände picknicken. Ein seitlicher steiler Pfad führt zu seinem Scheitelpunkt in 30 m Höhe. Auch besteht die Möglichkeit, in einem der türkis schimmernden natürlichen Wasserbecken unterhalb des Falls zu baden.

Auf dem Mekong nach Luang Prabang

Das Visum für Laos ist an der Grenze von Houay Xay erhältlich. Da sich Bestimmungen jedoch schnell ändern, sollten Sie sich vorher nochmals vergewissern.

Einen wahren Boom erlebt der Grenzübergang zwischen dem nordthailändischen Ort Chiang Khong und Houay Xay. Immer mehr Touristen nehmen die Möglichkeit wahr, von hier aus nach Laos einzureisen, um anschließend mit einem Boot weiter nach Luang Prabang zu fahren. Die Popularität dieser Fahrt ist nicht unbegründet, denn in diesem Abschnitt fließt der Mekong durch wunderschöne Berglandschaften. Wie allgemein in Laos gilt auch hier, sich Zeit zu lassen. Zwar wäre die Strecke mit den ohrenbetäubenden (und gefährlichen!) Schnellbooten (Speed boat) in etwa 6–7 Stunden zu schaffen, doch sollte man eine Übernachtung in **Pak Beng** einplanen. Dort, wo der Nam Beng in den Mekong mündet, haben sich zahlreiche Unterkünfte auf die Durchreisenden eingestellt. Einige Agenturen bieten komfortable Bootsfahrten an, bei denen verschiedene Stopps in Dörfern entlang des Mekong vorgesehen sind. Billiger sind die einfachen schmalen Frachtboote, die allerdings wegen der Vielzahl von Rucksackreisenden oft hoffnungslos überfüllt sind.

Der Ort **Houay Xay**, immerhin Zentrum der Provinz Bokeo, hat nicht viele Sehenswürdigkeiten zu bieten. Allein schon wegen seiner Lage am Berg ist jedoch der 1880 errichtete Wat Chom Khao Manirath einen Besuch wert. Farbenfrohe Naga-Schlangen flankieren die Treppe nach oben. Dass die Stadt am Mekong Durchgangsstation für Handlungsreisende war und daher fremde Einflüsse aufnahm, zeigt sich auch an diesem Kloster. Der heute als Novizenschule dienende Vihaan wurde im Shan-Stil errichtet. Der Eingangsbereich des neueren Sim weist schönes Schnitzwerk mit floralen Mustern auf.

Die Ebene der ›Tonkrüge‹ in der Provinz Xieng Khouang

Wer sich mit dem Flugzeug von Luang Prabang oder Vientiane in die Provinz Xieng Khouang begibt, wird von der Schönheit der Berglandschaft beeindruckt sein. Hier im Nordosten von Laos erheben sich die höchsten Gipfel des Landes wie der Phou Bia mit 2819 m und der Phou Sa mit 2690 m. Von Bergen umringt liegt die rätselhafte Ebene der ›Tonkrüge‹. Doch beim Landeanflug auf den kleinen Flughafen von Phonsavan werden auch die Wunden des Indochinakrieges schmerzhaft deutlich. Tausende von Bombenkratern übersäen die Landschaft und erinnern an die fatalen Folgen der Flächenbombardements durch die US-Luftwaffe in einem Krieg, von dem die Welt nichts wissen durfte. Mehr als 500 000 t Bomben wurden zwischen 1961 und 1975 allein in Xieng Khouang und den nördlichen Nachbarprovinzen abgeworfen. Warum gerade die Ebene der ›Tonkrüge‹ so stark vom Krieg betroffen war, liegt an ihrer strategischen Lage. Hier bestehen Straßenverbindungen in die verschiedenen Regionen und Nachbarstaaten des Landes. Vor allem lag die Ebene nicht weit vom verzweigten Wegesystem des legendären Ho-Chi-Minh-Pfades entfernt. Zudem bietet das ausgedehnte Plateau ausreichend Platz für Flugplätze. Bis 1972 legte die königliche Armee über 400 extrem kurze Landepisten, die so genannten Lima Sites, für die Flugzeuge der berühmt-berüchtigten Air America an. Ihre vielleicht wichtigste Rolle spielte sie ab 1959 im nie erklärten Krieg in Laos für den Transport von Nachschub, Soldaten und – Opium. Sie war es auch, die 1975 die letzten US-Amerikaner vom Dach der amerikanischen Botschaft in Saigon evakuierte. Nach der großen Fluchtwelle während des Krieges leben heute wieder ca. 260 000 Menschen in der 15 880 km² großen Provinz, die mit 16 Personen pro Quadratkilometer sehr dünn besiedelt ist. Die meisten sind Angehörige der Phouan und Tai Dam (Schwarze Tai). Zudem siedeln hier Hmong, Khmu und in den Städten vietnamesische Migranten.

Ebene der ›Tonkrüge‹ ☆

Noch heute gehören hier die Kriegsrelikte zum Alltag. Blindgänger, in der internationalen Terminologie Unexploded Ordnance (UXO) genannt, töten immer wieder Bewohner. Vor allem Kinder sind häufig unter den Opfern, da sie die tennisballgroßen ›Bombis‹ – faustgroße Splitterbomben – mit Spielzeug verwechseln. Leere Bombenhüllen verwendet die Bevölkerung häufig als Grenzpfosten und Baumaterial.

Die Ebene der ›Tonkrüge‹ (Thong Hai Hin)

Dass das durchschnittlich 1200 m hoch gelegene Plateau bereits in der Vorzeit von Bedeutung gewesen sein muss, bezeugen zahlreiche archäologische Funde. So fand man an drei verschiedenen Stellen auf der Hochebene megalithische Grabstätten und Menhire, die von Archäologen in die Mitte des ersten Jahrtausends v. Chr. datiert werden. Am bekanntesten aber sind die Hunderte von Steingefäßen, die in mehreren Gruppen scheinbar wahllos verstreut liegen. Ihre systematische Untersuchung hat der Krieg verhindert, sodass sich die meisten Informationen auf die bisher intensivsten Forschungen der Straßburger Archäologin Madeleine Colani (1866–1943) in den 1930er

Die Einheimischen haben ihre eigenen Erklärungen für die Existenz der ›Tonkrüge‹. Kha Thuong, Abkömmlinge eines Volkes von Giganten, sollen sie als Trinkbecher verwendet haben. Eine andere Geschichte berichtet von dem furchtbaren Herrscher Chao Angka, der im 6. Jh. das Volk dermaßen unterdrückte, dass der mutige Khun Jeuam einschritt und es befreite. Für die Siegesfeier ordnete der Held die Herstellung von Riesengefäßen an, um darin den Reis für den ›lao lao‹ gären zu lassen. In Bezug auf diese Legende wird das größte ›hai jeuam‹, Krug des Jeuam, genannt.

Jahren stützen. Colani vermutet, dass die Gefäße in den ersten Jahrhunderten v. Chr. von einer unbekannten Zivilisation geschaffen wurden. Da einige von ihnen Perlen, Muscheln und Menschenknochen enthielten, folgerte sie, dass es sich um gewaltige Begräbnisurnen gehandelt haben muss.

Die unterschiedlichen Größen der Gefäße könnten sich auf den sozialen Status und Reichtum der Verstorbenen beziehen. Vielleicht wurden die Toten niederer Schichten in einer als Krematorium benutzten Höhle (Site 1) bestattet, wie dortige Urnenfunde vermuten lassen. Die gängige Bezeichnung ›Tonkrüge‹ ist höchst irreführend, denn die Behältnisse sind aus Granit und verschiedenen dunklen, teilweise sehr quarzhaltigen Sandsteinarten, nie aber aus gebranntem Ton. Die Herkunft des Sandsteins ist ein weiteres der vielen Geheimnisse, da es im Umkreis von 100 km keine Vorkommen gibt. Wie also kamen diese tonnenschweren Gefäße hierher? Die mit Abstand größte Urne ist immerhin 3,25 m hoch, hat einen Durchmesser von 3 m und wiegt 15 t. Wo wurden sie angefertigt? Fragen werfen auch die verstreut am Boden liegenden runden Steinscheiben auf. Möglicherweise handelt es sich bei ihnen um Grabplatten.

Die wirtschaftliche Basis dieser offensichtlich wohlhabenden Gesellschaft bildeten ausgedehnte Reisfelder und der überregionale Handel mit Salz und Eisen. Möglicherweise bestanden Handelskontakte bis nach Indonesien. Ein Hinweis dafür bietet der Steinbehälter NR 217, dessen eingeritzte Menschengestalt an die dort gefundenen so genannten ›Froschmenschen‹ erinnert.

Besichtigung

Wegen der Lage des Flugplatzes und der Übernachtungsmöglichkeiten bildet die erst in der Nachkriegszeit entstandene und wenig interessante Provinzhauptstadt **Phonsavan** den Ausgangspunkt für Besichtigungen. Gegenwärtig sind drei Felder mit Steinbehältern in der näheren Umgebung erschlossen. Weitere kleinere Felder in der Region sind teilweise schwer erreichbar. Entweder fehlen gute Straßen, oder die Gefahr durch (noch) nicht explodierte Blindgänger ist zu groß. Daher wird diese Region in Zukunft noch für die eine oder andere archäologische Überraschung gut sein.

Site 1 (Thong Hai Hin): Das mit 307 Exemplaren ausgedehnteste Feld liegt etwa 2 km Luftlinie (6 km über die Straße) südwestlich von Phonsavan und erstreckt sich über drei Hügel. Dort sind auch die größten, durchschnittlich 1,5–2 m hohen Krüge zu finden. Colani zählte im Rahmen ihrer Forschungen noch 500 Exemplare, doch fielen viele den Bombardierungen zum Opfer. Einschlagkrater und ein Schützengraben um den Haupthügel geben Zeugnis von den heftigen Kämpfen in diesem Gebiet. In der Nähe des im Südwesten gelegenen dritten Hügels befindet sich in einem Kalksteinmassiv eine Höhle, die Colani wegen der dort gefundenen Knochenreste und Tonscherben als Verbrennungs- und Totenstätte identifizierte. Offen-

Site 2, Ebene der ›Tonkrüge‹

sichtlich wurden zum Abziehen des Rauches Öffnungen in die Decke geschlagen.

Site 2 (Hai Hin Phou Salato): Ungefähr 8 km südlich der Provinzstadt (über die Straße etwa 13 km) verteilen sich beim Dorf Ban Lat Sen auf zwei nahe beieinander gelegenen Hügeln 70 weitere Urnen sowie mehrere Steinscheiben. Vom östlichen Hügel eröffnet sich ein herrlicher Panoramablick.

Site 3 (Hai Hin Lat Khai): Bereits der idyllische Weg zum dritten Feld, 9 km südlich von Phonsavan, lohnt den Besuch. Vom Dorf Ban Xieng Di geht es über eine Bambusbrücke vorbei an Reisfeldern zu einem Hügel, auf dem 155 Gefäße und über 20 Steinscheiben verstreut liegen. Einige wurden durch Bomben zerstört oder beschädigt.

Königsstadt und heiße Quellen

Eine knapp einstündige Fahrt führt von Phonsavan durch eine karge Hügellandschaft ins 28 km südöstlich gelegene **Muang Khun** (Xieng Khouang). Die alte Königsstadt des kleinen Fürstentums Muang Phouan erwacht nur sehr langsam wieder zum Leben, nachdem ihre Bewohner sie im Zweiten Indochinakrieg aufgrund des massiven Bombardements verlassen mussten. Heute erinnert wenig an die königliche Vergangenheit der Stadt, deren ursprünglich 62 buddhistische Klöster Berichten aus dem 16. Jh. zufolge über die Grenzen hinaus berühmt waren und Gläubige aus der ganzen Umgebung anzogen. Sie prägten architektonisch einen eigenen Stil (s. S. 363). Bereits vor dem desaströsen Krieg gelang es den herrschenden Fürsten nur mühsam, sich den regionalen Machtinteressen der Herrscher von Luang Prabang und Vietnam zu entziehen. In den 1830er Jahren suchten siamesische Armeen Muang Phouan mehrmals heim. Ihnen folgten einige Jahrzehnte später die aus Yunnan stammenden Gelben und Schwarzen Ho.

Heute sind nur noch wenige Relikte sehenswert, wie etwa der im Norden auf einem Hügel liegende **That Chompet** (That Phoun), dessen Form einem nach oben spitz zulaufenden Kegel gleicht. Der oktogonalen Basis folgt übergangslos ein runder *anda*, dem sich harmonisch die Spitze anschließt. Wegen der großen freistehenden Buddha-Statue ist am südlichen Ortsrand der **Wat Phiawat** aus dem 16. Jh. von gewisser Bedeutung. Von dem Sim blieben außer dieser Figur lediglich die Stützpfeiler für das Dach erhalten. Es ist nur eine Frage der Zeit (und des Geldes), dass der Sim wieder aufgebaut wird; was beim zentral gelegenen **Wat Si Phom** westlich des Marktes bereits geschehen ist. Er besteht aus einem neueren Sim und einem That, dessen quadratische Grundform dem des That Ing Hang bei Savannakhet ähnelt.

Weitere interessante Ausflüge führen entlang der NR 7 nordöstlich von Phonsavan zu Dörfern ethnischer Volksgruppen, zu heißen Quellen und zu einer Höhle mit tragischer Geschichte. Nach etwa 25 km erreicht man Ban Tha Chock, wo jeden Sonntag von 4 bis 9 Uhr ein großer Hmong-Markt stattfindet. Im Südosten von Muang Kham, einer eher staubigen Marktstadt an der Weggabelung von NR 6 und 7, etwa 50 km nordöstlich von Phonsavan, sprudeln unweit des Khmu-Dorfes Ban Nasuk **heiße Quellen**. Nicht weit von ihnen entfernt ist die am Nam Mat gelegene Siedlung der Phouan, **Ban Sang**, einen Besuch wert. Trittfeste können dort eine Hängebrücke testen. Wie nahe Schönheit und Tragik beieinander liegen können, wird in **Tham Piu** deutlich. Die Höhle ist über einen 2,5 km langen Weg zu erreichen, der im 3 km nördlich von Muang Kham an der NR 6 gelegenen Ban Phuam nach Westen abzweigt. Ihr Eingang liegt erhöht in einer Kalksteinsteilwand und bietet einen herrlichen Blick in die Umgebung. Tham Piu war am 24. November 1968 Schauplatz eines tragischen Bombenangriffs. Etwa 400 Bewohner des zerstörten Dorfes Ban Na Meun suchten in ihr Schutz vor den Luftangriffen. Doch der Unterschlupf wurde zur tödlichen Falle, als ein Pilot der Royal Lao Air Force eine Rakete in die Höhle abfeuerte. Keiner der Bewohner überlebte.

Entlang des Mekong nach Süd-Laos

Besonders sehenswert:
Bolaven-Plateau ☆
Si Phan Don (Viertausend Inseln) ☆
Wat Phou ☆☆

Der sich nach Süden ziehende Landesteil von Laos mit dem Mekong als Grenzfluss nahm seine heutige Form erst infolge der französisch-siamesischen Verträge zwischen den Jahren 1893 und 1907 an. Dadurch verlor das Land sein Territorium westlich des Mekong an das damalige Königreich Siam, wo noch viel von der laotischen Kultur zu spüren ist. Heute noch sprechen in diesem Teil Thailands die meisten Menschen Laotisch und fühlen sich ihren ethnisch Verwandten jenseits des Grenzflusses näher als den Thais. Die Landschaft der sieben südlichen Provinzen prägt der Annamitische Bergzug im Osten. In den dortigen Wäldern an der Grenze zu Vietnam leben noch einige vom Aussterben bedrohte Tierarten wie das erst vor einigen Jahren entdeckte Vu-Quang-Rind, auch Sao La (*Pseudoryx nghetinhensis*) genannt, mit seinem spindelförmigen Hörnerpaar. Gegen Westen werden die Berge flacher, bis die fruchtbare Ebene des Mekong sie ablöst. Hier widmet sich ein Großteil der in der Landwirtschaft tätigen Lao dem Anbau von Nassreis und tropischen Früchten.

Von Touristen wird der Süden relativ wenig besucht. Zu Unrecht, da gerade hier einige landschaftliche und kulturelle Juwelen zu finden sind. Der Wat Phou bei Champasak war bereits vor Angkor eines der wichtigsten Zentren der Khmer, die vermutlich hier ihr erstes Reich etablierten. Das Bolaven-Plateau und die Viertausend Inseln im Mekong wiederum gehören zu den reizvollsten Landschaften Laos'. Über mehrere Grenzübergänge ist der Süden auch von Thailand zu erreichen, z. B. über die Grenzorte Nakhon Phanom/Thakhek, Mukdahan/Savannakhet und Chong Mek/Vangtao (bei Pakxe). Von Vientiane führt die recht gut ausgebaute NR 13 nach Süden, sodass die Fahrt für laotische Verhältnisse relativ bequem ist.

Thakhek und Savannakhet

In **Thakek**, dem verschlafenen Grenzort am Mekong, 350 km südlich von Vientiane, erinnert nichts mehr daran, dass er in der zweiten Hälfte des zweiten Jahrtausends Zentrum eines unter dem Sanskrit-Namen Shri Gotapura (laot.: Sikhottabong) bekannten indisierten Fürstentums lag. Die heutige Stadt mit einer Reihe schöner Bauten aus der Kolonialzeit ist vor allem als Grenzübergang nach Thailand zum benachbarten Nakhom Phanom von Bedeutung. Bereits der Name Thakhek, Landeplatz für Gäste, weist auf diese Rolle hin.

Die Hauptattraktion Thakheks liegt 6 km südlich der Stadt: der **That Sikhottabong**. Das direkt am Mekong liegende Heiligtum ist der wichtigste Wallfahrtsort von Süd-Laos. Viele Gläubige strömen an den buddhistischen Vollmondfesten, allen voran zu Khao Pansaa im Juli, hierher. Es ist nicht klar, wann der That gegründet wurde, da der Bau mehrfache Veränderungen erfuhr. Die heutige Form erhielt er zu Beginn des 19. Jh. unter Anouvong (reg. 1805–28). Der fast 30 m hohe Stupa zählt neben dem Wat That in Vientiane zu den schönsten von Laos.

Das 120 km südlicher am Mekong gelegene **Savannakhet** (offiziell Muang Khanthaboury) hat sich zu einer lebendigen Provinzhauptstadt entwickelt. Mit knapp 900 000 Menschen leben etwa 15 % der Gesamtbevölkerung in dieser reichsten Provinz von Laos, die als Reiskammer des Landes gilt. Die Öffnung der Überlandroute 9 von Thailand nach Vietnam über die Grenzorte Mukdahan bzw. Lao Bao hat die Bedeutung Savannakhets als Verkehrsknotenpunkt und Handelsumschlagplatz noch verstärkt. Auch in dieser Stadt mit ca. 80 000 Einwohnern erinnert die französische Architektur vieler Häuser an ihre Funktion als Verwaltungszentrum während der Kolonialzeit.

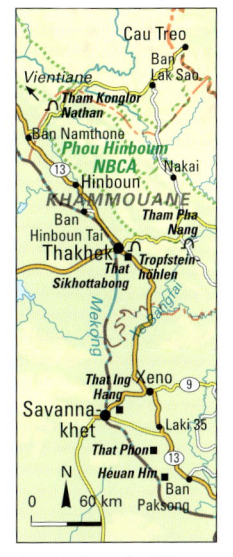

Am Mekong bei Thakek und Savannakhet

Außerhalb von Savannakhet ist der **That Ing Hang** von Bedeutung. Das 15 km nordöstlich gelegene Heiligtum wurde unter König Setthathirath (reg. 1548–71) im Jahr seiner Krönung errichtet. Vermutlich stand hier bereits ein Heiligtum der Khmer. Hauptattraktion ist der 25 m hohe, sehr schlank wirkende That. Nach seiner Renovierung in den 1930er Jahren durch französische Restaurateure ist er wieder in gutem Zustand. Am lebendigsten ist der That Ing Hang in den Tagen um Makha Buusaa, das Vollmondfest im Februar oder März, wenn Gläubige aus der Umgebung herbeiströmen und das Fest mit feierlichen Prozessionen begehen.

Wer sich für Khmer-Architektur interessiert, kann der 70 km südlich von Savannakhet am Ufer des Mekong gelegenen Tempelruine **Heuan Hin** (Steinhaus) einen Besuch abstatten. Bei ausreichendem Wasserstand ist sie am besten per Boot zu erreichen. Die Ruinen – Mauerreste aus Laterit – des Khmer-Tempels stammen wahrscheinlich aus dem 6./7. Jh., als sich hier um den Mündungsbereich des Mun in den Mekong das Zhenla-Reich etablierte. Die Fahrt nach Heuan Hin kann mit dem Besuch des **That Phon** verbunden werden. Dessen Stupa lässt Ähnlichkeiten mit dem That Makmo in Luang Prabang erkennen.

Am Mekong von Pakxe bis Si Phan Don

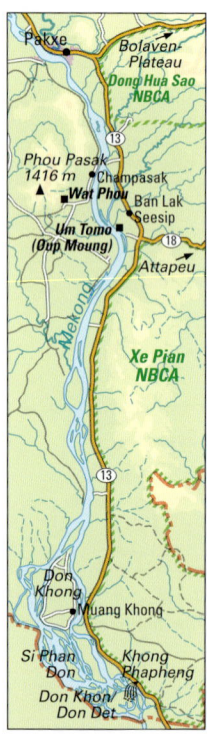

Provinz Champasak

Sicherlich hat die südlichste Provinz Champasak die touristisch attraktivsten Sehenswürdigkeiten von Süd-Laos zu bieten. Hier kann man den Spuren der langen Khmer-Geschichte folgen, denn von dieser Region begann der beispiellose Aufstieg des Khmer-Reiches. Auf dem Mekong bieten sich eindrucksvolle Naturschauspiele wie die Viertausend Inseln, Si Phan Don, mit dem größten südostasiatischen Wasserfall, dem Khong Phapheng. Schließlich lädt das Bolaven-Plateau zu interessanten Trekkingtouren und Begegnungen mit verschiedenen Volksgruppen ein. Da sich die 15 415 km² große Provinz erst langsam dem Tourismus öffnet, mag mancher den touristischen Komfort missen, dafür entschädigen ihn unverfälschte Eindrücke.

Pakxe

Die Provinzhauptstadt Pakxe bildet den Ausgangspunkt für die Erkundung der Region. Die Franzosen gründeten die Stadt am Zusammenfluss von Xe Don und Mekong 1905. Sie weist wenig Sehenswürdigkeiten auf, doch wächst ihre Bedeutung als Knotenpunkt für den Verkehr von und nach Thailand, der mit der Eröffnung der Lao-Nippon-Brücke im Jahr 1999 erheblich zugenommen hat. Viele ihrer knapp 70 000 Einwohner sind vietnamesischer oder chinesischer Herkunft, Chinesen und Vietnamesen sind es auch, die heute den Handel der Stadt dominieren.

An die Kolonialzeit erinnern nur wenige bröckelnde Kolonialhäuser im Stadtzentrum, allein das Chinese Society House an der Road

Provinz Champasak: Pakxe, Bolaven-Plateau

10 ist sehenswert. Mit dem **Champassak Palace Hotel** an der NR 13 wollte der berüchtigte Frauenheld Prinz Boun Oum na Champasak (1912–80) für sein ausschweifendes Leben ein standesgemäßes Ambiente schaffen. Leider sollte daraus nichts werden, denn der 1969 begonnene siebenstöckige Bau blieb aufgrund der politischen Ereignisse unvollendet. Thailändische Investoren ließen ihn renovieren und wandelten das Gebäude 1994 in ein Hotel um. Lohnenswert ist der Ausblick vom obersten Stockwerk. Das ebenfalls an der NR 13 gelegene zweistöckige **Champasak Historical Heritage Museum** zeigt als seine interessantesten Exponate neben über 2000 Jahre alten Dong-Son-Trommeln Funde aus dem frühen Khmer-Reich, darunter ein Türsturz aus dem 11 km südlich des Wat Phou gelegenen Tempels Um Tomo und eine weibliche Tänzerfigur unbekannter Herkunft. Wer Zeit hat, kann noch dem 1935 gegründeten **Wat Luang** am Ufer des Xe-Don-Flusses einen Besuch abstatten. Auf seinem Gelände ist eine Schule für Mönche untergebracht. Sehenswert ist das Äußere des Sim wegen der Schnitzarbeiten an Fenster- und Türflügeln sowie dem Giebelfeld mit Szenen aus der Buddha-Legende aus Stuck. Ein auffallend großer, weiß getünchter unter den diversen Grabstupas birgt die Asche des 1959 verstorbenen Premierministers Katay Don Sasorith (reg. 1954–56).

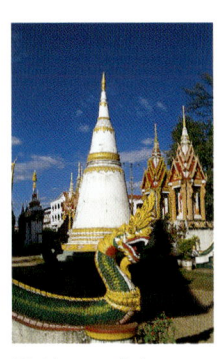

Wat Luang, Pakxe

Bolaven-Plateau

In Laos ist der Name Bolaven-Plateau inzwischen ein Synonym für Kaffee. Seit der französischen Kolonialzeit werden wegen des mineralhaltigen Bodens und der regelmäßigen Niederschläge auf dem durchschnittlich 1200 m hoch gelegenen Plateau hauptsächlich die Sorten Arabica und Robusta angepflanzt. Landschaftlich hat diese im Nordosten der Provinz Champasak und den benachbarten Provinzen gelegene etwa 10 000 km² große Region mit ihren bewaldeten Bergen und weiten Ebenen einen völlig anderen Charakter als die Niederungen des Mekong. Sie ist Heimat einiger zur Mon-Khmer-Sprachfamilie zählenden Volksgruppen wie Katu, Alak, Nge, Ta-Oy und Souay. Nach der größten Gruppe, den Laven (etwa 47 000), wurde die Hochebene benannt; Bolaven bedeutet Heimat der Laven. Die ethnischen Gruppen leben hauptsächlich von der Landwirtschaft und bauen neben Kaffee auch Pfeffer, Kardamom, Kautschuk und mitteleuropäisches Gemüse an.

Während des Zweiten Indochinakrieges wurde die Region von der US-Luftwaffe stark bombardiert, weil sich hier Teile des Ho-Chi-Minh-Pfades befanden. Betroffen davon war auch der Hauptort der Hochebene, **Paksong**, ca. 50 km östlich von Pakxe, der fast vollkommen zerstört wurde und heute ohne Attraktionen ist. Eine Ausnahme bildet der tägliche Morgenmarkt, den Angehörige diverser Volksgruppen aus der Umgebung besuchen. Für Besucher sind das Bolaven-Plateau und die angrenzenden Gebiete in den Provinzen Saravan (10 691 km²), Xekong (7665 km²) und Attapeu (10 320 km²) vor

Religion und Alltagskultur dieser Gruppen sind vom Geisterglauben bestimmt. Bei den Katu und Alak gehört dazu im März die Opferung von Büffeln für den Schutzgeist des Dorfes, wozu ein rituell er Tanz aufgeführt wird, bei dem die Männer Masken und Speere tragen.

Kaa-fee Lao
Für Kaffee-Freunde ist der schmackhafte laotische Kaffee ein beliebtes Mitbringsel. Zwar ist er nicht billig, doch dafür von exzellenter Qualität.

Laos: Entlang des Mekong nach Süd-Laos

Tad Lo

allem wegen ihrer landschaftlichen Schönheit und dem Leben der Volksgruppen interessant.

Ein beliebtes Ausflugsziel ist der Wasserfall **Tad Fane**, mit 120 m der höchste von Laos. Aufgrund eines Wasserwerkes in der Nähe stürzt das Wasser nur unregelmäßig über zwei parallele Ströme in die Tiefe. Er liegt am Westrand des Plateaus etwa 1 km südlich der NR 23 bei Kilometer 38 (von Pakxe aus gerechnet).

Gerne besucht wird auch der flache, aber breite Wasserfall **Tad Lo**, 86 km nordöstlich von Pakxe in Richtung Saravan. Die dorthin führende NR 20, die bei Kilometer 21 (östlich von Pakxe) kurz vor dem Dorf Ban Lao Ngam von der NR 23 abzweigt, ist in relativ gutem Zustand. Übernachtungsmöglichkeiten bietet die nahe gelegene Tad Lo Lodge, von der aus auch Elefantenritte und Besuche von Dörfern der Nge, Katu und Ta-Oy unternommen werden können.

Von **Thateng** im Norden des Bolaven-Plateaus, das an der NR 23 nach Saravan liegt, können nahe gelegene Kaffee- und Zimtplantagen besichtigt werden. An den Kaffeesträuchern lassen sich sehr gut die verschiedenen Reifestadien der Bohnen beobachten. Elefantenritte und Besuche von Siedlungen der Alak gehören auch hier zum touristischen Angebot. Thateng ist ein guter Ausgangspunkt für Fahrten in die Provinzen Xekong und Attapeu. Dort zählt eine Bootsfahrt auf dem Xe-Kong-Fluss zwischen dem Ort Xekong (Muang Lamam) und Attapeu (Samakhixai) zu den Hauptattraktionen. Die Fahrt in schmalen Booten dauert etwa sieben Stunden. Die Provinzhauptstadt **Attapeu** liegt etwa 80 km südlich von Xekong und ist mit ihrer Lage an der Mündung des Xe Kaman in den Xe Kong trotz mangelnder Sehenswürdigkeiten durchaus reizvoll. Bis ins 17. Jh. war sie ein wichtiges Zentrum für den Sklavenhandel und während des Zweiten

Indochinakrieges Teil des verschlungenen Ho-Chi-Minh-Pfades. Im 12 km weiter östlich am Xe Kaman gelegenen Ort **Xaysettha** liegen der Überlieferung nach im Wat Pha Xaysettha die sterblichen Überreste des in dieser Provinz 1571 verschollenen Königs Setthathirath.

Champasak

Im Schatten ihrer langen Geschichte steht die ehemalige Königsstadt Champasak am Westufer des Mekong, ca. 38 km südlich von Pakxe. Der Name Champasak verleitet zur Annahme, dass hier eine Siedlung der Cham existierte. Doch ist ungesichert, ob die beim heutigen Dorf Ban Wat Luang Kao (s. u.) ausgegrabene Siedlung wirklich von Cham bewohnt war. Zu Bedeutung gelangte die Stadt, als sich infolge von Thronstreitigkeiten Soi Sisamouth (reg. 1713-37) vom Königshaus in Vientiane unabhängig machte und 1713 sein eigenes Reich Nakhon Champasak etablierte. Doch an jene Ära, als die Stadt mit heute 2000 Einwohnern Residenz der Herrscher dieses unabhängigen Königreiches war, erinnert nichts mehr außer den beiden **Villen** der letzten Prinzen Boun Oum na Champasak (1912-80) und Sisouk na Champasak (geb. 1928). Im **Wat Thong** fanden die Angehörigen der Königsfamilie ihre letzte Ruhestätte. Einige renovierungsbedürftige Kolonialhäuser reihen sich um das überdimensional geratene Brunnenrondell und entlang der Hauptstraße. Sie stammen aus der Zeit, als hier die Franzosen einen Verwaltungsposten unterhielten.

Wat Phou

Mit dem 8 km südwestlich von Champasak gelegenen Khmer-Tempel – seit 2003 Weltkulturerbe – besitzt Laos nicht nur eines der bedeutendsten, sondern auch frühesten Bergheiligtümer der Khmer außerhalb Kambodschas. Vom Projet de Recherches en Archéologie Lao in den 1990er Jahren durchgeführte Ausgrabungen haben ergeben, dass bereits in den ersten nachchristlichen Jahrhunderten am Fuß des weithin sichtbaren Bergzuges mit den beiden Gipfeln Phou Kao (1416 m) und Phou Pasak (1408 m) eine rechteckig angelegte, 2,4 x 1,8 km große Siedlung lag. Ob sie anfänglich von Cham bewohnt war, wie von manchen Forschern vermutet wird, lässt sich nicht klären. Wahrscheinlich haben sich jedoch ab dem 5. Jh. hier Khmer niedergelassen, deren Siedlungsraum zu jener Zeit rund um den Zusammenfluss von Mun und Mekong lag. Eine Inschrift aus dem frühen 5. Jh. erwähnt einen König namens Devanika. Aufgrund weiterer Inschriften nimmt George Cœdès an, dass hier die von Shresthavarman (reg. ca. 495-530) Ende des 5. Jh. gegründete Hauptstadt eines Khmer-Reiches, Shresthapura, lag. Dessen dritter Nachfolger, König Mahendravarman (reg. Anfang 7. Jh.), soll ebenfalls hier residiert haben, bevor er nach Sambor Prei Kuk (nahe Kompong Thom) umzog. Unter dem Beschützer des Großen Indra, so die Bedeutung seines Namens, wurde das in chinesischen Chroniken Zhenla genannte Reich erheblich ausgewei-

Angehörige des Hauses von Champasak (na Champasak) waren auch später noch politisch aktiv, z. B. Boun Oum, 1948–50 und 1960–62 Premierminister, oder Sisouk, der verschiedene Ministerposten innehatte.

»Nahe der Hauptstadt ist ein Berg namens Ling-chia-po-p'o, auf dessen Gipfel ein Tempel errichtet wurde. Er wird ständig von eintausend Soldaten bewacht und ist einem Geist mit dem Namen P'o-to-li geweiht, dem Menschenopfer dargebracht werden. Jedes Jahr geht der König persönlich zum Tempel, um in der Nacht ein Menschenopfer darzubringen. Auf diese Weise ehren sie die Geister. Viele der Einwohner Zhenlas folgen dem Gesetz Buddhas; viele andere wiederum folgen dem Kult des Tao. Die Buddhisten und Taoisten stellen ihre heiligen Figuren in die von Fremden frequentierten Häuser.«

Annalen der Sui-Dynastie (581–617)

tet. Wichtige Hinweise bieten auch die Annalen der chinesischen Sui-Dynastie (581–617), die von einem Berg Ling-chia-po-p'o berichten. Er wird mit dem Phou Kao – in Inschriften Lingamparvata (Berg des Lingam) genannt – identifiziert. Aufgrund seines markanten Sandsteinmonoliths an der Spitze, der in der Tat einen Lingam erahnen lässt, war der Phou Kao (von laot. *pom kao*, aufgestecktes Haar) bereits sehr früh ein Shiva-Heiligtum, in dem der Hindugott unter dem Namen Bhadreshvara (Verheißungsvoller Herr) verehrt wurde. Erst Ende der 1990er Jahre entdeckten Forscher in der Nähe der Bergspitze inmitten des Dschungels ein weiteres kleines Shiva-Heiligtum.

Die heutigen Bauten des Wat Phou stammen vorwiegend aus dem 11./12. Jh., von den älteren Teilen sind meist nur noch wenige Reste erhalten, wie der an das Sanktuarium anschließende Ziegelstein-Prasat. Offensichtlich war die Shiva-Kultstätte so bedeutsam, dass die in Angkor residierenden Könige sie immer wieder restaurierten und mit Schenkungen versahen. Bis heute ist der Wat Phou ein wichtiges – nunmehr buddhistisches – Heiligtum geblieben und zieht alljährlich an Makha Buusaa, dem Vollmondfest im Februar/März, Tausende von Gläubigen aus dem ganzen Land an.

Wat Phou
1 ›Paläste‹
2 Nandi-Pavillon
3 Galerie-Relikte
4 Wächterfigur (Kammatha)
5 Sanktuarium
6 Hauptheiligtum
7 Prasat
8 Heilige Quelle
9 Trimurti
10 Krokodilstein
11 Elefantenfels

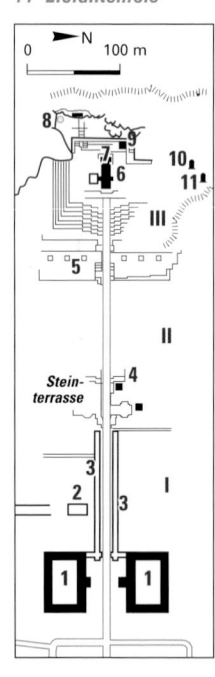

Besichtigung

Das 5 km westlich des Mekong liegende Bergheiligtum erstreckt sich über 1,4 km auf einer wenige Grade nach Süden verschobenen Ost-West-Achse und besteht aus drei Ebenen. Besucher betreten das Heiligtum durch den Haupteingang, auf dessen linker Seite seit 2003 ein Museum steht, und gelangen zum 600 x 200 m großen Mittleren Baray. Das immer noch mit Wasser gefüllte Reservoir könnte mit dem in einer Inschrift erwähnten Divakaratataka identisch sein, der nach dem Chefberater des Angkor-Wat-Erbauers Suryavarman II. (reg. 1112/13–vor 1155) benannt ist. Ihm sind nördlich und südlich zwei weitere Baray zugeordnet, wobei der südliche ausgetrocknet ist. Auf das quer gelagerte Wasserbecken folgt eine ebenfalls quer verlaufende Steinterrasse, hinter der dann ein 250 m langer Prozessionsweg beginnt. Diesen flankieren wiederum heute nahezu ausgetrocknete Baray. Am Wegrand sind nur noch wenige Grenzsteine mit lotosblütenförmigen Spitzen erhalten geblieben.

Daran anschließend stehen, ebenfalls je eines auf jeder Seite des Weges, zwei längliche Gebäude, die irreführend ›**Paläste**‹ genannt werden, obwohl sie sicherlich eine rein religiöse Funktion hatten. Ihr jeweiliger Abschluss ist sehr harmonisch mit dekoriertem Türsturz und doppelten Tympana über den Scheintüren gestaltet. Der Eingang befindet sich im Zentrum der Gebäudeseiten, die auch mehrere wohlproportionierte Fenster mit gedrehten Säulen aufweisen. Den beiden Bauten an den Außenseiten zugeordnet, umgeben jeweils stark zerfallene Galerien aus Laterit einen Innenhof. Während der südliche ›Palast‹ vollständig aus Sandstein errichtet wurde, fand am nördlichen für die weniger wichtigen Gebäudeteile Laterit Verwendung. Auf den jeweiligen Türstürzen dominiert die Darstellung einer auf dem körperlosen Dämonen Kala sitzenden Gottheit. Der Tympanon über der Scheintür im Osten des nördlichen ›Palastes‹ zeigt Shiva und Uma auf dem Stier Nandi (Umamaheshvara). Die Datierung ist nicht eindeutig. Stilistische Parallelen mit einem Gopura des Preah Vihear unterstützen die Vermutung, dass die ›Paläste‹ aus der Zeit König Suryavarmans I. (1001/02–49) stammen. Der Herrscher stiftete und erweiterte zahlreiche Kultstätten, u. a. Preah Vihear, in seinem neu geeinten Königreich, das bis nach Lopburi in Zentral-Thailand reichte.

Hinter dem südlichen ›Palast‹ birgt ein quer gelagertes, leider schlecht erhaltenes Gebäude eine Skulptur von Shivas Reittier, dem Stier Nandi, und heißt daher **Nandi-Pavillon**. Vielleicht wurden dort kultische Gegenstände aufbewahrt. Der Pavillon bildete den Endpunkt der alten Straße nach Angkor, die spätestens ab dem 12. Jh. in die über 300 km entfernte Hauptstadt des Khmer-Reiches führte.

Den ›Palästen‹ schlossen sich auf beiden Seiten des Weges zwei **Galerien** an. Sie sind jedoch fast vollständig verschwunden, ebenso die Grenzsteine und die dem nächsten Aufgang vorgelagerte Terrasse. Frangipani-Bäume, die im laotischen Sommer (März–April) herrlich blühen, säumen die nun folgende Treppe aus Laterit. Eine seitlich platzierte **Wächterfigur** (Skt.: *dvarapala*) wird von der Bevölkerung als der legendäre Gründerkönig von Wat Phou, Kammatha, verehrt. Der Treppe schließt sich ein sanft ansteigender Weg an, gefolgt von weiteren Stufen, die zur **zweiten Ebene** führen. Dort standen links und rechts in einer Reihe je drei quadratische **Sanktuarien** aus Ziegelstein, die ursprünglich Lingam zur Verehrung Shivas bargen.

Weiter geht es über die nächste Treppe an mehreren von Lateritmauern gestützten Terrassen vorbei zur dritten und **letzten Ebene**. Sie liegt etwa 30 m höher auf ca. 90 m. Hier befindet sich das ursprünglich Shiva geweihte **Hauptheiligtum**, in dessen Innerem Buddha-Figuren den ursprünglichen Lingam ersetzt haben. Dem in das 11./12. Jh. datierten Hauptbau ist auf der Vorder- und Rückseite je ein geräumiges Vestibül mit einem Haupt- und zwei Nebenportalen vorgelagert. Das Sanktuarium wird meist durch den gut erhaltenen östlichen Vorbau betreten, der attraktive Devatas und Dvarapalas sowie ornamentale Verzierungen aufweist. Der Türsturz über dem linken Eingang zeigt den tanzenden Shiva Nataraja und über dem rechten Vishnu auf Garuda. Über den Durchgängen zwischen Vestibül und Sanktuarium sind links und in der Mitte Indra auf Airavata sowie rechts eine Gottheit auf Kala zu sehen. Auch die beiden Seiteneingänge des Sanktuariums besitzen interessante Motive an den Türstürzen, z. B. über dem inneren, nach Süden ausgerichteten Portal Krishna, der seinen Onkel, König Kamsa, tötet, weil dieser ihn einst als Kind aus Angst vor einem Attentat umbringen lassen wollte.

Zu den ältesten Teilen von Wat Phou gehören die Reste des quadratischen **Prasat** aus Ziegelstein direkt im Anschluss an das Hauptheiligtum. Er enthielt den zentralen Lingam, der permanent mit Wasser übergossen wurde. Das Wasser wurde von der links hinter dem Prasat liegenden **heiligen Quelle** über ein Kanalsystem in das Zen-

> »Ich weiß nicht, ob die Khmer-Architekten jemals mehr Geschmack in der Auswahl eines Ortes, mehr Kunstfertigkeit im Arrangement, mehr Begabung in der Synthese von der Zufälligkeit des Terrains und der Ausrichtung der Bauwerke gezeigt haben, um einen solch dauerhaft edlen und majestätischen Eindruck zu hinterlassen.« Dieser Bemerkung des großen französischen Epigrafen Louis Finot (1864–1935) werden viele zustimmen, wenn sie das Bergheiligtum Wat Phou mit seiner einmaligen Lage besuchen.

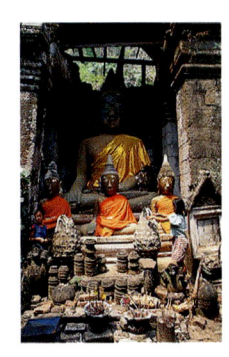

Buddhas im Wat Phou

tralheiligtum geleitet. Die dazugehörenden Bauten wie ein Bassin und ein kleiner Schrein sind fast völlig verschwunden.

In einige Felsen rund um das Sanktuarium wurden religiöse Motive gearbeitet, darunter in eine Felswand eine Darstellung des **Trimurti** mit dem vierköpfigen Brahma, Shiva (stehend) und Vishnu. Weiter nördlich befindet sich hinter einem modernen Haus und einem offenen Sala der so genannte **Krokodilstein**, benannt nach dem menschengroß dargestellten Krokodil, das in den Stein geschlagen wurde. Einheimische erzählen gerne, dass auf diesem Stein die in den Sui-Annalen beschriebenen Menschenopfer dargebracht wurden. Beweise dafür gibt es jedoch nicht. Ein weiterer großer Felsblock ist in Form eines **Elefanten** gestaltet.

Entlang der alten Straße nach Angkor

An der alten Straße nach Angkor, die auf der Höhe des Nandi-Pavillons endete, reihen sich einige kleinere Heiligtümer, z. B. der 1,5 km weiter südlich gelegene **Ho Nang Sida** aus dem frühen 12. Jh. Dort sind Reste einer Galerie aus Sandstein erhalten. Einen Kilometer davon entfernt stehen die Ruinen von **Hong Thao Tao**, dessen Ursprünge auf Jayavarman VII. (12./13. Jh.) zurückgehen. Bei beiden Bauten könnte es sich um Rasthäuser (Skt.: *dharmasala*) gehandelt haben. Der alten Route weitere 30 km folgend, liegen inmitten eines Lao-Loum-Dorfes die drei **Prasats von Ban That** (Drei Türme). Laut der noch vorhandenen Steleninschrift stiftete sie ein Brahmane namens Subhadra im 12. Jh. Die Stele gibt wichtige Informationen über die Regentschaft von Suryavarman II. (reg. 1112/13–vor 1155).

Um Tomo (Oup Moung)

Weiter flussabwärts, 11 km südlich des Wat Phou (46 km südlich von Pakxe), liegt auf der Ostseite des Mekong in der Nähe von Ban Oup Moung das Khmer-Heiligtum Um Tomo, unter den Einheimischen auch als Oup Moung oder Um Muang bekannt. Das nach dem vorbeifließenden Mekong-Zufluss Houay Tomo benannte Heiligtum wurde einer Inschrift zufolge 889 unter Yashovarman I. (reg. 889/890–ca. 910) Rudrani geweiht. Ursprünglich eine vedische Muttergottheit, verschmolz Rudrani später mit Durga, der Partnerin von Shiva in ihrer schrecklichen Form. Die eingestürzten Gebäude und die Lage im Wald erschweren die Orientierung. Eigentümlicherweise ist die Anlage nach Südosten ausgerichtet, was möglicherweise mit dem Verlauf des Flusses zu begründen ist.

Am besten erhalten ist der **Südwest-Gopura**, auf den man vom Dorf kommend nach einigen hundert Metern als erstes stößt. Er ist Teil einer Einfassungsmauer, die sich jedoch nur partiell lokalisieren lässt. Mit Ausnahme der Fenster- und Türrahmen besteht der Gopura aus Laterit. Ungewöhnlich ist der dort befindliche Mukha-Lingam. Im Gegensatz zu herkömmlichen Darstellungen sind die Gesichter auf den vier Seiten des Lingam sehr groß dargestellt. Im Zentrum der

Anlage befinden sich die Reste von drei nach Osten orientierten **Prasats** aus Ziegelstein, wobei der mittlere etwas zurückversetzt steht. Am Boden verstreut liegen verschiedene Reliefs, darunter Naga-Schlangen und ein Ziergiebel mit Indra auf Airavata.

Si Phan Don (Viertausend Inseln)

Dort, wo Laos an Kambodscha grenzt, breitet sich der etwa 4800 km lange Mekong auf bis zu 14 km aus und bildet Tausende von unterschiedlich großen Inseln. Daher wird dieses Gebiet Viertausend (*si phan*) Inseln (*don*) genannt. Viele verschwinden während der Regenzeit und tauchen erst in der Trockenzeit wieder auf.

Ausgangspunkt für die Ausflüge zu den Inseln und Wasserfällen ist wegen seiner Nähe zur NR 13 und den Unterkunftsmöglichkeiten zumeist **Don Khong**. Das mit 8 km Breite und 18 km Länge größte Eiland ist Heimat von etwa 25 000 Menschen, die hauptsächlich von der Landwirtschaft leben. Zwar fehlt es an Sehenswürdigkeiten, doch bietet Don Khong einen guten Einblick in den Lebensrhythmus der Süd-Laoten. Empfehlenswert ist eine Rundfahrt mit dem Fahrrad, die im größten Inselort Muang Khong den Besuch des Anfang des 19. Jh. errichteten Wat Chom Thong mit einem ungewöhnlichen kreuzförmigen Sim einschließen kann. Einflüsse der Kolonialarchitektur sind an der renovierungsbedürftigen Ordinationshalle unverkennbar. Weitere Ziele können die beschaulichen Dörfer Ban Houa Khong und Ban Hang Khong an der Südspitze sein.

Don Khon und Don Det

Ein attraktiver Bootsausflug führt zu den beiden etwa 15 km weiter südlich gelegenen Inseln Don Khon und Don Det unweit der kam-

Don Det

Der zur Familie der ›Delphinidae‹ gehörende Irrawaddy-Delfin (laot.: ›pa kha‹) kann sich sowohl im Salz- als auch Süßwasser aufhalten. Von den Laoten und benachbarten Kambodschanern wird der Delfin als Inkarnation eines Menschen betrachtet. Zahlreiche Mythen dokumentieren seine herausragende Stellung in der Tierwelt. Trotzdem verenden viele der bis zu 2 m großen, den Belugawalen ähnelnden Säugetiere auf grausame Weise in den Netzen der Fischer oder, noch schlimmer, sterben infolge der in Kambodscha immer noch praktizierten Dynamitfischerei. Da die scheuen Tiere ein wichtiger Indikator für das Gleichgewicht des Ökosystems sind, versuchen verschiedene Umweltgruppen, darunter das Siphandone Wetlands Project, die gefährlichen Fischpraktiken der Bevölkerung zu verändern und sie wieder zu traditionellen Fangmethoden zu animieren.

bodschanischen Grenze. Wegen ihres tropischen Flairs sind sie vor allem bei Rucksackreisenden beliebt, für deren Bedürfnisse zahlreiche einfache Gästehäuser und Restaurants entstanden sind. Die beiden mit einer Brücke verbundenen Inseln spielten während der Kolonialzeit eine wichtige Rolle als Umschlagplatz für Waren, die auf dem Mekong von Vietnam über Kambodscha nach Laos oder umgekehrt transportiert wurden. Um die vielen Stromschnellen zu umgehen, bauten die Franzosen eine 7 km lange Eisenbahnlinie vom Nordende Don Dets bis zur Südseite Don Khons. Nach Bombardierungen durch japanisches Militär 1945 musste die Schmalspurbahn ihren Betrieb einstellen. Zwar sind die Gleisanlagen verschwunden, doch lässt sich die Trasse noch verfolgen. Nahe der 1910 eingeweihten Brücke erinnert eine verrostete Lokomotive und die alte Zollstation an die einstige Bedeutung. Des ungeachtet hat sie den Ruf, die einzige jemals existierende Bahnlinie von Laos zu sein. Die Bewohner der beiden Inseln leben neben dem Fischfang hauptsächlich von Bambus, Kapok und den Erzeugnissen der Kokosnusspalmen, die der Landschaft ein üppig tropisches Gepräge geben.

In **Ban Khon Nua**, dem gemütlichen Hauptort von Don Khon, fallen zwischen Tropengrün und Holzhäusern noch einige Kolonialbauten auf. Auf den Resten eines Khmer-Tempels wurde der heutige **Wat Khon Tai** im südwestlich anschließenden gleichnamigen Ort errichtet. Ein 1,5 km langer Fußmarsch zur Westseite der Insel führt zu den gewaltigen Wasserfällen **Tad Somphamit** (auch Tad Li Phi, Geisterversteck, genannt), wo der Mekong über mehrere Felsstufen 10 m tief stürzt. Mit etwas Glück kann man an der Südwestseite der Insel bei **Ban Hang Khong** die selten gewordenen Irrawaddy-Delfine sehen. Si Phan Don ist eines der wenigen Gebiete Asiens, wo sich noch eine größere Anzahl dieser bedrohten Säugetiere aufhält. Allerdings verringert sich auch hier der Bestand zusehends. Am besten lassen sie sich morgens und abends vom Boot aus beobachten. Gerne fahren Einheimische Interessierte auf den Fluss hinaus.

Khong Phapheng

Spätestens im Juli 1866, als die sechsköpfige Mekong Exploration Commission den Khong Phapheng (Khong-Wasserfall) erreichte, platzten die Träume der Franzosen, den Mekong als wichtigen Handelsweg nach Südwest-China erschließen zu können. Die zahlreichen Wasserfälle und Katarakte, die sich über mehrere Kilometer am südlichsten Zipfel von Laos und in Kambodscha erstrecken, machen die Navigation unmöglich.

Der Khong Phapheng ist der größte Wasserfall Südostasiens, und in der Tat ist das gewaltige Naturschauspiel beeindruckend, wenn sich an der östlichen Seite des hier einschließlich der Inseln über 10 km breiten Mekong bis zu 9,5 Millionen Liter Wasser pro Sekunde an mehreren Stellen 15 m in die Tiefe stürzen. Am besten erreicht man ihn über das 3 km östlich des Mekong an der NR 13 gelegene Dorf Ban Thakho, kurz vor der kambodschanischen Grenze.

Tipps und Adressen

Alle wichtigen Informationen für Ihre Reiseplanung und für unterwegs

Reise-Service

Praktische Reise-Informationen

Hinweise für die Reiseplanung
Auskunft 418
Diplomatische Vertretungen 418
An- und Ausreise 419
Reisepapiere 421
Devisen- und Zollbestimmungen 422
Gesundheitsvorsorge 422
Klima und Reisezeit 422
Kleidung 423
Tipps für die Reisegestaltung 423

Informationen für unterwegs – Von Ort zu Ort
... für Vietnam
    Auskunft, Agenturen, Hotels, Restaurants, Nachtleben,
    Sehenswürdigkeiten, Aktivitäten 424
... für Kambodscha
    Auskunft, Agenturen, Hotels, Restaurants, Nachtleben,
    Sehenswürdigkeiten, Aktivitäten 437
... für Laos
    Auskunft, Agenturen, Hotels, Restaurants, Nachtleben,
    Sehenswürdigkeiten, Aktivitäten 442

Reiseinformationen von A bis Z
Aktivitäten 447
    Baden und Wassersport 447
    Fahrradtouren 447
    Golf 447
    Trekking 447
Apotheken und Ärztliche Versorgung 447
Behinderte 448
Betteln 448
Diebstahl 448
Diplomatische Vertretungen 449
Einkaufen 449
Essen und Trinken 450
Feste und Feiertage 451
Fotografieren und Filmen 452
Frauen allein unterwegs 452
Geld und Geldwechsel 452
Karten und Stadtpläne 453
Nachtleben 453
Notfälle 453
Öffnungszeiten 453
Post 454

Inhalt

Sprache 454
    Kleiner Sprachführer Vietnamesisch. 454
    Kleiner Sprachführer Khmer 454
    Kleiner Sprachführer Laotisch 455
Strom 455
Telefon/Internet. 455
Trinkgeld. 456
Unterkunft . . . . s. Hinweise für die Reiseplanung
Verhalten im Alltag 456
Verkehrsmittel. 456
Wasser 457
Zeitungen 457
Zeitunterschied 457

Glossar. 458

Ausgewählte Literatur. 462
Zitatnachweis 463
Bildnachweis 464
Personen- und Ausgewähltes Sachregister 465
Ortsregister 471
Impressum. 480

Hinweise für die Reiseplanung

Auskunft

Laos und Vietnam sind in den deutschsprachigen Ländern nicht durch staatliche Fremdenverkehrsämter vertreten, Kambodscha durch Indochina Services (s. u.). Diese Agentur bietet auch zuverlässige Informationen zu den beiden anderen Ländern und hilft bei Visum-Angelegenheiten. Die beste Informationsquelle ist das Internet mit einer Fülle vorwiegend englischsprachiger Webseiten. Zudem helfen folgende Vereinigungen und Institutionen weiter:

Asienhaus Essen
Bullmannaue 11
D-45327 Essen
Tel. 0201/830 38 38,
830 38 25
Fax 0201/830 38 30
www.asienhaus.org
Deutsche Gesellschaft für Asienkunde e.V.
Rothenbaumchaussee 32
D-20148 Hamburg
Tel. 040/44 58 91
Fax 040/410 79 45
www.asienkunde.de
Deutsch-Vietnamesische Gesellschaft e.V.
Postfach 140 241
D-40072 Düsseldorf
Tel. 0211/48 97 72
Fax 0211/48 95 62
www.vietnam-dvg.de
Indochina Services
Enzianstr. 4a
D-82319 Starnberg

Tel. 08151/77 02 22
Fax 08151/77 02 29
E-Mail: info@is-eu.com
Ostasiatischer Verein e.V. (OAV)
Neuer Jungfernstieg 21
D-20354 Hamburg
Tel 040/35 75 59-0
Fax 040/35 75 59-25
www.oav.de

Die **Auswärtigen Ämter** geben Informationen zur Sicherheitslage und allgemeine Reisetipps.

Deutschland:
www.auswaertiges-amt.de
Bürgerservice:
Tel. 030/5000-2000
Österreich:
www.bmaa.gv.at
Infotelefon: 0802/42622
Schweiz:
www.eda.admin.ch

... im Internet

(auf Englisch oder Deutsch)
... zu Laos
www.laopdr.com
www.visit-laos.com
www.vientianetimes.com
... zu Kambodscha
www.cambodia.org
www.canbypublications.com
www.mot.gov.kh
www.phnompenhpost.com
www.thecambodianews.net
... zu Vietnam
www.saigon-tourist.com
www.vietnamtourism.gov.vn
www.vietnamtourism.com
www.vietnamnews.
vnagency.com.vn

Diplomatische Vertretungen

Die Vertretungen von Laos und Kambodscha in Berlin sind für Österreich, Schweiz und Niederlande zuständig!

... in Deutschland

Botschaft der SR Vietnam
Elsenstr. 3
D-12435 Berlin
Tel. 030/53 63 01 08
Fax. 030/53 63 02 00
Mo, Mi, Fr 9–12, 14–17 Uhr
Außenstelle der vietnamesischen Botschaft
Konstantinstr. 37
D-53179 Bonn
Tel. 0228/35 70 21, 95 75 40
Fax 0228/35 18 66
Mo, Mi, Fr 9.30–12,
14– 16.30 Uhr
Honorargeneralkonsulat der SR Vietnam
Baumwall 7
D-20459 Hamburg
Tel. 040/36 97 96 61
Fax 040/36 20 88
Di, Do 10.30–12.30 Uhr
und nach Vereinbarung
Botschaft des Königreichs Kambodscha
Benjamin-Vogelsdorff-Str. 2
D-13187 Berlin
Tel. 030/48 63 79 01,
48 63 79 72 (Konsularabt.)

Reiseplanung

Fax 030/48 63 79 73
Mo–Fr 8.30–12, 13.30–17 Uhr
Botschaft der Lao PDR
Bismarckallee 2a
D-14193 Berlin
Tel. 030/89 06 47
Fax 030/89 06 06 48
Mo–Fr 9–12 Uhr

... in Österreich

Botschaft der SR Vietnam
Felix-Mottl-Straße 20
A-1190 Wien
Tel. 01/368 07 55,
368 07 55-10
Fax 01/368 07 54
Mo, Mi, Fr 9–12 Uhr

... in der Schweiz

Botschaft der SR Vietnam
Schlösslistr. 26
CH-3008 Bern
Tel. 031/388 78 78
Fax 031/388 78 79
Mo–Fr 9–12, 14–17 Uhr
Generalkonsulat der SR Vietnam
Chemin François-Lehmann 18a, 1. Stock
CH-1218 Grand-Saconnex
Tel. 022/798 24 85
Fax 022/798 07 24
Mo–Fr 9–12, 14–18 Uhr

... in Thailand

Viele Besucher reisen von Thailand in die Nachbarländer. Die diplomatischen Vertretungen in Thailand sind meist vormittags 8.30–11.30 geöffnet. Jedoch arrangieren auch die thailändischen Reisebüros zuverlässig ein Visum.

Botschaft der SR Vietnam
83/1 Witthayu Rd.
Bangkok 10330
Tel. 0 2251 5835-8
Botschaft des Königreichs Kambodscha
185, Rajadamri Rd., Lumphini, Bangkok 10330
Tel. 0 2254 6630
Fax 0 2253 9859
Botschaft der Lao PDR
520, 502/1-3 Soi Ramkhamhaeng 39, Bangkapi
Bangkok 10310
Tel. 0 2538 3696,
0 2539 6667
Fax 0 2539 6678
www.bkklaoembassy.com
Konsulat der Lao PDR
19/1–3, Pothisan Road
Khon Kaen 40000
Tel. 0 4322 0794, 0 4322 3698 (Visa-Abteilung)

An- und Ausreise

... nach Vietnam

... mit dem Flugzeug

Lufthansa und Air France fliegen regelmäßig von Frankfurt bzw. Paris nach Ho-Chi-Minh-Stadt mit Zwischenstopp in Bangkok. Vietnam Airlines fliegen von Paris via Dubai. Von Bangkok verkehren mehrmals täglich Maschinen der Thai Airways und Vietnam Airlines. Zudem bestehen Verbindungen von Ho-Chi-Minh-Stadt nach Singapur, Kuala Lumpur und Hong Kong. Der Tan Son Nhat International Airport in Ho-Chi-Minh-Stadt ist etwa 7 km vom Stadtzentrum entfernt. Taxi mit Taxameter (4–5 US-$) warten vor der Ankunftshalle.

Hanoi, die zweite Drehscheibe Vietnams, wird ebenfalls täglich von den wichtigsten Flughäfen in der Region angeflogen. U. a. fliegt Vietnam Airlines zweimal wöchentlich von Frankfurt via Moskau nach Hanoi. Für die Fahrt zum 45 km nördlich der Stadt gelegenen **Noi Bai International Airport** benötigt man mit **Minibus** (ca. 2 US-$) oder **Flughafentaxi** (ca. 10 US-$) eine Stunde.

Von **Da Nang** besteht mehrmals wöchentlich eine Verbindung nach Bangkok.

Der **Phu Bai Airport in Hue** soll als vierter internationaler Flughafen je nach Bedarf ebenfalls aus dem Ausland angeflogen werden können.

... über Land

Bahnverbindungen nach **China** bestehen über die Grenze Lao Cai/Hekou zur Weiterfahrt nach Kunming und in Lang Son zur Weiterfahrt nach Nanning. Lang Son und Nanning sind auch mit einer **Straße** verbunden. Zur Einreise von Laos und Kambodscha beachten Sie bitte die Angaben in den dortigen Abschnitten.

... nach Kambodscha

... mit dem Flugzeug

Zwar werden die internationalen Flughäfen Phnom Penh und Siem Reap von Europa aus nicht direkt angeflogen, doch sind sie über

Reiseplanung

Bangkok, Kuala Lumpur und Singapur teils mehrmals täglich bequem zu erreichen. Zudem gibt es regelmäßige Verbindungen mit Vientiane und Pakxe in Laos sowie Hanoi und Ho-Chi-Minh-Stadt in Vietnam, sodass mit den Nachbarländern gute Kombinationsmöglichkeiten bestehen.

Der **Phnom Penh International Airport** liegt 10 km westlich von Phnom Penh. Mit **Taxen** (5 US-$) ist man – abhängig vom Verkehrsaufkommen – in etwa einer halben Stunde in der Stadt.

Die Flughafensteuer für internationale Flüge beträgt in Kambodscha 25 US-$, für nationale Flüge 6 US-$.

... über Land

Die schlechten Straßenverbindungen machen die Einreise über Land noch etwas beschwerlich, dafür gewinnt man einen besseren Eindruck von Kambodscha. Beliebt ist die Route von Bangkok über die **Grenze Aranyaprathet/Poipet** nach Siem Reap und Battambang. Mit Zug oder öffentlichem Bus fährt man nach Aranyaprathet. Dort bringen Pick-ups (*songthaew*) die Reisenden zur 4 km entfernten Grenze. Auf der anderen Seite warten Sammeltaxen. Auch Reiseagenturen in Bangkok bzw. Siem Reap arrangieren die ganztägige Überlandfahrt.

Eine weitere, umständlichere Option bildet die **Grenze bei Hat Lek/ Cham Yem** an der Küste. Sie ist für diejenigen interessant, die über Koh Kong nach Sihanoukville reisen möchten.

Abenteuerlustige können den nördlichen **Grenzübergang von/nach Thailand Chom Som/O'Smach** benutzen.

Von Vietnam fahren täglich Busse von Ho-Chi-Minh-Stadt über Moc Bai/Bavet nach Phnom Penh. Dauer: 6–7 Stunden.

Eine reizvolle 4–6-stündige **Bootsfahrt** führt von Chau Doc über die Grenze Kham Samnor/Vinh Suong nach Phnom Penh.

... nach Laos

... mit dem Flugzeug

Die Anreise aus Europa folgt zumeist über Bangkok. Von dort fliegen täglich Thai Airways International und Lao Airlines den **Internationalen Flughafen Wattay** in Vientiane an. Von ihm bestehen zudem Verbindungen u. a. nach Hanoi, Ho-Chi-Minh-Stadt, Chiang Mai, Siem Reap und Phnom Penh. Der Wattay International Airport liegt nordwestlich von Vientiane. **Taxen** (4–5 US-$) benötigen für die Fahrt in die Innenstadt 15–20 Minuten.

Bangkok Airways (www.bangkokairways.de) und Lao Airlines fliegen von Bangkok nach Luang Prabang, Lao Airlines zudem von Pakxe nach Siem Reap, Phnom Penh und Ho-Chi-Minh-Stadt. Flüge und Routen richten sich nach dem Fluggastaufkommen, kurzfristige Änderungen möglich! Die internationale **Flughafensteuer** beträgt 10 US-$.

... über Land

Durch die Öffnung von Grenzübergängen zwischen Thailand und Laos bieten sich verschiedene Ein- und Ausreisekombinationen an. So kann man **mit dem Zug** von Bangkok nach Nong Khai fahren und dort über die Freundschaftsbrücke nach Vientiane weiterreisen; oder **mit dem Flugzeug** von Bangkok nach Chiang Rai und von dort weiter **mit dem Bus** bis nach Chiang Khong am Mekong. Auf der anderen Flussseite liegt der Grenzort Houay Xai, von wo aus täglich **Boote** nach Luang Prabang fahren.

Im Süden gibt es offizielle Einreisemöglichkeiten in Nakhon Phanom/Thakhek, Mukdahan/Savannakhet und Chong Mek/Vangtao (bei Pakxe). Letzterer Übergang ist gut über das 87 km entfernte Ubon Ratchathani zu erreichen. Diese im tiefen Nordosten Thailands gelegene Stadt besitzt tägliche Zug-, Flug- und Busverbindungen nach Bangkok.

Grenzübergänge nach Vietnam befinden sich 30 km östlich von Lak Sao in Kaew Neua (Nam Phao)/Cau Treo (in Richtung Vinh) und in Lao Bao (in Richtung Dong Ha, Hue) östlich von Savannakhet.

Von China besteht eine Einreisemöglichkeit in die

Reiseplanung

Provinz Luang Namtha an der Grenze Boten/Mengla.

Reisepapiere

Für die Ausstellung eines Visums brauchen Sie einen Reisepass, der ab Einreise noch mindestens sechs Monate gültig ist. Visaformulare können im Internet unter www.indochina-services.com oder www.visaexpress.de heruntergeladen werden. Bitte beachten Sie, dass sich die Bestimmungen in allen drei Ländern schnell ändern können.

... in Vietnam

Das Visum für Vietnam muss **über die Botschaft** beantragt werden. Die Bearbeitungszeit beträgt ca. fünf Tage. Ein vier Wochen gültiges **Touristenvisum** zur einmaligen Einreise kostet 64 €, ein drei Monate gültiges 70 €. Bei zweimaliger Einreise kostet das Visum 88 € bzw. 100 €. Expresszuschlag für Erteilung am selben Tag: 24 €. Bei den Einwanderungsbehörden (Immigration Office) kann das Touristenvisum für ca. 30 US-$ um 30 Tage verlängert werden. Viele lokale Agenturen sind auf diesen Service eingestellt. Wer die Reise über einen Veranstalter organisiert, kann das Visum bei der Ankunft erhalten. Dazu ist ein Einladungsschreiben (Invitation Letter) erforderlich.

Ein **Geschäftsvisum** kostet bei einmaliger Einreise 30 €, für zweimalige Einreise 45 € und ist maximal drei Monate gültig. Für 70 € können Sie innerhalb von sechs Monaten mehrfach einreisen, für 100 € innerhalb eines Jahres. Zur Beantragung benötigen Sie eine Einlassgenehmigung, die Ihr Geschäftspartner in Vietnam besorgen muss.

... in Kambodscha

Ein vier Wochen gültiges ›**Visa upon arrival**‹ gibt es auf den internationalen Flughäfen in Siem Reap und Phnom Penh sowie an folgenden Grenzübergängen: Aranyaprathet/Poipet, Koh Kong/Hat Lek (Thailand), Bavet/Moc Bai (Vietnam) und Kham Samnor/Vinh Suong bei Chau Doc (Mekong-Delta). Die Gebühren betragen für das **Touristen-Visum** 20 US-$, für **Business-Visa** 25 US-$. An der Grenze müssen Sie einen Antrag (Formulare vor Ort), Ihren Pass und ein Lichtbild vorlegen. Touristen-Visa können bei der Einwanderungsbehörde (Direction des Étrangers) an der 200. Straße/Norodom Boulevard in Phnom Penh um bis zu einen Monat verlängert werden, Business-Visa bis zu sechs Monate. Es empfiehlt sich, die Verlängerung über ein örtliches Reisebüro regeln zu lassen. Die Gebühr beträgt für eine Woche 20 US-$, für einen Monat 40

Tipp

Bitte nehmen Sie mindestens eine **Kopie Ihres Reisepasses** mit, um bei Verlust unkomplizierten Ersatz bei Ihrer Botschaft zu bekommen. Auch sollten sie genügend **Passbilder** dabei haben. Sie benötigen Sie sowohl bei der Einreise nach Laos als auch nach Kambodscha, für etwaige Verlängerungen sowie für die Eintrittskarte beim Besuch von Angkor!

US-$ und für ein halbes Jahr 100 US-$.

... in Laos

Ein 15 Tage gültiges Touristenvisum erhält man nach Vorlage von Pass, 1 Passfoto, 30 US-$ und einem Antrag bei der Ankunft (**Visa upon arrival**) in den internationalen Flughäfen von Vientiane, Luang Prabang und Pakxe sowie an folgenden Grenzübergängen: Houay Xay/Chiang Khong, Thakhek/Nakhon Phanom, Savannakhet/Mukdahan, Vangtao bei Pakxe/Chong Mek (alle Thailand), Lao Bao, Laksao, Nam Khan/Nghe An und Na Phao/ Chalo (alle Vietnam). Ein 30-Tages-Visum erhält man über die Botschaft. Visa-Verlängerungen sind bei der Einwanderungsbehörde möglich.

Reiseplanung

Devisen- und Zollbestimmungen

Es versteht sich, dass in allen drei Ländern Einfuhr und Besitz von Waffen, Drogen und Pornographie verboten sind. Zudem dürfen Buddha-Statuen und Antiquitäten nicht ausgeführt werden. Tiere und Pflanzen, die durch das Washingtoner Artenschutzübereinkommen geschützt sind, dürfen nicht in die EU eingeführt werden. Das gilt auch für Produkte, die aus ihnen hergestellt oder Elfenbeinschnitzereien. Korallen gehören ebenfalls nicht ins Reisegepäck. Auch dürfen die Landeswährungen weder ein- noch ausgeführt werden.

... in Vietnam

Ausländische Währungen ab 3000 US-$ müssen deklariert werden. Für den Eigenbedarf können Sie einführen: 400 g Zigaretten oder 100 Zigarren oder 500 g Tabak; 1,5 l Spirituosen über 22 % Alkohol oder 2 l Spirituosen mit weniger als 22 % Alkohol oder 3 l andere alkoholische Getränke. Schmuck bis zu 300 g.

... in Kambodscha

Folgende Artikel dürfen Sie zollfrei ins Land einführen: 1,5 l Alkohol und 200 Zigaretten/50 Zigarren pro Person. Die Ein- und Ausfuhr von Devisen ab 10 000 US-$ muss beim Zoll deklariert werden

... in Laos

Eingeführt werden dürfen: 500 Zigaretten oder 100 Zigarren oder 500 g Tabak, 1 l alkoholische Getränke, Schmuck bis zu 500 g und Parfüm für den persönlichen Gebrauch. Zudem sind ausländische Devisen in unbegrenzten Mengen erlaubt.

Gesundheitsvorsorge

Zwar sind Schutzimpfungen für keines der drei Länder notwendig, doch sollte vor Abreise ein mit Tropenkrankheiten vertrauter Arzt konsultiert werden. Dies gilt vor allem für die Malariaprophylaxe, denn einige Medikamente wie Lariam sind manchmal schwer verträglich. Mückenschutz und Juckreiz stillende Mittel sind unabdingbar, können zur Not aber auch vor Ort besorgt werden. Für die Abendstunden empfehlen sich lange Hosen und Strümpfe. Ein Moskitonetz ist nur erforderlich, wenn Reisen in abgelegene Gebiete geplant sind, einfachere Unterkünfte besitzen oft keine oder beschädigte Netze.

Die häufigsten Krankheiten sind Erkältungen und Verstimmungen des Magen-Darmtraktes. Wegen der hohen Luftfeuchtigkeit können sich Wunden schnell zu Entzündungsherden ausweiten, nehmen Sie daher Desinfektionsmittel und Wundheilsalben mit. Auch Hautcreme, Sonnenschutzmittel und Schmerzmittel sowie Einwegspritzen – in den örtlichen Krankenhäusern oft Mangelware – gehören ins Gepäck. Eine Auslandskrankenversicherung, die den Rücktransport einschließt, sollte obligatorisch sein. Weitere Informationen finden Sie im **Internet**:
www.fit-for-travel.de
www.dtg.mwn.de.de
www.tropenmedizin.de
www.gesundes-reisen.de

Klima und Reisezeit

... in Vietnam

Da das Land sich von Nord nach Süd auf über 1800 km ausdehnt, besitzt es kein einheitliches Klima. Folglich kann man für Vietnam keine typische Reisezeit benennen.

Wer **zwischen November und Februar** reist, wird im Norden des Landes trockenes kaltes Wetter vorfinden, in Hue und Da Nang sich auf Dauerregen oder gar Taifune einstellen müssen und von Nha Trang bis zum Mekong-Delta in den Genuss wunderschönen und trockenen Wetters gelangen.

Von **März bis Mai** gibt es im Norden häufig Nieselregen und in Hue wechselhaftes Wetter bei angenehmen Temperaturen, während es im Süden bei durchschnittlich 35 °C unangenehm schwülheiß ist.

Juni–Oktober fallen sowohl im Norden als auch im Süden die meisten Niederschläge. In Hanoi kann die Quecksilbersäule zwischen Juni und August auf über 38 °C klettern. Im Zentrum zwischen Hue und Nha Trang ist es dagegen trockener, allerdings kann es sehr heiß (35–40 °C) sein.

... in Kambodscha und Laos

Die **beste Reisezeit** sind die Monate **November–März**. Dann herrschen angenehme Temperaturen, und es fällt kaum Niederschlag. Nachts sinkt in den Ebenen Kambodschas die Quecksilbersäule selten unter 20 °C, tagsüber steigt sie auf etwas über 30 °C. Im bergigen Laos dagegen sind die Temperaturschwankungen erheblich größer. Es kann empfindlich kühl werden. Tagsüber herrschen in Luang Prabang und Vientiane angenehme 28 °C.

In den **Sommermonaten April und Mai** wird es unerträglich heiß, und die Landschaft ist ausgedörrt. Doch ist dies die Zeit schmackhafter Früchte wie Mango oder Litchis und der Blütenbäume. Zudem feiern die Khmer und Laoten Mitte April ihr feuchtfröhliches Neujahrsfest.

Die **Regenzeit Juni–Oktober** ist für diejenigen interessant, die Flussfahrten und endlos grüne Reisfelder lieben. Zudem sind nach Gewitterregen traumhaft-schöne Lichtspiele zu beobachten. Allerdings können manche Gegenden aufgrund der schwierigen Straßenverhältnisse nicht besucht werden oder sind gar überflutet. Unregelmäßige Flugzeiten und lang anhaltende Regenfälle in den Bergen trüben ebenfalls die Reisefreude. Dafür locken Preisnachlässe der selten ausgebuchten Hotels und wenig besuchte Sehenswürdigkeiten.

Kleidung

Die Kleidung sollte bequem, leicht und nicht zu empfindlich sein. Nehmen Sie bitte Rücksicht auf die örtlichen Gepflogenheiten. Shorts und knappe T-Shirts sind nur am Pool oder Strand angebracht, nicht jedoch unterwegs – auch wenn es noch so heiß ist. Nehmen Sie leichte, aber solide Schuhe mit, denn Sie werden oft auf Staubstraßen unterwegs sein. Von November bis Januar sind in den Bergregionen warme Pullover und Jacken unabdingbar. Da Sie sich immer wieder in unterkühlten Räumen oder Fahrzeugen aufhalten werden, empfiehlt es sich, eine leichte Jacke oder ein Halstuch griffbereit zu

Tipp

Taschenmesser, Taschenlampe, Schirm und Tuch sollten Ihre ständigen Begleiter sein, denn immer wieder gibt es etwas zu schneiden, fällt der Strom aus oder fehlt ein schattiges Plätzchen.

haben. Unabhängig davon, wann Sie in Vietnam reisen, ein Regenschutz wird gute Dienste leisten. Sind sie im Winter unterwegs, unterschätzen Sie nicht die niedrigen Temperaturen im Norden und nehmen Sie warme und windfeste Kleidung mit.

Tipps für die Reisegestaltung

Da Kambodscha, Laos und Vietnam sich erst vor einigen Jahren für den Tourismus geöffnet haben, ist die **touristische Infrastruktur** noch im Aufbau begriffen. Die **öffentlichen Verkehrsmittel** sind weitgehend in katastrophalem Zustand. Wer individuell reisen möchte, sollte dies berücksichtigen. Zudem ist es empfehlenswert, vor der Reise das **Hotel** am Ankunftsort und in den Hauptorten zu buchen. In der Hauptsaison ist dies sogar zwingend erforderlich.

Mit **Englisch** kommen Sie zumindest in den Hauptorten recht gut zurecht. Darüber hinaus helfen praktische

Informationen für unterwegs

> **Tipp**
>
> Unbedingt mitnehmen: Leichte unempfindliche Kleidung, Reiseapotheke, Taschenmesser, Taschenlampe, Adapter, Schirm, Sonnencreme und Sonnenbrille!

Sprachführer für Laotisch, Khmer und Vietnamesisch.
Vor Ort gibt es viele **Agenturen**, die ein- oder mehrtägige Ausflüge zusammenstellen. Ausgewählte Adressen sind unter ›Informationen für unterwegs‹ zu finden. Ein Preisvergleich lohnt sich.

Eine Vielzahl **deutschsprachiger Reiseveranstalter**, darunter die führenden Studienreisenanbieter, bieten Gruppen- und Studienreisen in die drei Länder an. In den vergangenen Jahren gab es in den Touristenorten einen Bauboom, sodass es für jeden Geldbeutel eine gute Auswahl an Unterkünften gibt. Schwierigkeiten gibt es in weniger besuchten Regionen. Dort sind Abstriche im Komfort zu machen. Da der Tourismus in diesen Ländern noch recht neu ist, mangelt es den Angestellten oft an Erfahrung. Zudem hapert es u. U. mit dem Englisch. Mit Freundlichkeit und Geduld können jedoch die meisten Probleme gelöst werden. Es empfiehlt sich, Hotels mit gehobenem Standard wegen des Preisvorteils über Internet oder Reisebüros zu buchen. In der Nebensaison gibt es oft Preisnachlässe.

Informationen für unterwegs – Von Ort zu Ort

Vietnam

Ländervorwahl: 0084

Can Tho

Vorwahl: 071

Auskunft
Can Tho Tourist
20, D. Hai Ba Trung
Tel. 82 18 52/3, Fax 82 27 19
Hilfreich und freundlich.

Aktivitäten
Nicht versäumen sollte man eine Bootstour in die umliegenden Kanälen und zu den schwimmenden Märkten. Boote können über die Hotels oder bei Can Tho Tourist gemietet werden, die privaten Bootsfahrer bieten günstigere Preise. Feilschen!

Hotels
Can Tho Golf (G)
2, D. Hai Ba Trung
Tel. 81 22 10, Fax 81 22 82
Der leicht überdimensionierte Kasten an der Uferpromenade birgt schöne, geräumige Zimmer. Von der obersten Terrasse hat man einen wunderbaren Ausblick.

Victoria Can Tho (G)
Cai Khe Ward
Tel. 81 01 11, Fax 82 92 59
E-Mail:
victoriact@hcm.vnn.vn
www.victoriahotels-asia.com
Das beste und stilvollste Hotel von Can Tho. Pool. Bootsshuttle in die Stadt.

Saigon Can Tho (S)
55, D. Phan Dinh Phung
Tel. 82 58 31, Fax 82 32 88
E-mail:
sgcthotel@hcm.vnn.vn
Vor allem bei asiatischen Gästen beliebt.

Hau Giang (S)
34, D. Nam Ky Khoi Nghia
Tel. 82 18 51, Fax 82 18 06
Etwas verwohnt, aber dennoch sauber und freundlich.

Restaurants
Entlang der Uferpromenade gibt es einige vor allem bei Rucksacktouristen beliebte Restaurants wie das Nam Bo in einem Kolonialbau. Die Restaurants und Cafés in der Nam Ky Khoi Nghia erfreuen sich dagegen bei

Hotelkategorien

(L) Luxus:
ab 100 US-$
(G) gehobener Standard:
70–100 US-$
(S) Standard:
25–70 US-$
(P) Preiswert
bis 25 US-$

Einheimischen großer Beliebtheit.

Bai Bong
Thuang Dang Li
U. a. günstige und gute Fischgerichte.

Chau Doc

Vorwahl: 076

Hotels
Victoria Chau Doc Hotel (G)
32, D. Le Loi
Tel. 86 50 10, Fax 86 50 20
E-Mail: victoriachaudoc@hcm.vnn.vn
www.victoriahotels-asia.com
93 schöne Zimmer, teils mit Blick auf den Hau-Giang-Fluss. Gutes Restaurant.

Thuan Loi Hotel (P)
18, D. Tran Hung Dao
Tel. 86 61 34, 86 53 80
Gute und günstig, mit schönem Flussblick.

Than Tra Hotel (P)
77, D. Thu Khoa Nghia
Tel. 86 67 88

Preiswerte, aber sehr kleine Zimmer. Ruhig gelegen.

Restaurants
Bay Bong
22, D. Thuong Dang Le
Preiswerte, exzellente Fischgerichte.

Cuu Long (Mekong)
41, D. Le Loi. gegenüber dem Victoria Chau Doc Hotel
Hier stimmen Essen und Atmosphäre.

Da Lat

Vorwahl: 063

Auskunft
Dalat Tourist Travel Service
2, D. Nguyen Thai Hoc
Tel. 82 25 20, Fax 83 41 44
www.dalattourist.com

Agenturen
Dalat Travel
7, 3 Thang 2
Zum Buchen von Mietwagen und Touren.

Dalat Holidays
37, D. Truong Cong Dinh
Tel. 82 94 22
E-Mail: langbian@hcm.vnn.vn
Organisiert Trekkingtouren.

Hotels
An Hotelzimmern besteht kein Mangel. Da jedoch am Wochenende und an den Feiertagen viele Einheimische Da Lat besuchen, sollte man um diese Zeit vorab reservieren.

Sofitel Da Lat Palace (L)
12, D. Tran Phu
Tel. 82 54 44
Fax 82 56 66
E-Mail: sofitel@netnam2.org.vn
Erste Adresse am Ort. Das stilvolle Kolonialhotel wurde 1916–22 errichtet.

Novotel Da Lat (G)
7, D. Tran Phu
Tel. 82 57 77
Fax 82 58 88
E-Mail: novotel@netnam2.org.vn
Das renovierte Kolonialhotel besteht seit 1932 und gehört ebenfalls zu den ersten Adressen Da Lats.

Empress Hotel (S)
5, D. Nguyen Thai Hoc
Tel. 83 38 88
Fax 82 93 99
E-Mail: empress@hcm.vnn.vn
Nur durch die Straße vom Xuan-Huong-See getrennt, bietet das Hotel mit ansprechenden Zimmern ein gutes Preis-Leistungs-Verhältnis.

Golf 3 Hotel (S)
4, D. Nguyen Thi Minh Khai
Tel. 82 60 42
Fax 83 03 96
Zentrale Lage, schöne 76 Zimmer. Gute Aussicht von der Dachterrasse.

Minh Tam Villas (S)
20A, D. Khe Sanh
Tel. 82 24 47
Fax 82 44 20
Villa mit Aussicht. 3 km außerhalb von Da Lat auf einer Anhöhe gelegen.

Informationen für unterwegs

Dreams Hotel (P)
151, D. Phan Dinh Phung
Tel. 83 37 48
Fax 83 71 08
E-Mail: dreams@hcm.vnn.vn
Eine bei Travellern beliebte Unterkunft.

Chau Au Europa (P)
76, D. Nguyen Chi Thanh
Tel. 82 28 70
Fax 82 44 88
E-Mail: europa@hcm.vnn.vn
Hier stimmt das Preis-Leistungs-Verhältnis.

Restaurants
Für den kleinen Hunger empfiehlt sich der Nachtmarkt an der Nguyen Thi Minh Khai, für ein gepflegtes Dinner das Le Rabelais im Hotel Sofitel Da Llat Palace.

Le Café de la Poste
6, D. Tran Phu
Eine gute Adresse.

Café Tung
6, Khu Hoa Binh Square
Im Ambiente der 1950er Jahre lassen sich Einheimische wie Touristen gerne ihren Kaffee oder Tee munden.

Thanh Thanh
4, D. Tang Bat Ho
Tel. 82 18 36
Leckere vietnamesische und französische Küche.

Trong Dong
220, D. Phan Dinh Phung
Tel. 82 18 89
Guter Ort für ein solides vietnamesisches Dinner.

Da Nang

Vorwahl: 051

Auskunft
Danang Tourism Promotion Center
118, D. Le Loi; Tel. 82 31 60
www.danangtourism.com.vn

Agenturen
Dana Tours
76, D. Hung Vuong
Tel. 82 56 53
Fax 82 13 12
E-Mail: danamarle@dng.vnn.vn

Sehenswürdigkeiten
Cham-Museum (Bao Tang Cham)
Ecke D. Trung Nu Vuong/ D. Bach Dang
tgl. 7–18 Uhr

Hotels
Da die meisten Touristen das nahe gelegene Hoi An zur Übernachtung bevorzugen, versuchen die Hoteliers von Da Nang die Gäste mit Rabatten zu gewinnen. Daher nach Ermäßigung fragen!

Furama Resort Da Nang (L)
68, D. Ho Xuan Huong (am China Beach)
Tel. 84 73 33
Fax 84 76 66
www.furamavietnam.com
Das beste Hotel Zentral-Vietnams mit allem Komfort. Wassersportaktivitäten.

Bamboo Green Harbourside (S)
177, D. Tran Phu
Tel. 82 27 22
Fax 82 41 65
E-Mail: bamboogreen@dng.vnn.vn
Zentral gelegenes Stadthotel mit gutem Preis-Leistungs-Verhältnis.

Elegant Hotel (S)
22A, D. Bach Dang
Tel. 89 28 93
Fax 83 51 79
E-Mail: elegant@dng.vnn.vn
Wird seinem Namen gerecht. Viele Zimmer mit Flussblick.

Royal Hotel (S)
17, D. Quang Trung
Tel. 82 32 95
Fax 82 72 79
E-Mail: royalhotel@dng.vnn.vn
Beliebtes Geschäftshotel.

Saigon Tourane Hotel (S)
14, D. Tran Cui Cap/5, Dong Da
Tel. 82 10 21
Fax 89 52 85
E-Mail: sgtouran@dng.vnn.vn
www.saigontourane.com.vn
Lage, Service und Ambiente machen dieses Hotel zu einer sehr guten Wahl. In der Nebensaison gute Rabatte.

Binh Duong Mini Hotel (P)
30–32, D. Tran Phu
Tel. 82 19 30
Fax 82 76 66
Gute Lage und geräumige Zimmer.

Restaurants
Christie's Restaurant
112, D. Tran Phu
Tel. 82 40 40

Restaurant und zugleich eine sehr beliebte Bar.

Com Chay Chua Tinh Hoi
500, D. Ong Ich Khiem
Hier erhält man gutes vegetarisches Essen (*com chay*), und das zu moderaten Preisen.

Topa Hoang Ngoc
106, D. Nguyen Chi Thanh
Tel. 82 12 41
Das Topa Hoang Ngoc serviert schmackhafte chinesische Küche, die auch Einheimische gern genießen.

Kim Do Restaurant
174, D. Tran Phu
Tel. 82 18 46
Hier ist man durchaus gut, doch sind die Preise etwas überhöht.

Dien Bien Phu

Vorwahl: 023

Sehenswürdigkeiten
Dien Bien Phu Museum
Tel. 82 49 71
tgl. 7.30–11, 13.30–16.30 Uhr

Hotels
Muong Thanh Hotel (P)
Tel. 82 67 19
Fax 82 67 20
Beste Unterkunft im Ort, doch aus diesem Grunde häufig ausgebucht.

Binh Long Hotel (P)
429, D. Muong Thanh
Tel. 82 43 45
Annehmbare Billigunterkunft.

Ha Tien

Vorwahl: 077

Auskunft
Ha Tien Tourist
14, D. Phuong Thanh
Tel. 85 19 29
Fax 85 21 19

Hotels
Kim Du Hotel (P)
14, D. Phuong Thanh
Tel. 85 19 29
Fax 85 21 19
Derzeit beste Unterkunft, freundlicher Service.

Sao Mai Hotel (P)
D. Tran Cong An, jenseits des To-Chau-Flusses
Tel. 85 27 40
Hotel mit netter Atmosphäre und einfachen, aber guten Zimmern.

Restaurants
Huong Bien
D. To Chau
Gute, preiswerte Küche.

Xuan Thanh
Ecke D. Ben Tran Hau/D. Tham Tuong Sanh
Ein nettes Restaurant, das schmackhafte Speisen günstig anbietet

Hai Phong

Vorwahl: 031

Auskunft
Hai Phong Tourist Company
20, D. Le Dai Hanh
Tel. 84 29 89

Hotels
Harbour View Hotel (G)
4, Pho Tran Phu
Tel. 82 78 27, Fax 92 78 28
E-Mail: info@harbourview.vnn.vn
Bestes Hotel der Stadt. Stilvoll eingerichtet. Gutes Restaurant.

Holiday Mansion Hotel (S)
60, Pho Da Nang
Tel. 84 56 67, Fax 84 56 68
Schöne Anlage am Ostrand der Stadt.

Hong Bang Hotel (S)
64, Pho Dien Bien Phu
Tel. 84 22 29
Fax 84 10 44
Zimmer mit unterschiedlichen Standards.

Huu Nghi Hotel (S)
60 Pho Dien Bien Phu
Tel. 82 32 44, 82 33 10
Fax 82 32 45
Nüchtern wirkendes Hotel mit funktionalen sauberen Zimmern.

Thang Nam (P)
55, Pho Dien Bien Phu
Tel. 74 54 32
Fax 74 56 74
Neueres, wenn auch etwas gesichtsloses Minihotel.

Restaurants
Lucky Restaurant
22, Pho Minh Khai
Tel. 84 20 09
Gute vietnamesische Küche zu günstigen Preisen.

Saigon Café
Pho Dien Bien Phu/Ecke Pho Dinh Tien Hoang

Vor allem bei der Stadtjugend beliebtes Café.

Ha-Long-Stadt

Vorwahl: 033

Auskunft
Tourist Guide Information Center
Bai Chay Wharf (am Hafen)
Tel. 84 74 81, Fax 82 13 07

Hotels
Die meisten der über 100 Hotels und Unterkünfte liegen entlang der Uferstraße im Stadtteil Bai Chay.

Halong Plaza (G)
8, D. Ha Long, Bai Chay
Tel. 84 58 10-19
Fax 84 68 67
E-Mail: plaza.qn@hn.vnn.vn
Trotz etwas nüchterner Atmosphäre bietet das Hotel alle Annehmlichkeiten.

Heritage Halong (G)
88, D. Ha Long, Bai Chay
Tel. 84 68 88
Fax 84 67 18
E-Mail: heritagehl.qn@hn.vnn.vn
Bei Gruppen beliebt, ansprechende Zimmern mit Blick auf die Bucht.

Saigon Halong Hotel (G)
Ha Long, Bai Chay
Tel. 84 58 45
Fax 84 58 49
www.saigonhalonghotel.com
15-stöckiges Hotel mit grandioser Aussicht. Die 228 Zimmer lassen es an nichts fehlen.

Vuong Dao Hotel (S)
Ha Long, Bai Chay
Tel. 84 64 27, 84 64 52
Fax 84 62 87
Gute Lage, mäßiger Service.

Hanoi

Vorwahl: 04

Auskunft
Hanoi Tourist
12, D. Ba Trieu
Tel. 825 42 09
Wenig hilfreiche Informationen, eher am Verkauf von Touren interessiert.

Agenturen
In der Altstadt gibt es zahlreiche Billiganbieter. Etwas teurer, aber mit höheren Qualitätsansprüchen sind:

Buffalo Tours
11, Pho Hang Muoi
Tel. 716 20 79, Fax 716 47 29
www.buffalotours.com

Diethelm Travel
44B, Pho Ly Thuong Kiet
Tel. 934 48 44
Fax 934 48 50
E-Mail: dtvl@diethelm.netnam.vn

Especen Travel
22, Pho Trang Thi
Tel. 826 68 56, 826 10 71
Fax 826 96 12
www.especentravel.com

Sehenswürdigkeiten
Ethnologisches Museum (Bao Tang Dan Toc Hoc)
D. Nguyen Van Huyen, Cau Giay Dist.
Tel. 756 21 93, Fax 836 03 51
tgl. außer Mo 8.30–17.30 Uhr

Historisches Museum (Bao Tang Lich Su)
1, Pho Trang Tien
Tel. 825 35 18, 824 13 84
tgl. außer Mo 8–11.30, 13.30–16.30 Uhr
Die Friends of Vietnam Heritage (www.friendsofvietnamheritage.com) organisieren regelmäßig Führungen.

Ho-Chi-Minh-Mausoleum (Lang Chu Tich Ho Chi Minh)
1, Bach Thao, Ba-Dinh-Platz
Tel. 823 47 60, 823 63 26
tgl. außer Mo, Fr 9–11 Uhr (April–Sept.)
tgl. außer Mo, Fr 7.30–10.30 Uhr (Dez.–März)
Oktober und November geschlossen, doch können dann der Präsidentenpalast (von außen) und das Wohnhaus Ho Chi Minhs besucht werden. Kameras und Taschen müssen abgegeben werden.

Ho-Chi-Minh-Museum (Bao Tang Ho Chi Minh)
3. Pho Ngoc Ha, Ba-Dinh-Dist.
Tel. 846 37 52, 845 54 35
tgl. außer Mo, Fr 8–11.30, 13.30–16.30 Uhr

Maison Centrale (›Hanoi Hilton‹)
1. Pho Hoa Lo
Tel. 824 63 58
tgl. außer Mo 8–11.30, 13.30–16.30Uhr

Museum der Schönen Künste (Bao Tang My Thuat)
66, Pho Nguyen Thai Hoc
Tel. 846 50 81
tgl. außer Mo 8–11.30, 13.30–16 Uhr

Revolutionsmuseum (Bao Tang Cach Mang)
25, Pho Tong Dan
tgl. außer Mo 8–11.45, 13.30–16.15 Uhr

Van Mieu (Literaturtempel)
Pho Quoc Tu Giam
tgl. 8–17 Uhr

Theater
Hanoi ist für Wasserpuppentheater bekannt, unbedingt besuchen!

Thang Long Water Puppet Theatre
57B, Pho Dinh Tien Hoang
Nachfrageabhängig meist zweimal tgl. Aufführungen um 20 und 21.30 Uhr.

Water Puppet Theatre House
32, D. Truong Chinh
Tel. 853 45 45
Die berühmte Truppe ist häufig unterwegs. Vorher Vorstellungstermine erfragen.

Opera
In der alten Oper finden unregelmäßig Konzerte statt. Termine erfahren Sie in den Zeitungen.

Hotels
Die Auswahl an Hotels ist groß. Wer es quirlig haben möchte, sollte eine Unterkunft in der Altstadt suchen, wer die Ruhe sucht, ist am Westsee richtig. Viele günstige Minihotels liegen nördlich und westlich des Hoan-Kiem-Sees.

Hilton Hanoi Opera (L)
1, Pho Le Thanh Tong
Tel. 933 0500
Fax 933 0530
E-Mail: info_hanoi@hilton.com
Architektonisch stilvoll der benachbarten Oper angepasst. 269 luxuriöse Zimmer.

Melia Hanoi (L)
44B, Pho Thuong Kiet
Tel. 934 33 43, Fax. 934 33 44
www.solmelia.com
Gut geführt, mit allen Annehmlichkeiten.

Sofitel Metropole (L)
15, Pho Ngo Quyen
Tel. 826 69 19
Fax 826 69 20
www.sofitel-hanoi-vietnam.com
Das 1901 als Le Grand Hôtel Métropole Palace eröffnete Traditionshotel besticht durch Stil und Lage.

Sofitel Plaza Hanoi (L)
1, Pho Thanh Nien, Ba Dinh Dist.
Tel. 823 88 88, Fax 829 38 88
E-Mail: sales-mktg@sofitelplazahn.com.vn
Riesige Luxusunterkunft am Westsee.

Galaxy (G)
1, Pho Phan Dinh Phung (Altstadt)
Tel. 828 28 88, Fax 828 24 66
E-Mail: galaxyhtl@netnam.org.vn
Beliebtes und gut geführtes Hotel in der Altstadt.

Sunway Hotel (G)
19, Pho Pham Dinh Ho
Tel. 971 38 88, Fax 971 35 55
E-Mail: sunway.Hanoi@fpt.vn
Wegen Lage und Service beliebtes Hotel.

Hong Ngoc Hotel (P)
34, Pho Hang Manh (Altstadt)
Tel. 828 50 53
Fax 828 50 54
E-Mail: ngoclong@fpt.vn
Mitten in der Altstadt, mit geräumigen Zimmern.

Lucky Hotel (P)
12, Pho Hang Trong (Altstadt)
Tel. 825 10 29, Fax 825 17 31
E-Mail: luckyhotel@hn.vnn.vn
Wegen Lage und freundlichem Service sehr beliebt.

Restaurants
Von der einfachen Straßenküche bis zum stilvollen Restaurant – in Hanoi gibt es viele Möglichkeiten, die vietnamesische Küche kennen zu lernen. Nicht versäumen sollten Sie die typische Nudelsuppe mit Huhn (*pho ga*) oder Rind (*pho bo*).

Indochine
16, Pho Nam Ngu
Tel. 942 40 97
In einer attraktiven Kolonialvilla wird gediegene vietnamesische *haute cuisine*

Informationen für unterwegs

serviert. Beliebt bei Reisegruppen, daher reservieren.

Le Tonkin
14, Pho Ngo Van So
Tel. 943 34 57
Das Restaurant bietet in schönem Ambiente eine gute Auswahl vietnamesischer Gerichte.

Minh Anh
65C, Pho To Hien Thanh
Tel. 976 04 01
Dieser sympathische Familienbetrieb macht deutlich, warum die Küche Vietnams international immer mehr Anerkennung findet. Häufig sehr voll, daher reservieren.

Nam Phuong
19, Pho Phan Chu Trinh
Tel. 828 09 26
In einer attraktiven Kolonialvilla, gute Auswahl vietnamesischer Gerichte, begleitet von traditioneller Musik.

Verandah
9, Pho Nguyen Khac Can
Tel. 934 84 98
Wer kulinarisch auf vertrautem europäischem Weg wandeln möchte, kann hier in kolonialem Ambiente speisen.

Bars und Cafés
In der Altstadt Hanois lädt eine wachsende Zahl von teilweise sehr kreativ gestalteter Cafés zur Einkehr ein. Hier eine kleine Auswahl.

Cyclo Bar
38, Pho Duong Thanh
Tel. 828 68 44

Alleine schon wegen des Interieurs – man sitzt in umgebauten Cyclos – einen Besuch wert. Eigentlich eher ein Restaurant.

Moca Café
14–16, Pho Nha Tho
Tel. 825 63 34
Café unweit der Josephs-Kathedrale, auch gute Auswahl von warmen Speisen.

69 Bar
69, Pho Ma May (Altstadt)
Tel. 926 04 52
Hier blieb mancher schon länger sitzen als geplant.

Ily Café
97, Pho Ma May (Altstadt)
Tel. 826 02 47
Für den kleinen oder großen Hunger genau richtig.

Tamarind Café
80. Pho Ma May (Altstadt)
Tel. 926 05 80
Einer der wenigen ansprechenden Orte Hanois mit guten vegetarischen Gerichten. Beliebt für seine Fruchtsäfte.

Hoa Binh

Vorwahl: 018

Hotels
Hoa Binh I Hotel (S)
Tel. 82 50 51
und
Hoa Binh II Hotel (S)
Tel. 85 20 01, Fax 85 43 72
Die gegenüber liegenden Anlagen sind sehr schön im Stil der Bergvölker gebaut.

Ho-Chi-Minh-Stadt

Vorwahl: 08

Agenturen
Delta Adventure Tours
187A, D. Pham Ngu Lao
Tel. 836 85 42, 836 75 35
www.deltaadventuretour.com

Indochina Services
27F, D. Tran Nhat Duat, Dist. 1
Tel. 846 81 04
Fax 846 81 05
E-Mail: is@hcm.vnn.vn

Saigontourist
49, D. Le Thanh Ton, Dist. 1
Tel. 829 89 14
Fax 822 49 87
E-Mail: sgtvn@hcmc.netnam.vn
www.saigontourist.net

Sinh Café Vietnam
246–248, D. De Tham, Dist. 1
Tel. 836 73 38
Fax 836 93 22
www.sinhcafevn.com

Sehenswürdigkeiten
Historisches Museum (Bao Tang Lich Su)
2, D. Nguyen Binh Khiem
Tel. 829 81 46, 829 02 68
Mo–Sa 8–11.30, 13.30–16.30, So und Feiertage 8–16.30 Uhr

Ho-Chi-Minh-Museum (Bao Tang Ho Chi Minh)
1D, D. Nguyen Tat Thanh
Tel. 829 97 41, 829 82 50
tgl. außer Mo 8–11.30, 14–16 Uhr

Kriegsreste-Museum (Bao Tang Chung Tich Chien Tranh)
28, D. Vo Van Tan, Ecke Le Qui Don, Dist. 3
Tel. 829 03 25, 829 55 87
tgl. 7.30–11.45, 13.30–16.45 Uhr

Museum der Schönen Künste (Bao Tang My Thuat)
97A, D. Pho Duc Chinh, Dist. 1
Tel. 829 44 41
tgl. außer So 7.45–11.15, 13.30–16.15 Uhr

Museum von Ho-Chi-Minh-Stadt (Bao Tang Thanh Pho Ho Chi Minh)
65, D. Ly Tu Trong, Ecke D. Pasteur
tgl. außer Mo 8–11.30, 14–16.30 Uhr

Wiedervereinigungspalast (Hoi Truong Thong Nhat)
106, D. Nguyen Du (Eingang)
tgl. 7.30–11, 13–16 Uhr

Hotels

Unterkünfte aller Preisklassen gibt es reichlich. Rund 100 recht günstige Minihotels und Gästehäuser befinden sich in den Straßen Pham Ngu Lao, De Tham und Bui Vien im Distrikt 1.

Caravelle Hotel (L)
19, Lam Son Square
Tel. 823 49 99, Fax 824 39 99
E-Mail: hotel@caravelle hotel.vnn.vn
www.caravellehotel.com
Führendes Hotel im Herzen Saigons.

Renaissance Riverside Hotel (L)
8–15, D. Ton Duc Thang
Tel. 822 00 33
Fax 823 56 66
E-Mail: rsvn.rrhs@hcm.vn.vn
Am Saigon-Fluss gelegen, mit allem Komfort.

Hotel Continental (G)
132–134, D. Dong Khoi
Tel. 829 92 01, 829 92 52
Fax 829 09 36
E–Mail: info@continental vietnam.com
www.continentalvietnam.com
Das 1880 gegründete Hotel sah viele berühmte Literaten ein- und ausgehen etwa Graham Greene, der auf Zimmer 214 an ›Der stille Amerikaner‹ schrieb.

Hotel Majestic (G)
1, D. Dong Khoi
Tel. 829 55 17, 822 87 50 (Reservierung)
Fax 829 55 10
E-Mail: hotelmajestic@hcm.vnn.vn
www.majestic-saigon.com
1925 im Kolonialstil errichtet. Hier schwelgen die Gäste in Erinnerungen. Leider lassen manche Zimmer zu wünschen übrig. Schöne Dachterrasse.

Rex Hotel (G)
141, Dai Lo Nguyen Hue
Tel. 829 21 85, 829 31 15
Fax 829 65 36
E-Mail: rexhotel@hcm.vnn.vn
www.rexhotelvietnam.com
Berühmt wegen seiner wechselhaften Vergangenheit und kitschigen Dachterrasse. Guter Service.

Bong Sen Hotel (S)
117–123, D. Dong Khoi
Tel. 829 15 16, Fax 829 80 76
Ordentliche Zimmer bei akzeptablen Preisen.

Chancery Saigon (S)
196, D. Nguyen Thi Minh Khai
Tel. 930 40 88, Fax 930 39 88
E-Mail: chancery@hcm.vnn.vn
www.chancerysaigonhotel.com
Jedes Zimmer eine Suite – wenn auch etwas klein. Aber guter Service.

Grand Hotel (S)
8, D. Dong Khoi
Tel. 823 01 63, Fax 823 57 81
Ein weiteres Hotel mit Geschichte.

Restaurants

Die internationale Küche ist gut vertreten. Folgende Restaurants bieten gutes vietnamesisches Essen.

Ancient Town ›Pho Xua‹
211 Ter, D. Dien Bien Phu, Dist. 3; Tel. 829 96 25
Freunde der vietnamesischen *haute cuisine* werden in diesem Restaurant nicht enttäuscht werden.

Chateau Restaurant
160B, Dai Lo Tran Hung Dao, Dist. 1
Tel. 832 57 79, 833 52 90
Bei Reisegruppen wegen der kunstvollen Zubereitung des Essens geschätzt. Oft sehr

Informationen für unterwegs

voll und etwas eng. Reservierung empfehlenswert.

Indochine
32, D. Pham Ngoc Thach, Dist. 3
Tel. 823 92 56
Ableger des Restaurants in Hanoi. Ebenfalls sehr gute vietnamesische Gerichte.

Lemongrass
4, D. Nguyen Thiep, Dist. 1
Tel. 822 04 96
Traditionelle Musik begleitet die Entdeckungsreise durch die Küche Vietnams

Miss Saigon
86B, D. Le Than Ton, Dist. 1
Tel. 823 81 74
Das unweit des Rex-Hotels gelegene Restaurant mit Garten ist vor allem wegen der Fischgerichte beliebt.

Pho 2000
1–3, D. Phan Tru Chinh. Dist. 3
Tel. 822 27 88, tgl. 6–14 Uhr
Wegen seiner Lage am Ben-Thanh-Markt beliebte Einkehr zum Lunch. Oft sehr voll. Die Nudelsuppen (*pho*) reichen nicht an jene in Hanoi heran.

Bars & Cafés
Wer im schnelllebigen Saigon wissen will, welche Bar gerade *en vogue* ist, kann sich im Monatsmagazin ›Time Out‹ kundig machen.

Carmen Bar
8. D. Ly Tu Trong, Dist. 1
Guter Ort zum Relaxen bei Live-Musik.

Q Bar Saigon
7, Lam Son Square. Eingang seitlich des Stadttheaters
Tel. 823 34 79
Das etwas unterkühlte Design hat die Bar zu einer der ersten Adressen gemacht.

Saigon Saigon Bar
19, Lam Son Square, Dachterrasse des Caravelle Hotels
Tel. 823 49 99
Allein wegen der Aussicht einen Besuch wert.

Underground
69, D. Dong Khoi, im Untergeschoss des Lucky Plaza
Tel. 829 90 79
Beliebter Treffpunkt für Expats. Große Cocktail-Karte.

Vasco's Bar
16, D. Cao Ba Quat, Dist. 1
Tel. 824 31 48
Leckere Grillgerichte zum Bier. Am Wochenende spielen Live-Bands.

Hoi An

Vorwahl: 0510

Auskunft
Hoi An Office of Tourist Services
1, D. Nguyen Truong To
Tel. 861 327
Fax 863 761
www.hoianworldheritage.org

Hotels
Trotz der zahlreichen Unterkünfte empfiehlt sich in der Hochsaison eine Vorreservierung!

Victoria Hoi An Resort (L)
Cua Dai Beach
Tel. 92 70 40
Fax 92 70 41
E-Mail: victoriaha@dng.vnn.vn
www.victoriahotels-asia.com
Die 100 geschmackvoll eingerichteten Zimmer und Bungalows des am Cua-Dai-Strand gelegenen Resorts sind der Architektur von Hoi An nachempfunden. Swimmingpool, Shuttle-Service.

Hoi An Beach Resort (G)
Cua Dai Beach
Tel. 92 70 11, Fax 92 70 19
E-Mail: hoianbeachresort@dng.vnn.vn.
Halbstaatliches Resort mit 85 schönen Zimmern. Hauseigener Strand auf der anderen Seite der Beach Road. Pool, Shuttle-Service.

Hoi An Riverside Resort (G)
D. Cua Dai
Tel. 86 48 00, Fax 86 49 00
www.hoianriverresort.com
Am Ufer des Thu-Bon-Flusses, etwa 1 km vom Meer. 60 rustikale Zimmer mit vietnamesischem und japanischem Design. Pool.

Hoi An Hotel (S)
6, D. Tran Hung Dao
Tel. 86 13 73, 86 14 45
Fax 86 16 36
www.hoiantourist.com
Zentral gelegen, Zimmer verschiedenen Standards.

Lotus Hotel (S)
D. Cua Dai
Mittelgroßes Hotel mit 45

Zimmern, 1,5 km vom Strand entfernt.

Vinh Hung 1 (S)
143, D. Tran Phu
Tel. 86 16 21
Fax 86 18 93
E-Mail: quanghuy.ha@dng.vnn.vn
vinhhung.ha@dng.vnn.vn
Schöne Atmosphäre in chinesischem Kaufmannshaus. Das Niveau der Zimmer variiert allerdings erheblich!

Cua Dai Hotel (P)
18A, D. Cua Dai
Tel. 86 22 31, 86 46 04
Fax 86 22 32
E-Mail: cuadaihotel@dng.vnn.vn
An der Straße zum Strand. Schöne Zimmer, ruhige Lage.

Vinh Hung 2 (P)
D. Nhi Trung
Tel. 86 37 17, Fax 886 40 94
Neue Anlage, mit Pool.

Restaurants
Entlang der Tran Phu und der Uferstraße Bach Dang herrscht ein üppiges Angebot an Restaurants. Probieren Sie einmal die lokale Nudelspezialität *cao lau*!

Brother's Café
Tel. 91 41 50
Ansprechendes Kolonial-Ambiente, direkt am Fluss. Gehobene Preise.

Hoi An Patisserie & Cargo Club Restaurant
107–109, D. Nguyen Thai Hoc

Tel. 91 04 89
Hier schlagen die Herzen der Freunde von Süßspeisen höher. Oben gutes Restaurant mit Terrasse.

Hoang Ha (Yellow River)
38, D. Tran Phu
Tel. 86 10 53
Gemütliches Lokal mit günstigen Menüs.

Hong Phuc
86 Bach Dang
Tel. 86 25 67
Sehr gut: in Bananenblätter eingelegter Fisch!

The White Lantern
11, D. Nhi Trung
Tel. 86 30 23
Wegen der hervorragenden Küche von Gruppen frequentiert. Reservieren.

Hue

Vorwahl: 054

Auskunft
Wer Informationen zu Ausflüge oder ein Fahrzeug benötigt, wende sich an eine der kleinen Agenturen.

Sehenswürdigkeiten
Königspalast und -gräber
tgl. 7–17 Uhr

Palastmuseum
tgl. 7–11.30, 13.30–17-Uhr

Hotels
Saigon Morin (G)
30, D. Le Loi
Tel. 82 35 26, 82 58 70
Fax 82 51 55

E-Mail: sgmorin@dng.vnn.vn
www.morinhotel.com.vn
In diesem 1901 errichteten und nach den französischen Geschäftsleuten Morin Frères benannten Hotel verbrachten 1936 Charlie Chaplin und Paulette Goddard ihre Flitterwochen.

Cental Huong Giang (G)
51, D. Le Loi
Tel. 82 21 22, 82 39 58
Fax 82 31 02
E-Mail: ghotel@dng.vnn.vn
www.centralhotelsresorts.com
Direkt am Fluss. 106 Zimmer mit netter Atmosphäre (unbedingt Flussblick nehmen!).

Century Riverside (G)
49, D. Le Loi
Tel. 82 33 90, Fax 82 33 94
E-Mail: cenhoevn@dng.vnn.vn
Die Lage am Fluss und der Service machen das etwas nüchterne Ambiente wett.

Binh Minh I und II (S)
12, D. Nguyen Tri Phuong (I)
Tel. 82 55 26
19, D. Ben Nghe (II)
Tel. 84 90 07, Fax 82 83 62
E-Mail: binhminhhue@dng.vnn.vn
Gut geführte Minihotels.

L'Indochine Hotel (S)
3, D. Hung Vuong
Tel. 82 60 70, Fax 82 60 74
Gute Lage, nette Zimmer.

Restaurants
Auch nach dem Untergang der Monarchie gilt Hue als

Informationen für unterwegs

die kulinarische Hauptstadt Vietnams. Einige **Spezialitäten**: *banh khoai*, in Pfannkuchen gewickelte Sojasprossen mit Schweinefleisch und Kräutern; *nem lui*, rohe Frühlingsrollen zum Selberwickeln, die in Erdnusssoße gedippt werden; *com hen*, Muscheln mit Reis; oder *banh bot let*, in Bananenblätter gewickeltes Garnelen- und Schweinefleisch. **Restaurantboote** bieten Dinner-Fahrten auf dem Parfüm-Fluss an. Zum Essen wird höfische Musik aus Hue gespielt.

An Binh
65, D. Vo Thi Sau
Tel. 82 53 05
Gute vietnamesische Küche.

Club Garden Restaurant
8, D. Vo Thi Sau
Tel. 82 63 27
Gute vietnamesische Gerichte, gediegen.

Hue Restaurant
3A, D. Vo Thi Sau
Tel. 82 34 56, 82 29 68
Gute Auswahl an regionalen Gerichten.

La Carambole
19, D. Pham Ngu Lao
Tel. 82 22 96, 82 62 34
Gute lokale Spezialitäten. Vorbestellung ist ratsam.

Tinh Tam
10, D. Chu Van An
Tel. 82 35 72
Das einfache Lokal serviert schmackhafte vegetarische Gerichte.

My Tho

Vorwahl: 073

Auskunft
Tien Giang Tourist
8, D. 30 Thang 4
Tel. 87 31 84, 873 77
www.tiengiangtourist.com
Das Büro direkt am Fluss arrangiert Bootsausflüge.

Hotels
Chuong Duong (S)
10, D. 30 Thang 4
Tel. 87 08 75
Beste Herberge von My Tho.

Restaurants
Chi Thanh
279, D. Tet Mau Than
Tel. 87 37 56
Äußerst schmackhafte vietnamesische Gerichte.

Trung Luong
An der N1, kurz vor My Tho
Tel. 85 54 41
Seine Lage und die kredenzten Fischgerichte machen das Restaurant vor allem bei Gruppen beliebt.

Nha Trang

Vorwahl: 058

Auskunft
Khanh Hoa Tourism
1, D. Tran Hung Dao (beim Hotel Vien Dong)
Tel. 82 27 53

Aktivitäten
Neben den Besichtigungen unternimmt man Bootstouren oder taucht.

Blue Diving Club
Vina Hotel Resort
66, D. Tran Phu
Tel. 82 53 90, 81 10 98
www.vietnamdivers.com

Coco Dive Center
Ecke D. Le Thanh Ton/D. Tran Phu
Tel 81 29 00, 46 23 00
Fax 81 04 44
www.cocodivecenter.com

Hotels
Viele Einheimische machen hier Urlaub, daher viele günstige Hotels. Minihotels mit gutem Preis-Leistungs-Verhältnis am südlichen Teil der Uferstraße Tran Phu.

Ana Mandara Resort (L)
42, D. Tran Phu
Tel. 82 98 29, Fax 82 96 29
E-Mail: salesana@dng.vnn.vn
www.six-senses.com
Resort mit Spa am Strand. Die Gäste wohnen in Bungalows mit 69 geräumigen, schön eingerichteten Zimmern. Flug- und Strassenlärm können das Urlaubsvergnügen allerdings erheblich beinträchtigen.

Yasaka Saigon-Nha Trang Hotel (G)
18, D. Tran Phu
Tel. 82 00 90, 82 52 26
Fax 82 00 00, 82 52 26
E-Mail: sg-nthotel@dng.vnn.vn

Bao Dai's Villas (S)
6 km südlich vom Zentrum
Tel. 88 10 49, Fax 88 14 71
Hier wohnte schon die politische Elite, isoliert gelegen.

Vietnam

Que Huong (S)
60, D. Tran Phu
Tel. 82 50 47, 82 73 65
Fax 82 53 44
E-Mail:
quehuong60@dng.vnn.vn
Gut geführtes Hotel mit gehobenem Standard.

Vien Dong (S)
1, D. Tran Hung Dao
Tel. 82 16 06
Fax 82 19 12
E-Mail:
viendonghtl@dng.vnn.vn
Zwar etwas in die Jahre gekommen, aber gut geführt.

Perfum Grass Inn (P)
4A, D. Biet Thu
Tel. 82 63 45
www.perfume-grass.com
Die stilvolle Einrichtung hebt dieses Haus von vielen Minihotels ab.

Restaurants

Entlang des Hauptstrandes und der Duong Biet Thu gibt es eine große Auswahl an Restaurants.

Good Morning Vietnam
19B, D. Biet Thu
Tel. 81 50 71
Gute italienische und vietnamesische Küche.

Ngoc Suong
16, D. Tran Quang Khai
Tel. 82 70 30
Serviert exzellente Seafood.

Nha Trang Sailing Club
72, D. Tran Phu
Tel. 82 65 28
Gutes Essen und Bar – direkt am Strand.

Ninh Binh

Vorwahl: 030

Hotels
Thuy An Hotel (P)
55A, D. Truong Han Sieu
Tel./Fax 87 16 02
Nettes Familienunternehmen.

Thanh Thuy's Guesthouse (P)
128, Le Hong Phong
Tel. 87 18 11
Freundliche Billigherberge.

Phan Thiet

Vorwahl: 062

Hotels
Östlich von Phan Thiet liegen viele Hotelanlagen direkt am Strand Mui Ne. Die genannten Hotels zeichnet guter Service und schönes Ambiente aus. Zudem verfügen sie über gute, wenn auch nicht billige Restaurants.

Novotel Coralia Ocean Dunes Phan Thiet (L)
1, D. Ton Duc Thang
Tel. 82 23 93
Fax 82 56 82
novpht@hcm.vnn.vn
Nobelstes Haus am Strand, alle Annehmlichkeiten dieser Kategorie, eigener Golfplatz.

Victoria Phan Thiet (L)
km 9, Phu Hai
Tel. 84 71 71, Fax 84 71 74
E-Mail: victoriapt@hcm.vnn.vn
www.victoriahotels-asia.com
Schöne traditionelle Bungalows, großer Pool. Wassersport.

Coco Beach Resort (G)
Ham Tien, km 12,5
Tel. 84 71 11-3, Fax 84 71 15
www.cocobeach.net
Erste Bungalowanlage von Mui Ne, nach wie vor exzellent geführt. Alle 34 stilvollen Zimmer mit Meerblick.

Bamboo Village Beach Resort (S)
Ham Tien, km 11,8
Tel. 84 70 07, Fax 84 70 95
www.bamboovillageresort.com
Die Bungalows sind vorwiegend aus Bambus errichtet.

Phu Quoc

Vorwahl: 077

Auskunft
Phu Quoc Tourist
im Zentrum Duong Dongs
Tel. 84 63 18
Leider ist dieses Touristbüro sehr hilfreich.

Hotels
In der Hochsaison sollte man seine Unterkunft im Voraus reservieren.

Tropicana Resort (S)
Long Beach (Duong To)
Tel. 84 71 27
Fax 84 71 28
E-Mail: tropicana_vn@yahoo.com
Schöne Bungalows unterschiedlichen Standards in adrettem Garten.

Informationen für unterwegs

Saigon-Phu Quoc Resort (G)
Long Beach
Tel. 84 65 10, Fax 84 71 63
www.scphuquocresort.com.vn
Schöne Bungalowanlage mit Swimmingpool.

Phu Quoc Resort (P)
Ong Lang Beach
Tel. 091/91 98 91
Fax 84 61 44
Sympathische Anlage mit zehn Bungalows.

Qui Nhon

Vorwahl: 056

Auskunft
Qui Nhon Tourism
41A, D. Nguyen Hue
Tel. 82 25 82

Hotels
Life Resort Quy Nhon (L)
12 km südlich von Qui Nhon, direkt am Meer
Tel. 84 03 12, Fax 84 01 38
E-Mail: liferesort_qn@dng.vnn.vn
www.life-resorts.com
Luxusresort mit 63 landestypisch eingerichteten Zimmern. Privatstrand am Bai Dai Beach.

Qui Nhon Hotel (P)
8, D. Nguyen Hue
Tel. 82 24 01, Fax 82 11 62
Für eine Nacht o.k.

Hai Au Hotel (Seagull) (P)
489, D. An Duong Vuong
Tel. 84 64 73, Fax 84 69 26
Preiswertes Hotel am Strand.

436

Restaurants
Que Huong
125, D.Tang Bat Ho
Tel. 82 11 23, 81 37 97
Sehr gutes Essen, aber schwierige Kommunikation.

Rach Gia

Vorwahl: 077

Auskunft
Kien Giang Tourist
12, D. Ly Tu Trong
Tel. 86 20 81

Hotels
Ngan Hang (P)
7, D. Huynh Tinh Cua
Tel. 86 22 14
Annehmbare Unterkunft mit gut ausgestatteten Zimmern, leider manche sehr klein.

Palace Hotel (P)
243, D. Tran Phu
Tel. 86 30 49
Kein Palast, ordentliches Preis-Leistungs-Verhältnis.

Phuong Hoang Hotel (P)
6, D. Nguyen Trung Truc
Tel. 86 65 25
Minihotel mit sauberen, nüchternen Zimmern.

Sa Pa

Vorwahl: 020

Hotels
Victoria Sapa Hotel (G)
Tel. 87 15 22, Fax 87 15 39
E-Mail: victoriasapa@fpt.vn
www.victoriahotels-asia.com
Stilvolle Luxusunterkunft in attraktiver Lage mitPool.

Buu Chinh Hotel (G)
Tel. 87 13 89
Fax 87 13 32
Chaletartig angelegtes Hotel, 20 Zimmer.

The Gecko Sapa (S)
D. Ham Rong
Tel. 87 15 04
Fax 87 18 98
E-Mail: the-gecko-sapa@hn.vnn.vn
Französische geführtes Hotel, mit beliebtem Restaurant und Bar.

Royal Hotel Sapa (S)
D. Chau May
Tel. 87 13 13, 87 16 84
32 komfortable Räume.

Chau Long Hotel (S)
33, D. Chau May
Tel. 87 12 45, Fax 87 18 44
www.chaulonghotel.com
Sympathisches Haus in zentraler Lage.

Auberge Hotel (P)
Tel. 87 12 43
www.sapadiscovery.com
28 Zimmer unterschiedlichen Standards. Gutes Restaurant, exzellenter Service. Arrangiert Touren.

Vinh Long

Vorwahl: 070

Auskunft
Cuu Long Tourist
1, D. 1 Thang 5
Tel. 82 23 55, 82 36 16

Hotels
Cuu Long Hotel (S)
1, D. 1 Thang 5
Tel. 82 24 94, 823 656
Fax 82 38 48
E-Mail: cuulonghotelvl
@hcm.vnn.vn
Die Lage am Fluss macht den verschlafenen Service und die wenig attraktiven Zimmer in diesem Hotel wieder wett.

Vung Tau

Vorwahl: 064

Auskunft
Vungtau Tourist
207 Vo Thi Sau
Tel. 856 445-6, Fax 856 444
E-Mail:
vtautour@hcm.vnn.vn
www.vungtautourist.com.vn

Hotels
Anoasis Beach Resort (G)
Ky Van, Long Hai
Tel. 868 227, Fax 868 229
www.anoasisresort.com.vn
13-ha-Resort, Privatstrand, ca. 30 km nordöstlich Vung Taus.

Kambodscha

Ländervorwahl: 00855

Kompong Cham

Vorwahl: 042

Hotels
Mekong Hotel (P)
Preas Bat Sihanouk
Tel. 94 15 36
Fax 94 14 65
Dieses Hotel strahlt zwar eher die Atmosphäre einer Fabrikhalle aus, doch sind die Zimmer in dieser Unterkunft sauber.

Mittapheap Hotel (P)
Preas Bat Sihanouk, nördlich des Marktes
Saubere Zimmer, freundlicher Service.

Restaurants
Hoa An Restaurant
Preah Monivong St.
Tel. 94 12 34
012/83 11 55
Hier bekommt man gutes Essen zu einem günstigen Preis.

Kompong Thom

Vorwahl: 062

Hotels & Restaurants
Stung Sen Royal Garden (S)
Südlich der Brücke über den Sen-Fluss
Tel. 96 12 28
Bestes Hotel am Platz mit freundlichem Service.

Arunras (S)
46, Sereipheap Boulevard (neben dem Markt)
Tel. 96 12 38
012/86 59 35
Das Arunras ist eine populäre Billigunterkunft mit einem einfachem Restaurant, aber schmackhaftem Essen.

Phnom Penh

Vorwahl: 023

Auskunft
Phnom Penh Tourism
313, Sisowath Quay (gegenüber Wat Ounalom)
Tel. 91 34 83
E-Mail: phentourism@camnet.com.kh
Mo–Fr 8–12, 13–16 Uhr
Zwar freundlich, aber wenig Informationen.

Agenturen
Die folgenden Agenturen sind auf den deutschsprachigen Markt eingerichtet.

Asian Trails
33, 240. Straße
Tel. 21 65 55
Fax 21 65 91
E-Mail:
asiantrails@bigpond.com.kh
www.asiantrails.net

Diethelm Travel
65, 240. Straße
Tel. 21 91 51
Fax 21 91 50
E-Mail: dtc@dtc.com.kh
www.diethelm-travel.com

Indochina Services
109Z, 228. Straße

Informationen für unterwegs

Sangkat Chaktomuk
Tel. 36 85 64
Fax 21 40 07

Sehenswürdigkeiten

Königspalast und Silberpagode
Sothearos Straße, zwischen 184. und 240. Straße
tgl. 7.30–11, 14–17.30 Uhr
Wenn Zeremonien oder Audienzen stattfinden, können Teile oder auch der gesamte Palast geschlossen sein. Sie sollten korrekte Kleidung (keine Shorts, keine ärmellosen T-Shirts) tragen. In den Innenräumen ist Fotografieren nicht erlaubt; dennoch wird eine Kamera- und Videogebühr erhoben.

Nationalmuseum
Neben dem Königspalast, zwischen 178. und 184. Straße
tgl. 8–11.30, 14–17.30 Uhr
In den Innenräumen ist das Fotografieren verboten.

Wat
Die Klöster sind tagsüber offen, allerdings kann es sein, dass einzelne Gebäude außerhalb der Gebetszeiten (meistens frühmorgens und gegen 17 Uhr) verschlossen sind.

Tuol-Sleng-Gedenkstätte
113. Straße, Ecke 350. Straße
tgl. 7.30–17.30 Uhr

Hotels

Phnom Penh bietet eine große Auswahl an Unterkünften in den unterschiedlichsten Preisklassen, sodass auch kurzfristig ohne Probleme Zimmer zu finden sind.

Raffles Hotel Le Royal (L)
92, Rukhak Vithei Daun Penh
Tel. 98 18 88, Fax 98 11 68
www.raffles.com
Das traditionsreiche Kolonialhotel ist die erste Adresse der Stadt.

Hotel Inter-Continental (L)
296, Boulevard Mao Tse Tung
Tel. 42 48 88, Fax 42 48 85
E-Mail: phnompenh@interconti.com
Zentrale Lage und Komfort machen diese Nobelunterkunft zu einer beliebten Adresse bei Geschäftsreisenden.

Hotel Cambodiana (L)
313, Sisowath Quay
Tel. 42 62 88, Fax 42 62 90
www.hotelcambodiana.com
Schöne Lage direkt am Mekong.

Amanjaya Pancam Hotel (G)
154, Sisowath Quay
Tel. 21 47 47
Fax. 21 95 45
E-Mail: amanjaya@bigpond.com.kh
Stilvoll eingerichtetes Boutique Hotel in guter Lage.

Juliana Hotel (G)
16, Juliana, 152. Straße
Tel. 36 60 70, 36 60 71
Fax 88 05 30, 88 05 31
E-Mail: juliana@camnet.com.kh
Beliebt bei Reisegruppen, etwas abseits. Mit Pool.

Sunway (G)
1, 92. Straße
Sangkat Wat Phnom
Tel. 43 03 33, Fax 43 03 39
E-Mail: asunway@bigpond.com.kh
Mit seiner zentralen Lage unweit des Wat Phnom, seinen komfortablen Zimmern und gutem Service eine empfehlenswerte Unterkunft.

Bayon Hotel (S–G)
2, 75. Straße
Tel. 43 01 58, 72 27 01
Fax 42 73 78
www.bayonhotel.com
Freundliches Hotel mit stilvollen Zimmern. Restaurant bietet französische Küche.

Comfort Inn (S)
787–789, Preah Monivong Boulevard
Tel. 21 43 71, Fax 21 43 75
www.cambodia-information.com/comfortinnhotel
In der Nähe des Russischen Marktes, saubere Zimmer.

Royal Palace Hotel (S)
93, Monireth
Tel. 88 48 23
Fax 88 48 25
E-Mail: royalpalacehotel@bigpond.com.kh
Gutes Preis-Leistungs-Verhältnis, Pool.

Scandic Hotel (S)
4, 282. Straße
Tel. 30 23 88
Nähe Unabhängigkeitsdenkmal. In ruhiger Straße mit Dachrestaurant.

Kambodscha

Restaurants
Chinesische und thailändische Restaurants dominieren die kulinarische Szene der Stadt, die kambodschanische Küche ist vor allem in den Straßenrestaurants präsent. Eine große Auswahl an Restaurants gibt es entlang des Sisowath Quay und etwa 3 km östlich der Chruoy-Changvar-Brücke.

Baan Thai
2, 306. Straße, Nähe Norodom Boulevard
Tel. 36 29 91; 11–22 Uhr
Etabliertes Thai-Restaurant mit schönem Ambiente.

Foreign Correspondents Club of Cambodia (FCC)
363, Sisowath Quay
Tel. 72 40 14
Treffpunkt für Journalisten und Touristen mit solider internationaler Küche.

Gold Fish River
Sisowath Quay, Ecke 106. Straße
Hier stimmen die Lage am Tonle-Sap-Fluss und die Khmer-Küche. Gelobt werden besonders die Gerichte mit Meeresfrüchten.

Java Café and Gallery
5, Sihanouk Boulevard (nähe Unabhängigkeitsmonument)
Gut für eine Kaffeepause.

Pon Lok
319–323, Sisowath Quay
Tel. 21 20 25
Reiche Auswahl an asiatischer Küche. Wegen seiner Beliebtheit empfiehlt sich abends eine Reservierung.

Rhuan Thai
14, 130. Straße
Schmackhafte Thai- und Khmer-Küche, faire Preise.

Bars und Discos
Elephant Bar
im Hotel Le Royal
Tel. 98 18 88
Abendlicher Treffpunkt in gepflegter Atmosphäre.

Heart of Darkness
26, 51. Straße
Eine der populärsten Bars, am Wochenende ist es hier sehr voll.

Martini Pub
402, Mao Tse Tung Boulevard, unweit des Hotel Intercontinental
Hier amüsieren sich Einheimische und Expats bei westlicher Rockmusik.

Nexus
Sihanouk Boulevard, Nähe Unabhängigkeitsdenkmal
Beliebte Bar mit großem Cocktailangebot. Zu späten Abendstunden Disco.

Siem Reap

Vorwahl: 063

Auskunft
Das wenig hilfreiche **Tourist Office** befindet sich gegenüber dem Grand Hotel. Dort können aber qualifizierte Reiseleiter der Khmer Angkor Tour Guide Association gebucht werden.
Tel. 96 43 47

Agenturen
Die in Phnom Penh genannten Agenturen unterhalten auch Büros in Siem Reap. Ein auf Öko-Touren rund um den Tonle Sap spezialisierter Veranstalter ist:

Terre Cambodge
Tooi Tooi Bar (nördlich des Alten Marktes)
Tel. 96 43 91, 012/84 34 01
E-Mail. info@terrecambodge.com
www.terrecambodge.com
Auf Öko-Tourismus spezialisierter Veranstalter.

Angkor-Besichtigung
Auf der Zufahrtsstraße nach Angkor befindet sich der offizielle Eingang zum Angkor-Gelände. Je nach Anzahl der Tage, die man im Areal verbringen möchte, kann man einen **Ein-Tages-Pass** für 20 US-$, einen **Drei-Tage-Pass** für 40 US-$ oder einen **Sieben-Tage-Pass** für 60 US-$ erwerben. Für die beiden letzteren Pässe benötigt man ein Passbild. Die Karte muss immer mit sich geführt und bei den Tempeln vorgezeigt werden. Bei der Fahrt zum **Phnom Kulen** wird zusätzlich eine Straßengebühr von 20 US-$ pro Person verlangt.

Weitere Besichtigungen
Ausstellung Khmer-Kultur
Straße nach Angkor Wat, schräg gegenüber dem Jayavarman VII.-Krankenhaus.
Tel. 96 46 94

Informationen für unterwegs

Ständige Ausstellung der Nichtregierungsorganisation Krousar Thmey, Fotos und Modelle erläutern den Alltag der Bewohner am Tonle Sap.

Beatocello
Der Schweizer Arzt Dr. Beat Richner (www.beat-richner.ch) spielt jeden Samstag um 19.15 Uhr im Jayavarman VII.-Krankenhaus auf seinem Cello und spricht über seine Aktivitäten. Neben Geld sind jederzeit Blutspenden willkommen.

Schmetterlinge
Interessierte an Flora und Fauna werden sich im Cambodia Butterfly Garden and Bar (täglich 8–17 Uhr) wohlfühlen.

Hotels
In Siem Reap findet gegenwärtig ein Bauboom statt. Hotels und Gästehäuser gibt es in großer Auswahl.

Grand Hotel D'Angkor (L)
1, Vithei Charles de Gaulles
Tel. 96 38 88, Fax 96 31 68
www.raffles.com
Die vielen Annehmlichkeiten (Swimmingpool, Spa, verschiedene Restaurants und Bar) verleiten manchen dazu, den Hotelaufenthalt den Tempelbesichtigungen vorzuziehen. Abends Musik- und Tanzvorführungen.

Hotel Sofitel Royal Angkor (L)
Vithei Charles de Gaulles
Tel. 96 46 00
Fax 96 46 10
E-Mail: sofitel@sofitel-royal-angkor.com
Die großzügig angelegte Hotelanlage liegt an der Straße nach Angkor. Spa und Swimmingpool bringen müde Tempelbesucher wieder auf die Beine.

Pansea Angkor Wat (L)
River Road (östlich des Siem-Reap-Flusses)
Tel. 96 33 90
Fax 96 33 91
www.pansea.com
Wunderschönes Ambiente, das jedoch seinen Preis hat. Die 56 Zimmer sind stilvoll eingerichtet. Holz ist das bevorzugte Baumaterial. Gutes Restaurant.

Angkor Village Resort (L)
Wat Bo St.
Tel. 96 35 61-3
Fax 38 01 04
E-Mail: angkor.village@bigpond.com.kh
Auf der Ostseite des Siem-Reap-Flusses gelegen. Zimmer befinden sich in schönen Holzhäusern. Abends Tanzvorführungen.

Angkor Hotel (G)
An der Airport Road
Tel. 96 43 01, Fax 96 43 02
www.angkor-hotel-cambodia.com
Von Reisegruppen stark frequentiert, daher zur Hauptsaison oft ausgebucht. Abends häufig Tänze zum mäßigen Buffet. Pool.

Borann l'Auberge des Temples (S)
In einer Seitenstraße nördlich des Sawasdee Restaurants (25, Wat Bo Road).
Tel. 96 47 40
Fax 96 47 30
E-Mail: borann@bigfoot.com
www.borann.com
Großer Garten, Swimmingpool und ruhige Lage der 20-Zimmer-Herberge werden Erholungssuchende zu schätzen wissen.

Auberge Mont Royal D'Angkor (S)
497, Taphul Street
Tel./Fax 96 40 44
Tel. 012/63 01 31
www.auberge-mont-royal.com
Ruhig gelegen, 30 schön eingerichtete Zimmer und Terrassen-Restaurant. Die Agentur Bon Voyage arrangiert Ausflüge.

La Noria Hotel (S)
Östlich des Siem-Reap-Flusses, etwa 50 m nördlich der National Road 6
Tel. 96 42 42
Fax 96 42 43
E-Mail: lanoria@bigfoot.com
Annehmliche Zimmer in nettem Garten. Beliebtes Restaurant mit französischet und kambodschanischer Küche. Jeden Abend Schattenpuppentheater.

Ta Phrom Hotel (S)
südlich des Alten Marktes (Psar Chas)
Tel. 38 01 17, 96 35 28
Fax 38 01 16
E-Mail: taphrom@camintel.com
Etwas verwohnt, die gute Lage kompensiert vieles.

Golden Apsara (P)
220, Thvay Dangkum (Nähe Psar Chas)
Tel. 96 35 33
Gute Lage und saubere Zimmer.

The Red Piano (P)
50 m nordwestlich des Alten Marktes (Psar Chas)
Tel. 012/85 41 50
Zentral gelegen. Saubere, stilvoll eingerichtete Zimmer. Im Erdgeschoss gibt es ein nettes Restaurant.

Restaurants

Viele Restaurants konzentrieren sich um den Alten Markt (Psar Chas) von Siem Reap. Wer beim Dinner gerne eine **Tanzvorführung** sehen möchte, kann dies im Grand Hotel D'Angkor, Apsara Theater im Angkor Village Resort, Chao Pra Ya oder Bayon II tun. **Schattenpuppentheater** wird u. a. im La Noria Hotel gezeigt. **Mittags** kann man gut in einem der vielen Restaurants gegenüber von Angkor Wat einkehren.

Bayon II
Wat Bo Road
Tel. 012/92 82 47
012/83 08 24
Wegen seiner Tanzvorführung ist dieses Lokal sehr populär. Vielfältige Auswahl.

Bourey Sovann
an der Straße nach Angkor.
Tel. 012/84 22 58,
016/83 09 44
Gute Landesküche.

Chao Pra Ya
64, Angkor Wat Road
Tel. 96 46 66
Mittags- und Abendbuffet, internationale Küche, wegen der abendlichen Tanzvorführungen sehr touristisch.

Chivit Thai
Airport Road, unweit des Angkor Hotels
Tel. 012/83 07 61
Das beliebte Restaurant in einem Holzhaus serviert schmackhafte Thai- und Khmer-Küche.

Ivy Guesthouse & Bar
südlich des Alten Marktes (Psar Chas)
Tel. 012/80 08 60
Britischer Pub und Restaurant, schmackhafte, internationale und günstige Küche.

Madame Butterfly
Airport Road
Tel. 016/90 19 01
Gute asiatische Gerichte im netten Ambiente eines traditionellen Holzhauses.

Raksmey Bopha Angkor Restaurant
gegenüber von Angkor Wat
Tel. 012/83 99 70
In diesem einfachen Lokal mit schmackhaften Speisen kann man eine ausgedehnte Frühstücks- oder Mittagspause einlegen. Nur tagsüber geöffnet!

Samapheap
360, Achasva St.
Tel. 012/82 51 17,
012/82 13 66
Beliebt bei Touristen und Einheimischen. Reichhaltige Auswahl.

Sawasdee
25, Wat Bo Food Garden Street, etwa 50 m nördlich der National Road 6
Tel. 012/98 35 10
Open-Air-Restaurant mit gutem Thai-Essen und Khmer-Musik-Begleitung.

Sihanoukville

Vorwahl: 034

Hotels

Die Billigunterkünfte gruppieren sich um einen Hügel (Weather Station Hill), einige hundert Meter östlich des Victory Beaches, die besseren liegen am Ochheuteal Beach im Süden.

Sokha Beach Hotel & Resort (L)
Street 2 Thnou, Sangkat 4, Mittapheap
Tel. 93 59 99, Fax 93 58 88
E-Mail: info@sokhahotels.com
www.sokhahotels.com
Die erste Luxusherberge am Platz. 200-Zimmer, viele Annehmlichkeiten.

Holiday Palace Hotel & Casino (S)
Victory Beach, etwa 200 m vom Siegesdenkmal
Tel. 93 38 08
Fax 93 38 09
Große Anlage mit 141 Zimmern. Wegen Casino und Livemusik-Bar vor allem bei asiatischen Gästen beliebt.

Informationen für unterwegs

Mealy Chenda Guest House (P)
Weather Station Hill
Tel. 93 34 72
Bekannteste Unterkunft in Sihanoukville, etwas lieblos. Vom Dachrestaurant schöner Blick auf das Meer.

Restaurants
Entlang der Strände gibt es eine Reihe guter Fischrestaurants. Zu empfehlen ist auch:

Chez Claude
Auf einem Hügel in der Nähe des Sokha Beach
Tel. 012/82 48 70
Es bietet eine nette Atmosphäre, einen schönen Ausblick und gutes Essen.

Laos

Ländervorwahl: 00856

Houay Xay

Vorwahl: 084

Hotels
Die meisten Unterkünfte befinden sich an der Hauptstraße. Man kann auch im benachbarten thailändischen Chiang Khong übernachten.

Mekonglao Hotel (S)
Direkt am Mekong, ca. 2 km südlich des Stadtzentrums
Tel. 21 12 74
Funktionales zweistöckiges Hotel mit sauberen, komfortablen Zimmern.

Wungview Resort (S)
etwa 3 km südlich vom Stadtzentrum
Tel. 21 14 44
Gemütliche Bungalowanlage. Vom Restaurant bietet sich ein herrlicher Ausblick. Empfehlenswert.

Luang Prabang

Vorwahl: 071

Sehenswürdigkeiten
Ho Kham (Königspalast)
Zwischen Thanon Sisavangvong und Mekong
Tel. 21 24 70
tgl. außer Di 8–11, 13.30–16 Uhr. Di 8–11 Uhr (in der Regenzeit geschlossen!)
Kamera und Taschen müssen am Eingang abgegeben werden, ebenso die Schuhe (warme Socken anziehen!).

Wat
Die meisten Wat sind tgl. 8–17 Uhr geöffnet. Allerdings kann es sein, dass manche über Mittag schließen. Bei wenig besuchten Klöstern sind die Sim außerhalb der Gebetszeiten verschlossen. Folgende Klöster verlangen Eintritt: Wat Aham, That Chom Si, Wat Long Khun, Wat Mai, Wat Visounarath und Wat Xieng Thong.

Aktivitäten
Luang Prabang ist ein guter Ort, um traditionelle laotische Musik- und Tanzveranstaltungen zu besuchen oder sogar an einer Basi-Zeremonie (s. S. 21) teilzunehmen.

Königliches Theater
Ho Kham, Konferenzhalle
Mo, Mi, Sa 17 Uhr.
Einführung in Tanz, Musik und Theater von Laos. Zum Abschluss wird eine Basi-Zeremonie durchgeführt.

Villa Sinxay
Thanon Phou Vao
tgl. außer Di 19.30 Uhr
Musik- und Tanzvorstellungen zum Dinner.

Hotels
Obwohl in letzter Zeit viele neue Unterkünfte errichtet worden sind, kann es in der Hochsaison zu Engpässen

kommen. Dann ist eine Reservierung unabdingbar.

Pansea Phou Vao (L)
Phou Vao
Tel. 21 21 94, 21 25 30-3
Fax 21 25 34
www.pansea.com
Auf dem Phou Vao (Drachenberg) gelegene Luxusunterkunft mit stilvoll eingerichteten Zimmern, Pool.

The Grand Luang Prabang (G)
Ban Xiengkeo, 4 km außerhalb
Tel. 25 38 51-7
Fax 25 30 27-8
www.grandluangprabang.com
Großzügige Anlage am Mekong mit 78 schönen Zimmern. Hier lebte der Führer von Lao Issara, Prinz Phetsarath (1890–1959). Shuttle Service.

Maison Souvannaphoum (L)
Thanon Phothisarath, Nam Phou Square
Tel. 212 200, Fax 212 577
www.coloursofangsana.com
Die vormalige Residenz des Prinzen Souvanna Phouma (1901–84) hat sich unter dem Management von Angsana Resorts & Spa zu einem eleganten Boutique-Hotel mit 25 Zimmern, Pool und Spa gemausert.

Villa Santi Hotel (G)
Thanon Sakkarine
Tel. 25 21 57, 21 22 67
Fax 25 21 58
www.villasantihotel.com
Die ehemalige Villa der letzten Königin wurde von ihrer Enkelin in ein geschmackvolles Hotel umgewandelt. Zurecht beliebteste Unterkunft in der Stadt.

Villa Santi Resort (G)
Ban Na Deuay, 6 km außerhalb gelegen
Kontakt siehe Villa Santi Hotel
55 schöne Zimmer in 10 ha großer Anlage.

Le Parasol Blanc Hotel (S)
Thanon Phou Vao
Tel. 25 21 24, 25 24 96
Fax 25 21 59
E-Mail: bluang@laotel.com
www.vico-voyages.laopdr.com
Eingebettet in eine schöne Anlage, bieten die 30 behaglichen Zimmer guten Komfort. Nettes Restaurant auf Holzveranda.

Mouang Luang Hotel (S)
Thanon Boun Khong
Tel./Fax 21 27 90
Die 35 geräumigen Zimmer sind mit viel Holz ausgestattet. Schöner Pool und gutes Restaurant.

Phousi Hotel (S)
Thanon Setthathirath
Tel. 21 27 17-8, Fax 21 27 19
E-Mail: phousi@laotel.com
Zentral gelegen, 40 gute Zimmer.

Auberge Le Calao (S)
unweit des Wat Xieng Thong, am Mekong
Tel. 21 21 00, Fax 21 20 85
www.calaoinn.laopdr.com
Sechs geschmackvoll eingerichtete Zimmer in einer Kolonialvilla von 1904. Gutes Restaurant.

Restaurants
Viele Restaurants liegen an der Thanon Sakkarine und bieten solide europäische und laotische Küche. Unbedingt probieren: lokale Spezialitäten wie den Rindereintopf *o lam ngua* oder *ua no sai mu*, Bambussprossen mit Schweinefleisch. Vor dem Essen werden oft getrocknete Flussalgen, *khai pen*, serviert. Den Tag kann man in einem der einfachen Lokale am Mekong ausklingen lassen.

Couleur Café & Restaurant
In einer Seitenstraße nördlich des Wat Pa Phay.
In angenehmer Atmosphäre speist man laotische Spezialitäten wie Rindereintopf.

Indochina Spirit
Thanon Fa Ngum, Nam Phou Square
Tel. 25 30 80
Durch Service, Ambiente und Gerichte eine der ersten Adressen.

L'Eléphant
Ban Wat Nong, nähe Villa Santi
Tel./Fax 25 24 82
Französisch geführtes Restaurant mit guten Wildgerichten. Stilvoll eingerichtet.

Soukanna Restaurant
Thanon Chao Fa Ngum (nahe Post)

Informationen für unterwegs

Gute laotische und thailändische Küche.

Tamnak Lao
Thanon Sisavangvong
Tel. 25 25 25
In gediegener Atmosphäre schlemmt man in dem beliebten Restaurant laotisch.

Tum Tum Bamboo Restaurant
Thanon Sisavangvong
Tel. 25 32 24
Wer wissen möchte, wie laotisch gekocht wird, kann hier ür 20 US-$ einen Kurs belegen.

Pakxe

Vorwahl: 031

Auskunft
Provincial Tourism Office
Road 11, nördlich der National Road 13

Sehenswürdigkeiten
Champassak Historical Heritage Museum
National Road 13
tgl. 8–11.30, 13.30–16 Uhr

Hotels
Champasak Palace Hotel (S)
National Road 13
Tel. 21 22 63, 21 27 79
Fax 21 27 81
www.champassakhotel.com
Der 1969 errichtete ehemalige Palast Prinz Boun Oums wirkt nach seiner Renovierung etwas steril. Bei asiatischen Touristen beliebt.

Pakse Hotel (S)
112/3 Road Nr. 5
Tel. 21 21 31
www.hotelpakse.com
Mit seinen geschmackvoll eingerichteten 60 Zimmern ist das Pakse Hotel die beste Wahl in der Stadt.

Residence du Champa (S)
National Road 13, Nähe Stadion
Tel. 21 21 20
Fax 21 27 65, 21 26 49
E-Mail: champare@laotel.com
Sympathische Unterkunft, 45 saubere Zimmer.

Sala Champa (S)
Road 10
Tel. 21 22 73
Ansprechend, mit 15 rustikal eingerichteten Zimmern.

Restaurants
Elna's Restaurant
National Road 13, nähe Champasak Palace Hotel
Gute thailändische und japanische Gerichte.

Pa Kham Restaurant
am Mekong, unweit der Brücke, Tel. 21 27 34
Vorzügliche laotische Küche mit schönem Flussblick. Beliebt bei Einheimischen.

Savannakhet

Vorwahl: 041

Auskunft
Provincial Tourism Office
Ratsaphanith Rd., nahe dem Zentralplatz

Wenig hilfreich, organisiert aber Touren in die nahe gelegenen Nationalparks.

Hotels
Hoongthip Hotel (S)
682, Thanon Phethsarath
Tel. 21 22 62, Fax 21 32 30
Größtes Hotel der Stadt mit leicht übertreuerten Zimmern.

Phonpaseud Hotel (P)
Thanon Santisouk
Tel. 21 29 16
Etwas abseits, aber mit Pool.

Si Phan Don

Vorwahl: 031

Hotels
Don Khong hat die größte Auswahl an Unterkünften. Auf Don Khon und Don Det gibt es (eine Ausnahme) nur einfache Hütten. Eine komfortable Bootsfahrt mit Übernachtung auf dem Schiff Vat Phou kann über die Agentur East-West-Siam in Bangkok (Tel. 0066/26 51 91 01, Fax 0066/26 51 97 66, www.mekongcruises.com) gebucht werden.

Auberge Sala Done Khong (S)
Muang Khong, Don Khong
Tel./Fax 21 20 77
E-Mail: salalao@laonet.net
Ansprechende Zimmer in Teakhaus, schöne Veranda.

Villa Muang Khong (S)
Ban Kang Khong, Don

Khong; Tel./Fax 21 30 11
Bungalowanlage auf Don Khong.

Auberge Sala Done Khone (S)
Don Khon
Tel. 21 27 25, Fax 21 31 10
E-Mail: salalao@laonet.net
Schöner Kolonialbau mit 25 stilvoll eingerichteten Zimmern. Beste Unterkunft auf Don Khon.

Thakhek

Vorwahl: 051

Auskunft
Tourism Information Center
Thanon Kouvaravong
Mo–Fr 8–16 Uhr

Hotels
Leider sind die besseren Hotels gleichzeitig Bordelle. Mit den einfacheren Gästehäusern trifft man eine bessere Wahl, z. B. mit dem
Mouthong Guesthouse (P)
Thanon Nongbuakham
Tel. 21 23 87
Anspruchslos, aber sauber.

Vang Vieng

Vorwahl: 023

Hotels
An günstigen Gästehäusern ist kein Mangel. Die schönsten Anlagen liegen am Fluss.

Nam Song Hotel (G)
Direkt am Fluss Nam Xong
Tel. 21 35 66, 51 10 16

Schöne Lage am Fluss, herrlicher Blick auf die Berge, etwas langsamer Service.

Bungalow Thavonsouk (G)
direkt am Fluss Nam Xong
Tel./Fax 51 10 96
E-Mail: thavonsouk@hotmail.com
Bungalowanlage auf großzügigem Gelände mit geschmackvoll eingerichteten Zimmer. Schöner Flussblick.

Saysong Guesthouse (P)
am Fluss, hinter dem Markt
Tel. 51 11 30
Durch Lage und Service eines der sympathischsten Häuser der Stadt.

Vientiane

Vorwahl: 021

Auskunft
National Tourism Authority
Lane Xang Ave
Tel. 21 22 51
Mo–Fr 8–12, 13–16 Uhr

Agenturen
Diethelm Travel
Nam Phou Square, Thanon Setthathirath
Tel. 21 38 33, 21 59 20
Fax 21 62 94
E-Mail: ditralao@laotel.com
dtl.vte@laonet.net
www.diethelm-travel.com

Inter-Lao Tourisme
7/73, Th. Luang Prabang
Tel. 21 92 49, 21 48 32
Fax 21 61 50
www.interlao.laopdr.com

Lane Xang Travel & Tours
53/8, Thanon Heng Boun
Tel. 21 24 69, 21 31 98
Fax 21 58 04, 21 45 09
www.lanexangtravel.com

Sehenswürdigkeiten
Ho Pha Keo
Thanon Setthathirath
tgl. außer an Feiertagen 8–12, 13–16 Uhr

Talad Sao
Lane Xang Avenue
tgl. 7–17 Uhr

That Luang
tgl. außer an Feiertagen 8–12, 14–16 Uhr

Wat Si Saket
Thanon Setthathirath
tgl. außer an Feiertagen 8–12, 14–16 Uhr

Laotisches Nationalmuseum
Thanon Samsenthai
tgl. 8–12, 13–16 Uhr.

Außerhalb gelegen
Kulturpark der laotischen Volksgruppen
Thanon Thau Deua, 18 km südlich der Stadt
tgl. 8–16.30 Uhr

Wat Xieng Khuan
30 km südlich der Stadt.
tgl. 8–16.30 Uhr

Hotels
Settha Palace Hotel (L)
6, Thanon Pang Kham
Tel. 21 75 81, 21 75 82
Fax 21 75 83
E-Mail: settha@laonet.net
www.setthapalace.com
1932 als Gästehaus der

Informationen für unterwegs

Kolonialverwaltung errichtet, besticht das renovierte Luxushotel durch ein schönes Ambiente. Mit Pool.

B & P Guesthouse (G)
Thanon Khun Borom
Tel. 24 16 94, 020/51 11 44
Fax 24 09 16
E-Mail: bnphotel@hotmail.com
Neue Unterkunft mit 24 gut ausgestatteten Zimmern. Schöner Ausblick von der Dachterrasse.

Lao Plaza Hotel (G)
63, Thanon Samsenthai
Tel. 21 88 00, Fax 21 88 08
www.laoplazahotel.com
Zentral gelegen, mit allen Annehmlichkeiten eines gut geführten Hotels. Populärer Nachtclub.

Novotel Vientiane(G)
Thanon Samsenthai
Tel. 21 35 70-4, Fax 21 35 72
E-Mail: novotlao@loxinfo.co.th
Liegt etwas außerhalb des Zentrums auf dem Weg zum Flughafen. Gut geführt. Shuttle Service.

Tai-Pan Hotel (G)
22/3, Thanon Francois Ngin
Tel. 21 69 07-9
Fax 21 62 23
E-Mail: taipan@loxinfo.co.th
Gutes Preis-Leistungs-Verhältnis. Zentrale Lage, in der Nähe des Mekong.

Le Parasol Blanc (G)
263, Thanon Sibounheuang
Tel. 21 50 90, 21 60 91

Fax 22 22 90
E-Mail: vicogrp@laotel.com
Gediegene ruhige Atmosphäre. Pool und Garten.

Lani I Guesthouse (S)
281 Thanon Setthathirath
Tel. 21 49 19, 21 61 03
Fax 21 56 39
Mit 12 geräumigen, sauberen Zimmer bleibt es überschaubar.

Lani II Guesthouse (S)
268, Thanon Saylom
Tel. 21 30 22, 21 60 95
Fax 21 56 39
E-Mail: lanico@laotel.net

Lakeo Guesthouse (P)
Thanon Sibounheuang
Tel. 21 49 25
Tel./Fax 21 49 30
E-Mail: lakeogh@laotel.com
www.lakeo.laopdr.com
Saubere Zimmer, freundliche Atmosphäre.

Restaurants
Für den kleineren Hunger empfehlen sich die Suppenküchen an der Thanon Khun Borom, Thanon Heng Boun und Thanon Chou Anou. Zum Sonnenuntergang über dem Mekong trifft man sich zum Bier an der Thanon Fa Ngum.

Khop Chai Deu
54, Thanon Setthathirath, Nam Phou Square
Tel. 22 30 22
Beliebtes Open-Air-Restaurant mit Grillspezialitäten.

Kua Lao
111, Thanon Samsenthai

Tel. 21 48 31
Tel./Fax 21 57 77
Gute laotische Küche, dazu Tanzdarbietungen. Daher bei Touristen sehr beliebt.

Scandinavian Bakery
74/1, Thanon Pangkham, Nam Phou Square
Tel. 21 51 99
Gute Sandwiches und leckeres Gebäck zum laotischen Kaffee.

Tamnak Lao
Thanon That Luang
Tel. 41 35 62
Solide laotische Küche zu traditioneller Musik.

Die erstaunlich zahlreichen mit ›La‹ und ›Le‹ beginnenden Restaurantnamen zeugen von einer guten Präsenz der **französischen Küche**. Sehr zu empfehlen sind:

Le Côte D'Azur
Thanon Fa Ngum
Tel. 21 72 52

Le Nadao
Thanon Sibounheuang
Tel. 020/50 48 84
Abends reservieren.

Xieng Khouang
(Ebene der ›Tonkrüge‹)

Vorwahl: 061

Hotels und Restaurants
Einfache Unterkünfte und Restaurants befinden sich entlang der Hauptstraße von Phonsavan.

Auberge de la Plaine de Jarres (Phouphadeng) (S)
Phonsavan
Tel. 31 20 44
Fax 31 23 96
E-Mail: plainjar@laotel.com
Nette Bungalowanlage am Hang des gleichnamigen Berges.

Maly Hotel (P)
Phonsavan, nähe Krankenhaus
Tel. 31 20 31, Fax 31 23 95
E-Mail: sousathp@laotel.com
Einfache, gut geführte Unterkunft. Sousath Travel, die Agentur im Hause, arrangiert Touren in die Umgebung.

Reiseinformationen von A bis Z

Aktivitäten

Baden und Wassersport
Sicherlich gehören Kambodscha und Vietnam nicht zu den ersten Adressen für Badeurlauber, doch gibt es eine Reihe exzellenter Strände.

... in Vietnam
Vietnam wartet mit einer 3260 km langen Küste auf. Am berühmtesten ist der **China Beach** (gute Surfmöglichkeiten!) südlich von Da Nang, doch beliebter sind die Strände auf der Halbinsel **Mui Ne** bei Phan Thiet. Gute Bade- und Tauchmöglichkeiten bietet **Nha Trang**. Längst kein Geheimtipp mehr ist die Insel **Phu Quoc**, wo selbst große Kreuzfahrtschiffe einen Halt einlegen.

... in Kambodscha
Bekanntester Badeort von Kambodscha ist unbestritten **Sihanoukville** (Krong Preah Sihanouk), vier Autostunden südlich von Phnom Penh.

Fahrradtouren
Wer Land und Leute intensiver erleben möchte, kann dies mit dem Fahrrad tun. Dazu muss nicht unbedingt der eigene Drahtesel mitgenommen werden, denn vielerorts finden sich Fahrradverleihe. Zudem kann man Fahrräder günstig kaufen. Allerdings ist der südostasiatische Fahrstil gewöhnungsbedürftig. Einige Reiseveranstalter bieten Fahrradtouren an etwa durch das Mekong-Delta in Vietnam.

Golf
Es sind meist asiatische Urlauber und Geschäftsleute, die einen der Golfplätze in Indochina besuchen. Vor allem **Vietnam** hat sich auf diese Sportart eingestellt. Eine Auswahl an schönen Resorts finden sich im Internet unter:
www.vietnamgolfresorts.com
oder
www.vietnamgolftours.com
Golfresorts mit internationalem Standard gibt es in Da Lat und Phan Thiet. Auch **Kambodscha** besitzt einige gute Golfplätze rund um Phnom Penh.

Trekking
Bevorzugte Wandergebiete sind die Nationalparks und Bergregionen. Vor allem der Norden von Vietnam und das gebirgige Laos werden für ein- oder mehrtägige Touren immer beliebter. Allerdings sollten Sie nie ohne einheimischen Führer unterwegs sein, denn weder gibt es gute Pläne noch ausgeschilderte Wanderwege. Zudem spricht kaum jemand der Einheimischen Englisch. Es empfiehlt sich, die eigene Ausrüstung mitzunehmen. Bei mehrtägigen Touren wird vorwiegend in Privathäusern – meist einfache Holz- oder Bambushütten – übernachtet. Stellen Sie sich also auf fehlenden Komfort und mangelnde Hygiene ein. Beachten Sie bitte die örtlichen Gepflogenheiten.

Apotheken & Ärztliche Versorgung

Auch wenn es in den größeren Städten in allen drei

Reiseinformationen von A bis Z

Ländern **Apotheken** in ausreichender Zahl gibt, ist es ratsam, eine gut bestückte Reiseapotheke mitzunehmen. Bei Medikamentenkauf vor Ort bitte darauf achten, dass die Verpackung in einwandfreiem Zustand ist. Es werden auch häufig Fälschungen angeboten!

Nur in den Metropolen ist die **ärztliche Versorgung** gut. Bei Komplikationen werden die Patienten nach Bangkok oder Singapur geflogen. Die **Auslandskrankenversicherung** sollte also einen Krankentransport per Flugzeug einschließen. Sie müssen die Arztrechnung vor Ort bar bezahlen. Bestehen Sie auf einer englischsprachigen Quittung für die spätere Kostenerstattung. Wenn Sie einen deutschsprachigen Arzt benötigen, fraben Sie am besten in größeren Hotels oder bei der deutschen Botschaft.

… in Vietnam
International S.O.S.
Central Building
31, Hai Ba Trung
Tel. 04/934 06 66, 04/934 05 55 (24 h)
VN International Hospital
1 Phuong Mai
Hanoi
Tel. 04/574 07 40
International S.O.S.
65, Nguyen Du, Dist. 1
Ho-Chi-Minh-Stadt
Tel. 08/829 85 20 (24 h)
Columbia-Gia Dinh
1, No Trang Long, Binh Thanh Dist.
Ho-Chi-Minh-Stadt

Tel. 08/803 06 78, 09/094 17 08 (Notruf)

… in Kambodscha
Calmette Hospital
3, Preah Monivong
Phnom Penh
Tel. 023/42 69 48
Französisch geführtes Krankenhaus.
International S.O.S.
161, 51. Straße
Phnom Penh
Tel. 023/21 69 11
Naga International Clinic
Siem Reap
Tel. 96 45 00
Das internationale und lokale Ärzteteam bietet einen 24-Stunden-Notdienst.

… in Laos
Bei schwerwiegenden Erkrankungen bitte nach Thailand gehen und dort in der nächst größeren Stadt das Krankenhaus aufsuchen.
International Clinic
Auf dem Gelände des Mahosot Hospitals
Thanon Fa Ngum
Vientiane
Tel. 021/21 40 21/2
Setthathirat Klinik
Vientiane
Tel. 021/41 37 20
International Clinic
Thanon Samsenthai
Luang Prabang
Tel. 071/25 20 49

Behinderte

Fehlende Einrichtungen und holprige Straßen erschweren Menschen mit körperlichen Behinderungen das Reisen. Nur große Hotel verfügen über Auffahrtsrampen und Lifte. Doch werden Sie meist auf Hilfsbereitschaft stoßen.

Betteln

Für die arme Bevölkerung gelten ausländische Touristen als reich. Bettler – in Kambodscha sind es vielfach Minenopfer, in Vietnam Kriegsinvaliden – erhoffen sich daher besonders von ihnen Geld. So Mitleid erregend sie aussehen mögen, bedenken Sie bitte, dass Sie mit Ihrer Gabe das Betteln fördern. Das gilt vor allem bei Kindern, die häufig von ihren Eltern geschickt werden. Wer den wirklich Notleidenden helfen möchte, kann einer gemeinnützigen Organisation vor Ort oder im Heimatland spenden. Viele internationale Hilfsorganisationen fördern Projekte in den Ländern Indochinas, neben den kirchlichen Einrichtungen Misereor (www.misereor.de) und Brot für die Welt (www. brot-fuer-die-welt.de) auch Terres des Hommes (www. tdh.de), die in Ho-Chi-Minh-Stadt ein Krankenhaus unterhalten.

Diebstahl

Touristen können sich in Indochina weitgehend sicher fühlen. Dennoch sollten Sie teuren Schmuck zu Hause lassen und das Geld im Hotelsafe einschließen. In

Phnom Penh und Ho-Chi-Minh-Stadt ist größere Vorsicht geboten, immer wieder werden dort Touristen ausgeraubt, insbesondere in den späten Abendstunden.

Diplomatische Vertretungen

... in Vietnam
Deutsche Botschaft
29, Pho Tran Phu
Hanoi
Tel. 04/845 38 36-7,
843 02 45-6
Fax 04/845 38 38
E-Mail:
germanemb.hanoi@fpt.vn
www.germanembhanoi.org.vn
Mo–Fr 8.30–11.30 Uhr
Deutsches Generalkonsulat
126, D. Nguyen Dinh Chieu, Dist. 3
Ho-Chi-Minh-Stadt
Tel. 08/829 24 55,
822 43 85, 829 19 67
Fax 08/823 1919
E-Mail: gk-hochiminh@hcm.fpt.vn
Mo–Fr 8.30–11.30 Uhr
Österreichische Botschaft
c/o Prime Center, 8. Stock
53, Pho Quang Trung, Hanoi
Tel. 04/943 30 50-4
Fax 04/943 30 55
E-Mail: hanoi-ob@bmaa.gv.at
Schweizer Botschaft
c/o Hanoi Central Building Office, 15. Stock
44B, Pho Ly Thuong Kiet
Hanoi
Tel. 04/934 65 89
Fax 04/934 65 91

E-Mail:
swissemhanoi@fpt.vn
Mo–Fr 9–12 Uhr
Schweizer Konsulat
c/o Aldamex, Me Linh Point Tower, 14. Stock
Ho-Chi-Minh-Stadt
Tel. 08/825 87 80
Fax 08/825 87 60

... in Kambodscha
Deutsche Botschaft
76–78, 214. St.
Phnom Penh
Tel. 023/21 61 93, 21 63 81
Fax 023/42 77 46
E-Mail:
Germ.emb.phnomph@bigpond.com.kh
Schweizer Konsulat
53D, 242. St.
Phnom Penh
Tel. 023/21 90 45
Fax 023/21 33 75
E-Mail:
swissconsulate@bigpond.com.kh

... in Laos
Deutsche Botschaft
26, Thanon Sokpaluang (Sisattanek), Vientiane.
Tel. 021/31 21 10,
31 21 11
Fax 021/31 43 22
E-Mail:
germemb@laotel.com

Einkaufen

Mit dem zunehmenden Tourismus hat sich das Souvenirgeschäft ausgeweitet. Das jahrzehntelang brachliegende Kunsthandwerk erlebt vielerorts eine Wiedergeburt. Jedoch sollten Sie auf-

Tipp
Wichtig: Beim Einkauf stets handeln! Ausnahmen bilden Geschäfte mit festgelegten Preisen.

passen, da viel Ramsch angeboten wird. Beachten Sie, dass die Ausfuhr von echten Antiquitäten verboten ist. Das gilt allgemein für Buddha-Figuren.

... in Vietnam
Verglichen mit Laos und Kambodscha hat das Land das vielfältigste Angebot an Souvenirs und Handarbeiten. Wer Figuren des Wasserpuppentheaters, Seidenstoffe, Lackarbeiten oder Keramik sucht, wird in den Gassen der Altstadt **Hanois** fündig. Dort kommen auch die Kunstfreunde auf ihre Kosten. Zahlreiche Galerien geben einen Einblick in die lebendige Kunstszene Vietnams. Die kulturellen Zentren in der Landesmitte, **Hue** und **Hoi An**, besitzen ebenfalls ein breites Souvenirangebot. Hoi An avancierte zu *der* Adresse für Seidenstoffe – leider geht die Quantität auf Kosten der Qualität. In **Ho-Chi-Minh-Stadt** wartet die Dong Khoi mit schönen Boutiquen auf. Der Ben-Thanh-Markt im ersten Distrikt sowie der Binh-Thay-Markt in Cholon quellen vom reichhaltigen Angebot an Lebensmitteln und Utensilien geradezu über.

Reiseinformationen von A bis Z

... in Kambodscha

Ein Markenzeichen der Kambodschaner ist der karierte Schal, *krama* genannt, als Sonnenschutz und Schweißtuch. Berühmt sind auch Seidenstoffe, Silberschmuck, Edelsteine und Bildhauerarbeiten. Ein großes Angebot gibt es im ›Russenmarkt‹ (Psar Tuol Tom Pong) in **Phnom Penh**. Für Gebrauchsgegenstände ist der Central Market (Psar Thmei) zu empfehlen. Im Wat Than (180, Norodom Boulevard) und der Verkaufsstelle von Rehab Craft Cambodia (373, Sisowath Quay) werden von Minenopfern und Behinderten angefertigte Handarbeiten verkauft. In **Siem Reap** bietet der Alte Markt (Psar Chas) die größte Souvenirauswahl. Weitere Geschäfte finden sich in dessen näherer Umgebung. Im Les artisans D'Angkor werden Bildhauer- und Lackarbeitern hergestellt und verkauft.

... in Laos

Die zahlreichen Volksgruppen sowie regionale Eigenständigkeiten führen zu einem breiten Angebot an Webarbeiten, Korbwaren und Schmuck. Eine große Auswahl bieten der Morgenmarkt (Talat Sao) in **Vientiane** sowie die kleineren Geschäfte im Zentrum von **Luang Prabang**. Wer in den Provinzen unterwegs ist, sollte dort unbedingt einen der bunten Märkte besuchen.

Essen und Trinken

Vietnam kulinarisch

Zu Essenszeiten ersetzt das »*an com chua*« (»Hast Du schon gegessen?«) den Gruß. Wer Hunger hat, muss sich nur nach den Hinweisschildern *com* (Reis) und *pho* (Nudelsuppe) richten. Zu keiner Mahlzeit darf die Fischsoße *nuoc mam* fehlen, um die richtige Würze zu liefern. Hinzu kommt bei vielen Gerichten ein Teller mit frischen ›duftenden Kräutern‹ (*rau thom*), u. a. Koriander (*mui*). Erstaunlich vielfältig werden Frühlingsrollen zubereitet, z. B. roh zum Selberwickeln mit Schweine- und Garnelenfleisch (*banh cuon tom*), vegetarisch (*banh cuon chay*) oder gebraten (*nem saigon*). Eine Delikatesse ist auf einem Zuckerrohrstück gegrilltes Garnelen- und Schweinefleisch, *chao tom voi thit lon xay*. Wahre Gaumenfreuden verheißen Salate (*goi*): mit Schweinefleisch und Pomelostückchen, *rau tron thit xay cua va buoi*, aus der Wurzel der Lotosblume, *goi ngo sen*, oder der kleingehackten Bananenblüte, *goi bap chuoi*. Vegetarier sollten nach *com chay* (vegetarisches Essen) fragen. Meist sind es spezialisierte Restaurants, die Gerichte auf Tofubasis servieren.

Kambodscha kulinarisch

Die Kunst des Zubereitens liegt in der Mischung der Gewürzpaste, *kroeng*. Sie bildet die geschmackliche Grundlage vieler Gerichte, z. B. Fisch in gelbem Curry, *samla khtih*, scharfe (*samla hip*) bzw. milde Hühnersuppe (*samla kako*) oder in Bananenblättern gedünsteter Fischcurry, *a mok trey*. Etwas bitter, aber sehr gesund ist Huhn mit Balsambirne in rotem Curry, *samla khtih mreah*. Dazu passen gebratene Rinderstückchen mit Basilikum, *chha sach ko mreah preou*. Selbst zu Angkors Zeiten war *kha trey linh*, gebratener Fisch in Palmzucker beliebt. Als Dessert können Sie in Bananenblätter eingewickelte Reisbällchen (*num tien*) oder roten Klebereis in Kokosnussmilch mit Taro (*bey damnaep khmao khtih daung trav*) probieren.

Laos kulinarisch

Mit Familie oder Freunden Essen gehen, *bai kin khao*, gehört zu den beliebtesten Aktivitäten der Laoten. Hier einige **Kostproben** aus der laotischen Küche: Grüner Papaya-Salat (*tam mak houng*) und Klebereis (khao niau), serviert mit Fisch (*paa*), Huhn (*gai*) oder kleinen Flusskrebsen (*kung*). Zum Standard gehört Hühner- (*laab gai*), Fisch- (*laab paa*) oder Rinderhackfleisch (*laab nüa*) mit zerstampftem Klebereis, Pfefferminz, Koriander, Zitronengras, Limetten, aber vor allem mit Chili gemischt. Schließlich gibt es noch mehrere Varianten von Reisnudeln, seien sie dünn (*sen noi*), 1 cm breit (*sen nyai*) oder glasig (*sen lon*), die als Suppe (*föö nam*) oder zusammen mit Fleisch und Gemüse (*föö khua*) serviert werden. Unter dem reichhaltigen Nachtischangebot ragt zur Mango-Zeit zwischen März und Mai süßer Klebereis mit Mango, *khao niau ma muang*, hervor. Zum Verdauen bietet sich der tintenschwarze laotische Kaffee, *kafeh dam*, oder der Klebereisschnaps *lao lao* an.

Feste und Feiertage

Die traditionellen Feiertage folgen dem Mondkalender, der 354 Tage zählt und sich in zwölf Monate mit 29 oder 30 Tagen unterteilt. Daher variieren die Termine. Im Folgenden wird eine Auswahl der wichtigsten Feste vorgestellt.

... in Vietnam

Das **Neujahrsfest** (Tet Nguyen Dan), schlicht Tet (Fest) genannt, ist das wichtigste Ereignis des Jahres und fällt zwischen den 21. Januar und 19. Februar. Das neue Mondjahr beginnt mit dem Tag des ersten Neumondes nach der Wintersonnenwende. Offiziell sind drei Tage frei, doch meist wird über eine Woche hinweg gefeiert. Man reinigt und schmückt die Wohnungen, begleicht Schulden, und mit einem Festessen wird das alte Jahr verabschiedet, das neue begrüßt. Neujahrsknaller sind seit einigen Jahren verboten. Da fast alle Vietnamesen ihre Angehörigen besuchen, sind Verkehrsmittel und Hotels meist ausgebucht. Berücksichtigen Sie dies bei Ihrer Reiseplanung.

Am **Totengedenktag** (Tet Thanh Minh), dem 5. oder 6. Tag des dritten Mondmonats, schmücken die Vietnamesen die Gräber ihrer Vorfahren und bringen ihnen Opfer dar.

Zum **Mitsommerfest** (Tet Doan Ngo) am 5. Tag des fünften Mondmonats sucht man zur Besänftigung der bösen Geister Tempel auf.

Zur Beruhigung der umherirrenden Seelen dient das **Fest der Wandernden Seelen** (Tet Trung Nguyen) am 15. Tag des siebten Mondmonats. Dazu werden Papieropfer verbrannt.

Das **Mittherbstfest** (Tet Trung Thu) wird am 15. Tag des achten Mondmonats begangen, wenn der Mond am weitesten von der Erde entfernt ist. Kinder setzen dann gern Masken auf und gehen mit Laternen umher. Kulinarische Spezialität ist der Mondkuchen.

Staatliche Feiertage:
1. Januar: Neujahr
3. Februar: Gründungstag der Kommunistischen Partei (1930)
30. April: Tag der Befreiung (1975)
1. Mai: Tag der Arbeit
19. Mai: Geburtstag von Ho Chi Minh (1890)
2. September: Unabhängigkeitstag (1945)
3. September: Todestag von Ho Chi Minh (1968)
25. Dezember: Weihnachten

... in Kambodscha

Bonn Chaul Chhnam Thmei, das kambodschanische Neujahrsfest Mitte April dauert drei Tage. Es ist ein Fest (kamb.: *bonn*) der Reinigung, bei dem Tempel und Ältere besucht werden. Für die Jugend ist es eine Zeit der Wasserschlachten und ausgelassenen Feiern.

Das bedeutendste buddhistische Fest ist **Visak Bauchea** am Vollmondtag im Mai zur Erinnerung an die Geburt, Erleuchtung, und das vollkommene Erlöschen des Buddha.

Ende April/Anfang Mai findet das **Chrat Phrea Angal**, die königliche Pflugzeremonie statt. Nach brahmanischem Brauch wird mit zwei Ochsen symbolisch ein Feld gepflügt, um die Reispflanzsaison zu eröffnen.

An **Bonn Pchoum Ben** im September oder Oktober gedenken die Einheimischen ihrer Verstorbenen und bringen zu ihren Ehren in den buddhistischen Tempeln Opfer dar.

In den Wochen nach dem Oktober-Vollmond, der die dreimonatige buddhistische Fastenzeit beendet, übergeben die Gläubigen in der **Kathen-Zeremonie** den Mönchen neue Roben.

Reiseinformationen von A bis Z

Staatliche Feiertage:
1. **Januar:** Neujahr
7. **Januar:** Tag des Sieges (zur Erinnerung an den Sturz des Pol-Pot-Regimes)
8. **März:** Internationaler Frauentag
1. **Mai:** Tag der Arbeit
9. **Mai:** Tag des Gedenkens an den Völkermord
18. **Juni:** Geburtstag der Königin Monique
24. **September:** Tag der Verfassung
23. **Oktober:** Tag des Pariser Friedensabkommens
1. **November:** Geburtstag von König Sihanouk
9. **November:** Unabhängigkeitstag
10. **Dezember:** Internationaler Tag der Menschenrechte
25. **Dezember:** Weihnachten

... in Laos

Die vorwiegend buddhistischen Feiertage (laot.: *bun*) finden am Vollmondtag des jeweiligen Monats statt.

An **Bun Pha Wet** (variierende Termine, meist Dezember/Januar) wird der Inkarnation des Buddha als Prinz Vessantara (laot:. Pha Wet Sandon) mit Aufführungen und Tänzen gedacht.

Während des **Bun Maka Bousa** (Ende Februar/ Anfang März) erinnert man an die Predigt Buddhas vor 1250 Erleuchteten.

Höhepunkt des jährlichen Festkalenders ist das mehrtägige Neujahrsfest **Bun Pi Mai** (Pi Mai Lao), welches alljährlich um den 13. April herum begangen wird. Die Laoten bespritzen sich gegenseitig mit Wasser, selbst Buddha-Figuren und Mönche werden nicht verschont.

Bun Visaka Bousa (Mai) ist wie in Kambodscha der höchste buddhistische Feiertag. Zu dieser Zeit findet auch das ausgelassene **Raketenfestival Bun Bang Fai** statt. Bambusraketen werden gen Himmel geschossen, um den Regen ›anzulocken‹.

Mit dem **Bun Khao Phansa** im Juli beginnt die dreimonatige buddhistische Fastenzeit.

Den Verstorbenen ist der Gedenktag **Bun Khao Padap Din** an Septembervollmond gewidmet.

Staatliche Feiertage:
1. **Januar:** Neujahr
5. **Januar:** Tag der Gründung Lan Xangs
20. **Januar:** Tag des Militärs
8. **März:** Internationaler Frauentag
1. **Mai:** Tag der Arbeit
7. **Oktober:** Tag der Lehrer
1. **November:** Unabhängigkeitstag
2. **Dezember:** Nationalfeiertag zur Gründung der Lao PDR

Fotografieren

In den größeren Städten und touristischen Zentren sind die gängigsten Papierfilme erhältlich. Probleme gibt es mit lichtempfindlichen Filmen und Diafilmen. Besser in genügender Zahl von daheim mitbringen! Achten Sie beim Kauf vor Ort auf das Verfallsdatum und darauf, dass sie nicht der Sonne ausgesetzt waren. Auch Fotobatterien werden in allen Variationen verkauft, meist billiger als in Europa.

Respekt vor der Privatsphäre der Einheimischen sollte selbstverständlich sein. Wer Menschen aufnehmen will, sollte unbedingt deren Einwilligung einholen. Dies gilt insbesondere bei Mönchen oder Angehörigen der Bergminderheiten. Militärische Einrichtungen und Flughäfen dürfen nicht fotografiert werden!

Frauen allein unterwegs

In allen drei Ländern werden alleinreisende Frauen im Allg. kaum behelligt. Allerdings sollte man hinsichtlich Kleidung und Kontakt mit einheimischen Männern zurückhaltend zu sein.

Geld und Geldwechsel

In Indochina ist der US-$ *die* Zweitwährung. In größeren Hotels, Restaurants oder Geschäften sind die Preise in Dollar ausgeschrieben. Nehmen Sie US-$ in sauberen und unbeschädigten Scheinen mit und in kleinen Einheiten (100 US-$-Scheine werden oft nicht akzeptiert), Wechselgeldmangel. Reiseschecks sind empfehlens-

Aktuelle Kurse

1 Euro = ca. 4000 Riel
1 Euro = ca. 12 600 Kip
1 Euro = ca. 19 500 Dong
www.oanda.com

wert, eintauschbar in Wechselstuben und Hotels. Euros akzeptieren fast alle Banken, aber nicht alle Hotels. Mit Kreditkarten kann man in größeren Geschäften und Hotels bezahlen. Stets auch einheimische Währung mit sich führen!

... in Vietnam
Stückelungen des Vietnamesischen Dong: 200, 500, 1000, 2000, 5000, 10 000, 20 000, 50 000 und 100 000.

... in Kambodscha
Stückelung des Riel: 100, 200, 500, 1000, 2000, 5000, 10 000, 20 000, 50 000 und 100 000-Scheine.

... in Laos
Der laotische Kip leidet unter erheblicher Inflation. Stückelung: 100, 500, 1000, 2000, 5000 und 10 000.

Karten und Stadtpläne

Eine gute Übersicht bieten ›Vietnam, Laos, Cambodia‹ von Nelles-Maps und die entsprechenden Travelmag®-Karten des Kunth-Verlages. Für Vietnam gut ist auch die Karte des Bartholomew-Verlages, für Kambodscha die ›GPS Map Cambodia‹ von Karto Atelier. Günstige Stadtpläne sind vor Ort in den Buchläden und Souvenirständen erhältlich.

Nachtleben

Zwar ist in den Provinzstädten abends nichts los, doch bieten die Metropolen und Touristenzentren ein buntes Nachtleben. Selbst in **Vientiane** laden gute Bars und Musikclubs zum Ausgehen ein. Die sich massiv ausbreitenden Karaokeclubs gibt es selbst in kleinen Provinzstädten, sprechen aber primär das asiatische Vergnügungsbedürfnis an. Nachtschwärmer werden **Phnom Penh** und die südvietnamesische Metropole **Ho-Chi-Minh-Stadt** am interessantesten finden. Diskotheken und Bars mit Live-Musik gibt es in vielen größeren Hotels. Wer in **Hanoi** weilt, sollte einen Besuch des Wasserpuppentheaters nicht versäumen!

Auch wenn die Regierungen die ›sozialen Übel‹ einzudämmen versuchen, ist die **Prostitution** unübersehbar und nimmt zu. Vor allem Kambodscha ist ein beliebtes Ziel für Sextouristen geworden. Leider gilt dies auch für Kinderprostitution, allen voran in Kambodscha und Vietnam. Wer darauf trifft, sollte sich mit der Hoteldirektion oder Touristenpolizei in Verbindung setzen.

Notfälle

... in Kambodscha
Polizei: 112, 117
Feuerwehr: 118
Ambulanz: 119, 023/724 891

... in Laos
Polizei: 191
Touristenpolizei: 251 128
Feuerwehr: 190
Ambulanz: 195, 133 60

...in Vietnam
Polizei: 113
Feuerwehr: 114
Notruf: 115

Tipp

Wer eine der Notfallnummern anrufen muss, sollte nach Möglichkeit einen Einheimischen darum bitten, denn kaum jemand vom Polizei- oder Krankenhauspersonal verfügt über genügend Englischkenntnisse. Im äußersten Notfall kann auch die Botschaft weiterhelfen.

Öffnungszeiten

Ämter und **Behörden** haben im Allg. Mo–Fr 8–11.30, 13–16 Uhr geöffnet. Beachten Sie die Mittagspausen, die oft ausgedehnt werden. Am besten erscheinen Sie vormittags 9–11 Uhr und nachmittags 14–15 Uhr.

Banken in Laos und Kambodscha haben Mo–Fr 8.30–15 Uhr Publikumsver-

Reiseinformationen von A bis Z

kehr, in Vietnam u. U. ab 7.30 Uhr. Einige sind am Samstagvormittag geöffnet. Bei den **Museen**, Öffnungszeiten im Allg. wie Behörden, ist der Montag zumeist ein Ruhetag.
Private Geschäfte gestalten ihre Öffnungszeiten individuell und bleiben nicht selten bis nach 21 Uhr offen.
Das gilt auf für **Restaurants**. Warme Küche gibt es sicher zwischen 10.30 und 14 Uhr und abends zwischen 17.30 und 22 Uhr.

Post

Briefe nach Europa benötigen durchschnittlich 1–2 Wochen. In Vietnam werden Freistempel verwendet. Ansonsten führen die meisten Rezeptionen der größeren Hotels Briefmarken. Dort können Sie Ihre Post auch abgeben.

Reisegepäck

s. S. 423

Sprache

Während Sie in den Hotels und Restaurants der Metropolen mit Englisch relativ gut zurecht kommen (dabei sollten Sie bitte immer langsam und deutlich sprechen und komplizierte Satzkonstruktionen vermeiden!), stoßen Sie auf dem Land bald auf erhebliche sprachliche Barrieren. Vor einer Fahrt mit dem Taxi stellen Sie bitte auf jeden Fall sicher, dass der Fahrer die Destination auch wirklich kennt. Am Besten lassen Sie sich den Ort im Hotel oder bei einer Touristenauskunft in der Landessprache aufschreiben. Selbst wer nur wenige Wörter oder Sätze in der lokalen Sprache spricht, stößt bei Einheimischen auf großen Respekt, da sie dies nicht erwarten.

Kleiner Sprachführer Vietnamesisch
Wichtige Phrasen
Guten Tag *xin chao*
Auf Wiedersehen
    dam biet,
    hen gap lai
Danke *cam on*
Bitte *xin moi*
Wie geht es?
    co khoe khong?
Danke, es geht gut!
    khoe, cam on!
Entschuldigung
    xin loi
Nein *khong*
Ja *da, vang*
Ich heiße
    toi den la...
Wie viel kostet das?
    cai nay gia bao nhieu?
Sehr teuer!
    dat (qua)!
Wo ist eine Toilette?
    nha ve sinh o dau?
Im Hotel
Gästehaus
    nha khach
Hotel *khach san*
Zimmer
    phong, buong
Handtuch
    khan tam
Toilette, Badezimmer
    nha ve sinh,
    phong tam
Toilettenpapier
    giay ve sinh
Orientierung auf der Reise
Wo ist...? *...o dau?*
Gibt es...?
    ...co khong?
Apotheke *hieu thuoc*
Arzt *bac si*
Bahnhof *nha ga*
Boot *ghe, thuyen*
Bus *xe buyt*
Busbahnhof
    ben xe buyt
Bank *ngan hang*
Flughafen
    san bay
Krankenhaus
    benh vien quoc te
Markt *cho*
Museum *bao tang*
Post *nha buu dien*
Restaurant
    nha hang, hieu an
Straße *duong, pho*
Strand *bai tam*
Taxi *tac xi*
Telefon *dien thoai*
Zahnarzt *nha si*
Zug *xe lua*

Kleiner Sprachführer Khmer
Wichtige Phrasen
Guten Tag
    suor sdei
Auf Wiedersehen
    lea sen hay
Danke *ar khun*
Bitte *som*
Wie geht es?
    neak sok sabai dee?
Danke, es geht gut!
    khnom, sok sabai!

Reiseinformationen von A bis Z

Entschuldigung
  som toh
Nein *tee*
Ja *baat* (Mann)/
  dschah (Frau)
Ich heiße *khnom chmuo*
Wie viel kostet das?
  nih tlay phon maan?
Sehr teuer!
  tlay (na)!
Wo ist eine Toilette?
  bangkun nöw aä nah?

Im Hotel
Gästehaus
  phtiah somnak
Hotel *sontahkia*
Zimmer *banthop*
Handtuch
  kansaäng
Toilette/Badezimmer
  banthop bangkun/ teuk
Toilettenpapier
  kradah bangkun
Orientierung auf der Reise
Wo ist…? *…nöw aä nah?*
Haben Sie …?
  neak mian…?
Apotheke
  farmasi
Arzt *krou päd*
Bahnhof
  sathani rot phlööng
Boot *kanoot, duuk*
Bus *laan tschnual*
Busbahnhof
  ben laan tschnual
Bank *thniakia*
Flugplatz
  wiel junhoh
Krankenhaus
  montrii päd
Markt *psar*
Museum *saramontrii*
Post *preysanii*
Restaurant
  restorang
Straße *phlauv*
Taxi *taksii*
Telefon *tourasap*
Zahnarzt
  päd thmein
Zug *rot rphlööng*

Kleiner Sprachführer Laotisch
Wichtige Phrasen
Guten Tag
  sabai dii
Auf Wiedersehen
  phop kan mai
Danke *khop tschai*
Bitte *kaluna*
Wie geht es?
  sabai dii bo?
Danke, es geht gut!
  khop tschai khoi sabai dii
Entschuldigung
  kho thoot
Ja *tschao*
Nein *bo*
Ich heiße…
  khoi süü…
Wie viel kostet das?
  an nii, la kaa thao dai?
(Sehr) teuer!
  phääng (lai)!
Wo ist eine Toilette?
  hong nam juu sai?
Im Hotel
Gästehaus
  ban habkhäk
Hotel *hong hääm*
Zimmer *hong*
Handtuch
  pha sättoo
Toilette, Badezimmer
  hong naam
Toilettenpapier
  tschia hong nam
Orientierung auf der Reise
Wo ist…?
  …juu sai?
Gibt es…?
  mii… bo?
Apotheke
  haan khai jaa
Arzt *phät, mo*
Boot *hüa*
Bus *lot mä*
Busbahnhof
  sathaanii lot mä
Bank *thanakhaan*
Flugplatz
  döön bin sanaambin
Krankenhaus
  hong moo, hong phanja ban
Markt *talat*
Polizei(-station)
  (sathanii) tamluat
Postamt *hong paisanii*
Restaurant
  haan ahaan
Straße *thanon*
Taxi/Auto
  taksii/lot
Telefon *tholasab*
Zahnarzt
  phät, mo phua kheo

Strom

In allen drei Ländern beträgt die Netzspannung 220 V. Da diverse Steckervarianten verbreitet sind, empfiehlt es sich einen Weltreiseadapter mitzunehmen.

Telefon/Internet

In den meisten touristischen Zentren haben sich **Internet-Cafés** etabliert. Informieren Sie sich beim Netzanbieter Ihres **Mobiltelefons** über Möglichkeiten

455

Reiseinformationen von A bis Z

des International Roaming, das Mobiltelefonsystem wird stetig ausgebaut.

Das **Telefonieren** ins Ausland ist immer noch sehr teuer. Am günstigsten sind die Post- und Fernmeldeämter oder Apparate mit Telefonkarten. Für Inlandsgespräche stellt man die örtliche Vorwahl, z. B. 04 für Hanoi, 023 für Phnom Penh oder 021 für Vientiane voran. Die 0 der Ortsvorwahl entfällt bei Gesprächen aus dem Ausland.

... in Vietnam
Vorwahl aus dem Ausland: 0084
Telefonieren nach D: 0049+
Telefonieren nach A: 0043+
Telefonieren nach Ch: 0041+
Internationale Vermittlung: 110

... in Kambodscha
Vorwahl aus dem Ausland: 00855
Telefonieren nach D: 00149+
Telefonieren nach A: 00143+
Telefonieren nach Ch: 00141+
Achtung: Bei einer Tele.2-Phone Card muss beim Auslandstelefonat zuerst die 007 gewählt werden.

... in Laos
Vorwahl aus dem Ausland: 00856
Telefonieren nach D: 0049+
Telefonieren nach A: 0043+
Telefonieren nach Ch: 0041+

Trinkgeld

Trinkgelder sind in Südostasien traditionell unüblich, doch werden sie heute in Hotels und Restaurants erwartet, das Einkommen der Angestellten ist so ausgelegt. Runden Sie den Rechnungsbetrag auf. Für Kofferträger sind umgerechnet 50 Cent angemessen, für Fahrer oder Reiseführer pro Reisegast und Reisetag etwa ein Euro. Die großen Hotels addieren auf die Rechnung neben der Mehrwertsteuer (VAT) eine Service Charge. Dort ist Trinkgeld nicht unbedingt erforderlich.

Verhalten im Alltag

So faszinierend Indochina ist und so freundlich die Menschen – die Kommunikation ist nicht nur fehlender Sprachkenntnisse halber oft von Missverständnissen geprägt:

Auch bei Auseinandersetzungen höflich bleiben und auf Kompromiss bedacht sein. Bei der Begrüßung die Hände nur schütteln, wenn ein Einheimischer die Initiative ergreift. Sonst reicht ein Nicken und Lächeln. Buddhistische Mönche und höher gestellte Persönlichkeiten begrüßt man durch das Zusammenlegen der Handflächen auf Brusthöhe. Frauen sollten die Berührung von Mönchen vermeiden. Als bedeutendster Körperteil darf der Kopf nicht berührt werden. Strecken Sie Füße nie gegen Personen oder religiöse Objekte wie Buddha-Figuren aus. Wenn Sie ein einfaches Privathaus oder ein Tempelgebäude besuchen, ziehen Sie bitte vor Betreten Ihre Schuhe aus.

Verkehrsmittel

Erst langsam verbessert sich die Infrastruktur. Verlassen Sie sich nicht auf Entfernungsangaben. Pannen und Straßenschäden können die Fahrt erheblich verzögern.

Neben den **öffentlichen Verkehrsmitteln** können in jeder Stadt **Mietwagen mit Chauffeur** gemietet werden. Abhängig von Wagenqualität, Entfernung und Konkurrenzdichte sind pro Tag 25–50 € zu kalkulieren. Selbstfahren ist verboten.

... in Vietnam
Flüge mit der staatlichen Linie Vietnam Airlines (www.vietnamairlines.com) und der halbstaatlichen Pacific Airlines (www.pacificairlines.com.vn) sind dank neuerer Maschinen erheblich zuverlässiger geworden.

Eine angenehme Variante stellt die **Bahnfahrt** dar. Der Wiedervereinigungsexpress fährt mehrmals täglich von Hanoi nach Ho-Chi-Minh-Stadt (35–48 h) und umgekehrt. Ffrühzeitig das Ticket besorgen, er ist schnell ausgebucht! Mit dem Victoria Express können Touristen stilvoll von Hanoi nach Lao

Cai fahren.

Die **Überlandbusse** sind oft voll und sehr unbequem. Als günstige Alternative haben sich die ›**Open Tours**‹ erwiesen, die an lokalen Reisebüros und Hotels feilgeboten und von Rucksackreisenden gerne angenommen werden. Die privaten Busse verbinden die bedeutendsten touristischen Zentren und legen (leider zu kurze) Halts bei den Sehenswürdigkeiten ein. Um die Tickets günstig zu halten, stoppen sie an bestimmten Restaurants und Hotels (Kommission).

... in Kambodscha

Das schnellste und bequemste Fortbewegungsmittel ist das **Flugzeug**, mit dem ab Phnom Penh die größeren Städte angeflogen werden.

Die **Züge** nach Battambang und Sihanoukville sind nur für Eisenbahnenthusiasten mit viel Zeit interessant.

Öffentliche Busse und Pickups sind zwar billig, aber sehr komfortarm.

Äußerst populär ist eine **Bootsfahrt** von Phnom Penh über den Tonle Sap nach Siem Reap (6–8 h) und über den Mekong nach Kompong Cham (4 h).

... in Laos

Die staatliche **Fluggesellschaft** Lao Airlines (www. laoairlines.com) fliegt die größeren Städte an, doch ist sie nicht sehr zuverlässig, auch wenn auf den Hauptstrecken nur neuere Maschinen eingesetzt werden.

Überlandfahrten mit **öffentlichen Bussen** sind strapaziös, dafür spannend. Zwar hat sich der Zustand der NR 13 erheblich verbessert, doch ist die Sicherheitslage auf der Route Vang Vieng-Luang Prabang problematisch (vor Ort Informationen einholen!).

Zu empfehlen ist eine **Bootsfahrt** auf dem Mekong etwa von Houay Xai nach Luang Prabang oder von Pakxe nach Si Phan Don.

Wasser

Um seiner Gesundheit willen sollte man das Wasser aus dem Wasserhahn niemals trinken. In vielen Hotels und Gästehäusern werden teilweise auch kostenlos Wasserflaschen angeboten. Wenn nicht, sind sie in vielen Geschäften erhältlich. Bitte achten Sie darauf, dass sie noch original verschlossen sind.

Zeitungen

Eine gute Möglichkeit, sich über ihr Reiseland zu informieren sind die lokalen englischsprachigen Tageszeitungen und Journale. Das renommierte Hongkonger Wochenmagazin ›Far Eastern Economic Review‹ (www. feer.com), das neben anderen internationalen Zeitungen in den größeren Hotels erhältlich ist, bringt die besten regionalen Nachrichten.

Ebenfalls informativ sind die thailändischen Tageszeitungen ›Bangkok Post‹ (www. bangkokpost.com) und ›The Nation‹ (www. nation multimedia.com) mit vielen Informationen aus der Region.

Trotz staatlicher Kontrolle ist die Presselandschaft **Vietnams** etwas vielfältiger als in den beiden anderen Ländern. Der ›Vietnam Investment Review‹ (www.vir.com. vn) publiziert wöchentlich vorwiegend Wirtschaftsnachrichten. Mit dem beigelegten ›Time Out‹ verfügen Sie über einen guten Führer durch die kulturelle und kulinarische Szene. Die staatliche Nachrichtenagentur gibt täglich die ›Vietnam News‹.

Kambodscha verfügt über die freieste Presse. In dieser jungen Demokratie hat sich die 14-tägig erscheinende ›Phnom Penh Post‹ (www. phnompenhpost. com) einen Namen gemacht. Täglich im Angebot ist die etwas dürftige ›Cambodia Daily‹.

Einzige englischsprachige Tageszeitung von **Laos** ist die streng zensierte ›Vientiane Times‹ (www.vientianetimes. org.la).

Zeitunterschied

Die drei Länder sind der mitteleuropäischen Zeit (MEZ) sechs, in der Sommerzeit fünf Stunden voraus.

Glossar

A Di Da – (viet.) s. Amitabha
Agni – (Skt.) Gott des Feuers, Wächter des Südostens
Airavata – (Skt.) Elefant, Reittier Indras
Amitabha – (Skt.) Unermessliches Licht; Buddha des Reinen Landes, im Mahayana einer der Fünf Meditations-Buddhas
Amrita – (Skt.) Elixier der Unsterblichkeit, gewonnen durch das Quirlen des Milchmeeres
A Nam Da, At Nan – (viet.) s. Ananda
Ananda – (Skt./P.) Verwandter, engster Schüler Buddhas, legte im 1. Konzil die gesamten Lehrreden Buddha Shakyamunis dar
Anda – (Skt.) Ei; glocken- oder halbkugelförmigen Hauptkörper des Stupa
Anastylose – (gr.) Eine Ruine wird systematisch zerlegt und anschließend unter Zuhilfenahme originalgetreuer Ersatzstücke rekonstruiert
Apsara – (Skt.) Himmlische Tänzerin und Gespielin der Götter auf dem Berg Meru
Arhat – (Skt.), Ehrwürdiger; im frühen Buddhismus Name für jemand, der die Buddhaschaft erlangt hat. Später Bezeichnung für Nachfolger Buddhas und Lehrer des Buddhismus. In Vietnam meist in Gruppen von 18 Figuren dargestellt
Asura – (Skt.) Dämonenwesen, Gegner der Götter (*devas*)
Avadana – (Skt.) Heldentaten:, Textsammlung über heroische Taten Buddhas und buddhistischer Heiliger
Avalokiteshvara – (Skt.) Herr, der die Welt betrachtet; Bodhisattva des umfassenden Mitgefühls
Bac Dau – (viet.) Gott des Nördlichen Polarsterns und des langen Lebens
Banteay – (kamb.) Zitadelle
Baray – (kamb.) Künstlich angelegtes Wasserreservoir
Bhadreshvara – (Skt.) Verheißungsvoller Herr; Name Shivas
Bodhidarma – (Skt.) Gilt als erster chin. Patriarch, der den Chan-Buddhismus (viet.: Thien) im 6. Jh. nach China gebracht haben soll; umstrittene Existenz
Bodhisattva – (Skt.) Erleuchtungswesen; verzichtet aus Mitgefühl zu den leidenden Wesen auf das vollkommene Erlöschen
Bo De Dat Ma – (viet.) s. Bodhidharma
Bo Tat – (viet.) s. Bodhisattva
Brahma – (Skt.) Höchster Schöpfergott; mit Shiva und Vishnu als Hindu-Trinität verehrt (s. Trimurti)
Brahman – (Skt.) Universelles Selbst; das Absolute, All-Eine
Brahmi – (Skt.) s. Sarasvati
Ca Diep – (viet.) s. Mahakashyapa
Chakra – (Skt.) Rad; Symbol der buddhistischen Lehre, eines der Attribute Vishnus
Chakravartin – (Skt.) Dreher des Rades; Ideal des guten und gerechten Weltenherrschers
Chedi – (thai./laot.) von *caitya* (Skt.) Heiligtum; wurde zum Synonym für Stupa
Chua – (viet.) buddhistischer Tempel
Den – (viet.) Tempel zur Verehrung von Gottheiten, die auf legendäre oder historische Persönlichkeiten zurückgehen
Deva (m), **Devi** (w), **Devata** – (Skt.) strahlend; allg. Bezeichnung für eine Gottheit, die jedoch noch dem Kreislauf der Wiedergeburten unterliegt. Devi ist auch der Name der höchsten Göttin und Frau Shivas
Diem Vuong – (viet.) Herrscher über die zehn Höllen
De Thich – (viet.) Indra (Saka), Schutzherr des Buddhismus
Dharma, Dhamma – (Skt./P.) Gerechtigkeit, Gesetz; im Hinduismus auch Naturprinzip, im Buddhismus Bezeichnung für die Lehre Buddhas
Di Lac – (viet.) chin. Milefo, Name des Dickbauch-Buddha, eine Darstellung des chin. Mönchs Budai (10. Jh.), der als Maitreya gilt
Dikpala – (Skt.) Einer der acht Wächter der Weltregionen
Dinh – (viet.) Gemeindehaus zur Versammlung der

458

Bewohner und Verehrung des Schutzgeistes eines Dorfes oder einer Region
Durga – (Skt.) Personifiziert das Mütterliche und das Zerstörerische, hilft den von Dämonen Bedrängten und ist Gemahlin Shivas
Dvarapala – (Skt.) Wächterfigur
Dvaravati – (Skt.) Stil der Mon, die ab dem 1. Jh. in Thailand und Burma lebten
-eshvara – (Skt.) Oberster Herr, abgeleitet von Ishvara; posthumes Namenssuffix, mit dem ein Verstorbener als Manifestation Shivas verehrt wird
Gajasimha – (Skt.) Fabeltier, halb Löwe, halb Elefant
Ganesha – (Skt.) Elefantenköpfiger Gott der Weisheit, Sohn Shivas und Parvatis
Garuda – (Skt.) Mythologischer Vogel und Reittier von Vishnu, Gegner der Nagas.
Gebetsmühle – Das Drehen einer Gebetsmühle ersetzt das kontinuierliche Rezitieren eines Mantra, besonders im Vajrayana-Buddhismus (z. B. Tibet) populäre spirituelle Form der Verinnerlichung
Giam Trai – (viet.) Schutzgott der Vegetarier
Gopura – (Skt.) Eingangspavillon
Hamsa – (Skt.) Gans; Reittier Brahmas und seiner Gemahlin Sarasvati; im Buddhismus Symbol für die Verbreitung der Lehre
Harihara – (Skt.) Darstellung Shivas (*hara*) und Vishnus (*hari*) in einer Gestalt

Haw – (laot.) Saal, Halle
Ho Phap – (viet.) Dharmawächter
Indra – (Skt.) König der Götter und Beschützer des Ostens
Ishana – (Skt.) Herr; Shiva als Weltenhüter und Wächter des Nordostens
Jambudvipa – (Skt.) Rosenapfelbaum-Insel; südlicher Kontinent, umschlossen von einer Gebirgskette und dem Weltmeer; in seinem Zentrum erhebt sich der Berg Meru mit sieben Ringgebirgen
Jambupati – (P.) Hochmütiger König, dem der gekrönte Buddha die Nichtigkeit seines Reichtums vorführt
Jataka – (Skt.) Geburtsgeschichte; Bezeichnung der 547 Geschichten über die Vorexistenzen des Buddha
Kala – (Skt.) s. Kirti-Mukha
Kalan – (Skt.) Turmartiges Sanktuarium eines Cham-Tempels
Kali – (Skt.) die Schwarze; Göttin der Zerstörung
Kalpa – (Skt.) Zeitabschnitt; ein Tag in der Zeitrechnung von Brahma = 4,32 Mrd. Menschenjahre
Kailash – (Skt.) Silberberg; Berg Kailash in Ost-Tibet, gilt als Sitz Shivas
Kalki – (Skt.) Zehnte noch ausstehende Inkarnation von Vishnu als Pferd
Kama – (Skt.) Gott der Liebe
Kamsa – (Skt.) Königstyrann und Onkel Krishnas, der ihn tötet
Kashyapa – (Skt.) Einer der engsten Schüler Buddhas, berief das 1. Konzil ein, gilt

als erster indischer Patriarch des Thien-Buddhismus
Kim Cuong – (viet.) s. Vajrapani
Kim Dong – (viet.) Goldknabe; oft zusammen mit Ngoc Nu als Begleiter von Avalokiteshvara dargestellt
Kinnara (m), **Kinniri** (w) – (Skt.) Im Himmel lebende, halb menschliche, halb vogelartige Musikanten und Sänger; in Indien auch als Mensch mit Pferdekopf
Kinh – (viet.) Bezeichnung für ethnische Vietnamesen
Kirti-Mukha – (Skt.) Antlitz der Glorie; körperloser löwenköpfiger Dämon, oft über Tempeleingängen
Krishna – (Skt.) Der Dunkle; achte Inkarnation Vishnus und Held im Mahabharata-Epos
Kshitigarbha – (Skt.) Dessen Mutterschoß die Erde ist; Bodhisattva, der in den Höllen den Leidenden hilft
Kubera – (Skt.) Gott des Reichtums und Wächter des Nordens
Kurma – (Skt.) Zweite Inkarnation Vishnus als Schildkröte
Kut – (Cham) Grabstele in später Periode der Cham
La Han – (viet.) s. Arhat.
Lakshmi – (Skt.) Göttin des Reichtums und Gefährtin Vishnus
Lingam – (Skt.) Zeichen, Merkmal; phallischer Stein, der die Schöpfungskraft von Shiva repräsentiert
Lokeshvara – (Skt.) Herr der Welt; s. Avalokiteshvara
Mahasthamaprapta – (Skt.) Der große Macht erlangt

Glossar

hat; Transzendenter Bodhisattva, oft mit Avalokiteshvara als Assistent Amitabhas dargestellt

Maitreya, Metteya – (Skt./P.) Der All-Liebende; Bodhisattva, der im Tushita-Himmel darauf wartet, im nächsten Zeitalter als zukünftiger Buddha wiedergeboren zu werden

Makara – (Skt.) Krokodilartige Seeungeheuer, symbolisieren die Lebenskraft des Wassers

Mandala – (Skt.) Konzentrisches Diagramm (Kreis oder Quadrat), Mittel für spirituelle Übungen

Mandapa – (Skt.) Zum Sanktuarium führende Vorhalle, u. U. separat stehend

Mandara (Skt.) Berg, um den zur Gewinnung von Amrita die Weltschlange Vasuki gedreht wird

Manjushri – (Skt.) Der von lieblicher Schönheit; Bodhisattva der Weisheit

Mantra – (Skt.) Spruch, heilige Silbe oder Formel, um die Gegenwart eines Gottes herbei zu rufen

Mara – (Skt.) Mörder, Zerstörer; Prinzip des Todes und Unheilsamen, als mythologische Gestalt fordert er Buddha heraus

Mariyamman – (Skt.) Mutter der Pocken; in Südindien verbreitete Schrecken erregende Göttin

Mau – (viet.) Himmlische Mutter

Meru – (Skt.) Berg, Sitz Indras, Mittelpunkt der Welt und Weltachse

Mieu – (viet.) s. Den

Muang, muong – (thai./laot.) Befestigte Siedlung

Mucalinda – (P.) Siebenköpfiger Naga-König, wölbte sich als Schutz vor einem Gewitterregen über Buddha

Mukha-Lingam – (Skt.) Lingam mit ein oder mehreren Gesichtern

Nagara - (Skt.) Stadt

Naga – (Skt.) Mythologische Schlangenwesen, in Flüssen, Seen und Meeren lebend, Hüter der Lebensenergie, oft mehrköpfig

Nam Tao – (viet.) Gott des Südlichen Polarsterns und des Glücks

Nandi – (Skt.) Bulle; Reittier Shivas

Narasimha – (Skt.) Vierte Inkarnation Vishnus, halb Mensch, halb Löwe

Navagraha – (Skt.) Neun Planeten, von Gottheiten personifiziert

Ngoc Hoang – (viet.) Jadekaiser; höchster Gott des daoistischen Pantheons

Ngoc Nu – (viet.) Jademädchen; s. Kim Dong

Ong Bon – (viet.) Gott des Reichtums

Parvati – (Skt.) Tochter des Himalaya; Gemahlin Shivas

Pho Hien, Pha Hien – (viet.) s. Samantabhadra

Pham Thien – (viet.) Schutzgott des Buddhismus, evtl. Brahma

Phra, Pha, Preah – (thai./laot./kamb.) von Skt. *brah*, heilig: Titel wichtiger Buddha-Statuen, Tempel und Personen

Prasat – (Skt.) von *prasada*; Tempelgebäude

Puranas – (Skt.) alt; Genealogien, Kosmologien und Erzählungen über Hindu-Gottheiten. Ab dem 5./6. Jh. niedergeschrieben, dienen verschiedenen hinduistischen Sekten als Grundlage

Quan Am, Quan The Am Bo Tat – (viet.) Seit dem 10. Jh. in weiblicher Form als Mutter der Barmherzigkeit verehrter Avalokiteshvara

Quan Cong – (viet.) Daoistische Gottheit, basiert auf der historischen Gestalt General Guan Yus aus der Zeit der Drei Reiche (220-265), dargestellt mit rotem Gesicht und Pferd

Rahu – (Skt.) Körperloser Dämon, verantwortlich für Sonnen- und Mondfinsternis

Rama – (Skt.) Siebte Inkarnation Vishnus und Held des ›Ramayana‹

Rishi – (Skt.) Asket und Seher; Urahn der Menschen

Rudra – (Skt.) Brüller; ursprünglich ein Wettergott, dann mit Shiva in schrecklicher Gestalt identifiziert

Shakyamuni – (Skt.) Weiser aus dem Shakya-Stamm; Ehrentitel des historischen Buddha Gautama

Samantabhadra – (Skt.) Der Allumfassend Gute; Transzendenter Bodhisattva und Beschützer der buddhistischen Lehre

Sampot – (kamb.) Wickelrock

Sangha – (P.) Mönchsorden

Sarasvati – (viet.) Flussgottheit und Göttin der schönen Künste, Gemahlin Vishnus und später Brahmas

Shakti – (Skt.) Energie; Prinzip der göttlichen Energie

460

Glossar

Shiva – (Skt.) freundlich, gnädig; zeigt sich in vielen Aspekten, z. B. als Zerstörer, Schöpfer oder Asket
Shiva Nataraja – (Skt.) Shiva als kosmischer Tänzer
Si, Shri – (laot./Skt.) Reichtum; Ehrenbezeichnung für Personen oder Heiligtümer, im Hinduismus auch anderer Name für Lakshmi
Sim – (laot.) Wichtigstes Gebäude eines buddhistischen Klosters, in dem die Mönche ordiniert werden
Sima – (laot.) Grenzsteine, die rund um die Ordinationshalle (*sim*) aufgestellt sind, um den heiligen Bezirk zu markieren
Sita – (Skt.) Ackerfurche; Gemahlin Ramas
Skanda – (Skt.) Kriegsgott
Somasutra – (Skt.) Abfluss für das im Sanktuarium verwendete heilige Wasser
Stupa – (Skt.) Ursprünglich Grabhügel; Monument zur Aufbewahrung der Reliquien Buddhas, auch Symbol für Buddha selbst
Surya – (Skt.) Sonnengott
Svastika – (Skt.) Hakenkreuz; Ursymbol für die Sonne
Tam Quan – (viet.) Tor der Drei Einsichten; Namen eines Stils in der Tempelarchitektur, die wichtigsten Bauten sind in Form eines liegenden H auf einer Nord-Süd-Achse ausgerichtet
Tara – (Skt.) Retterin; Verkörperung der fürsorgenden Liebe und weibliches Pendant eines Bodhisattva
Thap – (viet.) von *dha* (Skt.), dem Partikel von *dhatu*, Reliquien; Bezeichnung eines Pagodenturms
That – (laot./thai.) von *dhatu* (Skt.), Reliquien; heute die Bezeichnung eines verehrten Stupa
Thich (m), **Thich nu** (w) – (viet.) Mönch, Nonne
The Chi Bo Tat – (viet.) Der Mächtige; s. Mahasthamaprapta
Thich Ca Cuu Long – (viet.) Neun Drachen; Darstellung Buddhas als Kind, umgeben von neun Drachen
Thich Ca So Sinh – (viet.) Bezeichnung des historischen Buddha als Kind
Thich Ca Mau Ni – (viet.) s. Shakyamuni
Thien – (viet.) Leitet sich wie das japanische Zen von *dhyana* (Skt.) ab und bedeutet Meditation
Thien Hau – (viet.) Himmelskönigin und Schutzgöttin der Fischer
Thien Vuong – (viet.) Himmelskönige; eigentlich Wächter der vier Himmelsrichtungen, in Vietnam sind meist nur zwei im Tempelvorraum dargestellt
Tho Dia – (viet.) Erdgott
Trimurti – (Skt.) Hindu-Trinität mit Brahma,, dem Schöpfer, Vishnu, dem Erhalter, und Shiva, dem Zerstörer und Erneuerer
Tushita-Himmel – (Skt.) Himmel der Seligen und Zufriedenen
Tympanon – (gr.) Giebelfeld über Fenster und Türen
Uma – (Skt.) Licht; Gemahlin Shivas
Umamaheshvara – (Skt.) Darstellung, die Uma und Shiva in liebevoller Zweisamkeit zeigt
Vahana – (Skt.) Begleit-, Reittier einer Hindugottheit
Vajrapani – (Skt.) Halter des Diamantzepters; einer der Acht Transzendenten Bodhisattvas, im chinesischen Kulturkreis Wächter der buddhistischen Lehre
Vajrasattva – (Skt.) Mit Diamantzepter (*vajra*) und Glocke (*ghanta*) dargestellter Bodhisattva, Sinnbild für die vollkommene Reinheit des erwachten Bewusstseins
Van Thu – (viet) s. Manjushri
Varaha – (Skt.) Dritte Inkarnation Vishnus als Eber
-varman – (Skt.) geschützt von, bevorzugt von; Namenssuffix vieler Cham- und Khmer-Herrscher
Varuna – (Skt.) Gott des Ozeans und Wächter des Westens
Vayu – Gott des Windes und Wächter des Nordwestens
Viharn, **Vihaan**, **Vihear** – (thai./laot./kamb.) Von *vihara* (Skt.) für Aufenthaltsort; Sammelbegriff für Versammlungsstätte
Vishnu – (Skt.) Erhalter des Universums; manifestiert sich immer wieder in irdischer Gestalt
Wat – (laot./thai./kamb.) Buddhistisches Kloster
Yaksha (m), **Yakshi** (w) – (Skt.) Sammelbezeichnung für Dämonenwesen, ursprünglich Naturgottheiten
Yama – (Skt.) Richter über die Toten und Wächter des Südens
Yoni – (Skt.) Symbol für die Vulva, Basis des Lingam

Ausgewählte Literatur

Geschichte und Landeskunde
Chong, Denise: Das Mädchen hinter dem Foto. Die Geschichte der Kim Phuc. Bergisch Gladbach 2003
Fallaci, Oriana: Wir, Engel und Bestien, München 1974
Golcio, Karl-Heinz: Geschichte Kambodschas. Das Land der Khmer von Angkor bis zur Gegenwart. München 2003
Keller, Hans-Jörg: Kultur Schlüssel Vietnam. München 2000
Kotte, H. & Siebert, R.: Vietnam. Die neue Zeit auf hundert Uhren. Göttingen 2001
diess.: Der Traum von Angkor. Bad Honnef 2001
diess.: Laos. Aufbruch am Mekong. Bad Honnef 2002
Krebs, Peter: Die Kinder von Vietnam: Bilanz eines modernen Krieges. Hamburg 1984
McNamara, Rob. S.: Vietnam. Das Trauma einer Weltmacht. München 1997
Schnibben, Cordt: Saigon Export. Vietnams Comeback. Hamburg 1989
Scholl-Latour, Peter: Der Tod im Reisfeld. Dreißig Jahre Krieg in Indochina. München-Berlin 1981
Schultze, Michael: Die Geschichte von Laos: Von den Anfängen bis zum Beginn der neunziger Jahre. Hamburg 1994
Sontheimer, Michael: Im Schatten des Friedens: Ein Bericht aus Vietnam und Kamputschea, Berlin 1989
Thich Nhat Hanh: Der Mondbambus. München 2002
Weggel, Oskar: Indochina. Vietnam, Kambodscha, Laos. München 1990

Kunst und Kultur
Bonheur, A. & Poncar, J.: Von Göttern, Königen und Menschen. Flachreliefs von Angkor Vat und dem Bayon. Wuppertal 1995
Eberhard, Wolfram: Lexikon chinesischer Symbole. München 1999
Jacques, C. & Held, S.: Angkor. München 1997
Museum für Ostasiatische Kunst, Köln: Entdeckungen. Skulpturen der Khmer und Thai. Stuttgart 1989
Unger, W. & Unger, H.: Hue. Die Kaiserstadt von Vietnam. München 1995
diess.: Vietnam. Götter, Geister und Pagoden. München 1997
diess.: Laos. Land zwischen gestern und heute. München 1999

Religion und Philosophie
Bechert H. (Hrsg.) & Gombrich, R.: Der Buddhismus. Geschichte und Gegenwart. München 2002.
Brück, Michael von: Buddhismus, Grundlagen, Geschichte, Praxis. Gütersloh 1998
Konfuzius: Gespräche. Stuttgart 1998
Thich Nhat Hanh: Schlüssel zum Zen. Der Weg zu einem achtsamen Leben. Freiburg i.Br. 2003
Schuhmann, Hans Wolfgang: Der historische Buddha. Leben und Lehre des Gotama. München 1999
ders.: Mahayana-Buddhismus. Das Große Fahrzeug über den Ozean des Leidens. München 1995

Belletristik
Duong, Thu Huong: Liebesgeschichte, vor der Morgendämmerung erzählt. München 1992
Duong, Thu Huong : Bitterer Reis. München 1991
ders.: Roman ohne Titel. Bad Honnef 1995
Duras, Marguerite: Der Liebhaber. Frankfurt a.M. 1985
Greene, Graham: Der stille Amerikaner. München 1993
Kothmann, H. (Hrsg.): Frauen in Vietnam. München 1994
Pham, Thi Hoai: Sonntagsmenü. Zürich 1995
Ung, Loung: Der weite Weg der Hoffnung. Frankfurt a.M. 2002

Zitatnachweis

(wenn nicht anders angegeben: Übersetzung des Autors)

S. 26: Bhattacharji, Sukumari. The Indian Theogony. Brahma, Visnu & Siva- New Delhi 2000, S. 301

S. 27: Flood, Gavin. An Introduction to Hinduism. Cambridge 1996, S. 197

S. 30: Cœdès, Georges. Angkor. An Introduction. Singapore 1986, S. 22

S. 40: Daode Jing, 48 (Übertragung B.R.)

S. 69 Cœdès, Georges. The Indianized States of Southeast Asia, Honolulu 1968, S. 49f.

S. 83: Nguyen Du Chi: The Communal House. History and Aesthetics, in Vietnamese Studies, New Series 31 (101), Nr. 3. Hanoi 1992, S. 58

S. 94: Boisselier, Jean. in Emmanuel Guillong, Cham Art. Treasures from the Da Nang Museum, Vietnam. Bangkok 2001, S. 29

S. 122: Minh Chi, Ha Van Tan, Nguyen Tai Thu. Buddhism in Vietnam. Hanoi 1999, S. 64

S. 128: Thich Thien An. Buddhism and Zen in Vietnam. Tokyo 1975, S. 110

S. 171, 174: Ho Xuan Tinh. Cham Relics in Quang Nam, Nha Xuat Ban. Danang 1998, S. 108

S. 186: Mus, Paul: The Religious Ceremonies of Champa, in Paul Mus & Etienne Aymonier. Cham Sculpture. Religious Ceremonies and Superstitions of Champa. Bangkok 2001, S. 88

S. 224: Yung, Peter. Angkor. The Khmers in Ancient Chinese Annals. New York 2000, S. 10

S. 225: Suárez, Thomas. Early Mapping of Southeast Asia. Hongkong 1999, S. 17

S. 226: Cœdès, Georges. The Indianized States of Southeast Asia, Honolulu 1968, S. 99

S. 233: Chou Ta-Kuan (Zhou Daguan). The Customs of Cambodia. Bangkok 1993, S. 11

S. 235: San Antonio, Gabriel Quiroga de. Zitiert nach David Chandler. The Khmers, Chiang Mai 1996, S. 242

S. 237: Mabbett, Ian & Chandler, David. The Khmers. Chiang Mai 1996, S. 242

S. 243: Cœdès, Georges. Die Hauptstadt des alten Kambodscha – ein Abbild des Kosmos. In: Saeculum VI, Heft 2, Freiburg–München 1955, S. 157

S. 245: Cœdès, Georges. Die Ausbreitung der indischen Kultur nach Südostasien. In: Saeculum IV, Heft 4, Freiburg–München 1953, S. 362

S. 258: Mouhot, Henri. Travels in Siam, Cambodia, Laos, and Annam. Bangkok 2000, S. 171f.

S. 279: Yung, Peter. Angkor. The Khmers in Chinese Annals. New York 2000, S. 12

S. 293: Balanos, zitiert nach: Georges Cœdès, Die Hauptstadt des alten Kambodscha – ein Abbild des Kosmos, in: Saeculum VI, Heft 2, Freiburg–München 1955, S. 162

S. 308: Chou Ta-Kuan (Zhou Daguan). The Customs of Cambodia. Bangkok 1993, S. 2

S. 310: Chou Ta-Kuan (Zhou Daguan). The Customs of Cambodia. Bangkok 1993, S. 43

S. 312: Jacques Claude & Freeman, Michael. Angkor. Cities and Tempels. Bangkok 1997, S. 138

S. 313: Chou Ta-Kuan (Zhou Daguan). The Customs of Cambodia. Bangkok 1993, S. 2

S. 397: The Jataka or Stories of the Buddha's Former Births. Delhi 1993: Bd. 6, S. 53

S. 409: Yung, Peter. Angkor. The Khmers in Ancient Chinese Annals. New York 2000, S. 19

Bildnachweis

akg-images, Berlin:S. 65, 74, 80, 96, 225 (Erich Lessing), 235, 239 (AP), 251 (François Guénet), 254 (Erich Lessing), 255, 266 (François Guénet), 269 (François Guénet), 355
Thomas Barkemeier, Victoria B.C.: 151, 169
dpa: 357
Roland Dusik, Lauf: S. 280, 344, 349. 403
Nicole Häusler, Berlin: S. 14, 17, 56, 87, 79, 131, 222, 231, 282. 290, 368, 381, 407
Günter Heil, Berlin: Titelbild, S. 25, 37, 39, 41, 58, 64, 77, 83, 91, 93, 94, 100, 109, 111, 113, 115, 120, 122, 124, 126, 153, 158, 170, 174, 176, 178, 187, 195, 202, 212, 214, 304, 317, 319, 337, 362, 367, 373, 376, 394, 399
Per-Andre Hoffmann, Stuttgart: S. 210
Jean-Denis Joubert, Malakoff: S. 98
Martin Kirchner/laif, Köln: S. 314
Martin H. Petrich, Berlin: S. 137, 146, 165 (oben und unten), 182, 199, 278, 281, 297, 298, 309, 331, 341, 387, 395
Karl-Heinz Raach/laif, Köln: S. 194
Ralf Röttjer, Köln: 143
Martin Thomas, Aachen: Umschlagklappe hinten, Vignette, S. 21, 33, 129, 218, 241, 246, 248, 252, 256, 264, 272, 273, 284, 286, 307, 313, 338, 344, 346, 366, 378, 379, 391, 408, 411, 413
aus: Barkemeier, Thomas. Vietnam. Köln 2000. S. 131/132: Umschlagklappe vorn
aus: Briggs, Lawrence Palmer: The Ancient Khmer Empire. Bangkok 1954, Nachdruck 1974: S. 54/55
aus: Guillon, Emmanuel. Cham Art. Treasure from the Da Nang Museum, Vietnam. Bangkok 2001: S. 70 (Foto J. Boisselier), S. 90
aus: Higham, Charles. Early Cultures of Mainland Southeast Asia. Bangkok 2002, S. 34, 236: S. 62, 223
aus Suárez, Thomas: Early Mapping of Southeast Asia. Singapore 1999, S. 203: S. 10/12
aus: Van Mieu Quoc Tu Giam. The Temple of the God of Literature. Hanoi 1994, S. 35: 72
aus: Wulf, Annaliese. Vietnam. Pagoden und Tempel im Reisfeld – im Fokus chinesischer und indischer Kultur. Köln 1991, S. 143: 63

Register

Personenregister
und Ausgewähltes Sachregister

Akha 361
Ang Chan II., kamb. König (reg. 1806–11, 1813–35) 261
Ang Duong II., kamb. König (reg. 1843–60) 235, 265, 281
Annalen, chinesische 91, 224, 226, 241, 279, 293, 409, 410, 412
Anourouth, laot. König (reg. 1795–1816) 392
Anouvong, König von La Xang (reg. 1805–28) 49, 353, **367**, 370, 372, 376, 392, 405
APSARA 294
Ashoka, ind. König (reg. ca. 268–232 v. Chr.) 30, 220, 364
ASI 294
Aufstand der Trung-Schwestern **62**, 133, 139
›Avadana‹ 35, 351, 395
Aymonier, Etienne 293

Bao Dai, vietn. König 78, 146, 180, 189
Baray **46**, 213, 227, **228**, 278, 284, 288, 307, 318, 321, 322, 323, 324f., 329f., 333, 334, 349, 410; s. auch im Ortsregister
Barom Reachea I., kamb. König (reg. 1568–79) 234
Bastian, Adolf 293
Bayinnaung, birman. König (reg. 1551–81) 352

Béhaine, Pierre Joseph Pigneau de, franz. Bischof 73, 216
Bhadravarman I., Cham-König (reg. 380–413) 69, 92
Bhadravarman II., Cham-König (reg. ca. 905–917) 92, 176
›Bhagavad Gita‹ 299
›Bhagavata Purana‹ **26**, 163, 301
Bhavavarman I., Khmer-König (reg. 6./7. Jh.) 225, 280, 285, 286
Bodhidharma, Mönch 66
Bonard, Louis-Adolphe, erster Gouverneur von Cochinchina (1861–63) 295
Borommaracha II., Tai-König (reg. 1424–48) 234
Bouivilleaux, Pater 293
Boun Oum na Champasak, laot. Prinz 358, 407, 409
Bounleua Soulilat 380
›Buch der Wandlungen‹ 86
Buddhismus 30ff.; s. auch Mahayana-Buddhismus, Theravada-Buddhismus, Thien-Buddhismus
buddhistische Ikonographie /Pantheon 34ff.
buddhistisch 60, 67, 68, 72, 82ff., 89, 90, 92, 96, 116, 120, 122, 124, 125, 126, 149, 150, 158, 164, 184, 198, 200, 202, 204f., 217, 220, 224, 225, 226, 232f., 242, 247ff., 251, 257, 258, 263ff., 271, 273, 275f., 282, 283, 286, 296, 303 305, 315, 316, 319f., 322f., 325, 326, 328, 330, 335, 344, 351f., 359, 361, 364, 366, 362, 370, 374, 375, 377, 380, 383, 393, 395, 398, 403, 405, 409, 410

Cao Dai/Cao-Daismus 60, 161, **208ff.**
Cassidy, Carrol 380
Chakri-Dynastie 235
Cham 58, 68, **69ff.**, 89f., 90, 125, 161, 164, 165, **171**, 177, 179, 180, 181, 185, 186, 217, 219, 232, 409
Cham-Ikonographie 39
Cham-Stile (Skulptur/Architektur) 25, **92ff.**, **161ff.**
Chantharath, König von Luang Prabang (reg. 1852–71) 354
Chao Mang, kamb. Kronprinz 389
Chaplin, Charlie 103
Chatterji, S. K. 23
Chau Thi Vinh Te 217
Che Bong Nga (reg. ca. 1370–90) 71
Chevreuil, Pater 293
Chey Chettha I., kamb. König (reg. 1579–94) 234
Chey Chettha II. (Jayajettha II.), kamb. König (reg. 1619–25) 234, 281f.
Chou Ta-Kuan s. Zhou Daguan
Chu Van An 109, 110
Chulalongkorn, siam. König (reg. 1868–1910) 354
Cœdès, George 163, 293, 301, 409

465

Register

Colani, Madeleine 401
Couto, Diego de 293
Cruz, Gaspar da 234
Dang Viet Nga 189
Dao, Rote 138
›Dao De Jing‹ 39f.
Daoismus, daoistisch 60, 68, 82, 89, 95, 101, 113, 114, 124, 128, 164, 197f., 203f., 217, 270, 344
Decoux, Jean, Generalgouverneur 76
Delaporte, Louis 329, 373
Deo Van Tri 386
Depuis, Jean 75
Devanika, Khmer-König (reg. 5. Jh.) 409
Devaraja-Kult **30**, 70, **226f.**, 228, 254, 268, 323, 330, 332, 337
Dhammayutika Nikay (Orden) 221, 272
Dharanindravarman II., König von Angkor (reg. vor 1155–ca. 1160) 231, 326
Dinh Bo Linh, vietn. Fürst 46, 66
Dinh Tien Hoang, vietn. König (reg. 968–979) 66, 128, 129
Dong Khanh, vietn. König (reg. 1886–88) 75, 146, 159
Doumer, Paul, Generalgouverneur 75
Dschinghis Khan, mong. Fürst (reg. 1162–1227) 233, 349
Duong Khong Lo, Mönch 126
Dupré, Marie-Jules 75
Duy Tan, vietn. König (reg. 1907–16) 147

Ede 58, 69
EFEO (Ècole Française de l'Extrême Orient) 90, 104, 161, 171, 265, 287, 293, 294, 312, 314, 319, 336, 376
Eiffel, Alexandre Gustave 194

Fa Ngum, König von Lan Xang (reg. 1353–73) 47, 350, 370, **384**, 396
Fautereau, Alix de 391
Ferré 193
Finot, Louis 293
François Xavier Tam Assou, päpstl. Legat 202

GACP (German Apsara Conservation Project) 294, **297**
Gaozong, chin. Kaiser (reg. 649–683) 65
Garnier, Francis 75, 354
Gaulle, Charles de 356
Gazurov, Ilya 391
›Geschichte der Drei Reiche‹ 42, 203, 223
›Gesetz des Manu‹ 23, 28
Gia Long (Nguyen Phuc Anh), vietn. König (reg. 1802–20) 49, **74**, 96, 112, 139, 140, 145, 146, 149, 152, 153, 159, 191, 199, 207, 210, 216, 235
Giarai 58
Giay 138
Glaize, Maurice 295, 325, 333
Goddard, Paulette 103
Gonzales, Blaz Ruiz de Hernan 234
Greene, Graham 130, 193
Groslier, Georges 236, 265
Guan Yu, General 42; s. auch Quan Cong

Ham Nghi, vietn. König (reg. 1884/85) 75
›Harivamsa‹ 26, 299
Han-Dynastie 44, 64, 205
Harivarman IV., Cham-König (reg. 1074–81) 173
Harshavarman II., König von Angkor (reg. 941/942–944/945) 228
Heine-Geldern, Robert 12
Heng Samrin 52, 239
Hieu Khuong, Mutter von Gia Long 149
Hinduismus **23ff.**
hinduistische Götterwelt **24ff.**
hinduistisch 69, 70, 92, 110, 164, 181, 196f., 217, 278, 302, 306-308, 309, 316, 325, 330, 335, 337, 339, 366, 381
Hmong (Meo/Miao) 344, 361, 386, 397
Hmong Hoa (Blumen-Hmong) 138
Hmong-Dao 58
Hmong-Mien (Miao-Yao) 58, 343
Ho (Schwarze Ho) 75, 343, 354, **370**, 373, 374, **384**, 386, 393, 394, 396, 403
Ho Chi Minh (Nguyen Sinh Cung) 50, 51, 76, **77**, **96**, 112, 124, 148, **197**
Ho-Chi-Minh-Pfad **79f.**, 208, 358, 401, 407, 409
Ho Quy Ly, vietn. König (reg. 1397–1407) 71
Ho Xuan Huong, vietn. Dichterin 74
Hoa De 205
Hoa Hao 208, 211, **215**
Hoang Hoa Tham 76
Hun Sen, kamb. Premierminister 52, 239, 240, 241, **254**

466

Personen- und Ausgewähltes Sachregister

Hung Vuong 63
Huong Dang, Mönch 206
Huyen Quang 128
Huynh Dai Tien 205
Huynh Phu So 215

Indochinakrieg, Erster **77f.**, 121, 125, 136, 185, 358
Indochinakrieg, Zweiter **79f.**, 100, 132, 196, 401, 403, 407, 408f.
Indravarman I., König von Angkor (reg. 877/878–889/890) 92, 227, 330, 331, 333
Indravarman II., König von Angkor (reg. ca. 1220–43/44) 46, 233, 247, 308, 324
Inguimberty, Joseph 88
Ishanavarman I., Cham-König (reg. ca. 616–nach 637) 70, 225, 279, 286, 288

›Jataka‹ 32, 35, 248, 271, 335, 351, **352**, 374, 375, 392, 397
Jawaharhal Nehru, ind. Premierminister 23
Jaya Harivarman I., Cham-König (reg. 1147–66) 175
Jaya Indravarman IV., König von Angkor (reg. 1165/ 66–?) 71, 173, 232
Jaya Parameshvaravarman II., König von Angkor (reg. 1226–?) 173
Jaya Parameshvaravarman, König von Angkor (reg. 1044–ca. 1060) 183, 229
Jaya Simhavarman III., König von Angkor (reg. ca. 1287–1307) 186
Jayarajadevi, erste Frau von Jayavarman VII. 269
Jayavarman I., Khmer-König (reg. ca. 657–nach 681) 226, 284, 286, 288
Jayavarman II., König von Angkor (reg. vor 770–nach 800) 46, 226, 252, **254**, 330, 337, 338
Jayavarman III., König von Angkor (reg. 9. Jh.) 227
Jayavarman IV., König von Angkor (reg. ca. 921–941/42) 228, 268, 329
Jayavarman Parameshvara, König von Angkor (reg. 1327–?) 234
Jayavarman V., König von Angkor (reg. 968–1001) 228, 318, 335
Jayavarman VII., König von Angkor (reg. 1181–ca. 1220) 47, 71, 232, 233, 244, 247, **254**, 269, 275, 306, 308, 319, 322, 324, 326, 369, 374, 376, 412
Jayavarman VIII., König von Angkor (reg. 1243/44–95) 233, 308, 309

Kadai 58
Kanishka, König von Kushan (um 78 n. Chr.) 224
Kantha Bopha, Tochter Sihanouks 265
Katay Don Sasorith, laot. Premierminister (reg. 1954–56) 407
Kaundinya, König von Funan (um 420) 224
Kaundinya Jayavarman, König von Funan (reg. um 480–514) 224, 277
Kavindrarimathana 322
Kaysone Phomvihane 357, 359, **367**

Keo Kaeng Ngya, Tochter von Jayavarman Parameshvara, laot. Königin 384
Khai Dinh, vietn. König (reg. 1916–25) 153, 157
Khamphoui, laot. Königin 391
Khaniphong, Ehefrau von Anouvong 353
Khmer 125, 191, **214**, 219, 236, 292, 406, 409
Khmer Loeu (Hochland-Khmer) 219
Khmer-Ikonographie 39
Khmer Rouge (Rote Khmer) 51, 52, 53, 216, **237ff.**, 241, 247, 254, 255, 258, 270, 272, 274, 278, 281, 282, 285, 288, 293, 338, 339
Khmer-Stile (Skulptur/Architektur) 95, 179, 229, **242ff.**, **249ff.**, **265ff.**, 286f., 290ff.,
Khmu 344, 361, 397
Khong Tu s. Konfuzius
Khubilai Khan, mong. Fürst (reg. 1260–94) 68, 71, 233, 349
Khuc-Clan 66
Kien Phuc, vietn. Regent (reg. 1883/84) 75
King Kitsarath, König von Luang Prabang (reg. 1707–13) 384
Kissinger, Henry 81
Konfuzius (Khong Tu) **42ff.**, 110, 212
konfuzianisch 57, 64. 68. 74, 82, 86, 96, 107ff., 128, 139, 169, 204, 209, 232
Konfuzianische Klassiker/ Bücher 43, 44, 86, 169
Kossomak Nearirat Serey Vathana, kamb. Regentin 263

467

Register

La Chi 138
Lagrée, Ernest Doudard de 354
›Lalitavishtara‹ 35
Lam-Son-Aufstand 46
Lao 343
laotische (Bau) Stile 362ff.
Laozi **39**, 40, 41, 204, 209
Le Chan 133
Le Dai Hanh, vietn. König (reg. 979–1005) 46, 66, 71, 129, 178
Le Duan, vietn. Generalsekretär 82, 136
Le Hoan, General 66
Le Huy Mien, vietn. Maler 88
Le Loi s. Le Thai To
Le-Loi-Aufstand 72
Le Thai To, vietn. König (reg. 1427–33) 72, 97, 100, 101, 108
Le Thanh Tong, Cham-König (reg. 1460–97) 57, 72, 83, 92, 104, 110, 125, 351
Le Tho Ngoc Thuyen, vietn. Prinzessin 118
Le Van Duyet 199
Le Van Huu 68
Le-Dynastie 44, 66, 71, 72, 130, 139
Leria, Giovanni-Maria 352, 393
Lieu Thong 204
Linh Lang, General 114
Linschoten, Jan Huyghen van 18
Lon Nol, kamb. Premierminister 51, 238, 258
Ly Anh Tong, vietn. König (reg. 1138–75) 116
Ly Bon, vietn. Fürst 65
Ly Hue Tong, vietn. König (reg. 1210–24) 67
Ly Nhan Tong, vietn. König (reg. 1072–1128) 44, 108, 110, 122

Ly Thai To, vietn. König (reg. 1009–28) 96, 99, 107, 128
Ly Than Tong, vietn. König (reg. 1128–37) 123
Ly Thanh Tong, vietn. König (reg. 1054–72) 71, 108, 110, 114
Ly-Dynastie 67, 84, 121, 122, 129

Ma Yuan, General 64
Mac Dang Dung 72
Mac Dinh Chi, vietn. Gelehrter 120
Mac-Dynastie 72, 90, 216
Madhyamika-Schule 33
Maha Nikay (Orden) **220f.**, 270, 306
›Mahabharata‹ 24, 25, 250, 298, 299, 301, 311, 312, 313
›Mahavashthu‹ 35
Mahayana-Buddhismus **32ff.**, 60, 65, 94, 162, 195, 224
Mahendravarman, Khmer-König (reg. Anf. 7. Jh.) 409
Mai Thuc Loan 66
Malraux, André 336
Malte-Brun, Conrad (Malthe Konrad Bruun) 12
Manthathourath, laot. König (reg. 1817–36) 392, 396
Marchal, Henri 292, 293
Maugham, William Somerset 103, 194
Mengrai, König von Lan Na (reg. 1259–1317) 350
Menzius (Mengzi, Manh Tu) 44, 110
Minh Dang Quang 60
Minh Hoang Tu 149
Minh Mang, vietn. König (reg. 1820–41) 44, 49, 74, 85, 97, 100, 145, 146,

152, 153, 164, 199, 210, 235, 354
Monivong, kamb. König (reg. 1927–41) 50, 236, 281
Mon-Khmer 58, 343, 348
Morin, Pierre 147, 373
Mouhot, Henri 254, 293, 339, 354, 398

Nagarjuna (Long Thu), ind. Gelehrter 122
Nanyue Wu Wang 63
Napoleon III., franz. König (reg. 1852–70) 74, 262, 265
Narada, Mönch 205
Naresuan, siam. König (reg. 1590–1605) 234
Ngo Dinh Diem, vietn. Premierminister 51, 79, 97, 139, 191, 196, 201, 208
Ngo Dinh Nhu 201
Ngo Kim Tong 215
Ngo Minh Chieu (Ngo Van Chieu) 208
Ngo Quyen, General 44, 46, 66, 73, 118, 128
Nguyen Ba Tong, erster vietn. Bischof 130
Nguyen Du, vietn. Dichter 73
Nguyen Gia Tri, vietn. Maler 88
Nguyen Hoang, vietn. Fürst (reg. 1558–1622) 150, 165
Nguyen Hue 73, 179
Nguyen Huu Canh, vietn. Gouverneur (1650–1700) 191, 217
Nguyen Lu 73
Nguyen Nhac 73
Nguyen Phan Chanh, vietn. Maler 88
Nguyen Phuc An s. Gia Long

468

Personen- und Ausgewähltes Sachregister

Nguyen Phuc Cho, vietn. Fürst (reg. 1715–38) 169
Nguyen Phuc Chu, vietn. Fürst (reg. 1692–1715) 151, 191
Nguyen Phuc Khoat, vietn. Fürst (reg. 1738–65) 148
Nguyen Phuc Nguyen, vietn. Fürst (reg. 1623–34) 165, 191
Nguyen Phuc Tan, vietn. Fürst (reg. 1648–87) 145
Nguyen Trai 72
Nguyen Trung Truc 216
Nguyen Van Long 200
Nguyen Van Thieu, General 79
Nguyen-Dynastie 74ff., 139, 145, 159, 235
Nhat Dinh 150
Nikone 380
Nixon, Richard 81
Nokeo Koumane, laot. König (reg. 1571/72, 1591–96) 397
Norodom I., kamb. König (reg. 1860–1904) 49, 236, 258, 263, 281
Norodom Ranariddh, kamb. Prinz, Sihanouks Sohn 53, 240, 241
Norodom Sihanouk (geb. 1922, kamb. König 1941–55, wdhl. Premier oder Staatsoberhaupt, 1993 erneut gekrönt) 50, 51, 237, **255**, 236
Norodom Suramarit, kamb. König (reg. 1955–60) 237, 262, 265
Nung 138

Okhna Tepnimit Mak 263
Ong Dao Duam, ›Kokosnussmönch‹ 212
Oun Kham, König von Luang Prabang (reg. 1873–94) 354, 384, 391
›**P**alikanon‹ 31, 361
Parmentier, Henri 90, 161, 308, 376
Pathet Lao 50, 52, 356, 357, 358, 359, 370, 372, 378, 386
Pavie, Auguste 354, 384, 398
Père Six (Tran Luc) 130, 131
›Pha Lak Pha Ram‹ 351, 393; s. auch ›Ramayana‹
Phan Boi Chau, vietn. Mandarin und Freiheitskämpfer 76, 149
Phan Chau Trinh 76
Phan Thanh Giang 213
Phantin Xieng, Ehefrau von Visounarath 394
Phap Loa 128
Phetsarath Rattanavongsa, Vizekönig von Luang Prabang 50, 356, 394
Phong Canh 111
Phothisarath, König von Lan Xang (reg. 1520–48) 351, 370, 395, 400
Phou Tai (Berg-Tai) 344
Phoui Sananikone 358
Phoumi Vongvichit 357
Phraya Chakri, General 353
Phraya Surasi, General 353
Phu La 138
Phung An 66
Phung Hung 66
Pierre, Louis 195
PKZ (Pracownie Konserwacji Zabytków) 90, 171, 176, 186
Pol Pot (Saloth Sar) 51, 53, 219, 220, 237, **238**, 240, **255**, 258, 273, **274**
Ponhea Yat (Banya Yat), kamb. König (reg. 1432–ca. 1462) 234, 257, 270, 272, 273
Praya Chakri 370
›Purana‹ 24, 246, 250, **302**; s. auch ›Vishnu-Purana‹

Qin Shihuangdi, Erster Kaiser der Qin 63
Qin-Dynastie 63
Quan Cong (Guan Yu), chin. General 152, 167, 203
Quang Trung (Nguyen Hue), vietn. König (reg. 1789–1792) **73f.**, 179

Rainsy, Sam 241
Rajendravarman II., König von Angkor (944/945–968) 228, 318, 322, 323
Rama I. (Chao Phraya Chakri), siam. König (reg. 1782–1809) 289, 353
Rama III., siam. König (reg. 1824–51) 235, 369
Rama IV. (Mongkut), siam. König (reg. 1851–68) 221, 235
›Ramayana‹ 24, 26, 176, 250, 299, 302, 311, 328, 335, 337, 351, 387, 391, 392; s. auch ›Ream Ker‹
Ramkhamhaeng, König von Sukhothai (reg. ca. 1279–98) 233, 349, 369
›Ream Ker‹ 234, 253, 262, 263; s. auch ›Ramayana‹
Reine-Land-Buddhismus 34f.
Rhodes, Alexandre de 59
Richner, Dr. Beat 265
Rote Khmer s. Khmer Rouge
Rudravarman, Khmer-König (reg. 514–ca. 545) 224, 277

469

Register

Rudravarman III., Khmer-König (reg. 1062–74) 71

Saiya Chakkaphat Phaen Pheo, König von Lan Xang (reg. 1442–79) 351
Sakkarine, laot. König (reg. 1894–1903) 391, 392
Saloth Sar s. Pol Pot
Samsenthai, König von Lan Xang (reg. 1372–1416) 47, 350, 384, 396
Sarraut, Albert 265
Sawee Nahlee, Tochter des laot. Kronprinzen Vong Savang 386
Seng Tsan 66
Setthathirath, König von Lan Xang (reg. 1548–71) 352, 363, **367**, 370, 372, 375, 378, 379, 384, 386, 395, 406, 409
Shailendra-Dynastie 182
Shankara 24
Shresthavarman, Khmer-König (reg. ca. 495–530) 409
Shri Satyavarman, Cham-König (reg. 8. Jh.) 182
Shrindravarman, König von Angkor (reg. 1295–1307/08) 47, 233
Sisavang Vatthana, laot. König (reg. 1959–75) 359, 386, 391
Sisavang Vong, König von Luang Prabang (reg. 1904–59) 356, 378, 389, 391, 396
Sisouk na Champasak, laot. Prinz 409
Sisowath Monivong, kamb. König (reg. 1927–41) 262
Sisowath, kamb. König (reg. 1904–27) 236, 261, 265
Soi Sisamouth, laot. König (reg. 1713–37) 353, 409
Son Sann 239
Sophia-Universität, Japan 294
Souligna Vongsa, König von Lan Xang (»Sonnenkönig«, reg. 1637–94) 49, 352, 370
Souligna Vongsa II., laot. König (reg. 1771–91) 388
Souphanouvong, laot. Präsident 50, 357, 359, 374
Souvanna Phouma, laot. Prinz 50, 356, 357, 358, 375
Srei Soriyopor (Barom Reachea VII.), kamb. König (reg. 1603–19) 281
Stern, Philippe 94
Suryavarman I., König von Angkor (reg. 1001/02–49) 46, 228, 277, 314, 318, 330, 411
Suryavarman II., König von Angkor (reg. 1112/13–vor 1155) 46, 71, 229, **255**, 296, 300, 334, 410, 412
›Sutren‹ 32, 33, 34, 35, 37, 38, 307

Tai 58, 138, 233, 348, 369
Tai-Kadai 343
Taizu, chin. König (reg. 960–967) 66
Taksin, General 49, 235, 257, 353, 370
Tang-Dynastie 65, 66, 99
Tanh Cung, vietn. Königin 146
Tardieu, Victor 88
Tay-Son-Aufstand 49, **73**, 139, 142, 165, 179, 190, 191, 353
Tay-Son-Brüder **73**, 179, 191, 199, 216, 235
Thanh Thai, vietn. König (reg. 1889–1907) 142, 159, 199
Theravada-Buddhismus **31f.**, 60, 213, 220, 233, 247, 275, 304, 354, 348, 350, 384
Thich Quang Duc 51, 200
Thich Tri Kieu 130
Thich Tri The 130
Thien-Buddhismus (Meditations-Buddhismus/Zen/Chan/Dhyana) 34, 66, 122
Thieu Tri, vietn. König (reg. 1841–47) 146, 147, 153
Thit Boun Thanh 391
Thit Duang 391
Thoai Ngoc Hau (Nguyen Van Thoai), Militärmandarin 217
Thomson, John 293
Thong Si, Ehefrau von König Sakkarine 397
Thua Thien Cao, Ehefrau von Gia Long 159
Thuan Thien Thai, Mutter von Minh Mang 159
Thuc Phan 63
To Ngoc Van, vietn. Maler 88
Tran Anh Tong, vietn. König (reg. 1293–1314) 128
Tran Hung Dao, General 68, 127, 134, 199
Tran Lu, chin. Mandarin 89
Tran Luc s. Père Six
Tran Nguyen Han, General 197
Tran Nhan Tong (reg. 1279–93) 68, 128
Tran Thai Tong, vietn. König (reg. 1225–58) 34, 67, 127
Tran Thanh Tong, vietn. König (reg. 1258–78) 127
Tran-Dynastie 47, 67f., 84, 127

Tribhuvanaditya, König von Angkor (reg. ca. 1165–77) 232
Trinh Sam, vietn. Fürst (reg. 1767–82) 125
Trinh Thi Ngoc Truc, vietn. Königin 118
Trinh-Clan 73
›Tripitaka‹ 31
Trung-Schwestern 64
Truong Chinh, vietn. Premierminister 189
Truong Han Sieu 109
Truong Trinh, Parteisekretär 136
Tu Dao Hanh, Mönch 115, **122**
Tu Duc, vietn. König (reg. 1848–83) 74, 153, 155, 156, 157, 166, 191, 199
Tue Minh 204

U Thong, Tai-Fürst 234
Udayadityavarman II., König von Angkor (reg. 1049–ca. 1067) 229, 268, 312, 330, 339
Union Indochinoise 49, 75, 76, 236, 354
›Upanishaden‹ 22
Utthong Souphanouvong, laot. Prinz 356, **367**

Valmiki 26
Van Hanh 67
Vauban, Sébastien le Prestre de 141
›Veden‹ 27
Veloso, Diego 234
Vien Quang, Abt 205
Viet (Kinh) 58
Viet Cong 79, 177, 208
Viet Minh 50, 97, 136, 356, 357, 367
Viet-Muong 58, 59
Vikrantavarman, Cham-König (reg. 653–?) 70
Vikrantavarman III., Cham-König (reg. 9. Jh.) 184
Vinitaruci 65
›Vishnu-Purana‹ **25f.**, 242, 300, 302, 311
Visounarath, König von Lan Xang (reg. 1501–20) 351, 394
Vo Nguyen Giap, General 78, 97, 136, 148
Vong Savang, kamb. Kronprinz 391
Voravongsa II., König von Lan Xang (reg. 1596–1622) 352

Wudi, Han-Kaiser (reg. 141–87 v. Chr.) 64
Wuysthoff, Gerrit van 352, 372

Xunzi 44

Yajñyavaraha 335
Yan Pu Ku Vijaya, Cham-König (reg. 999–?) 71, 178
Yashovarman I., König von Angkor (reg. 889/890–ca. 910) 46, 227, 267, 304, 314, 323, 330, 334, 412
Yashovarman II., König von Angkor (reg. ca. 1160–ca. 1165) 231, 333
Yersin, Dr. Alexandre 180, **184**, 188
Yogachara-Schule 33f-

Zhao Tuo (Trieu Da) 63, 150
Zhou Daguan 233, 252, 286, 313

Ortsregister

(V) = Vietnam
(K) = Kambodscha
(L) = Laos

Amaravati (Tra Kieu) (V) 62, 69, 170
An Binh (Insel) (V 213
An Nam 65
Ang Nam Ngum (Stausee) (L) 382
Angkor (K) 46, **226ff.**, 257, 289, **292ff.**
–Angkor Thom 47, 229, 247, 254, **306ff.**
–Angkor Wat 94, 233, 243, 255, **295ff.**
–Baksei Chamkrong 305
–Banteay Kdei 247, 254, 321
–Königspalast 314
–Krol Ko **325f.**
–Jayataka Baray **324**, 327
–Neak Pean **324f.**
–Östlicher Baray 226, 228, 316, 321, **323**, 334
–Östlicher Mebon 228, 246, **323f.**
–Phnom Bakheng 227, 243, 245, 250, 267, **304f.**
–Phimeanakas 229, 246, **314**
–Prasat Bat Chum 246, **322**
–Prasat Bei **305**
–Prasat Kravan **322**
–Pre Rup 228, 243, 246, **323**
–Preah Khan 247, 254, **326ff.**
–Spean Thma (Alte Steinbrücke) **317**
–Srah Srang 228, 230/231, **321f.**
–Ta Ke 228, 243, 244, 246, 316, **318**
–Ta Prohm 247, 254,

Register

319ff.
– Ta Som **324**
– Thommanon 255, **316f.**
Angkor Borei (K) 30, 213, 223, 278, **279**
Annam 16, 76
Annamitische Kordilleren s. Truong Son
Aranyaprathet/Poipet (K) 289
Attapeu (L) 408f.
Au Lac (V) 45, **63ff.**, 117
Ayutthaya 229, **234f.**, 252, 350ff., 370, 373

Ba Chuc (V) 217f.
Ba Ho (Wasserfall) (V) 180
Ba Hon (Insel) (V) 134
Ba Lang (V) 214
Ba Phnom (Berg) (K) 223, 224
Bac Bo (Tongking) (V) 16
Bac Ha (V) 138
Bac Lieu (V) 215
Bai Duong (V) 216
Ban Chane (L) 399
Ban Hang Khong (L) 413, 414
Ban Houa Khong (L) 413
Ban Khon Nua (L) 414
Ban Na Meun (L) 404
Ban Nasuk (L) 404
Ban Oup Moung (L) 412
Ban Pak Ou (L) 399
Ban Phanom (L) 398
Ban Sang (L) 404
Ban Sang Hai (L) 399
Ban Tha Baen (L) 400
Ban Tha Chock (L) 404
Ban Thakho (L) 414
Ban Thin Hong (L) 399
Ban Wat Luang Kao (L) 409
Bang An (Turm) (V) 175f.
Banteay Chhmar (heute Angkor Thom) (K) 232, 247, 254
Banteay Kev (K) 261
Banteay Prei Nokor (Zitadelle der Königlichen Stadt) (K) 226, **284f.**, 286
Banteay Samre (K) 255, 268, 294, 329, **334f.**
Banteay Srei (K) 246, 268, 293, 294, 329, **335ff.**
Bao Ha (V) 133
Bao Loc (V) 190
Bat Trang (V) 120f.
Battambang (Provinz) (K) 13, 236
Ben Duc (V) 124
Ben Tre (Provinz) (V) 212
Ben Tro (V) 125
Beng Mealea (K) 295, 329, **339f.**
Beng Rahal, Baray (K) 329
Bien Hoa (V) 187
Binh Hoa Phuoc (Insel) (V) 213
Binh Minh (V) 177ff.
Birma 349, 353; s. auch Myanmar
Bolaven-Plateau (L) 406, **407f.**
Buon Ma Thuot (V) 187

Ca Na (Sandstrand) (V) 186
Cai Be (V) 213
Cai Rang (V) 214
Cam Ranh (V) 185
Cam-Fluss (V) 132
Can Tho (V) 211, 213f.
Canh Tien (Kupferturm) (V) 178
Cat Ba (Insel) (V) 132, **135**
Cat-Tien-Nationalpark (V) 190
Champa 46, 69, **70ff.**, 90, 171, 177, 225
Champasak (Provinz) (L) 348, 349, 356, **406ff.**
Champasak (Reich) (L) 353f.
Champasak (Stadt) (L) 49, 225, 348, 349, **409**
Chau Doc 217
Chiang Saen (L) 349
Chien Dan (V) 176f.
China 12, 13, 14, 15, 17, 34, 38, 39, 40, 41, 42, 44, 45, 53, 58, 60, 62, 63ff., 69, 70, 73, 75, 76, 78, 81, 82, 86, 88, 89, 90, 96, 105, 118, 120, 125, 128, 132, 133, 138, 139, 146, 149, 150, 165, 192, 199, 201, 204, 211, 234, 238, 262, 279, 344, 347, 348, 354, 359, 360, 364, 371, 384, 393, 414
Choc Gragyar s. Koh Ker
Chœung Ek s. Phnom Penh
Chong Kneas (K) 341
Chua Bich Dong (V) 130
Chua But Thap (V) 84, 88f., **118f.**
Chua Dau (V) **120**, 121
Chua Hong (V) 216
Chua Huong (Parfüm-Pagode) (V) 124f.
Chua Keo (V) 110, **126f.**
Chua Pho Minh (Chua Thap, Turm-Pagode) (V) 85, 127f.
Chua Tay Phuong (V) 39, **85**, 90, 110, **121f.**
Chua Thay (Thien Phuc) (V) 122ff.
Chua Thien Tru (V) 125
Chup (Kautschukplantage) (K) 284
Co Loa (V) 45, 63, 64, 66, 117f.
Co-Chien-Fluss (V) 213
Cochinchine 16, 191
Con Long (Dracheninsel) (V) 212
Con Phung (Phönixinsel)

Ortsregister

(V) 212
Con Qui (Schildkröteninsel) (V) 212
Con-Fluss (V) 179
Cu Chi (Tunnelsystem) (V) 207f.
Cua-Dai-Strand (V) 170
Cuc-Phuong-Nationalpark (V) 132

Da Lat (V) **188f.**
–Bahnhof 189
–Bao-Dai-Palast 189
–Chua Linh Son 189
–Chua Thien Vuong 189
–Meditationszentrum Thien Vien Truc Lam 189
–Nha-To-Lon-Kirche 188
–Residenz des Generalgouverneurs 189
–Villa Hang Nga 188
–Vuan Hoa (Blumengarten) 189
Da Nang (V) 49, **160ff.**, 170, 173, 175
–Cao-Dai-Tempel 161
–Cham-Museum (Bao Tang Cham) **161ff.**, 170, 174, 177
–Chua Pho Da 161
–Chua Tam Bao 161
–Kathedrale 161
Dai La (V) 99
Dai Viet **66ff.**, 91
Dangrek-Gebirge 13, 15
Da-Rang-Fluss (V) 180
Da-Thien-Stausee (V) 189
Dau Be (Insel) (V) 134
Dau Go (Treibholz-Insel) (V) 134
Den Trinh (V) 124
Deo Hai Van (Pass der Meereswolken) (V) 47, 159f.
Dien Bien Phu (V) 50, 78, **136f.**
Do Son (Strand) (V) 133

Don Det (Insel) (L) 414
Don Khon (Insel) (L) 414
Don Khong (Insel) (L) 413
Dong Duong (V) 90, 92, 94f., **163**, 174, 177, 178, 195
Dong Ho (V) 120
Dong Kin (V) 100
Dong Ky (V) 120
Dong Noi (V) 16
Dong Son (V) 62
Duong Dong (V) 216
Duong Long (Thap Nga, Elfenbeinturm) (V) 179

Ebene der ›Tonkrüge‹ (L) 348, **401ff.**

Fansipan (V) 16
Freundschaftsbrücke (L) 274, 372, **381**
Funan 45, 204, 211, **215ff.**, **223ff.**

Gia Dinh (heute Saigon) (V) 49, 235
Golf von Tongking (Vinh Bac Bo) (V) 132ff.

Ha Tien (V) 216
Hai Phong (V) 132f.
 –Chua Du Hang 133
 –Den Nghe 133
 –Gemeinschaftshaus Dinh Hang Kenh 133
 –Hang-Kenh-Teppichfabrik 133
 –Kathedrale 133
 –Oper 133
Ha-Long-Bucht (V) 128ff., **133f.**
Ha-Long-Stadt (V) 134
Hang Tien (Grotte) (V) 216
Hanoi (V) 49, 56, **99ff.**
 –Altstadt 105ff.
 –Armeemuseum 112

–Außenhandelsbank 103
–Ba-Dinh-Platz 112
–Chua Ba Da 104
–Chua Dien Huu 113
–Chua Kim Lien 114
–Chua Lang 115
–Chua Quan Su 116
–Chua Tran Quoc 113
–Den Bach Ma 107
–Den Dau 107
–Den Hai Ba Trung 116
–Den Huyen Thien 107
–Den Ngoc Son 101
–Den Quan Thanh 113
–Den Voi Phuc 114
–Dong-Xuan-Markthalle 107
–Ehemalige Residenz des Gouverneurs von Tongking 103
–Einsäulenpagode 112
–Ethnologisches Museum 116
–Hanoi Hilton 116
–Haus Nr. 48 (Museum über Ho Chi Minh) 107
–Historisches Museum 104
–Hoan-Kiem-See 101
–Ho-Chi-Minh-Mausoleum 101, 112
–Ho-Chi-Minh-Museum 113
–Holzbungalow von Ho Chi Minh 112
–Hotel Sofitel Metropole 103
–Josephs-Kathedrale 105
 Literaturtempel s. Van Mieu
–Museum der Schönen Künste 110f.
–Oper 103
–Präsidentenpalast 112
–Quan-Truong-Tor 107

473

Register

- Rathaus 103
- Revolutionsmuseum 103
- Schildkrötenpavillon 101
- Thang-Long-Theater 103
- Van Mieu 107f.
- Westsee 113f.

Hariharalaya (heute Roluos) (K) 46, 226, 227, 254, 305, **330f.**
Hau Giang (Fluss) (V) 215
Hau Sanh (V) 186
Heuan Hin (›Steinhaus‹, Tempelruine) (L) 406
Hoa Binh (V) 135
Hoa Lai (V) 94, 185
Hoa Lu (V) 46, 66, 128, 129
Hoang Linh Son (Bergmassiv/Tonkinesische Alpen) (V) 16, 139
Ho-Chi-Minh-Pfad 79f., 208, 358, 401
Ho-Chi-Minh-Stadt (Saigon) (V) 56, 61, **81**, **190ff.**

- Cha-Tam-Kirche 201
- Cho Ben Thanh 197
- Cho Binh Tay 201
- Cholon 193, **200ff.**
- Cholon-Jamial-Moschee (Thanh Duong Hoi Giao Cho Lon) 203
- Chua Giac Lam 205f.
- Chua Giac Vien 206
- Chua Ngoc Hoang (Phuoc Hai Tu) 197ff.
- Chua On Lang 204
- Chua Phung Son Tu 204
- Chua Vinh Nghiem 200
- Chua Xa Loi 200
- Den Tran Hung Dao 199
- Diamond Plaza 194
- Dong Khoi (Rue Catinat) 193
- Gedenkstupa 200
- Gemeindehaus Dinh Minh Huong Gai Thach 203
- Ha Chuong Hoi Quan 203
- Hafenmole 193
- Hauptpostamt 194
- Historisches Museum 195
- Ho-Chi-Minh-Museum 197
- Hoi Quan Nghia An (Chua Ong, Tempel des Großvaters) 203
- Hotel Continental 194
- Hôtel de Ville 194
- Hotel Majestic 193
- Hotel Rex 194
- Kanh Van Nam Vien 204
- Kathedrale Notre Dame (Nha Tho Duc Ba) 194
- Konsulat der USA 195
- Lang Ong 199
- Mariamman-Tempel 196
- Mieu Thien Hau 202
- Museum der Schönen Künste (Bao Tang My Thuat) 197
- Museum für Kriegsrelikte 196
- Museum von Ho-Chi-Minh-Stadt (Bao Tang Thanh Pho Ho Chi Minh) 196
- Nhi Phu Hoi Quan 204
- Phuoc An Hoi Quan 204
- Reiterstatue des Generals Tran Nguyen Han 197
- Stadttheater 193
- Statue von »Onkel Ho« (Bac Ho) 194
- Wiedervereinigungspalast 195
- Xa-Loi-Pagode 200

Hoi An (V) 165ff.

- Japanische Brücke (Lai Vien Kieu) 169
- Markt 167
- Mieu Quan Cong (Chua Ong) 167
- Phung-Hung-Haus 170
- Quan-Tang-Haus 168
- Sa-Huynh-Museum 169
- Tan-Ky-Haus (Pfandhaus) 168
- Versammlungshalle der Chinesen aus Fujian (Hoi Quan Phuc Kien) 167
- Versammlungshalle der Chinesen aus Hainan 166
- Versammlungshalle der Chinesen aus Kanton 168
- Versammlungshalle der Chinesen aus Trieu Chau 166
- Versammlungshalle der chinesischen Vereinigungen (Lop Hoa Van Le Nghia) 167

Hon Che (Bambusinsel) (V) 184
Hon Chong (V) 216
Hon Mieu (auch Hon Tri Nguyen) (V) 185
Hon Mun (Ebenholzinsel) (V) 184
Hon Yen (Schwalbeninsel) (V) 184
Houay Tomo (Fluss) (L) 412
Houay Xay (L) 400
Hue (V) 74f., 94, 97, 108, **138ff.**

- Altar für Himmel und

Ortsregister

Erde (Dan Nam Giao) 149
–Chua Bao Quoc 148
–Chua Tu Dam 149
–Chua Tu Hieu 150
–Dien Hon Chen 152
–Gedenkstätte 149
–Königsgräber 86, **153ff.**
  –Lang Dong Khanh 159
  –Lang Gia Long 159
  –Lang Khai Dinh 157f.
  –Lang Minh Mang 153f.
  –Lang Tu Duc 154ff.
–Long-An-Palast 147
–Notre-Dame-Kathedrale 147
–Palastmuseum 147
–Quoc-Hoc-Schule 147
–Saigon Morin Hotel 147
–Zitadelle 86, **140ff.**
Hung Thanh (Kalan) (V) 179
Huong Giang (Fluss der Wohlgerüche oder Parfüm-Fluss) (V) 138
Huong Tich (V) 125
Huong Tich Son (Berg der Wohlriechenden Spur) (V) 124

Indien 12, 23, 24, 30, 35, 37, 45, 69, 71, 89, 91, 95, 120, 242, 249, 277, 278, 298, 384
Indrapura (heute Banteay Prei Nokor bei Kompong Cham) (K) 46, 71, 178, 226
Indratataka Baray (K) 226, 333
Ishanapura 225, 286

Jayendranagiri 228

Kambujadesha 330
Kardamom-Gebirge (K) 15
Kauthara (Nha Trang) (V) 69, 70, 181
Kbal Spean (Hauptbrücke) (K) 294, **339**
Khmer Krom (Unteres Kambodscha) 13, 211
Khong Phapheng (Wasserfall) (L) 406, **414**
Khorat-Plateau (T) 222, 223, 348
Khuong My (V) 177
Kim Son (V) 130f.
Koh Ker (alte Hauptstadt, Tempelgruppe) (K) 228, 268, 318, 323, **329**
Kompong Cham (K) 282ff.
Kompong Kdei (K) 289
Kompong Thom (K) 286, 289
Kon Tum (V) 16, 187
Krong Chaktomuk 234

Lan Na (Reich) 47, 233, 349, 350, 351, 352, 353, 367, 375
Lan Xang Lan Xang Hom Khao(Reich) 47, 344, 348, 350ff., 353, 366, 370, 384, 392
Lang Bian (Berg) (V) 189
Lang Co (Lagune) (V) 160
Lao Cai (V) 138
Lao Pako (L) 348
Lavo (Reich) 229, 231, 300
Linyi 69
Long Beach (Bai Truong) (V) 216
Long Xuyen (V) 215
Lovek (K) 48, 234
Luang Prabang (L) 49, 349, 350, 352, 354, 356, 358f., 366, **383ff.**
  –Hmong-Markt 395
  –Ho Kham 360, **389ff.**
  –Ho Thin Pha Bat 393
  –Santi Chedi 398
  –Talat Dala 395
  –That Chom 394
  –That Makmo 365, 391, **394**
  –Wat Aham 395
  –Wat Chom Phet 397
  –Wat Choum Khong(sourintharame) 389
  –Wat Khili 388
  –Wat Long Khun 397
  –Wat Mahathat 395
  –Wat Manorom 351, **396**
  –Wat May (Neuer Tempel) 392
  –Wat Pa Fang 393
  –Wat Pa Huak 393
  –Wat Pa Khe 393
  –Wat Pa Phay 389
  –Wat Pak Khan 388
  –Wat Sene 389
  –Wat Tham 397
  –Wat Tham Phousi 394
  –Wat That Luang 396
  –Wat Visounarath 366, **394**
  –Wat Xieng Maen 397
  –Wat Xieng Mouane 389
  –Wat Xieng Thong 352, 362, 366, 367, 368, **386**
Luy Lau 30

Mahendraparvata 227, 337
Marmorberge (Berge der Fünf Elemente, Ngu Hanh Son) (V) 164f.
–Chua Linh Ung 164
–Chua Tam Thai 164
–Chua Tam Ton 164
–Hoa-Nghiem-Höhle 164
–Linh-Nham-Grotte 164
–Nui Thuy Son (Wasserberg) 164
–Tang-Chon-Grotte 164
–Van-Thong-Grotte 164
May Den (Insel) (V) 134

475

Register

Mekong 13, 15, **16f.**, 45, 46, 223, 235, 257, 284, 348, 383, 400, 404, 406, 412
Mekong-Delta 13, 59, 75, **210ff.**, 223
Moc Chau (V) 136
Muang Kham (L) 404
Muang Khun (Xieng Khouang) (L) 403
Muang Soua (heute Luang Prabang) (L) 384
Mui Ne (Halbinsel) (V) 186
Mun-Fluss (K) 223
Mun-Fluss (L) 348
My Khanh (V) 214
My Lai (Son My) (V) 80, 175, **177**
My Son (Schöner Berg), auch Katzenzahnberg (Hon Quap) (V) 46, 69, 71, 72, 90, 92, 94, 161, 164, **170ff.**
My Tho (V) 211, 212
My-Thuan-Brücke (V) 213
Myanmar (Birma) 13, 16, 58, 62, 90, 225, 249, 349

Na Keun (L) 382
Nam Beng (Fluss) (L) 400
Nam Bo (V) 16
Nam Dinh (V) 126
Neang Khmau (K) 277
Ngo-Dong-Fluss (V) 129
Ngu Binh (Königlicher Paravent, Berg) (V) 140
Nha Trang (V) 91, **180ff.**
–Bahnhof 184
–Buddha-Statue 184
–Chua Long Son 184
–Hafen 184
–Kathedrale 184
–Ozeanografisches Institut 185
–Pasteur-Institut 184
–Po-Nagar-Tempel 70, 94, **181ff.**
–Stadtstrand 184
Nhan Thap (Schwalbenturm) 180
Ninh Binh (V) 128
Ninh Hai (V) 130
Non Nuoc (V) 164
Nui Ba Den (Berg der Schwarzen Frau) (V) 210
Nui Lang (Hügel der Gräber) (V) 216
Nui Sam (Krabbenberg) (V) 217

Oc Eo 30, 211, 215, 222, **223**, 224, 279

Pak Beng (L) 400
Pak Ou (Höhlentempel) (L) 398f.
Paksong (L) 407
Pakxe (L) 406f.
Panduranga (Phan Rang) (V) 69, 70, 185
Paris 329
Pass der Meereswolken s. Deo Hai Van
Phan Rang (V) 48, 185f.
Phnom Aoral (K) 15
Phnom Chiso (K) 275, 277f.
Phnom Da (K) 275, 278, 279f.
Phnom Kulen (Litschi-Berg) (K) 226, 244, 294, **337ff.**
Phnom Penh (K) 48, 220, 228, 234, 235, 238, 246, 254, 256, **257ff.**
–Kambodscha-Vietnam-Monument 273
–Killing Fields von Chœung Ek 275
–Königspalast 261ff.
–Nationalmuseum 265ff.
–Preah Ang Dangka (Schrein) 270
–Psar Thmei 272
–Psar Thmei (Central Market) 272
–Psar Tuol Tom Pong 274
–Silberpagode 263ff.
–Sisowath Quay 270
–Tuol-Sleng-Genozid-Museum 274
–Unabhängigkeitsmonument 272
–Vetika-Om-Touk-Pavillon 270
–Wat Botum 272
–Wat Koh 272
–Wat Lanka 273
–Wat Maha Montrei 274
–Wat Ounalom 270
–Wat Phnom 271f.
–Wat Prayuvong 274
–Wat Than 274
Phnom Preah Reach Troap (Berg des Königlichen Glücks) (K) 281
Phnom Proh (K) 285
Phnom Santuk (K) 286
Phnom Srei (K) 285
Phnom Udong (Bergzug) (K) 281
Phong Dien (V) 214
Phong Tho (V) 137
Phonsavan (L) 402
Phou Bia (Berg) (L) 13, 401
Phou Kao (Berg) (L) 409
Phou Khao Khouay (Berg des Wasserbüffelhorns, Nationalpark) (L) 382
Phou Pasak (Berg) (L) 409
Phou Sa (Berg) (L) 401
Phu Hai (auch Pho Hai) (V) 187
Phu Phong (V) 179
Phu Quoc (Insel) (V) 216
Phung Hiep (V) 214

Ortsregister

Plei Ku (Play Cu) (V) 16, 187
Po Rome (V) 186
Prasat Han Chey (K) 285
Prasat Kraham (›Roter Tempel‹) (K) 329
Prasat Kuhak Nokor (K) 286
Prasat Thom (K) 329
Preah Khan (K) 232
Prek Toal (Vogelschutzgebiet) (K) 341
Purandarapura (K) 284f.

Quang Ngai (V) 175
Qui Nhon (V) 73, 175

Rach Gia (V) 215f.
Roluos (K) 226, 227, 254, **267**, 294, 305, 329, **330ff.**
–Bakong 226, 272, 330, **332f.**
–Lolei 227, 330, **333f.**
–Preah Ko 227, 245, 254, **267**, 300, 330, **331f.**
Roter Fluss s. Song Hong

Sa Pa (V) 137f.
Saigon s. Ho-Chi-Minh-Stadt
Saigon-Fluss (V) 208
Sambor Prei Kuk (K) 46, 224, 225, 243, 244, 251, 264, 266, 278, 282, **286ff.**, 289
–Prasat Asram Isey 288
–Prasat Krol Romeas 289
–Prasat Sambor 287
–Prasat Srei Krop Leak 289
–Prasat Tor 288
–Prasat Trapeang Ropeak 288
–Prasat Yeay Puon 288
Samrong Sen (K) 223
San Duong (V) 214
Savannakhet (offiziell Muang Khanthaboury) (L) 367, **405**
Schwarzer Fluss s. Song Da
Seufzersee (Ho Than Tho) (V) 189
Shresthapura 409
Shri Gotapura (laot. Sikhottabong) 405
Si Phan Don (Viertausend Inseln) (L) 406, **413**
Siam 73, 257, 289, 293, 306, 353, 376, 384, 404; s. auch Thailand
Siem Reap (K) 13, **289ff.**
Siem Reap (Provinz) (K) 236
Siem-Reap-Fluss (K) 244, 317
Simhapura (Tra Kieu) 46, 70, 162, 163, 165, 170, 171
Sisophon (Provinz) (K) 13, 236
Soc Trang (V) 214f.
Soi Sim (Insel) (V) 134
Son La (V) 136
Song Da (Schwarzer Fluss) (V) 16, 135
Song-Da-Stausee (V) 135
Song Hong (Roter Fluss) (V) 15, 59, 62, 101, 125
Song Ma (V) 16
Spean Praptos (Brücke) (K) 289
Srei Santhor (K) 281
Stung Kbal Spean (Fluss) (K) 339
Stung-Sen-Fluss (K) 286
Sukhothai 47, 349
Suryaparvata (auch Suryagiri, Berg des Sonnengottes) 277f.

Ta Prohm (K) 275ff.
Tad Fane (Wasserfall) (L) 408
Tad Kuang Si (L) 400
Tad Lo (Wasserfall) (L) 408
Tad Lo Lodge (L) 408
Tad Somphamit (Wasserfall) (L) 414
Takeo (K) 266, 278
Talat Phosy (L) 399
Tam An (V) 176
Tam Coc (V) 130
Tam Ky (V) 177
Tan Binh (V) 214
Tay Binh (V) 179
Tay Do (V) 99
Tay Ninh (V) 208ff.
Thailand (Siam) 13, 14, 15, 16, 17, 21, 46, 47, 52, 53, 58, 82, 90, 161, 252, 254, 255, 270, 272, 276, 295, 300, 334, 344, 347, 348, 350, 353
Thakek (L) 45, 348, 349, **405**
Tham Chang (Höhle) (L) 383
Tham Hoi (Schneckenhöhle) (L) 383
Tham Piu (L) 404
Tham Poukham (Krabbenhöhle) (L) 383
Tham Xang (Elefantenhöhle) (L) 383
Thang Long (V) 68, 71, 99
Thap Cham (V) 185f.
That Phon (L) 406
Thateng (L) 408
The Bac (Silberturm), auch Banh It (Reiskuchenturm) (V) 179
Thoc Loc (Turm der Khmer) (V) 177
Thoulakhom-Zoo (L) 382
Thu Bon (Fluss) (V) 165
Thu Thien (Kalan) (V) 179
Thung Lung Tinh Yieu (Tal der Liebe) (V) 189
Thuy Hoa (V) 180
Tien Giang (Provinz) (V)

477

Register

212
Tien Son (V) 125
Toi Son (Einhorninsel) (V) 212
Tongking 75, 76, 100
Tonkinesische Alpen 138
Tonle Bati (Kleiner See) (K) 275
Tonle Sap (Großer See) (K) 15, 223, 257, 289, **340f.**
Tonle-Sap-Fluss 15
Tra Kieu (V) 69, 70, 162, 165, **170**
Trabeang Srong (K) 277
Trung Bo (V) 16
Truong Son (Annamitische Kordilleren) (V) 161
Tuan Tu (V) 185
Tuc Mac (V) 127
Tuol Basan (heute Srei Santhor) (K) 234, 257
Tuyen-Lam-See (V) 189

Udong (K) 48, **234f.**, 275, **280ff.**
Um Tomo (Oup Moung) (L) 412f.

Van Lam (V) 129
Van Than Mieu (V) 213
Vang Vieng (L) 382f.
Vang Xang (Elefanten-Pfuhl) (L) 382
Van-Phong-Bucht (V) 180
Vientiane (L) 49, 226, 349, 350, 352, 354, **369ff.**
–Denkmal für den Unbekannten Soldaten 372
–Ho Pha Keo 352, 353, 367, 370, **375f.**
–Kaysone Phomvihane Museum 380
–Nationalmuseum 380
–Nationalversammlung 372
–Patu Xay 374
–Präsidentenpalast 375
–Talat Sao 375
–That Dam 380
–That Luang 352, 367, 370, **372f.**
–Wat Chan 379
–Wat Hay Sok 379
–Wat Inpeng 379
–Wat Mixay 379
–Wat Ongtü 379
–Wat Si Muang 377f.
–Wat Si Saket 353, 370, **376f.**
–Wat Sokpaluang 378f.
–Wat That Luang Neua 374
–Wat That Luang Tai 374
Viet Nam 74
Vijaya (Binh Dinh) 48, 69, 71, 72, 92, 177
Vinh Dien (V) 175
Vinh Long (V) 212f.
Voi (Elefantenberg) (V) 188
Vung Tau (Halbinsel) (V) 207

Vyadhapura 223

Wat Khon Tai (L) 414
Wat Phou (L) 45, 226, 348, 349, 405, **409ff.**
Wat Sangkhalok (L) 400
Wat Tonle Bati (K) 277
Wat Xieng Khuan (L) 380f.
Wen Dan 348
Westlicher Baray (K) 328, **329f.**
Westlicher Mebon 269, **328**
Wolkenpass
  s. Deo Hai Van

Xa Linh (V) 136
Xa-Lon-Pagode (V) 215
Xayabouri (Provinz) (L) 356
Xaysettha (L) 409
Xe Don (Fluss) (L) 406
Xe Kaman (Fluss) (L) 409
Xieng Khouang (alte Königsstadt) (L) 363
Xieng Khouang (Provinz) (L) 401

Yashodharapura 227
Yue 63
Yunnan 13, 16, 44, 348, 349, 354, 356, 363

Zhenla 45, 70, 164, **225f.**, 348

478

Der Klassiker!
300-480 Seiten
Über 70 Titel

»Man sieht nur, was man weiß«

Wer gründlich informiert reisen will, der kann auf einen »DUMONT Kunst-Reiseführer« nicht verzichten. Die Klassiker aus dem Hause DUMONT sind eine Bereicherung für Reisende, die Ihr Reiseziel aus der Geschichte und Kultur heraus verstehen und erleben möchten. Diese Standardweke zeigen Zusammenhänge auf und eignen sich auch hervorragend zur Vor- und Nachbereitung einer Reise. Eine Fülle von Fotos, Karten und Illustrationen machen den Führer zu einem optischen Genuss.

Dietrich Höllhuber · Werner Schäfke
Der Spanische Jakobsweg
Landschaft, Geschichte und Kunst auf dem Weg nach Santiago de Compostela

Weitere Informationen über die Reihe »DUMONT Kunst-Reiseführer« erhalten Sie bei Ihrem Buchhändler oder unter
www.dumontreise.de

Impressum

Umschlagabbildungen:
Vorderseite: Gesichterturm am Südtor von Angkor Thom, Kambodscha
In der Vorderklappe: Osttor des Palastes von Hue, Vietnam
In der Rückklappe: Am Wat Phou, Laos
Rückseite (von oben):
Vignette S. 1: Naga

Über den Autor: Martin H. Petrich, geb. 1965 in Radolfzell a. B., hat sich nach dem Theologie-Studium in München und Pune (Indien) auf Südostasien spezialisiert und mehrere Jahre dort gelebt. Als Studienreiseleiter und Reisebuchautor ist er häufig vor Ort. In der bei Dumont erscheinenden Reihe Stefan Loose Travel Handbücher ist er Ko-Autor des Bandes Birma (Myanmar).

Danksagung: Ohne die Unterstützung einer Vielzahl von Menschen wäre das Buch nicht zustande gekommen. Besonderer Dank gilt meiner Frau Nicole Häusler, der Lektorin Britta Rath sowie Jan Düker, Anna Gerstlacher, Brigitte Heusel, Annette Monreal, Hoang Quoc Bao, Nguyen Trung Anh und Indochina Services.

Bitte schreiben Sie uns, wenn sich etwas geändert hat!
Alle in diesem Buch enthaltenen Angaben wurden vom Autor nach bestem Wissen erstellt und von ihm und dem Verlag mit größtmöglicher Sorgfalt überprüft. Gleichwohl sind – wie wir im Sinne des Produkthaftungsrechts betonen müssen – inhaltliche Fehler nicht vollständig auszuschließen. Daher erfolgen die Angaben ohne jegliche Verpflichtung oder Garantie des Verlages oder des Autors. Beide übernehmen keinerlei Verantwortung und Haftung für etwaige inhaltliche Unstimmigkeiten. Wir bitten dafür um Verständnis und werden Korrekturhinweise gerne aufgreifen:
DuMont Reiseverlag, Postfach 10 10 45, 50450 Köln
E-Mail: Info@dumontreise.de

© 2004 DuMont Reiseverlag, Köln
1. Auflage 2004
Alle Rechte vorbehalten
Redaktion und Satz: Britta Rath Editorial and Publishing Office REPO, Wilstedt
Druck: Rasch, Bramsche
Buchbinderische Verarbeitung: Bramscher Buchbinder Betriebe
Graphisches Konzept: Ralf Groschwitz, Hamburg
Printed in Germany   ISBN 3-7701-4398-1